Max Schneidewin

Die antike Humanität

Max Schneidewin

Die antike Humanität

ISBN/EAN: 9783742898586

Hergestellt in Europa, USA, Kanada, Australien, Japan

Cover: Foto ©ninafisch / pixelio.de

Manufactured and distributed by brebook publishing software
(www.brebook.com)

Max Schneidewin

Die antike Humanität

DIE

ANTIKE HUMANITÄT

Von

MAX SCHNEIDEWIN

BERLIN

WEIDMANNSCHE BUCHHANDLUNG

1897

„Um uns in der Unendlichkeit der Erscheinungswelt zurecht zu finden, bedienen wir uns immer und überall der gleichen wissenschaftlichen Methode. Wir stellen das Aehnliche zum Aehnlichen und suchen in der Mannigfaltigkeit das Gemeinsame. Von dem blossen Verzeichniss gelangen wir zum System".

W. Ostwald (Prof. der Chemie), die Ueberwindung des wissenschaftlichen Materialismus, S. 10.

„Was bisher nur trümmerhaft und in zerstreuten Gliedern vorhanden war, hat — durch Herausgreifen und Neugruppirung der einzelnen Züge der Ueberlieferung — neues Leben gewonnen, hat ein einheitliches, in seinem Zusammenhange verständliches Charakterbild ergeben".

Veit Valentin, Zschr. für den deutschen Unterr. 1896, S. 670.

DEM HOCHVERDIENTEN VIELJÄHRIGEN DECERNENTEN

FÜR DAS HÖHERE SCHULWESEN IN PREUSSEN

HERRN

WIRKLICHEN GEHEIMEN OBER-REGIERUNGSRATH A. D.

DR. L. WIESE

ZU DEM TAGE SEINES VOLLENDETEN NEUNZIGSTEN LEBENSJAHRES

dem 30. December 1896

IN HOHER VEREHRUNG GEWIDMET

You have that in your countenance which I would
fain call master.
Lear. What's that?
Kent. Authority.   King Lear. Act I, sc. 4.

Hochverehrter Herr Geheimerath!

Zu einem nur den allerwenigsten Menschen vergönnten, in unserem Zeitalter freilich wie durch ein Wunder zweien seiner grössten Männer beschieden gewesenen, hohen Fest- und Ehrentage, wie Sie ihn am 30 ten December mit der Zurücklegung Ihres neunzigsten Lebensjahres feiern, hat es auch mich schon in gewiss zweijährigem Vorausdenken gedrängt, Ihnen *pro virili parte* ein Zeichen meiner Verehrung, Liebe und Dankbarkeit darzubringen, wie es wohl unter Männern, zwischen denen eine wissenschaftliche Gemeinschaft besteht, nach alter guter und insbesondere auf die antike Humanität zurückgehender Sitte üblich ist: eine litterarische Festgabe, die ein Ausdruck für das möglichst Beste in jener wissenschaftlichen Gemeinschaft sein soll.

Ein neunzigster Geburtstag, und zumal ein solcher bei befriedigender körperlicher Gesundheit und wohlerhaltener geistiger Frische, ist ein sehr hoher Festtag, nicht nur, weil eine ganz ausnehmende Bevorzugung des äusseren Schicksals in ihm gefeiert wird, sondern besonders, weil er gar nicht anders denn der Lohn einer ganz seltenen Lebenskunst und -tugend sein kann. Denn die Sache steht ja so: auch die beste Lebenskunst und -tugend hat keine Gewissheit, dass sie ein so für die menschliche Natur fast wunderbar hohes Ziel erreichen wird: wo es aber erreicht wird, da ist der Beweis gegeben, dass in dem ganzen Vorleben jene Kunst und Tugend im höchsten Maasse geleistet sein muss. Denn mit ihr überschreitet der menschliche Organismus doch selten die von dem Psalmisten als „hoch kommend" bezeichnete Grenze, o h n e sie wird er sie ganz gewiss nicht um ein volles Jahrzehnt, in dem auch μικραὶ ῥοπαί oft schon schwer wiegen, überholen. Wenn irgend einer der besonders festlichen Zehnergeburtstage nicht nur einem freundlich erhaltenden Schicksal, sondern auch der eigenen Weisheit und Kraft des Menschen zu Ehren begangen wird, so ist es gewiss einer, der noch über jene „hochkommende" Grenze hinausliegt. Wenn die Schaar Ihrer Freunde und Verehrer d i e s e r Weisheit und Kraft, die unmittelbar der Ihrem Ich allernächsten Sphäre, seiner eigenen Leiblichkeit, zu gute gekommen ist, einmal zu solchem Tage gedenkt, der von der ausnahmsweise wunderbaren Dauerhaftigkeit eines leiblichen Gebildes der göttlichen Schöpfung predigt, so haben Sie von Weisheit und Kraft in Ihrem ganzen Leben ein Zeugniss abgelegt, das weit hinaus über die Grenzen Ihrer eigenen Persönlichkeit wirkend Ihnen eben jene Schaar von Verehrern gewonnen hat, die solchen Kreisen unseres Volkes angehören, welche das Leben im Geiste als die edelste Krönung des menschlichen Daseins empfinden.

Ausgegangen von dem höheren Lehrerstande, in dem Sie, wie ich es mir immer nach dem Eindruck Ihrer Persönlichkeit denken muss, über zwei Jahrzehnte gewirkt haben als ein „Fürst der Schule, wie ich keinen sah", sind Sie im besten Mannesalter durch einen glücklichen Griff des damaligen obersten Berathers des Königs im gesamten Unterrichtswesen in Preussen zum Leiter der Abtheilung für die höheren Schulen berufen worden und haben in dieser hohen Stellung ein Vierteljahrhundert lang, mit den höheren Zwecken wachsend, mit Einsicht und Energie eine unermesslich reiche höhere Wirksamkeit entfaltet, die dem gesamten Umfange des höheren Schulwesens in Preussen, ja später auch im geeinigten Deutschland, segensreich zu gute gekommen ist. Hunderten von Anstalten haben Sie mit einer seltenen, stets durch eigene Anschauung und Prüfung genährten Personenkenntniss die Oberlehrer und vor allem die Directoren, deren Geist wieder das allerwesentlichste Moment zur Bestimmung des Geistes der Anstalten ist,

ausersehen und in Dutzenden von Fällen aus denen wieder die
Geeignetsten ausgeschieden, die in den provinzialen Aufsichts-
behörden einen erweiterten Umfang des Wirkungskreises für
ihr Talent und ihren Charakter erhielten. Die für das höhere
Schulwesen in Preussen geltenden gesetzlichen Bestimmungen
und behördlichen Verordnungen haben Sie zu einem Corpus
gesammelt, das für jede höhere Lehranstalt und jedes Provinzial-
Schulcollegium ein unentbehrliches Orakel geworden ist, und
Sie selbst haben auf die Organisation des Unterrichts der höheren
Lehranstalten in den Anordnungen von 1856, die für eine ganze
Generation, die auch die Generation der deutschen Einheits-
kämpfer gewesen, eine entscheidende Grundlage ihrer Bildung
geworden ist, einen durchgreifenden Einfluss geübt. Während
Ihres Decernats im Ministerium ist an der alten, wohlbewährten
centralen Stellung der classischen Studien im gymnasialen Organismus noch nicht gerüttelt, noch nicht der Sprung in's
Dunkle gewagt worden, der freilich nach den einmal gegebenen
Bedingungen der Zeit wohl begreiflich ist und vielleicht kaum
vermeidlich wurde, dessen mögliche Folgen aber doch viele, und
nicht die Schlechtesten von denen, welchen die geistige Zukunft
unseres Volkes am Herzen liegt, nicht ohne mancherlei Sorgen
lassen.

Ihrem lebendigen Wirken und Walten in Amt und Dienst
trat aber noch zur Seite eine herrliche Thätigkeit Ihrer Feder
zur Belehrung, Erhebung, Veredlung und Kräftigung von Geist
und Herz eines grossen Leserkreises, in welchem sich ein grosser
Theil solcher deutscher Männer und auch Frauen, die ideale
Bedürfnisse hegen, vereinigte. Sie sind es, der das Fahnen-
werk über englische Erziehung, die Sie an Ort und Stelle aus
eigener Anschauung gründlich studirt hatten, dem deutschen
Volke zur Vergleichung mit seinen eigenen Bestrebungen auf
diesem an Wichtigkeit von keinem andern des nationalen Lebens
übertroffenen Gebiete geschenkt hat. Sie haben gegen Vollendung
Ihres achtzigsten Lebensjahres dem Berufsstande, aus dem Sie
hervorgegangen sind, und zahlreichen anderen bei uns, denen
Erziehungs- und Bildungsfragen ein hochwichtiger Gegenstand

ihres Interesses sind, eine ausführliche Selbstbiographie geliefert, die an Mittheilung über die eigene Person vielfach eine
wunderbare Zurückhaltung zeigt, an sachlich belehrendem Stoff
aber eine wahrhaft unerschöpfliche Fülle enthält und ein Lieb-
lingsbuch für sehr viele Lehrer der höheren Schulen geworden ist.
Und um das Köstlichste zuletzt zu nennen, so haben Sie in
jenen wunderschönen, durch den Druck über ihren ersten
Zuhörerkreis hinausgeführten Vorträgen über wichtigste und
zarteste Punkte ewiger menschlicher Lebensinteressen, eine Verbindung evangelischen Geistes von allerechtestem Verständniss
des Christenthums — denn in diesem Verständniss giebt es so
sehr viele Abstufungen — mit antiker Einfachheit, Formschön-
heit und Humanität und mit moderner Bildung von freiem,
hohem Blick und weitem Umfange zur Erscheinung gebracht,
wie sie ganz sicher nirgends in der reichen modernen Litteratur
übertroffen, ja ich wüsste nicht, wo eigentlich sonst in dieser
Weise erreicht wird.

Aber sie wissen selbst, hochverehrter Mann, dass Sie, wie
die grösste Verehrung im Lager des Glaubens, so auch entschiedene Widersacher im Lager der „Freien" besitzen, —
zu welchen letzteren auch ich gehöre, ohne aber das Verständniss für Joh. 8, 36 verloren zu haben und ohne mich jener Geg-
nerschaft anschliessen zu können. Da Sie von Jugend auf mit
immer fortschreitender Vertiefung Ihrer Erkenntniss und Ueberzeugung von ganzem Herzen dem christlichen Glauben angehört haben, so war es gar nicht anders möglich, als dass Sie
auch Ihre leitende Stellung im preussischen Unterrichtswesen
auf das entschiedenste mit dem Geiste dieses Glaubens durch-
drangen, in diesem Geiste bethätigten. Denn wo der christliche
Glaube zum persönlich gehegten Glauben geworden ist, da
kann er der überlegenen Dignität seines Inhaltes nach gar nicht
anders als alle andern Lebensmächte, auch die vaterländische, auch
die altclassische, überschatten und den tiefsten Mittelpunkt der
Seele für sich beanspruchen, da kann er nicht anders als
auch nach aussen hin die Führung in aller Wirksamkeit ergreifen.
Denn, wie Spinoza sagt, niemand kann die Wahrheit zu be-

sitzen glauben, ohne auch den anderen Menschen den gleichen
Besitz zu wünschen, „und in um so höherem Maasse, je höhere
Erkenntniss Gottes er hat"; was aber von der Wahrheit, welche
sie auch sein möge, als einem bloss formal-logischen Prädicate
schon gilt, dessen Gültigkeit dürfte doch wohl in der Besonderheit des Inhaltes des christlichen Glaubens noch ganz besondere
Stützen gewinnen. Die Freien aber trennen sich an Einem Punkte
von der Richtung des Glaubens, an dem Punkte, dass in Beziehung
auf die göttlichen Dinge die Kraft des rein menschlichen Erkennt-
nisstriebes der Autorität einer göttlichen Offenbarung zu unterwerfen sei, und von diesem Punkte aus müssen so die beiden Heer-
gefolge auseinander gehen. Es muss also, wie es scheint, zwei
grosse Richtungen der Geister geben, und es muss sie geben dürfen,
weil an dem Scheidungspunkte die einen die anderen nicht zu
überzeugen vermögen, und weil es dem auf beiden Seiten ver-
tretenen erleuchteten Geiste der neuen Zeit widerspricht, irgend
welche Form äusserer Macht anzuwenden, um eine Einheit des
Geistes zu erzwingen. Nun haben aber die Freien bis jetzt
mannigfache, wie einerseits bewundernswürdige, so andrerseits
doch sicher hier oder dort kranke und der Ueberzeugungskraft
ermangelnde Systeme aus ihrem Princip hervorgebracht, und
damit noch schwerlich eine Grundlage geschaffen, die der alten
Grundlage an die Seite gesetzt werden könnte. Die Jugenderziehung und -bildung aber lässt sich nur auf dem Grunde
festen, geschichtlich völlig ausgewachsenen und so zu sagen
gereiften Geistes errichten: desshalb kann ich mich der Gegner-
schaft gegen einen christlichen Grund der Jugendbildung nicht
anschliessen. Uebrigens haben die Gegner des Wieseschen Systems, denen der Name seines Vertreters das Symbolum einer
feindlichen Macht ist, gemeiniglich doch keine Ahnung davon,
mit welcher Weite der Seele und mit welcher Hochherzigkeit das
„Alles ist euer" auf den Höhen der gegnerischen Seite mit aller
persönlichen Ueberzeugungsfestigkeit verbunden wird, und mit
welcher, wenn auch natürlich nur schweren Herzens gewährten,
Duldung dort auf die in diesem Weltalter, das sich sonnenklar
als ein Uebergangsalter kennzeichnet, als unvermeidlich erkannte

Zwiespältigkeit der beiden grossen Geistesrichtungen hingeblickt wird. Denn wenn man dort auch unzweifelhaft auf die sehr häufige Form der anderen Richtung, die heimlich aus Mangel an gutem Willen (Joh. 7, 17) entspringt, mit Trauer und sogar stillem Vorwurf blickt, so weiss man doch die Thatsache, dass auch die Entwickelung des modernen Geistes ungewollt zu dem anderen Gerichtetsein führen muss, mit dem Verständniss des Begreiflichen hinzunehmen. Ich persönlich wenigstens habe von Ihnen, hochverehrter Herr Geheimerath, in zahlreichen unschätzbaren Briefen des letzten Jahrzehnts eine so wundervolle Duldung erfahren, dass ich es nur als eine gänzliche Unkenntniss des Thatbestandes belächeln kann, wenn manche glauben, dass Ihr Name eine Ausschliessung des Ideales der nach Erkenntniss und Ausübung gleich schweren Tugend der rechten Toleranz bedeute. Der innerste Grund dieser schönen Fähigkeit der so zu sagen classischen Persönlichkeiten des positiven Glaubens, doch auch Toleranz auszuüben, scheint mir darin zu liegen, dass diese die Wahrheit ihres Glaubens anders als die eines theoretischen Systems empfinden, nämlich als die einer Wiedergeburt wirkenden Lebensmacht. Da ist es nun wohl möglich, theoretische Schwierigkeiten, die für ihren Glauben bestehen, wohl einzusehen, sich aber darüber hinweg in die voller Maassen in geschichtlicher und persönlicher Erfahrung ausgewiesene Macht des Christenthums, eine neue Creatur in's Leben zu rufen, zurückzuziehen. Denn die reine Theorie ist diesen Classikern erst das Zweite, die Gesinnungsconstitution des Gesamtmenschen aber das Erste. Auf der anderen Seite sehen sie aber doch auch die Thatsache, dass es im Inventar der göttlichen Schöpfung doch auch solche Naturen giebt, die wirklich und wahrhaftig so angelegt sind, dass für sie die Theorie das Erste ist: diesem Inventar aber können und wollen sie die Berechtigung nicht versagen, Gott selber die Oekonomie seiner Schöpfung voll Hoffnung anheimstellend.

Am liebsten hätte ich die Festschrift, die zum 30ten December 1896 abzufassen mir ein Bedürfniss war, natürlich in das

Gebiet verlegt, welches dem das Fest Begehenden, einem Dr. phil., der zugleich Träger der hohen Ehre eines Dr. theol. ist, das allernächste und allerhöchste war. Allein auf diesem Felde stand ich Ihnen doch nicht nahe genug. Wenn auch in Beziehung auf das Was dieses höchsten Gebietes Ihnen ganz nahe stehend bis auf den einzigen Punkt, dass ich die *naturalis christianitas animarum*, also eine heilplanmässige, auf jegliches Menschenwesen angelegte Universalität des Christianismus, mit Rücksicht auf die sich in der Erfahrung aufdrängende grosse Zahl der Naturen, die nicht recht darauf organisirt erscheinen, mit dieser grossen Geistesmacht in einen fruchtbaren Einklang zu kommen, nicht so voll verificirt erachte, so hatte ich doch in früheren Schriften kein Hehl daraus gemacht, dass sich mir in Beziehung auf das Dass desselben Gebietes unüberwundene Schwierigkeiten entgegen stellen. Und da wäre es mir eine Qual gewesen, mit dieser, zumal auch das Missverständniss des Uebelwollens herausfordernden, stets in Beziehung auf das Dass gehegten Reserve in Gedanken in der Ihnen sympathischen Weise auf jenem höchsten Gebiete zu sprechen. Da mir so die Möglichkeit, Sie zu einer gütigen Begleitung auf dem πρῶτος πλοῦς einzuladen, benommen war, musste ich mich begnügen, Ihnen auf einem δεύτερος πλοῦς mich zum Führer in einem wissenschaftlichen Gange anzubieten. Aber da es einmal δεύτερος πλοῦς sein musste, so hoffe ich doch wenigstens zweiter Cajüte Ihnen einen der bestmöglichen Plätze zu bieten. Denn nächst der Grundsäule Ihrer Lebensinteressen erscheinen Ihnen, wie ich glaube, die beiden Nebensäulen, die des vaterländischen und die des altclassischen Interesses, gleichwerthig und als die stützenden Kräfte wahrer Bildung gleich nothwendig. Da durfte ich also hoffen, nicht den schlechteren Griff zu thun, wenn ich ihn that in das zufällig mir persönlich in wissenschaftlicher Beziehung näher liegende der beiden Gebiete. Innerhalb dieses aber dürfte so leicht kein mit den besten Bildungsfragen in engerem Zusammenhange stehender Stoff zu finden gewesen sein, der den von mir gewählten der „antiken Humanität" in Ihrer geistigen Theilnahme übertroffen hätte. Denn dass zumal im Alter, das nach

Abschluss drängt, centrale Fragen die der peripherischen Einzelforschung überwiegen, darf ich voraussetzen. Ich hätte anscheinend zunächst meinem Stoffe, mit einem Blick auf die durch ihn gestellte Aufgabe einerseits und das gesamte antike Schriftthum andrerseits, wie einer Lebensarbeit gegenüber stehen müssen, die mit einer Gelegenheitsschrift, der nur eine kürzere Frist zu gebote steht, nicht zu bewältigen ist. Indess hatte ich sogleich ein Vorgefühl, dass der Stoff meines Themas in Wahrheit begrenzter ist als es zunächst scheint, und in näherem Besinnen, dessen Ergebnisse ich in einer „Einleitung" niedergelegt habe, glaube ich bewiesen zu haben, dass sich engere Grenzen des specifischen Begriffes der „antiken Humanität" ganz sachlicher Weise ergeben; und ich hoffe zu der Ueberzeugung von dem sachlichen Begründetsein dieser engeren Auffassung auch Ihre Zustimmung zu finden. Andrerseits haben Sie meine litterarischen Versuche stets ebenso wohlwollend wie freimüthig beurtheilt, und so kann ich auch diesmal erhoffen, dass Ihr etwaiger Dissensus sich mir mit aller Freimüthigkeit kundgeben würde.

Ich habe nur einen beschränkten Umfang der alten Litteratur auf das Hervortreten von Erscheinungen dessen, was der thematische Begriff zu einer allgemeinen Einheit zusammenfasst, durchmustern können, aber ich hoffe, es ist so sehr die für die Erkenntniss jenes Sachgebietes fruchtbarste Auswahl alter Schriftwerke zur Ausbeutung getroffen, dass nichts der antiken Humanität irgend Wesentliches übergangen sein dürfte. Es ist sogar ein schon von ganzen Heerschaaren von Gelehrten durchzogenes Gebiet, in dem die Requisition abzuhalten war, und doch denke ich noch mancherlei Neues darin aufgetrieben, d. h. Altes unter den Brennpunkt der Aufmerksamkeit gestellt und durch die Herstellung der Zusammenhänge bedeutsamer gemacht zu haben. Die aus der Masse altbekannter Zeilenschaaren vor die Front citirten sind hoffentlich vielfach die berufensten, von dem Geist der ganzen Truppe, auf den es hier ankam, Zeugniss abzulegen. Uebrigens waren die Stellen, die ein Zeugniss abzulegen hatten, wirklich nicht ganz so leicht zu finden, wie

wenn es sich um concrete Alterthümer oder auch um solche
abstracte handelt, die mit voller Sicherheit unter ein Merkmal
fallen, über das eine Meinungsverschiedenheit hinsichtlich seines
Zutreffens nicht möglich ist; das stille Urtheil, dass hier eine
Offenbarung der Humanität vorliege, musste erst immer wieder
gefällt werden. Und dann ist die Anführung der Belegstellen
so gemeint, dass nicht gerade sie in ihrer Vereinzelung be-
weisende Kraft haben, sondern so, dass wo unter ihrer Berührung gleichsam die Wünschelruthe des Gefühles für das Thematische erzitterte, auch andere, nur für uns verschüttete, Körner
oder Adern desselben Edelmetalles als einst in demselben Bereich vorhanden gewesen geahnt wurden. Ueber die Nothwendigkeit, die zerstreuten Spuren einer einheitlichen Geistesart
behufs der Darstellung der letzteren nach möglichst in der
Sache selbst liegenden Gesichtspunkten zu ordnen und über
die methodologische Berechtigung, ein System einer nicht
eben systematisch vereint gewesenen Vielheit von Elementen
nachzuzeichnen, habe ich mich schon in meiner kleinen Schrift
„Die Horazische Lebensweisheit" (Hannover 1890), S. 39 f. ausgesprochen. Wenn ich daselbst diese Weise nicht als eigentlich
wissenschaftlich bezeichnete, so schwebte dabei der strenge
Platonische Begriff der ἐπιστήμη oder der antik humane (vgl.
S. 309—312 der folgenden Schrift) der ars vor; im Sinne der modernen philologischen Forschungs- und Darstellungsweise aber
dürfte dafür sogar wissenschaftlicher Charakter in Anspruch zu
nehmen sein. — Ich habe mich entschlossen, die Belegstellen, ausser
wo in ihrer antiken Form die Pointe lag oder metrische Fassung
die altsprachliche Form bevorzugen liess, in's Deutsche zu übersetzen, weil ich einige voraussichtliche Leser, auch Leserinnen,
dieser Schrift kannte, für deren Lesen dies die Vorbedingung
war, und annehmen musste, dass es wohl auch sonst hier oder
dort manche Leser oder Leserinnen dieser Art geben wird.
Das Ganze, bei aller in der Sache liegenden Leichtfasslichkeit,
doch in wissenschaftlichem Tone zu halten habe ich mich bemüht.
Ich weiss, dass damit eine gewisse alt-deutsche Schwerfälligkeit
der Darstellung, die noch von dem Schweisse der Untersuchung

selber perlt, nicht fern gehalten ist. Es würde mir eine Freude
sein, wenn selbst unter der Anregung dieser mit der Nachforschung
belasteten Darstellung doch ein bestimmteres Gefühl für den
„Geist des Alterthums" auch in weitere Kreise der Bildung über·
ginge. Eine synthetische Darstellung desselben Stoffes, vielleicht
in der Form einer historischen Romandichtung, lag, trotzdem ich
gewisse Vorzüge an ihr nicht verkenne, nicht in meiner Absicht,
weil schwerlich in meinem Können. Andere mögliche Auffassungen meines Themas würden die folgenden gewesen sein:
Eine Geschichte der Entwickelung und des Verfalls mensch-
licherer Gesittung von den Zeiten Homers bis zum Untergange
der antiken Welt, oder eine Geschichte der Spuren einer im
modernen Sinne genommenen Humanität im classischen Alterthum. Aber bei der weiten Zerstreutheit der Quellen auf einem
ungeheueren Gebiet wären mir bei der zugemessenen Abfassungs-
frist diese beiden Behandlungen des Themas nicht möglich gewesen; auch lagen sie nicht so günstig für meine persönliche
Neigung. Statt dessen habe ich die antike Humanität aus der
Epoche ihrer Höhe, die ich als solche glaubte darthun zu können,
gezeichnet, dem geschichtlichen Werden des Humanen nur gelegentlich meine Aufmerksamkeit zuwendend und die Gleichartigkeit seines Wesens vom Saamenkorn bis zur Blüthe voraus-
setzend.

Auf den ersten beiden Bogen sind leider einige Druckfehler
— übrigens keine sinnentstellenden — stehen geblieben, von
da ab aber hoffe ich den Text in befriedigender Correctheit
zu bieten, da mich von dem dritten Bogen ab mein werther
College, Herr Oberlehrer Stoffers, durch freundliches Mitlesen
der Correctur zu herzlichem Danke verpflichtet hat.

Das Folgende brauche ich Ihnen, hochverehrter Herr Geheimerath, nicht auszusprechen, wohl aber habe ich es solchen mitzutheilen, die vielleicht eine Tactlosigkeit darin finden könnten,
einem neunzigjährigen Greise noch das Lesen in einem immerhin
nicht der leichtesten Unterhaltung angehörenden Buche zuzu-
muthen: dass Sie noch immer mit penetrirendster Geisteskraft
wissenschaftlichen Stoff durchdringen und litterarische Werke mit

einer Aufmerksamkeit verfolgen, die sich überall in ihnen vollkommen heimisch macht, das Nächste mit dem Fernsten zu verbinden weiss und mit sicherem Blick aus ruhiger Höhe ihr Urtheil fällt. Es ist kaum glaublich, aber noch in den letzten Jahren von mir immer wieder thatsächlich an Ihnen erlebt, und es liegt in dieser Ihrer wunderbaren Geistesfrische ein Hauptgrund, wesshalb Ihre Freunde und Verehrer dem Tage, wo Sie, so Gott will, Ihr neuntes Lebensjahrzehnt abschliessen, mit so freudigem Hochgefühl entgegensehen.

Und nun möge Ihnen der 30te December 1896 bei guter Gesundheit noch schöner, wenn es möglich ist, erstrahlen als der des vorigen Jahres, der Ihnen als der Tag, an dem Sie mit dem Niederlegen auch aller Ehrenämter den Eintritt in das neunzigste Lebensjahr zu dem Anfang eines endlich vollen *otium cum dignitate* machten, schon so viele Beweise der Liebe und Verehrung von nah und fern, die herzliche Theilnahme Ihrer bürgerlichen und kirchlichen Gemeinde und gar liebliche Aufmerksamkeit von einer hohen Frau gebracht hat, der alle deutschen Herzen mit ehrfurchtsvoller Liebe zugethan sind. Und möchte Ihnen noch ein langer, schöner Lebensabend bei befriedigendem Wohlbefinden und in weiterem Vollbesitze der mannigfachen, von Geburt an so reich ausgestatteten und neun Jahrzehnte lang getreu gepflegten und entwickelten, hohen Gaben und Kräfte der Seele und des Geistes zu theil werden! Das ist der innigste Wunsch Ihrer Freunde und Verehrer, und das walte Gott!

Hameln, den 17ten December 1896.

Dr. **Max Schneidewin,**
Gymnasialprofessor.

Inhalt.

EINLEITUNG.

Es ist doch ein sehr natürlicher Anfang, das „Έννοιά ποθ᾿ ἡμῖν
ἐγίνετο . .‟ oder noch mehr das „*Cogitanti mihi saepenumero* . .‟,
so scherzhaft dieses letztere auch in dem Eingang der vormaligen
lateinischen Schüleraufsätze klang, wenn der Verfasser, was er
nun gerade hier auf Anweisung zum ersten Mal schrieb, oftmals
bedacht zu haben versicherte. Ich fühlte mich wirklich, so oft
ich einmal an das zukünftige erste Wort dieser Schrift dachte,
deren Plan mir in dem Vorgedanken an den 30. Dezember 1896
(vgl. Widmung) gekommen war, zu dem Aussprechen des Satzes
gezogen: „Oftmals habe ich darüber nachdenken müssen‟, was
es wohl sein möchte, was in hochgebildeten Männern, die mit
gleicher Liebe dem christlichen Glauben und der antiken Humanität ergeben wären, das Band der Zusammengehörigkeit um
diese beiden grossen Geistesmächte schlänge und beide zu den
edelsten Besitzthümern der nämlichen Seele machte.
Nothwendig ist es der Erfahrung zufolge keineswegs,
dass beide in demselben Herzen zusammen wohnen. Es giebt
zahlreiche Philologen, die nicht nur kühle Erforscher des classischen Alterthums, sondern auch wirkliche Liebhaber der antiken
Humanität sind, in deren Individualität aber ein religiöses Bedürfniss zu wenig lebendig ist, als dass sie zum christlichen
Glauben eine Herzensstellung einnähmen. Umgekehrt giebt es
viele entschiedene Christen und glaubenseifrige Theologen, die
zwar durch die Weihe der altclassischen Bildung hindurchgegangen sind, aber auf die Dauer kaum lebendige Beziehungen
mit ihr unterhalten. Der wissenschaftliche und menschliche
Typus aber, den ich oben andeutete, steht mir in mehreren edlen
und werthen Bildern selbstangeschauten Persönlichkeitslebens
als ein unzweifelhaft gegebener lebhaft vor der Seele. Mein
unvergesslicher Gymnasialdirector August Geffers in Göttingen

Schneidewin, Antike Humanität.   1

spiegelte ganz und gar diesen einheitlichen Dualismus der Gesinnung, auch Ferdinand Ranke und Karl Friedrich Hermann, vor allen aber der ehrwürdige Mann und wahrhafte Nestor dieser Geistesart, dem dieses Buch gewidmet ist; aber überhaupt war das kräftige Bekenntniss zum christlichen Glauben einerseits und der antiken Humanität andrerseits im vorigen Menschenalter keine seltene Erscheinung, jetzt ist sie freilich nach der Seite ihrer beiden Elemente hin in sichtlichem Rückgang begriffen.[1]) Auf mich hat sie stets einen mächtigen Zauber ausgeübt, obgleich ich selber nur durch sympathievolles Zuschauerthum, nicht durch wirkliche Zugehörigkeit mit ihr verbunden bin.[2])

Paul Nerrlich, in seinem Buche „Das Dogma vom classischen Alterthum", (Leipzig 1894), gefällt sich darin, die Kluft zwischen dem Christenthum und classischem Alterthum recht weit aufzureissen und den „Grundunterschied" zwischen beiden — etwa die Jenseitigkeit und die Weltfreudigkeit — in das Licht zu stellen, als ob sich in Wahrheit die beiden Geistesmächte durchaus gegenseitig ausschlössen. Man kann ja einmal die Sache so auffassen, und je mehr man dieser Auffassung nachgiebt, desto mehr empfindet man, dass es wirklich der Mühe werth ist, auf unsere Eingangsfrage einmal eine Antwort zu suchen.

Vielleicht also fände sich die Liebe zum Christenthum und zur antiken Humanität nur in einer zufälligen Personalunion solcher Geister zusammen, die einerseits die eine Neigung, andrerseits aber doch auch die andere beseelte. Es ist eine allbekannte Erfahrung, dass zwischen verschiedenen Liebhabereien eines und desselben Menschen nicht der geringste Zusammenhang stattzufinden braucht, die Weite des Ich ist eben gross genug, um hier die eine Pflanze und an einer ganz anderen Stelle eine ganz

---

1) Seit September 1895, wo ich dieses schrieb, glaube ich doch auch Rückströmungen wahrgenommen zu haben.

2) Mich persönlich drängt der Sternenhimmel von einer anthropocentrischen Weltansicht, und von einer so zu sagen äonocentrischen drängt mich die Unmöglichkeit zurück, die Organisation eines Seins, in welchem noch einmal alle Seelen aller Lebensalter, Zeiten und Völker zu gleichzeitigem Leben für immer versammelt wären, in einer Vorstellung oder gar Anschauung zu vollziehen. Doch habe ich mir die Nachempfindung für den Glauben aufs beste bewahrt und spende für die erbetene Gedankenfreiheit aufs allerbereitwilligste die Gegengabe der Freiheit des Glaubens. Meine eigene religiöse Stellung habe ich in der Schrift „. . Eine Umschau über unseren religiösen Horizont" (Berlin, Fr. Stahn, 1891) präcisirt.

andere aufwachsen lassen zu können. Allein die zur Rede
stehende Doppelliebe ist doch wahrlich in ihren beiden Gliedern
über eine blosse Liebhaberei zu sehr erhaben, sie enthält auf
beiden Seiten eine centrale Stellung des Geistes und Herzens
zu den grössten Lebensfragen. Es mag ja sein, dass einer, der
als religiöser Mensch ein entschiedener Christ ist, als Mensch
mannigfacher geistiger Interessen nun gerade die griechische
und lateinische Sprache und im Anschluss daran dann auch ihre
Litteraturen sehr liebt, ohne zwischen jenen beiden Seiten seiner
Veranlagung ein Band zu knüpfen. Solcher loser, äusserlicher
Dualismus zweier Neigungen aber würde nimmermehr das Bild
ergeben, von dessen thatsächlichem Vorkommen wir ausgingen.
Die Personen, die uns in sich die Verkörperung dieses Bildes
vorführten, stehen doch zu hoch, als dass sie es, zumal auf die
Dauer, ertragen sollten, ein in zwei zusammenhangslose oder
gar sich widersprechende Provinzen aus einander fallendes
inneres Leben zu schleppen; sie sind nicht nur geistiger Weise
etwas, sondern sie beleuchten auch zu sinnvoll mit dem Lichte
des Bewusstseins das was sie sind und was zunächst unwillkürlich
auf dem Boden ihres Geistes erwachsen sein mag, als dass sie
sich darüber verblenden könnten, wenn sie etwa wirklich in der
Liebe zur antiken Humanität eine Schlange gegen ihre christliche Gesinnung am Busen nähren sollten. Zweierlei, wie etwa,
wenn einer ein Reiter und derselbe auch ein Schachspieler ist,
ist es also sicherlich nicht in ihnen, noch auch zweierlei in dem
Sinne, wie etwa wenn ein Gewerbtreibender an der einen Gattung
von Unternehmungen zusetzt, was er an einer anderen gewinnt.
Es muss sich anders mit der zweifachen Liebe verhalten.

Zunächst haben wir uns auf den ersten Wurf etwas ungenau
ausgedrückt, wenn wir sagten, dass die beiden Lieben sich völlig
gleich wären. Da das Christenthum in solchen Naturen, wie
wir sie umschrieben, nicht etwa vorwiegend ein historisches
Interesse besitzt, wie z. B. die homerische Theologie für Nägels-
bach, der übrigens auch in ausgeprägtester Weise als eine solche
Natur vor uns steht, sondern in ihm die letzte, gottgegebene
Lösung der Lebensräthsel geglaubt wird, so muss das Christenthum immer das letzte Wort haben und die Liebe zur antiken
Humanität eingeordnet sein in das Licht des christlichen Glaubens,
welches in ihnen die ganzen Seelengefilde übergiesst. Danach

ist die Schöpfung Gottes, und sofern sie der vollkommen gute
Gott gesetzt hat, eine Offenbarung und ein Abglanz seines
Wesens, folglich ein Gegenstand der Bewunderung, Verehrung
und Liebe für die vernünftige Seele, die in Gott den Quell alles
Liebenswerthen empfindet. Und zwar sowohl die natürliche Seite
der Schöpfung wie ihre geistige Seite, d. h. für uns höchste Geschöpfe auf dieser Erde die Entfaltung des geistigen Lebens der
Menschheit. So lässt sich mit der Gottinnigkeit der tiefsten
Gesinnung sowohl die hingebendste Liebe zur Erforschung der
Natur, wie z. B. bei Kepler und Newton, als auch die Be-
zauberung durch das grosse Schauspiel des geistigen Lebens der
Menschheit vereinigen. Nach welcher der beiden Richtungen
die göttliche Welt ihre Anregung ausübt, die liebende Forschung
auf sich zieht, das ist eine Sache der individuellen Geistesver-
anlagung. Auf alle Fälle studieren die christlich gesinnten Forscher in dem Gebiet ihrer wissenschaftlichen Interessen nicht
einen beliebigen Ausschnitt rein creatürlicher Sachverhalte als
solcher und in Lostrennung von ihrem letzten Ursprunge, sondern sie hegen, wenn auch die einzelnen Fragen in ihren engeren
Grenzen aufgefasst, behandelt und gelöst sein wollen, doch dem
Ganzen ihres Forschungsgebietes gegenüber und in dem Ganzen
ihrer wissenschaftlichen Gesinnung das Grundgefühl, dass sie
dem Gottes gedanken, der „alles regiert durch das All hin", wie
schon Heraklit sagte, in einem Theilgebiete seiner Entfaltung
nachgehen. An diesem tiefliegenden Punkte laufen die Fäden
eines theologischen Grundverhaltens zu den Erscheinungen des
Lebens und weltlichen Wissenschaftsbedürfnisses zusammen.

Nun ist weiter in dem christlichen Glauben die göttliche
Oekonomie der menschlichen Geschichte zwar ganz und gar
(vgl. Hebr. 1, 1—3) auf das letzte Ziel der Offenbarung in Christo
zugespitzt, aber doch derartig, dass auch die rein menschlichen
Entwicklungen ausserhalb der Offenbarungsgeschichte in den
Gottesplan mit hineingezogen sind, um die Menschheit erleben
zu lassen, was sie aus eigener Vernunft und Kraft vor sich bringen
kann. Das Unzureichende und Mangelhafte daran soll dann
als Stachel des Offenbarungsbedürfnisses dienen. Vgl. für dies
und die nächsten Seiten die Bemerkung L. v. Klenze's bei
K. Fr. Hermann, gr. Privatalterthümer §. 6, Anm. 1.

Die christliche Beurtheilung nun der rein menschlichen

Culturleistungen **kann** die Wendung annehmen, dass das Uebel, die Verfinsterung und Verderbniss der ursprünglichen Pläne Gottes mit der Menschheit ausschliesslich betont wird. Das Prototyp dieser, von den christlichen Kirchenvätern oft aufgenommenen Betrachtungsweise sind die vom Apostel Paulus im Römerbrief 1, 21—32 ausgeführten Gedanken. Es ist auch ganz natürlich, dass wo es galt, das Christenthum, den Offenbarungsglauben, erst gegen die Gebilde menschlicher Vernunft und Kraft hochzubringen und durchzusetzen, diese düstere Auffassung der rein menschlichen Cultur so ganz und gar in den Vordergrund trat. Allein nachdem das Christenthum obgesiegt hatte, konnte doch ein friedlicheres Verhältniss zu den Leistungen des natürlichen Menschengeistes eintreten, das unter den Kirchenvätern schon Clemens von Alexandrien anbahnt. Eine einseitige Geltendmachung dieses friedlichen Verhältnisses liegt darin, dass man sich christlicherseits bewusst wird, dass die Schulung des Instrumentes des natürlichen Geistes, mit welchem Instrument unumgänglich zum Theil auch die Vertheidigung des Christenthums geführt werden muss, auch der Stützung des Offenbarungsglaubens zu gute kommen muss. Da nun ausserhalb des Bereiches der christlichen Geistesschöpfungen und innerhalb dessen, was man von rein menschlicher Cultur kennt, die Schriften der alten Classiker unzweifelhaft die vorzüglichste, die virtuoseste Handhabung des Instrumentes der natürlichen Geisteskraft darstellten und zur Nachahmung darboten, so erklärt sich daraus die im wesentlichen doch freundliche Stellung der Reformatoren zur altclassischen Litteratur, wenn auch auf der anderen Seite die paulinische Auffassung in mächtigen Spuren bei ihnen nachwirkt.

Aber diese Einseitigkeit der Freundlichkeit des Verhältnisses der christlichen Gläubigkeit zu der antiken Humanität wurde überschritten. Das höchste Ideal des geistigen Lebens für einen im Glauben wohnenden und in der Liebe festgewurzelten und vollbegründeten Christenmenschen ist „die herrliche Freiheit der Kinder Gottes", deren Wahlspruch das grosse Wort ist: „Alles ist euer". Nachdem sich das christliche Wesen aus der Eierschale des Streites um die confessionellen Gegensätze im Lauf mehrerer Jahrhunderte zu zwei grossen Hauptformen seiner Erscheinung losgerungen hatte, konnte es auch in seiner Stellung

zur antiken Humanität zu jener herrlichen Freiheit empordringen.
Der Geist des Alterthums konnte jetzt — die Unvollkommenheit
und Lückenhaftigkeit der Einzelerkenntniss hier abgerechnet —
voller Besitz christlicher Männer werden, die zugleich hochgebildete und wissenschaftliche Geister waren: nicht als ob er
das Christliche in ihnen verdrängt, verfälscht oder abgeblasst
hätte, auch nicht als ob er mit ihm zu einer — ohne Widerspruch nicht zu vollziehenden — Verschmelzung zusammenge-
flossen wäre, sondern umschlossen von einer höheren Erkenntniss als eine von Gott gewollte Vorstufe und Gegensätzlichkeit
dieser. Der Inhalt der antiken Humanität konnte jetzt sogar
geliebt werden, aber nicht unbedingt, nicht als etwas absolut
Höchstes, sondern relativ, wenn man sich daran erfreuen wollte,
was der Menschengeist aus seiner göttlichen Veranlagung heraus
an herrlichen Früchten hatte hervortreiben können. Wir werden
in unserer Zeichnung des Bildes der antiken Humanität doch
den Eindruck gewinnen, dass der Besitz dieser Gesinnung nicht
von dem Gefühle begleitet war, nun geistigerweise alles zu besitzen, ein Höchstes, Letztes und Bestes, ein Allheilmittel gegen
die Leiden und Schmerzen des Lebens, einen Inbegriff der Erkenntniss; dass vielmehr die Humanität empfunden wurde als
wenigstens noch der beste Schutzpanzer in den Flammen des
Lebens, als wenigstens noch das schönste Paradies in den
Bereichen der Unvollkommenheit, als wenigstens der Mutterboden, von dem die höchsten Spitzen dessen, was der Mensch
erreichen kann, auslaufen: um so weniger braucht zwischen dem
christlichen Glauben, der seinerseits sich allerdings im Besitze
eines Vollkommenen (wenn auch in dieser Zeitlichkeit nicht in
einem vollkommenen Besitze desselben) fühlt, und der Liebe zur
antiken Humanität ein Widerspruch zu bestehen, da die letztere ja nicht als gefährliche Mitbewerberin um den Sieg, sondern von dem überhöhten Standpunkt als ein zu Füssen liegender herrlicher Ausschnitt aus dem Panorama der menschlichen
Dinge angesehen wird, über dem sich der Himmel der göttlichen
Dinge wölbt.

Ich glaube nunmehr der Eingangsfrage dem wirklichen Sachverhalt gemäss die Grundzüge ihrer Beantwortung hinzugefügt
zu haben.

Allem Obigen lag nun noch immer eine Voraussetzung
unter, deren Berechtigung nun noch zur Besprechung gestellt
werden muss. Ich fasste als den Kern desjenigen, was am classischen Alterthum geliebt wird (soweit sich die Liebe zum classischen Alterthum noch siegreich gegen die zahlreichen und hef-
tigen Angriffe auf seine Würdigkeit geliebt zu werden, behauptet
hat), stets die antike Humanität auf. Ist das richtig? Für
die ganz bestimmte Gruppe von Liebhabern des Alterthums, aus
der ich auch einzelne Vertreter ihres Geistes namhaft gemacht
habe, möchte ich mich verbürgen, dass mit der antiken Humanität das für die Liebens-Würdigkeit Wesentliche und Entscheidende an dem Gegenstande ihrer Liebe getroffen ist: so
meinen sie es mit ihrer Neigung, in diesem Lichte schauen sie
das Alterthum an, sofern es sie anzieht zum Studium und mit
herzlichem Wohlgefallen den Blick auf sich ruhen lässt. Auch
dürfte die antike Humanität einer der besten und vollwich-
tigsten Rechtstitel des classischen Alterthums auf die Liebe
auch solcher sein, die persönlich in einer doch sehr andersartigen
Culturwelt stehen. Freilich giebt es thatsächlich auch noch sehr
andere Gründe, die sich geltend machen, um dem classischen
Alterthum Liebe und Hingebung zu gewinnen. Solche sind z. B.
der Zauber der griechischen oder die Würde, Logicität und
Kraft der lateinischen Sprache, die hohen poetischen Kunstwerke
der Griechen oder die von culturgeschichtlichem Inhalt gesättigten Denkmäler der lateinischen Litteratur, vielleicht auch nur
ein Lieblingsschriftsteller; es sind vielleicht die unübertrefflichen
Leistungen der Griechen in der bildenden Kunst, oder die der
Römer im bürgerlichen Recht, oder die Körper der Inschriften als eine noch jüngere reiche Quelle der Belehrung über
eine untergegangene Culturwelt. Doch giebt es auch viele
Philologen (wirkliche Liebhaber der Alterthumsstudien immer
vorausgesetzt, was freilich ein Theil auch überhaupt kaum ist),
die wirklich nicht so sehr den Gegenstand lieben als ihre Stellung
zu ihm, das was er ihrem Leben gewährt. Die wissenschaftliche
Thätigkeit — die vielleicht auch einen ganz anderen Gegenstand
gefunden haben könnte — als solche zieht sie an, sie öffnet ihnen
den grossen Kreis der Mit-Arbeiter, in dem sie gebend und em-
pfangend wirken, für ihr Bedürfniss nach Auszeichnung Befriedigung finden und überhaupt aus beengender Isolirtheit erlöst

werden ... Kurz, Liebe zum classischen Alterthum entzündet sich noch heute auf mannigfachen Aussichtspunkten in dieses Gebiet, aber so leicht keine bedeutungsvollere, keine edlere und geistesverwandtere, als die auf die antike Humanität geht.

Was ist aber die antike Humanität, worin besteht sie?

Eine Worterklärung ist nicht nöthig, aber auch nichts weniger als ausreichend. Ein grosses Gesammtgefühl für das, was antike Humanität ist (und auf Grund dessen auch die Unterscheidung, was ihr fremd ist) hat man wohl — aber besteht auch ein ausgeführtes, wirklich in allen Punkten durchgearbeitetes Gemälde von ihr, nach dessen Musterung auch jenes Allgemeingefühl viel inhaltsreicher und bestimmter sich gestalten würde? Ich wüsste nicht, es müsste denn sein, dass man neuere Dichtungen antiken Stoffes, etwa von Wieland oder Robert Hamerling, dafür ansehen würde. Ich dachte aber nicht an synthetische, dichterische, die eben auch wieder mehr Gefühlseindrücke hervorrufen, sondern an analytische, wissenschaftliche Zeichnungen, die den Inhalt eines Ganzen durch Nachweisung seiner Bestandtheile in ruhiges Wissen aufheben. Ich wüsste nicht, welche litterarische Zeichnung etwa dem, was mir vorschwebt, Genüge leisten würde, und habe mich deshalb entschlossen, selber eine solche Zeichnung zu versuchen, in der Gewissheit, dass wenn ich etwa einen gleichen Versuch übersehen hätte, dieser doch sehr verschieden ausgefallen sein würde, weil der Gegenstand derartig ist, dass er sich gar nicht so unzweideutig, greifbar und unverkennbar in seiner Abgrenzung gegen anderes giebt, wie etwa Staats-, Privat- oder gottesdienstliche Alterthümer, und desshalb verschiedene Individualitäten ihn doch nur in der Brechung durch die Besonderheit ihrer Auffassung — dafür aber auch vielleicht erst in einer Mehrheit einigermassen vollständig — zeigen würden.

Zweierlei ist nun noch im voraus festzustellen: erstens, welches zwar verwandte, aber doch nicht mit der „antiken Humanität" zusammenfallende Stoffgebiete sind, zweitens welches die besten Fundgruben zur Darstellung der antiken Humanität sind.

Die antike Humanität ist eine Gesinnung, eine Denkweise, ein Complex, vielleicht sogar ein System von Urtheilen (darüber, was ist und darüber, was sein soll), die sich auf alle Hauptgebiete des Lebens beziehen, die aber nicht in kühler

Gleichgültigkeit eines rein theoretischen Interesses in der Seele wohnen, sondern eben auf die Gesinnung schlagen, die Empfindung beeinflussen, wie sie vielleicht auch von ihr beeinflusst sind, und das Handeln regeln; die endlich einer grösseren Zahl von Gleichgesinnten zukommen, ein Band der Gemeinschaft zwischen diesen bilden, sich auf Grund von Gelegenheitsveranlassungen leicht und sicher, wie aus einem in der Stille schon vorhandenen Schatz, erzeugen und in ihrer Vereinzelung doch länger oder kürzer die Saiten der gesammten Denkweise anklingen lassen. Die antike Humanität ist also zunächst eine inhaltsvolle, reich gegliederte Denkweise, ein Ideales, nicht ein Reales. Daraus ergeben sich zwei Grenzlinien, die zwischen ihr und Verwandtem zu ziehen sind, um so zu sagen eine Reincultur von ihr gewinnen zu können.

Je eine Denkweise stellen auch dar die Systeme der antiken Philosophie, auch von den meisten Schriftstellern würden sich Bilder ihrer individuellen Denkweise entwerfen lassen. Wie unterscheidet sich nun nach beiden Seiten hin der Gegenstand unseres Sonderthemas? Die Denkweisen oder Gesinnungssysteme der Philosophen streben einen Inhalt an, den sie in wissenschaftlicher Methode, als die Folge von zureichenden Gründen, als allgemeingültig zu beweisen suchen. Die Gesinnung der Humanität erfreut sich ihres geistigen Besitzthums als eines Unmittelbaren, gefühlsmässig als wahr Angenommenen, Vorausgesetzten, wenn auch stillschweigend vielfach Erprobten und mit dem Urtheile der bewussten Vernunft im Einklang Befundenen. Es ist nun Sache der Humanität, zu wollen, dass solches wissenschaftliches Erkennen stattfinde, auch thut die Humanität ihre Vorausgriffe in dieses wissenschaftliche Erkennen und hat ihre Sympathieen im voraus mit gewissen Ergebnissen, die dort erwachsen könnten, aber es ist auch Sache der Humanität, sich den wirklichen wissenschaftlichen Ergebnissen unterwerfen zu wollen. Diese selbst mit der Art ihrer Begründung gehören also in die Geschichte der Philosophie, und nicht in die Beschreibung der Humanität; es ist keine Noth, dass unsere Aufgabe Eulen nach Athen tragen und mit der Geschichte der Philosophie collidiren sollte, aber das der Humanität entsprechende Verhalten zur Wissenschaft hat unsere Aufgabe allerdings zu schildern. In der Denkweise der einzelnen Schriftsteller aber

wird das gemeinsame Element der Humanität zu unterscheiden
sein von dem andern, welches jedem besonders angehört, und
etwaigen anderen gemeinsamen dieselbe constituirenden Elementen, welche beide letzteren für uns unthematisch sind.
Am ersten könnte noch die Darstellung der antiken Humanität mit der antiken Ethik zusammenzufallen scheinen, sofern
von den ethischen Theorieen der verschiedenen Schulen noch eine
gemeinschaftliche Volksethik zu unterscheiden ist. Wenn dies
wirklich der Fall wäre, so hätte unsere Darstellung keinen Raum
neben der mustergültigen Arbeit Leopold Schmidt's über „die
Ethik der alten Griechen", und wäre höchstens diese noch durch
eine entsprechende Arbeit über die Ethik der alten Römer zu
ergänzen. Allein zwischen dem Inhalt der Humanität und dem
der Ethik läuft doch wieder eine Grenze. Das Charakteristische
der Ethik ist, dass Urtheile über das was gut sei zu einem System
zusammengestellt werden, dessen einzelne Elemente insgesammt
als mit einer verpflichtenden Kraft für den Menschen ausgestattet gedacht werden, so zu denken, zu fühlen und zu handeln,
falls er sittlich denken, fühlen und handeln will — mag auch
darin gerade die grösste Schwierigkeit für jede Ethik liegen,
die verpflichtende Kraft der ethischen Qualitäten wirklich überzeugend zu begründen. Die Humanität dagegen verpflichtet
niemanden zu sich selbst: sie ist ein freies, sozusagen aristokratisches Besitzthum, die zu der Angemessenheit an das Verpflichtende noch hinzukommt, als die edelste Blüthe auserlesener
Persönlichkeiten. Sie ist ethisch sozusagen indifferent, als eine
Zugabe, die nicht zu sein braucht, um das Ethische zu vollenden;
sie quält nicht durch Gewissensbisse bei dem Bewusstsein, dass
sie fehlt, aber sie beglückt durch das Gefühl, über das Nothwendige in freier innerer Schönheit des Gemüths noch hinaus-
zugehen. Es giebt freilich bei den Alten eine wissenschaftliche
Ableitung des Ethischen, des Verpflichtenden, aus der Idee des
Menschen, mehr oder weniger sind alle ethischen Theorieen der
Alten mit diesem Gesichtspunkt verwachsen, am deutlichsten
sind Cicero's Officien in Anlehnung an die Stoiker, bei denen
nur der grundlegende Begriff der menschlichen Natur zu dem
allgemeineren der φύσις überhaupt erweitert wird, eine Darstellung
des sittlich Guten als des dem wahren Wesen des Menschen
Entsprechenden. Da fällt allerdings Ethik mit Humanitätslehre

vollständig zusammen. Aber in der freien, nicht schulmässigen
Litteratur zeigt sich doch, dass der Humanitätsgedanke abgesehen von dieser schulmässigen Benutzung und Verarbeitung
einen überaus grossen Spielraum hat. Die Systematik der Humanität in der Ethik nun noch einmal zu reproduciren hätte
gar keinen Zweck, da sie in den alten Quellen selber eben schon
systematisch vorliegt und auch oft Gegenstand verdeutlichender
und kritischer Darstellung gewesen ist. Dagegen ist die freie,
unschulmässige Humanität noch gar nicht in einem Spiegel aufgefangen, und ihre Elemente unterscheiden sich deutlich durch
ihre Nichtzugehörigkeit zu dem, was als verpflichtend in der
Ethik, wenn auch einer als Humanitätslehre sich gebenden, vorgetragen wird.

Somit ist denn der Stoff einer Darstellung, die sich auf die
Humanität beziehen soll, von dem Stoffe philosophischer Systeme
überhaupt und ethischer insbesondere, wie auch von dem schrift-
stellerischer Charakterbilder geschieden.

Aber es ist auch noch möglich, dass Sitten und Gewohnheiten,
die den sogenannten Privatalterthümern angehören, sofern sie
innerlich aus dem Humanitätsgedanken fliessend erkannt werden,
ein streitige Stellung für die wissenschaftliche Darstellung einnehmen: sie können als schon hinreichend in den Privatalterthümern abgeschildert und doch auch als in dem Humanitäts-
bilde nicht zu übergehen angesehen werden, sofern Inneres
zum Aeusseren, Gründe zu den Folgen gehören. In der That
wird es nicht ganz zu vermeiden sein, dass auf auch sonst be-
kanntes und beachtetes hingewiesen wird. Der Unterschied
wird aber sein, dass in den Privatalterthümern Sitten und Gewohnheiten nach ihrer äusseren Erscheinung hereingezogen werden, in unserer Darstellung dagegen von der anderen Seite her,
aus ihren inneren geistigen Voraussetzungen, auf sie die Aufmerksamkeit gelenkt wird. Im grossen und ganzen wird jedoch
unser Stoff nicht die Dichtigkeit concreter, verfestigter Erscheinung, sondern die reine Idealität psychischen Besitzthums an
sich tragen.

Als die Fundgrube zur Darstellung der antiken Humanität
scheint sich zunächst die ganze antike Litteratur ohne Unterschied darzubieten, gleichwie Leopold Schmidt seiner Darstellung

der Ethik der alten Griechen die ganze griechische Litteratur
zu grunde legt und in dem schönen Eingangscapitel über die
„Fundgruben" für alle Hauptschriftsteller im voraus feststellt,
wie gross und welcher besonderen Art der gerade aus ihnen
zu gewinnende Beitrag voraussichtlich werden wird.[1]) Da diese
Arbeit unbeschadet der Verpflichtung, die Aufgabe, zu der sie
sich bekennt, sachlich zu lösen, doch auch den Charakter einer
Gelegenheitsarbeit (zum 30. December 1896) nicht verleugnen
will und kann, so würde es sehr übel mit ihr stehen, wenn sie
in der vielmal kürzeren Frist, seitdem mir der Gedanke an sie
aufgetaucht ist, eine Vorbedingung, die nur die Arbeit von vielen
Jahren sein kann, sollte erfüllen müssen: die ganze griechische
und lateinische Litteratur unter dem Gesichtspunkt durchge-
gangen und excerpirt zu haben, was in ihr als Material für die
genaue Erkenntniss der antiken Humanität abfiele. Denn daran
kann ehrlicherweise doch kein Zweifel sein, dass selbst noch
ganz andere Kenner dieser Litteraturen als ich mich etwa ein
solcher zu sein rühmen kann, nicht über das Material, das nur
unter der Anspannung der Aufmerksamkeit auf einen bestimmten
Gesichtspunkt zu gewinnen ist, aus ihrer bloss allgemeinen
Kenntniss heraus gebieten können, sondern erst auf's neue
unter diesem Gesichtspunkt das ihnen noch so vertraute Gebiet
durchackern müssten. Das kann ja das Leben selbst an jedem
Tage lehren, dass man gewisse Eigenschaften an noch so geläufigen Erfahrungsobjecten — z. B. Farbe und bestimmte Eigenthümlichkeit der Augen von Menschen, die man häufig sieht —
sich nur dann zu sicherem Bewusstsein bringen kann, wenn
man beschlossen hat, darauf zu achten, und dass man ohne
vorhergehende Anwendung dieses „Innervationsstromes der Aufmerksamkeit" sich in der überraschendsten Verlegenheit befindet,
über gewisse Seiten von Dingen Rechenschaft abzulegen, mit
denen man täglich umgeht. Nun stellt sich aber zum Glück
heraus, dass die wahren Quellen zur Erkenntniss der antiken

---

[1] Dass sich auch die Denkmäler der Bildkunst in gewisser Weise, bis zu
einem gewissen Grade und den richtigen Sinn und Geist in dem Beschauer und Deuter
vorausgesetzt, zur Erkenntniss der griechischen Volksethik verwerthen lassen, diesem
Gedanken ist L. Schmidt in dem angegebenen Capitel und, soviel ich mich erinnere,
auch sonst ganz vorbeigegangen. Die Darstellung der Humanität würde von dieser
Seite her jedenfalls eine viel geringere Ausbeute finden.

Humanität, wenn man diesen Begriff in seiner wirklichen Proprietät nimmt, viel beschränkter sind. Zunächst: sind die homerischen Gedichte, die man im allgemeinen eine Bibel der Alterthumskunde nennen kann, auch eine Fundgrube zur Erkenntniss der antiken Humanität? Ich meine: Nein! Zwar ist die echte Menschlichkeit in der gesammten Anschauung der Natur und der menschlichen Dinge, insbesondere aber die der handelnden Personen, ein ganz besonderster Ruhmestitel des homerischen Epos, über den alles sich einig ist. Der Sinn dieses etwas phrasenhaft vergriffen gewordenen Prädikates der „reinen Menschlichkeit" ist sozusagen der: dass Hellen ("Ελλην) bei aller seiner quantitativ grossen Begabung doch als ein ganz besonders normal angelegter Sohn der menschheitlichen Familie unter allen seinen feiner fühlenden Geschwistern empfunden und anerkannt wird, normaler z. B. in seiner Allseitigkeit als der in einseitiger Richtung ihm überlegene Romulus, normaler auch als der wunderbare und tiefsinnige, reckenhafte und kindliche, aus dämmerndem Weben des Gemüthslebens zu klarem Erkennen erst noch durch die Schicksale erzogene, jedenfalls sehr eigenartige, von construirbarer Normalität abweichende Teut, — und dass Homer ein die Normalität des Ahnherren in ganz bevorzugter Deutlichkeit spiegelnder Nachkomme desselben ist. Die einem Siegfried, Rüdeger und Giselher überlegene Allgemeinmenschlichkeit eines Achilleus, Odysseus und Antilochos, die auf der deutschen Seite wieder durch ganz eigenartig germanische Züge der Gemüthsveranlagung ausgeglichen wird, empfindet sich aber jedem empfänglichen Leser der homerischen Gedichte so überwältigend, dass sie nicht erst durch unzarte Ausdrücklichkeit ans Licht gestellt zu werden braucht. Vor allem aber gehört das homerische Epos einer so jugendlichen Epoche des griechischen Volksthumes an, dass in ihm von einem bewusster Weise herrschenden Princip der Humanität nicht entfernt die Rede sein kann. Diese achäischen Helden sind freilich griechische Menschen, die in ganz wunderbarer Weise mit dem Eindruck überraschen, dass in ihnen reine, sozusagen musternationale Menschen vor uns stehen, aber diese Ausstattung der Helden strömt aus unbewusstem Naturgeiste des altgriechischen epischen Sängerthums. Diesen Eindruck, dass man es nicht mit zufällig individuellen, sondern mehr mit objectiv vernünftigen Offen-

barungen des Menschenthums zu thun hat, trägt man zwar immer
wieder aus der altclassischen Litteratur und in hervorragendstem
Masse aus den homerischen Gedichten davon, aber ihn ist es nicht
meine Absicht zu zergliedern und durch concrete Nachweisung
vielfach zu belegen, denn das würde eine endlose Arbeit sein,
in der eine hier unberufene Verstandsthätigkeit überflüssiger-
weise einer ausreichenden Deutlichkeit des gefühlsmässigen Erkennens nachhinken würde. Ich hatte vielmehr, als mir der
Gedanke meines Thema's kam, eine untrügliche Erinnerung, dass
in dem Gesammtbereiche der altclassischen Litteratur ganz gewiss, vielleicht aber in der Gebundenheit einer bestimmten Epoche,
das Princip der Humanität als bewusste einheitliche Grundan-
schauung, als die alles durchdringende Geistesart, sich geltend
machte, und diese Entfaltungen aus dem Humanitätsprincip
heraus, wo dieses die führende Rolle im Geistesleben
gewonnen hätte, sollten mein Thema sein.

Die Lyriker singen von Lust und Leid, wie sie unmittelbar aus ungewolltem, ungeregeltem Erleben entfliessen, ihre
Schöpfungen (oder deren Trümmerfeld) konnte also noch nicht
die Domäne der Humanität sein, obgleich deren vereinzelter
Strahl allerdings überall hier und dort die ganze Landschaft der
altclassischen Litteratur durchleuchtet.

Die Tragiker stellen in der Form von Dialog und Handlung die Schicksale von heroischen Idealmenschen dar, die keiner
bestimmten geschichtlichen Zeit angehören, sondern in einer
gewissen elementaren, für die Kunst conventionellen Jugendzeit
der Nation stehen, vor der Schwelle der Geschichte. Die Tragiker
können sich nur in einer gewissen Selbstentfremdung, durch
die Personen ihrer Dichtung, aussprechen, was im abgemilderten
Sinne sogar für ihre Aeusserungen durch den Mund des Chores
gilt: folglich können auch sie nicht Apostel der Humanität sein,
die einem reifen, reflectirenden Zeitalter angehört. Es scheint
freilich, dass die Tragiker, sofern sie Menschen bilden, die einem
allgemeinen Idealtypus entsprechen und in denen von besonderen
historischen Vorbedingungen ihres Seins abgesehen ist, so recht
eigentlich das Menschliche als solches, wie es durch die Idee,
und nicht durch besondere Zufälligkeiten bestimmt ist, verkörpern
und somit sie selber recht eigentlich Humanisten seien. In der
That liesse sich recht gut auf Grund der uns erhaltenen Tragö-

dien eine Psychologie eines soll ich sagen idealen oder abstracten, von Nationalität und Geschichte möglichst losgelösten Menschenthums zusammenstellen. Aber die Humanität, die ich meine und die sich ihres Ortes auch sehr entschieden als eine solche aufdrängt, hat eine sehr ausgeprägte Richtung auf die Regelung des eigenen Ichs und wirklicher Verhältnisse, während die Tragiker, hinter ihren Schöpfungen verborgen, ganz in die objective poetische Gestaltung ergossen sind. Somit sind auch sie nicht Fundgrube für unseren Zweck.

Die Komiker — wir haben an Terenz und Plautus zu denken, da von den Griechen uns fast nur sentenziöse Bruchstücke erhalten sind — schaffen dramatische Personen, die tief unter der Höhe der Hochgebildeten ihrer Zeit und in einer niederen, egoistischen Lebensauffassung und -sphäre stehen, folglich von der Humanität, dem edelsten Symbolum der besten Gesellschaft, ausgeschlossen sind. Da die Dichter selbst in geistiger Beziehung dieser angehören, fliesst allerdings öfters etwas von ihrem humanem Geiste, namentlich in Sentenzen, auch in die Aussprüche der von ihnen geschaffenen Personen ein. Aristophanes verspottet und straft die Schäden des öffentlichen Lebens seiner Zeit indem er als Massstab der Beurtheilung nicht etwa die Humanität anlegt, sondern das Bild altattischer politischer Tugend, das er in der Seele trägt, und geistesfroh die ausgelassenen Launen seiner Phantasie geniessend und zum besten gebend. Uebrigens sieht es einmal aus, als ob er den Grundgedanken der Humanität, wie sie namentlich von den Modernen empfunden und verstanden wird, in ganz besonderer Klarheit, Wucht und Feierlichkeit — wie in einem Anklang an „Schiller's Lied an die Freude" — formulirte, wenn er in den Fröschen 701 f. dem Chor die Worte in den Mund legt: „Lasst uns freudig alle Menschen zu (Blutsverwandten) Brüdern erwerben, zu Inhabern der bürgerlichen Ehren und Mitbürgern" — wenn nur nicht die die Devise der Humanität zu nichte machende Einschränkung folgte: „wer immer mit zur See kämpft."

Die Historiker machen sich die Darstellung der politischen Geschichte zur Aufgabe, und wenn sie auch zum Theil für ihre Person in der geistigen Welt der Humanität heimisch sein werden, die die Atmosphäre der Gesellschaft ist, der sie angehören, so ist doch in ihren Werken kaum Gelegenheit, davon Zeugniss abzulegen. Wenigstens würde es so wenig lohnen, ihre Werke auf einzelne Körnlein des specifischen Geistes der antiken Humanität hin zu durchmustern, wie man den Sand der deutschen Flüsse nicht auf Goldgehalt hin durchsucht.

Die Philosophen sind für ihre Systeme interessirt, natürlich ein jeder für das seine, thatsächlich zum theil auch als für das seine, vermeintlich aber alle für das ihre als den Extract der wirklichen Wahrheit. Die Systeme als solche wollen aber wieder keine Behausung der Humanität, sondern der Wahrheit sein, höchstens den Flügel für praktische Philosophie abgerechnet. Wir werden sehen: es ist zwar ein ganz wesentliches Stück der antiken Humanität, sich für Philosophie zu interessiren, das Humanitätsbewusstsein wird zu einem Ausgangspunkt der Philosophie (der ältere, noch echtere und eigentlichere ist die Verwunderung): aber, sobald einmal Philosophie sein soll, d. h. das Streben nach Erkenntniss der Grundwahrheiten um jeden Preis, gilt von da ab nicht mehr das schon beschriebene Blatt der Humanität, sondern ein reines Blatt ist erst auszufüllen mit dem, was das beste und reinste Können im Erkennen finden wird. Ich habe die Probe gemacht, seitdem mir mein Thema im Sinn lag, auf Schriften und Fragmente der griechischen Philosophen, aber die Humanität war es auch da nicht, die mir entgegenathmete, sondern das Individuelle im Nachdenken über die Welt-wahrheit, bei Plato z. B. eben der Platonismus, bei Xenophon die Sokratik, bei den Vorsokratikern der kindlich und gigantisch zugleich die Forschung überspringende naturphilosophische Geist. Die Redner führen höchst belehrend ein in das wirkliche antike Leben mit seinem Kampf um das Recht, mit seinen gesetzlichen Normen, die es sich für die staatsbürgerliche und bürgerliche Existenz geschaffen hat, und den individuellen Abweichungen von denselben, die nun von dem Standpunkt der Normen angegriffen werden und sich zu rechtfertigen suchen. Aber da ist der regelnde Geist nicht der Humanitätsgedanke, sondern die unwillkürlich erwachsene nationale Rechtsanschauung und Sitte einerseits, die Handhabung einer wunderbar durchdachten Redekunst um den Sieg zu gewinnen andrerseits. Das ist ja ein ganz seltsames Resultat: die Humanität wurde vorausgesetzt als der Sauerteig des geistigen Gehaltes der gesammten antiken Litteratur, und bei näherer Prüfung zeigt sie sich von anderen Mächten durchsäuert, und die Humanität ist wenigstens im Zustande der Reincultur nicht zu erfassen. Wohl gemerkt: die Thatsache oder vielmehr das Einleuchtende des Urtheils haben wir zugegeben und stark betont, dass die Hellenen vielleicht das normalste Kind der menschheitlichen Familie sind, so dass es — wenn man sich dies Geistesspiel erlauben will — dem schaffenden Geiste, wenn die Idee der Menschheit in einem einzigen Volksexemplar verkörpert werden sollte, genügt haben würde, die Hellenen zu schaffen. Aber die Hellenen leben nun diese ihre Normalität aus als ihre thatsächlichen Träger und in der Verwendung der Gaben und Kräfte, die damit in sie hineingepflanzt sind, aber nicht auf sie reflectirend und sie zum bewussten Princip ihres Denkens und Schaffens erhebend. Desshalb strahlt auch ihre Litteratur und Kunst zwar sehr oft und sehr stark den Eindruck aus, dass hier die reinste und beste Natur, das Mustermenschliche zur Erscheinung kommt, aber die gewollte und beabsichtigte Humanität hat eine zwar der griechischen verwandte, aber doch noch specifisch eigenartige Geistesepoche im Alterthum hervorgerufen. Es hat sich innerhalb des classischen Alterthums einmal die Grundfrage: „Was sollen wir denn nun eigentlich in der Qual der Wahl zwischen so mannigfaltigen Stellungen zum Leben als das Beste erkiesen?" der erlesensten Geister einer Epoche mit der Beantwortung bemächtigt: Wir wollen Menschen sein mit dem, was daraus folgt. Das ist nirgends mit dürren Worten so ausgesprochen, aber das drängt sich aus allem als der eigentlichste Charakter einer Epoche auf, die wir nun finden werden.

Wir haben noch nicht der römischen Litteratur gedacht. Aus ihr kommt für unseren Gesichtspunkt in Wegfall alles, was nach dem Untergang der politischen Freiheit, (oder dessen, was man doch als solche gelten liess), also seit dem augusteischen Zeitalter geschrieben ist. Denn die Aufgabe, in einem freien Staate sich am öffentlichen Leben nach besten Kräften zu betheiligen, werden wir als einen wesentlichen Bestandtheil des humanen Bewusstseins erkennen. Es fällt ferner weg die archaische Epoche, in der noch nicht der Einfluss des griechischen Geistes auf den römischen zum Durchbruch gekommen ist: denn solange war der Geist der bescheidenen Anfänge der Litteratur römisch und nicht human. Damit sind dann schon sehr enge Grenzen gezogen für das Gebiet, auf dem wir das Gesuchte endlich finden werden. Um es auszusprechen, Cicero's Schriften sind für uns der wesentliche Spiegel der antiken Humanität. Mit diesem Urtheil scheint auf einmal der Werth der folgenden Arbeit auf die Stufe herabgedrückt, die ein Nebentitel „Ciceronische Studien" bezeichnen würde, und scheinen auf einmal sehr schwere Vorurtheile, die seit Drumann und Th. Mommsen auf der Person Cicero's lasten und insbesondere von der Jugend gar zu begierig aufgesogen werden, zu einer alles niederzischenden Claque herausgefordert zu sein. Ich verwehre es keinem Leser, wenn er nach meinem oben gethanen Bekenntniss zunächst einmal in den engeren und vielen wahrscheinlich unsympathischen Kreis Ciceronischer Studien eingetreten zu sein glaubt, und den Druck der namhaft gemachten Vorurtheile empfinde ich weniger, weil ich mir bewusst bin, für einen guten und nicht fanatisch voreingenommenen Willen reiches Material zu ihrer Herabstimmung in Bereitschaft zu haben. Ich selber wähle den Nebentitel nicht. Lichtenberg sagt (Vermischte Schriften, 2. Band S. 13): „Es ist mehr als wahrscheinlich, dass die Dichter uns das Beste ihres Umgangs und ihrer Gesellschaft liefern. Da Horaz uns so viel Vortreffliches hinterlassen hat, so denke ich immer, wie viel Vortreffliches mag nicht in den Gesellschaften gesprochen worden sein; denn schwerlich haben die Wahrheiten den Dichtern mehr als das Kleid zu danken." Die darin ausgesprochene Anschauung ist für mich eine grundlegende Voraussetzung der folgenden Arbeit. Eine Bestätigung für sie liegt in der Anrede des ganzen zahlreichen Richtercollegiums als *homines humanissimi* pro Arch. 19, vgl. 3, wo sogar die Zuhörer-corona (oder ein Theil derselben) *homines litteratissimi* heissen. Damit wird ganz gelegentlich bestätigt, dass dasjenige wirklich bestand, was ich unten oft die „humane Gesellschaft" nennen werde, nur dass hier die Höflichkeit des Redners ihre Grenzen etwas weit hinaus zieht über den kleineren Kreis der geistigen Elite Roms, welche ihrer Zeit zugleich die erste Gesellschaft der Erde war. Cicero's Schriften, sagte ich, sind für uns der beste Spiegel der antiken Humanität. Sie sind es, weil sie von den Monumenten der humanen Gesellschaft — wie auch an sich schon das Bedeutendste — so besonders bei weitem das Hauptsächlichste sind, was auf unsere Zeit ge-

kommen ist. Sie sind aber auch sicher nicht nur der Spiegel
der individuellen Denkweise dieses einzelnen Mannes, oder so weit
sie allerdings auch dieses sind, lässt sich ein individueller Theil
ihres Gehaltes ganz deutlich und bestimmt von dem andern,
der für eine Gesellschaft und Epoche typisch ist, scheiden. Um
das plausibel zu machen, muss ich etwas weiter ausholen.
Der römische Nationalcharakter war bekanntlich bis zu der
Modification, die er allmählich durch die Berührung mit dem
Griechenthum erlitt, durchaus praktich veranlagt. Der Grundgedanke, dass der einzelne nicht sich, sondern dem Ganzen, dem
er angehöre, dem Staat, zu leben habe, ein Gedanke, der ausser
in Lakedämon nirgends in der Geschichte so energisch verkörpert
gewesen ist, wie in dem alten, noch rein nationalen Rom, ist
zwar eine sehr ideale und erhabene Macht, aber in seiner Beschränkung der Auffassung des Ganzen, unter welches Unterordnung gefordert wurde, als des S t a a t e s (nicht z. B. der Cultur,
nicht der Menschheit, nicht eines Gottesreiches) doch durchaus
einseitig. Krieg, bürgerliche Verfassung, Recht waren die Lebens-
sphären, in denen die Thätigkeit des Römers, ausser der privat-
wirthschaftlich nothwendigen des Ackerbau's, aufging; die aller-
meisten römischen Namen, welche die genauere Geschichtsschreibung nennt, haben so gar nichts Individuelles (vgl. die
geistvolle Ausführung Th. Mommsen's, R. G. I, 457 f.), sie wieder-
holen immer nur wieder die Trägerschaft der gleichen Gesinnung
jener Unterordnung; und das bis zur crassesten Superstition
ausgebildete höchst peinliche religiöse Bewusstsein zog doch eine
sehr abstracte, wesenlose Götterwelt nur in den Dienst des
Staatsgedankens herab. Nun hatte man in diesem höchst
achtungswerthen, aber ebenso doch recht beschränkten Ge-
dankenkreise befangen gelebt, als die Berührung mit dem stamm-
verwandten griechischen Schwesterzweige der indogermanischen
Familie den Begabteren mit Einem Male eine ganz neue Welt
öffnete. Auch die Griechen waren ein politisches, immerhin
ein hochpolitisches Volk gewesen, aber sie waren doch nicht
aufgegangen im Staat, wie die Biene im Bienenkorb, sie hatten
in Freiheit, nicht in Knechtschaft unter praktische Zwecke, alle
menschlichen Anlagen entwickelt und damit massenhaft die
herrlichsten Werke hervorgebracht: sie b e s c h ä m t e n den reinen
Practicismus. Nun sollte es auch mit dem Römerthum, das

2*

denn doch die Verwandtschaft mit den Griechen nicht verleugnete
und zwischen sich und den Griechen einerseits und den übrigen
Völkern andrerseits der Unterschied zwischen Menschen und
„Barbaren" zu statuiren bald lernte, anders werden, es sollte
auch zur geistigen Freiheit erwachen. Das war der Wille der
Besten im römischen Volke, die in sich etwas von der Veranlagung der Schwesternation verspürten und nicht im stock-
römischen Wesen den ganzen Umfang ihrer Persönlichkeit
vollendet fühlten, und es war ihr Wille wenigstens für die Besten,
die einer Ausbildung entschieden fähige Minderheit, die aber
doch den Nationalcharakter nicht unbeeinflusst lässt. „Die
höhere römische Bildung war ja durchaus nichts anderes als
die Verkündung des grossen Evangeliums hellenischer Art und
Kunst im italischen Idiom" (Th. Mommsen, R. Gesch. III, S. 528).
Nun aber sollte doch auch das alte Römerthum bleiben, es
sollte nicht rein mit dem Griechenthum vertauscht werden. Es
lagen ja in ihm Vorzüge, die die Griechen in dieser Art und
Kraft keineswegs besassen; das Griechenthum sollte nur zu dem
Römerthum hinzukommen, aber nicht äusserlich, als blosses
Addendum, sondern innerlich mit ihm zusammengehen und verschmelzen. Da machte sich denn das Bedürfniss geltend, eine
höhere Einheit zwischen beiden zu gewinnen: und die war das
Menschenthum, die Humanität. In dem Menschenthum, wie es
nun als Ideal aufging, blieb der Kern des alten Römerthums
durchaus vertreten, aber nur als Eine Seite, und das Griechenthum sollte nicht als die nur Einmal in einem zufällig so veranlagten Volke gegebene Geistesqualität erscheinen, sondern
als eine grosse Seite des Menschenthums, die auch von anderer
und vielleicht weniger günstiger nationaler Operationsbasis aus
gewonnen werden konnte. Ich empfinde es mit besonderer Freude,
dass ich, von jeher ein Freund Cicero's, in dieser Auffassung
mit dem grossen Feinde Cicero's, Th. Mommsen, diesem so
immens geistvollen, aber nicht immer objectiven, ja oft übermässig subjectiven grossen Historiker, durchaus zusammenstimme.
So heisst es bei ihm z. B. (III, 530): „Die Politik des Cäsarischen
Staates war eigentlich nichts als Weltbürgerthum, seine Volks-
thümlichkeit eigentlich nichts als Humanität", und (III, S. 556):
„Das Wesen des neuen italisch-hellenischen Reiches war ja die
Humanität".

Wenn wir bisher den Zugang zu der Genesis der eigentlich specifischen Form der antiken Humanität nur von der Seite der Berührung des Römerthums durch das Griechenthum gewonnen haben, so ist doch auch ein anderes grosses causales Moment nicht zu übersehen, das sich an die in den letzten Citaten hervorgetretene Stellung Caesars zur Humanität anschliesst. Caesar ist der grosse Realpolitiker, der in das Uebergangsstadium zerfallender politischer Zustände von einst grosser Blüthe, in den Zersetzungsprocess einer ehemals glorreichen aristokratischen Politik und Staatsverwaltung, hineingeboren, wesentlich als heilender Arzt der grossen Schäden eines Reiches auftritt und aus ihnen das Beste und Vernünftigste gestaltet, was sich aus den unaufhebbaren thatsächlichen Voraussetzungen noch gestalten liess. Die Erkenntniss der Schäden hatte er mit den idealistischen Vertretern des Humanitätsprincipes gemeinsam, die Heilung, die jenen unter den Händen entschlüpfte, fand er in der das Alte definitiv zertrümmernden und das Neue aufbauenden That. Anders, und allerdings ohne den geschichtlichen Erfolg für sich zu gewinnen, stellte sich die humane Gesellschaft zu dem grossen Bedürfniss der Zeit. Empfunden war nicht nur die Einseitigkeit des bestehenden Römerthums und seine Ergänzungsbedürftigkeit durch Anregung des griechischen Wesens allgemein von den Besten, sondern auch, dass der Keim des Unterganges an den heimischen Verhältnissen nagte. Die Voraussetzung der Berechtigung der bestehenden Nobilitäts- oder Senatsherrschaft und einer Blüthe des Staates unter ihr war gewesen die sittliche und politische Tüchtigkeit der Regierenden. Der Schaden des Hochmuthes, der Exclusivität, des Kastengeistes, des Egoismus, des mangelnden Interesses für das Wohl der grossen Masse war schon länger allmählich eingeschlichen, aber die mit der Berührung durch das Griechenthum ziemlich gleichzeitige Berührung durch den reichen und genusssüchtigen Orient, die Erwerbung seiner Schätze durch die sieggreichen Eroberungskriege und die Eröffnung seiner Länder als dauernde Quelle der Erpressung und Aussaugung hatte dem alten Schaden den neuen der Habsucht und Genusssucht hinzugefügt. Es war klar, dass der rechts- und besitzlose grosse Haufe auf die Dauer die Herrschaft einer so entartenden Optimatenschaft nicht dulden, dass er durch solches Vorbild gereizt werden würde, seine physische Macht

gleichfalls im Sinne des Egoismus zu gebrauchen. Aristokratie
stand einmal im Bewusstsein der Herrschenden fest als die beste
Staatsregierung, und auch abgesehen von solcher idealer Ueberzeugung war die bestehende Aristokratie schon im blossen
Triebe der Selbsterhaltung keineswegs gesonnen, den Gedanken
der Möglichkeit einer anderen Staatsregierung zu erfassen. Aber
diese bestehende Aristokratie musste innerlich reformirt werden,
um die Berechtigung der Herrschaft zu bewahren oder vielmehr
neu zu erringen. Der von anderer Seite her nahe gelegte Gedanke, in der Pflege eines echten Menschenthums die Erhebung
über dürftige nationale Einseitigkeit zu erringen, stellte auch
von der Seite der Betrachtung der sittlichen Verderbniss des
bestehenden Regimentes die Rettung durch das nämliche Heilmittel vor Augen: in der zu ergreifenden Idee des Menschenthums lagen nicht Habsucht, Egoismus und Genusssucht als wahre
Eigenschaften des Menschen, wie ihn die Natur gedacht und
gewollt hatte, sondern Genügsamkeit, Gemeinsinn und ein Uebergewicht der geistigen Interessen über die rohe sinnliche Be-
gehrlichkeit.

Die Geburtsstätte des Humanitätsprincips liegt in dem Kreise
der Scipionen, seine Geburtszeit also um den Beginn des vorletzten Jahrhunderts vor Christi Geburt. Die Höhe der Ausbildung und Herrschaft des Princips der antiken Humanität liegt
in der Persönlichkeit und den Werken des M. Tullius Cicero.
An Talent zu realistischer Herrschaft und auch an der Fähigkeit,
in der schwierigsten Wirrsal der Zeiten, die nur jemals einer
politischen Epoche angehaftet hat, einen grossen und geschlossenen persönlichen Charakter zu bewahren, tief zu kurz
gekommen gegen seinen grossen Zeitgenossen, den vielleicht
ersten Realpolitiker der Welt, sammelt er doch den zerstreuten
Strahl des idealen Princips, das in den Besten der Aristokratie
seines Volkes seit 150 Jahren sich zum Durchbruch gerungen
hatte, des Humanitätsgedankens, in seinem Geiste wie in einem
Brennpunkt, und abgesehen davon, dass für uns seine Werke
die bei weitem wesentlichste Fundgrube der Erkenntniss der
antiken Humanität sein müssen, repräsentirt er auch an sich
die ganze Höhe und Weite, die Vollendung jenes idealen Princips.

Ein absteigender Ast im Leben des antiken Humanitätsprincips scheint mir nicht so allmählich wie der ansteigende

zu verlaufen, wenigstens findet mit der monarchischen Wendung, die durch Caesar und Augustus eintrat, sogleich ein starker Absturz statt. Der Humanitätsgedanke hatte bisher das Moment staatsbürgerlichen Denkens und Wirkens mit aller Entschiedenheit eingeschlossen, höchstens findet sich ein stimmungsweises Gehörgeben auf einzelne Stimmen griechischer Philosophen, die „den Weisen" vom Staatsleben ganz fernriefen. Eine dieses so wichtigen und activen Momentes beraubte Humanitätsgesinnung kann nicht mehr mit der alten Gesinnung identisch erscheinen, sie ist nur ein Torso von ihr. Das ist der Hauptgrund, weshalb ich H o r a z' Gedichte für eine weit weniger in betracht kommende Quelle einer wirklich zutreffenden Erkenntniss der antiken Humanität ansehe; — denn unter den augusteischen Schriftstellern würde er noch bei weitem am meisten in betracht kommen. Die Continuität mit der Gesinnung des Scipionenkreises und des darauf folgenden besseren, von der Humanität durchdrungenen Bruchtheiles der Aristokratie reisst doch mit Pharsalus, Philippi und Actium zu entschieden ab. Auch nimmt in Horaz das übrig gebliebene, sonst allerdings sehr starke Element des Humanitätsprincipes des vorigen Menschenalters nicht nur die Wendung, den Menschen, wie er sein soll, in sein Privatleben eingeschlossen zu denken, sondern zudem noch eine Wendung zu einer in viel höherem Grade eudämonistischen Auffassung des Zweckes, der dem Privatleben zu geben ist, als es mit der kräftigeren, heroischeren Humanität der vorhergehenden Menschenalter zu vereinigen ist. „Gebrauche deine Vernunft zu deinem Glück", der Grundgedanke aller Lebensweisheit, ist doch die Lieblingsgrundmelodie, die aus aller Horazischer Poesie entgegenhallt; „gebrauche deine Vernunft dazu, ein voller Mensch zu sein" ist dagegen der Grundgedanke der antiken Humanität in ihrer Blüthezeit. Ein entschiedenes Sinken des natürlichen guten und edlen ästhetischen Geschmacks, der die Humanität in dieser ihrer Blüthezeit gleichfalls auszeichnet, ist freilich bei Horaz noch nicht zu constatiren, obgleich er in der Richtung der pointirten Verfeinerung schon einen Schritt thut, der vielleicht bisweilen über die Grenzlinie der edlen und gesunden Einfalt schon hinausführt. Das silberne Zeitalter dagegen, immerhin den jüngeren Plinius und noch mehr den so zu sagen in seiner Geburtszeit verirrten Quintilian ausgenommen, thut schon Riesen-

schritte in der Richtung der Ueberladung, Geziertheit und Un-
natur, die es von dem classischen Zeitalter der Humanität durch
eine weite Kluft getrennt halten. Die Schriften Cicero's sind aber doch keineswegs gleichwerthig als Fundgrube für die Erkenntniss der antiken Huma-
nität. Die Reden erstreben den Sieg — einen dem Wunsch
des Redners entsprechenden Richterspruch, Senats- oder Volksbeschluss — in concreten Sachen des wirklichen Lebens und
in der Herablassung zu einer Zuhörerschaft, die das oberste
Stockwerk im Geistesleben des Redners, eben die Humanität, in
viel unvollkommnerem Grade bei sich ausgebaut besitzt; sie erstreben ferner den Sieg mit den raffinirten Mitteln einer Technik,
an deren Ausbildung das Rechthabenwollen und der Advocaten-
geist ebenso viel Antheil haben wie der feine Geschmack der
Humanität. So zeigen denn die Reden den humanen Geist
immer im Compromiss und der Mischung mit unreineren Be-
standtheilen. Die rhetorischen Schriften zerfallen auch in Rücksicht auf das, was wir eben hier feststellen wollen, in zwei sehr
verschiedenene Classen, die schulmässigen und die freien, in
deren ersteren ein Schulton, deren letzteren ein Weltton herrscht.
Natürlich erscheint nur in letzteren der humane Geist auf freier
Höhe. *De inventione, topica* und *partitiones oratoriae* kommen
für uns nicht in betracht: dagegen würden die drei Bücher *de
oratore* fast für sich allein ausreichen, das Bild der antiken
Humanität in allen seinen Hauptzügen erkennen zu lassen. Sie
sind eine Hauptquelle für uns, zumal der Verfasser in den Unter-
rednern ihrer dialogischen Form concrete Bilder eben von echt
humanen Persönlichkeiten geschaffen hat. Daneben zeigt auch
der *orator* und in grösserer Kürze die kleinere Schrift *de optimo
genere oratorum* namentlich den feinen und edlen Geschmack
der Humanität in Sachen der Sprache und ihres rednerischen
Gebrauches. Der *Brutus* enthält im ganzen mehr eine fachmässige Geschichte der römischen Beredtsamkeit, und der grösste
Theil seiner vielen Dutzende von Namen behält für uns etwas
ähnlich Abgeblasstes und Allgemeines wie die meisten Namen
der politischen römischen Geschichte. Die philosophischen
Schriften sind Reproductionen einzelner Theile griechischer
Schulphilosophie. Die Humanität willigt ein, dass Schulphilosophie in fachlicher Genauigkeit sein muss und nimmt lebhaften

Antheil an ihr; aber sobald sie in die Schulphilosophie eingetreten ist, tritt sie eben damit das entscheidende Wort an die fachgemässe Auffassung des Stoffes und das wissenschaftliche Walten mit Gründen und Folgen ab und lässt nicht mehr das humane Bewusstsein aus seinen mitgebrachten Geistesvorräthen entscheiden. Die Personen der Unterredner tragen bei weitem nicht das lebendig individuelle und humane Gepräge wie die Unterredner in den Büchern vom Redner; sie sind Vertreter von Standpunkten griechischer Schulsysteme. Dagegen sind die Briefe vertrauliche, wenn auch oft durch Klugheit und Rücksicht auf die Person und das Verständniss des Adressaten abgedämpfte Ergüsse des wahrsten und besten Inneren ihres Verfassers, folglich auch der Humanität, da diese die Substanz seines wahrsten und besten Inneren ist; somit sind die Briefe für uns eine weitere Hauptquelle. Für die politische Seite des humanen Bewusstseins kommen daneben *de republica* und *de legibus* wesentlich in betracht, da diese Schriften nicht als Abklatsch griechischer Schulphilosophie, sondern als reife Erzeugnisse der eigensten Anschauungen und Erfahrungen ihres humanen römischen Verfassers sich darstellen.

Wir werden meist nicht umhin können, in unserer Darstellung der antiken Humanität, gerade so wie es Leopold Schmidt in seiner Darstellung der Ethik der alten Griechen thut, unsere Behauptungen auf einzelne litterarische Stellen zu gründen. Gegen dieses Verfahren — obgleich es im allgemeinen als vollberechtigt vorausgesetzt zu werden pflegt — könnte sich die Bedenklichkeit erheben, dass einzelne Stellen ja gar nicht beweiskräftig zu sein brauchen, sofern ihr Inhalt zufällig einmal aus dem bunten Leben der Psyche auftauche und sonst für immer wieder verwehe. In der That muss streng genommen jede Stelle vor ihrer Benutzung erst die Prüfung überstanden haben, ob hier an der Oberfläche ein Stoff sprudelt, der auf eine innere Quelle zurückweist, in der stets der gleiche Stoff als in einem Behälter vorräthig ist, oder ob hier zufällig einmal heute eine Production des Geistes ihr Dasein verräth, die morgen und für immer verschwunden ist. Diese Prüfung werde ich auch, wenigstens in gefühlsmässiger Schnelligkeit, nicht versäumen: ich werde mich für mich selbst zu vergewissern suchen, dass was ich verwende derartig ist, dass, mag es nun auch gerade

so nur zufällig einmal gerade hier eine Blase aufwerfen, es doch
in der Denkweise einer ganzen Gesellschaft, der Träger des
Humanitätsgedankens, immer wieder einmal aufgetaucht sein,
dass es sich mit ähnlichen Gedankenverbindungen verkettet
haben und als latente Spur in der Humanitätsgesinnung nur der
Belebung durch die Anregungen des Flusses des psychischen
Geschehens gewärtig gewesen sein wird. Dem Darstellenden
muss dann freilich das Vertrauen geschenkt werden, dass er
nicht willkürlich das Vereinzelte, Sporadische verallgemeinern
wird. Aber ohne Credit zerfällt das wissenschaftliche Verfahren
gerade so wie das geschäftliche Leben, oder würde mit end-
loser Pendanterie geschlagen werden, die das Zustandebringen
von grösseren Arbeiten hindern würde.

Eine schlagende Bestätigung dafür, dass wir, um den Inhalt
der eigentlichen antiken Humanität genau festzustellen, wirklich
weniger auf die griechische Litteratur als auf einen Theil der
lateinischen angewiesen sind, bietet sich noch durch den l e x i -
k a l i s c h e n Thatbestand dar. Während *humanitas* mit dem
dazu gehörigen Adjectivum und Adverbium unzählige Male bei
Cicero begegnet und sich geradezu aufdrängt als der Lieblings-
begriff in diesen Productionen, als die Centralsonne, um welche
die Elemente der sich zum Ausdruck bringenden Denkweise
ihre Bahn ziehen, ist es mit entsprechenden griechischen Worten
im griechischen Schriftthum ganz stille. Ich constatire in dieser
Beziehung nach dem Ausweis des *Stephanus Thesaurus* das
Folgende: Ein dem lateinischen *humanitas* entsprechendes S u b -
s t a n t i v u m ist nicht im Gebrauch. ἀνθρωποσύνη giebt es überhaupt nicht. Ἀνθρωπότης wird von Kirchenschriftstellern (Genna-
dius und Clemens Alexandrinus) im Gegensatz zur θεότης von der
Menschheit (menschlichen Natur) Christi gebraucht, sonst nur
an einer Stelle des Sextus Empiricus. Ἀνθρωπισμός wird angeführt aus zwei einzigen Stellen: dem Ausspruch des Aristipp
bei Diog. Laert. II, 70 οἱ ἀπαίδευτοι ἀνθρωπισμοῦ δέονται und aus
einem mir nicht weiter bekannten Epiphanes („vol. II, p. 137, B“):
ταῦτα οὐχ ἁμαρτίας εἶδος, ἀλλ' ἀνθρωπισμοῦ ἀληθεστάτου. In der
Stelle bei Diog. Laert. braucht man noch nicht einmal an die
Humanität als die e d e l s t e menschliche Ausbildung zu denken,
sondern der Sinn wird einfach sein: die Unerzogenen bedürfen
dessen, dass sie erst einmal zu Menschen werden (nicht auf

thierische Stufe sinken, denn Mensch wird man nicht nur durch
Geburt, sondern erst durch die hinzukommende Erziehung). Die
andere Stelle führt auf einen Gegensatz, der erst in der christ-
lichen Ethik in Frage steht, den zwischen menschlichem (von
Gott in dieser Beschränkung gewollten) Wesen und (gottwidriger)
Sünde; der antiken Humanität ist der Gedanke — der doch bei
Epiphanes ausdrücklich zurückgewiesen werden muss und der
dem peinlichsten christlichen Gewissen und dem tiefsten Hei-
ligungsstreben sich oft aufgedrängt hat — dass das, was menschliches Wesen ist, als solches Sünde sein könnte, ganz fremd.
Das Substantivum φιλανθρωπία mit dem dazu gehörigen Adj. und
Adv. ist freilich seit Plato und Xenophon allgemein in Gebrauch,
drückt aber durchaus nur Eine Seite der Humanität aus, auch
braucht die Menschenfreundlichkeit nicht einmal auf Humanität
zu beruhen. Die Adjectiva ἀνθρώπειος und ἀνθρώπινος sind
freilich überall gelegentlich in Gebrauch, und seit Aristoteles
auch ἀνθρωπικός, dem entsprechend auch das Adverbium ἀνθρωπίνως überall und ἀνθρωπικῶς bei Späteren; ἀνθρωπείως auffallender
Weise nur einmal bei Aristophanes und einmal bei Thukydides.
Bei näherer Betrachtung zeigt sich aber, dass diese Adjj. und
ähnlich die Advv. einfach im Sinne des abhängigen Genitivs
ἀνθρώπου oder ἀνθρώπων und nicht im prägnanten Sinne unseres
thematischen Begriffs zu stehen pflegen. Aus dem ganzen Material bei Stephanus ist nur einiges wenige aufzutreiben, was
dem bei Cicero im specifischen Sinne der Humanitätsgesinnung
üblichen Gebrauch der entsprechenden lateinischen Wörter gemäss ist. „Videtur etiam ἀνθρωπίνως interdum accipi pro φι-
λανθρώπως“, sagt Stephanus, und ferner „saepe etiam clementiam,
qua humaniter alios habemus, notat, quod ἀνθρωπίνως χρήσασθαι,
ἀνθρ. μεταχειρίζεσθαι dicunt Graeci“. Das ist aber doch wieder nur
die Eine Seite der Humanität. Die einzige Stelle, wo ich eins
der von ἄνθρωπος abgeleiteten Worte im Sinne des Humanitätsprincips der höheren römischen Gesellschaft gegen Ende der
Republik gebraucht finde, ist bei Diod. I, 60. „ἀνθρωπίνως ἐνέγκας
τὴν εὐτυχίαν“, d. h. so wie jemand es soll, der mit Bewusstsein
die Consequenzen aus der Idee des Menschseins zieht, also
„vicissitudinis rerum humanarum memori animo, placate et
moderate“. Diodor aber hat unter Cäsar und Augustus längere
Zeit in Rom gelebt. Denn die seit ihrem Citirtsein durch

Schopenhauer berühmte Stelle „Ar. Eth. Nicom. X, 8" (muss heissen X, 7, p. 1177 B. 31): οὐ χρὴ δὲ κατὰ τοὺς παραινοῦντας ἀνθρώπινα φρονεῖν ἄνθρωπον ὄντα, ἀλλ' .. ἐφ' ὅσον ἐνδέχεται ἀθανατίζειν u. s. w. klingt freilich, als ob sich Aristoteles mit einem fertig bestehenden Gesinnungssysteme von dem Stichwort der Humanität auseinandersetzen wollte, aber der Gegensatz zeigt, dass hier von den παραινοῦντες, welches Wort man sehr gut als auf die Tragiker gezielt ansehen kann, vgl. z. B. Soph. Ai. 758—761, gedacht ist an die Forderung, die Grenze der Menschheit nicht nach oben hin (nach den Göttern zu) zu überschreiten, aber nicht an die dem Humanitätsprincip entsprechende Aufgabe, da man ein Mensch ist, nun auch ein nach allen Richtungen echter und voller Mensch zu werden zu suchen. Endlich wird das sehr seltene Verbum ἀνθρωπίζειν von Stephanus für Eine Stelle, Archytas bei Diog. Laert. III, 22 erklärt: *humanum se praebere, humanitatis officia exhibere*". Da aber als Voraussetzung für diese Forderung von Archytas gesagt wird: εἰ δέ τις γέγονε τραχύτας, d. h. wenn im natürlichen Wesen (dem eigenen oder fremden) eine Rauhheit oder Herbigkeit vorliegt, so ist bei der Forderung, eben dann nach einem „menschlichen Verhalten" zu streben, wieder nur an die Eine Seite der Humanität, die φιλανθρωπία gedacht, und keineswegs die Forderung des Humanitätsprincips in seiner Allgemeinheit formulirt.

Die antike Humanität.

Erster Abschnitt

Principielle Erörterungen.

So sehr auch der Humanitätsgedanke als der immer entschiedener sich durcharbeitende Grundgedanke und Sauerteig
der höheren römischen Gesellschaft von des älteren Scipio Zeit
bis an die Schwelle des augusteischen Zeitalters anzusehen ist,
so kann man doch nicht sagen, dass er sich eine bestimmt
formulirte Losung geschaffen hätte, die allen ihm Zugethanen
als solche bewusst gewesen wäre, und auf die sie sich im eigenen
Denken und der Mittheilung an andere als auf ihr geistiges Gemein-
schaftsprincip bezogen hätten. Will man sich auf die beste
kurze Formulirung besinnen, die er in der alten Litteratur gefunden haben dürfte, so müsste man doch wohl einen Vers anführen, der nicht lateinisch, sondern griechisch, wenn ich nicht
irre ein Menandrischer ist; den Vers:

Ἄνθρωπος ὤν τοῦτ' ἴσθι, καὶ μέμνησ' ἀεί:

„Du bist ein Mensch. Nun sei es und vergiss es nie!"

Dieser Vers drückt die Grundgesinnung der antiken Humanität
aus, und zwar, mag man nun das „ἴσθι" von οἶδα oder — wie ich es
jedenfalls für die Uebersetzung vorziehen möchte, das gemeinte
consequens statt des *antecedens* zu setzen — von εἰμί ableiten. That-
sächlicher Kernspruch der gesamten Lebensauffassung ist er aber
doch nicht sowohl, wie ich im Einklang mit der Einleitung wieder-
hole, für die Griechen geworden, die sich von Natur, ohne das Voll-
Licht bewusster Reflexion, als eine κατ' ἐξοχήν normal-menschlich
begabte Nation fühlten, als für die Römer, die der Einseitigkeit
ihres nationalen Wesens durch ausdrückliche Besinnung auf die
höhere Pflicht, nicht nur Römer, sondern römische volle Menschen zu werden, nachhelfen zu müssen glaubten. Aber ohne

sich zu der Formel so zu sagen eines Parteiprogrammes verdichtet und in gewissem Sinn damit dann auch veräusserlicht
zu haben, durchströmt doch der Humanitätsgedanke wie ein
überall gegenwärtiges Fluidum alle Geistesäusserungen jener
Gesellschaft, deren bestimmten Inhalten er als die umfangende
Atmosphäre zugesellt ist. Man könnte meinen, dass vielmehr der allbekannte Teren-
zische Ausspruch (*Heautontim.* 77): „*Homo sum, humani nil a
me alienum puto*" der Grundspruch der antiken Humanität wäre.
Allein dem ist nicht so. Das Menschliche wird in ihm aufgefasst
als rings in der äusseren Welt, wo und wie nur Menschen sich
gehaben, in den Menschen wohnend und als nun so wahrzunehmen und hinzunehmen, wie es in ihnen wohnt und von ihnen
ausgeht. Die Thatsache, dass etwas den wirklichen Menschen
eigen ist, stempelt dieses im Sinne dieses Spruches als menschlich ab, das Menschliche wird in ihm aus dem realen Gegenständlichen abgelesen. Aber der antike Humanitätsgedanke
erkennt als wirklich menschlich nur das an, was der vernünftigen
Idee des Menschlichen entspricht, von der die Erscheinung des
Wirklichen unzählige Mal abweicht; in ihm wird das (wahrhaft)
Menschliche nur aus der Idee des Menschen abgelesen. Aus
der Innerlichkeit des idealen menschlichen Subjects quellen hier
die Momente des Menschlichen, nicht aus der zersplitterten
Aeusserlichkeit dessen, was als objectiv thatsächlich menschlich
in die Beobachtung fällt. Aus dem Terenzischen Spruche entspringt der Geist der weitherzigsten Duldsamkeit, denn was
Menschen denken, fühlen und thun, muss ja doch irgendwie
menschlich sein, aus dem antiken Humanitätsprincip aber entspringt der Geist, das Wirkliche, wie es unter der Betheiligung
aller, auch der zufälligen und ideewidrigen in ihm wirksamen
Kräfte werden will, straff anzuziehen zu dem, was es der Idee
nach werden soll. Die moderne Humanität hat unzweifelhaft
einen starken Anflug des Terenzischen Gedankens, von der
antiken kann man das keineswegs sagen.

Die antike Humanität ist überhaupt nicht etwa identisch mit
dem, was man jetzt Humanität nennt. Unter dieser versteht man
Menschenfreundlichkeit, die sich in Wort und That äussert, als
liebevolles, entgegenkommendes, achtungsvolles, fremde Schüch-
ternheit überwindendes Benehmen, eine Hinneigung mehr zur

Milde als zur Strenge der Beurtheilung fremder Eigenschaften, die unter den Gesichtspunkt des etwa Tadelswerthen fallen, vor allem aber hülfreiche That, Linderung fremden Elendes ohne ein aus näheren besonderen Beziehungen stammendes anderes als das Motiv, weil der Hilfsbedürftige auch ein Mensch ist; tritt statt dessen — wie das z. B. bei den humanen Bestrebungen des Thierschutzes der Fall ist — der Gedanke als Motiv mehr in's Bewusstsein, dass man selber ein Mensch ist, wie in dem Goetheschen „Edel sei der Mensch, hilfreich und gut", so tritt damit die Verwandtschaft der modernen Humanität mit Einer Seite der antiken entschiedener hervor, denn die letztere entnimmt viel mehr ihre Motive aus dem Menschen als Subject denn aus dem Menschen als Object. Aber die antike Humanität ist von viel weiterem Begriffsumfange als die moderne. Sie schliesst die letztere, wenigstens begrifflich, wenn auch nicht der ganz unvergleichlich grösseren Sphäre der Bethätigung nach, welche die moderne vor der antiken auszeichnet, durchaus ein, aber sie geht in ihrem begrifflichen Umfange sehr weit über die moderne hinaus, wofür zunächst eine
Lexikalische Nachweisung
beweiskräftig sein wird.

Humanitas (*humanus*, *humane* [*humaniter*]) ist zunächst im Sinne der Menschenfreundlichkeit durchaus geläufig. *Humanitas* ist freundliches Wesen im Verkehr, z. B. ad Att. V, 1, 3: *Quo ut venimus, humanissime Quintus: Pomponia, inquit, tu invita mulieres, ego accivero pueros. Nihil .. dulcius, idque cum verbis tum etiam animo ac vultu.* Wogegen die Gattin des Quintus Cicero es an jenem Tage, verstimmt, an Liebenswürdigkeit fehlen liess: *vel ipsi (Pomponiae) hoc dicas licet, humanitatem ei meo iudicio illo die defuisse* (4). So ad fam. VII, 8, 1: *Scripsit ad me Caesar perhumaniter;* ad fam. III, 1, 2: *Mirifice ipse suo sermone subsecutus est humanitatem litterarum tuarum;* ad Att. XIII, 9, 1: *Humanissime Dolabella quibus verbis secum egissem exposuit.* Uebrigens ist diese Freundlichkeit nicht das an und für sich und durchaus Löbliche der Haltung im Verkehr mit Menschen, sondern erst in ihrer — sehr schwierigen, de leg. III, 1 — Verbindung mit der *gravitas*. Umgekehrt ist auch die *gravitas* für sich allein nicht das Vollkommenste, wie sich z. B. herausfühlt in dem Urtheil über die

Beredtsamkeit des Cato, de or. III, 29: *Sic autem gravis est ut in singulari dignitate omnis tamen adsit humanitas ac lepos.* Jene Seite der *humanitas* wird recht deutlich durch synonyme Hinzufügungen, wie *h. et facilitas* (z. B. de or. II, 362), *h. et observantia* (z. B. ad fam. XIII, 17, 2; XIII, 23, 2), *h. et mansuetudo* (z. B. ad fam. XIII, 65, 1). *Humanitas* ist so z. B. das von der guten Sitte gebotene Entgegenkommen, einem angebotenen wissenschaftlichen Gespräch nicht auszuweichen (de or. I, 106) und Rede und Antwort zu stehen (de or. II, 230). Human ist das Interesse für eine andere Person; so z. B. findet es Cicero (ad fam. III, 2, 1) durch die Humanität des Appius, seines Vorgängers in der Statthalterschaft Ciliciens, bedingt, dass dieser sich möglichst im voraus für seinen Nachfolger interessire; von Amtspflicht ist da nicht die Rede. An Toleranz streift *humanitas*, wenn Balbus (ad. Att. X, 7 B, 2) *pro singulari Caesaris humanitate exploratum habet non probaturum Caesarem, contra eum* (Pompeius ist gemeint) *Ciceronem arma ferre a quo tantum beneficium se accepisse praedicet*, und mit einem galanten Euphemismus ist es nur ein Mangel an humaner Toleranz („*mulieres vix satis humane ..*"). wenn Frauen einem Zerwürfniss zweier anderen Frauen gegenüber, in dem beide von ihrem Standpunkt aus nur pflichtmässig gehandelt haben, nach beiden Seiten hin feindselige Urtheile fällen (ad Att. XIII, 22, 4). In Verhältniss zur *severitas* wird *humanitas* gesetzt z. B. ad Q. f. I, 1, 21 : *Haec Octavii severitas acerba videretur, nisi multis condimentis humanitatis mitigaretur*, die Humanität mildert also die Strenge. Aehnlich in Verhältniss zu der (strengeren) *magnitudo animi* ad Att. IV, 6, 1: *Virum in summa magnitudine animi multa humanitate mixtum perdidimus.* Freundliche Gefälligkeit und Fürsorge ist *humanitas* z. B. ad Att. I, 7 extr. und in der Wendung *peto humanitatis tuae causa*, z. B. ad fam. XI, 22. Dies bildet den Uebergang zur hülfreichen Humanität. *Humanitatis est aliorum consulere commodis*, ad Q. f. I, 1, 57. Diese Hülfe kann idealer Art sein, so z. B. ad Att. I, 17, 4: *Sed omnis in tua posita est humanitate mihi spes huius levandae molestiae:* die *molestia* ist der Verdruss über verstimmende Redereien des Bruders Quintus über seinen Schwager Atticus. Sie kann aber auch geradezu materielle Hülfe sein, wofür eine Hauptstelle ad fam. XV, 17, 3: *Quod multos miseriis levavit*

et quod se in his malis hominem (das zweite Glied kann sich
auch auf die menschenwürdige Ertragung der als unglücklich
vorausgesetzten politischen Verhältnisse der Caesarischen Herrschaft beziehen, der Begriff der Humanität strahlt aber doch
aus ihm auch in das erste Glied hinüber) *praebuit, mirabilis eum
virorum bonorum benevolentia prosecuta est;* daher die Verbindung
humanitas et liberalitas, z. B. ad fam. I, 9, 12. Wenn ferner
das Verbot des Connubium de rp. II, 63 eine *inhumanissima lex*
heisst, so ist in diesem Urtheile eine Auffassung des Inhumanen
enthalten, wie sie dem modernen Sprachgebrauch völlig entspricht.

Nun aber kommt *humanitas* oft in so umfassendem, allgemeinem Sinne vor, wie wir gar nicht von „Humanität" — ausser
wenn wir eben diese antike meinen — sprechen. Das Princip
der antiken Humanität ist eben, nicht nur menschenfreundlich,
sondern ein voller, ganzer, der Idee dieser höchsten Gattung
von irdischen Geschöpfen entsprechender Mensch sein zu wollen.
So heisst es de rp. I, 28 aus dem Sinne des dort in mannigfacher
Umschreibung gekennzeichneten, eben humanen Idealmenschen:
*Appellari ceteros homines, esse solos eos qui essent politi pro-
priis humanitatis artibus,* d. h. den dem Menschenwesen eigenthümlichen (geistigen, entwicklungsfähigen) Eigenschaften. In *vim omnem humanitatis* (de or. I, 53) ist *humanitas*
geradezu = *natura humana.* Die schöne, weitherzige Regel
der antiken Humanität: *Vel non facere quod non optime possis
vel facere quod non pessime facias humanitatis est* (de or. II, 85)
nimmt offenbar auf das vernünftige Menschenwesen überhaupt,
nicht auf die Menschenfreundlichkeit Bezug. Uebrigens ist das
Menschenwesen human noch nicht in seiner natürlichen Ge-
gebenheit, sondern erst in der Ausbildung nach der in ihm angelegten Idee: *exculto in animo nihil agreste, nihil inhuma-
num est,* ad Att. XII, 46 extr.

Der Sinn, in welchem das Menschenwesen betont wird,
tritt besonders durch hinzugefügten Gegensatz hervor. So zu den
Thieren, z. B. de or. II, 153: *Ego existimavi pecudis esse, non
hominis .. non subauscultando tamen excipere voces Graecorum,*
d. h. man müsste ein Thier und kein Mensch sein, wenn man
nicht wenigstens in einigem Hinlauschen die Götterstimmen der
griechischen Dichtung und Wissenschaft auffangen wollte. So zu
den „Barbaren", als eben nicht vollen, vielmehr die Ausbildung

der Anlage des Menschenwesens versäumenden Menschen, z. B.
de or. II, 169: *Si barbarorum est in diem vivere, nostra consilia
sempiternum tempus spectare debent*, wo die gemeinten „wir"
nicht eben Griechen und Römer als solche, sondern als *humani
homines* sind. Doch findet sich de rp. I, 58 die höchst humane
Bemerkung darüber, was das eigentliche Merkmal des Barbaren-
thums sei: *Nomen barbarorum moribus dandum est, non linguis*,
eine Bemerkung, durch die der den Alten oft gemachte Vorwurf einer schroffen Ueberhebung über andere Völker sehr gelindert werden muss. Auch *vir* ist ein solcher Gegensatz. Die
männlichen Tugenden des Menschenwesens waren wahrhaftig
in dem alten römischen Nationalcharakter derartig angelegt und
ausgebildet gewesen, dass den Römern durch die Berührung mit
dem Griechenthum kein neues Licht aufgehen konnte über eine
bisherige Versäumniss in ihrer Selbsterziehung; aber es giebt
auch edle, sanftere*), gewissermassen weibliche Tugenden, die
jemand übersieht, der eben nur ein Mann zu sein nach seinem
obersten Grundsatz gewillt ist. Auf deren Bild stiessen die
Römer durch ihre Berührung mit den Griechen und fühlten nun
ihre *virtus* von der milderen Seite des Menschenwesens her
ergänzungsbedürftig. Sie verfielen nicht eben auf den Gegensatz von männlichen und weiblichen Tugenden — etwa in dem
Sinne wie neuere Philosophen den Willen ein männliches, die Idee
oder den Intellect ein weibliches Princip nennen —, sondern auf
den Gegensatz von männlichen und menschlichen Tugenden.
Eine Hauptstelle dafür ist ad fam. V, 17, 3: *Ne hoc quidem praeter-
mittendum esse duxi, te ut hortarer rogaremque, ut et hominem
te et virum meminisses, i. e. ut et communem casum .. sapienter
ferres et dolori fortiter ac fortunae resisteres;* im Sinne des
sapienter ferre ist ad Att. I, 2, 1 geradezu gesetzt *humaniter
ferre*. Eine witzige Anwendung macht davon Cicero in einem
litterarischen Urtheil am Schluss von ad Q. f. II, 9 (11): *Virum
te putabo, si Sallustii Empedoclea legeris, hominem non putabo:*
viel Muth gehört dazu (gleich als ob Gefahr dabei wäre, und
nicht bloss Selbstüberwindung), aber bei hohen intellectuellen

---

*) „mollitudo humanitatis" wird de or. III, 161 als eine geläufige und aus-
drücklich vom Tastsinn her übertragene Ausdrucksweise behandelt, vgl. ad Att. XIII
2, 1: *Sed iam ad ista obduruimus et humanitatem omnem eximus*, de or.
II, 212: *Asperitas contentionis oratoris ipsius humanitate conditur.*

Ansprüchen an ein Buch ist dieser Muth nicht aufzubringen, er wird von dem noch stärkeren geistigen Widerwillen überboten. Oefters steht *homo* so in prägnantem Sinne, dass es einen im wirklichen Besitz voller Humanität befindlichen Menschen bedeutet. So de or. II, 40: *Nox te, Antoni, nobis expolivit hominemque reddidit* — sagt Crassus scherzend zu dem Freunde, der am Tage vorher sich den Anschein gegeben hatte, als ob er vom Redner nur eine fachmännische Tüchtigkeit verlangte (*hesterno sermone unius cuiusdam operis, ut ait Caecilius, remigem aliquem aut baiulum nobis oratorem descripseras, inopem quendam humanitatis*), der am andern Morgen aber des Crassus bekannten Ausführungen des vorhergehenden Tages (in l. I) mit vollem Munde zustimmte, dass der Redner im Besitze einer universellen Bildung sein müsse. Ad Att. XII, 38, 3 heisst es: *Si qui me fractum esse animo et debilitatum putant, sciant quid litterarum et cuius generis conficiam: credo, si modo homines sint, existiment me .. aut reprehendendum non esse aut .. etiam laudari oportere.* Also das Vorurtheil, dass Cicero (im Jahre 46) ein gebrochener Mann sei, soll durch den Umfang und die Art seiner litterarischen Production widerlegt werden: um für diese Widerlegung aber zugänglich zu sein, muss man „ein Mensch", d. h. kein Stockrömer, sondern ein Mensch sein, der den rein geistigen Interessen Berechtigung zuerkennt. Sehr hübsch illustrirt diesen Gebrauch des *„homo"* die Anekdote von Plato („oder wer es sonst gesagt haben mag") de rp. l, 29. Er wird auf einer Seefahrt an ein entlegenes Gestade verschlagen, sagt aber, als er plötzlich im Sande geometrische Zeichnungen erblickt, zu seinen entmuthigten Begleitern: „Ich sehe Spuren von Menschen". Bedeutungsvoll im Sinne unserer augenblicklichen Darlegung macht diese Worte — obgleich die Anekdote als solche schon in demselben Sinne gedacht sein muss, denn sonst ist der Schluss ja ein nichtssagender *truism* — recht ausdrücklich noch der Zusatz Cicero's, dass er das gesagt habe, obschon er auch bebaute Felder (*agri consituram*) gesehen habe, denn eine bloss ackerbautreibende Bevölkerung ist noch nicht zur „Humanität" hindurchgedrungen, ein wie helles Loblied auch, nicht gegen den Sinn der humanen Gesellschaft, der ältere Cato, der mit dieser erst spät eine gewisse Fühlung gewann, der Landwirthschaft als dem heilsamsten

Berufe in *Cic. de senectute* singt. In der Stelle de or. III, 52: *Neque eum, qui non (satis eleganter*, d. h. völlig correct) *latine loquitur, oratorem tantummodo, sed hominem non putant* erscheint als ein Minimum der Anforderung, die man erfüllen muss, um „ein Mensch" zu sein, dass man die Muttersprache richtig spricht, also etwas, was auch heutzutage als Vorbedingung aller geistigen Bildung gilt.

In allen unseren Ausführungen von dem Punkte an, wo wir einen weiteren Umfang des antiken als des gebräuchlichen modernen Humanitätsbegriffes nachweisen wollten, tritt als ein Merkmal der antiken Humanitätsauffassung das Moment geistiger Bildung, der Ausbildung der intellectuellen Anlagen der Menschennatur, hervor. Was Schopenhauer mit Unrecht zu einem Merkmal der ausnahmsweisen allerhöchsten geistigen Anlagen, der Genialität, machen will, die Freiheit des Intellects von seiner Dienstbarkeit gegen den Willen, gegen persönliche Interessen, also die Herrschaft über die natürlichen Triebe der Ernährung, der Fortpflanzung und sinnlichen Wohlseins, — das ist es eigentlich, was der antiken humanen Gesellschaft als die Bedingung der Zugehörigkeit eines Menschen zu ihr erscheint. In der That steht es doch nicht so schlecht um die Menschheit, dass nur die ganz seltene und bevorzugte Stufe der Genialität diese geistige Freiheit, die Fähigkeit zu rein geistigen Interessen besässe — wie auch umgekehrt nur allenfalls die theoretische, aber nicht die technische, poietische und praktische „Genialität", — ein Prädikat, das man eben nicht nur in den Schopenhauerschen Grenzen zu ertheilen pflegt — durch das Merkmal der Freiheit des Intellectes vom Willen wesentlich erschöpft wird. Es giebt vielmehr weit über den Kreis der wenigen genialen Menschen hinaus einen zur gewohnheitsmässigen Herrschaft gelangenden überlegenen Willen der Unabhängigkeit von jenen niederen animalischen Trieben (oder wenigstens vielfacher Erhebung über sie), der die geistige Freiheit eben dadurch, dass er sie bewusst will, behauptet gegen den ausschliesslichen Dienst der animalen Antriebe. Wer wirklich „ein Mensch" sein will, muss es im Sinne der antiken Humanität dahin gebracht haben, ein Genie ist er deshalb noch nicht, aber er gehört dann zu der gegen die Genialen doch schon umfangreichen Minorität der Menschen, die es nicht dem Namen nach, sondern wirklich sind.

So ist denn nun der Uebergang gebahnt zu der zweiten Hauptbedeutung, die mit Recht der *humanitas* nach der ersten — Menschenfreundlichkeit in den Lexicis beigelegt wird. *Humanitas* ist also zweitens der Sinn für geistige Interessen, wie er einem rechten Menschen, der eben darauf von der Natur in seinem auszeichnenden Gattungscharakter angelegt ist, zukommt, und die aus der Bewährung dieses Sinnes hervorgehende B i l - d u n g, eine Bildung, die nicht Mittel zu einem ausser ihr liegenden Zwecke, sondern sich selber Zweck ist. So ist z. B. de or. I, 71 *in omni genere humanitatis perfectus* — im Besitze aller *ingenuae artes*, die in de or. III, 127 aufgezählt werden in einiger Abweichung von dem späteren, auf Boëthius beruhenden *trivium et quadrivium: geometria, musica, litterarum cognitio et poëtarum* (Litteratur, insbesondere die dichterische), *quae de naturis rerum, quae de hominum moribus, quae de rebus publicis dicuntur* (Naturphilosophie, Ethik, Politik). (Es sind also hier sechs „freie Künste", besser wissenschaftliche Lehrgebäude, statt der späteren sieben: Grammatik, Rhetorik, Dialektik, Musik, Arithmetik, Geometrie, Astronomie). So ist denn *humanitas* — Bildung in Stellen wie z. B. den folgenden: de or. III, 58: *Artibus puerorum mentes ad humanitatem finguntur et virtutem*, pro Archia poëta 3: *Artes, quibus ratio puerilis ad humanitatem informari solet*, de or. III, 94: *Apud Graecos videbam tamen* (im Gegensatz zu bloss handwerksmässiger rhetorischer Technik, die in Rom als ausreichend für die Ausbildung zur Beredtsamkeit ihre inhumanen Vertreter hatte, was Crassus dort beklagt) *esse doctrinam aliquam et humanitatem dignam scientia*, in welcher Stelle *humanitas* mit auffallender Entschiedenheit gar nicht mehr der echt menschliche Boden ist, aus dem die Bildung erwächst, nicht mehr das durchgebildete Menschenwesen, sondern in einer Art Synekdoche die producirte Bildung selber. — Daher dann nun auch die erläuternde V e r b i n d u n g von *litterae* und *humanitas*, z. B. ad fam. XVI, 14, 2: *Excita ex somno tuas litteras humanitatemque;* de or. II, 72: *Communes litterae et politior humanitas.* Eine Steigerung der *humanitas* ist aber doch die *sapientia:* ad fam. I, 7: *Humanitas tua vel potius summa sapientia.* Da die Bildung Reife voraussetzt, so ist recht auffallend der *humanissimus p u e r Alexis* ad Att. VII, 7, 7; dass darin etwa eine gutmüthige Verspottung altklugen Wesens liegen

sollte, ist nicht wohl anzunehmen, da Cicero ihn recht freundlich grüssen lässt; jener Alexis wird eben ein Knabe — übrigens,
wie dort ausdrücklich gesagt wird, nahe dem *adolescens* — gewesen sein, der zu dem, was wir noch jetzt Humaniora nennen, Lust
und Liebe gehabt hat. — Wenn es ad. Q. f. I, 1, 6 heisst: *Constat
Asia ex eo genere sociorum quod est ex hominum omni genere
humanissimum*, so ist natürlich an die asiatischen Griechen
gedacht, und bei diesen sowohl an ihre wissenschaftliche Bildung
als an ihre Freundlichkeit und Gewandtheit im Umgange.
Uebrigens sind damit die Griechen für das eigentliche Huma-
nitätsvolk erklärt. Dieser Ausspruch des obersten Vertreters
der specifischen antiken Humanität hebt aber den von uns be-
tonten Unterschied nicht auf, dass die Griechen mehr thatsächlich eine am ehesten im Vergleich der Völkercharaktere normal
zu nennende menschliche Veranlagung auf Grund ihrer nationalen Mitgift ausgelebt haben, dass aber erst in der höheren
römischen Gesellschaft seit den Scipionen die Humanität zu
einem bewussteren Princip ihrer Lebensauffassung gemacht ist.
— *Humaniter vivere* in ad fam. VII, 1, 5: *Occupationibus si me
relaxaro, docebo profecto quid sit humaniter vivere* ist gewiss
bezogen auf das Leben in (receptiven) Studien und (productiver)
Schriftstellerei, also auf die Humanität als Bildung, denn das
ist eben die Seite an einer wahrhaft menschlichen und nicht mehr
in ihrer Entfaltung gestörten Weise des Lebens, für die als das
potius das eigentlich noch umfassendere unausgesprochene Stichwort dieser humanen Gesellschaft gesetzt werden kann. Dieses
wissenschaftliche Leben wird eben als das wahrhaft der (menschlichen) Natur entsprechende hingestellt ad Att. IV, 16, 10: *Quae
vita maxime est ad naturam, ad eam me refero, ad litteras et
studia nostra*. So wird dann *humanitas* mit anderen Begriffen
weiten Umfanges, welche die grossen löblichen Haupteigen-
schaften einer Person ausdrücken, zusammengestellt, wie z. B.
ad fam. III, 1, 1: *Propter multas suavitates ingenii, officii, humanitatis tuae*, de or. III, 1: *Illud immortalitate dignum ingenium, illa humanitas, illa virtus L. Crassi*, um allseitige Vortrefflichkeit anzudeuten. Da aber nur der freie Mensch, und weder
der eigentliche Sklave noch der von den Nöthen des praktischen
Lebens Geknechtete, humane Bildung sich aneignen kann, so
wird auch wohl *liberalis* als Synonymum von *humanus* ge-

braucht (das Substantivum *liberalitas* übrigens nicht wohl für *humanitas*), z. B. de or. III, 125: *Sit modo is qui dicet aut scribet institutus liberaliter educatione doctrinaque puerili*, de or. I, 146: *Est artificium* (die rhetorische Technik) *ad cognoscendum non illiberale*. — Auch die mehr äussere Cultur kann *humanitas* heissen, wie z. B. bei Tac. Agr. 21: *Id (porticus, balinea, conviviorum elegantia) humanitas vocabatur*, Caes. b. g. I, 1: *Belgae a cultu atque humanitate provinciae longissime absunt*. Der Gegensatz zwischen Civilisation und Uncultur heisst pro Sest. 92: *vita humanitate perpolita — vita immanis*. Wie das Aeussere zum Inneren, also etwa wie das *decorum* zu dem *honestum* in de off. I, c. 27, verhält sich aber zu der *humanitas* die *urbanitas*, das dem Stadtrömer der guten Gesellschaft eigene feine und höfliche Wesen, weshalb beide auch wohl verbunden werden, wie ad Q. f. II, 8 (10), 2: *Subtilitas veteris urbanitatis et humanissimi sermonis*. Doch lässt sich Humanität (bei innerlich edlen, aber nach aussen schroffen und eckigen Naturen) auch wohl ohne Urbanität denken, und der Mangel der Humanität ist ein schwererer als der der Urbanität: de or. II, 365: *Non essem tam urbanus et paene inhumanus, ut in eo gravarer quod vos cupere sentirem*.

Aber Menschenfreundlichkeit und Bildung füllen noch nicht den ganzen Umfang der antiken Humanität. Zu ihr gehörer alle Zweige des geistigen Lebens, welche die menschliche Natur aus sich hervortreibt. Wie in den Officien in schulmässiger Darstellung die vier Cardinaltugenden aus den Keimen der menschlichen Natur abgeleitet werden, so werden auch ganz gelegentlich mannigfache Elemente der Cultur mit der Humanität in Verbindung gebracht. So die S p r a c h e, z. B. de or. I, 35: *In omni genere sermonis et humanitatis*, ganz besonders die geistreiche, launige, heitere und witzige Unterhaltung (der Gegensatz zu dem, was Schopenhauer den „thierischen Ernst" nennt), z. B. de or. I, 32: *Quid magis proprium humanitatis quam sermo facetus ac nulla in re rudis?*, de or. II, 270: *Socratem in hac ironia dissimulantiaque longe lepore et humanitate omnibus praestitisse*, ad Att. I, 13, 1: *Litterae humanitatis sparsae sale*. So die C i v i l i s a t i o n, z. B. in dem Ausdruck de or. I, 33: *hic humanus cultus civilisque*. So der G e s e l l i g k e i t s t r i e b, die Eigenschaft des Menschen, ein ζῷον πολιτικόν zu sein, z. B. de rp. I, 40: *Coeundi* (der Bildung menschlicher Gemeinschaften) *causam ipsam fuisse humanitatem*, vgl. de rp. I, 39: *Non est solivagum genus hoc (humanum)*, de rp. II, 49: *Quis enim hunc hominem rite dixerit, qui .. cum omni hominum genere .. nullam societatem humanitatis velit?* So das Recht, z. B. de leg. I, 17: *Natura iuris ab hominis repetenda natura.*

Wenn der Humanitätsgedanke überall als der Gedanke an das Hohe und Vortreffliche erscheint, was die Natur oder Gottheit mit dem Menschen im Sinne gehabt hat und also als eine Selbsterinnerung empfunden wird an das vor uns stehende Bild dessen, was wir werden sollen, so ist doch der umgekehrte Gesichtspunkt, den wir bei dem geflügelten Worte *errare humanum est* einnehmen (dass wir mit dem Gedanken an unsere menschliche Natur unsere intellectuelle Schwäche entschuldigen wollen) dem antiken Humanitätsbewusstsein nicht fremd. In jener uns als Citat geläufigen Form habe ich ihn nicht gefunden, aber: *Cuiusvis est hominis errare*, or. Phil. 12, 5 und *Possum falli ut homo* (frühere Lesart *ut humanus*), ad Att. XIII, 21, 5.

Nachdem wir uns über den Umfang des Humanitätsbegriffes an der Hand des lexikalischen Materials klar geworden sind, gehen wir nun zu der Feststellung des Inhalts der Humanität über. Es wird da nicht (vgl. S. 16) der Inhalt philosophischer Lehrmeinungen nachzuzeichnen sein. Denn wenn es auch eine Forderung der Humanität ist, dass solche Lehren systematisch ausgebaut werden, so ist doch ihr Inhalt nicht mehr Inhalt der Humanität, sondern der einzelnen Disciplinen, und innerhalb dieser gilt nicht mehr humane Voraussetzung, sondern unbefangene Wahrheitsforschung mit Sinn und Genie für diese und mit erfahrungsmässiger Feststellung und logischer Eintheilung des Materials und nach den Denkregeln des Satzes vom Widerspruch und vom Grunde. Dem allen aber geht vorher und bleibt daneben bestehen ein Inhalt des humanen Bewusstseins. Es würde freilich nur Spiegelfechterei mit dem Philosophiren sein, wenn ein im voraus feststehendes Resultat, wie es von den geheimen Kräften und Regungen des Gemüthes dictirt wird, in ihm nur eine nachträgliche methodische Begründung finden sollte. Wer in die Philosophie eintritt, muss entschlossen

sein, von da ab nur die Sache gelten zu lassen, sie falle aus,
wie sie wolle, und nicht, was er schon zu der Sache mitbringt.
Das liegt so auf der Hand, dass es auch die Philosophen nicht
haben übersehen können, die dennoch zu einem grossen Theil
in ihrem systematischen Gange nicht als Finder, sondern nur
als Gestalter des schon vorher Gefundenen erscheinen, und von
denen nur Kant und namentlich Steudel — vgl. mein „Goldenes
ABC der Philosophie", Berlin, F. Stahn, 1891, S. 47—49 u. 172
bis 175 — die ernste Warnung erheben, nicht schon beschriebene Blätter in die Forschung mitzubringen. Auch die Alten
müssen, wenn es mit der Philosophie kein Spass, sondern Ernst
sein sollte, bereit gewesen sein, den Inhalt des humanen Bewusstseins innerhalb der Philosophie zu modificiren, wenn es
die Sache so mit sich brachte. Im allgemeinen ist dies nicht
der Fall, sondern es bleibt, wie gesagt, jener Inhalt neben den
philosophischen Ergebnissen bestehen und findet in ihnen seine
Bestätigung und weitere Ausführung. Das scheint mir so zu
erklären, wenn man nicht die Philosophen als Knechte von vorgefassten Meinungen ansehen will, dass der Inhalt des humanen
Bewusstseins schon nach der Seite seiner sachlichen Vernünftigkeit anticipirt und nicht als zufällige subjective Geschmacks-
velleität empfunden wurde.*)

Jedenfalls aber ist das humane Bewusstsein in seiner Ur-
sprünglichkeit und zarteren Unmittelbarkeit mehr zu belauschen

---

*) Nur die Elemente der humanen Gesellschaft, die in der Philosophie sich
vom Epikureismus erobern liessen, fielen von dem humanen Princip ab und
vollzogen höchst bedeutende Modificationen seines Inhalts in der dafür eingetauschten
Lebens- und Weltansicht. Es geschah das wohl weniger in Folge einer persönlichen Hinneigung zu praktischem Materialismus und Hedonismus, die man einem
Epikur und Lucrez kaum zutrauen kann, sondern in Folge der Einwirkung sehr natürlicher und zunächst starker und blendender Argumente. Weil diese aus der humanen
Gesellschaft hervorgegangenen und sich von ihr ablösenden epikureischen Elemente
sich bewusst waren, aus dem schulmässigen Denken als sehr veränderte Menschen
hervorzugehen, fühlten sie sich auch so stolz in der Bejubelung ihrer geistigen
Freiheit, die ihnen die Losreissung von ihrer früheren Denkweise und aus der
geistigen Atmosphäre, der sie angehört hatten, gestattet hatte, wie denn Lucrez so
oft in Hymnen über die *reperta* des Meisters ausbricht, der selber so oft in fast
kindlicher Wonne über seine Entdeckungen geschwelgt hatte. Diejenigen dagegen,
die nicht für die epikureische Philosophie gewonnen waren, trugen aus der Schule
nur die Bestätigungen ihres humanen Bewusstseins in *extenso* und in bewussterer
Rechtfertigung davon.

in ganz gelegentlichen Aeusserungen, in denen es sich von der
Tiefe der Seele aus offenbart, als in seiner schulmässigen Behandlung der Ethik. Dieser Grund kommt zu dem oben (S. 11)
angegebenen hinzu, dass wir in unserer Zeichnung der antiken
Humanität uns bei weitem mehr von ihren zerstreuten unwillkürlichen Symptomen als von ihrer Selbstsystematisirung, die
man wesentlich in der stoisch-ciceronischen Pflichtenlehre finden
könnte, leiten lassen wollen.

Hier ist noch die Vorfrage zu erledigen, ob der Humanitätsgedanke mit dem Gefühle der αὐτάρκεια, der Selbstgenügsam-
keit oder Vollbefriedigung, in den Seelen seiner Vertreter
wohnte, d. h. ob man in ihm eine endgültige, allumfassende
Lösung des Räthsels der Existenz zu besitzen glaubte. Der
christliche Glaube, der ja die sichere Hoffnung des vollendeteren
Schauens als seinen Abschluss in sich fasst, wird von den wahrhaft Gläubigen mit diesem Gefühl besessen, und ebenso manches
dogmatische philosophische System — ein skeptisches oder kritisches natürlich nicht — von seinem Urheber und seinen Anhängern;
ebenso auch der moderne Humanitätsgedanke, dem freilich bei
uns in den letzten Jahrzehnten durch den nationalen Gedanken
viel Abbruch geschehen ist, bei manchem seiner pathetischen
Bekenner, die bei seinem Besitz ein Centralfeuer empfinden,
das sie und die Welt ganz durchleuchte und durchglühe, und
sich keinen wesentlichen und drückenden Mangel in ihrem
theoretischen und praktischen Verhalten zum Dasein weiter zum
Bewusstsein kommen lassen. Es giebt ein entscheidendes Kriterium, ob ein Lösungs- und Losungswort zur Welterscheinung
und zur Gestaltung des Lebens als ein absoluter oder nur relativer
Werth empfunden wird: Wenn man glaubt, dass der Inhalt des
Wortes auch ausreiche, die Existenz vernünftig zu begründen,
so ist das Losungswort ein absolutes, wenn man aber glaubt,
dass nur das Dass des Was, das Dasein der Welt, als dunkle
Urthatsache, einmal vorausgesetzt, das Wort ausreiche, um
dem beschränkten menschlichen Erkenntnissvermögen genug zu
thun und das in gerade dieser Beschaffenheit als zu gestaltendes
Material gegebene menschliche Wesen in seiner Bethätigung
zu regeln, so ist es nur ein relatives. Ich frage also: Verband

man mit dem Humanitätsprincip den Gedanken, dass die Welt da wäre, damit Humanität sein könne und solle? Oder nur den Gedanken, dass in dem dunkeln Zustande einer Spanne Zeit zwischen einer Ewigkeit rückwärts und einer Ewigkeit vorwärts und des Gebanntseins an umschränkte Oertlichkeiten innerhalb grenzenloser Räume, in dem Zustande eines zwar in dem Erfahrungskreise am höchsten ausgestatteten, aber doch sehr endlichen Wesens unter Millionen ähnlicher, in der schwer entwirrbaren Mannigfaltigkeit der Meinungen, was eigentlich diesem vergänglichen Zustande für die Zeit seiner flüchtigen Dauer abzugewinnen sei, — dass in dieser ganzen Lage des Menschenlooses n o c h das Beste, Vernünftigste, am sichersten mit der geheimnissvollen Tendenz, durch die jene Lage — uns unbekannt wie — herbeigeführt ist, im Einklang Befindliche der Entschluss sei, ein echter Mensch zu sein? Ich glaube, die Antwort kann wohl nicht zweifelhaft sein, das Humanitätsprincip fühlte also in sich eine bloss hypothetische Gültigkeit, eine bloss relative Kraft, dem Herzen und Geist Befriedigung zu schaffen. Ich bin durch E. v. Hartmann's lichtvolle Dialektik von d i e s e r Grundlehre seines Systems vollkommen überzeugt: dass eine wirklich befriedigende Antwort auf die grösste der Fragen, warum etwas ist, nur dann gewonnen werden kann, wenn man das, was ist, in eine derartige Verbindung mit der Eudämonie des Absoluten zu bringen im stande ist, dass man begreift: damit die Eudämonie des Absoluten in einen besseren Zustand gelange als sie ohne das sein würde, muss das sein, was ist. Das erst ist vollkommen überzeugend, dann, aber auch nur dann, gewinnt das Dasein einen wirklichen Sinn. Der ältere Fichte lehrte: Natur muss sein, damit sie der Geist überwinden könne. Aber wie viele Geister überwinden die Natur n i c h t! Und in wie beschränktem Sinne überwinden sie, die sie noch am meisten überwinden! Und welche Deutlichkeit und Gewissheit hat es in sich selbst, dass das etwas absolut Werthvolles ist, wenn der Geist die Natur überwindet? Hegel lehrte: Die Weltentwickelung vom inhaltsleersten Anfange bis zur concretesten Fülle des Wirklichen muss sein, damit der zunächst nur an sich seiende Geist durch seine Selbstentfremdung in der Natur hindurch zum vollen Fürsichsein, zum entfalteten Besitz seiner unendlichen Potentialität gelange. Aber was dann? Die Erfahrung legt den Schluss nahe, dass aus der

Fülle des Unfriedens bei aller concreten Fülle der Entwickelung schwerlich eine centrale Eudämonie resultiren kann. Und was ist alles andere, wenn dieses Moment fehlt, von dem einem jeden sein unmittelbarstes Bewusstsein sagt, dass es das entscheidendste ist? Weiter aber: kann der Geist bei dieser erreichten Vollendung in ewig gleichem Zustande balanciren? Die Erfahrung legt wiederum den Schluss nahe, dass es mit der von Hegel erträumten Vollendung noch nichts war, dass aus ihr neue Entwickelungen ins Unabsehbare weiter hervorgehen. Es findet sich nun eine Stelle bei dem Hauptvertreter der antiken Humanität, die beweist, dass doch ein ähnliches Bedürfniss, die Qualität des Gewordenen als den Zweck und damit auch den Anstoss des Werdens, aufzufassen gefühlt wurde. Sie lautet (de leg. I, 16): ... „Welche Fülle des Herrlichen umfasst doch der Menschengeist! Und um dessen Bethätigung zu pflegen und zu verwirklichen, sind wir an's Licht dieser Welt gekommen"*). Damit würde, wenn auch nicht ausdrücklich für das Werden des ganzen Weltbaues, so doch für die Schöpfung des Menschen — die dann aber auch natürliche Vorbedingungen voraussetzte und veranlasste — ein Motiv (bei der seienden schaffenden Instanz) gesetzt sein, das in die Qualität des Geschaffenen fiele, folglich ein unbedingtes Lösungswort des Lebens enthielte: der Mensch soll sein, damit Humanität sein könne, ist ja der einfache Sinn des hohen Ausspruches. Allein der Gesammteindruck der Gesinnungsäusserungen der antiken Humanität geht doch dahin, dass sie sich nur als ein relativ Bestes und Vernünftigstes empfindet, und jener Ausspruch weist vielleicht sogar darauf hin, dass man sich im stillen sehnte nach einer noch befriedigenderen Lösung der Frage: Wozu muss eine Menschheit sein?, nach einer Lösung, in der restlos alle Aporie, warum nun gerade dieses so geartete Menschenwesen, aufginge. Denn ernstlich lässt sich der Gedanke, dass das Herrliche der Menschennatur das Dasein der Menschheit rechtfertige und erwirkt habe, nicht festhalten. Dazu hält dem Herrlichen das Niedere, der Lust

---

*) Auch wenn man das Satzglied „cuius muneris colendi efficiendique causa in lucem editi simus", was vielleicht richtiger ist, als Fragesatz auffasst, bleibt in ihm doch der Gedanke erhalten, dass der Inhalt des Menschenseins um seiner selbst willen der Zweck der schaffenden Macht sei, warum sie die Welt in's Dasein gerufen habe.

das Elend ein zu starkes Gegengewicht, dazu ist nach seiner Ausdehnung das Herrliche gar zu beschränkt durch die grössere Ausdehnung des Gemeinen, dazu lässt sich vor allem aber schon aus dem Standpunkt des Menschen das Herrliche viel zu sehr quantitativ gesteigert, qualitativ übertroffen denken und dazu drängt sich viel zu entschieden der Gedanke an die Möglichkeit auf, dass dem Herrlichen zu seiner Entfaltung viel günstigere Bedingungen gesetzt sein könnten, als es in Wirklichkeit der Fall ist. (Eine plumpere Fassung des oben aus *de legibus* angeführten Gedankens ist der stoische Schulsatz (de off. I, 22), dass die Menschen geschaffen seien, „um sich unter einander nützen zu können". Jedermann fühlt, dass ein Bedürfniss danach, sich nützen zu lassen, erst eintritt, wenn die Menschen schon da sind. Ein Bedürfniss willkürlich hervorzurufen, um zugleich damit seine Befriedigung herbeizuführen, das hat nur einen Sinn, wenn ein Ueberschuss von Lustempfindung dabei herauskommt. Das ist doch aber sehr die Frage, wenn die Menschen thatsächlich sich auch so viel einander schaden und wenn den Nutzen, dessen jemand bedarf, oft schlechterdings niemand ihm zu leisten im stande ist. Es erhöbe sich ferner wieder die Frage, warum die ganze Operationsbasis nicht günstiger eingerichtet wäre. Den Menschen nützen ist freilich im Gefühl aller Völker wieder etwas so gutes und köstliches, dass der Schritt von diesem Gefühl zu dem Gedanken nicht fernliegt, dass ein Leben, welches dazu reichlichen Spielraum bietet, eben schon deswegen auch sein müsse. Ich glaube, über uns alle hat dieser Gedanke einige Macht. Dem gegenüber ist aber doch festzustellen, dass er der Kraft ermangelt, über alle ihm entgegenstehenden Bedenken hinweg einem frohen Zuversichtsgefühl, dass damit volles Licht in den Sinn des Lebens gebracht sei, Bahn zu schaffen. E. v. Hartmann (Phänomenol. d. sittl. Bewusstseins S. 661, Anm.) meint, damit sicherlich zu weit gehend, dass diesen Gedanken noch niemand ernstlich gefasst habe, bringt aber den logischen Mangel desselben sehr schlagend zum Bewusstsein durch das Gleichniss: Die Behauptung, die Welt sei da, damit die Menschen sich sittlich in ihr benehmen, stehe logisch auf gleicher Stufe mit der Behauptung, ein Ball werde veranstaltet, damit man einen Frack und weisse Binde anlegen könne). Aber ganz abgesehen von diesen Gründen ist es nicht glaublich, hat man,

wie schon gesagt, nicht den Gesamteindruck, dass die antike
Humanitätsgesellschaft an ihrem Princip ein volles Aequivalent
besessen haben sollte für das, was etwa ein gläubiger Christ
subjectiv an seinem Glauben besitzt. Die Humanitätsgesinnung
erscheint doch wie von einer gewissen Melancholie leicht
umwölkt, wie mit einem leisen geheimen Weh behaftet, dass
sie nicht theoretisch und praktisch alles in's reine bringen
kann, wie von dem Gefühle durchdrungen, dass sie nicht
eine endgültige, sich selbst in jeder Beziehung durchaus recht-
fertigende Position, sondern nur eine freundlichste Zufluchts-
stätte in dem Dunkel und den Stürmen des Menschenlooses ist.
Man kann das nicht beweisen, man kann nur auf diesen Eindruck aufmerksam machen und dadurch in anderen die Prüfung
wachrufen, ob sie es nicht auch so empfinden. Ich las einmal,
dass über den erhabensten Gebilden der griechischen Plastik
doch ein Schatten von Schwermuth lagere, in Stirn und Auge
der Phidiasstatuen der Stempel der unerlösten Creatur sich ge-
heimnissvoll wahrnehmbar abdrücke. Das lässt sich auch nicht
beweisen, das war auch subjective Empfindung, aber seit ich
das gelesen habe, glaube ich es immer sprechend zu erblicken.
So ist es auch hier, und allen Offenbarungen der antiken Humanität gegenüber fühle ich mich gezwungen, dem Urtheile christlicher Apologeten recht zu geben, dass das Heidenthum wie
mit einem unausgesprochenen letzten Wort auf den Lippen ver-
stumme. Der Grund mag auch darin liegen, dass die Blüthezeit der antiken Humanität in eine Epoche politischen Niederganges fällt, während doch die Anhänger des Humanitätsprincipes ihrem unmittelbarsten nationalen Empfinden nach an dem
Staatsleben als dem eigentlichen Inhalt des Männerlebens, dem
eigentlichsten Schauplatz der *virtus*, hängen, und dass der Höhepunkt der antiken Humanität zwischen den Proscriptionen des
Marius und Sulla und denen des zweiten Triumvirates liegt.
Aber der tiefste Grund liegt doch in dem Contrast zwischen
der Endlichkeit des Menschenlooses und der Unendlichkeit des
Verlangens der Menschenseele, in dem Gefühle der Kluft zwischen Idealem und Wirklichkeit, mag man nun den Maassstab
der Glückseligkeit oder den der Vollkommenheit anlegen.

Zweiter Abschnitt.

Lieblingsanschauungen und -Voraussetzungen der antiken Humanität.

Die antike Humanität zeigt sich als von gewissen Lieblingsanschauungen erfüllt, deren Richtigkeit ja also von
wissenschaftlicher Bestätigung, sofern diese möglich ist und die
Sache nicht in den Bereich des Glaubens fällt, abhängig ist,
die aber gern im voraus gehegt werden und verrathen, zu welchem Weltbilde sich das humane Bewusstsein hingezogen fühlt
und welches es festhalten wird, wenn nicht etwa der unparteiisch
untersuchende Verstand ihm einen Strich durch die Rechnung
machen sollte. Auf diese Voraussetzungen wollen wir in diesem
zweiten Abschnitt unsere Aufmerksamkeit lenken, und zwar
werden sich solche sowohl in kosmologischer wie in anthropologi-
scher Beziehung fühlbar machen.

1. Kosmologische Voraussetzungen der antiken Humanität.

a) Die antike Humanität liebt den Glauben an
die Einheit und Harmonie der Welt. Die Dinge erscheinen vereinzelt und jedes für sich abgegrenzt gegen das
Andere, eine unbestimmte Vielheit. Aber der Mensch fühlt sich
doch getrieben, diese zunächst erscheinende planlose Vielheit
als eine Einheit, als zusammengehalten durch ein schöpferisch
in die Dinge hineingelegtes Zusammenstimmen (*omnia una con-
sensione naturae constricta*, de or. III, 20) aufzufassen. Diese
Einheit und Harmonie äussert sich darin, dass keine Klasse von
Wesen oder Dingen losgerissen von den übrigen für sich Bestand haben oder dem Uebrigen, wenn sie dazwischen fehlte,
auf die Dauer seinen Thatbestand (*vim suam atque aeternitatem*)
belassen könnte (de or. III, 20); dass das Planetensystem bei
einer kleinen Veränderung seiner Elemente nicht im Zusammen-
halt bleiben könnte (de or. III, 179). Sie äussert sich ferner
auch darin, dass das Nothwendige zugleich als schön empfunden
zu werden pflegt. De or. III, 178: „In unglaublicher Weise hat
die Natur selber dieses veranstaltet, dass was den grössten
Nutzen in sich enthält zugleich auch die meiste Würde oder

oft auch Schönheit besitzt". Das klingt sehr abstract und un-
controllirbar und ist jedenfalls ein an die Erscheinung der Dinge
aus dem Inneren des Menschen hinzugebrachter Glaube. Aber
es wird doch auch durch concrete Anschauung belegt. Die
Anordnung des Planetensystems dient so wie sie ist der Erhaltung (*incolumitas ac salus*) aller Dinge, aber sie bietet doch
auch einen Anblick von unübertrefflicher Schönheit (de or. III,
178 f.). Die Alten empfanden (vgl. z. B. de n. d. II, 51 — 56,
Tusc. disp. I, 68, pro Mil. 83) in der That sehr lebhaft eine
(gewisse intellectuelle) S c h ö n h e i t der Anordnung der himmlischen Sphären, wie sie sie auffassten, gegen welche die moderne
allgemeine Bildung leider viel zu gleichgültig ist, die aber auch
dem grossen Kepler am Schluss seiner „*Harmonia mundi*"
jenen herrlichen und ergreifenden psalmartigen Jubelgesang auf
die Grösse Gottes eingiebt. Die einzelnen Theile des Menschen-
leibes ferner sind nicht ohne irgend welche Nothwendigkeit
jeder für sich dem Organismus eingebildet (*adfictae*), und die
ganze Gestalt wird man dabei als durch bewusste Tendenz (*ars*),
nicht durch Zufall vollendet finden (de or. III, 179). An den
Bäumen unterstehen Stamm, Zweige und Blätter dem Gesetz,
ihr (d. h. doch wohl ihr eigenes u n d des ganzen Baumes) Wesen,
ihre Sonderbeschaffenheit, zu bewahren, dabei aber ist kein Theil
anders als für sich selbst schön (*venusta*), de or. III, 179. Diese
„Schönheit" trägt offenbar der Mensch seinem Gefühle entsprechend in die Naturdinge hinein. Noch schlagender sind die
Beispiele (ebendaselbst 180) aus den Artefacten, die aber doch
in weiterem Sinne zu der Natur gehören, da der Mensch nur
durch seine Naturbegabung zu ihrer Schaffung gelangt. An
einem Schiffe sind alle einzelnen Theile, wie Seitenwände, Hohl-
räume, Vorder- und Hinterende, Raaen, Segel und Mastbaum,
nothwendig: dennoch besitzt das Ganze auch eine solche Schönheit der Erscheinung, als ob d e r e n Genuss der Zweck der
Anordnung der Theile gewesen wäre. Säulen haben den praktischen Zweck, zu tragen (*sustinendi*), dennoch auch nicht weniger
„Würde" als Nutzen. Der Giebel der Tempel hat seine Form
erhalten von der Nothwendigkeit, den Regen von beiden Seiten
des Daches ablaufen zu lassen, dennoch würde ein im Himmel,
wo es keinen Regen gäbe, errichteter capitolinischer Tempel
ohne Giebel der Erhabenheit ermangeln. Daher die allgemeine

Zusammenfassung dieses Gedankens de or. III, 224: „In zahlreichen Fällen ist das Zweckmässigste wundersamerweise auch das ästhetisch Reizvollste (*id quod maxime decet*)", und das weist eben hin auf eine Tendenz nach Einklang des Verschiedenen in der tiefsten Veranlagung der Welt selber.

b) **Die antike Humanität hat eine lebhafte Empfindung für die Grösse, Grossartigkeit und Herrlichkeit der Welt.** Es tritt dieser Gedanke oft hervor, wo sich die Betrachtung einmal von den einzelnen Gebieten, in denen das menschliche Denken und Handeln eingeschlossen zu sein pflegt, zu dem Ganzen erhebt, am bestimmtesten, wo in schulmässiger Beweisführung das sg. teleologische oder physikotheologische Argument für das Dasein Gottes angeschlagen wird, z. B. im zweiten Buch de natura deorum und Tusc. I, 68—70. **Dieser Gedanke nimmt dann gern die Wendung, dass das Menschliche im Verhältniss zu der Herrlichkeit des Makrokosmos verachtet werden müsse.** So im Traum des Scipio, de rp. VI, 20, wo der zu den seligen Geistern im Himmel emporgehobene ältere Scipio im Traum des jüngeren zu diesem spricht: „Diese himmlischen Dinge (den Kosmos, den Sternenhimmel) sollst du stets betrachten, jene menschlichen Dinge sollst du verachten". Und eben daselbst VI, 16 sagt der jüngere Scipio in Erzählung seines Traumes, als ihm von seinem verklärten Ahnherren ungeahnte Sternenwelten gezeigt seien, von denen die einzelnen Gestirne die Grösse der Erde bei weitem übertroffen hätten, da habe ihm das römische Reich, „ein Punkt" auf dem Ganzen der kleinen Erde, leid thun können (*imperii nostri se poenituisse*). Die Menschen kommen sich dann wohl als in die irdischen Niederungen versenkt (*humi strati*, de or. III, 22) vor, als solche, die zu dem Höheren kaum emporschauen können.

Da die Voraussetzung eines kräftigen und freien Wirkens im Leben doch der Glaube an den Werth und die Wichtigkeit der menschlichen Dinge ist, so kann der Gedanke einer an die Grösse der Gesamtwelt zu knüpfenden „Verachtung der menschlichen Dinge" — ein Gedanke, der seine schulmässige Ausführung in der Lehre von der Tugend der *magnitudo animi* (de off. I, c. 20) und etwas anders bei Aristoteles in der Lehre von der μεγαλοψυχία (eth. Nic. IV, c. 7—9) findet — doch recht be-

fremdlich und geradezu bedenklich, die menschliche Tüchtigkeit
untergrabend erscheinen. Die Lösung dürfte in Folgendem bestehen: die Verachtung der menschlichen Dinge kann kein Leben
ausfüllen, kann nicht den Stoff hergeben zu einer concreten Ausnutzung der Stunden. Diese kann immer nur herkommen von
einer bestimmten Thätigkeit für bestimmte, begrenzte menschliche Zwecke, die als der Mühe werth empfunden werden. Nun
aber ist die Seele doch zu gross angelegt, und die Erkenntniss
von der Kleinheit der eigenen Zwecke im Vergleich mit der
Summe der menschlichen Zwecke, die ausserdem betrieben
werden, und im Vergleich zu dem Weltganzen ist zu nahe gelegt, als dass das Gefühl der Wichtigkeit des eigenen Thuns
die Seele ganz einnehmen könnte. So bleibt denn immer neben
der Hingebung an das jedesmal Nächste ein freier Aussichts-
punkt in der Seele offen auf das Ganze, dessen unermessliche
Ueberlegenheit doch eine gewisse Gelassenheit des Gemüthes
eben in dem Gegengewicht schafft, das der Macht des beschränkten Interesses durch den Blick auf die Grösse des Ganzen
gegeben wird. Diese edle Gelassenheit aber, und nicht schnöde
Blasirtheit, ist die unmittelbare Wirkung und der eigentliche
Sinn der „Verachtung der menschlichen Dinge". Es kommt
hinzu, dass das eigene Interesse immer mehr oder weniger durch
innere oder äussere Widerstände verhindert wird, seines ganzen
Willens völlig Herr zu werden, dass es oft sogar durch die
Unterwerthigkeit des menschlichen Materials, das es bearbeitet,
zu bitteren Enttäuschungen und Misserfolgen geführt wird. Die
daraus hervorgehende Stimmung würde unerträglich sein, wenn
an dem eigenen Thun die Seite seiner Wichtigkeit allein in's
Bewusstsein träte, und nicht das Gefühl für seine Unbedeutendheit von der anderen Seite zur Geltung käme. Dies geschieht
aber eben durch den freien Ausblick auf das Ganze, der
eben mit jener seltsamen „Verachtung" erfüllt, so dass durch
diese Gegenwirkung die feste Ruhe der Seele hergestellt wird.
Wie kann das Atom des einzelnen Ich's sich ganz und gar durch
den beschränkten Umkreis des zufällig nahen eigenen Interesses
bestimmen lassen, wenn es daneben auf die Grösse der Welt
reflectirt? Dass das Gefühl für die Grösse der Welt und die
sich daran knüpfende „Verachtung der menschlichen Dinge"
nicht so weit gehen darf, das Gefühl für die Wichtigkeit des

einzelnen Thuns auszulöschen, dafür hat die antike humane
Gesellschaft einen sicheren Instinct bewiesen, indem sie sich dadurch ja nicht den Nerv des Fleisses und der Thätigkeit lähmen
liess. Es musste ja auch auf der Hand liegen, dass durch die
Summe der etwaigen Beeinträchtigungen gerade an den wichtigsten Punkten der Welt das Ganze selber in einer verkehrten
Betäubung durch das Ganze den grössten Schaden hätte erleiden müssen.

c) Die antike Humanität neigt dazu, in der Welt
einen gemeinsamen „Staat der Götter und Menschen"
zu erblicken. Die Hauptstelle dafür ist de leg. I, 23, wo zu diesem
Satze, dass die Welt ein gemeinsamer Staat der Götter und
Menschen sei, durch die Mittelbegriffe: Gemeinschaft der Vernunft — der richtigen Vernunft — des Gesetzes — des Rechtes
— der Gewalten und Machtbefugnisse (welche die *caelestis descriptio*, der Weltplan, unter sich befasst) gelangt wird. Der
Satz ist freilich entschieden von der stoischen Schulphilosophie
beeinflusst. Aber er ist doch die beste Fassung des Gemeinten,
und ihm strebt das vorschwebende Gesamtweltbild zu, mögen
auch „die Götter" darin die Hälfte des Platzes mehr nach einem
gewissen doctrinären Ernst der Stoiker als nach dem thatsächlichen humanen Bewusstsein einnehmen. Es giebt einen grossen
Grundunterschied zweier durch ihn diametral verschiedenen Welt-
anschauungen. Der einen ist die Welt etwas, was besser nicht
sein sollte, dessen Bedeutung nur darin liegt, ein Uebergangsstadium zu sein zu dem, was statt dessen sein sollte — Budd-
hismus, christliche Mystik, Schopenhauersche, Hartmannsche
und letzte Periode der Schellingschen Philosophie. Der anderen
ist die Welt das, was sein soll, sei es, dass dieses als jeder
Zeit verwirklicht angesehen, sei es, dass es erst in einer bevorstehenden Weiterentwicklung der Welt erwartet wird, die sich
jedoch mit dem schon Verwirklichten zu der Einheit eben und
und derselben Welt zusammenschliesst. Im ganzen gehört das
die Thatsache des Daseins begleitende Grundgefühl der antiken
Humanität doch der letzteren Weltanschauung an, sofern den
„Staat der Götter und Menschen" das stillschweigende Urtheil begleitet, dass er sein soll, dass es gut ist, dass er ist, dass ein
noch Höheres nicht an dessen Stelle treten soll. Auch stimmt
dazu, dass in allen Desolationen des einzelnen das humane Be-

4*

wusstsein doch nicht zu dem Gedanken, dass die Verneinung des Willens die Weltpointe sei, fortschreitet, einem Gedanken, dem in der antiken Welt die vereinzelte Stimmung des Theognideischen ἀρχὴν μὲν μὴ φῦναι ἐπιχθονίοισιν ἄριστον, des Herodoteischen ὡς ἀνθρώπῳ λυσιτιλεῖ τεθνάναι μᾶλλον ἢ ζῆν, des Sophokleischen μὴ φῦναι τὸν ἅπαντα νικᾷ λόγον am nächsten gekommen ist.

d) **Die antike Humanität neigt dazu, die Verfassung des „Staates der Götter und Menschen" als monarchisch zu denken.** De leg. III, 3: „Nichts ist der Verfassung des Weltganzen (*ius condicioque naturae*) — unter der ich sein Gesetz verstanden wissen will — so angemessen wie das Imperium, ohne welches weder eine Familie, noch eine Gemeinde, noch eine Nation, noch die gesamte Menschheit bestehen kann, noch die Natur, noch das Weltall selber. Denn dieses gehorcht der Gottheit, und dieser sind unterworfen Meer und Land, und das Menschenleben fügt sich den Befehlen des obersten Gesetzes". Es ist klar, dass hier mehr ein Grundgefühl eine grosse, allgemeine Voraussetzung ausspricht, als der Verstand ein im einzelnen concret zu begründendes Urtheil.

2. Anthropologische Voraussetzungen der antiken Humanität.

A. Theoretische.

a) **Die antike Humanität hat ein lebhaftes Gefühl für das Gesetz der Corresponsion des Inneren und Aeusseren.** Es ist das ja eine Anwendung des Glaubens an die Harmonie der Welt auf den Mikrokosmos des Menschenwesens. (Das Gesetz ist ohne Zweifel eben so richtig wie bedeutungsvoll; eine sehr schöne Darlegung hat es gefunden bei Steudel, Theoret. Philosophie I, 2, S. 154—158.) Den besten Ausdruck findet es vielleicht de or. III, 216: „Jedweder seelische Vorgang (*motus animi*) hat von Natur seinen Ausdruck in Mienenspiel, Ton der Stimme und zugehörigem Gestus; und der ganze Menschenleib und alle seine Mannigfaltigkeit in Gesichtsausdruck und Simme tönt, gleichwie die Saiten an der Harfe, so wie sie jedesmal von dem psychischen Vorgange angeschlagen ist." Vgl. de leg. I, 26: „Die Natur hat die Erscheinung des Antlitzes so gebildet, dass sie in ihr ganz und gar den verborgenen Charakter zum Ausdruck brachte." In dem dritten Buche de or. findet es noch mehrfach sehr treffende nähere Ausführungen. „Die Herrschaft im Antlitz ist bei den Augen;.. denn alle Lebendigkeit (*actio*) gehört der Seele an, und der Spiegel (*imago*) der Seele ist das Antlitz, das Deutungsmittel — gleichsam Nachschlagelexikon (*indices*) — des Inneren sind die Augen. Denn diese sind das einzige körperliche Organ, das soviel es psychische Vorgänge giebt, so viele Kundgebungen und Veränderungen zu wege zu bringen im stande ist. Und wirklich kann niemand bei geschlossenen Augen dieselbe Wirkung hervorbringen" (221). „Die Thätigkeit (d. h. ein sich körperlich ausprägender Seelenvorgang) ist gleichsam die Sprache (*sermo*) des Leibes" (222). Im Widerspruch damit scheint zu stehen die feine Ausführung ad Q. f. I, 1, 15: „Der innere Charakter eines jeden wird von vielen täuschenden Hüllen (*simulationum involucris*) bedeckt und gleichsam verschleiert (*velis quibusdam obtenditur*): die Stirn, die Augen, das Mienenspiel lügt sehr oft, die Sprache aber am öftesten." Ein wirklicher Widerspruch liegt aber nicht vor. Der Mensch will nach seines gleichen hin immer so erscheinen, dass wo möglich immer etwas, was für löblich gilt, an ihm, seinem jedesmaligen Zustande, wahrgenommen werden soll. Da dieser Zustand nun aber oft in Wahrheit nicht löblich ist, so muss der Mensch den natürlichen Spiegel seines Innern, der den wirklichen Zustand verräth, durch einen künstlichen, gemachten, zu verdrängen suchen. Wirklich entspricht auch dieser in der Psyche dann waltenden Absichtlichkeit, die den Ausdruck eines nur gedachten, nicht wirklichen Zustandes des Innern im Antlitz und der Sprache realisiren will, ein modificirter wahrnehmbarer Abdruck in Antlitz und Sprache. Aber von der feineren Beobachtung wird dann eben nicht nur das wahrgenommen (das Simulirte oder Dissimulirte), was zum Ausdruck kommen soll, sondern auch jene Absichtlichkeit selber. Sie ist ja ein Stück im psychischen Innern, das von dem Gesetz der Corresponsion des Inneren und Aeusseren nicht ausgenommen ist. Natürlich ist hier die Deutung des Erscheinenden schwieriger, weil das Innere, das erscheint, dann nicht einfach, sondern zusammengesetzt ist; aber bei scharfer Beobachtung, die Cicero eben seinem Bruder Quintus anräth, kann doch auch in solchem Falle das wahre, zwiespältige Innere aus

dem Aeusseren erkannt werden, zumal wenn die bewusste Uebung
in dieser complicirten Physiognomik hinzugekommen ist.

b) Die antike Humanität ist von dem Adel und
der Herrlichkeit des Menschenwesens erfüllt. Es ist
das wieder die anthropologische Gegenseite des Gefühles für
die Herrlichkeit des Makrokosmos. Dieses Gefühl bezieht sich
freilich eigentlich auf das ideale Menschenwesen, auf das Menschenwesen, wenn es ist, wie es sein soll und von der schaffenden Natur in der Veranlagung der menschlichen Natur vorge-
dacht ist, und in diesem Sinne ist sein Inhalt ein Lehrsatz der
Schulphilosophie, s. z. B. Tusc. I, 60—68, der aufgestellt wird
namentlich, um von dort aus ein Argument für die Unsterblichkeit zu gewinnen. Aber auch in dem wirklichen Menschen ist
trotz allem, wodurch das entstellt und verdunkelt wird, doch
„ein verschütteter göttlicher Funke des Geistes und Verstandes"
(de rp. III, 1). Auf diesem Gefühl für den Adel des Menschenwesens beruht auch der merkwürdige, furchtbar schwerwiegende
Satz de leg. I, 40: „Für Verbrechen und Lieblosigkeiten (*impieta-
tum*) gegen die Menschen giebt es keine Sühne"; sie erscheinen
also für die antike Humanität gleichsam als ein Analogon der
christlichen „Sünde wider den heiligen Geist", — obgleich ein
so heiliges Bollwerk gegen Lieblosigkeit und Frevel wider den
Menschen nur einmal im Pathos des gehobensten Gefühles für
den Werth des Menschen aufgerichtet erscheint und der antiken
Humanität doch nicht für immer in Fleisch und Blut übergegangen ist. Leider fehlt übrigens in unserer Ueberlieferung von
Cic. de legibus der Gegensatz (auf den die Einführung des Satzes
mit *At vero* hinweist) solcher Vergehungen, die gesühnt werden
können. Und in der weiter folgenden Ausführung tritt der
Gegensatz von Strafen (erstens äusserlich auferlegten, zweitens
Gewissensqualen) und Sühnen auf, so dass der obige Gedanke
doch nicht die ganze Furchtbarkeit annimmt, dass auch diese
doppelten Strafen Frevel und Lieblosigkeit gegen Menschen
nicht sühnen könnten: nur eine blosse, religiöse Sühne, der
das Moment eigener, für das anderen zugefügte Unrecht zu erlei-
dender Unlust fehlen würde, für sich allein würde hier nicht
genügen. — So weit geht indess das Gefühl für den Werth des
(einzelnen, wirklichen) Menschen in den Augen der antiken
Humanität sicherlich nicht, dass das Shakespearesche „Vor allem

bleib dir selber treu", das einmal anklingt in ad fam. II, 7, 1: „Niemals wirst du straucheln, wenn du dich selber anhörst" als eine allgemeine, auf die natürliche Güte jedes Menschen zu bauende Maxime aufgestellt werden dürfte. Es ist offenbar individuell gemeint und ein Compliment für den Empfänger des Briefes, Curio, aus dem man doch auch die Mahnung heraushört: „Sei aber auch, was du sein sollst, was dein besseres Ich wohl ermöglicht!" Also eine inhaltliche Güte des einzelnen natürlichen Menschen, die nur festgehalten und beachtet zu werden brauche, um den Menschen vor jedem Fehler zu behüten, setzte die antike Humanität ganz gewiss nicht voraus, was auch ein Widerspruch mit aller Erfahrung vom wirklichen Menschen sein würde; wohl aber lässt sich hier an die schöne schulmässige Lehre vom *decorum* im ersten Buche der Officien denken, die H. Ritter mit Recht zu den ansprechendsten Theilen der Ciceronischen Popularphilosophie zählte. Die Norm für das Sittliche kann nicht in der zufälligen Veranlagung jeder beliebigen Individualität liegen, sie kann nur in der allgemeinen, vernünftigen Idee des sittlichen Menschen liegen, aber das Individuelle darf und muss, soweit es nicht der Norm widerspricht oder fehlerhaft (*vitiosum*) ist, festgehalten werden, damit die Bethätigung des Sittlichen nicht von schablonenhafter Allgemeinheit, sondern von individueller Lebenswahrheit erfüllt sei und in reicher Mannigfaltigkeit auftrete. „So müssen wir handeln, dass wir in nichts gegen die allgemeine vernünftige Sittlichkeit (*contra universam naturam*) anstreben, unter deren Bewahrung jedoch unserer Individualität (*propriam naturam*) folgen, so dass wir, mögen auch andere Bestrebungen gewichtiger und besser sein, dennoch für die unsrigen den Leitstern in unserer Individualität finden" (de off. I, 110). Darin besteht eben das *decorum*, die individuell schöne (weil die besonderen Bedingungen des Wesens mit der Erscheinung in Einklang setzende) Form der Sittlichkeit. Insofern kann also der Rath ertheilt werden, sich selber treu zu sein oder auf sich selber zu hören: gemeint ist das „Hinhören" auf die in ihrer Berechtigung schon an dem allgemeinen Ideal geprüfte individuelle Wesenseigenthümlichkeit. Modernen ethischen Theorieen, die, wie die des kirchlichen Rationalismus im Anfang dieses Jahrhunderts und die der „Philanthropen", auf die vermeintliche Güte des natürlichen Menschen aufgebaut sind, kann die schärfer sehende antike Humanität keinen Vorschub leisten.

c) Die antike Humanität sieht dagegen den Glücksgehalt des menschlichen Lebens eher in pessimistischem Lichte an. Die philosophische Streitfrage zwischen Optimismus und Pessimismus ist gründlich und principiell zuerst behandelt von Leibniz und dann wieder in unseren Tagen, nicht etwa von Schopenhauer, der in ihr von Anfang an schon entschieden ist und sie kaum untersucht, vielmehr seine Entscheidung in der bekannten ergreifenden und erschütternden Weise seiner antiken Einfachheit nur illustrirt, auch nicht etwa von Bahnsen, der in ihr bis zu dem ebenso falschen wie abstossenden Resultate des Miserabilismus fortschreitet, sondern von E. v. Hartmann und O. Plümacher, die der Streitfrage mit der allseitigsten Beherrschung des thatsächlichen und geschichtlichen Materials und wo es sein muss mit der feinsten Dialektik gerecht werden. Das Alterthum streift die Frage mehr gelegentlich, wie z. B. in Plato's Apologie und Axiochos, Cic. Tusc. I, 83, in der Tendenz, aus der Erkenntniss der Uebel des Lebens Trost zu schöpfen für den Tod, auch aus ihrer Allgemeinheit Trost zu schöpfen für die, die jedem einzelnen zufallen, nach der Betrachtungsweise des Sophokleischen Odysseus (Ai. 124) Οὐδὲν τὸ τούτου μᾶλλον ἢ τοὐμὸν σκοπῶν. Aber Ausrufe wie de or. III, 1: „O über die trügerische Hoffnung der Menschen!", Klagen über die Zerbrechlichkeit des Erdenglücks kehren doch in der gesamten alten Litteratur und insbesondere derjenigen des ausgeprägtesten Humanitätsprincips, zumal sich dieses in politisch besonders erschütterten Zeitläufen auslebte, immer wieder, namentlich auch mit der im Geiste des Shakespeare'schen Timon von Athen, wenn auch nicht dessen wahnsinniger Herbigkeit, daran angesponnenen Klage, dass man auch die Freunde im Unglück verliert, einer Klage, die am meisten vielleicht von Ovid wiederholt wird. Es ist längst erkannt, dass es ein Vorurtheil ist, die Alten sich als einem frohen Genusse des diesseitigen Lebens mit voller Befriedigung unbefangen hingegeben zu denken. Eher suchten sie noch, zumal in den Zeiten nach der Mittagshöhe ihres nationalen Lebens, mit Kunst, Klugheit und Kraft wenigstens das beschränkte Glück, das noch zu geniessen wäre, nicht zu verscherzen. Doch kann man nicht sagen, dass sie geradezu

dem Glauben an das Uebergewicht der Unlust in der Existenz
verfallen gewesen wären, nur neigen sie immerhin mehr nach
dieser Seite als nach der entgegengesetzten des eudämonologischen Optimismus.*)
Wenn Cicero einmal (ad fam. IX, 17, 2) ausruft: „Ich habe
als muthiger Mann und zugleich Philosoph das Leben für das
Schönste gehalten", so kommt darin doch auch das Gegengewicht der freudigen Lebensbejahung zu einem so kräftigen Ausdruck, dass durch solche Stimmung viele Klagen über die
Bitternisse der Existenz aufgewogen werden. In der That ist
der Ton jener ganzen Stelle durchaus der einer solchen Lebens-
freudigkeit, doch ist zu beachten, dass „pulcherrimum" auch stark
an den Sinn des honestissimum anklingt, und dass Cicero sich
dort vertheidigen will, dass er nach dem Siege Caesars nicht
gleichwie Cato den freiwilligen Tod gewählt habe: er bemäntelt
seine instinctive Lebensliebe doch etwas mit der hochtönenden
Devise, dass die Tugend der magnanimitas und zugleich die
Philosophie seinem Weiterleben den sittlichen Vorzug gegeben
habe, — ein Gedanke, der uns nicht so als aufdrapirte Pose
erscheinen würde als sicher dem Empfänger des Briefes gegen
die Absicht seines Absenders, da das Alterthum für den Heroismus des Selbstmordes fast durchweg — mit der bekannten
Ausnahme des Pythagoras und Plato — eine Schwachheit hatte.**)

d) Die antike Humanität setzt in ihre Lebensauffassung den Factor des Gedankens der Unsterblichkeit der Seele ein. Die von dem humanen Princip abge-
fallene Gemeinde der römischen Epikureer befreit sich von diesem
Gedanken, und zwar mit Begeisterung, weil sie von dieser Befreiung einen grossen Zuwachs von Seelenruhe und daher Eudämonie für das diesseitige Leben erwartet, aeternas quoniam (im

---

*) Dieser Begriff würde im klassischen Lateinisch nicht ohne Umschreibung
auszudrücken sein; was man im Zeitungsdeutsch „Optimismus" zu nennen pflegt,
drückt Cicero einmal, ad Att. II, 17, 2 durch das griechische Substantivum εὐελπιστία
aus, während der dort folgende Gegensatz ἀδιαφορία ganz genau das Schwetschkesche
„Gefühl der Wurschtigkeit" ist.

**) Die Hauptstellen, an denen Cicero den Gedanken eines an sich selbst zu be-
gehenden Selbstmordes zur Erwägung zieht, sind Sest. 47—49, ad Q. f. I, 4, 4 f, ad
Att. III, 9, 1, an den beiden letzten Stellen so, dass er die Rücksicht auf Bruder
und Freund als Motiv erscheinen lässt, dass er, was er jetzt beinahe bereut, den
Schritt (in der Zeit seiner Verbannung) nicht gethan habe.

anderen Falle) *poenas in morte timendumst* (Lucr. I, 111), oder
weil, nach des Epikur Ausspruch (Diog. L. X, 124), der Tod
uns dann nichts angeht, da wann er ist, wir nicht sind, und
wann wir sind, er nicht ist. Die humane Gesellschaft dagegen
ist durchaus von dem Unsterblichkeitsglauben erfüllt. Schulmässig wird er immer wieder, im Anschluss besonders an Plato's
Phädon, begründet, so in der ersten Hälfte des ersten Buches
der Tusculanen, gegen Schluss von *de senectute*, im „Traum des
Scipio", wenn auch das Wie des jenseitigen unsterblichen Lebens
(s. besonders Tusc. I, 43—45) nicht mit wirklich vollziehbaren
concreten Vorstellungen seiner Beschaffenheit erfüllt wird. Aber
auch ganz gelegentlich bricht dieser Gedanke wohl aus der
Unmittelbarkeit des wirklichen Bewusstseins hervor, wie z. B.
ad Att. X, 8, 8: „Doch es ist Zeit, dass wir nunmehr an jenes
ewige (*perpetua*), nicht an dieses kurze Leben denken". Die
Stelle ad Att. XII, 18, 1: „Jene lange Zeit, wo ich nicht sein
werde, macht tieferen Eindruck auf mich (*magis me movet*, alte
LA. *mordet*) als diese kurze, die mir dennoch schon gar zu lang
scheint" zielt anscheinend mehr auf den ganz anderen Gedanken
der Unsterblichkeit im Andenken der Menschen; die Verbindung beider Gedanken zeigt sich pro Sest. 47, also sogar als
ein Stück der Gesinnung, die vor dem grossen Publikum einer
gerichtlichen Rede ausgesprochen werden durfte. Mit jenem
unmittelbaren, gar nicht nach Schulphilosophie schmeckenden
Ausdruck des Unsterblichkeitsgedankens war Sophokles voraus-
gegangen in der Antigone 74 ff.: ἐπεὶ πλείων χρόνος, Ὃν δεῖ μ.'
ἀρέσκειν τοῖς κάτω τῶν ἐνθάδε, eine Stelle, deren Reminiscenz
vielleicht ad. Att. X, 8 vorschwebte.

B. *Praktische.*

a) **Die antike Humanität neigt dazu, ewige und
allgemeingültige Normen für das menschliche Verhalten anzunehmen.** Dass zu verschiedenen Zeiten und bei
verschiedenen Völkern die Anschauungen und Empfindungen
davon, was löblich und was tadelnswerth, was gut und schlecht
sei, mindestens theilweise starken Unterschieden unterliegen, das
ist eine nicht wegzuleugnende und auch anerkannte Thatsache.
Innerhalb der jedesmaligen (meist nationalen) Kreise aber, in
denen die jedesmaligen sittlichen Begriffe und Urtheile gelten,

gelten sie aber auch unbesehens als absolut, denn es liegt im
Grundgefühl aller Menschen, dass mit dem was gut und böse
ist, nicht zu markten und zu feilschen sei. Nun kann aber dieser
ursprünglich instinctive und gar nicht kritisch abgewogene Glaube,
dass das (in dem nationalen Kreise der herrschenden Sitte) für
gut Geltende gut, das für schlecht Geltende schlecht sei, wie
im allgemeinen durch das Erwachen der kritischen Reflexion,
so ganz besonders dadurch erschüttert werden, dass die Kenntniss von andersartigen sittlichen Urtheilen und Begriffen, die an
anderen Orten oder zu anderen Zeiten bestehen, in jenen Kreis
eindringt. Das ergiebt dann eine furchtbare Erschütterung, weil
es der Natur eines allgemein menschlichen Grundgefühls widerspricht und weil alle Lebensordnungen auf geheimen sittlichen
Voraussetzungen oder vielmehr Axiomen stehen. Als Endresultat
dieser Erschütterung kann die ganz neue Meinung (und damit die
Bedrohung des nationalen Lebens in seinen Grundtiefen durch
einen νεωτερισμός) auftreten, dass das Gute gar nicht von N a t u r,
sondern nur durch wandelbare menschliche S a t z u n g gut sei,
wie dann das Stichwort lautet, s. besonders Plat. Gorg. 482 e
bis 486 d, an welcher Stelle die in die Griechenwelt durch die
Sophisten hineingetragene Erschütterung der besprochenen Art
vielleicht am deutlichsten und grundsätzlichsten herausgearbeitet
wird, um durch den nachfolgenden Dialog überwunden zu werden.
Das ganze menschliche Leben würde sich von dem Moment an,
wo diese Meinung von der bloss satzungsmässigen, den Interessen der jedesmal Stärkeren entsprechenden Beschaffenheit des
Guten und Schlechten zur herrschenden würde, völlig anders gestalten und ohne Anker auf dem unruhigen Meer des subjectivistischen Beliebens hin und her schwanken. Die richtige Lösung
wird sein, dass unbeschadet der Mannigfaltigkeit sittlicher Anschauungen in peripherischen Dingen der Grundstock centraler
sittlicher Begriffe und Urtheile ein für allemal in der Vernunft selber, über die hinaus es keine Instanz giebt, begründet
ist; dass eine Scheidung des Centralen, welches Einheitlichkeit
gebietet, und des Peripherischen, welches der Freiheit und Mannigfaltigkeit einen Spielraum lässt, in wissenschaftlichem Denken
vorzunehmen oder vielmehr von diesem als sich unbewusst im
menschlichen Gefühl vollziehend nachzuweisen ist; dass in der
peripherischen Mannigfaltigkeit doch Niederes und Höheres unter-

schieden werden kann, von denen das letztere das erstere allmählich nach sich zu ziehen hat, wo es fürs erste noch nicht die
Herrschaft besitzt. Diese Lösung in dieser grossen Frage voll-
zog auch die antike Humanität. „Das Gesetz (die richtige Ver-
nunftentscheidung) ist nicht ein anderes zu Rom, ein anderes
zu Athen, ein anderes jetzt, ein anderes in Zukunft, sondern..
der gemeinsame Lehrmeister und Imperator aller (Dinge und
Wesen), die Gottheit" (de rp. III, 33). „Es giebt niemanden, zu
welcher Nation er auch gehören mag, der nicht, wenn er „die
Natur" (das in allen Menschen keimartig angelegte und ihre
höhere Natur ausmachende Vernünftige) als Führer findet („nac-
tus" — es kommt also auf die gelegentliche Einwirkung solcher,
die schon so hoch stehen, an) zur Tugend (zu dem höheren,
allgemein menschlichen, seiner bloss nationalen Veranlagung
vielleicht ursprünglich überlegenen Ideal) gelangen könnte" (de
leg. I, 31). Das Humanitätsprincip, das ja eben aus dem Gefühl
des Unbefriedigenden eines bloss jedesmal nationalen Princips
unter den Besten einer Nation geboren wurde, die über die beschränkt nationale Anlage hinauszukommen das Bedürfniss hatten,
konnte gar nicht anders als so entscheiden. Es ist der alte Grund-
gegensatz derer, die den Zufall und das Belieben, den Subjectivismus, vielleicht (Nietzsche) das geniale Subject und den
Herren-Menschen, auf den Thron erheben wollen, und derer, die
ein regelndes Gesetz über dem Menschenindividuum annehmen
und seiner bedürfen, um nicht auf ganz zufälligem Gefährt durch
die Welt dahin zu jagen, — dieser Gegensatz ist es, zu welchem
die antike Humanität die von der Vernunft gebotene Stellung
nimmt. Heraklit von Ephesos war es gewesen, der zuerst mit
voller Deutlichkeit und Kraft das richtige Wort in diesen grossen
Menschenstreit hineingesprochen hatte: bei Sext. Emp. adv.
math. VII, 33: „Dem Gemeinsamen muss man folgen; .. während
aber die Vernunft das Gemeinsame ist, leben die meisten, als
ob sie eine private Leuchte (ἰδίαν φρόνησιν) hätten".

b) Die antike Humanität ist desshalb von dem
hohen Werthe des Gehorsams (der vernünftigen
Unterordnung) im sittlichen Leben erfüllt. Nahe liegen
hier. um eine Wendung der Odyssee zu gebrauchen, die Pfade
der Nacht und des Tages bei einander. Gegen das Verfallen in
hässlichen, falschen Gehorsam oder gar hündische Unterwürfigkeit

hat die Schulethik eine Schranke errichtet mit dem Satze aus der Grundzeichnung (de off. I, c. 4) der menschlichen Natur, wie sie sein soll: „Ein von Natur richtig angelegter Geist will niemandem gehorchen als dem (praktisch oder theoretisch) Lehrenden oder um eines vernünftigen Zweckes willen gerecht und legitim (mit innerem und formellem Recht) Befehlenden". Aber Gehorsam muss sein, für viele, weil sie in der Sphäre ihrer Thätigkeit nicht die obersten sein können, sondern andere über sich haben müssen, und für alle gegen die Vernunft oder Gottheit, die jedem noch so genialen individuellen Princip überlegen ist. Wer daher nicht gehorcht, der wirft die Menschennatur von sich (de rp. III, 33). Ein Lieblingsgedanke auch des griechischen Alterthums (besonders der Xenophontischen Kyropädie), das schon aus Homers Munde (Il. I, 274) das πείθεσθαι ἄμεινον ausspricht, ist dann weiter, dass das Gehorchen- und Befehlenkönnen zusammengeht. De leg. III, 5: „Wer gut befiehlt, muss eine Zeit einmal gehorcht haben, und wer bescheiden (loyal) gehorcht, erscheint würdig, dermaleinst auch zu befehlen. Daher muss der Gehorchende die Hoffnung hegen auch einmal zu befehlen, der Befehlende aber bedenken, dass er in kurzer Zeit gehorchen muss". Das letzte Moment in der Ausführung des Gedankens ist begreiflicherweise dem häufigen Wechsel der Aemter in den alten Republiken angepasst; im modernen Staatsleben würde darauf hinzuweisen sein, dass Befehlen und Gehorchen für die nämliche Person nach verschiedenen Richtungen zu gelten pflegt.

c) Die antike Humanität hat ein lebhaftes Gefühl für die Zusammengehörigkeit, die Solidarität der Menschen, geradezu für eine „Menschheit", in deren Dienst zuhöchst die Thätigkeit der einzelnen und ihrer mannigfachen engeren Verbände zusammenläuft. Der Zusammenhang dieses Gedankens mit der praktischen anthropologischen Voraussetzung von der Einheitlichkeit der höchsten Normen des sittlichen Verhaltens ist klar. Lactantius V, 8 citirt ein Fragment aus Cic. de leg. I: „Alle Menschen sind von Natur einander zusammengehörig (inter se confusi), und ihre Verkehrtheit ist es, wenn sie feindlichen Sinnes wider einander sind und nicht begreifen, dass sie blutsverwandt (consanguinei) sind und einer und derselben Tutel unterworfen: hielten sie das fest, so würden alle

ein Leben der Götter leben". De leg. I, 43 heisst es daher:
„Wir sind von Natur geneigt zur Menschenliebe (*ad diligendos
homines)*". Und in de rp. III, 19 heisst es sogar, dass Pythagoras
und Empedokles sich für die Gleichheit der Rechtslage aller
W e s e n (*animantium*) erklären; worin dann freilich der Unter-
schied der vernunftbegabten und der unvernünftigen Wesen
verkannt und dem Thierschutze und Vegetarianismus (s. die
pythagoreische Predigt in Ov. met. XV. 75—142) ein zu grosses
Zugeständniss gemacht ist: die Stufe der O b j e c t i v a t i o n des
Schöpfungswillens ist bei beiden eben verschieden, und nur die
Gleichheit d i e s e r Stufe begründet das gleiche Recht. Die
Solidarität der Menschen findet auch in dem schönen anthropologischen Satz de or. III, 222 eine theoretische Stütze: „Alle
Menschenseelen werden von den gleichen Empfindungen erregt,
und diese erkennen sie an den nämlichen Merkmalen in anderen
und verrathen sie an sich selber."

d) D i e   a n t i k e   H u m a n i t ä t   n e i g t z u d e r A u f f a s s u n g
d e r   T u g e n d   a l s   d e r   v o l l e n d e t e n   N a t u r   o d e r   r i c h t i g
a n g e w a n d t e n   V e r n u n f t. De leg. I, 25: „Die Tugend ist
nichts anderes als die vollkommene und zur Vollendung hin-
durchgeführte Natur", wobei zu beachten, dass in der antiken
Humanität die „Natur" nie im Gegensatz zur Vernunft, sondern
immer als eben die vernünftige Menschennatur gedacht wird:
von dem Rousseauschen Klange, den im Deutschen die Uebersetzung der Stelle bei sich führt, hat die lateinische in der That
nichts an sich, wie denn auch das „*naturalia non sunt turpia*"
(*sic* übrigens kein antikes Citat) von der antiken Humanität um
des echt menschlichen, also „natürlichen" Anstandsgefühls willen
durchaus verworfen wird: de off. I, 126—128. De leg. I, 45:
„Die Tugend ist eine consequente und andauernde Gestaltung
des Lebens durch die Vernunft (*ratio vitae)*". Dazu stimmt
denn auch die stets als sachentsprechend vorausgesetzte Ableitung der einzelnen Tugenden aus der menschlichen Natur de
off. I, 11—14, de leg. I, 60—62. Dieses Moralprincip der Vernunft ist, wenn auch als einseitig anzusehen, da es auch — auf
welches Theilungsprincip insbesondere E. von Hartmann mit
vollem Recht seine Darstellung der „Phänomenologie des sittlichen Bewusstseins" gründet — das Moralprincip des Gefühls
und des Geschmacks giebt, so doch als ein sehr hohes und

treffendes anzuerkennen, zumal es auch das Moralprincip des
Zweckes in sich schliesst.   Ja, nach der antiken Auffassung
würde sogar Gefühl und namentlich Geschmack als Beurtheilungs-
normen des Sittlichen mit unter die Vernunft fallen, da diese —
der ganzen vernünftigen Menschennatur gedacht wird, und Geschmack und Gefühl zu besitzen und daran Forderungen zu
knüpfen eben als (vernünftig) menschlich erscheint.   Bei dieser
umfassenden und zutreffenden Beschaffenheit des Moralprincipes
der antiken Humanität hat die neuerlich begründete „Gesellschaft
für ethische Cultur“ durchaus recht daran gethan, in ihre Bestrebungen um Neubegründung der Sittlichkeit auch die Berücksichtigung dieser antiken Ethik aufzunehmen.

e) Als populäre Hauptunterscheidung der Tugenden schwebt der antiken Humanität die in starke
und milde, solche der Kraft und solche der Güte, vor.
De or. II, 343: „Die Tugenden beruhen zum theil auf Freundlichkeit und Wohlthätigkeit, zum theil auf Seelengrösse und
Kraft“.   Wenn dort auch noch intellectuelle (*in ingenii aliqua
facultate positae*) erwähnt werden, so ist darin die Voraussetzung
enthalten, dass auch das geistige Leben als solches (in Kunst
und Wissenschaft) gewissen Normen der richtigen und geradezu
tugendgemässen Bethätigung unterliegt, so dass des Aristoteles
berühmte Lehre von den dianoëtischen Tugenden (eth. Nic. l. VI),
nicht auf die Schulphilosophie beschränkt, sondern wenn auch
nicht in ihrer bestimmten Ausführung, in das allgemeine humane
Bewusstsein übergegangen erscheint.

f) Die antike Humanität empfindet als die heiligste Norm für das menschliche Verhalten die Pflicht.
Die Idee des (menschlich) Guten wird erkannt aus der anthropologischen Analyse der menschlichen Veranlagung: gut ist,
was dieser gemäss ist.   Damit wird dann auch der verpflichtende
Charakter des Guten für den Menschenwillen des einzelnen als
bewiesen erachtet, weil der Mensch offenbar nichts anderes wollen
soll als wozu er, der sich nicht selber hat veranlagen können, angelegt ist.   Das echt Menschliche (in dem vierfachen Bethätigungs-
kreise der Weisheit, Gerechtigkeit oder Menschenliebe, Tapferkeit und Selbstbeherrschung) zu wollen ist Pflicht.   Diese ist das
heiligste Motiv, namentlich im Vergleich mit dem Gesichtspunkt
des Nutzens, der Lust, des Eigeninteresses.   Wenn in de off.

l. III die möglichen Conflicte des Pflichtmässigen mit dem Nützlichen ausführlich schulmässig behandelt und immer zu gunsten
des Pflichtmässigen — mit dem aber auch das w a h r h a f t Nützliche
immer zusammenfällt — entschieden werden, so regt sich doch
auch im unmittelbaren wirklichen Leben der dem Humanitätsprincip ergebenen Personen immer die Stimme der Pflicht als
das innere Moment, das am allerwenigsten überhört werden
darf. „Die Pflicht soll mir das Ehrwürdigste sein" schreibt Cicero
ad Att. XII, 21, 3 in Sache der peinlichen Fragen, die sich an
seine Ehescheidung mit der Terentia knüpften, gleich als ob
ihm in diesem Gedanken ein Stern in dunkler Nacht aufleuchtete.
Und in derselben Angelegenheit ad Att. XII, 19, 4, dass es sich
dabei für ihn um eine Pflicht, nach der Meinung einiger auch
um ein Interesse seines Sohnes handle. Für ihn sei ein viel
stärkeres M o t i v dasjenige, was ihm heiliger und ehrwürdiger
sei, wobei Atticus an die ganze Gesinnung des Freundes denken
musste, wie sie grundsätzlich in de off. ausgeprägt ist, trotzdem
die grammatische Beziehung auf „die Pflicht" nicht zwingend
ist. Ob er freilich in der letzten Zeit der Ehe so peinlich an
die zarteren Pflichten gegen den andern Theil gedacht hatte?
Doch die in den sinkenden Zeiten der Republik beginnende Leichtfertigkeit in der Trennung der Ehen ist hier nicht unser Thema.
Solche gelegentliche Ergüsse aus den unmittelbaren Drangsalen
des Lebens heraus sind noch beweiskräftiger als etwa rednerische Declamationen vor einem grossen Publikum. Dem Begriffe des Pflichtmässigen kann nach der ganz richtigen antiken
Auffassung gleich gesetzt werden der des Besten, wie oft bei
Plato und Demosthenes, und so heisst es auch de leg. II 40:
„Das muss für das Ehrwürdigste und der Gottheit Nächste gelten,
was das Beste ist"*). Die Pflicht kann auch eine harte Selbstüberwindung verlangen gegen an sich edle Antriebe der Neigung
(gratia), aber „in manchen Fällen" bleibt doch für die Neigung
kein berechtigter Spielraum (ad Q. f. I, 2, 10).

g) D i e a n t i k e H u m a n i t ä t f i n d e t d e n P r o b i r s t e i n
e c h t s i t t l i c h e n H a n d e l n s e r s t i n d e m W i r k e n f ü r

---

*) Der Zusatz „das der Gottheit Nächste" scheint Reminiscenz aus Plato's
Theaetet 176 B, was in dem verwandten Ausdruck de div. I, 1, dass in der Divination die menschliche Natur sich dem Wesen der Gottheit am meisten annähere
(proxime ad vim divinam accedere), nicht so hervortritt.

andere (im „Altruismus"). De or. II, 346: „Erst die Tugend ist wirkliche Tugend, die für andere fruchtbringend ist, für die eigene Person aber mühevoll oder gefährlich oder jedenfalls ohne Lohn (*gratuita*)". Und so rühmt Cicero offen von sich (ad Att. XIII, 20, 4): „Glaubst du denn, dass ich überhaupt für irgend etwas besorgt bin, ausser dafür, mich niemandem zu entziehen?" Am höchsten steht da (*sunt optimae curae*) die Thätigkeit für das Wohl des Vaterlandes (de rp. VI, 29).

h) Die antike Humanität verbietet aber doch nicht die gelegentliche Reaction eines gewissen gesunden Egoismus gegen eine thörichte Verleugnung berechtigten eigenen Interesses zu gunsten anderer, die das nicht verdienen. Ein edler Mann hat gar zu lange gar zu wenig an sich selbst gedacht oder auch sich gar zu sehr auf andere verlassen, die nicht in gleichem Masse wie er davon durchdrungen waren, dass erst das für andere fruchtbringende Leben ein wahrhaft sittliches sei: da nimmt er dann einmal, nachdem das Resultat sich langsam vorbereitet hat, plötzlich mit Schrecken wahr, dass seine eigenen Angelegenheiten in Folge davon nicht so stehen, wie sie stehen dürfen und sollten. Dann macht er sich wohl Luft in dem Gedanken, dass er nunmehr aber auch an sich selbst denken wolle.[*]) Die Stimmung, in der das geschieht, ist freilich nicht vollkommen ernst, als ein Vorsatz wirklicher Gesinnungsänderung und als eine wirkliche Bereuung bewiesenen Edelmuthes, zu nehmen, obgleich sie ein Etwas von beiden enthält; das Wesentlichste an ihr ist der Unmuth über das Schicksal, das reinerer sittlicher Gesinnung von Seiten unreinerer und unreiferer widerfährt. Charakteristisch ist, dass sich solche Stimmungsausbrüche gerade in den vertrauten Ergüssen von Briefen finden. Ad Att. IV, 5, 3: „Ich bin doch ein rechter Esel (*asinus germanus*) gewesen; aber es ist endlich Zeit, dass ich selber einmal von mir geliebt werde!"

---

[*]) Dass es durchaus sittlich ist, sein eigenes wahres Wohl und Bestes zu bedenken und zu einem Motive seiner Selbstbestimmung zu machen, setzt mit vollstem Rechte sowohl das Christenthum wie der Platonismus (Hauptstelle das Abschiedswort des Sokrates für seine Söhne, Phaed. 115 B) voraus, und ich muss es bei Kant und E. v. Hartmann für einen der Menschenlage nicht entsprechenden Rigorismus halten, wenn sie auch diese Selbstliebe zu den heteronomen, nicht wahrhaft sittlichen Antrieben rechnen.

Ad. Att. II, 19, 1: „Ich habe doch wirklich eine zu grosse
Schwäche für den exclusiv sittlichen (altruistischen) Gesichtspunkt gehabt (*nimium τῷ καλῷ προσπίπονθα*)".. Auch anderen
wird wohl in gleicher Weise zu Gemüthe geführt, dass sie eines
gesunden Egoismus nicht vergessen sollen. Ad. Att. IV, 17, 3:
Wenn du vernünftig bist (*sapis*) und deiner Interessen zu geniessen gedenkst, so musst du kommen". Und dem Cicero
schreibt auch Dolabella, der freilich nicht in gleicher Weise wie
jener den Egoismus erst dem Edelmuth abzuringen hat, ad fam. IX,
9, 2: „Sei endlich einmal dir selber anstatt jedem beliebigen
anderen freund!"

i) Die antike Humanität empfindet den schönsten
Sieg, sich selber zu besiegen, als ein besonders edles
Juwel im sittlichen Leben. Freilich wird gelegentlich (wie
z. B. in de off. 1. I jede der vier Cardinaltugenden, wo sie
gerade an die Reihe kommt) jede Tugend als die herrlichste
und wichtigste von allen gepriesen, gleichwie dem antiken „Henotheismus" zufolge jeder Gott gelegentlich wie der Gott κατ’
ἐξοχήν erscheint und auch wohl die Attribute an sich reisst,
die sonst für andere Gottheiten specifische sind. Aber „sich
selbst besiegen ist der schönste Sieg" klingt doch öfters an
wie die eigentliche Melodie des sittlichen Lebens, weil in der
That dieses sich vollzieht als der Kampf dessen, was der Mensch,
als Vernunftwesen, sein soll, gegen das, was er als sinnliches
Wesen sein möchte. Eine besonders schöne Schilderung des
Werthes der sittlichen Selbstbesiegung hat Lactantius I, 9 aus
de rep. aufbewahrt, die jetzt dort II, 69, 2 dem Text eingeordnet
ist: wer sich selbst besiegt, was, um anschaulicher und mächtiger zu wirken, im Ausdruck variirt und amplificirt wird, der
wird über den Hercules gestellt, welcher dem Alterthum immer als
der Heros der Besiegung menschenfeindlicher Wesen vorschwebt;
Lucrez V, 22—54 stimmt mit dieser Behandlung des Hercules merkwürdig zusammen. Ganz besonders lebhaft empfindet das humane
Bewusstsein auch die Selbstbeherrschung als die Vorbedingung,
andere beherrschen zu können, vgl. S. 61. De imp. Cn. Pomp. 38:
„Ein Feldherr kann das Heer nicht im Zaume halten, der sich
selbst nicht im Zaume hält". (Bei Tac. Agr. 19 wird auch die
Beherrschung der eigenen *domus* als solche Vorbedingung der
Herrschaft über andere mit eingeschlossen.) Ist aber diese Be-

dingung erfüllt, dann ist auch jene Aufgabe nicht schwer:
Ad. Q. f. I, 7: „Wie hat es noch Schwierigkeit, die im Zaume
zu halten, denen du vorgesetzt bist, wenn du dich selber im
Zaume hältst"?

k) Die antike Humanität empfindet im Bewusstsein
ihres sittlichen Lebensprincips eine entschiedene Missbilligung gegen andere niedere Lebensmächte, denen
sie andere, die sich nicht zu ihr emporgehoben haben, unterworfen sieht.

α) Die Sinnlichkeit. Stets wird diese behandelt als die
lebenzerstörendste Pest (*qua nulla capitalior pestis*, Cat. mai. 39),
die das Menschendasein heimsucht, und in den stärksten, für
uns manchmal unglaublich starken Farben, wird ein an die Sinnlichkeit verlorenes und sich dadurch entadelndes Leben geschildert, zumal, wenn es gilt, im öffentlichen Leben Feinde, die
sich diese Blösse geben, zu fassen. Man denke z. B. an die
Schilderung der sechsten Klasse der Anhänger des Catilina in
or. Cat. II, 22 f., vgl. Sall. Cat. 14. 15, an die des Consul Gabinius
pro Sest. 20, an die des Antonius in Phil. II, 43—50. 63, ganz
besonders aber an die des Piso in or. in Pis. 13. Dagegen der
Hauptvertreter der humanen Gesellschaft hegt die lebhafteste
Scheu, auch nur in den Verdacht zu gerathen, als ob sinnliche Reize (*deliciae*) Macht über ihn hätten: s. ad Att. II, 10,
weshalb er noch nicht einmal Zuschauer der Spiele des Antonius
sein möchte.

β) Die Abhängigkeit vom Gerede der Menschen. De
rp. VI, 25: „Gieb dich nicht dem Gerede des grossen Haufens
hin und setze nicht auf Menschenlohn die Hoffnung deines
Lebens" (Worte des verklärten älteren Scipio an seinen Enkel
in dessen Traume). Ad fam. V, 13, 1: „Das erachte ich
für den schönsten Stern in der Krone der Weisheit, nicht von
anderswoher abzuhängen und nicht von aussen her die Entscheidung darüber abhängig zu wissen, ob man im rechten Geiste
lebt oder nicht" (*nec extrinsecus aut bene aut male vivendi
suspensas habere rationes*)". Ad Att. XII, 28, 2: „Mein eigenes
Bewusstsein ist mir mehr werth als alles Gerede". Ad. Att. XII,
21, 5: „Ich verachte mich nicht und will viel lieber auf meinem
eigenen Urtheil stehen als dem aller übrigen". Ad fam. I,
5a, 4: „Deine Weisheit und Seelengrösse verlangt, alle deine

Stellung (*amplitudo*) und Würde in deinem persönlichen Werth
(*virtute*), deinen Thaten und dem Ernst deines Charakters (*gravi-
tate*) zu finden und der Ueberzeugung zu sein, dass, wenn dir
die Perfidie einiger Menschen etwas von den Gütern geraubt
hat, die dir das Schicksal gespendet, das ihnen zu grösserem
Schaden (*fraudi*) gereichen wird als dir selbst". (Cicero an
den Proconsul Lentulus, seinen optimatischen Parteigenossen).
Vgl. ad fam. I, 6, 2: „Das Unrecht der Menschen wird, glaube
mir, dein Ansehen (*amplitudinem*) nur in helleres Licht setzen".
(An denselben). Die Pflicht, sich von den Menschen unabhängig
zu erhalten (*nulli homini succumbere*) ist auch geradezu ein
Lehrpunkt in der Behandlung der *fortitudo*, s. de off. I, 66, vgl.
de fin. III, 57: „Um des guten Rufes willen, erklärten Chrysippus
und Diogenes, solle man, abgesehen von den Fällen, dass man
realen Nutzen davon hat (*detracta utilitate*), nicht einmal den
Finger ausstrecken, und ich stimme dem von ganzem Herzen
zu". Das ist freilich sehr stark, und der Stoiker Cato spricht
es aus, Cicero selber behandelt doch die *fama*, d. h. die Ehre,
in seinem ganzen Leben sehr anders, als ein von der *virtus*
unzertrennliches Gut, besonders auch die Volksehre, die er de
off. I, 38 für einen ebenso zureichenden Kriegsgrund erklärt wie
die nationale Existenz (*caput*) selber.

γ) Den Gewohnheitsschlendrian. De leg. II, 9: „Die
Charybdis (*aestus*) der Gewohnheit soll uns nicht herunter-
ziehen". Weiss doch auch die volksthümliche Weisheit eines
P. Syrus (sent. 182): „*Gravissimum est imperium consuetudinis*".

δ) Das Untergehen des Geistes in dem Druck der
Geschäfte. Ad. Q. f. 1, 5: „Lass dich nicht von der Wucht
der geschäftlichen Obliegenheiten, wie von einer Fluthwelle,
niederziehen". Selbst die Thätigkeit auf dem *forum* wird von
der feineren Humanität doch leicht einmal als *barbaria forensis*
(de or. I, 118) empfunden, und der römische Staatsmann erscheint
(de or. III, 131) als „durch die Fürsorge für den Erdkreis und
die Handhabung des höchsten Imperiums in mannigfacher Weise
abgezogen (*districtus*)" von dem höheren geistigen Leben.
Dieses aber soll eben nicht ganz in den Geschäften untergehen.

1) Die antike Humanit verlangt vor allem ein hoch-
gemuthes Leben. Ad. Att. V, 9, 1: „Das Glück möge mir
helfen, ich werde meinen Mann stehen (*nostra praestabimus*)".

Diese Gesinnung äussert sich freilich meist so — nicht, als ob
es an sich eine Lust wäre zu leben, sondern eher als ob das
Leben, wie Schopenhauer sagt, ein schwer abzuarbeitendes
Pensum wäre; aber in diesem Pensum will man auf alle Fälle
(weil nur das menschenwürdig ist) den Kopf oben behalten.
Eine gewisse Resignation, eine Ergebung in die einmal nicht
abzuwälzende Schwere des Lebens, lagert doch über solchen
Aeusserungen stolzer Entschlossenheit, den Kampf würdig durchzuführen, die Rolle mit Ausdauer abzuspielen. Ad fam. V, 18, 1:
„Fasse dich und bedenke, unter welcher Bedingung wir Menschen alle und zu welchen Zeiten wir (insbesondere) geboren
sind". Ad. Att. XV, 20, 3: „Das Menschliche muss ertragen
werden". Ad. fam. VI, 20, 3: „So haben wir gelebt und in dem
Alter stehen wir nunmehr, dass wir alles, was nicht durch
eigene Schuld uns widerfährt, muthig zu tragen die Pflicht
haben". Ad Att. XII, 11, 1: „Alles Menschliche ist für erträglich zu erachten. Denn was sind wir selbst? oder wie lange
wird es dauern, dass wir uns um diese (gegenwärtigen und
überhaupt irdischen) Dinge bekümmern werden?" Hier ist die
Stimmung deutlich von jener oben (S. 49 f.) besprochenen „Verachtung" der menschlichen Dinge afficirt, die aus dem Vergleich der Grösse des Makrokosmus und des Menschen *) resultirt,
hier insbesondere aus dem Vergleich der Zeitdauer beider (wobei
dann der Unsterblichkeitsglaube, als eine gänzlich andere Existenzweise in Aussicht stellend, nicht mit in Rücksicht gezogen
wird.) Der Unterschied zwischen der antik-humanen und der
christlichen Stimmung, die sich auf Röm. 8, 18 und 1. Kor. 10, 13
gründet, springt in die Augen, sein wesentliches Moment liegt
in dem Ertragen ohne und dem Ertragen mit Gott; ein weiteres
darin, dass im Christenthum die Schicksale als zugelassene Versuchungen Gottes aufgefasst werden. Eine gewisse Kraft des
Ertragens fliesst übrigens auch aus dem antiken Standpunkte,
und Hebr. 13, 14 klingt wirklich näher an ihn heran. Ad fam. IX,
17, 3: „Du wirst die Pflicht haben, das Beste zu wünschen, das
Schwierigste zu denken, was auch werden mag zu ertragen"
führt wieder unwillkührlich zu einer Entgegensetzung von Röm.
12, 12: es ist der humane und der christliche Wahrspruch in

---

*) Ad fam. XI, 4, 3. „Unverschämt ist es, mehr zu fordern als dem Menschen
von der Natur erwiesen werden kann".

gleicher dreitheiliger Form und klarer und wurzelhafter inhaltlicher Verschiedenheit neben einander. Etwas abgekürzt erscheint der Spruch in ad fam. IV, 13, 7: „Du wirst alles aufs
beste erhoffen und was eintritt, wie beschaffen es auch sein
möge, mit Weisheit tragen". Die durch lange Uebung erleichterte hochgemuthe Ertragung von Widrigkeiten wird, wie
in Soph. Oed. Col. 7, betont in ad Q. f. I, 1, 2: „Unsere Herzen,
die darin geübt sind, die grössten Dinge auszuführen und auf
sich zu nehmen, dürfen sich von Herzeleid nicht unterkriegen
(*frangi et debilitari*) lassen". Und ad fam. VII, 13, 1 rühmt der
Briefschreiber von sich gelegentlich (natürlich mit einem gewissen Masse von Selbsttäuschung), dass er es dahin gebracht
hat, alles ertragen zu können.

m) Die antike Humanität scheint bisweilen vorausgesetzt zu haben, dass sie in ihrem praktischen Grundverhalten zum Leben die Erbin der Weisheit der eleusinischen Mysterien sei. Die bekannte merkwürdige Stelle
darüber de leg. II, 36 lautet: „Viel Grossartiges und Göttliches
scheint mir von Athen hervorgebracht und dem Leben der Menschen zugeführt zu sein, aber nichts Besseres als jene Mysterien,
durch die wir aus einem ländlichen und rohen Leben zur Humanität herausgebildet und gesittigt sind, und gleichwie sie *initia*
heissen, so haben wir in Wahrheit (durch sie) die Principien des
Lebens kennen gelernt und nicht nur die vernünftige Begründung dafür, wie wir mit Freudigkeit leben sollen, überkommen,
sondern auch, wie wir mit besserer Hoffnung sterben sollen".
Ein directer Einfluss der Mysterien auf die eigentlichste Humanitätsepoche des Alterthums tritt sonst nirgends hervor, trotzdem
die Römer früh Erlaubniss erhalten haben, sich in die eleusinischen Mysterien der Athener einweihen zu lassen (Böckh, Encyklopädie S. 456). Die Mysterien, durchaus dem Freimaurerwesen
zu vergleichen, waren mehr Geheimlehren über den eigentlichsten Sinn des Lebens, in denen der Grundgedanke des
orphischen Priesterthums, dass der Tod das wahre Leben sei,
die centralste Stellung einnahm, als ein cerimonieller Cult, trotzdem sie ursprünglich an den Demetermythos anknüpften und
bei ihren Festen diesen scenisch darstellten. Der Cult sollte
eben wesentlich zur Herausarbeitung der symbolischen Bedeutung des Mythos dienen: dass die Grundlage der diesseitigen

menschlichen Cultur der Ackerbau sei, das (diesseitige und jenseitige) Gesamtschicksal des Menschen aber in der Entwicklung des der Erde anvertrauten Samenkorns versinnbildlicht werde. Dass die Mysterien, die auf Ueberwindung des Volksglaubens und dessen Ersetzung durch eine höhere Lebensauffassung abzielten, einen sehr grossen Einfluss auf die griechische Cultur gehabt haben, steht ausser Zweifel und ebenso, dass die eigentliche Epoche der antiken Humanitätsgesinnung (in der höheren römischen Gesellschaft der beiden letzten Jahrhunderte der Republik) von der Berührung der Römer mit der griechischen Cultur ihren Ausgang genommen hat. Eine unmittelbare Einwirkung der Mysterien auf jene scheint aber kaum anzunehmen zu sein, wenigstens scheint ihre Entfaltung in ihrem ganzen Umfange durchaus aus ihrem eigenen Principe der Humanität verständlich, durch welches sich die Römer über ihre eigene nationale Einseitigkeit zu erheben suchten.*)

Dritter Abschnitt.

Die antike Humanität im Verhältniss von Mensch zu Mensch.

Die Beziehungen, in welche Menschen zu einander treten, sind theils geschäftlicher, theils freier Art. Die ersteren regeln sich nach dem Gesetze der beiderseitigen Interessen, die hier und dort vertreten werden, oder nach der Idee einer Sache, der alle Betheiligten, vielleicht in verschiedener Weise und Stellung, dienen. Bei diesen Beziehungen zwischen Mensch und Mensch kann also nicht die Humanität als entscheidendes Princip walten. Doch wo sie anderweitig hinzugebracht wird, da wird sie sich selbst hier nicht verleugnen, sei es, dass sie die reine Interessenverfechtung doch mildert, sei es, dass sie in einem Ueberschuss

---

*) Als Hauptschriften über die eleusinischen Mysterien mögen hier gelegentlich angeführt sein: Lobeck, Aglaophamus, Königsberg 1829. K. O. Müller, Eleusinien, in Ersch' und Gruber's Encyklopädie, 1. Sect. Theil 33. Haggenmacher, die eleusinischen Mysterien, Basel 1880. C. Haupt, de mysteriorum Graecorum causis et rationibus, Königsberg N-M 1853. Kiesewetter, d. Occultismus d. Alterth., Lpz. 1896, S. 501 – 540.

über diese hinaus sich geltend macht. Ich bin überzeugt, dass
wo ein geschäftlicher Verkehr in der Sprache geführt wurde,
von der wir uns etwa aus Terenz, aus Cicero's Briefen, aus
Horaz' Episteln und Satiren ein annäherndes Bild machen können,
schon um der Natur dieses Ausdrucksmittels willen die Humanität nicht ganz fern blieb. Doch will ich auf den Versuch
eines näheren Nachweises dieses Punktes verzichten. Im freien
Umgang will der Mensch den Menschen geistiger Weise geniessen, er will unterhalten und unterhalten werden, er will
geistiger Weise geben und nehmen, etwas zurücklassen und
etwas mit sich führen. Diese freien Beziehungen von Mensch
zu Mensch wurden in der humanen Gesellschaft des Alterthums
ganz gewiss von dem humanen Princip durchdrungen.

Der Mensch ist so geartet, dass die Stunden oder Stundenbruch-
theile des Lebens, die er im freien (nicht geschäftlichen) Umgange mit anderen verbringt, doch nicht wie Welle von der
Welle ausgelöscht werden und also von der völligen *Noncha-
lance* des augenblicklichen Beliebens erfüllt werden dürften.
Es handelt sich im freien Umgange, selbst wenn man von seinem
mittelbaren Einflusse auf die ernsten Lebensangelegenheiten, der
sich so oft in förderndem oder hemmendem Sinne geltend macht,
absehen wollte, darin doch um die Meinung, die sich die Menschen von einander bilden, und der Mensch ist wieder von Natur
so geartet, dass er dagegen nicht gleichgültig ist, — trotzdem
es allerdings eine Reaction des philosophischen Bewusstseins gegen diese natürliche Hochschätzung der Menschen-
meinung giebt.*)

Der Mensch muss also in diesen freien Umgang eine ver-
borgene Lebensklugheit mitbringen, die ihn davor bewahrt, dass
er nicht nachträglich selbst die den ernsten Lebensangelegenheiten gewidmete Zeit durch unlustvolle Empfindungen „(Rumina-
tionen" dessen, was die Menschen wohl sagen und denken mögen,
nennt es Schopenhauer) trübt, die aus der Erinnerung an Eindrücke aus dem freien Umgang quellen. Mancher Leser wundert
sich hier vielleicht, dass nicht im Präteritum, von den Zeiten

---

*) Der classischste Ausdruck dieser Reaction, vielleicht in der ganzen Welt-
litteratur, ist Schopenhauer's berühmter Aufsatz „von dem, was einer vorstellt" in
den Paränesen zur Lebensweisheit im ersten Bande der Parerga. Auf die Empfindung dieser Reaction im classischen Alterthum wird darin Bezug genommen.

der antiken Humanität, gesprochen wird; allein, wenn uns nicht
mit ihr ein ewig Menschliches verbände, so könnte sie kaum
unser ernstliches Interesse noch heute besitzen. Die einleitenden
Gedanken dieses Abschnittes haben sicherlich auch der antiken
Humanität vorgeschwebt. Und so finden sich denn auch in
ihren Denkmälern die Spuren davon, dass sie

1. **gewisse Voraussetzungen einer im freien Umgange zu bewährenden
Lebensklugheit**

in diesen mitbrachte. Dergleichen sind, systematische Vollständigkeit in dem, was niemals System war, nicht beansprucht,
z. B. die folgenden:

a) Klugheit ist immer gut; sie ist die schneidigste
Waffe. Ad fam. VII, 16, 1: *Usque quaque sapere oportet; id
erit telum acerrimum.* (Ein Vers, vielleicht aus dem im Eingange
des Briefes erwähnten *equus Troianus* des Ennius). Gemeint
ist damit die Klugheit im eigenen Interesse, wie sie in dem
Verse aus Ennius' Medea ad fam. VII, 6, 2:

Qui ipse sibi sapiens prodesse non quit, nequidquam sapit

eingeschärft wird. Dass man aus der Erfahrung lernen, sich
witzigen lassen soll, wird überaus entschieden durch die sprichwörtliche Wendung eingeschärft: „Zweimal an denselben (Stein
anzustossen) ist schimpflich", ad fam. X, 20, 2 und daselbst die
Erklärung von Billerbeck.

b) Unsere übelen Seiten finden mehr Beachtung
als unsere guten Seiten. De or. I, 129: „Nichts sitzt so
fest im Gedächtniss der Menschen (*nihil est tam ad diuturnitatem memoriae stabile*) als worin man irgend einen Anstoss gegeben hat". Es ist ein Irrthum, zu glauben, dass die Menschen
das Gute und Löbliche an einem selbst zum Gegenstande ihrer
besonderen und nachhaltigen Aufmerksamkeit machen, im Gegentheil, stets auf ihr eigenes Steigen, auch das mittelbare durch
das Sinken anderer (*increscere* — auf jemandes Kosten steigen
Tac. Agr. 8) bedacht, hängen sie sich gerade in die Betonung
unserer Schwächen und Blössen. Deshalb ist keinen Anstoss
zu geben wichtiger als sich positiv hervorzuthun.

c) Thorheit findet nie Entschuldigung. De or. I, 125:
„Thorheit findet keine Entschuldigung, weil man von niemandem

annimmt, dass er thöricht gewesen sei, weil er sich etwa schlecht befunden habe (*crudus fuerit* — womit sich anderes entschuldigen lässt), oder weil er es lieber so gewollt habe".

d) Die allgemeine Selbstliebe ,*communis* φιλαυτία) betrügt, ad Att. XIII, 13, 1. Dieser blinden Selbstliebe entsprang auch der unter b) genannte Irrthum. Im Bewusstsein, dass man von Natur sicher nicht frei von ihr ist, hat man sich also — das liegt in der Prämisse — nicht auf ihren Standpunkt zu stellen, sondern sich so zu sagen durch die Brille des fremden Urtheils anzuschauen oder sich klar zu machen, wie man selber urtheilen würde, wenn ein anderer das zur Erscheinung brächte, wozu man in der allgemeinen Selbstliebe eine Anwandlung empfindet, von der es noch fraglich ist, ob sie in wirkliche Lebensäusserung umgesetzt werden soll oder nicht.

e) Das Uebelwollen ist ein weitverbreiteter Fehler. Ad fam. III, 6, 4. Eine wahre „Pest von Menschen" sind aber, die an fremdem Lobe Schmerz empfinden, ad fam. V, 8, 2. Die lebenskluge Folgerung aus dem ersten Satze ist offenbar: Richte dich nicht blindlings auf das Wohlwollen der Menschen ein, sondern rechne lieber in zweifelhaften Fällen mit dem so weitverbreiteten Uebelwollen. Es wird eben in dem Gedanken, wie man sich gegen die wirklichen Menschen zu stellen hat, nicht sowohl auf die göttlichen Funken (S. 54) der allgemeinen Menschennatur reflectirt, wie bei der idealen Stellung zum Gesamtleben, sondern auf die *in praxi* so mächtige Kehrseite. — Das Urtheil über die „Pest von Menschen", die sich nicht auf die Mitfreude (und zwar die noch schwierigere an fremdem Lob als die an fremdem Glück) verstehen, kann sehr hart und auch blind erscheinen, wenn man nach der allgemeinen Menschenerfahrung bedenkt, wer dann alle „Pest" sein müsste, und wenn man sich klar macht, dass der Keim dieses Fehlers mit dem Weltgrundgesetz der Individuation auf der Höhe der Idee des Menschen — und selbst bei höheren thierischen Individuen fehlen analoge Erscheinungen nicht ganz — selber gegeben ist. In der That kennt auch jeder aufrichtige und in der Gewissensforschung geübte Christ diesen Keim der Erbsünde in sich, der nur bei wenigen sehr reinen Naturen fehlen wird, und in der Gemeinde der antiken Humanität wird es weder mit der Sache noch mit der Fähigkeit sie zu erkennen viel anders gestanden

haben.*) Doch ist ganz richtig, dass der erwachsene Mensch durch
Religion oder Philosophie befähigt sein sollte, die Pest des
Schmerzes über fremdes Lob unter die Füsse zu treten, unter
der Schwelle des Bewusstseins in zurückgewiesener Potentialität
zu halten, ihr die Umsetzung in reale Empfindung oder zur
Folgehandlung zu verwehren. Dass dies bei den meisten erst
eine Leistung des bewussten sittlichen Willens sein muss, entging sicher auch der Gesellschaft der antiken Humanität nicht;
der Schreiber des Briefes mochte es durch Uebung so weit gebracht haben, dass er ohne Heuchelei sich so sehr über diese Pest
bei anderen ereifern konnte; auch hatte er durch seine hohe
Begabung, die des Lobes stets reichlich eingeheimst hatte, einen
grossen Vorsprung für die Tugend der Mitfreude an fremdem
Lob vor denen, deren „Pferde im Wettlauf zurückblieben" (Hor.
sat. I, 1, 115).

f) Sieh zu, wem du trauen kannst, wem nicht. Ad
fam. I, 2, 9: „Nach unseren gemeinschaftlichen Erfahrungen
(*eventis*) glaubte ich dich ermahnen zu müssen, dass du in dem
ganzen weiteren Leben dir klar machst, welchen du glauben,
vor welchen du dich hüten sollst." Ad Att. II, 20, 1: „Weil die
Kenner des praktischen Lebens (*pragmatici homines*, hier offenbar nicht nur Aufsetzer von gerichtlichen Reden für andere) in
allen ihren geschichtlichen oder paränetischen Darstellungen,
endlich auch in poetischer Form zur Kritik mahnen und vom
Vertrauen abmahnen (*cavere iubent et vetant credere*), so kann
ich nicht umhin, misstrauisch zu sein." Freilich (ad. Q. f. 1,
1, 12): „Je gutmüthiger einer ist (*ut quisque est vir optimus* —
also geradezu: die edelsten Naturen), um so schwerer verfällt
er auf den Gedanken, dass andere schlecht seien" — aber eben
um desswillen müssen gerade die Gutgearteten (so zu sagen
künstlich, in Verbesserung eines zwar edlen, aber gefährlichen
Fehlers ihrer Natur) ganz besonders auf ihrer Hut sein, ihr Vertrauen nicht an Unwürdige zu verschwenden.

g) Wisse, was die Menschen nicht vertragen
können und biete es ihnen deshalb nicht ohne Noth. De or.
II, 45 (aus dem Anfange einer Rede, die Crassus als Censor

---

*) Die christliche Mystik drückt die sittliche Aufgabe gern aus: „Der Mensch
soll durch Gnade werden was von Natur nur Christus war", Theol. deutsch,
ed. Pfeiffer, 2. Aufl., Stuttgart 1855, S. 58.

gegen seinen Amtsgenossen gehalten hat): „Die Menschen lassen
es sich gleichmüthig gefallen übertroffen zu werden in solchen
Dingen, welche die Natur oder das Glück verleiht; aber sie
lassen es sich nicht gefallen übertroffen zu werden
in den Dingen, die sie sich selber erwerben können."
Antonius knüpft an diese vielleicht nicht ganz wahre Voraussetzung geradezu die Regel, dass die Lobrede sich auf die Güter
des Schicksals (und der Natur) beschränken (von den anderen
aber absehen) müsse, offenbar, um die Hörer bei ihrer einmal
anzunehmenden menschlichen Schwäche nicht vor den Kopf zu
stossen. So heisst es auch de or. II, 209: „Höhere beneidet
man (nur dann), wenn sie die allgemeine Gleichheit (*aequabili-
tatem communis iuris*) durch das Hervorragen ihrer Stellung
(*dignitas*) oder ihrer Vermögenslage überschreiten." Darin liegt
die Mahnung, dass man das Uebergewicht wenigstens nicht
hochmüthig fühlen lassen (*insolentius se iactare*) soll. Freilich
heisst es dort auch vorher, dass die Menschen ganz besonders
auch gleiche oder niedriger stehende beneiden, „wenn sie sich
als zurückgeblieben empfinden, jene aber mit Schmerz als voraus-
gekommen (*evolasse*) sehen." Doch einen solchen Neid zu verhüten giebt es wirklich kein Mittel auf der Seite dessen, der
ihn erweckt, sondern nur in der Vernunft und dem Schamgefühl dessen, in welchem er aufkommen will.*) Die Humanität verlangt also, edel und vorsichtig in der Erweckung fremden Neides
zu sein. Dass die humane Gesellschaft auch mit dem Neid in
der eigenen Brust zu kämpfen habe, dem activen, der ein viel
schlimmeres Uebel ist als der passive, — κρέσσων γὰρ οἰκτιρμοῦ
φθόνος, Pind. Pyth. I, 85 — tritt, wie ich finde, viel weniger in
der Blüthezeit des humanen Princips hervor als schon ein
Menschenalter später in den zahlreichen eindringlichen Ermah-
nungen des Horaz, dass man sich von diesem unglücklichen
Fehler zu befreien suchen müsse. Aber diesen Fehler suchen
die Menschen eben zu verbergen, und es ist zu befürchten, dass

---

*) Charakteristisch für die oratorische Auffassung der Dinge ist, dass An-
tonius a. a. O. sowohl Anweisungen giebt, wie der Neid vom Redner (eventuell)
anzufachen als auch wie er zu beschwichtigen sei, letzteres durch die Hinweisung
auf die Mühen und Gefahren und die Selbstverleugnung, womit die beneidete
Stellung errungen sei, auf die Hochherzigkeit, mit der man sich ihren Genuss ver-
sage, auf die Mühseligkeiten und Miseren, die mit ihr verbunden zu sein pflegen.

auch die Humanitätsgemeinde mit ihm der Menschlichkeit einen traurigen Zoll entrichtet habe, gleichwie ihn unter den Christen nur die zu überwinden pflegen, die es mit der Heiligung am einsichtigsten und ernstlichsten nehmen. Denn was soll man dazu sagen, wenn ad. Att. VII, 3, 5 ein greller Blitz über diesem Abgrund aufleuchtet, indem Cicero dort sogar von dem Cato Uticensis, diesem stoischen Tugendausbund, meint, er beneide nur die nicht*), denen (bei ihrer gar nicht wegzuschaffenden persönlichen Unbedeutendheit) auch aus allen äusseren Ehren doch kaum ein Zuwachs an Würde zu theil werden könne!

h) Mensch, ärgere dich nicht! Diese nicht mit Unrecht heutzutage in manchem Zimmer als leuchtende Inschrift aufgehängte goldene Lebensregel für den Umgang mit Menschen lässt sich auch aus einigen Bekenntnissen des Hauptvertreters der antiken Humanität ableiten. Ad Att. IV, 16, 10 sagt er: „Der (empfindliche) Punkt in meiner Psyche, wo sonst der Aerger (*stomachus*, d. i. der Aerger, der nichts fruchtet, s. Billerbeck zu ad Att. XVI, 1, 1, ein Aerger, der besonders alten Leuten eigen zu sein pflegt, ad Att. XIV, 4, 3) wohnte, hat sich mit einer dicken Schwiele überzogen (*concalluit*)", und ad. Q. f. III, 9, 1: „Von der Zügellosigkeit der Verwegenen, von der ich ehemals bersten wollte (*rumpebar*, Ausdruck griech. (διαρρηγνύναι) und lat. Komiker), habe ich jetzt noch nicht einmal einen Eindruck mehr." In beiden Fällen fühlt man, wie er aufathmet von einer unglücklichen Vergangenheit zu einer glücklicheren Gegenwart, aber man fühlt auch, wie er aus einem Wunsch oder höchstens einer vorübergehend erreichten Stimmung einen dauernden Zustand macht, man hört aus der Versicherung, dass er sich nicht mehr ärgere, den nur mühsam verhaltenen Aerger heraus. In der That scheint die Kunst, sich wirklich gar nicht zu ärgern, einer noch höheren Stufe als der der Lebensklugen, ich meine der der „Heiligen", vorbehalten zu sein: die glücklichen Phlegmatiker und die, bei denen es Noth und nicht Tugend ist, nicht zu rechnen. Denn aus der etwaigen ἀτιμίας ὑπόληψις, die für immer keinem so leicht erspart bleibt, muss sich einmal so zu sagen mit Naturgesetzlichkeit die λύπη auslösen, und so ist auch Cicero nach jenen übrigens ziemlich

---

*) Die alte im Zusammenhang sinnlose Vulgata, in der die Negation fehlt, findet sich mit Recht in den neueren Ausgaben nicht mehr.

gleichzeitigen Briefen sicherlich noch oftmals in Aerger zurück-
gefallen. Aber der Vorsatz war doch da und thut doch wenigstens viel, wenn auch nicht alles. i) **Haltung kann nöthig sein.**
Vorzuziehen sind ja
freilich die Situationen im Umgang, wo der Mensch das Vertrauen hegen kann, sich einfach mit aller Wahrhaftigkeit geben
zu dürfen wie er ist, und die angenommene Miene deutet immer
auf das Bewusstsein von Uebelwollen hin, zu dem man sich zu
versehen hat, wie z. B. in der peinlichen Zusammenkunft des
Germanicus mit dem Piso, Tac. Ann. II, 57. In die „Haltung"
(wie das beiläufig gesagt jetzt oft, in noch weiterem Sinne, bei
Dühring so herauskommt) die Pointe des Lebens legen zu müssen,
das wäre doch ein gar zu starkes Armuthszeugniss für die Brüderlichkeit der Menschen. die, wie wir sahen (S. 61 f.), mit zu den anthropologischen Voraussetzungen der antiken Humanität gehörte.
Aber es kann oft genug vorkommen, dass man kluger Weise an
sich halten muss. Wer sollte es wohl für Lateinisch halten zu sagen:
Tenui me egregie, und doch schreibt es Cicero an Q. f. III, 5 f., 5:
der Sinn kann natürlich nur sein: Ich habe mich vortrefflich
zurückgehalten, mich beherrscht, nicht soweit aus mir herauszukommen, wie es eigentlich meiner inneren Empfindung entsprach. Diese „Haltung" beruht wesentlich auf der Eigenschaft
wohlweislicher Verschlossenheit oder Unergründlichkeit (*al-
litudo*, βαθύτης), von der Cicero ad Att. V, 10, 3 schreibt, dass
sie Atticus nach des Briefschreibers Zurückkehr aus der Provinz
Cilicien bei dessen näheren Erzählungen von dort schon an
ihm bewundern solle, so viel Gelegenheit zum Studium (μελέτη)
dieser (leider nothwendigen) Tugend sei ihm in seiner Statthalterschaft gegeben. Dass Schweigen Gold sein kann, haben
auch die Männer der antiken Humanität sehr wohl gewusst:
das *sapienter tacere* ist sogar für den Redner an manchen
Stellen das Gerathenste, de or. II, 301.

k) **Die Menschen sind klug auszuhören.** Das ist
die Kehrseite der eigenen „βαθύτης". Sehr deutlich springt hier
der Unterschied der Lebensklugheit und der Moral in die Augen,
denn das Sittliche hat das Merkmal der Allgemeingültigkeit
(nach Kant der Verbindlichkeit für jedes vernünftige Wesen),
während die Lebensklugheit die Berechtigung des eigenen Interesses voraussetzt und zwischen den beiden Seiten unter-

scheidet, deren e i n e allein Lebensklugheit besitzt und den
Mangel den anderen daran ohne Scrupel missbraucht, um
nur zur Erfüllung eines egoistischen Zweckes zu gelangen.
Cicero hat für dieses Aushören der Menschen (*expiscari* ad
fam. IX, 19, 1) einmal (ad Att. IV, 8ᵇ, 4) die für die Aus-
zuhörenden wenig schmeichelhafte Ausdrücke, dass man sie
„beschnüffeln und abkosten" (*odorari*, vgl. ad Att. XIV, 3, 2.
XV, 3, 1, *et degustare*) solle, sie werden darin wie der dem Jagd-
hund resp. dem Koch willenlos überantwortete Gegenstand ihrer
Prüfung behandelt.

Die beiden letzten nun noch anzuführenden Regeln der von
der antiken Humanität beachteten Lebensklugheit sind aber die
wichtigsten und umfassendsten und dabei durchaus edel. Sie
lauten:

1) S e i   e i n   M e n s c h ,   d e r   s i c h   i n   j e g l i c h e r   L a g e   a n -
g e m e s s e n   z u   b e n e h m e n   w e i s s   (*cuiusvis temporis homo*
de or. II, 271, *omnium horarum homo*, Quint. VI, 3. 110). Dabei
lässt sich doch nicht nur der Rath denken, dass man stets die
eigenen Interessen in Anpassung an die Gelegenheit wahrnehmen, sondern auch der andere, dass man bei jeder Gelegenheit das aus ihr etwa für die eigene Person o d e r andere zu
gewinnende Gute zu stiften suchen und dass man mit den Fröhlichen froh zu sein, mit den Weinenden zu trauern verstehen
solle.*

m) U n t e r   G u t e n   m u s s   a l l e s   g u t   z u g e h e n (*inter bonos
bene agier oportet*, ad fam. VII, 12, 2). Diese Regel wird angeführt als die juristische Formel für das Vertrauen, das die
Seele alles vernünftigen menschlichen Verkehrs sein muss, aber
auch übertragen auf den besseren Fall des menschlichen Umganges, wo sich der Wohlgesinnte die Wohlgesinnten gegenüber weiss. Denn, so heisst es weiter (in Polemik gegen den
praktischen Egoismus der Epikureer) ganz allgemein: „Wer ist
wohlgesinnt, der nie anders als im eigenen Interesse handelt?"

---

*) Die Regel ad Q. f. II, 13 (15ᵃ), 4: „geschmeidiger als ein Ohr-
läppchen (*auricula infima molliorem*) sein", die M. Cicero als eine Lieblings-
regel seines Bruders Q. anführt und nach der er sich in Zukunft verhalten zu wollen
ausspricht, ist natürlich nicht im Ernst für alle Fälle, sondern mit Humor nur für
solche Fälle gemeint, wo „mit den Wölfen zu heulen" noch das Klügste, und „mit
dem Kopf durch die Wand zu wollen" ein vergebliches Bemühen ist.

Also: *Inter bonos* unbedingt und in allseitigem Sinne *bene*, *inter bonum et malos* auch *bene*, aber doch mit der „Klugheit der Schlangen" *bene!*

2. Welche Eigenschaften schätzte und bethätigte die antike Humanität im freien Umgange?

a) Die Liebenswürdigkeit (*comitas*, im allgemeinen nicht *amabilitas*, obgleich Antonius ap. Att. XIV, 13 a, 2 schreibt „*amabiliter cogitare*"). Das halten wir nun freilich gerade so, aber unser an sich schon übertriebener Ausdruck „Liebenswürdigkeit" wird auch noch so übertrieben häufig gebraucht, und noch dazu auch oft von einem Benehmen, das mehr im geheimen gefallen will als es aus wirklich schlichter Herzlichkeit entspringt, dass der Unterschied von der *comitas* der antiken Humanität doch sehr zu betonen ist. Wenn nämlich die *comitas* z. B. einem Greise von solcher Idealität des reifen und milden Wesens, wie den Scävola in de or. l. I der Verfasser des Dialogs überall geflissentlich darstellt, als ein dauernder (I, 35) Zug seiner Persönlichkeit beigelegt wird, so fühlen wir, dass die *comitas* auf einer harmonischen innerlichen Abgestimmtheit des Gemüthes beruht, die keine Stürme und Zwiespalte in sich mehr zu schlichten hat und daher für fremde Interessen stets unzerstreut offen steht, den anderen gerne die Freude gewährt, sich beachtet und geschätzt fühlen zu dürfen. Wer (activ) *comis* ist, ist (passiv) *suavis* (eigentlich: ein Mensch, von dem man sich gern rathen lässt), ein *suavissimus homo* (z. B. C. Matius ad fam. VII, 15, 2; dagegen ist der oft zugeknöpfte und hochfahrende Cn. Pompejus nur einmal in günstiger Laune wirklich „auf's liebenswürdigste für mich aufgelegt" [*in nos suavissime hercule effusus*], ad Att. IV, 9, 1) oder *dulcis* (z. B. *dulcissime frater* de leg. III, 25), in welchen Ausdrücken doch nichts von unangenehmer Süsslichkeit der Empfindung liegt. Mit der *comitas* ist verwandt die freundliche Willfährigkeit gegen fremde Wünsche (z. B. de or. I, 206) und die Schonung[*]), die besonders dem, was dem anderen theuer ist (auch wenn

---

*) Von L. Crassus heisst es de or. II, 221 sogar, dass er als Redner die Würde des Gegners schonte, mit dem feinen Zusatz, dass er eben damit seine eigene bewahrte. Freilich von einem Falle, in dem der hochachtungswerthe Scaevola sein Gegner war, aber es heisst doch *parcebat*, und nicht *pepercit*.

man selbst nicht so dagegen gestimmt ist) angediehen gelassen
werden muss (de or. II, 237).

b) Die Urbanität. Ich will dafür nicht sagen „Höflichkeit", denn die Urbanität besteht mehr in einem gewissen feinen
Tone, wie er den geselligen Kreisen der Hauptstadt eigen ist,
als in (innerlich halbwahren oder unwahren) Formen, durch die
der natürliche Egoismus hinter einem Aushängeschild der Ergebenheit für andere verborgen wird. So ist ja auch der römische Briefwechsel viel freier von Höflichkeitsformeln als der
moderne, der durch diese für ein ehrliches Nachdenken fast
anstössig wird, so dass vor kurzem eine deutsche Zeitung sich
für Einführung der römischen Briefform zu Eingang und Schluss
der Briefe aussprach. Doch fehlt es im mündlichen Verkehr
auch nicht an Höflichkeitsformen, z. B. de rp. I, 14: „.. wenn
das mit deinem Interesse verträglich ist" (*si tuo commodo fieri
potest*), de leg. III, 34: „.. mit deiner freundlichen Erlaubniss
möchte ich es sagen" (*bona tua venia* — wie sonst auch *pace
tua — dixerim*), de or. III, 147: „.. wenn wir dir nicht be-
schwerlich sind" (*si tibi non graves* — so oft auch *molesti* —
sumus); so in der Zustimmung mit „*admodum*" oder „*prorsus
ita est*", was de leg. III, 26 geradezu für die übliche Formel
erklärt wird, um zu etwas anderem übergehen zu können. Die
Urbanität wird ad fam. III, 7, 5 „nach der höchst richtigen Ansicht der Stoiker" geradezu für eine Tugend erklärt, wie sie
bei den Chinesen, die diese Tugend so lächerlich übertreiben,
dafür gilt. Ad. fam. III. 8, 3 wird gelegentlich gesagt, dass der
Ausdruck *urbanitas* erst ein junges Wort sei (*urbanum, ut nunc
loquimur*): es war eben ein Ausdruck für eine in der humanen
Gesellschaft erst aufgekommene Sache, die den früheren römischen *rusticanitas* noch fremd war und die ihre lateinische Bezeichnung der Uebersetzung des griechischen ἀστεῖος — ἀστεϊσμός,
ἀστειοσύνη und ἀστειότης sind erst spätere Wörter — entlehnte. Die
rusticanitas, ursprünglich die gute altrömische bäuerliche Derb-
heit, wird allmählich der Ausdruck für ein geradezu unartiges
Benehmen, wie z. B. ad Att. XII, 36, 2 Brutus ausgescholten
werden soll, dass er wegen des von ihm angegebenen (offenbar
unzureichenden) Grundes sich nicht habe in dem Cumanum ein-
finden wollen: „Er hat offenbar gar nicht unartiger handeln
können" (*nihil tam videtur facere potuisse rustice*). Eine (in

Folge grossstädtischer Geburt und dauernden Aufenthaltes in
Rom) in Fleisch und Blut übergegangene Urbanität heisst ad
Att. VII, 2, 3 ἀστύχθων *urbanitas.*
   c) Bescheidenheit. Ein schöner Spiegel dieser Tugend
der humanen Gesellschaft sind vor allem die Bücher *de oratore.*
Einige Beispiele mögen den Eindruck davon, den jeder Leser
davon trägt, vergegenwärtigen. Crassus sagt I, 137 zu Sulpicius:
„Wenn du mich gehört hast, wirst du das Gehörte nicht sowohl
bewundern, wie der Ansicht sein, dass ein Grund, wesshalb du
es zu hören begehrtest, eigentlich nicht vorlag"; III, 74 bittet
er im voraus für das, was er ausführen will, um Nachsicht (*de-
precatur*) und fügt hinzu, die Hörer sollten dem das Gefühl entgegenbringen, dass er nicht von seiner Person, sondern vom
Ideal des Redners spreche; III, 77 bezeichnet er sein gelehrtes
Wissen als unbedeutend, was jedenfalls der Meinung der Hörer
von ihm widersprach, wenn es auch im Vergleich mit dem
gelehrten Wissen des um ein reichliches Menschenalter jüngeren
Cicero, der darin alle seine Vorgänger weit hinter sich zurück-
liess, dieses Urtheil verdient; III, 32 sagt er, dass er mit sich
unzufrieden sei (*sui se pocnitere*); I, 132, dass er wie ein beliebiger Familienvater über diese Dinge (die Rhetorik und die
Beredtsamkeit) rede, und I, 159, dass er seine Gedanken nur
so ausschütte, und dass vielleicht jeder beliebige Familienvater,
den seine Hörer etwa aus irgend welchem geselligen Kreise
aufgegriffen haben würden, auf die Fragen der Hörer dieselben
Antworten gegeben haben würde. (Vgl. de rp. I, 36, wo Scipio
über den Staat gehört werden will wie einer von den Bürgern
(*unus e togatis*), der dank der Sorgfalt seines Vaters nicht
illiberal unterrichtet ist und von Kindheit auf von Lernbegier
gebrannt hat; vgl. auch de rp. I, 70). Antonius sagt II, 180,
dass er zu etwa einmal wirkungsvollen Stellen seiner Reden
durch Erfahrung im Reden oder vielmehr durch Zufall geriethe;
II, 294, dass er Schwierigeres nicht verstände; II, 122 schiebt
er in einer Selbstcharakteristik von ruhigerem Selbstgefühl doch
ein „was immer ich sein mag" (*quantuscumque sum*); II, 361
schliesst er seine langen Ausführungen des grössten Theils des
zweiten Buches doch ab mit dem Wunsche, dass die Zuhörer
ihn nicht für unverschämt halten möchten, allzu bescheiden
(*verecundus*) sei er jedenfalls nicht gewesen. Sulpicius sagt

III, 47 auf die Bemerkung des Antonius, dass ihm immer eine grosse (rednerische) Aehnlichkeit zwischen Crassus und Sulpicius aufgefallen sei, er sei zwar von Antonius gemahnt, an jedem Redner das Bedeutendste nachzuahmen, aber er fürchte, nichts von Crassus nachgeahmt zu haben als wie dieser mit dem Fusse auftrete und einige wenige Worte und etwa eine gewisse Bewegung. Der witzige Caesar, von Crassus aufgefordert, die Theorie des rednerischen Witzes als der in diesem Punkte Sachverständigere dem Antonius abzunehmen, antwortet (II, 233), mit Anspielung auf die sprichwörtliche Redensart *„sus Minervam (docet)"*: „Da werde ich also als das sprichwörtliche Schwein (der zum Gärtner gemachte Bock) vor den Ohren eines Crassus einen Redner belehren, den Catulus neulich mit dem Erfolg hörte, dass er den Ausspruch that, die übrigen müssten (dagegen) Heu fressen" (Thiere und nicht Menschen erscheinen).

Doch ist zu beachten, dass die Bescheidenheit öfters, sicherlich nicht ohne Einwirkung der Platonischen Dialoge, einen ganz fühlbaren Anstrich heiterer sokratischer Ironie annimmt, wo sie sich selber dann nicht ganz ernst nimmt, sondern eine andere Meinung — aber eben in einer für die Hörer angenehmen, launigen Weise — durchblicken lässt. Ganz besonders scheint Cicero den Antonius mit einem Anfluge sokratischer Ironie ausgestattet zu haben. So sagt dieser I, 91, auch ihn, den Antonius, habe der athenische Akademiker Charmadas zu den Rednern gerechnet, die ohne Kenntniss der rhetorischen Theorie doch etwas, „wie er sagte", im Reden vermöchten, sei es, dass er das aus Spott gesagt hätte oder dass es wirklich seine Meinung gewesen sei. In dem einen Punkte habe er ihm gern beigestimmt, dass er nichts gelernt habe, in dem anderen aber habe er geglaubt, dass Charmadas ihn zum besten haben wolle oder selber im Irrthum sich befinde. Auch II, 188 thut er, als ob er sich vom Crassus im Scherz dazu aufgefordert gefühlt hätte, etwas auseinanderzusetzen, worin er Meister wäre. II, 86 sagt er, dass er den Sulpicius auf Crassus als den besten Lehrmeister in der Beredtsamkeit hingewiesen habe; dieser hätte den Gedanken sogleich ergriffen und auch hinzugefügt, offenbar um ihm etwas Angenehmes zu sagen (*gratiae scilicet causa*), auch er, Antonius, solle sein Lehrer sein. Umgekehrt beginnt er II, 28 seinen langen Vortrag mit ironischem Selbst-

6*

gefühl: „So höret, höret denn. Denn ihr werdet einen Mann
hören, der aus der Schule und vom Lehrmeister herkommt und
in griechischer Wissenschaft gebildet ist; und um so vertrauens-
voller werde ich sprechen, weil der Meister im Griechischen,
Catulus, hinzugekommen ist". Uebrigens spricht Cicero selbst
in einem der Abfassung der Bücher vom Redner ungefähr gleichzeitigen Briefe (ad fam. IV, 4, 1) ganz ähnlich zu seinem Freunde
Sulpicius, wie er seinen Antonius in dem Dialoge hat sprechen
lassen: „Ich selbst, von dem du im Scherze (*per iocum*, in de or.
hiess es dafür *ludens, illudens, irridens*) — denn so nehme ich
es an — erklärst, dass ich Reichthümer der Rede besitze, erkenne an, dass ich nicht eben arm an Worten bin", er fügt
aber hinzu: „denn ich brauche keine Ironie (d. h. unwahr gemeinte Selbstherabsetzung) zu treiben", woraus gleichsam hervor-
klingt, dass auf seiner erreichten noch höheren Stufe der Redekunst die Form sokratischer Bescheidenheit, die er seinem Antonius in den Mund gelegt hat, nun gar zu durchsichtig und
hinfällig geworden sei. Denn es giebt in seinen Augen auch
eine „abgeschmackte Bescheidenheit" (*insulsa verecundia*), ad
Q. f. II, 8 (10), 1. —

Es könnte nun doch scheinen, dass jene geflissentliche Bescheidenheit der Männer der antiken humanen Gesellschaft, wie
sie in de oratore überall hervortritt, das richtige Mass in unerquicklicher Weise überschritte und das vernünftig Menschliche,
das die antike Humanität überall anstrebt, doch nicht getroffen
hätte. Denn wenn auf der einen Seite Ueberhebung abstösst,
so berührt doch auf der anderen auch eine zur Schau getragene
und nicht ganz ehrlich gemeinte Bescheidenheit — „das Dünne-
thun" nannte sie Lichtenberg, dem es sehr unangenehm war —
etwas peinlich, weil sie im geheimen nur darauf abzuzielen
scheint, entgegengesetzte Versicherungen der anderen hervorzulocken. In der That steht, wie wir an anderer Stelle in Erinnerung bringen werden, in den Büchern vom Redner auch ein
stark aufgetragenes Lob in's Gesicht der stark aufgetragenen
eigenen Bescheidenheit aller Personen des Dialogs gegenüber.
In Beziehung nun auf das Bild, das wir uns von der in der
antiken humanen Gesellschaft sehr geschätzten und herrschenden Bescheidenheit zu machen haben, ist doch darauf hinzuweisen, dass die Schrift vom Redner auf einer besonderen

Stufe steht. In solchen Dialogen Cicero's, wo der Verfasser selbst der Träger einer Gesprächsrolle ist, wie z. B. in de legibus und de divinatione, oder in solchen, wo die Führer des Dialogs einfach Vertreter je einer schulphilosophischen Ansicht sind, wie z. B. in de finibus und de natura deorum, tritt durchaus eine unangenehm berührende Verletzung der richtigen Mitte zwischen allzu hohem und allzu niedrigem Selbstgefühl, also eine Verletzung der unbefangenen Sachlichkeit des Urtheils auch wo das eigene Ich in betracht kommt, nicht hervor. In de oratore aber liegt nun die Sache so, dass Cicero Personen des vorangehenden Menschenalters zu Trägern von Gedanken gemacht hat, die eigentlich erst ihm selbst auf Grund seiner viel weiter und viel tiefer gehenden griechischen Studien angehörten: so müssen sie denn betonen, dass sie eigentlich nur auf Grund ihrer persönlichen Erfahrungen reden und von den griechischen Theorieen nur einen Anflug erlebt haben; sprechen sie dann aber doch wie in Beherrschung der griechischen Theorieen, wie sie in Wahrheit nur dem Verfasser des Dialogs zu gebote stand, so müssen sie bescheidentlich hervorheben, dass sie nur aus ihrem Gefühl und ihrer Erfahrung schöpfen und dass sie theoretische Allgemeingültigkeit und wissenschaftliche Ableitung ihrer Gedanken gar nicht in Anspruch nehmen. Andrerseits ist das Lob, das sie sich gegenseitig spenden, bei so ausgezeichneten Männern sachlich wohl berechtigt. Personen von hervorragendem Namen, die der Vergangenheit angehörten, konnten und mussten nach beiden Richtungen ein wenig idealisirt werden, und den wirklichen Ton der humanen Gesellschaft müssen wir uns nach beiden Richtungen etwas herunter gestimmt denken.

Eine besondere Wurzel hat die Bescheidenheit noch in dem Gedanken (de or. III, 33), dass ein jeder sich selber am wenigsten bekannt sei (dass es deshalb sicherer sei, bei dem Betruge, den die allgemeine Selbstliebe den Menschen so gern zu spielen pflegt, von sich lieber zu gering als zu hoch zu denken). Allein dieser Gedanke ist doch nur halbwahr und mehr geeignet, den Menschen, der ihn hegt, dazu zu befähigen, durch eine ihm entsprechende Haltung dem fremden Verdruss über Selbstlob zu begegnen, als innere Ueberzeugung zu erwecken. Denn das eigene Selbst, das sich fortwährend innerlich erlebt, bleibt doch

dem Menschen sogar nach Abzug der durch die Selbstliebe hervorgebrachten Täuschungen meist noch bekannter als
dem fremden Urtheil, das sich im Verhältniss dazu doch nur
flüchtig und oberflächlich mit dem anderen beschäftigt und dem
wiederum die auch hier wirkende Selbstliebe in der Richtung
ihre Streiche spielt, dass man gern geneigt ist, das fremde Selbst
herabzusetzen.   Haben doch auch Schiller nnd Goethe die besten
und verständnissvollsten Recensionen ihrer Schöpfungen selbst
geschrieben.*) Eine nährungskräftigere Wurzel der Bescheidenheit ist die gerechte Abneigung des Crassus (III, 94) gegen
(unfundirtes, *invita Minerva* nur verwegentlich auszuführendes)
W a g e n, zu dem zu seinem Verdruss die eben damals in Rom
aufgekommenen „neuen Lehrer" anmahnten, als ob der kühne
Muth in intellectuellen Dingen alles wäre; „auch mit guten
Eigenschaften verbunden, ist dieses Wagen (ohne gerechte Prüfung der eigenen Kräfte) durchaus zu meiden".

d) Offenheit (*ingenuitas*), so weit sie sich nicht etwa
durch unumgängliche Lebensklugheit verbietet.   Man sagt sich
offen heraus, wenn man nicht derselben Meinung ist, mit einem
„*erras*" (z. B. de or. II, 77. III, 188), mit einem „*non est ita*"
(z. B. de or. II, 71. de leg. I, 18. III, 17). Dem Atticus spricht
Cicero (ad Att. I, 5, 6) seine Verwunderung aus, dass er einen
naheliegenden Punkt im bürgerlichen Recht nicht gewusst
habe.   Freimüthige, um auf keine Weise zu verletzen, etwas in
scherzhaftes Gewand gehüllte Aeusserungen z. B. de or. I, 35.
234. II, 127. 366. So ganz zur Offenheit aufgelegt und ermuthigt
fühlt man sich freilich natürlich nur in vertrautem Kreise: De

---

*) Auch E. v. Hartmann spricht, genau wie Crassus bei Cicero a. a. O., in
einer Vorrede einmal den Gedanken aus, dass das Urtheil über seine Leistung
anderen überlassen bleiben müsse. Ich habe aber doch, im Gegensatz zu dieser
humanen Bescheidenheit, die Ueberzeugung, dass er selbst das bei weitem zutreffendste Urtheil über diese Leistung besitzt, in der er doch noch ganz anders
lebt als jeder fremde Leser, Dr. Arthur Drews und Olga Plümacher ausgenommen.
Im allgemeinen hält dieser ausserordentliche Mann, trotz jener Anwandlung einer
conventionellen übertriebenen Bescheidenheit, doch die richtigste, Person und Sache
im vernünftigsten Lichte erscheinen lassende Mitte zwischen herausforderndem Selbstgefühl und unwahrer Bescheidenheit ein, die richtige Mitte zwischen dem Tone
Schopenhauer's, Dühring's und Nietzsche's und der von ihm (Lotze's Philos. S. 18)
in dessen „zweiter Periode" unangenehm empfundenen „geflissentlichen Bescheidenheit" Lotze's; im wahrhaft philosophischen Tone der Inrechnungsstellung des eigenen
Ich ist er mit Kant und Steudel der classische unter den neueren Philosophen.

or. I, 119: „Ich will mich ganz frei aussprechen *(plane enun-tiabo)* bei ganz Vertrauten"; II, 189: „Es ist kein Grund, warum ich bei höchst verständigen und befreundeten Menschen lügen sollte", vgl. II, 365. „Wenn du ganz von uns (den Humanen) abfällst (zu den Epikureern), so ist mir das leid", Cic. an den Trebatius ad fam. VII, 12, 2. Cicero an Appius Pulcher, seinen Vorgänger in der Provinz Cilicien, (ad fam. III, 6, 3): „An dieser meiner Handlungsweise habe ich meine Freude, denn eine liebevollere war nicht möglich. Nun erwäge aber einmal umgekehrt die deinige." Ueberhaupt ist dieser ganze Brief ein Muster freimüthiger Auseinandersetzung mit einem näheren Bekannten. — Die Offenheit, die dem anderen ein befremdendes Nichtwissen ehrlich vorhielt, bringt es auch mit sich, dass man nicht zu wissen gesteht, was man nicht weiss, wie denn Crassus (de or. I, 101) nur unter dieser Bedingung sich auf einen Vortrag als Antwort auf die Fragen seiner Mitunterredner einlassen will.*) Der schönste Sieg der Ingenuität ist es aber, sich auch verpflichtet wissen zu mögen: „Ein Herz von edler Offenheit ist bereit, derselben Person, der es viel schuldig ist, nun auch noch recht viel *(plurimum)* schuldig zu sein; . . denn ich habe nicht die Befürchtung gehegt, dass ich deine schier unzähligen Verdienste um mich nicht ertragen könnte" (ad fam. II, 6, 2). Bei den Modernen würde das schärfer ausgeprägte moderne Ehrgefühl die Anwandlung einer so weit gehenden Ingenuität doch den schärfsten Conflict mit sich bringen. — Das stärkste Beispiel der Offenherzigkeit gegen sich und andere scheint mir in dem verblüffenden Ausspruch des Cicero an den Trebatius (ad fam. VII, 18, 1) zu liegen: „Gerade den Feigsten *(ignavissimo cuique*, das Wort ist wirklich nicht gelinder) schenke ich am meisten Vertrauen." Er bittet nämlich den Trebatius um wahrhafte Nachrichten vom gallischen Kriegsschauplatze; der versteckte Grund des Ausspruches kann nur darin liegen, dass die sich gern zum Kriegshandwerk Bekennenden vielleicht renommiren möchten, obgleich das die Sache echter Tapferkeit nicht ist. Er hat dem Trebatius öfters zu erkennen gegeben, dass er

---

*) Die classische Formulirung dieser Gesinnung findet sich erst in der in Frageform gehüllten Sentenz des Horaz (a. p. 88): „Wesshalb will ich aus verkehrter Scham lieber nicht wissen als lernen?", einer Sentenz, gegen die noch heutzutage auch die Verständigen aus Mangel an *ingenuitas* fehlen.

ihn nicht zu den Beherztesten zählt, aber dieser Ausdruck in's
Gesicht hinein geht doch ins Unglaubliche, und die eigene Sympathie mit dem „Feigen" verleugnet doch die natürlichste Selbst-
schonung.

e) Scheu und Zartgefühl (*pudor et verecundia*). Diese
empfinden sich oft wie der zarteste und edelste Hauch, der über
der Blume der Humanität weht. Es ist bei dem *pudor* hier
nicht sowohl an das eigentliche, so zu sagen compactere Ehrgefühl gedacht, welches das eigentlich Unsittliche meidet in
Vorwegnahme des peinlichen Schamgefühles, das sich bei Be-
gehung desselben regen würde, sondern an die zartere Scheu
vor dem auch nur Missfallenden. Der Begriff der *verecundia*
enthält noch bestimmter die Hindeutung auf die Scheu vor dem
anderen; beim *pudor* wird dieser gedacht als das allgemeine
Subject, welches die Normen des allgemein Gefallenden oder
Missfallenden an das anlegt, was es um sich herum erlebt, bei
der *verecundia* an die besonderen Ansprüche, die man anderen
ihrer Individualität zufolge zu erheben gestattet. Die Gerechtigkeit verletzt die Menschen nicht, die *verecundia* meidet auch
den Anstoss bei ihnen, de off. I, 99. Das Scheu- und Zartgefühl
ist der harmlosen Natürlichkeit des Kindes noch fremd, das sich
erst einleben muss in die Thatsache, dass die Erwachsenen eine
Welt der Begriffe des Wohlgefallenden und des Missfallenden
als Hüter über das Leben ausgespannt haben: der Knabe
Lucullus (Sohn des berühmten L. Lucullus) giebt schon viele
Zeichen von *pudor* (und Geistesanlagen), aber „du siehst ja sein
(kindliches) Alter" (de fin. III, 9). Andrerseits ist das frühere
Jünglingsalter das classische Alter des *pudor*, weil dieser einmal
nun erwacht ist, andrerseits aber die Empfindung, dass man
es den Erwachsenen noch nicht gleich thut, am stärksten ist:
Cicero hat als angehender Jüngling oftmals an den Antonius
Fragen der Lernbegier gerichtet „soweit es die Scheu
jenes angehenden Alters zuliess" (de or. II, 3). Aber
auch dem reifen und männlichen Crassus wird noch ein „wunder-
sam leichtes schamhaftes Erröthen" nachgerühmt (de or. I, 122),
das ihn überkam insbesondere beim Anfange jedes rednerischen
Auftretens und ihm in den Augen seiner Hörer nicht nur nichts
schadete, sondern im Gegentheil zu gute kam, weil es den Mann
von feinem sittlichen Gefühl verrieth (*probitatis commendatione*

proderat). „Das Scheugefühl hat die Natur dem Menschen verliehen gleichsam als eine Furchtempfindung vor nicht unge-
rechtem Tadel", und dieses Gefühl, in den Anschauungen der
Menschen noch gestärkt und durch Einrichtungen und Zucht
zu vollkommnerer Ausbildung gebracht, soll die Bürger nicht
weniger als die Furcht vor Strafe von Vergehungen fern halten,
de rp. V, 6. Wie viel mehr muss es im geselligen Umgange
wirken, wo die Furcht vor Strafe nicht mit ihm concurrirt,
sondern ihm allein vorbehalten ist, das Missfallen zu verhüten!
Freilich sagt Crassus de or. I, 121 sogar: „Wer kein Schamgefühl hat, den erachte ich nicht nur des Tadels, sondern auch
der Strafe für werth." Dieses Gefühl treibt zur Vorsicht im
Bitten (ad fam. V, 19, 2) und fragendem Ausforschen (de or. I,
163) zumal würdevoller Personen, in der Erwähnung von Dingen,
deren man sich gegenseitig wohl bewusst ist, die man aber im
Heiligthum des Herzens verbirgt (ad Att. I, 17, 7); zur Vorsicht
in der Kundgebung eines geringeren Interesses an dem, was
dem anderen Lieblingsneigung oder Herzenssache ist (de or. I,
171. vgl. 185). Dieses Gefühl verhindert die Entweihung eines
tieferen Seelenschmerzes, indem es dazu führt, dass man für das
Thun oder Unterlassen, an dem jener Schmerz schuld ist, nach
aussen hin andere Beweggründe merken lässt, z. B. für ein Fern-
bleiben von Gastereien eine gesetzliche Verhinderung (ad Att.
XII, 13, 2), für die Neigung zu einsamer Trauer litterarische
Beschäftigung (ad Att. XII, 20, 1). Es verbietet, einem anderen
die Last allzugrosser Aufmerksamkeit (*observantia*) aufzuerlegen
(ad Att. XIII, 11, 1). Der Besitz dieser Empfindungsweise wird
neben thätiger Bemühung den besten Stein bei anderen in's
Brett setzen (ad fam. VII, 7, 2).

Dennoch tritt auch bisweilen die Reaction eines berechtigten
Egoismus gegen übertriebenes Zartgefühl (*meam stultam vere-
cundiam!* ad Att. XIV, 5, 2) hervor. So ist dem Cicero die
Gratulation seines Freundes Marius zu der Verurtheilung seines
Feindes Bursa doch gar zu zaghaft (*nimis verecunde gratu-
laris*), ad fam. VII, 2, 2. Marius hat sich also gescheut, bei
dem Cicero Schadenfreude über das Unglück eines Feindes
voraussetzen zu dürfen; da hat er ihm doch nicht genügend ein
natürliches kräftiges Gefühl zugetraut, denn Cicero selbst erklärt,
sich noch mehr über die Verurtheilung des Bursa als über den

Tod des Clodius gefreut zu haben. Das natürliche Gefühl, das
seinen ältesten Ausdruck in Il. IX, 615 gefunden hat:

Καλόν τοι σὺν ἐμοὶ τὸν κηδέμεν ὅς κ' ἐμὲ κήδῃ

bricht also doch einmal durch die Schranken der Scheu hindurch, die aus tieferer Humanität gegen es aufgerichtet werden
und die gleichfalls zuerst schon an der Schwelle des classischen
Alterthums einmal aufleuchten in dem Verse Od. 22, 412:

Οὐχ ὁσίη κταμένοισιν ἐπ' ἀνδράσιν εὐχετάασθαι.

Ad fam. V, 12, 1 heisst ein Gefühl der Scheu oder Gêne (davor,
offen den Wunsch auszusprechen, dass sich der Briefschreiber,
Cicero, von dem Empfänger, Lucceius, litterarisch verherrlicht
sehen möchte) „beinahe ein wenig bäuerisch", so dass also der
pudor, anders als die *urbanitas*, als ein Erbtheil des unver-
dorbenen alten römischen Wesens in die Humanität aufgenommen
und stellenweise durch die Lebensklugheit dieser zu überwinden
erscheint.   In demselben Briefe §. 3 heisst es dann ganz keck
und fast burschikos: „Wer einmal die Grenzen des Scheugefühls
überschritten hat, der soll dann auch nur ordentlich und kräftig
ohne Scheu (*bene et naviter impudens*) sein". In der That, welcher
edelfühlende Mensch hat sich nicht schon einmal sagen müssen,
dass er sich durch ein übertriebenes Zartgefühl ganz unverdientes
Leidwesen auferlegt hat?

Ein Mangel an Scheugefühl ist es, wenn man für sich selber
Verzeihung in Anspruch nimmt, sie aber anderen nicht zu theil
werden lassen will, obgleich das Crassus de or. I, 130 von seiner
eigenen edlen Person — nicht ohne sokratische Ironie — sagt.

Ein höheres Scheugefühl ist man dem Urtheile der Geschichte, „das diese in 600 Jahren fällen wird", als dem Gerede
der Mitlebenden schuldig, ad Att. II, 5, 1.

f) Rücksichtnahme, Respectirung der fremden Freiheit
bei aller Offenheit der eigenen Meinungsäusserung. Ad fam. I,
9, 25: „Beides halte ich für meine Aufgabe, einmal meine Ansicht frei heraus zu sagen, andrerseits was du gethan haben
wirst zu vertheidigen." Ad Q. f. II, 14, (15 b), 2: „Auch in einer
geringfügigen Sache würde ich dir anheimgeben, zu thun was du
wolltest, für meine Person aber zum Ausdruck bringen was ich
wünschte". Ad. Q. f. III, 3, 4, 2: „Ich finde meinen Rath, zumal
wenn du ihn nicht missbilligst, durchaus angemessen."
Ueber einen in Aussicht gestellten Besuch kann man nicht rück-

sichtsvoller schreiben als ad Att. 12, 18, 4: „Du stellst mir in
Aussicht zu mir zu kommen; aber sieh doch zu, möglicherweise
ist es nicht leicht. Denn die Reise ist weit, und wenn du wieder
fort musst, was vielleicht sehr bald nöthig sein wird, so werde
ich dich nicht ohne grossen Schmerz scheiden sehen. Aber alles
wie du willst." Der Verdacht, dass einem nicht genehmen Besuch
Schwierigkeiten, die anscheinend unegoistisch sind, in den Weg
gelegt werden sollen, ist durch den Namen des Empfängers ganz
ausgeschlossen. Ebenso schreibt Cicero an Atticus I, 10, 6, dass er
zu den Comitien seiner Prätorwahl sich nicht zu bemühen brauche
nach Rom zu kommen (um ihm seine Stimme zu geben und andere
Stimmen für ihn zu gewinnen): es sei viel wichtiger für den
Atticus, zu der Zeit seinen eigenen augenblicklichen Interessen
leben zu können als für ihn seine Anwesenheit zu der Wahl-
handlung. Freilich könnte sich darin auch die Sicherheit seines
Vertrauens, gewählt zu werden, mit einer gewissen Selbstgefälligkeit spiegeln, eines Vertrauens, das auch auf das glänzendste
gerechtfertigt wurde. Aber auch ad Att. I, 1, 2 soll Atticus
dem Pompejus erklären, dass Cicero nicht böse sein würde,
wenn Pompejus nicht zu seinen Comitien in Rom erschiene.
Und ad. Att. XII, 39, 1 schreibt er, dass er des Atticus (geringere) Musse allzusehr nach seiner eigenen (augenblicklich
grösseren) beurtheile. Dennoch stelle er ihm frei, es nicht für
nöthig zu halten ihm etwas anderes als etwa durchaus Nothwendiges zu schreiben, falls er nicht doch einmal grosse Musse
geniesse. Ad Att. XII, 16: „Ich wünsche nicht, dass du deine
Geschäfte im stich lassest, um zu mir zu kommen; lieber will
ich kommen, wenn du länger verhindert bist."
Rücksicht nimmt man auf den, in dessen Hause (*in cuius
regno*, wie es sehr höflich heisst) man sich befindet, de or. I, 41.
Ein Arzt empfindet die Rücksichtslosigkeit übel, wenn ein
zweiter Arzt, dem der Kranke übergeben ist, seine Verordnungen
umstossen wollte, ad Att. VI, 1, 2. Das wird gelegentlich in
einem Gleichniss und ohne Kritik gesagt, hat freilich aber sehr
die andere Seite, ob hier nicht die humane Rücksicht auf den
Collegen etwa der wichtigeren humanen Rücksicht auf den
Kranken weichen muss.
Dass man die Rücksichtslosigkeit so weit treiben könne, dass
man nach gutem Rufe aus dem Beweggrunde streben sollte, um

einem anderen schlechten Ruf zu machen, wird ad Att. VI, 1, 2
zurückgewiesen.

Hier erhebt sich noch die Frage, ob man in der humanen
Gesellschaft die fremde Rücksicht auf die eigene Zeit voraussetzen, also nicht wider Willen gestört zu werden (*interpellari*)
hoffen durfte, oder ob man aus Rücksicht auf den anderen bereitwillig seine (etwa für andere Dinge in Aussicht genommene)
Zeit opferte. Das erstere wäre eine recht feine Humanität gewesen, aber auf der Seite, auf der sie immerhin weniger zu erwarten ist, denn es ist der niedriger Stehende und desshalb in
der Humanität weniger Ausgebildete, der den in irgend welcher
Beziehung Mächtigeren mit seinen Anliegenheiten in Anspruch
zu nehmen pflegt; das andere kann ein sehr schweres Opfer
werden, welches die humane Gesinnung bringt. Wünschenswerther ist gewiss eine gesellige Sitte, der zufolge man der
fremden Zeit mit Achtung begegnet als der zufolge man eine
in dieser Beziehung zu erleidende Gedankenlosigkeit und Rücksichtslosigkeit mit guter Miene erträgt. Das Beste ist freilich,
wenn man mit der Ausnutzung der frei gelassenen Zeit mit solcher
Meisterschaft umzugehen sich die Uebung erworben hat, dass
der auch wieder inhumane Schein eines kleinlichen und unge-
selligen Geizens mit der Zeit fern gehalten wird. Zur Beantwortung der obigen Frage steht mir folgendes Material zu gebote: Im allgemeinen scheint — obgleich es ad fam. XI, 16, 1
heisst: „Wer uns nicht zu gelegener Zeit besucht, fällt uns
lästig“ — schon durch die Zwangslage, in welche das mindere
Zartgefühl auf der anderen Seite versetzte, die Humanität, sich
die Störung durch Besuch zu ungelegener Zeit mit gutem Anstand gefallen zu lassen, besser ausgebildet gewesen zu sein;
und von dem freilich leicht anstössigen Muthe, mit Offenheit seine
Zeit für sich in Anspruch zu nehmen, habe ich kein Beispiel.
Weiss doch auch Horaz in seiner berühmten *Ibam forte via sacra-
Satire* (I, 9) selbst einem so zudringlichen und niedrigen Menschen
gegenüber, wie er sich ihm auf der Strasse aufdrängt, kein
ganz unzweideutiges und offenes Wort zu finden, um ihn vom
Bausch seiner Toga abzuschütteln. Cicero schreibt ad Att. XII,
40, 2: „Wer hat die Möglichkeit mit mir zu sprechen (*congressum
meum*) oder die bereitwillige Geneigtheit (*facilitatem*) der Unterhaltung mit mir vermisst?“ Und so gilt die *comitas affabili-*

l a s q u e sermonis (de off. II, 48) für eine herzgewinnende Eigenschaft, die man im eigenen Interesse (um die Sympathieen der Menschen zu gewinnen) bethätigen muss. Ad Q. f. II, 8, (10), 1 schreibt Cicero: „Du fürchtest mich zu stören?", in dem Sinne, dass diese Besorgniss ganz unbegründet ist, und nennt gleich darauf die Fähigkeit, sich bereitwillig (allerdings von Personen, die es werth sind, ihnen stets sein Ohr zu leihen) stören zu lassen, eine Art der Humanität. Und in demselben Briefe § 4: „Was die (vermeintliche) Störung betrifft, so werde ich mir so viel Zeit zur Schriftstellerei nehmen, wie ihr mir geben werdet. Möchtet ihr doch gar keine geben, damit ich mehr durch euer Unrecht*) als durch meine Trägheit feierte." Ad Att. XIII, 45, 2 schreibt er, dass er der Ermahnung, gewisse von nahe bevorstehenden Tagen seiner philosophischen Schriftstellerei zu widmen nicht bedürfe (*currentem tu quidem hortaris*), „aber du siehst, dass ich in jenen Tagen mit Dolabella zusammen leben muss." Und dieser Dolabella war sein ihm so sehr unähnlicher Schwiegersohn, aber die Höflichkeitspflicht lässt sich hier offenbar nichts abhandeln. Wenn Cicero ad Att. XII, 18, 1 sagt: „Philippus hat nicht, wie ich fürchtete, meine Einsamkeit gestört (*obturbavit*), sondern ist sogleich, nachdem er mich begrüsst hatte, nach Rom weiter gereist", so enthüllt er uns damit, erstens, dass ihm solche Störungen unlieb sind, zweitens aber, dass ihm die Humanität ein Mittel, ihnen entgegenzutreten, versagt, falls nicht das fremde Zartgefühl selber das Rechte zu finden weiss, drittens, dass die seltenere Seite der Humanität diesmal doch vielleicht in dem Fall des Philippus das Wirkende war. Besuche, die zu gewissen Tageszeiten erfolgen, legen die Höflichkeitspflicht auf, dass man sie zu längerem Bleiben halten muss, ad Att. XIII, 33, 4. Das kann nun aber dringlicher und aufrichter gemeint oder formeller, in dem stillen Wunsche eine Absage zu erhalten, geschehen; in dem a. a. O. gemeldeten Falle eines unerwarteten Besuches des Varro bei ihm hat Cicero, wie er sagt, diesem „nicht eben den Mantel zerrissen" (*ego ita egi ut non scinderem penulam*); wesshalb er dann auch nicht lange geblieben zu sein scheint. Einem sogleich darauf folgenden Besuche hat Cicero „kaum den Mantel berührt, aber er ist

---

*) Also aber doch eine feine Andeutung eines guten Rechtes auf eine gewisse Freiheit.

doch geblieben, und es ist hübsch ausgefallen". Ad Att. XII, 9, 1 ist ein Besuch nur um der Begrüssung willen gekommen, aber „er blieb auf Einladung"; das war also eine entgegenkommende Humanität, allerdings gegen den dem Cicero ziemlich nahestehenden Trebatius. Bisweilen tritt doch hervor, dass man aus seinem Herzen keine Mördergrube macht und andeutet, dass die Geneigtheit zur Gesellschaft eine Grenze hat. Ad fam. V, 13, 5 schreibt Cicero dem Lucceius, dass sie zusammen sein würden, soweit es ihr beider Befinden und Alter zuliesse. Er stand damals im Alter von sechzig Jahren und Lucceius wohl in etwa gleichem; er ist offen genug, sich darauf zu berufen, dass das Befinden (*valetudo*) neben den Jahren sich doch auch dahin geltend machen kann, dass die Ruhe des Alleinseins das Zuträglichere ist, und fügt hinzu, gleich als ob er fühlte, dass in seinen Worten die Aufrichtigkeit der Rücksichtnahme ein ziemlich grosses Terrain weggenommen hat: „Wenn wir weniger zusammen sein können als wir wünschen, so werden wir doch unsere geistige Verbindung derart geniessen, dass es uns vorkommt, als ob wir nie getrennt wären". Und ad Att. XII, 26, 2 schreibt er, freilich also einer dritten Person, ganz ehrlich darüber, wie er sich zu dem Wunsche des Nicias, mit ihm zusammen zu sein, stellt: er möchte ihn ganz gern bei sich haben, wenn er sich in der Lage fühlte, seine Humanität geniessen zu können. Aber Einsamkeit und Abgeschiedenheit sei sein jetziger Lebensodem (*provincia*). Ausserdem kenne Atticus des Nicias (körperliche) Gebrechlichkeit, Weichlichkeit und (denen entsprechende) Lebensgewohnheiten. „Warum soll ich also ihm lästig sein, da er mir doch nicht angenehm sein kann? Sein Wille ist mir jedoch willkommen". Ad Att. XIII, 23, 1 lässt er sich gleichfalls über ein Zusammensein, diesmal mit dem ihm so nahe stehenden Brutus, der vertrauten dritten Person gegenüber aus. Da beide, Brutus und er, in der Stimmung (*ita adfecti*) seien, dass sie (jetzt) nicht voll und ganz mit einander leben könnten, so sähe er es gern (aber doch nur *facile se pati*), dass sie lieber zu Rom zusammen seien als im Tusculanum. Er fügt hinzu, Atticus begreife ja, worauf ganz besonders die συμβίωσις (die Möglichkeit des vollen und ganzen Zusammenlebens) beruhe; ausserdem im Interesse des Brutus, dass dieser ihn lieber einladen solle, da jenem eine lange und unerwartete Reise bevorstehe (er also Grund habe, sich nicht vorher noch durch eine kürzere in Ungelegenheit zu bringen). Die συμβίωσις beruht offenbar auf einer freien und heiteren Stimmung des Geistes, über die beide jetzt nicht verfügen, Cicero wegen der Trauer über den Tod seiner Tullia, Brutus wegen seiner häuslichen Misshelligkeiten — s. die Erklärer zu der Stelle. Das völlige Aufeinanderangewiesensein auf dem stillen Landsitze aber würde gerade — viel mehr als das Zusammenleben in Rom — auf die Fähigkeit zu einer vollen συμβίωσις angelegt sein, die gerade jetzt auf beiden Seiten nicht vorausgesetzt werden kann. Wenn ad. Att. XII, 32, 1 und 34, 1 Cicero einem ihm von der Publilia mitsamt ihrer Mutter und ihrem Bruder bevorstehenden Besuche fast listig aus dem Wege zu gehen sucht, so liegt dieser Fall etwas anders als dass es ihm bloss um seine Freiheit zu thun wäre; er bereute die zweite Ehe, die er in leichtfertiger Eile nach der Scheidung von der Terentia mit der sehr jungen Publilia, ein Sechzigjähriger, geschlossen; er hatte sie bald geradezu „böswillig" verlassen und fühlte nun jede Annäherung von ihr und ihren Angehörigen als ein peinliches Ereigniss. Auf den darin liegenden Mangel in der Gesinnung und Haltung der antiken Humanität einzugehen ist hier noch nicht der Ort. Eine allerliebste Anekdote, in der die Rücksichtslosigkeit, sich einem Besuche als „nicht zu Hause" melden zu lassen, drastisch gerächt wird, aus der also hervorgeht, dass die antike Humanität diese Nothlüge nicht gelten lässt, findet sich de or. II, 276. Der ältere Nasica, nach Liv. XXIX, 14 der nach allgemeinem Urtheil rechtschaffenste Mann unter seinen Zeitgenossen, kommt eines Tages zum Dichter Ennius. Die Magd meldet ihm aber an der Thür, dass der Gesuchte nicht zu Hause sei. Nasica merkt, dass der Herr der Magd den Auftrag, so zu antworten, selber gegeben hat und dass er doch zu Hause ist. Wenige Tage darauf will Ennius den Nasica besuchen, dieser aber ruft nach der Thür hinaus, er sei nicht zu Hause. „Aber erkenne ich nicht deine Stimme?" „„Du bist ein unverschämter Mensch. Als ich dich aufsuchte, habe ich deiner Magd geglaubt, dass du nicht zu Hause seiest, und du glaubst mir selber nicht?"" Dass die übertriebene Rücksichtnahme auf den anderen (oder sonst auch der Egoismus) zu höflicher Unwahrheit, oder die Emptindung, dass man durch Mangel an Rücksicht von der anderen Seite her in unvermeidlicher Selbstwahrnehmung seiner Interessen nicht wohl anders könne, zur Nothlüge führte, war gewiss in der humanen Gesellschaft viel seltener als in der modernen. Ad Att. XIII, 30, 2 heisst es, dass Schmeicheleien (κολακίαι) fern seien von Falschheit *) (*a scelere*), zur Begründung dessen, was eben gesagt ist: „Dem Faberius musst du um den Bart gehen (*F. a le colendus est)".* Darin liegt also doch die Freigebung von Schmeicheleien, wenn aber andrerseits Atticus erst erinnert werden muss, dass Schmeicheleien wohl erlaubt sein können, so geht daraus hervor, dass dieses edle Mitglied der humanen Gesellschaft in dieser Beziehung ein zartfühlendes Gewissen hatte. Dass man Schmeicheleien vor seinem Gewissen zu vermeiden sucht, beweist die Stelle ad Att. XIII, 51, 1: „Ich habe an Caesar geschrieben ohne Schmeicheleien, aber doch so, dass er sicherlich nichts lieber lesen wird." Eine Nothlüge, oder wenigstens eine Ausflucht wird ad Att. XII, 29, 1 in Aussicht genommen: Cicero hat Gründe (die er für sich behält), wesshalb er bei der Rückkehr des Brutus aus der Provinz nicht zu Rom sein möchte, ihm also den schuldigen Gratulationsbesuch nicht abstatten kann: „Wenn diese Gründe bestehen bleiben, so wird eine Entschuldigung dem Brutus gegenüber zu suchen sein, und jetzt hat es den Anschein, dass sie bestehen bleiben werden". —

Seneca scheint aus Geiz mit der Zeit von der im allgemeinen sich doch in dieser Beziehung kundgebenden hochherzigen Duldsamkeit der humanen Gesellschaft zu einem schrofferen Verhalten abgefallen zu sein. „Befreie dich für dich selbst!" ruft er in seinem ersten Briefe dem Lucilius zu und klagt darüber, dass uns aus dem Besitze unserer Zeit, unseres einzigen unwiederbringlichen Gutes, jeder beliebige zu vertreiben pflege und dass man dafür nicht einmal den Dank, wie sonst für jede kleinste Gabe und Gefälligkeit, habe. Man sieht auch hier, nach

---

*) Leider ist an dieser Stelle die Lesart nicht sicher, da man jetzt die den Gedanken vernichtende Negation vor dem Verbum liest. Ich ziehe die alte Lesart vor, weil mit der Negation die Beziehung des *istae* κολακίαι ganz und gar dunkel ist, *istae* hat aber in dem *affirmativ* gedachten Satze den guten Sinn: „Die leidigen Schmeicheleien.

der schulmässigen Haltung darf man die Humanität nicht beurtheilen, sondern nach gelegentlichen unwillkürlichen und lebens-
wahren Aeusserungen. Ich kann mich nicht entbrechen, hier zum Schluss dieses
Punktes eine Mittheilung zu machen, wie es in diesem zarten
Punkte der Humanität drei hervorragende Männer und *homines
humanissimi*, in der antiken Humanität wurzelnde Persönlichkeiten unserer Zeit, gehalten haben. August Böckh war stets
ganz Ohr für jeden ihm in einer berechtigten Angelegenheit
nahenden Besuch, er schien sich sofort völlig von der ihn gerade beschäftigenden eigenen Arbeit losgerissen zu haben und
für nichts als das Gespräch Interesse zu empfinden. Er sagte
mir, als ich ihm meine Bewunderung darüber äusserte, dass er
es stets so gehalten habe und glaube, für sich und die anderen
damit am besten berathen gewesen zu sein. Der ausgezeichnete
Mann, dem dieses Buch gewidmet ist, hatte eine andere Art,
wenigstens gegen junge Leute: er entliess seinerseits nach
wenigen Minuten, aber wusste dabei in diesen wenigen Minuten
den bestimmten Eindruck, dass die Sache, die zu ihm geführt
hatte, ihre klarste und vollständigste Erledigung gefunden
hatte, weiter aber den höchst wohlthuenden Eindruck mitzugeben,
dass man seinem vollen und lauteren Wohlwollen und Interesse
begegnet war. Man sagte sich endlich nach einem solchen Besuche, dass das eine vortreffliche und durchaus berechtigte Weise
war, in solcher Stellung seine Zeit vor Zersplitterung zu be-
schützen. Von Karl Otfried Müller erzählte mir der Göttinger
juristische Professor Ribbentrop, unvergessenen Angedenkens,
mit Begeisterung, dass dieser so jung verstorbene Gelehrte, der
in so kurzer Zeit so Erstaunliches geleistet hatte, wenn einige
jüngere Professoren ihn Sonnabend plötzlich überfallen hätten,
um ihn zu einer grösseren anderthalbtägigen Wanderung, z. B.
über Münden nach Kloster Bursfeld an der Weser abzuholen,
stets sogleich vollkommen bereit gewesen sei und sich auf dem
Wege, den Rock über die Schulter, der ausgelassensten Lebens-
freude überlassen und die Gesellschaft mit ihr erfüllt habe.
Anderen Gelehrten habe ich es gar nicht verdacht, wenn sie bei
einem Besuche sehr zerstreut schienen und binnen zwei Minuten,
ἀγρεῖα ἰδόντες, dieselbe Frage in erzwungener Höflichkeit wiederholten, und habe dann den Besuch in aufrichtigstem Respect

vor dem Grösseren, was sie beschäftigte, so schleunig wie möglich abgebrochen; aber als unvergessliche Muster von *humanissimi homines* in einem der allerzartesten und schwierigsten
Punkte der Humanität stehen mir doch jene drei Männer dauernd
vor Augen. Die moderne Einrichtung der Sprechstunde hat
diese feine Aufgabe noch am besten für beide Parteien gelöst.
g) Geist und Witz. Die bisherigen in der humanen Gesellschaft für den freien Umgang hochgeschätzten Eigenschaften
waren sittliche oder gemüthliche, dies ist eine geistige. Die
Synonyma, die ihren Umfang am besten beschreiben, finden
sich de or. I, 243: *sal — lepos — politissimae facetiae — festivitas — venustas.* *Sal* ist zunächst die Schärfe in der geistigen
Auffassung und Behandlung übrigens concreter (*subtilitas*
abstracter) Dinge, der Erscheinungen des wirklichen Lebens,
die, gleichwie das Salz die Speisen, das Gespräch schmackhaft
macht (*sermonum condimenta,* allerdings von den sinnver-
wandten *facetiae* gesagt, de or. II, 271), dann aber auch der
beissende Witz, der als Eigenschaft *dicacitas* heisst, was bekanntlich nicht = *loquacitas,* sondern die Eigenschaft ist, gern
scharfe Bemerkungen über Personen zu machen. *Lepos* ist die anmuthige Laune, *facetiae* der lustige Witz. *Festivitas* ist so zu
sagen festtägliche Stimmung, die man statt nüchterner Werkel-
tagshaltung der Gesellschaft schuldig zu sein glaubt wie ein
besseres Gewand; das Wort hat etwas davon an sich, dass man
die Landschaft der Seele heiter und sonnig zeigt. *Venustas,*
zarte Anmuth, sonst auch der eigentliche Ausdruck für weibliche Schönheit im Gegensatz zur männlichen, und der Gegenpol
der Würde, ist fast ein gewisser holder Liebreiz der Person,
ihrer Haltung und Rede.

Es würde dem römischen Charakter nicht entsprechen, der
doch durch das Humanitätsprincip nicht aufgehoben, sondern
nur ergänzt und gemildert werden sollte, dass man daran Gefallen sollte gefunden haben, die durch die obigen Synonyma
umschriebene Haltung, die von einem leicht beweglichen, heiteren
Geiste bestimmt wird und in mannigfachen anmuthigen Licht-
reflexen zu schillern ihre Freude findet, ganz über die altrömische
Würde (*gravitas*) Herrin werden zu sehen. Die durchaus nicht
unmögliche Verbindung von Würde und geistreicher Laune
erscheint in der humanen Gesellschaft als der wünschenswertheste

Typus des Menschlichen im freien Umgange. So wird an dem älteren Cato, diesem Ideal eines echten Altrömers, der aber doch in seinem vorschreitenden Leben immer mehr dem humanen Gedanken eine Einwirkung auf die Gestaltung seiner Persönlichkeit vergönnt hatte, eben diese Vereinigung gerühmt, und zwar als ein wesentliches Stück seiner mit Begeisterung bewunderten Eigenart, und aus dem Munde des jüngeren Scipio, de rp. II, 1. Und der Meister des rednerischen Witzes, C. Caesar, aus der gens des Dictators, wäre gewiss nicht von Cicero im zweiten Buche de or. zum Träger der Theorie des rednerischen Witzes gemacht worden, wenn das leichte Geistesspiel des Witzes den ganzen Charakter seines Auftretens bedingt hätte. So aber rühmt Crassus von ihm (de or. III, 30): „Bei ihm wird weder der Scherz durch die Grösse der Gegenstände ausgeschlossen noch die Würde durch seinen lustigen Witz gemindert." Denn die *gravitas* ist sehr wohl mit dem Scherz am richtigen Orte zu vereinigen: die grössten Männer der römischen Vorzeit, „Africani, Maximi, Catones, Lepidi" sind Vorbilder darin gewesen (de or. II, 290). Das humane Princip rief also in dieser Beziehung einen gemischten Persönlichkeitstypus nicht erst in's Leben, sondern erkannte ihn, der doch im römischen Nationalcharakter angelegt war, nur an, bestätigte ihn in seinem Recht und Werth, und begünstigte und förderte ihn.

Dieses heitere, launige und geistreiche Wesen ist wünschenswerth. „So verhält es sich in der That, dass es keine Lebenslage giebt, in der es wider das Geziemende wäre, dass sich in ihr Laune (*lepos*) und Humanität bethätigte", de or. 271.*) Die Humanität erscheint hier als die echt menschenwürdige Freiheit des Geistes, die mit dem heiteren Blick des reinen Erkennens über den Vorkommnissen des Lebens schwebt, ihnen gegenüber, die eigene Person und ihr Schicksal eingeschlossen, die Objectivität nicht verliert und nicht ganz in ihnen mit der Willensseite des Wesens untergeht. „Abzuschöpfen gilt es auch aus jeglicher Art der Urbanität (feinen, weltstädtischen Bildung) eine gewisse Laune munteren Witzes", de or. I, 155. „Hinzukommen muss (zu den ernsten Eigenschaften des Redners) auch

*) Natürlich kann in den Bekümmernissen des Lebens der Scherz aber doch einmal abreissen, ad Att. V, 5, 1. — „Scherz bei Seite" heisst „*contra jocum*", ad fam. VII, 16, 2.

7*

eine gewisse Laune und munterer Witz und eine eines freien
Mannes würdige Erudition und Schnelligkeit (Geistesgegenwart)
im Antworten und eigenen Vorgehen *(lacessendi)*, das alles
mit feiner Anmuth und Urbanität verbunden", de or. I, 17.
Hier wird unter die Synonyma für geistreiches Wesen auch die
Erudition eingeschoben, die an sich anderer Art ist, aber die
Freiheit eines erkenntnissfroh über den Dingen schwebenden
und nach Nahrung und Bethätigung der Intelligenz strebenden
Geistes mit ihm gemein hat. Uebrigens ist zunächst nur die
Rede von dem, was für den Redner wünschenswerth ist, aber,
wenn er natürlich vor allem dem Ernst seiner Aufgabe zu genügen hat, so darf er doch auch andrerseits nicht aus der Rolle
eines freien und heiteren Geisteswesens fallen, die man aus
dem humanen Umgange her gewohnt ist; kurz, was für die
oratio gilt, ist mit um so grösserem Rechte auf den *sermo* anzuwenden, weil es für diesen eigentlich noch früher gilt.

Witz und Scherz ist ja andrerseits freilich nicht das Wesentlichste und Wichtigste am Sprechen: „Dies ist seiner ganzen
Art nach etwas Leichtwiegendes, Gelächter zu erregen" (de or.
II, 218), „das Lachen ist vielleicht die unbedeutendste *(tenuis-
simus)* Frucht, die der Geist sich abbrechen kann" (de or. II, 247).
Damit ist ihm aber doch sein relativer Werth, ein würzendes
Element im freien Umgange zu sein, nicht abgesprochen, und
wenn Cicero einmal sagt (ad fam. XV, 18, 1): „Eine andere Ab-
lenkung *(aberratio)* von den Verdriesslichkeiten als das Lachen
habe ich überhaupt nicht", so empfindet der Mensch doch überhaupt in dem verdrussreichen Ernst des Lebens mit Behagen,
dass ihm durch diese heitere Erschütterung oft ein Ausweg
um anderes Sinnes zu werden gewährt ist. Der Aerger kann
sich eben in ihm Luft machen und platzt mit vertraulichem Scherz
verbunden nicht so verletzend heraus, ad Att. X, 5, 3. Und
wenn ein mit der Ader des Witzes ausgestatteter Mensch es
durchaus vermeiden wollte, einmal durch seine munteren Ein-
fälle anzustossen, so müsste er auch den Ruf eines geistreichen
Menschen mit in den Kauf geben, ad fam. IX, 16, 3.

Witz und Scherz haben aber doch ihre gewissen Cautelen,
wenn sie in guter Gesellschaft wohlgefallen sollen.

α) Witz und Scherz dürfen nicht gezwungen sein.
De or. II, 219: „Ein Witzwort muss, (einem Pfeile gleich) abge-

schossen, eher haften als man glauben kann, dass es (absichtlich) hätte erdacht werden können". Denn (de or. II, 246) man lacht weniger über das, was man für (vorher geflissentlich) überlegt hält. „Man hat auf seiner Hut zu sein, dass ein Witzwort nicht mit den Haaren herbeigezogen zu sein (*arcessitum*) den Eindruck macht" (de or. II, 256). Die unangenehme Art im Verkehr, wo einer nur zerstreut mitlacht und inzwischen darüber brütet, auch seinerseits einen Witz hochzubringen, hätte ganz gewiss in der antiken humanen Gesellschaft keine Stelle gefunden. β) Man muss es über sich vermögen, einen Witz zurückzuhalten. De or. II, 244: „Wir müssen es nicht für unumgänglich halten, dass ein witziges Wort herausgesagt wird, so oft es nur herausgesagt werden kann". Das ist freilich schwer, denn Ennius soll gesagt haben, eine Flamme (glühende Kohle) werde von einem Vernünftigen leichter — das soll wohl heissen: mit weniger Schmerz als der in dem anderen Falle zurückbleibe — in brennendem Munde noch unterdrückt, als dass er (selbst ein Vernünftiger) einen guten Witz an sich halte, de or. II, 222. γ) Scherz und Witz sollen nicht scurril sein. Die Possenreisser witzeln eben den ganzen Tag und ohne Grund, de or. II, 247, desshalb soll ihnen oder den Mimen der Witz in der guten Gesellschaft ja nicht gleichen, de or. II, 239. 244. Insbesondere würde scurril der Witz sein, so hübsch (*bellus*) er auch sonst sein möchte, der jemanden trifft, den man nicht zu treffen wünscht, de or. II, 245. δ) Scherz und blutiger Ernst soll doch ja unterschieden werden. So spricht Cicero ad. Q. f. I, 2, 6 den Vorwurf aus: „Dein Brief (an deinen Untergebenen Fabius) ist im Scherz geschrieben, aber seine Worte sind von so schrecklichem Ton, dass er böses Blut machen muss" (*litterae invidiosam atrocitatem verborum habent*). ε) Vor allem darf man nicht selbst eine komische Person spielen. Das ist Sache des Hanswurst (*sannio*) und des komischen Schauspielers, an denen man die Person selber verlacht (*naturae ridentur ipsae*), aber ja nicht Sache des Redners (und des Mannes der guten Gesellschaft), der solche Rollen vielmehr (wenn sie ihm in Wirklichkeit begegnen) zur Ziel-

scheibe macht, nicht selber spielt (*agitat*, *non sustinet*), de
or. II, 251.

ζ) Zweideutige Witzworte — was nicht im Sinne des
französischen équivoque verstanden zu werden braucht, ja recht
selten in diesem zu verstehen ist — sind nicht mit zu grosser
Zuversicht auf ihre Wirkung zu gebrauchen. „Sie
erregen nicht grosses Gelächter, sondern finden mehr als zier-
lich und Bildung verrathend (*ut bella et litterata*) Anklang“,
de or. II, 253. Da solche zweideutige Witzworte ganz besonders
der Gegenstand absichtlichen Ausklügelns und Suchens zu sein
pflegen und da sie manche Menschen etwas unausstehlich machen
können, kommen sie mit diesem Urtheil noch gut genug weg;
ein ungekünsteltes, herzliches Lachen aber kommt ihnen in der
That nur dann entgegen, wenn man nicht durch ihre Absichtlichkeit verstimmt wird, es sei denn, dass sie der Witzjäger
selber mit schalkhaftem Auge wieder abbittet — darin hat das
antike Urtheil ganz recht.

Uebrigens schwirrte das Rom in der Blüthezeit der humanen
Gesellschaft von Witzworten, die hin und her getragen wurden
und von Munde zu Munde liefen, keineswegs aber bloss in
jenem edelsten Theile der Gesellschaft ihren Ursprung hatten.
Ad fam. VII, 32, 2: „Da ist ein solcher Misthaufen (*faex*) in
der Stadt, dass nichts so reizlos (ἀκύθηρον, von der Göttin der
Anmuth verlassen) ist, dass es nicht irgend jemandem reizend
(*venustum*) schiene“. Cicero muss erfahren, dass ihm manches
Witzwort zugeschrieben wird, das ihm nur gênant ist und das
er weit von sich weist; er sagt a. a. O. §. 1, er habe doch geglaubt, die ganze Art seiner Witzworte als so charakteristisch
für ihn (*ita notata*, daher auch so erkennbar) zurückgelassen zu
haben (vor seinem Weggang in die Provinz Cilicien), dass jedes
echte Ciceronische Witzwort von selbst als solches erkannt
werden könnte. Die Besitzung seiner „Salzwerke“ (Witzvorräthe)
werde nicht gewissenhaft genug von dem Adressaten des Briefes,
als ihrem Procuranten, vertheidigt; er solle doch Stein und
Bein dafür kämpfen (*sacramento contendere*), dass etwaige, die
seiner unwürdig seien, nicht als solche von ihm colportirt würden.
„Den Besitz feinen Witzes (*urbanitatis*), ich will dir auch gut
sein, lass uns durch alle nur ersinnlichen Rechtsmittel (*quibus-
vis interdictis*) vertheidigen“. Wenn auf die Urheberschaft eines

Witzes in scherzendem Ernste solcher Werth gelegt wird, so
sieht man doch, wie der Witz in der humanen Gesellschaft
trotz der Erklärung, dass er den niederen Seiten des Geisteslebens angehört, geschätzt wird. Uebrigens werden in dem
zuletzt angeführten Briefe auch für die erlaubten und guten
Arten des Witzes, mit Verweisung auf die weitere Ausführung
im zweiten Buche *de oratore*, die feinen und gelehrten Bezeichnungen der griechischen Theorie angeführt.

Nicht alles Lachen wird vom Witze ausgelöst, es kann auch
die Begleiterscheinung der *comitas* des Gemüthes sein, wie so
oft eine Person in de or., z. B. I, 74. 134. 265; II, 30. 229; III, 46.
als unter Lächeln etwas sagend eingeführt wird. Man wird
freilich nicht immer finden, wenn man sich anschaulich die
Person in dieser Lage und mit diesen Worten vor die Seele
führt, wie so sie denn dazu gerade lächeln müsse. Der Schriftsteller selbst hat das auch wohl nicht auf die Goldwage gelegt
und nur der Eindruck nach aussen ausstrahlenden inneren Be-
hagens und heiterer Befriedetheit in sich und solcher Gesellschaft hervorrufen wollen.

h) Vermeidung von Obscönität. Hier lehnt sich so
gern der sich isolirende Verstand gegen das wundersame Gefühl der Scham auf, das fast allen Völkern der Erde bis auf
die uncivilisirtesten herunter gemeinsam ist und das allerdings
in einer gewissen reinen Unbefangenheit eine Gegeninstanz hat.
da der Act auf den es sich bezieht für die Erhaltung der lebenden Schöpfung der allerwichtigste und somit auch eine mittelbare Voraussetzung aller edelsten Geisteshöhen ist, die das
höchste der Geschöpfe erfliegt, und aller zartesten Gemüthstiefen,
durch die es geadelt wird. In der That heisst es, die aller-
tiefsten Probleme aufwühlen, wie Julius Bahnsen einmal sagt,
hinter die eigentliche Wurzel des sexuellen Schamgefühls zu
kommen zu suchen. Die alte Philosophie hat in ihren späteren
Ausläufern unter orientalischen Einflüssen (der Voraussetzung,
dass die Materie an sich das Böse sei) dieser Wurzel wohl.
vielleicht etwas einseitig, nachgegraben; die Skepsis des Verstandes aber, ob es mit jenem Gefühl seine natürliche Richtigkeit habe, hatte der Cynismus, ein theoretischer und ernsthafter
Seitenzweig der Sokratik, mit Entschiedenheit zu Worte kommen
lassen, zu dem Resultate *„naturalia non sunt turpia“* (obgleich

diese Fassung nicht antik ist) gelangend.*) Die humane Gesellschaft nun aber hielt sich in dieser Beziehung durchaus an das thatsächliche Scheugefühl der Menschen, in dem sie eine Stimme der Natur erblickte, ohne sich tiefer auf den eigentlichsten Ursprung dieses Gefühls zu besinnen zu suchen. „Was zu thun nicht unsittlich ist (wobei auch an die naturgemässen körperlichen Entleerungen gedacht wird), wenn es nur im verborgenen geschieht, das ist zu sagen obscön", de off. I, 127, wo auch energisch die Auffassung der Cyniker, als in Wahrheit naturwidrig, bekämpft wird. Und so heisst es auch de or. II, 252: „Obscönität ist nicht nur des Forums nicht würdig, sondern kaum des Gelages freier Männer". Ganz besonders galt Obscönität in Worten für die Würde der höheren Magistratus ungeziemend, ad Att. II, 1, 5. Der seit der Zeit der asiatischen Kriege immer tiefer in Rohheit und Sinnlichkeit verkommende Theil der römischen Gesellschaft, zu dem sich die humanen Kreise in Opposition fühlten, hielt es freilich darin sehr anders, Marquardt-Mommsen, Hdb. d. röm. Alterthümer, 2. Aufl., Bd. VII, Theil 1, S. 338.

i) Vermeidung von „Ineptien." Kein Moment dürfte vielleicht charakteristischer als dieses für den Geist der antiken Humanität im Umgange sein. Zunächst ist eine wirklich ganz zutreffende Uebersetzung des Wortes in Einem Deutschen Worte kaum möglich. „Tactlosigkeiten" liegt noch am nächsten, aber ist zu stark und schliesst zu sehr die Beziehung auf andere, die darunter leiden müssen, ein, während die Ineptien mehr auf das Haupt ihres Urhebers zurückfallen. Freilich leidet auch, wer ihr Zeuge ist, falls er selbst von gesundem Gefühl beseelt ist, darunter Pein, aber in der Empfindung, dass hier der Vernunft, der Sache, der Situation nicht Genüge geschieht, und nicht, dass gerade er oder eine andere dritte Person verletzt würde. Ineptiae sind also, wie auch die Etymologie des Wortes sagt,

---

*) Sogar die Stoiker fanden, dass es weder der Sache noch den Worten nach Obscönität gebe, der Weise daher alles offen mit eigentlichem Namen nennen würde (ὁ σοφὸς εὐθυρρημονήσει), ad fam. IX, 22, 5. Cicero führt in diesem Briefe die ganze betreffende Theorie der Stoiker aus, erklärt dann aber, dass er an der verecundia Platonis festhalten werde; bei gewagten Ausdrücken versäumt, wie er dort sagt, der gesittete Mensch nicht „honorem praefari", d. h. er schickt voraus: „Mit Ehren zu vermelden".

Fälle einer unpassenden, unangemessenen Handlungsweise *) im
Umgange, nur giebt es dafür im deutschen nicht Einen schlagenden Ausdruck. Das früher viel gebrauchte Fremdwort „Sottisen"
ist wieder zu stark. Dem *ineptus* möchte man in's Concept
fahren und dazwischen rufen: „Aber fühlst du denn nicht, wie
sehr das, was du jetzt thust, in seiner Differenz von natürlichem,
gesundem, vernünftigem Handeln einem gesunden Gefühl auf
die Seele fallen muss"? Gewisse Berliner Ausdrücke, die ebenso
unschriftdeutsch und unableitbar wie dennoch verständlich und
bezeichnend sind, dürften in manchen Fällen mit *ineptiae* und
ineptus sich decken; nur das sie unedler sind. Der Classiker der
antiken Humanität empfindet selbst (de or. II, 18), dass dieser
Begriff für ein Etwas im Benehmen, was nicht sein solle, der
römischen humanen Gesellschaft so specifisch angehört, dass
sich ein griechisches Wort dafür, soviel man auch suchen möge,
nicht finden lasse. ('Ατοπία, was am nächsten liegt, drückt
zu sehr eine Verwunderlichkeit, Unbegreiflichkeit aus). In der
lateinischen Umgangssprache (*in nostri sermonis consuetudine*)
dagegen findet das Wort eine sehr häufige und in den mannigfachsten Fällen zutreffende Anwendung (*perlate patet*), de or.
II, 17. Cicero umschreibt daselbst seinen Sinn ganz vorzüglich:
„Wer nicht sieht, was die Zeit (Lage, Situation) verlangt, oder
zuviel spricht, oder sich aufspielt (*se ostentat*) oder auf die
Interessen resp. die Würde der Personen, mit denen er zusammen ist, keine Rücksicht nimmt oder endlich in irgend einer
Beziehung von falschem Ton (*inconcinnus*) oder einseitig verrannt
(*multus*, übertrieben) ist, von dem sagen wir, dass er *ineptus* ist".
Daraus fühlt man doch ganz genau, was gemeint ist, und in
wie vielen Fällen das Eine und Gleiche der Ineptien das Wesen
dessen ist, was peinlich berührend oder mindestens ein Lächeln
erregend in die Erscheinung tritt. In einem Beispiele, das in
der Betrachtung, die er sogleich daran anspinnt, angeführt wird,
tritt das noch deutlicher hervor. Er sagt nämlich weiter, die
hochgebildete griechische Nation sei mit diesem Fehler in hohem
Masse behaftet. „Von allen Ineptien aber, deren es zahllose giebt,

---

*) Für das mir sehr stimmungsvoll erscheinende *via inepta = incommoda*,
ein unbequemer, „dummer" Weg, ad Att. XVI, 13a, 2, das nur zwei Handschrr.
haben, die übrigen das sinnlose *amata*, liest man jetzt nach der Cj. Wesen-
berg's *mala*.

ist vielleicht keine bedeutender als, wie jene pflegen, an jedem nur möglichen Ort, unter welchen Menschen auch immer es ihnen einfällt*), über Dinge, die entweder schwierig oder nicht nothwendig sind, auf's spitzfindigste zu disputiren".

Die antike Humanität deckt sich eben keineswegs unbedingt mit national-hellenischer Weise im Denken, Fühlen und Handeln, obgleich diese im ganzen doch der glücklichsten Veranlagung des Menschenthums nach der Mischung seiner Elemente zu einer Gesamteinheit entspricht, sondern sie ist ein Product des römischen Wesens und der griechischen Einwirkung auf dasselbe unter der Controlle eines Bewusstseins, das weder griechisch noch römisch, sondern allgemein-menschlich vernünftig sein will. Ein national-hellenischer Anlauf zu dem der späteren Humanität angehörenden Begriffe der Ineptien als dem Begriffe für alles, was im menschlichen Benehmen ihrem Gefühl nicht wahrhaft passend scheint, findet sich vielleicht in dem alt-homerischen ἀχρεῖα (Il. II, 269; Od. XVIII, 163), aber dieser Begriff ist nicht in der Richtung dessen, was mit *ineptus* bezeichnet wird, weiter ausgebildet.

Die Ineptien sind also unzählbar, aber es lassen sich doch wohl bestimmte Arten derselben unterscheiden.

α) **Inept ist ein Durchblickenlassen naiver Eitelkeit**, wo man von einem humanen Menschen erwarten sollte, dass er innerlich mit dieser fertig geworden wäre. Cicero ertappt sich selber bei der Schwachheit, die hohe Ehre des Triumphes zu begehren für Thaten in der Provinz Cilicien, von denen er sich sagen muss, dass sie eine so hohe Ehre, zumal in dem Zeitalter der Kriegsthaten eines Pompejus und Caesar, nicht rechtfertigen, und dass sie der Besonderheit seiner viel mehr litterarisch-culturellen Verdienste nicht angemessen ist. Er hat aber so wenig Selbstbeherrschung über diese Regung der Eitelkeit in sich, dass er es über sich gewinnt, verschiedene Freunde in Rom darum zu bitten, sich um diese Ehre für ihn, oder wenigstens ein Dankfest (*supplicatio*) oder einen seine Thaten verherrlichenden Senatsbeschluss, durch ihren Einfluss im Senat zu bemühen, so den Cato (ad fam. XV, 16), den Consul

---

*) „*visum est*" ist offenbar nicht Glossem, sondern mildert den sonst übertriebenen Gedanken etwas ab: immer fällt es ihnen eben doch nicht ein.

C. Marcellus (ad fam. XV, 10), den Consul L. Paullus (ad fam. XV, 13). Auch den Atticus sucht er dafür zu interessiren, ad Att. VI, 6, 4; er muss ja fühlen, dass dieser sein eigentliches und bestes Innere so genau kennende Freund den Kopf zu etwas für eben diesen Mann so Inconcinnem schütteln muss; unterdrücken kann er die Eitelkeit aber doch nicht und bittet ihn nun mit rührender Aufdeckung des Heerdes der Eitelkeit in seinem Gemüth, dass er auch anfangen möge, den Triumph zu begehren, fügt dann aber aus seinem besseren Ich den Satz hinzu: „damit ich weniger inept erscheine". Er will sich also vor sich und anderen decken dadurch, dass er auch den Freund zu einem Abfall von der kernhaft humanen zu einer mit der menschlichen Schwachheit einen Compromiss eingehenden Gesinnung zu verführen sucht. — Ad. Att. IV, 15, 6 schreibt er, dass er in Rom im Amphitheater mit grossem und gleichmässigem Beifallsgeklatsch aufgenommen sei; er kann die Eitelkeit doch nicht unterdrücken, das dem Freunde mitzutheilen, setzt aber sogleich hinzu: „Doch kümmere dich nicht darum; ich für meine Person bin inept, dass ich es dir geschrieben habe". — Nach dem Tode seiner geliebten Tochter Tullia war Cicero Monate lang ganz von dem Gedanken, ihr ein würdiges und grossartiges Denkmal zu setzen, hingenommen. Das mochte nun reine Empfindung der Liebe und Pietät und also tadellos sein. Aber dass dieses Denkmal durchaus in einer recht menschenbelebten Gegend in der unmittelbaren Umgebung der Stadt Rom errichtet werden sollte, wesshalb er Monate lang mit Atticus in Unterhandlungen darüber ist, dass dieser den am besten dafür gelegenen Garten ankaufe, das wies doch auf die Betheiligung der Eitelkeit an dem Pietätsgedanken hin. Deshalb nennt er denn auch, mit dem Zusatz, dass er es nur eingestehen wolle, dies ewige Zurückkommen auf diesen Gedanken ad. Att. XII, 36, 1 „diese Ineptien" und erhebt an den Freund den Anspruch, dass er sie ertragen müsse; ein wirkliches Gutheissen eines eitlen Wunsches mag er von ihm nicht verlangen.

β) Inept ist es, eine Bescheidenheit zu erheucheln, hinter der sich doch nur der durchsichtige Wunsch der Eitelkeit vergeblich verbirgt, die entgegengesetzte Versicherung zu hören zu bekommen. De or. III, 84 sagt Crassus: „Was soll ich jetzt inept sein (aus meinem

Herzen eine Mördergrube machen)? Dass ich für einen guten Redner gelte, weiss ich ja".

γ) Inept ist es, in gesuchter, einen wissenschaftlichen Jargon ohne Noth erkünstelnder Weise anstatt einfach „gut deutsch" (more Romano) zu sprechen. In einem Briefe an Caesar (ad fam. VII, 5. 3) verbürgt sich Cicero für die Empfehlungswürdigkeit des Trebatius nicht mit jener alten Formel (juristischer Sponsion), die Caesar, als er sie hinsichtlich des Milo in Anwendung gebracht, mit Recht belächelt habe, sondern so (einfach, natürlich und herzlich) wie „nicht inepte Menschen sprechen".

δ) Inept ist es, bei'm Sprechen das Gesicht zu sehr (zu künstlich, gemacht, ἀχρεῖα, so dass die Menschen bemerken, der Sprechende wird im geheimen ganz von dem Gedanken beherrscht, welchen Eindruck seine wichtige Persönlichkeit machen wird) zu verziehen, — „damit man nicht in Ineptien oder irgend welche Verkehrtheit geräth", de or. III, 222. Wer kennte diese Art von Ineptien nicht auch in der modernen Gesellschaft? — „Fratzig" nennt sie ein guter hannoverscher Provinzialismus. Wo sie aus einem eitlen Grunde des Gemüthes gewohnheitsmässig werden, da ziehen sie die für den Menschenkenner unverkennbaren versteinerten Eitelkeitsfalten um den Mund nach abwärts.

ε) Inept ist das rein theoretische Gespräch, ein über die praktische Seite der Situation sich hinwegsetzendes Interesse an selbtsgefälliger Klugrederei, de or. II, 16, vgl. auch I, 112. Diese Verdammung der doch wahrhaft humanen Bewegung im reinen Aether des wahrheitshungrigen Gedankens ist aber doch, eine dafür empfängliche und dieses Aufflugs würdige Gesellschaft vorausgesetzt, nicht wahrhaft ernst gemeint, sondern nur ein Rest des altrömischen Wesens im humanen Menschen, den man mit Humor, in der Empfindung von den Humanen schon nicht missverstanden zu werden, nach aussen herauskehrt, um dem beschränkten Nationalismus ein X für ein U zu machen. „Für die Weltweisheit habe ich immer Zeit" (*philosophiae semper vaco*, de div. I, 11) ist das wahrere Bekenntniss der Humanität.

ζ) Inept ist Vielwisserei, Curiosität und geistige Kleinkrämerei. Die Erkundigung nach gewissen fernliegenden, auf die Dauer gar nicht im Gedächtniss haftenden

geschichtlichen Personal-Notizen (freilich, um aus ihnen Beispielmaterial für einen philosophischen Gedanken zu gewinnen) heisst
ad Att. XII, 24, 2 *„meae ineptiae"*. Das ist wiederum ein mit
Humor und nicht mit vollem Ernst gehegtes Residuum altrömischer Geistesart in der humanen Denkweise, die doch an sich
die Idee strenger Wissenschaft als wahrhaft menschlich zu fassen
vermag, eine Idee, welche auch die Genauigkeit des Forschens
und Erkennens im Kleinen und für sich Geringfügigen einschliesst. Die Loslösung des Kleinen und Einzelnen von seinen
Zusammenhängen mit dem Grossen und Ganzen und eine lieb-
haberische Nachjägerei nach kleinlichem Kram als solchem
würde freilich der antiken Humanität als ernstlich inept erscheinen
und ist es auch für uns.

η) **Inept ist die Ueberschätzung von äusserlichen
Erinnerungen im Heroencult.** Dieses Urtheil der antiken
Humanität kommt zum Vorschein ad fam. XIII, 1, 2—4, jedoch
nicht schroff und verächtlich, sondern mit einer gewissen sympathischen, verzeihenden Nachempfindung selbst für die bisweilen pudelnärrischen Ausläufer einer Gesinnung, die wegen
ihrer Verehrung und Bewunderung des menschlich Grossen zu
achten ist. Der Epikureer Patro will „ich weiss nicht was von
altem Gemäuer" der ehemals (vor mehr als 200 Jahren) dem
Epikur gehörenden Wohnung (*nescio quid Epicuri parietinarum*),
auf dessen Stelle Atticus in Athen zu bauen gedenkt, gern sich
zur pietätvollen Pflege der Erinnerung an den Meister überlassen
wissen, wie er denn überhaupt „die Ehrung, die Anhänglichkeit
(*officium*), das Recht der Testamente, die Autorität des Epikur,
den feierlichen Auftrag (*obtestatio*) des Epikureers Phaedrus, den
Wohnsitz, die Stätte, die grosse Männer betreten haben (*vestigia
summorum hominum*), schätzen zu müssen glaubt". Cicero legt
für ihn in dieser Angelegenheit ein gutes Wort bei Atticus
ein, er meint, dass man ihm vielleicht verzeihen müsse, wenn
er sich diese Sache so angelegen sein lasse. Man müsse ja
sonst die ganze Lebensauffassung (*totam vitam rationemque*)
des Mannes verlachen, der er nicht allzu feindlich gegenüber-
stehe: wenn Patro in dieser Beziehung fehle, **so fehle er mehr
aus Ineptien als aus verwerflicher Gesinnung** (*impro-
bitate*). Auch der moderne und namentlich der modernste Heroen-
cultus hat leicht etwas Abgöttisches vom christlichen Stand-

punkte, einen komischen Ueberschuss von Gefühlsduselei über
helle Verständigkeit vom Standpunkte eines gesunden Urtheils
an sich. Der gebildete moderne Sinn hat in dieser Beziehung
ganz und gar die Erbschaft der antiken Humanität angetreten.
Die „Düntzerei", das „Goethepfaffenthum", die Autographenjagd,
den Reliquienkram und wie die Auswüchse der Gemüthsüber-
schwänglichkeit in der Verehrung irdischer Grössen alle heissen
mögen, belächelt sie, aber ohne eigentliche verächtliche Feindseligkeit, weil sie den Kern der zu grunde liegenden Gesinnung
doch ehren muss.

9) Inept ist das Mitmachen von Volkssitten, die
in Wahrheit mit der höheren auf dem humanen Standpunkt erreichten Gesittung und Aufklärung nicht
zu vereinigen sind. Wiederum ist hier das Urtheil durchaus
nicht herbe, sondern voll Humors. Man macht ja auch weiter
mit, trotzdem der Widerspruch des volksthümlich-Unvernünftigen
und der besseren humanen Einsicht aufgegangen ist; man hat
nur das Gefühl dabei, dass das bessere humane Ich eigentlich
etwas Unpassendes begeht, aber man befindet sich eben nicht
in einer diesem entsprechenden und für es völlig empfänglichen
Umgebung, sondern muss mit den Wölfen heulen. Crassus
erzählt de or. I, 112, dass er bei Amtsbewerbungen, d. h. bei
der unmittelbaren Thätigkeit dafür auf der Strasse, „der *prensatio*", also dem Handschütteln und herablassend vertraulichem
Gespräche mit dem kleinen Manne, als dem für den Augenblick
wichtigen Wähler, den Scaevola von sich zu entlassen gepflegt
habe, indem er ihm erklärt habe, er müsse jetzt gerade einmal
inept sein, d. h. „schmeichlerischer bitten", in der Gegenwart
eines so ehrwürdigen Mannes aber möge er das am wenigsten
sein; die *prensatio* sei nun aber einmal, wenn sie eine rechte
prensatio sein solle, ohne Ineptien nicht möglich. Also in der
Berührung mit der Wirklichkeit der an innerer Bildung tiefer
Stehenden ist es dem humanem Manne nicht möglich, durch die
unvermeidliche Herablassung zu jenen nicht vor dem eigenen
Gefühl in seinem Benehmen eigentlich unpassend zu erscheinen,
aber man muss gute Miene zu diesem bösen Spiel machen, da
die Cultur in ihrem Fortgange einmal das Niveau der Menschen
so weit auseinandertreibt und doch auch die schlechteste Gesellschaft fühlen lässt, dass man ein Mensch mit Menschen ist.

ɩ) Inept ist es, wenn innerhalb der humanen Gesellschaft Gesichtspunkte geltend gemacht werden,
die für deren Glieder als überwunden gelten müssen.
Appius, der Vorgänger Cicero's in der Provinz Cilicien, hatte
mit Emphase, sich selbst in der dritten Person benennend, ge-
äussert (ad fam. III, 7, 5): „Appius ist dem Lentulus, Lentulus dem
Appius (bei der Ablösung im Amt) entgegengezogen, und Cicero
hat das dem Appius nicht erweisen wollen"? und dem Cicero ist
das durch seinen Amtsdiener Pausanias, einen Freigelassenen
des Lentulus, hinterbracht worden. „Ich bitte dich", schreibt
er a. a. O. darauf, „auch Du diese Ineptien?" Appius und Lentulus gehörten beide der höchsten Nobilität an, aber Cicero war
ein *homo novus;* in der humanen Gesellschaft nun aber, die sehr
wohl fühlte, dass der Lebensodem der guten Gesellschaft die
Gleichheit (unbeschadet der ausserhalb derselben bestehenden
Rangverschiedenheit) ist, war die Betonung der alten Standes-
unterschiede zum Bocksbeutel geworden, und der Mann, der
sich durch Talent, Fleiss und Bildung zu der Seele der humanen
Gesellschaft gemacht hatte, rechnet sie daher freimüthig zu den
Ineptien.

ϰ) Inept ist es, wenn man nach guter Ueberlegung
A gesagt hat, nicht auch B zu sagen, sondern mit an
und für sich begreiflichen Gefühlen der gebietenden Vernunft in's Concept zu reden. Treba-
tius hat eingesehen, dass es für seine Lebensinteressen, seine
Carrière, das Vernünftigste ist, eine Zeit lang bei Caesar in
Gallien Dienste zu nehmen und dem Imperator durch seine
juristischen Kenntnisse sich nützlich zu machen und zu ver-
pflichten, und Cicero hat ihn durch seine lebhafte Empfehlung
bei Caesar gut eingeführt. Nun aber ennuyirt er den sorglichen
Freund und Fürsprecher in Rom in seinen Briefen aus Gallien
immerfort mit den Klagen des Heimweh's nach der Hauptstadt
und den Vorzügen des Lebens in ihr (*urbis et urbanitatis*).
Cicero schreibt ihm darauf ad fam. VII, 6, 1: „Du, lass nur jene
Ineptien fallen und erreiche durch Ausdauer und Tüchtigkeit
den Zweck, zu dem du dich dorthin begeben hast".
Für das doch einen leichten Stachel eindrückende und vor
andern gênirende Selbstbewusstsein, sich irgendwie der Ineptien
schuldig zu machen, ist es doch eine wohlthuende Genugthuung,

sich auf edle Vorbilder, die trotz ihrer Humanität derselben
Menschlichkeit einen Tribut gezollt haben, berufen zu können,
de or. III, 187. Ueberhaupt bemerkt man in den obigen An-
führungen sehr oft, dass in offenem und edlem Geständniss der
Ineptien freundliche Verzeihung für sie bei wohlwollenden
Kennern des menschlichen Herzens gesucht wird.

3. Uebten Schmeichelei, Eitelkeit und Hochmuth ihre schädliche Einwirkung im freien Umgange und wie weit?

Drei Hauptfeinde für seine Vernünftigkeit und Güte hat
der gesellige Verkehr der Menschen, die Schmeichelei, die Eitelkeit und den Hochmuth. Die Schmeichelei sucht durch Anwendung des Mittels, dass sie die Menschen für den, der ihrem
Lechzen nach Lob entgegenkommt, günstig stimmt, Vortheile
idealer und realer Art für den, der sie ausübt, zu erlangen.
So wird sie von hässlichem Egoismus beherrscht, und da sie
es mit der Berechtigung des Lobes, das sie gern voll ausspendet,
nicht genau nimmt, so untergräbt sie die Wahrhaftigkeit, nährt
eine menschliche Schwäche in den anderen und verleidet edleren
Naturen den menschlichen Umgang, indem sie sie zwingt,
in diesen Complex menschlicher Fehlerhaftigkeit einen uner-
quicklichen Einblick zu thun. Die Eitelkeit denkt immerfort
an sich selbst, nämlich an den Eindruck, den das eigene liebe
Ich bei anderen machen will, und behindert dadurch die freie
Hingebung an das Sachliche und an das Wohl und die Interessen anderer Personen; sie ruft dadurch auch den Fehler der
Schmeichelei mit allem, was er im Gefolge hat, hervor. Der
Hochmuth ist in sich selbst ungerecht, indem er viel zu sehr
auf die eigenen, und oft nur vermeintliche und gar nicht an-
zuerkennende, Vorzüge anstatt auch auf die zur Bescheidenheit
führenden Mängel reflectirt, und erweckt peinliche Gefühle von
Unlust und Widrigkeit in denen, auf die er drückt.

Es liegen nun wohl Spuren vor, die darauf schliessen lassen
könnten, dass die antike Humanität in ihrem freien Umgange
von diesen Fehlern durchsetzt gewesen sei und damit an ihrer
Schätzungswürdigkeit schwere Einbusse erlitte. Wir wollen den
Versuch machen etwas näher zuzusehen, in wieweit dies etwa
zutrifft. Wir können uns dabei aber nicht verhehlen, dass es

uns auf Grund unserer litterarischen Quellen, die uns nur einen zufälligen und zerstreuten Einblick in diese Verhältnisse gewähren, nicht möglich ist, so sicher, wie als wirkliche Theilnehmer, die sich mit dem Vorsatz objectiver Beobachtung in diesen Kreisen bewegten, unser Urtheil zu bilden. Auch hängt die Qualität der Geselligkeit immer durchaus von den jedesmal betheiligten Personen ab, und Wissenschaft ist ja nur von Verhältnissen, die stets in gleicher Weise bedingt sind, möglich. Das Folgende kann also nur gewisse Gedanken anstreben, die im grossen und ganzen einiges Licht darüber verbreiten, ob und wie weit der Geselligkeit der antiken Humanität jene drei menschlichen Fehler ihren unwillkommenen Stempel aufgedrückt haben mögen.

a) Die Schmeichelei. Das vollkommenste Bild der geistigen Geselligkeit der antiken Humanität in ihrer Blüthezeit liegt für uns sicherlich vor in Cicero de oratore. Da kann es nun zunächst scheinen, als ob in ihr die Schmeichelei einen erschrecklichen Spielraum gehabt hätte. Die Sache liegt ungefähr so, dass jede der betheiligten Personen jeder anderen gelegentlich die weitestgehenden Lobsprüche in's Gesicht sagt.

Zwar ist das so offen in's Gesicht gespendete Lob bisweilen inhaltlich beschränkt und bestimmt und hat etwas von einer vernünftigen und der Wahrheit gemäss lobend ausfallenden Charakterisirung des anderen an sich, so z. B. wenn Caesar ausspricht (II, 296), dass ihm Antonius stets sehr gedeckt (dem Gegner keine Blössen gebend, unangreifbar) im Reden erscheine, oder wenn Antonius von dem Anfang des grossen Vortrages des Crassus über die Elocution urtheilt (III, 51): „Deine Rede ist über schwer auszudrückende, undankbare Stoffe (*de horridis rebus*) glänzend, über nüchterne gedankenvoll, über allbekannte originell".

Meist aber ist das Lob recht unbedingt und allgemein gehalten und fällt überschwänglich genug aus. So sagt Crassus von Sulpicius und Cotta (I, 131), dass sie eine ausgezeichnete und vorzügliche Anlage besitzen, von Sulpicius insbesondere, dass alles, was zur äusseren Erscheinung und dem Auftreten des Redners gehöre, in ihm göttlich sei; dem Antonius schreibt er (I, 172) eine „unglaubliche und beinahe einzige und göttliche Kraft der Begabung" zu, insbesondere (II, 128) eine jedesmalige

Meisterschaft (. . *semper divinitus tractas*) in der Belehrung, Freundlichstimmung oder Erschütterung der Zuhörerschaft, je nachdem eine dieser drei Aufgaben zu erfüllen ist; von Catulus sagt er (II, 234), dass er so rede, dass Ambrosia seine eigentliche Nahrung sein müsse. Antonius preist die Begabung des Crassus (II, 298) ungefähr mit denselben hohen Prädicaten, wie dieser die seinige, und sagt (II, 364), dass dem Crassus an Talent niemand gleichkomme, (III, 189) dass er in ihm das Ideal gefunden habe, von dem es noch in seiner früher verfassten Schrift heisse, dass es in niemandem Wirklichkeit geworden sei; von Scaevola sagt er (I, 234), dass sie alle ihn wegen seiner ausnehmenden Liebenswürdigkeit zu lieben die Pflicht und Schuldigkeit hätten. Sogar der hochehrwürdige alte Scaevola sagt dem Crassus (I, 106), dass er ihn im Reden stets für einen Gott gehalten habe. Cotta sagt (I, 161), dass er die Reichthümer und Herrlichkeiten (*ornamenta*) des Geistes des Crassus in dessen rasch vorüberrauschendem Vortrage nur wie in einem Schleier (*per transennam*) erblickt habe, und spendet ihm ein bescheidenes Lob (I, 133) nur in deutlich hörbarem ironischen Anschluss an des Crassus bescheidene Worte über sich selbst. Catulus verschwendet gleichfalls die Prädicate eines Gottes und der Göttlichkeit an den Crassus (III, 228) und den Antonius (II, 179. 362); etwas massvoller spricht er (III, 82, vgl. 126) von der grossen „soll ich sagen Kraft oder Anmuth oder Fülle" der Rede des Crassus.

Aus diesen Beispielen, die sich noch vermehren liessen, scheint eine manchem vielleicht unerträgliche Herrschaft der Schmeichelei in der antiken humanen Gesellschaft erschlossen werden zu können, und wer mit Uebelwillen an die Beurtheilung der beigebrachten Momente herangeht, der kann hier in ein wohlfeiles Triumphiren über die Schattenseiten des classischen Alterthums ausbrechen. Indess muss doch bei gutem Willen jener anscheinend abstossende Thatbestand durch einige nähere Erwägungen in ein weit milderes Licht treten. Erstens: In der Unterhaltung der Unterredner in de oratore hat der Verfasser der Schrift den Ausdruck seiner Liebe und Bewunderung der besten Männer des vorhergehenden Menschenalters diesen selbst unwillkürlich in den Mund gelegt als den Ausdruck der Gefühle, die sie für einander hegten, und allen den Personen ist auch in der Seele des Dialogdichters schon die Verklärung zu gute gekommen, die sich dem Bilde Verstorbener gegenüber in der Menschenseele vollzieht. Zweitens: Die Männer verdienten wirklich alle hohes Lob, zumal in der Idealisirung, wie sie in dem Dialog vor uns stehen. In einer vertrauteren Gesinnungsgemeinschaft muss es aber erlaubt sein, dass man sich nicht nur gegenseitig Wohlwollen und Liebe zollt, sondern auch sich offen sagt, was man von einander hält, zumal kein Zeuge zugegen ist, der etwa *mal y pense*, der Sache eine gehässige Seite nach aussen abgewinnen könnte, und zumal ausserhalb dieses Kreises schon dafür gesorgt sein wird, dass es an Scheel- und Schmähsüchtigen nicht fehlt, denen das Wesen, wie die Edleren sind, im stillen ein ewiger Vorwurf ist; die Genugthuung, wenigstens bei ihres gleichen geschätzt zu werden, darf den Besseren, zum Ersatz dafür, was sie sicherlich im Leben von niedriger Gesinnten zu leiden haben, wohl gegönnt werden. Drittens: In den gegenseitigen Lobspenden, die in dieser Atmosphäre der humanen Gesellschaft wehen, fehlt es auch an einem Schatten jedes Motives niederer, egoistischer und sich selbst herabwürdigender Schmeichelei, überall bricht nur die wirklich und herzlich gefühlte Liebe und Bewunderung durch. Viertens: Die Erkenntniss des Verabscheuungswürdigen der S c h m e i c h e l e i ist, wie sich anderweitig zeigt, dem humanen Bewusstsein durchaus nicht fremd. So heisst es z. B. de rp. IV, 7: „In einem hochsinnigen Bürger ist die Schmeichelei ein Makel der Charakterlosigkeit" (*levitatis*), und in de or. selbst sagt Antonius einmal (II, 122): „Ich will mich offen aussprechen, ohne den Verdacht der Schmeichelei zu scheuen": er hat eben wieder dem Crassus ein hohes Lob gespendet, er nimmt aber für sich in aller Ehrlichkeit das Vertrauen zu seiner sachlichen Unbefangenheit in Anspruch. Fünftens: Die Lobeserhebungen erfolgen meistens, wenn auch in Gegenwart des Gelobten, so doch über ihn in dritter Person, so dass an das bestätigende Zeugniss der Mithörenden appellirt und in Zartgefühl das eigentlichste Loben in's Gesicht hinein vermieden wird. Sechstens: Wer die moderne Geselligkeit, über die E. v. Hartmann (Phänomenol. d. sittl. Bew. S. 354) — freilich mit dem besonderen Zusatz „wenigstens soweit in ihr das weibliche Geschlecht tonangebend ist" — das furchtbare Wort ausgesprochen hat, dass sie eine Schmeicheleiver-

sicherungsgesellschaft auf Gegenseitigkeit darstelle, von dem
Fehler der Schmeichelei frei hält, der werfe hier den ersten
Stein auf das classische Alterthum!

Nicht mit Unrecht liegt aber gegen die Person des Cicero,
diese sonst so liebenswerthe und auf alle Fälle durch unvergleichlichen Fleiss und geistige Regsamkeit so schätzenswerthe
Persönlichkeit, ein schwerer Druck auf dem Gemüth des modernen Beurtheilers, wenn er bedenkt, wie unglaublich stark
und ohne Scheu er oft in seinen Reden in's Gesicht lobt wen
er mag oder wessen Lob ihm auch nur eine augenblickliche
politische oder gar egoistische Opportunität scheint. Nun soll
der dunkle Schatten, der auf diesem hellen Bilde in Folge seiner
halb aufrichtigen und ganz masslosen Vergötterungen des
Caesar, die er in den Reden *pro Marcello, pro Ligario, pro
rege Deiotaro* und schon *de provinciis consularibus* mit dem
grossen Manne ihm in's Gesicht treibt, nicht zu tilgen versucht
werden. Aber über Pompejus — in dem Urtheil über den
er freilich ganz unaussprechlich schwankt — hat er doch wenigstens auch hinter dessen Rücken in seinen Briefen bisweilen
ganz vertraulich so verherrlichend gesprochen, wie nur je in
einer Contion oder im Senat ihm in's Gesicht oder wenigstens
so, dass er es wieder erfahren sollte und musste. So nennt er
ihn ad fam. III, 11, 3 den ersten Mann aller Zeiten und Völker
und sagt ad fam. III, 7, 5, dass er ihn über alle, die jemals gelebt, stelle, was doch kaum weniger ist als wenn er z. B. pro
Mil. 19 sagt, dass bei einem geglückten Attentat auf den Pompejus „alle Völker zusammengebrochen sein würden". Bisweilen
freilich hat man doch den Eindruck, dass dem Pompejus sein
hohes Lob aus der Feder des Cicero durch den Empfänger
des Briefes recht warm wieder zugetragen werden sollte, wenn
auch nicht bei den ganz gelegentlichen kurzen Verherrlichungen
der eben angeführten Briefe, so doch z. B. bei dem langen
Rechtfertigungsbrief über des Briefschreibers politische Wandlung an den Lentulus (ad fam. I, 9), wo der § 11 sicherlich mittelbar an den Cn. Magnus selber gerichtet war.

Wenn de or. III, 15 hervortritt, dass Marcus Cicero ganz
ruhig weiss und ausspricht, dass sein Bruder Quintus von ihm
gerade so hoch denkt, wie die Unterredner in dem Dialog von
einander und namentlich von Crassus und Antonius, so darf

man das doch sicherlich dem brüderlichen Verhältnisse zu gute halten.

Mit der römischen Weise, in volltönenden, aber *cum grano salis* zu verstehenden Superlativen das Lob auszudrücken, würde man etwaige in der humanen Gesellschaft zum Vorschein tretende übertriebene Schmeichelei dagegen nicht entschuldigen können, da vielmehr diese superlativische Redeweise offenbar erst durch die humane Gesellschaft und insbesondere die Person Cicero's in den *sermo latinus* eingeflossen ist.

b) Die Eitelkeit. Wieder kann die Person Cicero's hier keinen Massstab für den allgemeinen Geist der humanen Gesellschaft abgeben. Denn die Lobbegierde war in diesem Manne von Kindheit auf in einer alles gewöhnliche Mass überschreitenden Stärke ausgeprägt, und sie wurde zur Eitelkeit erstens, insofern sie sich oftmals nicht vor den Augen der Menschen klug verbarg, zweitens sofern ihr oft genug auch der blosse Eindruck in der Vorstellung anderer das Werthvolle war und sich ihr der bessere Gedanke verdunkelte, dass der Ruhm erst als Schatten des inneren Werthes und wirklichen Verdienstes ein schätzbares Gut, dann aber auch wirklich ein solches ist. Die unglaublichen Anpreisungen seiner eigenen Person, die Cicero seit seiner That gegen den Catilina oft in seinen Reden betreibt, zum theil sogar viele Jahre später, wenn er irgendwie auf diesen Höhepunkt seines Lebens zurückkommt, lasten für unser Gefühl in gewissem Sinne noch schwerer auf seinem geschichtlichen Bilde als seine Schmeicheleien gegen andere, aber ihnen sollte doch in höherem Grade die Entschuldigung zu theil werden, dass das römische Volk sich eben dergleichen gefallen lassen haben muss, ohne den Verkündiger solches unerhörten Selbstlobes mit seinem Gelächter und Unwillen zu bedecken. Man kann desshalb wirklich mit Lächeln und Achselzucken über diese Schwäche des Mannes zur Tagesordnung der Betrachtung seiner vielen grossen und vortrefflichen Eigenschaften übergehen und sie als ein sittengeschichtliches Curiosum auf sich beruhen lassen, und es ist wirklich ungerecht und unverständig, wenn so viele in unseren Tagen sich so ausschliesslich in diese und einige andere Schwächen des um die Bildung seines Volkes so unvergleichlich verdienten Mannes festhängen, wenn es doch

gilt, das geschichtliche Gesamtbild des Mannes in's Licht zu
stellen. Aus den gelegentlichen Offenbarungen Cicero's über die
Regungen des Seelenlebens, die mit der Eitelkeit zusammenhängen, lässt sich doch aber so viel für den Geist der antiken
humanen Gesellschaft schliessen, erstens, dass die Eitelkeit in
dem Seelenleben ihrer Glieder ihre Rolle spielte, zweitens aber,
dass man ihr doch als einer zu überwindenden Schwäche mit
klarem Bewusstsein und sittlicher Kraft entgegentrat.

Es wohnt einmal eine geheime Eitelkeit *subinane et non
ἀφιλόδοξον*) in uns, ja sogar seine Fehler zu kennen ist (auf
Grund dieser Eitelkeit) etwas Hübsches (ad Att. II, 17, 2), was
an den Ausspruch Lichtenbergs (I, S. 20) erinnert, in ihm über-
wiege so sehr der Professor den Menschen, dass er sich über
die feinsinnige Feststellung seiner Fehler mehr freue als mit
ihrem thatsächlichen Bestehen unzufrieden wäre. Cicero's eitle
Bitten an verschiedene Freunde um ihre Verwendung für einen
Senatsbeschluss, der ihm den Triumph und andere äussere
Ehrungen bewilligen sollte, sind schon oben (S. 106f.) erwähnt.
Aber so stellt auch Caelius (ad fam. VIII, 3, 3) an Cicero das
eitle Anliegen, dass dieser ihm eine seiner Schriften zueignen
möge — eine Freude, wenn es geschieht, aber als Bitte doch
nur zu denken für einen Menschen, der sich von der Eitelkeit einen Streich spielen lässt. Ebenso Trebonius ad fam. XII,
16, 4. Lentulus bittet (ad fam. XII, 14, 4), dass Cicero bei jeder
nur möglichen Gelegenheit, im Senat und sonst, für seine, des
Briefschreibers, Anerkennung wirksam sein möge. Mit be-
wusstem Humor hat Cicero wohl die Stelle ad Att. XIII, 12, 2
geschrieben: „Was ich auch in Zukunft schreiben mag, dir
werde ich die Reclame (*praeconium*) dafür anheimgeben", zumal die in Doppelsinne zu deutenden Worte vorausgehen:
„Weil du meine Rede für den Ligarius so trefflich angepriesen
und verkauft hast" (für beides steht nur „*vendidisti*", s. aber
Hor. ep. II, 1, 75: *Versus paullo concinnior . . Iniuste totum ducit
venditque poëma*). Aber wenn sich auf seiner Reise in seine
Provinz Cilicien zu Ephesus das Volk gedrängt und die langen
Strassen brausend fortgewälzt hat, um den berühmten Mann zu
sehen und zu bewillkommnen, so hat er sich über nichts jemals
so gefreut, ad Att. V, 20, 1. Bei dem Wunsche — fast möchte man,

wenn man aus einer Reihe von Briefen sieht, dass ihn diese
Sache Wochen und Monate lang ganz beherrscht, sagen: der
fixen Idee — seiner gestorbenen Tochter Tullia ein grossartiges
Denkmal zu errichten, legt er doch, „er weiss selber nicht, wie"
einen ganz besonderen Werth darauf, dass die Stätte, wo es
errichtet werden soll, an recht belebter Strasse liege, ad
Att. XII, 37, 2, vgl. 27, 1. Diesmal verhüllt er seine sonst dem
Freunde wohl einmal offen eingestandene (vgl. S. 107) Eitelkeit mit
seinem „ich weiss selber nicht, wie": wir fühlen ganz genau, was
es mit der Triebfeder dazu für eine Bewandtniss hat. Einmal
(ad Att. V, 20, 6) ist es gar eine Tugend, die doch eigentlich nur
negativ und ganz selbstverständlich ist, weil sie ohne sittliche
Fehlerhaftigkeit gar nicht verletzt werden kann, nämlich seine
eigene unbestechliche Rechtschaffenheit in der Provinzialver-
verwaltung, über die er in selbstgefälliger Freude „sich ganz
aufbläst" (περυσίαται); er behauptet freilich, dass ihn nicht sowohl
der Ruf davon, der ganz ausserordentlich sei, so sehr erfreue
wie die Sache selbst. Die heillose Praxis der meisten Männer
der damaligen römischen Nobilität von gleicher Stellung in
den Provinzen lässt dieses seltsame Hochgefühl begreiflicher
erscheinen. Dass ihm sein Dialog de oratore ausserordentlich
gefällt (ad Att. XIII, 19, 4) ist allerdings ein ganz berechtigtes
Selbstgefühl. Aber einmal hat er doch erleben müssen, dass
im Senate ein Lachen eintrat, als er offen und in edler Einfalt
(*ingenue*) bekannte, er habe erwartet und gewünscht, von
Metellus Celer (vor dem versammelten Staatsrath) belobt zu
werden, ad fam. V, 2, 2. Er wurde übrigens nichts weniger als
ausgelacht, sondern es war nur ein „mässiges" und offenbar
sympathisches Lachen, und auch die Erzählung des Falles in
dem Briefe an Metellus fühlt sich als in einen freien und leichten,
glücklichen Humor getaucht. Dass Cicero auf das Gerede der
Menschen starke Rücksicht nimmt, zeigt deutlich das Geständniss ad fam. IX, 2, 3; das ist aber Eitelkeit in dem philosophischen Sinne des Wortes, den ich hier immer zu grunde
lege und der in dem Geiste der unsterblichen Schopenhauerschen Abhandlung in den Paränesen und Maximen zur Lebensweisheit ganz allgemein die Ueberschätzung „dessen, was einer
vorstellt" ausdrückt. Dass er auch in den anderen besten
Männern der humanen Gesellschaft die Schwäche einer empfind-

lichen Eitelkeit voraussetzen konnte, zeigen die Stellen ad
Att. XIII, 19, 4, wo er die Besetzung der verschiedenen Rollen
in dem Dialog de finibus mit lauter verstorbenen Persönlichkeiten damit rechtfertigt, dass dies seiner Ueberzeugung
nach niemandes eitle Erwartungen (selber damit bedacht zu sein)
verletzen würde (ἀζηλότυπον *fore*), und ad Att. XIII, 25, 3, wo er
sagt, oft trete ihm die Miene des Varro entgegen, der sich
vielleicht darüber beklagen würde, dass seine, des Cicero, eigene
Rolle in einem Dialog mit grösserer Fülle (des Wissens und
der Argumente) vertreten sei als die ihm, dem Varro, zuge-
dachte. Die Eitelkeit der Poëten oder vielmehr solcher, die es
scheinen möchten, ihre Gedichte vorzulesen, die zu Horaz' Zeit
(ep. II, 2, 90—108) zu einer förmlichen Krankheit geworden war,
kennt auch Cicero schon ganz genau, wenn er ganz gelegentlich (ad Q. f. II, 10, 1) sagt: „Wahrhaftig kein von den Musen
Begeisterter (μουσοπάτακτος) liest lieber seine neuen Gedichte
als . .‟ Diese Spuren genügen, um der antiken humanen Gesellschaft die sehr allgemein menschliche, aber in dem vernünftigen Idealbilde des Menschlichen eigentlich nicht mit-
gedachte Wirksamkeit einer in die Färbung des Eitlen
spielenden Lobbegier in ihren Kreisen nachsagen zu können.
Ja vom Redner sogar weiss man, dass er ohne ein zuhörendes
Publikum nicht beredt sein könnte, de or. II, 338.

Auf der anderen Seite aber zeigt es sich auch, dass man
mit Vernunft gegen diese Schwäche vorzugehen und ihr ein
schädliches Uebergewicht streitig zu machen gewillt ist. Eine
Gesellschaft freilich hat gewiss noch nie existirt, in der der
Schopenhauersche Rath befolgt wäre, der Rücksicht auf das
was man vorstellt etwa „ein Funfzigstel‟ von dem Spielraum
zu gönnen, den sie in der civilisirten Gesellschaft (der antiken
und modernen wohl mit nicht allzu grossem Unterschied) einnimmt, und es möchten sich damit wohl auch wieder andere
sehr grosse Uebelstände einstellen, die die Unlustsumme, welche
jene übertriebene Rücksicht im Gefolge hat, vielleicht einigermassen aufwiegen würden. Aber mit Vernunft die Herrschaft
der Eitelkeit herabzumildern, darauf war man doch, wie gesagt, in der antiken humanen Gesellschaft mit Ernst bedacht.
„Zu vermeiden ist der Fehler, mit seinem Geist und Talent
prunken zu wollen‟, so heisst es de or. II, 333, zunächst mit dem

Gedanken an die Senatssitzungen, aber doch sicherlich auch überhaupt. Cicero, von Natur so sehr eitel, will wenigstens, durch Vernunft belehrt und durch Erfahrung gewitzigt und einem edlen Ruhen im eigenen Bewusstsein zugeführt, nicht eitel sein: ad Q. f. III, 5, 3: „Ich dürste weder nach Ehren noch verlange ich nach Ruhm"; ad Att. XIII, 20, 4: „Was den Ruf betrifft, so bin ich wirklich wenig in Sorge darüber, obgleich ich damals (früher einmal) thörichter Weise an dich schrieb: Nichts geht darüber. Denn man muss sich nicht darum kümmern. Und siehst du nicht, wie philosophisch das ist, so gesonnen sein, dass man sich sagt, in seinem ganzen Leben darf ein jeder von seinem rechten (zu der Rechenschaft vor sich selbst befähigten) Bewusstsein nicht einen Finger breit (*transversum unguem*) abweichen?; . . ich wollte, ich könnte ebenso gut die häuslichen Miseren (die sich viel realer geltend machen) ertragen als jene Dinge (ob ich in den Gerichten Meister bin) verachten. . . Doch genug von den Nichtigkeiten (*de nugis*)"; ad Att. V, 13, 1: „(Was meinen glänzenden Empfang in Samos, Ephesus und Rhodus betrifft), so glaube ich, dass du entweder sagst: Ich habe es schon gehört oder: Was geht es mich an"? — Denn er konnte doch einem humanen Manne nicht zumuthen, einen mit der naiven Eitelkeit des natürlichen Menschen darüber aufgesetzten ausführlichen Bericht lesen zu sollen. Man fühlte, dass Selbstlob den anderen unangenehm ist, wenn es ihnen auch nur zur Hälfte desshalb unangenehm ist, weil es in sich missfallen muss, und zur anderen Hälfte deshalb, weil das blinde natürliche Ich am liebsten alles Löbliche sich allein zugesprochen wissen möchte: ad Att. V, 21, 7: „Ich bin dir vielleicht lästig, weil ich dies von mir rühme. Ertrag es, wenn du mich lieb hast"; ad fam. V, 13, 5: „Du wirst mir verzeihen, wenn ich selbst etwas von mir rühme". Die Ehrungen aber, die dem Menschen durch andere zu theil werden, sind doch sehr verschiedenen Werthes, also mindestens ein Theil von ihnen mit Gleichgültigkeit zu behandeln: „Sind sie vulgär, so sind sie wohlfeil, werden sie den Umständen erwiesen, so sind sie leichtwiegend, gelten sie aber den Verdiensten, so ist grosser Werth darauf zu legen, dass sie zu ihrem Rechte kommen", ad Q. f. I, 1, 31. Wer ein Knecht eitler Ehrsucht ist, der verliert damit die Seelenruhe: „Niemand kann zu gleicher Zeit grossen Ruhm

und grosse Ruhe erlangen" lässt Tacitus (dial. 41) den Maternus
sagen, der doch mit Aper, Julius Secundus und Messala noch
von einem Abendroth der alten Humanität bestrahlt wird, das
freilich die verschiedenen Träger des Dialogs in ziemlich verschiedene Beleuchtungen stellt. Vor allem aber macht es doch
einen grossen Unterschied aus, wer das Lob spendet. Schlechte
Eitelkeit ist es, sich einem Lob aus verfänglichem Munde mit
kurzsichtiger Befriedigung hinzugeben, aber „mir gefällt jener
Hektor bei Naevius, der nicht nur sich darüber freut, gelobt zu
werden, sondern auch hinzufügt: von einem gelobten (selbst
des Lobes würdigen) Manne", ad fam. V, 12, 7, welcher Vers
ad fam. XV, 6, 1 wörtlich angeführt wird: *Laetus sum laudari
me abs te, pater, a laudato viro.* So legt Cicero ad Att.
X, 1, 1 das grösste Gewicht auf die Billigung seiner politischen
Handlungsweise (die anfängliche Neutralität bei den ersten
Zeichen des Bürgerkrieges 49 v. Chr.) durch den Sestius, weil
er auf diesen sehr viel halte und in seiner Billigung auch
gleichsam die Billigung des verstorbenen Vaters des Sestius
sich zu theil werden sehe, eines Mannes, der ihm stets sehr
hoch gestanden habe.

c) Der Hochmuth. Hochmüthig war die römische Nobilität ganz gewiss, gleichwie früher in den Führern des Patri-
cierthums, z. B. dem Coriolan und den Claudiern, nach dem
ausgezeichneten Charaktergemälde, das Livius von ihnen giebt,
geradezu das weltgeschichtliche Prototyp eines ahnenstolzen
und übermüthigen Junkerthums vor uns steht. Hochmüthig
war also in der Erbschaft dieser Eigenschaft von dem Geburtsadel auch der römische Aemteradel ganz gewiss oft in unleid-
licher Weise für die humane Gesinnung, deren Ideal einfach
den grossen Zügen entnommen war, in denen die Natur selber
bei ihrer Ausstattung des Menschenwesens verrathen zu haben
schien, was nach ihrer Absicht der Mensch werden sollte, und
der der Mensch keineswegs mit dem Quästor und Senator anfing. Andrerseits aber waren es, vereinzelte neue Menschen
ausgenommen, wieder Elemente derselben Nobilität, die auch
in der humanen Gesellschaft tonangebend waren, und setzte sich
diese im Verhältniss zur gesamten Bevölkerung natürlich in
engem Kreise abgeschlossene Gesellschaft ganz vorwiegend
aus der Nobilität zusammen. Ein guter Ton war da nur mög-

lich, wenn die Abstufungen in dem Alter der Zugehörigkeit der jedesmaligen *gens* zur Nobilität und in den Verdiensten der Vorfahren nicht accentuirt wurden, namentlich aber die *homines novi*, die durch eigenes Verdienst zuerst in die Nobilität aufgestiegen waren, diese ihre gesellschaftliche Besonderheit nicht als Zugehörige zweiter Classe zu fühlen bekamen. Von denjenigen Persönlichkeiten der besten Gesellschaft, die sich ihr mehr durch das in tiefster Seele aufgenommene Princip der Humanität als durch ihre anderseitig ja auch mitgebrachte Nobilität zugehörig fühlten, ging sicher auf die mehr durch den Besitz der letzteren Qualification ihr zugeführten Elemente die Einwirkung aus, dass sie ihre Nobilität zurücktreten liessen und die Gleichheit innerhalb der ganzen humanen Gesellschaft anerkannten. Denn der höhere Geist der ersteren musste offenbar über die Vorurtheile der andern das Uebergewicht gewinnen.

Es zeigt sich nun in den litterarischen Spuren, die von diesen Verhältnissen gelegentlich zum Ausdruck gekommen sind, dass erstens der Charakter, der Nobilität von Geburt zuzugehören, wohl eine berechtigte Schätzung fand, dass zweitens aber das höhere Moment des Geistes, des Talentes, des Fleisses, des lauteren Charakters, des Verdienstes seinen Anspruch auf völlige Gleichheit mit Offenheit und Energie zur Geltung zu bringen wusste.

Für die oberste Stufe der Nobilität, den consularischen und censorischen Mann, bestehen doch ganz besonders feine Rücksichten darauf, was einem solchen (in activem und passivem Sinne, in den eigenen und in fremden Augen) wahrhaft geziemt, de or. II, 364. 367. So erscheint es z. B. eine für uns kaum nachzufühlende Rücksicht auf die hohen Ehrenämter des Scaevola — die freilich auch noch auf sein Alter und seine Gesundheit genommen wird —, wenn Cicero es für ihn kaum geziemend (*decorum*) gehalten haben würde, ihn mehrere Tage lang in seinem Dialog de oratore auf dem Tusculanum des Crassus weilen zu lassen, und ihn deshalb nach dem Gespräche des ersten Tages aus der Gesellschaft, die sich rein theoretischen Erörterungen hingiebt, ausscheiden (de or. I, 265. II, 14) lässt, welches Moment in seiner Composition des Dialogs er selber (wenn auch nebenbei mit Hinweisung auf eine ähnliche Behandlung, die Plato in seinen Büchern vom Staate dem alten Kephalos habe zu theil werden

lassen) dem Atticus (ad Att. IV, 16, 3) in der angegebenen
Weise rechtfertigt. Ganz besonders geziemt sich das Studium
des bürgerlichen Rechtes (de or. I, 235) und die überwachende
Kenntniss der Rechte und Gesetze (de or. I, 253) nur den her-
vorragendsten Mitgliedern der Nobilität (*hominibus clarissimis*).
Dass Männer der Nobilität von der Lebensgeschichte ihrer
Vorfahren, zumal soweit sie dem öffentlichen Leben angehört,
genau Bescheid wissen und nicht ohne Unehren in solchen
Sachen Ignoranten sein dürfen, wird vorausgesetzt: ad Att. XII,
21, 1, VI, 1, 18. Wenigstens wird in dem zweiten Falle die
dort getadelte Ignoranz (dass Scipio der jüngere nie Censor gewesen ist) ausdrücklich als eine, weil sie einen Vorfahren (*proavus*)
betrifft, schimpfliche bezeichnet, und auch in dem ersten Falle
ist Brutus, dessen Mangel an genauem Wissen über die Vorgänge in der Senatssitzung, in der auch Cato gegen die Cati-
linarier redete, als unerlaubt getadelt wird, thatsächlich der
Neffe des Cato, obgleich die dem Atticus bekannte verwandt-
schaftliche Beziehung dort nicht ausdrücklich hervorgehoben
wird.*) Diese Nobilität durfte in der That etwas von sich und
ihren Vorfahren halten, waren doch ihre Mitglieder ohne jede
Concurrenz in allen politischen Angelegenheiten der abendländischen Völker die ersten Instanzen der Erde, und darf doch
Cicero (ad fam. III, 8, 4) von dem römischen Senat, jener alten
Versammlung von Königen (Plut. Pyrrh. 19), die stolze Be-
nennung eines „officiellen Rathes des Erdkreises" gebrauchen. —
Auf der anderen Seite aber wusste doch die humane Gesinnung, selbst wenn sie jemandem innewohnte, der ohne Ahnen
als Neuling durch sein eigenes Verdienst in diese hochvornehme
Gesellschaft eingetreten war, in sich das Recht und die Kraft
zu finden, ihr Haupt in stolzem Gleichheitsgefühl hoch zu tragen

---

*) Uebrigens ist der Unterschied, dass also für den römischen Optimaten per-
sonales Interesse vorausgesetzt wird, und dass Plato (Theaet. 173 D) völlige Gleichgültigkeit gegen ähnliche Interessen bei dem wirklich philosophischen Menschen
voraussetzt, der „nicht einmal weiss, dass er dergleichen nicht weiss" und ohne jede
Curiosität nur für das Allgemeine (den Menschen als Menschen) sich interessirt,
sehr charakteristisch für die Weite des Abstandes zwischen specifischem Platonismus und dem spätern humanen Bewusstsein, wesshalb auch im allgemeinen die
Platonischen Schriften nicht als eine Quelle für die Erkenntniss des letzteren angesehen werden dürfen.

neben jedwedem blaublütigsten Aristokraten. Cicero hat diesem guten Rechte der Humanität gegen die Nobilität in einem allerdings zu ungewöhnlich glücklicher Stunde geschriebenen Briefe an den stolzen Appius Claudius Pulcher (ad fam. III, 7, 5 f.), einen der Vornehmsten unter den Vornehmen, einen wahrhaft classischen Ausdruck geliehen. „Glaubst du denn", so schreibt er, „dass irgend welche Appietät oder Lentulität mehr bei mir vermöchte als dasjenige, was der innere Werth der Persönlichkeit (*ornamenta virtutis*) verleiht? Als ich dasjenige noch nicht erreicht hatte, was in den Augen der Menschen (*hominum opinionibus*) das Höchste ist, habe ich dennoch jene eure Namen niemals bewundert: nur die Männer, die sie euch hinterlassen hätten, hielt ich für gross. Nachdem ich aber die höchsten Stellen im Staate (*maxima imperia*) mit dem Erfolge erobert und geführt habe, dass ich glauben durfte, nichts mehr weder an Ehre noch an Ruhm hinzuerwerben zu brauchen, habe ich gehofft — niemals freilich, euch überlegen, aber doch euch gleich geworden zu sein. Auch habe ich in der That gefunden, dass nicht anders denkt — soll ich sagen Pompejus, den ich allen, die jemals gelebt, oder P. Lentulus, den ich mir selber vorziehe. Wenn du anders denkst, so wirst du nicht vor die falsche Schmiede gehen, wenn du einmal, um zu begreifen, was Hochgeborenheit (εὐγίνεια) und was Hervorragung (ἰξοχή)*) ist, etwas sorgfältiger beachtest, was Athenodorus, des Sandon Sohn, über diese Dinge sagt. . . Wenn du aber darauf ausgehst, den Anschein zu erwecken, dass du in meiner Abwesenheit (in der Provinz Cilicien, von wo dieser Brief geschrieben ist) weniger auf Rechnung meiner Person verpflichtet seiest, als ich im Interesse deiner Person mich bemüht habe, so befreie ich dich von der Sorge:

πὰρ' ἐμοίγε καὶ ἄλλοι
Οἵ κέ με τιμήσουσι, μάλιστα δὲ μητίετα Ζεύς".

---

*) Diese alte Lesart *quid sit ἰξοχή* ist so viel besser als die neuere *quid sit nobilitas*, dass sie sogar durch eine aus dem Zusammenhang nothwendige Conjectur hergestellt werden müsste. Denn εὐγίνεια und *nobilitas* würde ja nur den Gegensatz zwischen Geburtsadel und Amtsadel ausdrücken, der gar nicht zur Rede steht; vielmehr kann der *homo novus* der εὐγίνεια, die doch auch dem seit Jahrhunderten begründeten Amtsadel zukommt, nur entgegensetzen ein Hervorragen, das thatsächlich, ohne durch den Vorsprung der Geburt erreicht zu sein, also durch eigenes Verdienst, besteht.

Dieser edle Stolz des *homo novus* gegen den Aristokraten,
der übrigens nicht nur die Thaten als den Grund der Berechtigung zur Gleichheit betont, sondern auch die Gedanken eines
spätgriechischen Humanisten, war aber nicht ein spontaner
Ausbruch wiederum eitlen Selbstgefühls, sondern eine gerechte
Gegenwehr gegen den Dünkel eines Nobile, der ihm seine
vermeintliche Ueberlegenheit mit Unrecht hatte fühlen lassen
wollen.

4. In welchem Lichte erscheint die Freundschaft in der antiken humanen Gesellschaft?

a) Ihre männlich starke Innigkeit. Von der im ganzen
classischen Alterthum höcht lebhaft cultivirten Freundschaft
sprechen die Neueren bisweilen insofern nicht mit unbedingter
Hochschätzung, weil sie dafür halten, dass ein Theil der den
öffentlichen Angelegenheiten gebührenden Wärme der Empfindung von diesem privaten Verhältniss verschlungen sei. Das
mag für gewisse Epochen des politischen Verfalls zutreffen,
aber von den heroischen Zeiten an hat doch die Freundschaft
auch neben tadelloser Hingebung an das Ganze des Staates
und Volkes einen höchsten Ehrenplatz in der Seele der griechischen und römischen Menschen eingenommen. Richtiger
scheint mir die Bemerkung E. v. Hartmanns (Phänomenol. d.
sittl. Bewusstseins S. 285), dass die Freundschaft unter Männern
im antiken Sinne jetzt nur noch bei Familienlosen realisirbar
sei, weil wir die Pflichten gegen die Familie zu ernst nehmen,
um in der Freundschaft zu einem solchen Grade der In-
teressengemeinschaft gelangen zu können, wie sie in der antiken Freundschaft nach Theorie und Praxis hervortritt. Ganz
besonders erscheint auch in der humanen Gesellschaft Roms
die Freundschaft auf's äusserste, und allerdings auf Kosten des
ehelichen Verhältnisses, cultivirt. Die Aufgabe, die Theorie der
Freundschaft bei Aristoteles (eth. Nic. l. VIII. IX), dem sinnigsten
und inhaltsreichsten Ergründer dieses sittlichen Verhältnisses
unter den Griechen, von denen es aber keine einzige philosophische Schule ausser etwa den Cynikern vernachlässigt hat,
mit der in Cicero de amicitia zu vergleichen, habe ich mir hier
nicht gestellt, sondern wiederum nur die, aus ganz gelegent-

lichen und daher um so unverfänglicheren Aeusserungen die Besonderheit der Freundschaft in der römischen humanen Gesellschaft zu charakterisiren.

α) **In der Freundschaft wird der andere geradezu wie ein zweites Ich behandelt.** Ad fam. XV, 21, 3 (an Trebonius): „Ich kann nicht glauben, dass irgend jemand mehr von sich selbst als ich von dir geliebt werde". Ad Att. I, 17, 6: „Gesehen habe ich, gesehen und bis auf den Grund erkannt in meinen mannigfachen Lagen deine Bekümmernisse und Freudenempfindungen". Ad Att. VIII, 6, 4: „Ich will sterben, wenn ich mich mehr freuen könnte, wenn mir das passirt wäre" (dass den Freund das Wechselfieber verlassen hat). Ad fam. I, 8, 6 (an Lentulus): „Ich möchte dich davon überzeugt wünschen, dass es nichts kleinstes giebt, das dich angeht, das mir nicht theurer wäre als alle meine eigenen Angelegenheiten". Ad. Att. XII, 37, 3: „Ich weiss, wenn etwas in meinem Interesse liegt, dass es dir mehr am Herzen zu liegen pflegt als mir". Ad Att. V, 18, 3: „Ich sehe dich, und, wie wenn du persönlich zugegen wärest, so tritt mir das Mitgefühl deiner Liebe vor Augen". Eine Abfolge dieser Empfindungsweise, die sich in die Aeusserlichkeiten des Lebens erstreckt, kann es immerhin erscheinen, wenn Cicero dem Atticus (IV, 14) schreibt, dass er nach seinem Hause die Anordnung ergehen lassen möge, dass dessen Bibliothek ihm zur Benutzung überlassen werde wie dem Eigenthümer selbst. Anders ist der Fall ad fam. VII, 3, 1, wo Cicero einen ihm nur geschäftlich nahe stehenden Menschen bittet, dass er sich einmal ganz in seine Stelle versetzen möge (*fac qui ego sum esse te*), nämlich, um in einem Kaufauftrage für Cicero besser dessen Interessen wahrgenommen zu haben und jetzt dessen freimüthige Kritik der Art, wie er seines Auftrages gewaltet habe, zu verstehen.

β) **Zwischen dem Freund und anderen Bekannten wird ein entschiedener Unterschied gemacht.** Ad Att. XII, 21, 5: „Es ist schon lange her, dass ich dich allein höher schätze als jene alle". Ad Att. I, 18, 1 werden von der Herzensfreundschaft mit dem Bruder Quintus und Atticus selbst die „ehrgeizigen und geschminkten Freundschaften" unterschieden, die auf dem Forum Glanz, aber keinen Genuss zu Hause gewähren. Vgl. Q. Cic. de pet. cons. 16: „Der Name der Freundschaft hat bei der Amtsbewerbung eine weitergehende Bedeutung als im übrigen Leben".

γ) **Ohne Freundschaft ist das Leben nicht lebenswerth.** Ad. fam. IV, 11, 2 (Marcellus an Cicero): „Ohne das Wohlwollen solcher Männer und Freunde kann niemand weder im Glück noch im Unglück leben". Aus der Humanität und dem sittlichen Charakter eines anderen können dem Menschen viel Freuden erwachsen, ad Att. I, 5, 1. Ad fam. VIII, 3, 1 (Caelius an Cicero): „Seitdem du abgereist bist, ist es mir, als ob ganz Rom zu einer Einöde geworden wäre". Ad fam. VII, 10, 4 (an Trebatius): „Ein einziges, sei es ernstes oder scherzendes Zusammensein zwischen dir und mir wird uns mehr werth sein als . ." (alles, was sich etwa im gallischen Kriege ereignen kann), vgl. an denselben VII, 11, 2. Ad Att. I, 17, 6: „Nicht für die Arbeit, nicht für die Ruhe, nicht für mein privates, nicht für mein öffentliches Leben vermag ich länger deines erquickenden Rathes und Zuspruches zu entbehren". Ad Att. XIII, 3, 1: „Die Inseln der Seligen sind mir nicht so viel werth, dass ich so viel Tage ohne dich sein möchte".

δ) **Der Freund erwartet, dass der Freund auch an dem Hass des Freundes theilnehme.** Ad Att. IX, 14, 5: Nach meinem Gefühl muss dir das Unrecht, das mir von irgend jemand geschieht, zu Herzen gehen". Lässt sich aber auch über das fremde Gefühl nicht gebieten, so lassen sich doch Handlungen erbitten, die wie von solchem Gefühl eingegeben erscheinen: ad Att. XI, 10, 2: „Wenn du die, die mir so herzlos feindselig sind, nicht hassen kannst, so klage sie doch an" — doch der Briefschreiber lässt offenbar den Bedingungssatz nur aus Bescheidenheit vorangehen. Ad. fam. XI, 27, 7: „Ich weiss, dass ich immer von dir gegen meine Feinde vertheidigt werde." Doch giebt Cicero dem Antonius auf dessen Forderung, dass die Feindschaft sich nicht vererben dürfe, zu, dass die Freunde der Feinde kein Gegenstand des Hasses sein sollten, ad Att. XIV, 13b, 3.

ε) **Der Freund wendet seine Neigung auch denen zu, die den Freund lieben.** Ad fam. II, 13, 2 (an Caelius): „Ich habe, das kann ich dir versichern, den Appius noch höher geschätzt, weil ich bemerkte, dass du von ihm geliebt werdest."

ζ) Freunde müssen ihre Schwächen gegenseitig tragen. Ad Att. I, 17, 4: „Du wirst den Grundsatz bei dir feststellen, dass wir untereinander unsere — sei es unbequemen Seiten (*incommoda*), sei es Fehler, sei es Verfehlungen in der Bethätigung unserer Gesinnung (*iniurias*) toleriren müssen". Andrerseits ist doch natürlich die humane Gesellschaft von edler Freimüthigkeit, die auch der hohe Platon (Gorg. 487 A) für ein nothwendiges Requisit fruchtbringenden Verkehrs der Hochstrebenden unter einander erklärt hatte, nicht so verlassen, dass man in ihr dem Freunde nicht einmal aussprechen sollte, er müsse etwas besser machen (so z. B. ad fam. III, 6, 6) oder die Möglichkeit nicht anerkennen sollte, den irrenden Freund einmal auszuzanken (so z. B. ad Att. I, 5, 2).

η) Es ist dem Freunde schon schmerzlich, die Wünsche des Freundes ihm nicht an den Augen abgesehen zu haben. Ad fam. I, 9, 24: „Bitten lassen kann ich mich von dir (Lentulus) kaum ohne grossen Schmerz" (darüber, dass du mir nicht die Initiative in dem Erbetenen zutraust). Ad Att. V, 18, 3: „Aber schimpflich ist es, noch weitläufiger mit dir zu verhandeln" (als ob es der Anregung des Rechten bei dem Freunde bedürfte).

ϑ) Auch Missverständnissen des Freundes gegenüber will man in der Freundschaft fest bleiben. Ad fam. III, 7, 6: „Wenn du aber nach deinem Charakter empfindlich bist, wirst du es nicht dahin bringen, dass ich dir weniger mit der That geneigt sein sollte, nur das wirst du erreichen, dass ich mir weniger zu Herzen nehme, wie (*quam in partem*) du das aufnimmst".

ι) Man ist in der Freundschaft nicht peinlich in der Abwägung der gegenseitig einander geleisteten Dienste. Ad fam. V, 7, 2 (an Pompejus): „Ueber nichts freue ich mich immer so sehr wie über das Bewusstsein von meiner Seite geleisteter Dienste, und wenn in diesen einmal nicht Zug auf Zug folgt (*quibus si quando non mutue respondetur*), so lasse ich es mir sehr gern gefallen, dass auf meiner Seite ein Ueberschuss von Dienstleistungen verbleibt". Ad fam. VII, 31, 1: „An Dienstleistungen will ich gleichmüthig, wie es kommt, dich übertreffen oder von dir übertroffen werden". Dagegen heisst es ad fam. XII, 30, 3: „Ich bin nicht so inhuman, dass ich von dir übertroffen werden könnte an Dienstleistungen oder Liebe", so dass also die Humanität an gebender Liebe immer voranstehen will.

χ) Der blosse Gedanke an den Freund verbindet sich mit der Vorstellung an alles, was gut und edel ist. Ad Att. VI, 2, 8: „Dein Antlitz wahrhaftig pflegt mir vor Augen zu stehen, wenn ich an irgend etwas, was Pflicht und löblich ist, denke". Ad fam. X, 4, 3: „Ich will es nicht dahin kommen lassen, dass du irgend eine That von mir mit Recht solltest tadeln können".

Doch eine weitere Classification ist nicht nöthig: aus Cicero's Briefen und dem Dialog de oratore trägt man ganz gewiss den Eindruck davon, dass in den von dem Humanitätsgedanken beherrschten Kreisen höchst anmuthende und edle Freundschaften gepflegt wurden, in denen männliche Kraft verbunden mit zarter Innigkeit der Empfindung einen erquicklichen und auch *mutatis mutandis* noch für unsere Zeit vorbildlichen Eindruck machen und immer wieder einmal in einzelnen zu Herzen sprechenden Zügen hervortreten, wie z. B. wenn es ad Att. XIII, 47, 2 heisst: „Ich habe lieber vergeblich kommen wollen als vermisst werden wenn es noth that". *Amare (fraterne amare* ad Att. I, 5, 7) kehrt oft als Ausdruck für die Freundschaftsempfindung wieder. Und wenn einmal ein neuerer philosophischer Schriftsteller, Duboc, das Kriterium der echten Liebe in die Bereitwilligkeit setzt, für die geliebte Person in den Tod zu gehen, so findet sich auch dieses Merkmal der höchsten Liebe einmal in der Aussprache der Freundesliebe: wenn Cicero ad Att. VII, 23, 2 (vgl. ad Att. VIII, 2, 4) sagt, dass er für Pompejus nicht nur mit pietätvoller Liebe, sondern auch gern den Tod erleiden könne; — doch mag sich da auch politische Begeisterung für die Republik einmischen, bei deren Gefährdung durch den Bürgerkrieg Cicero diesen Ausspruch thut. Man kann ja sagen: das Papier ist geduldig, aber selbst wenn man von den Worten noch einen Theil auf die grössere Leichtigkeit, die sie vor der That voraus haben, in Abzug bringen will, so bleibt doch genug übrig, um das Freundschaftsbild der antiken humanen Gesellschaft im hellsten Lichte erstrahlen zu lassen.

b) Die Grundlagen der Freundschaft. Als die Grundlagen oder Bindemittel (*vincula*) der Freundschaft scheint mir

neben dem, was die Hauptsache ist, dem individuellen Wohlgefallen, dem Zug von Person zu Person, noch mehr die Gemeinschaft des humanen Gedankens, der geistigen Interessen,
als der politischen Gesinnung hervorzutreten. Die vollständigste
Aufzählung jener Grundlagen findet sich ad fam. III, 10, 9: „Wie
bedeutungsvoll sind doch die Bande, durch die ich wenigstens
— Cicero sucht hier die Freundschaft mit Appius Claudius einmal über Missverständnisse hinaus neu zu befestigen — mich
von ganzem Herzen fesseln lasse: die Aehnlichkeit der Bestrebungen und Studien (denn *studia* enthält beides), das
Angenehme (*suavitas*) des Verkehrs, der Genuss des Lebens
(mit dir) und des häuslichen Zusammenlebens (*victus*, wobei
namentlich an gemeinschaftliche Mahlzeiten gedacht wird), die
Gesellschaft unserer Unterhaltung, litterarische Beschäftigung, die
Caviar für das Volk ist" (*interiores litterae*)! Es folgt darauf
freilich: „Das sind persönliche Bande (*domestica*). Was soll ich
weiter von denen des öffentlichen Lebens sagen" (*quid illa
tandem popularia*)? Aber diese werden nicht so voll und mit
so warmer Empfindung näher specialisirt. Aehnlich heisst es
an Lucceius ad fam. V, 15, 2: „Die lange Dauer, der herzliche
Zug zu einander (*amor*), der Verkehr (*consuetudo*, der also schon
durch die Macht der Gewohnheit dem Herzen lieb wird), gleiche
Studien: welches Bindemittel fehlt, ich bitte dich, unserer Verbindung?" Ad fam. XIII, 29, 1 werden dem Plancus gegenüber
neben dem Ursprunge der Freundschaft in der nahen Verbindung des Cicero schon mit dem Vater des Angeredeten und
der ihm von letzterem, seitdem dieser eine selbstständige Wahl-
neigung bekundet (*ut primum per aetatem iudicium facere
potueris*), entgegengebrachten Achtung und Liebe ganz besonders die Studien als das Bindemittel der Freundschaft betont:
„Das nicht bedeutungslose Band nicht nur der Studien überhaupt, das schon an sich selbst etwas besagen will, sondern
vornehmlich das Band derjenigen Studien und wissenschaftlichen
Gegenstände (*artium*), die durch sich selbst die, welche dieselbe
Neigung beseelt, auch in persönlicher Vertrautheit an einander
fesseln". Das sind offenbar solche Objecte, die hohen inneren
Werth haben („die göttlichen und menschlichen Dinge"), mehr
als die äussere Natur oder gar reine Formen (Raum, Zeit,
Zahl), wie denn in der That bis auf den heutigen Tag die

„Humaniora" meist in höherem Grade als andere wissenchaft-
liche Bestrebungen persönliche Freundschaft unter ihren Pflegern
zu knüpfen pflegen. In demselben Briefe (§. 5) trägt Cicero
dem Freunde eine Bitte vor „in Gemässheit der Verbindung,
die zwischen uns durch deinen Vater besteht, in Gemässheit
unserer Liebe, unserer Studien und des höchst ähnlichen Laufes
unseres ganzen Lebens". Das Band der Collegialität erscheint ad fam. III. 4, 2 als ein keineswegs äusserliches: „Die
Verbindung im Collegium scheint mir wenigstens kein bedeu-
dungsloses Band abgegeben zu haben, um (auch) unsere Gesinnungen aneinanderzuschliessen". Es ist die Rede vom
Augurencollegium, in welchem der Ernst der 'gemeinsamen
Gesinnung durch die Ungläubigkeit sicherlich des grösseren
Theils des Collegiums an die religiöse Seite des Amtes sehr
erschüttert sein würde, wenn nicht die Handhabung der Auspicien
als ein Bollwerk der Optimatenherrschaft (pro Sest. 33) und
desshalb als ein Moment von der grössten politischen Bedeutung gegolten hätte. Andrerseits stand dieses Collegium durch
die lebenslängliche Dauer des Amtes für seine Mitglieder und
durch die Neuwahl zum Ersatz für ein verstorbenes mittels der
Cooptation aus seinem eigenen Schosse heraus doch wieder in
viel engerer Gemeinschaft, als die Collegen in den wichtigeren
politischen Aemtern von nur einjähriger oder wenig längerer
Dauer. Ad fam. III. 10, 9 heisst es daher auch von jener Collegialität, dass es bei den Vorfahren für irreligiös (*nefas*) gegolten
habe, dass in diesem Collegium die Freundschaft verletzt würde,
und dass kein Mitglied dieses hochansehnlichen Priesterthums
hätte cooptirt werden dürfen, das irgend jemandem in dem
Collegium verfeindet gewesen wäre. Dass aber auch in den
meist alljährlicher Wahl unterworfenen politischen Aemtern
ein entschiedenes Pietätsverhältniss zwischen den Collegen bestand, ersieht man z. B. aus der höchst rücksichtsvollen Weise,
wie Cicero pro Sest. 12 von seinem Collegen im Consulat, Antonius, spricht, trotzdem dieser sein entschiedener politischer
Gegner gewesen war, und die Pietät namentlich des untergebenen Magistratus gegen den höheren Vorgesetzten ersieht
man z. B. aus der Art, mit der Cicero in den Verrinen gelegentlich
von dem Sex. Peducaeus spricht, der ihm während seines nie-
drigeren Amtes der Quaestur der vorgesetze Praetor gewesen war.

Sobald das Bindemittel der menschlichen Beziehungen der materielle Genuss ist, kann natürlich von Freundschaft nicht mehr die Rede sein. Dennoch aber giebt es achtungswerthe Naturen, die aber zugleich aus ihrer Eigenschaft, keine Kostverächter zu sein, kein Hehl machen und mit Humor bekennen, dass sie auch die gute Bewirthung bei einem Freunde zu schätzen wissen; ja völlige Gleichgültigkeit in dieser Hinsicht zu affectiren, ist eigentlich doch nicht wirklich menschlich-wahr, ist spirituell, und nicht human. So war denn auch in der Charakteristik der Denkweise der antiken humanen Gesellschaft über die Bindemittel der Freundschaft der *victus* ganz aufrichtig oben in dem Hauptcitat neben den innerlicheren Momenten erschienen. Ein Mann, der in jener humoristischen Weise diesen Punkt besonders betonte, scheint T. Pinarius gewesen zu sein, der nach ad Q. f. III, 1, 22 an M. Cicero „in liebenswürdiger Weise" schrieb, dass er an den Briefen, Unterhaltungen, endlich — Diners seines Bruders Quintus Wohlgefallen finde. Und ad fam. IX, 19, 2 tritt das launige Bekenntniss zu der realistischen Lebenswahrheit hervor, dass man die Menschen entweder durch seine Unterhaltung oder durch die materielle Verpflegung (*obsonium*) zu der Versicherung bringe, dass sie nirgends lieber gewesen seien als bei dem, der durch das eine oder das andere ihren Beifall gefunden habe. Unter den Grundlagen der Freundschaft kann das freilich nur erwähnt werden, sofern nach Aristoteles „Gegensätze dieselbe Wissenschaft haben".

Uebrigens „kommt es bei allen neuen Verbindungen darauf an, wie der erste Zutritt ausfällt und durch welche Empfehlungen gleichsam die Thüren der Freundschaft geöffnet werden", ad fam. XIII, 10, 4.

c) Die Bethätigungen der Freundschaft. α) In Rath und That. Die Selbstverständlichkeit, dass die Freundschaft sich, wie bei uns, zunächst in Rath und That documentirte, muss nur der Vollständigkeit halber ausdrücklich mit gebucht werden. Bemerkenswerth ist aber, dass die Freundschaft so viel Opferwilligkeit für den Freund voraussetzt, dass diesem zugemuthet werden darf, bloss um des Freundes willen herbeizueilen, um diesem persönlich mit Rath und That beizustehen. So insbesondere (vgl. auch ad Att. I, 18, 1) in den letzten Briefen des zweiten Buches der Briefe an Atticus, die in die

Zeit fallen, als Clodius das schwere Gewitter über die Person Cicero's heraufführte. Ad Att. II, 22, 4: „Jetzt habe ich deine Rathschläge nöthig und deine Liebe und deine Treue. Desshalb fliege herbei. Alles wird mir im reinen (*expedita*) sein, wenn ich dich habe", vgl. ad Att. II, 25, 2. Und in rhetorischer Variirung und Steigerung dieser Aufforderung, wie sie in dieser Weise unter den alten Schriftstellern vielleicht nur aus der Feder des Cicero herausgeflossen sein könnte, ad Att. II, 23, 3: „Wenn du mich so liebst, wie du mich in der That liebst, so erwache, wenn du schläfst, setze dich in Schritt, wenn du stehst, laufe, wenn du dich in Schritt gesetzt hast, fliege herbei, wenn du läufst", eine Stelle, bei deren Form, so seltsam uns das auch für den vertraulichen Ton eines Briefes und den schlichten Ernst einer drangvollen Lage scheint, Dem. de corona 179 vorgeschwebt zu haben und die wiederum pro Mil. 61 von Cicero selbst nachgeahmt zu sein scheint.

β) In allerlei Commissionen für den Freund. Von solchen legt der Ciceronische Briefwechsel viele Proben ab, und manchmal waren gewiss die Aufträge nicht leicht zu erledigen, wie z. B. wenn Cicero ad fam. XIII, 77, 3 den Sulpicius bittet, dass er ihm seinen mit gestohlenen Büchern flüchtigen Sklaven Dionysius wiederschaffen möchte: Sulpicius war damals (46 v. Chr.) Statthalter in Achaja, und der flüchtige Sklave war von mehreren Bekannten seines Herrn in dieser Provinz gesehen worden; aber seitdem war natürlich einige Zeit vergangen, Dionysius konnte sich inzwischen längst auf und davon gemacht haben, und Telegraphen und Photographieen als Mittel, Verbrechern die Flucht zu erschweren, standen eben nicht zu gebote; die Bitte an den Sulpicius war also keine geringfügige, und doch wird sie offenbar in dem Tone gestellt, als ob der Statthalter bereitwillig seinen Verwaltungsapparat für ihre Erfüllung in Bewegung setzen würde. Man erwartet, dass der Gebetene solchen Aufträgen alle Gründlichkeit und Gewissenhaftigkeit der Ausführung entgegenbringen wird: ad Q. f. II, 12 (14), 3: „Du wirst dir ja sicher angelegen sein lassen, meine Aufträge zu ordnen (*digerere*), zu verfolgen, zu Ende zu bringen". Man überlässt auch das Nähere dem discretionären und zuverlässigen freien Ermessen des Freundes: ad Att. V, 8, 3: „Du wirst eine Entscheidung treffen, wie sie meiner Redlichkeit, meiner Ehre,

meinem Interesse gemäss erscheint". Der Fall war derartig
delicat (es handelte sich um ein mittelbares Eingreifen Cicero's
in den Verkauf der Besitzthümer seines Freundes Milo), dass
es in der That eine grosse Freundesleistung für Atticus war,
dem Freunde die moralische Verantwortlichkeit für seine Haltung in dieser Sache durch unparteiisch stellvertreterische Aufnahme derselben abzunehmen. Mahnung eines säumigen Unter-
nehmers (*redemtor*) im Interesse des Freundes z. B. ad Q. f. II, 5, 3.
γ) In Mittheilung aller Art, selbstverständlich. Der
eigentliche Ausdruck dafür ist *conferre*. Ad Att. II, 17, 1 wird
betont, dass diese Mittheilung unter einander im Gegensatz zum
Beweinen und Beklagen (übler Dinge) und mit voller Seelenruhe stattfinden soll, es wird also die befreiende und beruhigende
Macht des Gedankenaustausches (in jenem Fall über die be-
ängstigende Verschwägerung zwischen Pompejus und Caesar,
59 v. Chr.) empfunden; gleichwie ad Att. I, 18, 2 beklagt wird,
dass die Stacheln und Steinchen (*scrupuli*) der Aufregungen
gerade zu der Zeit nicht durch die Unterhaltung mit einer
liebenden Person (dgl. keine gegenwärtig ist) zur Ruhe kommen
wollen. Der Gegenstand des Austausches sind natürlich auch
litterarische Interessen, wie z. B. ad fam. I, 9, 23 dem Lentulus
versprochen wird, dass in Zukunft alle Früchte des litterarischen
Fleisses auf's freudigste seiner Begutachtung mitgetheilt werden
würden. συμφιλοσοφῆται ad Att. IV, 16, 10 als das Beste, was man
gemeinschaftlich treiben kann, im Gegensatz zu dem frucht-
losen Klagen über die politischen Verhältnisse. Briefliche Erkundigungen über Stadtklatsch oder *des affaires scandaleuses*
hält Caelius, der den Cicero während seines Aufenthaltes in der
Provinz auf dem Laufenden erhalten sollte (ad fam. VIII, 1).
ad fam. VIII, 7, 2 sogar eines Imperators nicht unwürdig, doch
ist der Inhalt der Ciceronischen Briefe zum Glück im wesentlichen doch anderer Art.

δ) In versöhnender Vermittlung zwischen dem
Freund und dritten Personen. Diese wird geradezu als
eine Freundespflicht in Anspruch genommen ad Att. I, 5, 5,
obgleich sich der um ihre Erfüllung angegangene Theil (Cicero)
in dem besonderen Falle die Schwierigkeit nicht verhehlt, gegen
eine schwer zu ergründende Verstimmung aufzukommen. Ad
Att. I, 10, 2 macht sich Cicero geradezu anheischig, den gemein-

schaftlichen Freund (Lucceius) zu besänftigen oder gar völlig zu versöhnen.*) Die Art und Weise, wie der Freund die Bitte des Freundes, eine Versöhnung mit einem dritten herzustellen, behandeln wird, hängt ganz davon ab, welchen Werth der Bittende darauf legt; erst dann kann der Gebetene etwa wissen, in welcher Art er seine Bemühung zu gestalten hat, ad Att. I, 8, 1, vgl. ad Att I, 11, 1, wo betont wird, dass die Bedingung der Versöhnung des Lucceius mit dem Atticus darin liegt, dass der letztere die Sache tanti erachtet. Eine sehr hübsche Art, wie Cicero einmal die Damen des Atticus, seine Gemahlin Pilia und seine Tochter Attica, die ihm nun schon in zwei Briefen nicht einmal einen Gruss aufgetragen haben, wieder (für den Fall, dass etwas dahinter steckte) zu seinen Gunsten stimmen will, liegt in der Wendung, mit der er feurige Kohlen auf ihr Haupt sammelt, ad Att. XIII, 22, 5: „Aber du sag beiden den herzlichsten Gruss und verrathe dabei doch nicht, dass ich böse bin"; hier lenkt der bittende Freund seinerseits sogleich die ganze Art, wie eine etwa nöthige Versöhnung wieder herzustellen ist.**) Auch auf die Versöhnung einer dritten Person mit einer dritten Person (des M. Fadius mit seinem Bruder Q. Fadius) durch den gemeinschaftlichen Freund Paetus legt Cicero (ad fam. IX, 25, 3) ein ausserordentliches Gewicht: „Lass es nicht dahin kommen, dass Brüder vor Gericht zanken. Ich kann dir wirklich gar nicht sagen, welchen Gefallen du mir thust, wenn du dem Fadius Ruhe schaffst".

ε) In pecuniärer Aushülfe. E. v. Hartmann sagt in weiterer Verfolgung des oben (S. 126) von ihm über das Ver-

---

*) Im folgenden Briefe (§ 1) freilich erklärt er doch, dass alles sein darauf bezügliches Bemühen gänzlich vergeblich gewesen sei, fügt aber in liebenswürdiger Weise die Erwartung hinzu, dass Atticus selber persönlich nicht nur durch seine Worte, sondern auch durch jenes sein biederes, Vertrauen erweckendes Antlitz (vultu illo familiari) die Verstimmung heben werde.

**) Ebenso ansprechend und wahrhaft human — an das alte homerische (Il. IV, 363) τὰ δὲ πάντα θεοὶ μεταμώνια θεῖεν und die schöne Scene der Versöhnung des Antilochos mit Menelaos (Il. XXIII, 587—595) erinnernd — ist die Wendung, in der Cicero ad fam. V, 8, 3 ohne Vermittlung eines anderen den Triumvir Crassus über etwaige Missverständnisse hinweg mit sich auszusöhnen sucht: „Wenn etwas vorgefallen ist, was nicht sowohl in Wirklichkeit als in soupçon verletzend hätte wirken können, so möge das, da es falsch und nichtig gewesen ist, ganz und gar aus unserem Gedächtniss und Leben herausgerissen sein!"

hältniss der Freundschaft in der antiken zu der in der modernen
Gesellschaft citirten Gedankens, dass das Ideal der Freundschaft
zweifellos eine unbedingte Gütergemeinschaft erfordere und
scheint damit in wahrhaft frappirender Weise Ernst zu machen
mit dem alten sprichwörtlichen κοινὰ τὰ τῶν φίλων (Plat. Phaedr.,
Schluss). Er zieht dann aber daraus (a. a. O. S. 286) die höchst
vernünftige Folgerung, dass in der modernen Welt „die ideale
Freundschaft günstigere Chancen der Realisirung zwischen Personen verschiedenen als zwischen solchen gleichen Geschlechtes
besitze", da ja in der Ehe in der Regel die Gütergemeinschaft
von selber gegeben sei. Nun scheint in der That in der Freundschaft der antiken humanen Gesellschaft das Verhältniss der
beiden Freunde zu dem beiderseitigen Vermögen sich dem
„Ideal" der Gütergemeinschaft viel mehr genähert zu haben als
das bei uns — begreiflicher Weise, namentlich weil „die Freundschaft keinen solchen Concurrenten in der Geschlechtsliebe besass" (E. v. Hartmann a. a. O. S. 284) — der Fall ist. Es ist freilich
auch bei uns ein bekanntlich keineswegs unerhörter Fall, dass
jemand von Freunden oder Verwandten mit grossen Opfern
pecuniär unterstützt wird. Aber dabei handelt es sich doch
meistentheils entweder um die Ausstattung mit Geldmitteln zu
einem Geschäft, Unternehmen oder Beruf, die die Verzinsung
und Rückzahlung voraussichtlich aufbringen können, oder um
die Rettung vor einem unverschuldeten, aber auch wohl gar
selbstverschuldeten Abgrund aus dem Motive, dass die Ehre
einer Partei, einer Gemeinschaft oder der Verwandtschaft gerettet werde, und die reine Freundschaftlichkeit mit der Consequenz, dass ihre Gemeinschaft auch zur Gütergemeinschaft
führe, tritt viel weniger hervor. Im grossen und ganzen wird
bei uns das Vermögen des Freundes durch das ungemeine Zartgefühl, welches sich dem Gelde jedes anderen gegenüber dahin
entwickelt hat, dass dieses ganz und gar zu seiner persönlichen
Verfügung stehe, vor den Ansprüchen des Freundes wunderbar
geschützt. Ganz besonders ist die Geldform, in der sich jeder
Besitz ausdrücken lässt, diese wunderbare instinctive Erfindung
der civilisirten Menschheit, die jedem Gut (ausser in gewisser
Beziehung den höchstpersönlichen) das wertherhöhende Moment
der freien Vertauschbarkeit nach Wunsch und Bedürfniss hinzufügt, und die es ermöglicht, eine Vergleichbarkeit der Güter

unter einander bis auf's feinste herbeizuführen, der Entwickelung
nicht nur der das Leben beherrschenden Besitz- und Erwerbs-
begierde, sondern auch jenes Zartgefühls höchst günstig gewesen.*) Denn was sich nach dem Belieben des Besitzers
in alles mögliche verwandeln kann was immer nur ein menschliches Bedürfniss befriedigt, das wird mehr respectirt als was
nur ein ganz bestimmtes Gut ist; und in der Kraft und Kunst,
sich dieses zu verschaffen, was die freie Befriedigung der Bedürfnisse, also geradezu persönliche Freiheit bedeutet, wird die
Abhängigkeit von anderen viel peinlicher empfunden und viel
schwerer eingestanden als in der Anerkennung, dass ganz bestimmte Güter andere haben und wir nicht haben. Es kommt
hinzu, dass man sich scheut, anderen auch nur missverständlicher
Weise den falschen Schein zu erwecken, als ob man nicht ihre
volle Selbstherrlichkeit in ihrem Kreise des Habens anerkennte.
Wenn die Menschen nach den Voraussetzungen unserer socialen
Verhältnisse in zwei Classen zerfallen, die, welchen ein Trink-
geld geboten, und die, welchen es nicht geboten werden darf,
so gilt alles Obige natürlich im wesentlichen von der letzteren
Classe. Dieses moderne Zartgefühl in Geldsachen, in denen
nicht nur die Gemüthlichkeit, sondern auch die Dickfelligkeit
aufhört — ist doch die Scheu, mit der ein Darlehen erbeten
wird, so himmelweit verschieden von der stolzen Freude, mit der
es zurück erstattet wird —, ist in Summa gewiss ein Edelstein
im modernen Fühlen, nur wird es schädlich, wenn man auch
sein gutes Recht auf Honorirung — ein charakteristischer Ausdruck zur Beruhigung des Ehrgefühls — von Leistungen nur
zaghaft zur Geltung bringen mag, was oft eine überzarte
„Eselei" deutscher Menschen ist. In der humanen Gesellschaft
des Alterthums nun zeigt sich der Gedanke an die Heranziehung
der Geldmittel des Freundes zur Befriedigung eigener Wünsche
und — namentlich das Nothwendige überschreitender — Bedürfnisse viel unbefangener. Hat die Theorie in der Lehre von
der socialen Tugend (der „Gerechtigkeit") festgestellt, dass man
„das Geld verachten solle, wenn man es nicht hat, wenn·man
es hat, zur Wohlthätigkeit und Liberalität verwenden solle" (de

---

*) Kant sagt irgendwo, dass es nichts Charakteristischeres für das Menschen-
leben gebe als den Zufall der deutschen Sprache, dass sich in ihr Geld und Welt
reimen.

off. I, 68), so macht die Praxis nun damit Ernst nicht nur bei
denjenigen, die in der Lage sind, die letztere Aufforderung auf
sich beziehen zu können, sondern auch bei denen, die von dieser
den anderen ertheilten Morallehre den Vortheil haben. Man
hat dabei aber durchaus nicht den Eindruck, dass jene Lehre
von weitblickendem Egoismus dictirt wäre, um sie sich nachher
zu Nutze zu machen, sondern den viel edleren Eindruck, dass
was einmal in allgemeiner, vernünftig-sittlicher Betrachtung als
recht erkannt ist, nicht dadurch unrichtig wurde, weil sich nun
das Zartgefühl, das man doch sicherlich auch, wenn auch
schwächer, empfand, sich dagegen sträubte. So hat z. B. Decimus
Brutus nach ad fam. XI, 10, 5 „schon alle seine Freunde (in
seinem Interesse) in Schulden gestürzt". So lässt denn Cicero
(ad Att. IV, 1, 3) ganz offen einfliessen, dass er des Freundes
Mittel für seine eigenen erachte, wenn auch mit dem Zusatze,
dass er nicht so sehr ihrer, wie der Rathschläge des Freundes
bedürfe, um die Reste der seinigen (nach der Rückkehr aus der
Verbannung) wieder zu sammeln und auf geordneten Fuss zu
bringen. Ebenso ruhig sagt er in finanziellen Schwierigkeiten
ad Att. XII, 23, 3: „Ich sehe auch, von welchen Personen ich
unterstützt werden kann"; freilich setzt er, wenn er ad Att. XII,
22, 3 sagt: „Mit allen meinen Geldmitteln und denen derer, die
sich mir nicht entziehen werden, muss ich mich gründlich bemühen (um die Kosten für das Denkmal der Tullia und zunächst
den Grund und Boden dafür aufzubringen)" doch hinzu: „Aber
ich werde im stande sein, es mit meinen eigenen Mitteln fertig
zu bringen". Ohne solche Clausel schreibt er in einem sehr
traurig gehaltenen Briefe an seine Gattin aus der Verbannung
(ad fam. XIV, 1, 5) doch das tröstliche Wort: „Wenn die Freunde
ihrer Pflicht treu bleiben" (in officio erunt, worin freilich mehr
die dienstwillige Gefälligkeit ausgedrückt liegt, die nur auf
Liebes-, nicht auf Gerechtigkeitspflicht beruht), „so wird es an
Geld nicht fehlen". Ad Att. V, 6, 2 bittet er den Freund dringlich, dass er noch während seines Aufenthaltes in Rom seine,
des Cicero, Schuld — es scheinen die ad Att. V, 9, 2 bezeichneten
820000 Sestertien zu sein — an Caesar richtig mache" (confec-
tum relinquas, ein gewisser schamhafter Ausdruck für das rein
geschäftliche pecuniam debitam persolvas oder bei dem dafür
gewählten Worte nomen, .. expedias). Vom Wiedergeben an

Atticus keine Silbe, auch keine Andeutung, dass es etwa auf
Cicero's conto corrente geschehen solle, sondern nur in petto gehalten die Ehrlichkeit, die sich schon zu zahlungsfähigeren Zeiten
einmal an diese Auslage erinnern wird. Und ad Att. XII, 25, 1
fragt er den Freund: „Woher soll ich also (das Grundstück)
baar bezahlen?" Er rechnet ihm dann mehrere flüssige Activa
vor, die er doch eigentlich sich selber vorrechnen sollte, fügt
aber zuletzt den Satz hinzu: „Es wird auch von anders woher
noch etwas zu haben sein", der doch einem so reichen und unvergleichlichen Freunde gegenüber wie ein Wink mit dem Zaun-
pfahl erscheint. Vgl. auch noch ad Att. XV, 17, 4: „Sieh zu,
woher das Geld kommen soll"; ad Att. XVI, 2, 2: „Erwarte in
der Ausführung dieser Aufträge nichts (für jetzt keinerlei Zahlung)
von mir"; ad Att. XVI, 6, 3: „Bring meine Schuldposten in's
reine, leiste Zahlung;... der Terentia womöglich noch vor dem
Termin".*) Dass man aber doch fühlt, es sei der öffentlichen
Meinung etwas zugemuthet, so unumwunden auf die Kasse seiner
Freunde bei grossen Käufen zu reflectiren, die einstweilen die
eigenen Mitteln weit übersteigen, zeigt sich ad Att. I, 13, 6, wo
Cicero seine Freude darüber andeutet, dass nun auch der Consul
Messala ein Haus für eine sehr hohe Summe (die er offenbar
nicht aus eigenen Mitteln habe erlegen können) gekauft habe.
Er fühlt sich nun hinsichtlich seiner eigenen Praxis in solchen
Dingen gedeckter: „Das Publikum hat angefangen zu begreifen,
dass es erlaubt ist im Kaufen durch die Mittel der Freunde zu
einiger Würde (Repräsentationsfähigkeit) zu gelangen". Und zu
seiner Ehre lässt sich doch auch feststellen, dass er umgekehrt
ad fam. IV, 13, 6 einem Freunde schreibt: „In meinem Vermögen ist nichts, was ich lieber mein als dein wissen möchte";
solche Worte lassen sich doch nicht schreiben mit dem Hintergedanken, im Ernstfalle das, was der Kern des übertriebenen
Ausdrucks ist, verleugnen zu wollen. Ad. fam. XIII, 14, 2 heisst

---

*) Geschenkt soll das ja alles nicht sein; Atticus war ja nicht nur der Freund,
sondern auch der Banquier Cicero's. Aber sehr frei verfügt dieser doch auf alle
Fälle über die Mittel des befreundeten Geldmannes zu einstweiligen Auslagen. Er
bekommt dann auch einmal zu hören (ad Att. XVI, 7, 6), die Geldklemme (δυς-
χρηστία) sei augenblicklich (44 v. Chr.) aus Furcht vor Bürgerkrieg so gross, dass er
sehen solle, woher er seine Schuldposten begleichen könne. Doch hat Atticus fast
immer auf's hochherzigste und liberalste die Geschäfte des Freundes wahrgenommen.

es, dass es ehrenvoller sei, sich für das Vermögen der Freunde
(das Eintreiben eines dem Freunde zukommenden Aussenstandes)
zu bemühen als für das seinige. Diese humane Sentenz
würde allerdings die in der letzten Anführung ausgesprochene
Gesinnung noch schöner bestätigen und krönen, wenn Cicero
nur in diesem Falle nicht einen anderen, den Brutus, bäte, sich
um die Beitreibung eines dem Titius Strabo gebührenden Schuld-
postens zu bemühen. In Summa wird man sagen können, dass
wo bei uns angeblich — es ist freilich nicht so schlimm — „die
Gemüthlichkeit aufhört", sie dort in der antiken humanen Gesellschaft erst recht anfing.

ζ) In der Fürsorge für das leibliche Wohl des
Freundes. Die briefliche Phrase *cura ut valeas* ist sehr häufig,
dafür aber auch etwas kahl und abgegriffen; sie verstärkt sich
schon in der nicht mehr formelhaften Wendung (ad fam. XIV,
7, 3 an Terentia): „Du, das möchte ich wünschen, sorge zu aller-
erst für deine Gesundheit". Aber es giebt einen Cyklus von
Briefen in der Ciceronischen Sammlung, der in wahrhaft ergreifender und unvergleichlicher Weise der innigsten Fürsorge
für einen erkrankten Freund Worte leiht und zugleich die hülfreiche That erkennen lässt. Es sind das die Briefe an Cicero's
Freigelassenen, Factotum und Freund Tiro, ad fam. XVI, 1—9
(darunter Nr. 8 ein Brief des Quintus Cicero von ähnlichem
Geist an denselben). Es ist begreiflich, dass diese Fürsorge
einem Hausgenossen gegenüber in ganz besonders lebhafter und
herzlicher Weise hervortritt, denn wer unselbstständig lebt, ist
in dieser Beziehung natürlich zunächst der Fürsorge seiner unmittelbaren Umgebung überlassen, aber es ersieht sich doch
aus diesen Briefen zugleich, wie innig die Freundestheilnahme
an dem leiblichen Wohl und der Gesundheit von Freunden in
der antiken humanen Gesellschaft gewesen sein muss, wenn sie
auch um manchen Ton tiefer als diese ganz unglaublich warme,
herzinnige Fürsorge gestimmt gewesen sein kann. Hätte Cicero
auch nichts als jene acht Briefe hinterlassen, so müsste man
doch sagen, dass der Mann das Herz auf dem rechten Fleck
gehabt hat, ja dass er von einer ganz ungewöhnlichen Herzens-
wärme beseelt war, und dass darin ein mittelbares Zeugniss für
die Tiefe des Mitgefühls liegt, die in einer Gesellschaft lebte,
aus der der Schreiber dieser Briefe, wenn er auch nicht nur für

u n s ihr allervornehmster Vertreter ist, doch nicht als eine gänzliche Ausnahme über den durchschnittlichen Geist hervorragt.

Tiro war auf der Rückreise aus der Provinz Cilicien, wohin
er natürlich seinen Herrn begleitet hatte — er, der (ad fam. XVI,
4, 3) ihm unzählige Dienste geleistet hat, „im Hauswesen, in den
gerichtlichen Geschäften, in der Hauptstadt, in der Provinz; in
privaten, in öffentlichen Angelegenheiten, in seinen Studien und
litterarischen Arbeiten" —, erkrankt und hatte zu Paträ in
Achaia zurückgelassen werden müssen: unter diesen Umständen
erhielt er rasch hinter einander jenen Cyklus von Briefen. Sie
sind alle ganz von e i n e m Gedanken und Gefühl erfüllt, dem
Schmerz über die Krankheit des treuen Mannes und unschätzbaren Gehülfen und dem heissen Wunsche seiner völligen
Wiedergenesung.*) Ihre immer wiederkehrende Grundmelodie
ist, dass Tiro nur ja alles für seine Gesundheit thun solle, aber
zunächst auch alles für eben diese, unter einstweiliger Zurückdrängung aller anderen Sorgen und Interessen. Und das kommt
immer so eindringlich und inständig bittend heraus, dass es gar
keiner Steigerung fähig ist, z. B. XVI, 4: „Lass alles fallen, diene
rücksichtslos nur deiner leiblichen Gesundheit. Ich werde es so
ansehen, dass du mich so hoch schätzest, wie die Sorgfalt ist, die
du deiner Gesundheit zutheil werden lässest", womit Cicero also
sehr zartfühlend den Kranken von der etwaigen peinlichen Sorge
befreien will, dass er zu einem kleinlichen, engherzigen Gesundheitscommissarius verknöchere; ebenso XVI, 3, 1: „Wenn
du uns alle liebst und besonders mich, deinen Lehrmeister, so
kräftige dich (erst wieder); XVI, 5, 3: „Sorge für nichts anderes,
als dass du gesund bist; für das Uebrige werde i c h schon sorgen";
XVI, 2: „Sorge, sorge für dich, mein Tiro" (oder geradezu:
„Curire dich"); XVI, 13: „Alles werde ich von dir geschenkt
erhalten zu haben glauben, wenn ich dich gesund wieder-
sehe"; XVI, 15, 1: „Deine von mir so hochgeschätzte Geisteskraft
wende ganz der Aufgabe zu, dich mir und dir zu erhalten". Der
übliche Schlussgruss der Briefe kehrt XVI, 4, 4 dreimal unmittelbar hinter einander wieder und wird noch durch ein hinzuge-

---

*) Dem Wiedersehen selbst sieht Cicero später mit so unaussprechlicher Zärt-
lichkeit entgegen, dass er schreibt (ad fam. XVI, 27, 2): „Ich werde deine Augen
(vgl. Hom. Od. XVI, 15), auch wenn ich dich zuerst mitten auf dem Forum wiedersehen sollte, zerküssen" (dissuaviabor).

fügtes *salve* verstärkt; XVI, 5, 2 und XVI, 7: „*Etiam atque etiam vale (cura ut valeas)*". Fein wird XVI, 1, 3 unterschieden zwischen der Liebe, die dazu treibt, den Kranken genesen zu sehen zu wünschen, und der Sehnsucht, dass das so bald als möglich geschehen möge; aber das erstere Verlangen wird für das wichtigere erklärt, offenbar, damit sich der Kranke nur ja nicht überstürze und ohne vollständige Genesung auf die Seereise begebe. Wer das menschliche Herz kennt, der wird nicht zweifeln, dass diese so heisse und bebende Dringlichkeit der Theilnahme an der Krankheit des Freundes aus der aufgeregten Besorgniss darüber stammt, dass ein unersetzlicher Gehülfe der eigenen Lebensinteressen verloren werden könnte, aber der wird ferner auch daran nicht zweifeln, dass ein aufrichtiges und zugleich edles Herz diese Entdeckung seines eigenen feinen Egoismus nicht erträgt, ohne sich wie aus Scham darüber in ein anderes Gefühl hineinzuarbeiten zu suchen, bis dahin, dass aus diesem doch auch eine Wahrheit und vielleicht sogar die überwiegende Wahrheit wird. So ist es auch bei Cicero. So sagt er schon XVI, 3, 2; „Alles des Nützlichen, das ich dir verdanke, kann ich entbehren: deine Genesung wünsche ich in erster Linie um deinet-, sodann um meinetwillen, mein Tiro". Falls nicht Tiro für Cicero eine der seltenen Personen war, die bisweilen ganz individuell eines Menschen Herz in ganz unerklärlicher Weise zu einem gewissen wundersamen und auch von jeder Art geringer Hochschätzung freiem Mitleid erregen, so ist dieses Urtheil Cicero's sicherlich zunächst eine Selbsttäuschung. Denn er hält von seinen Diensten gegen seine Person, wie wir sahen, in jeder Beziehung so unaussprechlich viel, dass, wie der Mensch ist und dem Weltgrundgesetz der Individuation zufolge zunächst von Natur sein muss, in dem Gedanken an dessen Erkrankung zunächst die tödtliche Bedrohung seiner eigenen höchsten Lebensinteressen dominiren musste. Wenn es also nicht etwa jenes unsagbare, ganz ausnahmsweise so gesteigerte individuelle Mitleid war, so konnte es nur eine δευτέρα φροντίς, eine Reaction seines humanen Bewusstseins gegen sein eigenes nächstes Gefühl sein, wenn er dennoch mit innerer Wahrheit sagen konnte (XVI, 4, 3): „Alle jene Dienste wirst du aber übertroffen haben, wenn ich dich, wie ich hoffe, gesund sehen werde". Das klare Bewusstsein über diesen psychischen Vorgang scheint auch ihm selber aufgegangen zu sein, wenn er an Atticus (VII, 5, 2) schreibt: „Obgleich mir Tiro in gesundem Zustande wunderbaren Nutzen der mannigfachsten Art gewährt, auf jeglichem Gebiet meiner Geschäfte wie meiner Studien, so wünsche ich doch seine Genesung mehr aus Humanität und selbstloser Versetzung in seine Person (*propter modestiam*) als aus Egoismus" (*propter usum meum*). Das ist nicht Natur, sondern Vernunft, nicht unmittelbares Gefühl, sondern eine Erarbeitung des humanen Bewusstseins, die aber trotzdem zu einer zweiten natürlicheren Wahrheit werden kann als es die erste, zurückgedrängte, durch das Bewusstsein überarbeitete und désavouirte bleibt. Nur, wenn jemand seiner ursprünglichen Natur diesen selbstlosen Adel der Empfindung zuschreibt, so erweckt er bei dem Menschenkenner Unglauben, der tiefere Menschenkenner aber wird sich nicht durch die Skepsis des flacheren entweihen, dass dergleichen auf alle Fälle Selbsttäuschung bleiben müsste. In diesem psychischen Process, wie ich glaube, kommt Cicero zartfühlend dem Tiro gegenüber auch dazu, dass er mehrfach betont, nicht ihm allein sei an der Genesung desselben so viel gelegen, sondern auch allen, die ihn kännten und lieb hätten. Denn dadurch will er offenbar den Schein einer überwiegend egoistischen Theilnahme bekämpfen: die anderen, die den Tiro lieb hatten, konnten ja ihre Theilnahme nicht auf ihre eigenen Interessen beziehen, und somit ist es dem Cicero lieb, mit seiner ganz namenlosen Theilnahme sich doch einfach in den Kreis aller derer, die Tiro kannten, zurückziehen zu können. Zuerst ist es XVI, 4, 4, wo er schreibt, dass seine Krankheit vielen am Herzen liege, freilich vermittelt er das durch die Beziehung auf sich selbst: es seien alle, die ihn, Cicero, liebten, die auch den Tiro in ihr Herz geschlossen hätten; ebenso schreibt er XVI, 7: „Allen wirst du theuer und ersehnt kommen", nachdem er gesagt hat: „Niemand liebt mich, der dich nicht schätzte". Die Einschränkung des Sinnes, in dem von „allen" gesprochen wird, entspringt der Wahrhaftigkeit, die sich doch auch neben dem Zartgefühl geltend macht. Auch Terentia erwähnt er XVI, 9, 2 nicht ohne den Zusatz, der nur in der Zartheit seines Mitgefühls seinen Ursprung hat und aus keinem anderen Grunde nothwendig wäre, dass sie den Tiro sehr hoch schätze. — Ferner geht die Wärme seiner Theilnahme bis zu mannigfachen sach-

lichen Rathschlägen und Weisungen: so, dass er günstige
Witterung, angenehme Reisegesellschaft und ein recht tüchtiges
Seeschiff abwarten solle (XVI, 1, 2); später (XVI, 9, 4), dass er
womöglich mit Mescinius fahren solle, der vorsichtig zur See
zu reisen pflege, sonst aber in Gesellschaft irgend eines acht-
baren Mannes, dessen Autorität auf den Schiffsherrn guten Einfluss übe. So bittet ihn auch Q. Cicero (XVI, 8, 2), dass er
sich auf der Seefahrt sorglich vor Erkältung (*frigus*) hüten
solle, die für eine zarte Gesundheit auf dem Meere noch schwerer
zu vermeiden sei als in Häusern und Städten. Zu Brundisium
hat M. Cicero für Tiro ein Pferd und einen Maulesel zurückgelassen (XVI, 9, 3), auch hat er ihm einen Koch geschickt
(XVI, 15, 2). XVI, 4, 1 schreibt er ihm, dass er noch keine
Bouillon (*ius*) hätte geniessen sollen, wegen der Schwäche seines
Magens, XVI, 9, 3, dass er sein Zartgefühl zu weit getrieben
habe, wenn er dem Gastfreund Lyso in Paträ die Einladung
zum Concert (*symphonia*) nicht habe abschlagen mögen; XVI,
15, 2 spricht er mit Wehmuth von den zitternden Buchstaben
des ersten Briefes, den er von ihm wieder nach schwerer Krankheit erhalten habe. XVI, 4, 2 mahnt er den Tiro, dass er für
Wiederherstellung seiner Gesundheit ja keinerlei Kosten sparen
solle (die natürlich Kosten des Herrn sein werden); auch glaube
er, dass der Arzt im voraus etwas Honorar erhalten müsse, um
desto eifriger zu sein. — Uebrigens sagt Cicero auch in einem
Briefe an Atticus (VII, 8, 2) mit sehr zarter Aufmerksamkeit für
dessen Gesundheitszustand, dass er sich den Tag seines eintretenden Wechselfiebers aufgezeichnet habe und glaube, dass
er danach zu urtheilen jetzt sehr wohl zu ihm auf sein Albanum
kommen könne; „aber, ich will dich auch lieb dafür haben,
thue nichts mit einem Nachtheil für deine Gesundheit. Denn
was liegt so viel an einem oder dem andern Tage?"

η) In der Tröstung über den Tod geliebter Personen. Bei dem Todesfall geliebter Personen zeigt sich die
antike und die moderne Empfindungsweise neben der durch die
Sache selber bedingten Gleichartigkeit des Gefühles doch einigermassen verschieden. Der Hauptunterschied scheint mir, dass
die Neueren an der Tiefe ihres Schmerzes, die Alten*) an ihrer

---

*) Der Beweis für diese Empfindungsweise der Alten trägt sich überhaupt
aus den Eindrücken der antiken Litteratur davon, so oft dieser Punkt irgendwie

Seelenkraft, den Schmerz zu tragen und zu überwinden, nicht gezweifelt wissen möchten. Wurzeln kann dieser Unterschied des Gefühls nur in der gegentheiligen Voraussetzung, der Alten, dass die eine Seite, der tiefe Schmerz, der Neueren, dass die andere, die Fähigkeit, ihn zu bekämpfen, schon selbstverständlich sei — also in der Thatsache, dass die tiefe Trauer bei den Alten naturwahrer war. Und das wieder lässt sich nur daraus erklären, erstens, dass der Tod nach weiteren zwei Jahrtausenden seiner Herrschaft in viel grösseren Menschenmassen, so zu sagen, trivialer geworden ist, von seiner früheren Macht über die der Natur näher stehenden Menschen verloren hat, zweitens, dass der moderne Mensch im grossen und ganzen von einem viel schärferen Kampf um's Dasein umfangen ist, der ihn viel leichter von dem frischen Grabe geliebter Personen wieder in die unumgänglichen Mühen des eigenen Lebens zurückführt, als die meist einer das Leben leichter gestaltenden Aristokratie des Besitzes angehörigen Alten, deren Schriften wir unsere Kenntniss von der Empfindungsweise der Alten entnehmen müssen, dazu zurückkehren mochten.

Was nun die Tröstung betrifft, so ist es bei uns im ganzen nicht üblich, den Tod selber in seiner Allgemeinheit zu ihrem Gegenstande zu machen. Wir finden wohl an dem einzelnen

zur Besprechung kommt. Aber er lässt sich auch an einige bestimmte Geschichten oder Stellen binden. Wenn Xenophon, als ihm sein Sohn Gryllos (Diog. L. II, 48) todt aus der Schlacht auf dem Schilde gebracht wurde, gesagt haben sollte: „Ich wusste, dass ich ihn sterblich gezeugt hatte", so wurde dieses Wort mit sympathischer Bewunderung des Uebergewichtes einer vernünftigen Einsicht über das natürliche Gefühl weiter erzählt. Als Agricola einen Sohn verlor, trug er, wie Tacitus (Agr. 29) sagt, diesen Verlust weder mit Ehrgeiz, noch auch andrerseits mit lauten Klagen und weibischer Trauer. Die Erwähnung des Ehrgeizes ist uns da ganz befremdlich. Gemeint ist der Ehrgeiz, sich die Seelenkraft, durch solchen Verlust nicht ganz gebeugt zu erscheinen, zugetraut zu sehen. Uns berührt dieser Ehrgeiz, der nach Tacitus a. a. O. den meisten hochsinnigen Männern seiner Zeit eigen war und nur von diesem grossen Menschenkenner als unliebsam empfunden wird, sehr fremdartig. Als ein bekannter neuerer Gelehrter, der absichtlich von dieser antiken Empfindungsweise etwas in sich aufgenommen und speciell dem Plato die scharfe Scheidung von Leib und Seele und die Nichtachtung des ersteren, der für uns von der vollen Persönlichkeit unzertrennlich ist, entlehnt hatte, bei dem Begräbniss seiner Frau selber die Herablassung des Sarges comman- dirte und überhaupt zur Schau trug, dass er in der entseelten Hülle nach Platonischer Auffassung nicht mehr die Person, sondern gleichgültige Materie erblicke, erregte er in der Empfindungsweise der Umstehenden nicht Bewunderung solcher Einsicht und eines solchen Heroismus, sondern nur gerechten Anstoss.

Todesfall die Seiten heraus, die gerade an ihm tröstlich erscheinen
können, und geben ihnen mündlich oder brieflich in unseren
Condolenzen Ausdruck, aber die grosse Weltthatsache des
Todes selber pflegen unsere Beileidsbezeugungen und Trost-
zusprüche weniger in die Reflexion zu ziehen. Das macht,
über so grosse und einfache Dinge fehlt unserer zerfahrenen
Zeit die Einheit des Geistes, und wenn man etwa selber fühlt,
darüber etwas Rechtes und Treffendes sagen zu können, so
weiss man doch nicht mit Gewissheit, ob man verstanden werden
und was der andere für ein Gesicht dazu machen wird. Gläubige
Christen verstehen sich freilich, sofern sie nicht in Subjectivismus
irrlichteliren, und das thun sie eben als gläubige Christen nicht,
so vollständig in diesen Dingen, dass sie sich gar nicht darüber
auszusprechen brauchen, sondern in allem, was sie sagen, schon
die stillschweigende Beziehung auf den Hintergrund des gemeinsamen Glaubens liegt; auch einige philosophische Menschen
möchten sich wohl auch in dieser grossen Sache unter einander
verstehen, wieder in stillschweigender Beziehung auf die Lehrmeinungen, die sie bei einander voraussetzen können. Im Alterthum nun aber ist die Tröstung principieller, löst sich mehr
von dem einzelnen Falle los oder sucht in ihm mehr das Allgemeine als seine Besonderheit. Die Tröstung wird geradezu
eine litterarische Specialität. So recht ist diese erst entwickelt
nach der Blüthezeit des humanen Princips, haben wir doch unter
Seneca's Schriften drei verschiedene „Tröstungen". Aber auch
Cicero hat doch schon eine solche nach dem Tode seiner Tochter
Tullia für sich geschrieben (ad Att. XII, 18, 1) und nichts ungelesen
gelassen (ad Att. XII, 14, 3), was sich vereinzelt von dieser Art
schon bei den Griechen fand, auch diesen griechischen Litteratur-
zweig in der zweiten Hälfte des ersten Buches der Tusculanen
benutzt. Es wird als eine Eigenthümlichkeit der antiken Humanität
anzusehen sein, dass sie bei Todesfällen, die befreundete Personen
an ihren Nächsten erfahren hatten, sich zu dem Zwecke der
Tröstung zu ganz allgemeinen Betrachtungen über Leben und

---

*) Wenn sich unter den Werken Kant's auch ein schöner und edler Trost-
brief an eine Frau von Tiefentrunk findet, der bei Gelegenheit des Todes eines
Sohnes dieser Dame abgefasst, geradezu in diese antike Litteraturgattung gehört, so
stellt sich darin mehr eine Einwirkung der classischen Studien des Philosophen dar
als seine Zugehörigkeit zu dem Kreise moderner Gefühlsweise und Sitte.

Tod erhob. Die Naturwahrheit tiefer Trauer wird dabei vorausgesetzt, und der Zweck ist, diese Trauer womöglich ganz zu
überwinden, weil sie eine unerträgliche Mitgift für das Leben
ist. Das moderne Gefühl ist in dieser Beziehung insofern feiner
— falls es die folgende Eigenthümlichkeit an sich trägt — als
es einer Trauer, die es so wie so schon als massvoll voraussetzt,
nicht entgegen treten will, sondern die Verstorbenen für werth
hält, in langer, massvoller Trauer geehrt zu werden. Tiefer
aber ist das antike Gefühl wieder insofern, als man versichert
ist, den natürlichen Schmerz als so hoch annehmen zu müssen,
dass mit ihm ein vernünftiges Weiterleben nicht möglich ist.
Wir haben in der Sammlung der Ciceronischen Briefe einen Brief
(ad fam. IV, 5) des Servius Sulpicius, des berühmten Juristen,
in welchem er den Freund über den Tod seiner Tochter Tullia,
die der Vater wirklich auf's tiefste betrauerte, zu trösten
sucht. Einen ähnlichen muss ihm Lucceius geschrieben haben
— der ad fam. V, 14 ist zum theil auch ein Trostbrief, aber sehr
viel kürzer — dem er (ad fam. V, 13, 3) antwortet, dass die Gedanken trostkräftig seien, die er *eleganter copioseque* zusammengestellt hätte, denn dieses Urtheil passt ganz und gar auf die
Aneinanderreihung der Trostgründe im Briefe des Sulpicius.
Wie seltsam aber für unser Gefühl — nicht gerade eine inhalts-
reiche, aber doch eine „elegante", d. h. mit dem ausgewählten
Geschmack der humanen Bildung zur stilistischen Darstellung
gebrachte Sammlung von Trostgründen für den Tod einer geliebten Person! Wir sollten meinen, die allerungesuchteste
Schlichtheit, wie sie sich gerade gäbe, wäre hier an ihrem
Platze. Aber wenn in den Kreisen der humanen Denkweise
die Tiefe und Schlichtheit des unmittelbaren Gefühls zu solchen
Veranlassungen über allen Zweifel erhaben war, so durfte sich
um so mehr auf der andern Seite das Bedürfniss regen, zu
solchem Gefühl zu sprechen in der bewussten, durchgebildeten
Weise der Darstellung, die nun einmal der intellectuellen Seite
des humanen Gedankens allein entsprach. Dieser humane Gedanke durchsäuerte nun einmal den ganzen Menschen und liess
keine Trennung zu von unberührbaren Gebieten der keuschen
Innerlichkeit und Kundgebungen, die nach aussen bestimmt
auch die Déhors edler sprachlicher Form bewahren mussten: er
hatte auch die ersteren Gebiete ergriffen. Diese formale Sorgfalt

ist für unser Gefühl ebenso rührend und erhaben, wie andrerseits doch fremdartig, weil wir eben in die schlichteste Innerlichkeit keinerlei bewusste Formgestaltung eindringen lassen
mögen.

Die Trostgründe nun des Sulpicius sind gewiss für die
Sitte der antiken humanen Gesellschaft im grossen und ganzen
typisch, wenn sie auch theilweise den Eindruck individueller
Empfindung machen. Sulpicius beginnt mit der Hinweisung auf
das allgemeine Loos, das dieser ganze Kreis habe erfahren
müssen: ihm sei (durch die Alleinherrschaft Caesars) geraubt
was dem Menschen ebenso theuer sein müsse, wie seine Kinder:
Vaterland, Ansehen und Ehre. Ein Herz, das d a d u r c h im Leiden
geübt sei, müsse alles andere für geringer erachten. In der Seele
der Tullia (*illius vicem*) aber dürfe der Vater nicht trauern, weil
es in solchen Zeiten nicht übel um die geschehen sei, denen es
vergönnt gewesen wäre, ohne Schmerz das Leben mit dem Tode
zu vertauschen. Aus der dermaligen Jugend könne Cicero sich
keinen Schwiegersohn ausgewählt denken, dessen Treue er mit
Sicherheit seine Kinder anvertrauen könnte. Es sei nicht möglich,
dass Tullia hätte Kinder gebären können, denen nicht alle Güter,
über die sie sich in deren erwachsenem Alter hätte freuen können,
eher genommen sein würden, als sie noch zu ihnen hätten gelangen können. Ein Unglück sei es ja, Kinder zu verlieren,
aber noch ein grösseres, dergleichen ertragen zu müssen.
(Dies in der regelrechten rhetorischen Form der Beantwortung
eines Einwurfes). Auf seiner, des Sulpicius, Rückreise aus Asien
sei ihm ein grosser Trost aufgegangen, der gewiss auch auf
den trauernden Vater seine Wirkung nicht verfehlen werde. Auf
dem Schiffsverdecke stehend, Aegina hinter sich, Megara vor
sich, zur rechten den Piraeus, zur linken Korinth, habe er alle
diese ehemals so blühenden Orte als Ruinen vor Augen gesehen. Da sei ihm doch der Gedanke aufgestiegen: „Nun sag
einmal, Sulpicius, wir Menschlein hadern mit dem Schicksal, wenn
uns einmal einer der Unsrigen durch vorfrühen Tod entrissen
ist, während doch an Einer Stätte so viele Städte wie Leich-
name vor uns liegen! Willst du dich nicht fassen, Sulpicius, und
gedenken, dass du ein Mensch geboren bist?" So seien in der
letzten Zeit auch so viele ruhmvolle Männer untergegangen, das
ganze Reich habe Einbusse erlitten, seine Provinzen seien er-

schüttert: wie könne Cicero von dem Verluste des armen Lebens
eines einzigen schwachen Weibleins sich so ergriffen zeigen, die
doch in einigen wenigen Jahren so wie so hätte sterben müssen?
Dies ist doch rein antik gedacht, das Folgende aber auch modern,
wenn Sulpicius fortfährt, er solle sich vielmehr an alle die Güter
ihres Lebens erinnern — die er schön aufzählt, wie es bei uns
in Leichenreden ebenso geschieht —, sowie auch daran, dass
das alles zugleich mit der Republik zu grunde gegangen sei.
Er solle ferner nicht einem schlechten Arzte gleichen, der anderen
helfen könne, aber sich selber nicht, sondern nunmehr an sich
selber bewähren, was er von anderen an Beherrschung der
Trauer zu verlangen pflege. Jeder Schmerz werde durch die
Zeit gelindert: da sei es für einen solchen Mann schimpflich,
die Wirkung der Zeit abzuwarten, und ihr nicht mit eigener
Vernunft entgegenzueilen. „Wenn die Verstorbenen noch irgendwie Bewusstsein hätten", so würde Tullia selber, bei ihrer kind-
lichen Liebe zu ihrem Vater, nicht wünschen, dass er sich in
Schmerz verzehre. (Die hinzugefügte Bedingung ist wieder echt
antik, vgl. Tac. Agr. 46, wir lassen sie ruhig offen oder halten
sie auch für selbstverständlich erfüllt und sagen einfach: Eine
solche Trauer ist nicht im Sinne des Verstorbenen.) Er solle
auf seine Trauer auch den Freunden und dem Vaterlande zu
Liebe verzichten. Er habe oftmals bewiesen, dass er das Glück
edel zu tragen verstehe, nun solle er den Anschein vermeiden,
als ob ihm diese Eine Tugend fehle, nicht auch das Unglück
mit Gleichmuth tragen zu können. Ein seltsamer Gedanke wird
noch hinzugefügt: er solle den Schein nicht aufkommen lassen,
als ob er hinter dieser Trauer nur die eigentliche Herzenstrauer,
um den Untergang der Republik, verbärge und eine Sicherheit suche, dieser nachhängen zu können (gleichwie Il. XIX, 302
die Sklavinnen des Achilleus den Tod des Patroklos benutzen,
in Wahrheit jede ihr eigenes Herzeleid einmal ausklagen zu
können). Der Brief des Sulpicius ist ja in seiner Art vortrefflich,
aber er ist durchaus antik, und man hat das Gefühl, dass dort
Trostgründe mittels rhetorischer Topik, die hier doch nicht am
Platze ist, wie zu einer Perlenreihe aufgefädelt würden. — Aehnlich ist der Trostbrief Cicero's an Titius (ad fam. V, 16). Er
argumentirt besonders aus dem allgemeinen Menschenloose [vgl.
ad fam. VI, 6, 12: „Es erleichtert den Schmerz die Erinnerung

an das allgemeine Gesetz (*communis quasi legis*, für uns ist der Ausdruck nicht mehr bildlich) und das Menschenloos (*humana condicio*")], aus der Wohlthat, dass der Verstorbene vieles Unglück nicht hat zu erleben brauchen, aus der Pflicht, mit der Vernunft den Wirkungen vorzugreifen, welche die Zeit doch mit sich bringen wird. Hier möge noch Erwähnung finden die hübsche Formel: „Dein väterlich ererbtes Vermögen mögen dir die Götter segnen" (*fortunent*), in einem kurzen Condolenzbrief an Curio (ad fam. II, 2). Sie ist eine tactvolle Aeusserung in dem Conflict, sein Beileid auszusprechen, wo doch auch ein realistisches sehr wichtiges Ereigniss zu beglückwünschen ist, wenn man ehrlich fühlt.

Anhang zu η.

Wie trug man überhaupt den Tod geliebter Personen und wie tröstete man sich darüber? Wir haben nach dem Briefe des Sulpicius ein Bild der Trostgründe nachgezeichnet, die in der antiken humanen Gesellschaft ein Freund dem Freunde bei dem Verlust geliebter Personen zu bieten hatte. Es liegt nahe, damit auch zugleich die Beantwortung der über diesen kurzen Anhangspassus gesetzten Frage zu verbinden, zumal ja damit auch das freundschaftliche Gefühl für den Fall, dass es einen Todesfall zu beklagen hat, seine Charakteristik findet. Manches wird freilich nur individuell auf die Trauer Cicero's um sein Lieblingskind passen, die uns für die Beantwortung der obigen Frage am ersten typisch sein muss, und auf die Trauer um einen Freund nur *mutatis mutandis* zu übertragen sein. Dass Cicero den Tod seiner Tochter, deren Krankheit ihn schon mit tödtlicher Sorge erfüllte (*exanimabat*, ad Att. XI, 6, 4), zunächst mit masslosem Schmerze trug, ist aus allen Briefen aus dem Jahre nach diesem Todesfall klar. So z. B. sucht er (ad Att. XII, 13, 2) irgend einen „Schlupfwinkel" als Zuflucht für seinen Schmerz, um sich ihm ganz hingeben zu können. Seine Thränen fliessen immer wieder. Willkommen (*gratum*) ist ihm ja noch manches, aber das Wort „erfreulich" (*iucundum*) hat er für alle Zeit verloren (ad fam. V, 15, 1); die Heiterkeit (ad Att. XII, 40, 2) ist ein für alle Mal dahin. Aber er sucht und ringt doch von Anfang an nach Erhebung über den Schmerz, ist also in einem zwiespältigen Zustande seines

Inneren. Den Haupttrost sucht der so tief Trauernde in geistiger
Thätigkeit, in den *litteris*, aber er unterscheidet, dass sie die
Trauer nicht beschwichtigt, sondern nur betäubt (ad Att.
XII, 16,) dass sie ihn freilich nicht entlastet, aber doch abzieht (ad Att.
XII, 38, 1; vgl. ad Att. XII, 45, 1), dass sie wohl die (nach aussen
hervortretende) Betrübniss, aber nicht den (inneren) Schmerz
mindert (ad Att. XII, 28, 2; vgl. ad fam. V, 15, 4); an der ersteren
Stelle macht Cicero auch den sehr wahren Zusatz, dass die
schriftstellerische Thätigkeit, wenn sie es auch vermöchte, es
doch nach seinem eigenen Willen nicht sollte: der Schmerz liebt
einmal sich selbst, wenn er um einen würdigen Gegenstand empfunden wird, vgl. ad Att. XII, 18, 1: „Während der Abfassung
meiner Trostschrift hegte (fast „hätschelte") ich meine Schmerzen".
Ad. Att. XII, 18 ist es einmal allein die Einsamkeit die ihn
tröstet.*) Eine psychologisch interessante Beschreibung so zu
sagen der Diagonale, in der nun sein wirklicher Seelenzustand
unter dem Einfluss der Trauer einerseits und der Bekämpfung
der Trauer andrerseits verläuft, giebt Cicero dem Freunde,
schlicht und wahr und ohne eitle Selbstbespiegelung, die sich
so leicht in die intimsten Seelenvorgänge hässlich fälschend
einschleicht, ad Att. XII, 14, 3: „Ich versichere dir, keine Tröstung
ist der zu vergleichen (die ihm die Abfassung seiner Trostschrift
gewährt). Ganze Tage schreibe ich, nicht als ob ich etwas aus-
richtete, aber ich fühle doch während dessen etwas vor meinen
Füssen (dem ich meine Aufmerksamkeit widmen muss: *tantisper
impedior*). Freilich nicht in genügendem Masse — denn etwas
Uebermächtiges (*vis*) lastet auf mir —, aber ich fühle mich doch
gelockerter und bemühe mich mit aller Kraft — nicht mein
Inneres, aber doch womöglich meinen Gesichtsausdruck wieder
in den alten Zustand zu bringen, und wenn ich das thue, kommt
es mir bisweilen vor, als ob ich etwas Unrechtes thäte, bisweilen,
als ob ich es thun würde, wenn ich mich nicht darum bemühte"·
Etwas weiter scheint er schon zu sein — vielleicht aber auch,
dass er dem vertrautesten Freunde Atticus sein eigentlichstes
Innere aufrichtiger geöffnet hat — wenn er dem Dolabella (ad
fam. IX, 11, 1) — dem Tullia nach ihrer Scheidung von ihm
noch das Kind geboren hat, dessen Geburt ihr das Leben

---

*) Die Erinnerung an alle Worte und Thaten des Verstorbenen erscheint
Tac. Agr. 46 u. Cic. de or. III, 14 als der beste und edelste Trost.

kostete — in einer Weise schreibt, dass die Seelenkraft schon
über den Schmerz das Uebergewicht gewonnen hat: „Du wirst
mich in einem Zustande finden, dass du mir viel werth sein
kannst: nicht als ob ich so gebrochen wäre, dass ich vergessen
hätte, dass ich ein Mensch bin*) oder glaubte, dem Schicksal
unterliegen zu müssen, aber doch ist jene Heiterkeit und An-
nehmlichkeit für andere, an der ganz besonders du Freude
hattest, mir ganz und gar geraubt. Die Festigkeit jedoch und
Haltung (*constantiam*), wenn ich sie überhaupt einmal besass,
wirst du gerade so finden, wie du sie verlassen hast". Wiederum
noch weiter ist Cicero in der Beherrschung der Trauer gekommen,
wenn er es über sich gewinnen will, zum ersten Mal wieder in
seinem Tusculanum zu sein, wo Tullia gestorben war und wo
ihm also die schmerzlichsten Erinnerungen — die er geflissentlich zu meiden sucht, weil sie gleichsam mit scharfem Zahn den
Schmerz aufreissen, ad Att. XII, 18, 1 — mit besonderer Macht
wieder aufleben mussten. Er schreibt in dieser Beziehung (ad
Att. XII, 44, 3): „Ich habe meine Empfindung gewaltsam niedergeschlagen (*animum contudi*) und vielleicht besiegt" und (ad
Att. XII, 46, 1): „Ich werde, denke ich, mein Herz bezwingen
und von Lanuvium mich weiter in mein Tusculanum begeben".
Der Brief des Sulpicius hat doch zu seiner Tröstung beigetragen
(ad fam. IV, 6, 1), zumal dieser selbst mit wahrhaftigem Mitgefühl
(und nicht, wie es uns Neueren doch vorkam, etwas akademisch)
geschrieben hat (*in me consolando non mediocrem ipse animi
dolorem adhibuisti*). Den ewig allerstärksten Trostgrund — „wir
machen unser Herzeleid nur grösser durch die Traurigkeit", τό
τοι δίπλαζον, ὦ γύναι, μεῖζον κακόν, Soph. Ai. 268) hatte ihm Lucceius
(ad fam. V, 14, 2) geschrieben: „Willst du nicht einsehen, dass
du durch die täglichen Klagen nichts ausrichtest? nicht einsehen,
dass (dadurch) die Bekümmernisse (nur) verdoppelt werden?..
Kehre zu dem Zusammenleben mit uns zurück". Dass es als
ein sehr grosser Trost empfunden wird, wenn man den geliebten
Todten noch einmal vor seinem nahen Ende gesehen hat (ad
fam. II, 2, — wo aber mehr betont wird, dass der verstorbene
Vater seinerseits glücklich zu preisen wäre, wenn er noch den

---

*) Der humane Gedanke ist der Grundquell für die Gestaltung des Seelen-
lebens: aus ihm geht hervor sowohl die Einsicht in das, was Menschenloos ist, wie
auch die Gesinnung, mit dem Geiste über alle Schicksale Sieger bleiben zu wollen.

Sohn an seinem Sterbebette gehabt hätte, — Tac. Agr. 45), das ist natürlich eine ganz allgemein menschliche Empfindungsweise. Gleichfalls ein menschlich nachzuempfindendes Zartgefühl ist es, wenn Cicero dem Caesar auf einen Brief über den guten Stand seiner Sachen in Gallien gar nichts wieder geschrieben hat, „nicht einmal eine Gratulation", um des inzwischen eingetretenen Todesfalles der Tochter Caesar's, Julia, willen (ad. Q. f. III, 1, 25); vermuthlich hat er sein Beileidsschreiben in der Zeit abgeschickt gehabt, wo jener Brief Caesar's an ihn unterwegs war, denn sonst würde das Unterlassen eines solchen auffallen.

Das allerlebendigste Herzensbedürfniss Cicero's nach dem Tode seiner Tullia, dieser seiner so innig geliebten Tochter, die er (ad Q. f. III, 1, 3) das Ebenbild seines Antlitzes, seiner Sprachweise, seiner Seele nennt, an dessen Befriedigung er vor allem seine Beruhigung hängt, war die Errichtung eines herrlichen Ehrendenkmals für sie. Wir haben schon gesehen (S. 119. 107), dass leider auch die Eitelkeit diesem Bedürfnisse nicht fremd war und dass er sich selber seinem Freunde Atticus gegenüber, sich geistesfrei über seine Schwäche erhebend und doch in seinem Gemüthe nicht von ihr ablassend, der Ineptien zeiht, wenn er immer wieder die Betheiligung des Freundes an dieser Angelegenheit in Anspruch nimmt.*) Wir haben das Bestimmtere in dieser seiner Seelenregung noch festzustellen, weil sich doch auch darin ein Strahl des von der Humanität beherrschten Seelenlebens bricht, denn aus seinem echt menschlichen Gefühl heraus entsprang dieses Verlangen, das rein Innerliche auch durch ein äusseres Werk zu symbolisiren.

Das der Tullia zu errichtende Heiligthum (*fanum*) also ist ihm die höchste oder vielmehr die einzige Herzerleichterung (ad Att. XII, 41, 3; vgl. ad Att. XII, 18. 1), er fühlt sich durch eine heiligere Pflicht (*maiore religione*) als irgend jemand durch ein Gelübde verbunden gewesen ist, zu seiner Errichtung genöthigt (ad Att. XII, 43, 2); auch (griechische) Consolationsschriftsteller, so glaubt er, legen ihm diese Pflicht nahe (ad Att. XII, 18, 1); er hat jetzt weder Geld noch Anschaffungen (speciell *vestis*: Gewandung und Teppichte) noch anmuthige Aufenthalts-

---

*) In diesem Gefühl schreibt er ad Att. XII, 31, 2, dass er nur soweit seinem Schmerze und seinem Verlangen in dieser Beziehung nachgebe, dass er dabei doch von dem Freunde geleitet sein wolle.

orte nöthig, dies aber hat er nöthig (ad Att. XII, 23, 3), er ist
in diesen Gedanken ganz blindlings verloren (πετύρωται, ad Att.
XII, 25, 2). Die Geldausgabe ist ihm völliger Nebenpunkt:
„Das Nothwendige wird zu jedem Preise richtig gekauft" (ad
Att. XII, 23, 3). Er verlangt von Atticus bei seiner Freundesliebe, dass er auf diese Idee eingehe: „So viel liebst du mich,
wie du darauf eingehst", ad Att. XII, 18, 1. Er hat sich eine
Zeichnung entwerfen lassen durch einen gewissen Cluatius, die
ganz seinen Beifall hat (ad Att. XII, 18, 1); er fährt dort freilich
fort, dass er sogar noch jegliche Art von Denkmälern, die allen
Talenten griechischer und lateinischer Künstler ihren Ursprung
verdanken, zur Verewigung (consecratio) seiner verstorbenen
Tochter heranzuziehen gedenke.*) Ein Hauptaugenmerk ist für
ihn, dass das Denkmal bei allen etwaigen Eigenthumsverände-
rungen hinsichtlich seines Grundes und Bodens in der unbegrenzten Folgezeit der Nachwelt („falls der Weltbau so lange
stehen wird" fügt er sogar hinzu) unversehrt und heilig erhalten
bleibe (ad Att. XII, 19, 1). Er denkt an mancherlei Gärten
zum etwaigen Ankauf dafür (ad Att. XII, 21, 2. 22, 3), zeigt genaue Kenntniss ihrer Lage, ein Urtheil über ihre etwaige
Geeignetheit für seinen Zweck, Erwägungen über ihre Käuf-
lichkeit, und sucht für das alles den Atticus zu interessiren; die
Insel auf dem Arpinatischen Gute, sonst Cicero's Lieblingsplatz
in der freien Natur, scheint ihm sonst wohl so recht eigentlich
zu der Stätte einer Apotheose geeignet (potest habere germanam
ἀποθέωσιν), aber ist ihm doch nicht ehrenvoll genug, weil zu
abgelegen (ad Att. XII, 12, 1). So weit ist also die humane
Gesinnung von cynischer oder überhaupt kalt verstandesmässiger
Gleichgültigkeit gegen das Aeussere, das eben zu einer Sym-
bolik des Inneren werden soll, entfernt, dass Cicero sich so lange
und so vielfach mit diesem Gedanken, seine Tochter durch
ein ganz ungewöhnliches Denkmal zu ehren, trägt; aber von
der Vollendung seines Planes verlautet nichts.

d) War die crux der Freundschaft bekannt? Was
hier gemeint ist, erräth vermuthlich der Leser nicht. Diese

---

*) Denn monimentorum . . sumtorum ist sicherlich mit der Romana princeps
statt . . ab omnium ingeniis scriptorum mit dem Mediceus zu lesen, da Cicero
die Inschrift ganz gewiss bei keinen anderen ingenium als seinem eigenen
suchen wird.

crux ist ein geheimes, meist in tiefer Gêne verhülltes Leid, von
dem auch in der Litteratur kaum die Rede ist; soviel ich beobachtet habe, nur bei einer einzigen Grösse der Weltlitteratur,
bei dieser aber auch mit ergreifender Wahrhaftigkeit. Das
nächste, selbstverständlichste und beste Bindemittel der Freundschaft bleibt doch zu allen Zeiten der herzliche und namentlich
der geistige Austausch, sofern die Neigungen und Abneigungen
der ganzen Persönlichkeit dabei betheiligt sind und die innerste
Stimmung dadurch berührt und beeinflusst wird, kurz und einfach gesagt, die gute Unterhaltung. Durch ungewöhnliche Anregungen und Freuden dieser Art pflegen sogar die Freundschaften geknüpft zu werden. Nun waltet aber über diesen
Unterhaltungen nicht immer der gleiche Stern, in Folge der
Verschiedenheit körperlicher und geistiger Dispositionen fallen
sie höchst verschieden aus, zumal wenn man noch die möglichen
Combinationen auf beiden Seiten (gut und gut, gut und mittel,
gut und schlecht, mittel und mittel, schlecht und schlecht) in
Betracht zieht. Freundschaften werden selten als solche zum
Bewusstsein gekommen sein, ohne dass verschiedentlich gut und
gut in der Disposition (zusammenstimmende dauernde Grundlagen tieferer Art vorausgesetzt) erquickend zusammengeklungen
sind. Nun lassen aber solche Fälle glücklichsten und so zu
sagen (unabsichtlich) gelungensten Zusammenseins ihre Erinnerung zurück, und es ist kaum vermeidlich, dass nicht jedes
Zusammensein mit dem Freunde im stillen mit den Idealfällen
verglichen wird. Dadurch lasten diese auf allen Folgefällen,
und es ist schwer, dass nicht eine unglückliche Absichtlichkeit, es
ihnen gleich zu thun, sich von dem Grunde der Seele erhebt.
Das ist nicht nur eine Trübung der glückseligen Unbefangenheit, sondern auch eine sehr ungünstige Lage für die Entfaltung
der Besitzthümer des Inneren, weil jene befangene Stimmung
hindernd auf ihnen liegt. Die Folge ist stille Unlust mit sich
selbst und die Befürchtung, dass man dem Freunde nicht sein
kann, was man ihm sonst wohl gewesen ist. Und zwar ist der
bei weitem grössere Theil der Unlust aus der eigenen Mangelhaftigkeit als aus der etwaigen der andern Seite entspringend,
welche vielmehr gern als eine Ausgleichung dessen, was man
sich selbst in dieser Beziehung in diesem oder in anderen Fällen
bewusst ist, getragen wird. Es wirkt sogar ungünstig, wenn

man der Beziehung zu einem Menschen, namentlich auf Grund
der erlebten Idealfälle der Unterhaltung, gegenseitig den hohen
Namen der Freundschaft beigelegt hat; mit Menschen, die einem
angenehm sind, aber so nahe doch nicht stehen, kann man
jahraus, jahrein täglich sehr erquicklich zusammensein, weil man
so hohe Anforderungen gar nicht an dieses Zusammensein stellt,
sie auch von der andern Seite nicht gestellt fühlt, folglich ganz
unbefangen und daher in der besten Verfassung bleibt, in befriedigendem Masse zu geben und zu nehmen. Die crux der
Freundschaft glaube ich damit deutlich genug geschildert zu
haben. Es giebt nun, wie ich überzeugt bin, so glücklich angelegte Naturen, dass sie nichts davon empfinden und dass
ihnen auch, wenn sie selber dem Freunde zu der geheimen
Beobachtung Veranlassung geben, dass sie heute bei weitem nicht
das sind, was sie dann und wann waren, wenigstens ihr eigenes
Innere von der Entdeckung dieses Uebelstandes ganz und gar
ohne Ahnung bleibt. Andere aber leiden schwer unter diesem
Kreuz und setzen sich oft unter seiner Last tiefer herunter als
sie wirklich stehen; die liebe Eitelkeit kommt wieder einmal
hinzu, diesen Stachel zu schärfen. Dass man sich einmal
darüber ausgesprochen und dadurch diesen Alp abgeschüttelt
hat, glaube ich kaum, so klug es auch wäre. Die Litteratur ist zu
solcher Aufrichtigkeit günstiger, theils, weil man, so lange man
schreibt, in der Illusion des Alleinseins mit sich befangen ist
und von der späteren um so grösseren Oeffentlichkeit absieht,
theils, weil nicht ein drückender Specialfall zur Rede steht,
theils auch, weil etwa in einer Dichtung — Romane und No-
vellen wären am geeignetsten in diesem Falle — die Beobachtung, die doch nur aus dem eigenen Ich gewonnen sein kann,
sich auf fremde Personen übertragen lässt. Und dennoch wüsste
ich, wie gesagt, nur e i n e Grösse der Litteratur, die dieses geheime und eigentlich überflüssige, weil nur sich selbst erzeu-
gende, Leid zum klaren Ausdruck gebracht hat. Es ist das
ein Mann, der, ein fast unvergleichlicher Meister im Herabsteigen
in die Schachte der eigenen Brust, dennoch oft genug in seinem
Streben nach Aufrichtigkeit sich selber betrogen und gerade durch
ihr stechendes Licht oft die eigentliche, eben dieses Lichtes ermangelnde und in sich selbst halbdunkle Wahrheit gefälscht, in
diesem Falle aber den reinsten Sachverhalt des Inneren getroffen

hat, — es ist Jean Jacques Rousseau. Dieser so unermesslich reiche
Geist hat doch in seinem Leben, wie er selber klagt, sehr viel
gelitten durch das Gefühl der Unterhaltungspflicht, nicht nur,
sofern er dadurch von seinen eigenen besseren Gedanken abgezogen wurde, sondern namentlich auch, weil ihn dieses Gefühl innerlich veröden und seines wahren Selbst verlustig gehen
liess. Er kam sich unter seinem Druck oft wie ein Tropf vor
und kannte nichts Schrecklicheres als den ganzen Tag zur
Unterhaltungspflicht mit sonst unbeschäftigten Menschen zu-
sammengespannt zu sein, für welche Situation er vorschlug,
dass lieber jeder für sich ein mechanisches Spiel spielen möchte,
um nur nicht immer von dem Gefühl, etwas sagen zu müssen,
geplagt zu werden. In den confessions ist darüber nicht so viel
zu finden wie in den an wirklicher Wahrhaftigkeit höher stehenden promenades solitaires des Greises; nur wüsste ich nicht,
dass er darin auch geradezu die crux der Freundschaft gefunden hätte.

Es fragt sich nun, ob die in ihrem Princip so gesunde und
dazu in der allgemeinen grösseren Natürlichkeit und Unbefangenheit des gesamten Alterthums athmende humane Gesellschaft
der letzten Menschenalter der römischen Republik von dieser
unscheinbaren, aber sehr übel schattenden Wolke frei gewesen
ist oder nicht. Mir kommt es doch vor, als ob ich eine Spur
von ihr gefunden hätte, widrigenfalls ich auch hier die ganze
Sache nicht herangezogen haben würde. Es ist Quintus Cicero,
der auch sonst in mehrfachen Beziehungen ein unglückliches
Naturell zeigt, der bisweilen von der crux geplagt zu sein
scheint. Wir haben schon gesehen (S. 93), dass er mehr als
nöthig war sich durch den Scrupel gequält fühlte, ob er seinem
Bruder Marcus wohl auch immer gelegen käme, und wie dieser
ihn darüber hochherzig beruhigte. Ad Q. f. II, 11, 1 nun aber
lässt Marcus ihm gelegentlich einfliessen, dass ihnen, wenn sie
zusammen seien, der Unterhaltungsstoff nie zu fehlen pflege.
Wenn man die grosse Zartheit und Feinheit bedenkt, mit der
der begabtere und berühmtere Bruder ihm oft, namentlich aber
in dem langen Briefe ad Q. I, 1, der auch dadurch zu einem
Meisterwerke wird, seine Fehler und Schwächen vorzuhalten
weiss, indem er das Gegentheil davon als das hinstellt, was er
von ihm erwarte, so trägt man doch den Eindruck davon, als

ob er ihn hier auch von geheimen quälenden Bedenklichkeiten durch eine gegentheilige Versicherung erlösen wolle. Beweisen lässt sich das freilich nicht, und im übrigen habe ich das Wölkchen nirgends bemerkt, aber es ist auch einer der am verborgensten gehaltenen Punkte des Seelenlebens. Aus den Spuren der Eitelkeit aber, die wir oben an der antiken humanen Gesellschaft bemerkt haben, lässt sich doch wohl schliessen, dass es öfters ihre schöne und reiche Geselligkeit überschattet habe, da es mit der Eitelkeit an unsichtbaren Fädchen zusammenhängt. M. Cicero hatte sonst an dem unbefangenen Freundesgeplauder (der λέσχη), auch wenn ihm nichts Reelles zu grunde liegt, in der Lust am Gespräch als solchem, sein harmloses Wohlgefallen, ad Att. XII, 1, 2. Das verdriessliche unendliche Geschwätz eines Fernerstehenden kann ihm freilich auch einmal den Verzweiflungsruf entlocken: ὦ ἀπεραντολογίας ἀηδοῦς, ad Att. XII, 9, 1, wo „der Sohn des Amyntas" gewiss ein dem Atticus verständlicher Deckname war.

5. Das Briefwesen.

Dass die Schrift, d. h. der Gedanke, dass man Laute für das Ohr, in ihrer Besonderheit und ihren Unterschieden aufgefasst, durch gänzlich andersartige willkürliche Zeichen für das Auge darstellen könne, eine der grössten und folgenschwersten Erfindungen des menschlichen Geistes ist, das macht man sich wohl gelegentlich klar, so trivial uns auch die ungeheuere Sache geworden ist. Die Erfindung des Briefschreibens ist nur eine ganz naheliegende Folgeanwendung dieses Gedankens, und doch muss sie ihrer Zeit wie eine neue lichte Entdeckung empfunden sein, weil das Sprechen über weite Zwischenräume hinweg und das Entgegennehmen des Gesprochenen zu einer anderen Zeit als es gesprochen war, als ein kühner neuer Gedanke empfunden werden musste, — wenn man bedenkt, wie sehr in kleinen und einzelnen Schritten bis auf den heutigen Tag die Erfindungen sich zu erweitern und zu vervollkommnen pflegen. Die Erfindung geht bekanntlich schon bis in die homerische Zeit zurück, wenn auch der Brief (πίναξ πτυκτός), den Bellerophontes von Proitos dem König von Lycien bringen sollte (Il. VI, 169), vielleicht in hieroglyphischen Zeichen abgefasst war. In keiner Zeit des classischen Alter-

thums aber gewann das Briefwesen eine solche Ausdehnung,
wie in der humanen Gesellschaft Roms zu Cicero's Zeit. Echte
Briefe besitzen wir keine aus der besten griechischen Zeit; aber
wenn man aus den Fälschungen (Briefe des Phalaris, des Plato,
des Demosthenes), die man ihnen unterzuschieben wagte,
schliessen darf, werden solche kaum einen Vergleich ausgehalten
haben mit dem in persönlicher, psychologischer, zeitgeschicht-
licher, geschäftlicher und litterarischer Beziehung so überaus
inhaltsreichen Briefwechsel Cicero's, trotzdem dessen zahlreiche
(37) Bücher, die uns erhalten sind, wie aus sicheren Citaten
bei alten Schriftstellern hervorgeht, noch nicht dessen ganze
hinterlassene Correspondenz umfassen. Der briefliche Austausch
zwischen räumlich getrennten Personen hat in dieser Sammlung
eine ausserordentliche Virtuosität in der Breite und in der Tiefe
angenommen. Die Stilart, von der wohlgesetztesten und gewähl-
testen, bis zu vertraulicher und salopper, spiegelt in grosser
Lebendigkeit und Unmittelbarkeit die Personen und die Umstände wieder, der Inhalt belebt für uns das Zeitbild mit zahl-
losen kleinen und feinen Zügen des privaten und öffentlichen
Lebens. Die Entfaltung des Menschlichen hatte einen neuen
Spielraum gewonnen, in dem es ebenso unvergänglich festgehalten wird wie das wirkliche Leben selber vorüberrauschen
muss.

Eine bekannte Reflexion Cicero's selber über das Briefwesen findet sich in dem Briefe an Curio ad fam. II, 4. Danach
sei das Briefwesen erfunden zu dem Zwecke, dass wir Abwesende
benachrichtigten von dem, was zu wissen in unserem oder in
ihrem eigenen Interesse liegt.*) Abgesehen davon gebe es zwei
Arten von Briefen, an denen beiden er grosse Freude habe:
den vertraulichen und scherzenden und den ernsten und würdevollen Brief. In diese einfache und auf die gröbste Unterscheidung sehende Classificirung liessen sich in der That die Briefe
ganz wohl unterbringen, die wir noch aus der antiken humanen
Gesellschaft besitzen. Ich trage noch einzelne Züge ihrer gelegentlichen Selbstcharakteristik zusammen. Höchst selten —

---

*) In Beziehung auf diese einfachste Briefart macht Cicero (ad Att. III, 16)
den sehr begründeten Unterschied, dass er den Freund bittet, was ist so wie es
ist, was er meint so wie er es meint, zu schreiben, also deutlich hervortreten zu
lassen, ob etwas Thatsache oder Vermuthung ist.

ich wüsste eigentlich nur die Stelle ad fam. XII, 30, 1 aus
Cicero's letztem, stürmischem Lebensjahr — kommt es vor, dass
man mit sonstiger Arbeitslast eine etwaige Saumseligkeit
im Briefschreiben entschuldigt. Man ist eben nicht brieffaul.
Man hat grosse Freude an den Briefen, die man empfängt,
aber auch an denen, die man selber schreibt, namentlich, weil
man sich dadurch die Anwartschaft auf zu erhaltende macht,
ad Att. XII, 27, 2; in diesem Gedanken erträgt man es auch,
dass man sich ja dem Freunde gegenüber allmählich ausschreibt
(*eadem cotidie, quae iam iamque contrita sunt*); doch ist diese
Klage offenbar nicht ernst gemeint, weil ja das fortschreitende
Leben in kaleidoskopischem Spiel immer Neues bringt. Wenn
man in dem ernsten Briefe, zumal wenn derselbe einen bestimmten Zweck von grösserem oder geringerem Umfange verfolgt, höchst bedächtig zu Werke geht, statt des natürlichen
Charakters oft irgend eine Seite des erworbenen aufsteckt, jedes
Wort und jede Wendung fein nach seiner Wirkung berechnet
auf die Wagschale legt, so lässt man sich in dem vertrauten
frei und unbefangen gehen und macht nicht grosse Ansprüche
an sich selbst und den anderen.*) „Unsere Briefe dürfen bisweilen nach Herzenslust ihre Sprünge machen (*halucinari*)“, ad
Q. f. II, 9 (11), 1. Einem Briefe muss man auch nichts nachtragen:
„Diesem nicht brüderlich geschriebenen Brief musst du brüderlich verzeihen“, ad Q. f. I, 2, 12.**) Die Enttäuschung, dass die
Briefe dem Leben oft nicht so viel gewähren als man von ihnen
naiver Weise erwartet — Briefe von unbekannter Hand pflegen
ja weit öfter etwas nehmen als geben zu wollen, und die naive
Freude bei'm Ansichtigwerden derselben streift sich in den Erfahrungen des Lebens ab — hatte man wohl auch erfahren: in der
Beziehung findet sich ad Att. XII, 12 der Ausspruch von köstlicher
psychologischer Wahrheit: „Es ist mir zur Gewohnheit geworden,
dir täglich zu schreiben, um Briefe von dir hervorzulocken, nicht
als ob ich etwas von diesen erwartete, aber, ich weiss nicht

---

*) Vgl. über den Ciceronischen Briefstil überhaupt das vortreffliche Gymnasial-
Programm voll reicher concreter Nachweisungen von Dr. Karl Rein, Chemnitz 1895.

**) Ueberhaupt ist man nicht so peinlich im Gefühl des Stolzes oder Recht-
behaltenwollens, dass man sich nicht zur Bitte um Verzeihung entschliessen könnte:
„Wenn ich etwas gegen dich gefehlt habe, oder vielmehr, weil ich ja gefehlt habe,
so verzeihe! Denn gegen mich selbst habe ich stärker gefehlt", ad Att. III, 15, 4.

wie, ich erwarte doch etwas". Die Schreiblust gehörte
aber anscheinend mehr dem besten, so recht eigentlich vom
humanen Gedanken beherrschten Theile der ersten Gesellschaft
als den ihr mehr von der Seite ihrer Vornehmheit zugehörigen
Elementen an: wenigstens schreibt Cicero einmal (ad fam. VII,
14, 1) dem Trebatius nach Gallien, als er nur einen mündlichen
Gruss von ihm statt des erwarteten Briefes erhalten hatte: „Du
bist ja recht vornehm geworden (*valde iam lautus es*), dass du
dich darum drückst, einen Brief an mich mitzugeben". Das
specifische Vornehmseinwollen hat zu allen Zeiten eine Abneigung dagegen gehabt, die Concurrenz des Geistes und der
persönlichen Eigenschaften in irgend welcher Form gegen sich
aufkommen zu lassen. Von sich selber kann dagegen Cicero
schreiben (ad Att. IV, 2, 1): „Ich könnte gar nicht irgendwie in
dem Masse beschäftigt sein, dass das die Fahrstrasse meiner Liebe
und Ergebenheit (d. h. meinen Briefwechsel) unterbrechen sollte".
     Die Seele jedes Briefwechsels ist das Briefgeheimniss, das
Vertrauen, dass nur der Empfänger, und niemand auf dem
Zwischenwege zwischen dem Absender und ihm, den Brief zu
lesen bekommt, und sonst etwa nur der, welchen der Empfänger
dafür geeignet erachtet ohne dass damit das Vertrauen des Absenders in ihn eine Verletzung erfährt. Das Briefgeheimniss
kann in den modernen Staaten geradezu unter die Grundrechte
des Staatsbürgers gerechnet werden, und das „schwarze Cabinet"
unter dem preussischen Generalpostmeister Nagler steht noch
heute in schlimmem Andenken, die Unmöglichkeit seines
Wiederauflebens gehört zu unseren culturellen Besitzthümern.
Im Alterthum bot die private Beförderungsart der Briefe keine
oder nur eine schlechte Bürgschaft für das Briefgeheimniss, und
diese Unsicherheit musste sogar schädigend auf den inneren
Charakter der Briefe schlagen oder wenigstens auf Mittel und
Wege sinnen lassen, Geheimnisse in einer nur dem Adressaten
verständlichen Weise auszudrücken. Auch in diesem Umstande
ist es begründet, dass einzelne Stellen des Ciceronischen Brief-
wechsels für uns in ihrem Sinne nicht völlig zu enträthseln sind.
Oft freilich sind uns die blossen Pronomina (*hic* und *illc*)
oder Deck- oder Spitznamen auf Grund der uns zu gebote
stehenden historischen Gesamtmittel ganz wohl durchsichtig.
Die Klagen über jenen Punkt sind häufig, und wenn er nicht

obgewaltet hätte, so würde die Ciceronische Correspondenz für
uns noch um ein paar Grad in ihrem Werthe einer intimen
Erkenntnissquelle der Personen, Ereignisse und Verhältnisse
ihrer Zeit steigen. Die Gefahr liegt immer vor, dass ein Brief
verloren gehen oder erbrochen werden oder aufgefangen werden
kann, ad Att. I, 13, 1; XV, 9, 2. Schon an der Quelle ist Gefahr. Häufig nämlich scheinen die Briefe dictirt (ad Att. XIII,
9, 1) oder wenigstens vor ihrer Absendung daheim entsprechenden
Sklaven, den *librarii*, zur Anfertigung einer Abschrift übergeben zu sein: da fragte es sich nun, was man ihrem Wissen
anvertrauen durfte und was nicht. Geheimnisse, dgl. in den
vertraulichen Briefen an Atticus oft vorkamen, pflegte Cicero
selbst jenen seinen Secretären nicht anzuvertrauen, ad Att. IV,
18, 1. Ja sogar eigenhändig wagt man nicht alles zu schreiben,
ad Att. XIII, 9, 1. Dann kam die Beförderung. „Wie wenige giebt
es denn", schreibt Cicero in scherzhafter Wendung an Atticus
(I, 13, 1', „die einen irgendwie gewichtigeren Brief tragen können
ohne ihn durch Durchlesen zu erleichtern"? Der Ueberbringer
(*tabellarius*) darf daher nicht unbekannt (ad Att. I, 18, 2), nicht
ein beliebiger „Erdensohn" (ad Att. I, 13, 4) sein. Der Brief
kann in fremde Hände kommen (ad Att. I, 9, 1; ad Q. f. III, 9, 3);
Beispiel eines verloren gegangenen Briefes ad fam. XII, 15, 2
und ad Att. II, 8, I, wo die Ueberbringer, erschreckt durch Miene
und Stimme des ihnen auf den Kopf Zusagenden, sie müssten
ja einen Brief des Pomponius (Atticus) bei sich tragen, eingestehen, dass sie einen solchen entgegengenommen, er ihnen
aber unterwegs „verloren gegangen sei" (*excidisse in via*). Er
konnte ihnen auch abgekauft sein: ad Q. f. III, 9, 6 sucht
Cicero einen „begüterten Tabellarius" zur Ueberbringung eines
von ihm gedichteten Epos an Caesar in Gallien. Namentlich
in Kriegszeiten lassen natürlich beide Parteien den Briefüber-
bringern auflauern und durchstöbern die Correspondenz, ad
fam. X, 31, 1; XII, 12, 1. Briefe werden deshalb wohl, wie
Meldereiter, in doppeltem Exemplar (*bis eodem exemplo*, ad
fam. X, 5, 1, XII, 30, 7; dagegen ist ad fam. XIII, 27, 1 *eodem
exemplo = eodem argumento*) durch zwei Boten abgefertigt. Ad
fam. XI, 21, 5 heisst es: „Ich will einen von meinen eigenen
Sklaven schicken, damit der Brief zuverlässiger an dich gelangt."
Auch wenn der Brief an den Ort seiner Bestimmung ange-

11*

kommen ist, wird es mit der Eigenthümerschaft des Empfängers nicht genau genommen. Ad Att. VI, 3, 8 schreibt Marcus Cicero selber ganz offen, so dass er selber darin nichts Ungehöriges zu finden scheint, der junge Q. Cicero habe einen an seinen Vater Quintus adressirten Brief gelesen. „Denn er pflegt solche zu öffnen, und zwar auf meinen Rath, ob vielleicht darin etwas enthalten sein möchte, was zu wissen noth ist." Er hat sich denn auch daraus eine thränenreiche Gemüthserschütterung zugezogen, weil der Brief ein offenes Wort über das schlechte eheliche Verhältniss seiner Mutter, der Schwester des Atticus, zu seinem Vater enthielt. Ad. Att. XI, 9, 2 entschuldigt sich aber Cicero doch wenigstens, dass er einmal fremde Briefe geöffnet habe, und will erklären, wie das zugegangen sei, was sonst ganz und gar nicht möglich gewesen sein würde: er habe ein Fascikel mit Briefen von seinem Bruder Quintus geöffnet und mehrere Briefe daraus ihren Adressaten zugestellt. Diese seien sogleich darauf ganz entrüstet über ihren Inhalt zu ihm gekommen, und da habe er doch sehen wollen, ob die übrigen gleicher Art seien. Das ist der Fall; er schickt sie dem Atticus zur Kenntnissnahme. Er fügt hinzu, dass ihre Entsiegelung kein Unglück sei, denn Pomponia, die Gemahlin des Quintus, habe ohne Zweifel das richtige Petschaft. Das ist doch für unser Gefühl und unsere Sitte eine sehr starke Geschichte, und bei Gelegenheit der Feststellung, dass die Unmöglichkeit, wirklich volles Zutrauen zu dem Bestehen des Briefgeheimnisses hegen zu können, ein Mangel für das Grundgefühl der antiken humanen Gesellschaft zu ihrem Correspondenzwesen habe sein müssen, bleibt ein Makel an M. Cicero hängen. Bei den übelen Folgen, die ein Missbrauch von Briefen haben kann, und bei der offenbar bestehenden Unsicherheit discreten Besitzes ist es wohl begreiflich, dass Cicero einmal (ad Q. f. I, 2, 8 f.) seinem Bruder den Rath giebt, dass er aus seiner übermässig angeschwollenen Sammlung von Briefen (volumina selectarum epistolarum) recht viele lieber ganz vernichten möge, insbesondere die widerrechtlichen (iniquas), die im Widerspruch (mit andern) stehenden (contrarias), die unpassend (absurde) und in ungebräuchlicher Art geschriebenen, endlich die für irgend jemanden beleidigenden (in aliquem contumeliosas). — Es zeigt sich aus dem Obigen, dass eine Unvollkommenheit äusserlicher Einrichtungen sogar

auf den inneren Charakter der Briefe der antiken humanen Ge-
sellschaft nicht ohne schädigenden Einfluss geblieben sein kann.
Die äussere Form der Briefe in Beziehung auf Eingang und
Schluss (einfaches oder verstärktes und herzlicheres *vale;* das
Datum wird zum Schluss oft hinzugefügt, oft aber auch nicht)
war gegeben, und die gute Sitte verlangte es, sie innezuhalten.
Zwischen vertraulichen und höflichen Briefen bestand natürlich
für den Eingang ein Unterschied: die letzteren durften das
Pränomen und die Hinzufügung der etwaigen Amtswürde (z. B.
consul, proconsul, imperator) nicht vergessen. Wenn ein gewisser Volumnius, ein Witzbold, einmal in der Ueberschrift eines
Briefes an Cicero seinen und des Empfängers Vornamen weggelassen hatte, so giebt ihm dieser in seiner Antwort (ad fam.
VII, 32, 1) sehr fein zu verstehen, dass er sich damit eine un-
gebührliche Formlosigkeit hat zu Schulden kommen lassen, wenn
er schreibt, er habe deshalb anfangs gezweifelt, ob er es nicht
mit einem Briefe des Senators Volumnius, seines altvertrauten
Freundes, zu thun habe, aber der spasshafte Ton (εὐτραπελία)
des Briefes habe ihn bald belehrt, dass der Brief vielmehr von
diesem anderen Volumnius sei. Der Gentilname pflegt oft auch
bei förmlicheren Briefen weggelassen zu werden, wenn z. B.
Cicero an Pompejus schreibt: M. Cicero imperator Cn. Magno pro-
consuli. Der sittliche Werth fester äusserer Formen, über den
L. Wiese einen seiner köstlichen Vorträge gehalten hat, ist auch
von der antiken humanen Gesellschaft nicht verkannt worden,
so sehr sie auch das einfach echt Menschliche zu ihrem Ideal
machte: solche Formen entspringen eben aus dem wahrhaft
menschlichen Wesen, das nicht dem Belieben des einzelnen überlassen kann, ob er den Sinn dieser Formen zum Ausdruck
bringen wird oder nicht.

6. Das Empfehlungswesen.

In dem grössten Theil der obigen Ausführungen ist vorausgesetzt, dass man sich immer gegenwärtig erhält, einen wie viel
weiteren Umfang der antike Humanitätsgedanke hatte als der
moderne, wenigstens der allgemein geläufige moderne, denn
sonst würden die Verbindungsfäden zwischen sehr vielen der
angeführten concreten Einzelheiten und der Humanitätsidee abreissen. Das Empfehlungswesen nun aber hängt mit demjenigen

Theil dieser allgemeinen Idee, auf den sich die moderne Bezeichnung des Humanen beschränkt hat, viel enger zusammen.
Denn durch Empfehlung will man immer seinem Mitmenschen
helfen, seine persönlichen Angelegenheiten fördern, und das ist
auch in unserm Sinne human. Dass diese Hülfe mit persönlichen
und namentlich pecuniären Opfern verbunden ist, das ist nicht
gerade ein nothwendiges Zubehör des (im modernen Sinne) humanen Verhaltens, wenn auch die schönste und thatkräftigste
Krönung desselben. Wenn die Empfehlung (an mächtige, ein-
flussreiche, vermögende Personen) dem Bekannten oder Freunde
zu seinem Weiterkommen im Leben förderlich sein sollte, so
liegt darin allerdings ein bedeutender Unterschied gegen die
modernen Verhältnisse. Denn so sehr in diesen auch persönliches Interesse und persönliche Fürsprache, sogar bei Personen.
die als Träger eines Theiles der öffentlichen Gewalt in betracht
kommen, noch von Werth ist, so hat sich doch die öffentliche
Gewalt mehr in einem concreten Kreise der ihre verschiedensten
Seiten vertretenden amtlichen Persönlichkeiten verkörpert, und
ihnen gegenüber empfiehlt man sich (zur Verleihung einer
lohnenden Lebensstellung) durch Erfüllung allgemeiner, objectiver
Forderungen, über die man sich in einem reich organisirten,
amtlich unparteiischen Prüfungswesen ausweist; und auch was
über die Erfüllung der Vorbedingungen zur Anstellungsfähigkeit
in den wirklichen Leistungen des Amtes oder diese noch überschreitenden hinausgeht, das unterbreitet sich doch mehr oder
weniger der pflichtmässigen amtlichen Beachtung. Der Beamten-
staat, die derartige Organisirung der staatlichen Functionen,
dass sie von lebensberuflichen Ständen ausgeübt werden, ist in
dieser Beziehung der wesentliche Unterschied zwischen Neuzeit
und Alterthum. Hier lag die Macht und die Möglichkeit, auch
anderen zu Ansehen und Mitteln zu verhelfen, bei einer Oligarchie,
die die Aemter jährlich unter sich herumgehen liess und deren
Mitglieder eigentliche staatliche Autorität nur vorübergehend
auf kürzere Zeit besassen, innerhalb der Oligarchie aber wieder
bei den einzelnen je nach dem sie sich — durch gute oder
schlechte Mittel — emporzubringen wussten. Die Empfehlungen
haben demgemäss mehr den Charakter, persönliche und willkürliche Bevorzugungen zu wünschen, nicht eine geordnete vernünftige Instanz mit gerechter Personalkenntniss zu instruiren.

Sie sind bei aller Humanität, mit der sie vielfach gemeint sein werden, doch auch Wasser auf die Mühle des Nepotismus, der mit der Erbschleicherei und der Kinderarmuth der Ehen zusammen ein so unerquicklicher Fleck in dem fleckenreichen Bilde des ausgehenden römischen Alterthums ist.

Mögen die Empfehlungen auch ebenso oft oder häufiger mündliche gewesen sein, so ist doch für uns das beste Bild des Empfehlungswesens wieder aus Cicero's Briefen zu gewinnen, da beide Arten der Empfehlung das Wesentliche gemein haben und die brieflichen noch durch die Sorgfalt ihrer Formulirung ausgezeichnet sein werden. Empfehlungsbriefe sind in der Ciceronischen Sammlung keine Seltenheit, und namentlich besteht bekanntlich das 13te Buch ad familiares vornehmlich aus solchen; sie zeigen in ihren Hauptzügen oft eine so vollkommene Handhabung dieser Unterart von Briefen, dass sie auch einem modernen „Briefsteller" als Vorbild dieser Gattung dienen könnten.

Die Grundmelodie der Empfehlungsbriefe muss selbstverständlich so verlaufen, dass die intellectuellen und moralischen Vorzüge des Empfohlenen aus überlegener Personalkenntniss heraus in helles Licht gestellt werden. So heisst es z. B. ad fam. XIII, 21, 1 an den Servius über einen gewissen Aemilius Avienus, dass er ein trefflicher, ganz besonders aber humaner und in jeglicher Art von Diensten (*officii*) schätzenswerther Mann sei, ebendaselbst § 2 von seinem Freigelassenen Hammonius, dass Servius in ihm einen Mann von Ehrgefühl (*pudentem*) und Dienstwilligkeit kennen lernen und ihn seiner Hochschätzung würdig erachten werde; ad fam. XIII, 13 an Brutus über einen gewissen Castronius Paetus, dass er ein ehrenhafter, ernster, diensteifriger, in jeder Weise trefflicher und, wenn auch daran etwas gelegen sei, vermöglicher Mann sei. Weiter wird daran, wie oft, z. B. ad fam. I, 3, 1; V, 5, 3 in ähnlicher Weise, die Bemerkung geknüpft: „Ich empfehle ihn dir als meinen Freund und deiner Freundschaft würdig". Der Empfehlung braucht natürlich nicht immer ein ganzer Brief gewidmet zu sein, so findet sich z. B. ad fam. III, 1 nur zum Schluss eine solche eines Juristen L. Valerius an Appius Claudius. Ebenso selbstverständlich ist es, dass ein Brief, wie z. B. ad fam. XIII, 64, mehrere Empfehlungen zugleich enthalten kann. Die Empfehlung kann auch wiederholt werden, wie z. B. in ad. fam. XIII, 75. Das dem Gefühl des Odysseus, als er zum zweiten Male zu Aeolos bittend kommt, ähnliche Gefühl, auf ein empfehlendes Gesuch sehr bald ein anderes solches zu setzen, hat sich ad fam. XIII, 62 die eigenthümliche Phrase geschaffen: *deinde impudentia prosequor:* ich bin so unverschämt und komme (leider) schon wieder mit einer neuen Bitte. Es kann natürlich auch vorkommen, dass der Empfohlene einem nicht selbst bekannt, sondern durch einen anderen empfohlen ist, wie ad fam. XIII, 6: dann gründet sich die Fürsprache auf das Vertrauen zu dem letzteren und das Interesse für diesen. In einem Falle (ad fam. XIII, 73) hat der Empfehlungsbrief zum Inhalte, dass wenigstens den Söhnen des Mannes, für den Theilnahme gehegt wird, Verzeihung zu theil werden möge. Die Empfehlung kann verschiedene Wärmegrade haben; in der Beziehung ist eine einfache Wendung (ad Q. f. II, 12 (14), 3: „Ich empfehle dir ihn in höherem Grade" (*in maiorem modum*); oft ist der Ton noch viel eindringlicher, z. B. ad fam. II, 14, zu gunsten eines M. Fabius, an dem seine Bildung, sein Geist und seine Bescheidenheit auf's wärmste gelobt wird, in den Worten: „Wenn du mich lieb hast, wirst du alles im stich lassen, wenn Fabius von deiner thätigen Theilnahme Gebrauch zu machen wünscht". Es ist begreiflich, dass in der Belobigung und Empfehlung dritter Personen das Pergament geduldig war und es einreissen musste, dass man, auch wenn der höflichen Form kein recht wahrhaftiger Inhalt entsprach, nur schwer und ungern sich einer Gefälligkeit entzog, auf die der sie Erbittende durch eine immer mehr ausgetretene Sitte Anspruch zu haben glaubte. Cicero spricht sich über diesen Punkt ganz offen aus gegen den Imperator Lentulus (ad fam. I, 9, 19): auch dieser möge sich nur erinnern, welchen Leuten er aus den fernsten Ländern wohl Belobigungen nach Rom geschickt hätte. Sie beiden sollten doch unter einander kein Verstecken spielen und in dieser Beziehung einander keine Gewissensfragen zuschieben, die einmal übliche Praxis würden sie beide gegebenen Falls weiter ausüben. Damit mussten allerdings die Empfehlungen leicht ihr Gewicht verlieren.*) Zwar heisst es

---

*) Doch heisst es ad Att. IV, 16, 1: „Dem Paccius habe ich mit der That und mit Worten gezeigt, welches Gewicht deine Empfehlung (bei mir) hat. Daher gehört er jetzt zu meinen Vertrauten, während er mir bisher nicht bekannt gewesen war".

ad fam. II, 19, 2: „Von grossem Werthe ist mir, wie das Pflicht
und Schuldigkeit ist, die gewissenhafte Empfehlung
wirklicher Freunde", aber ad fam. XIII, 6, 2 wird angedeutet,
dass Cicero in Zukunft bei seinen Empfehlungen ein mit dem
Adressaten verabredetes Zeichen beisetzen werde, um ihn über
den Ernst oder die blosse Förmlichkeit einer etwa zudringlich
abgedrungenen Empfehlung zu verständigen. Die schlechte Art
heisst ad fam. XIII, 69, 1 *vulgariter*, die gute *ut pro homine
intimo scribere.* Sehr vernünftig ist auch die Erklärung ad Q.
f. III, 1, 9: „Wenn Caesar von meiner Empfehlung des Trebatius,
hinsichtlich deren er sich mir gegenüber schon befriedigt gezeigt hat, nicht zu dessen Befriedigung Gebrauch macht, so brauche
ich ja keine Garantie (dass alle meine Empfehlungen wirksam
sein werden) auf mich zu nehmen". Ebenso vernünftig ist es,
wenn Cicero in Erkenntniss des Missbrauches, der schon in das
Empfehlungswesen durch solche, die für den gereichten kleinen
Finger immer gleich die ganze Hand nehmen wollen, und durch
die Neigung dieser Epoche und der lateinischen Sprache zu
übertriebenem Ausdruck eingerissen ist, ad fam. XIII, 53, 1 einer
Empfehlung hinzufügt: „(Erweise dich ihm in allen Stücken gefällig), soweit es deine Ehre (*fides*) und Würde erlaubt", — einen
Zusatz, den man öfter finden möchte. Freilich schreibt er
gerade hier weiter: „Sie wird es aber in allen Fällen erlauben,
denn er wird niemals etwas verlangen, was dein oder auch sein
(vorhin als vortrefflich bezeugter) Charakter verböte". Ob es
wohl immer mit beiden mentalen Zurückhaltungen, die sittlicher
Weise doch immer zu machen wären, so unverfänglich gestanden
hat? Häufig wird das Motiv der Empfehlung von der Person
des Empfehlenden hergenommen, z. B. ad fam. XIII, 53, 2 mit
einem merkwürdigen Vorklange an das evangelische Wort Matth.
25, 40: „Was du an Diensten, an Wohlthat, an Ehre dem Genu-
cilius erwiesen haben wirst, das werde ich ansehen, als ob du
es mir selber und meinem Interesse erwiesen hättest"; anders
ad fam. XIII, 55, 1: „Ich zweifle nicht, dass zu deiner Geneigtheit meine Empfehlung als Krönung der Sache hinzukommen
wird". In diesem Falle tritt aber auch wohl die egoistische
Seite, die, weil die Menschen sich in dem Gedanken ihres hülfreichen Einflusses sonnen und nach der Dankbarkeit der Empfohlenen lechzen, dieser Art von Humanität doch auch anzu-

haften pflegt, und die in der deutschen Redensart vom „Kuppel-
pelz" für eine bestimmte Classe von Fällen ihren drastischen
Ausdruck findet, in förmlich naiver Weise hervor, wie ad fam.
XIII, 28a, 2: „Bekunde ihnen, dass es dir nicht unangenehm
ist zu wissen, dass was du thust auch mir willkommen ist",
wo allerdings, in dem Bewusstsein, dass sogleich die Eitelkeit ihren geheimen Antheil an der Fürsprache gestehen wird,
das Motiv der Ehre, des Ansehens, der Gerechtigkeit des Angeredeten als das erste vorausgeschickt wird; ad fam. XIII, 30, 2:
„Behandle ihn so, dass er einsieht, dass meine Empfehlung ihm
von grossem Nutzen gewesen ist"; vgl. ad fam. XII, 27. Bisweilen wird auch der Eigennutz dessen, an den die Empfehlung
gerichtet ist, ganz offen als Motiv für ihn, der Empfehlung
Folge zu leisten, angerufen, wie ad fam. XIII, 65, 2: „Du selbst
wirst aus der Aufmerksamkeit dieses dankbaren Mannes den
grössten Lohn schöpfen"; ad fam. XIII, 9, 3: „Du wirst die
bithynischen Pachtgesellschaften (socios) als erkenntlich (memores)
und dankbar kennen lernen"; dieser Brief ist nämlich an Cicero's
zweiten Schwiegersohn Crassipes, als Quästor von Bithynien,
zu gunsten jener Actionäre und speciell des Pupius, eines ihrer
Buchhalter (qui est in operis eius societatis), gerichtet und also
recht eigentlich ein Wurf nach der Wurst mit der Speckseite.
Vgl. auch noch ad fam. XII, 26, 2. — Die Wendung „sich
empfehlen" findet sich, bei weitem nicht so abgeblasst wie im
Deutschen, aber doch auch zum Schluss des Briefes, ad fam.
III, 9: „Du wirst meine ganze Person und das Meinige und die
Meinigen dir empfohlen halten". — Wenn auch die schwachen
Punkte in den Empfehlungsbriefen Cicero's nicht verschwiegen
werden konnten, so wird man doch im allgemeinen diese Briefe,
die im wesentlichen offenbar, so wenig auch in ihnen vielfach eine
ganz individuelle unnachahmliche Liebenswürdigkeit zu verkennen ist, ein Bild ihres ganzen zeitgenössischen Genre's sind,
von seiten sowohl ihrer Empfindungs- wie namentlich ihrer mit
der höchsten weltmännischen Gewandtheit gewählten Ausdrucksweise, die doch dem Schreiber wie natürlich angegossen steht,
als ein sehr eigenartiges Monument der antiken Humanität
empfinden.

7. Die Buch-Widmungen.

Ein specifischer Zug der Humanität ist es, dass mit Cicero's theoretischen Schriften die Sitte aufkommt, ein neues Buch einem Freunde zu widmen, wie denn die Bücher vom Redner dem Bruder Quintus, die akademischen Untersuchungen dem Varro, de finibus, de n. deorum und die Tusculanischen Gespräche dem Brutus, de officiis dem Sohne Marcus, über das Greisenalter und über die Freundschaft dem Atticus gewidmet sind; und so ist auch Varro de l. lat. dem Cicero gewidmet und findet sich in Horaz' Gedichten überall an passender Stelle oder auch mehrfach eine angeredete Person eingeschoben; auch Trebonius hat dem Cicero eine kleine Schrift gewidmet, was er ihm ad fam. XII, 16, 3 mit dem gezierten Ausdruck *„concinnavi tibi munusculum"* anzeigt, wie er sich denn überhaupt nicht als ein guter Stilist *(„dictum a te dictum"* a. a. O.) zeigt. Das eigene Denken, Studiren und Schreiben findet nicht statt ohne eine Beziehung zu irgend einer vertrauten Persönlichkeit, die als Genosse der gleichen Bestrebungen empfunden wird und in Gedanken an die es sich gestärkt und gehoben fühlt, die also gleichsam als Symbol eines Publikums vorschwebt, an das man sich mit der sicheren Voraussetzung, Verständniss und Theilnahme zu finden, wenden kann. In der griechischen Litteratur der classischen Zeit wüsste ich doch nicht, dass die gleiche Empfindungsweise die gleiche Sitte in gleichem Umfange in's Leben gerufen hätte, obgleich schon des Theognis Lehr- und Ermahnungsgedichte sehr oft mit der Ansprache des Jünglings Kyrnos durchwebt sind. Die Sache hat zwei Seiten. Die reine, strenge Sachlichkeit kann darunter leiden, dass sie in Erwägung gezogen wird unter stetem Gedenken an einen Freund, dessen persönliche Neigungen, dem Schreibenden vor der Seele stehend, einen Einfluss auf die Auffassung der Sache selbst, vielleicht gegen deren innewohnenden Interessen, gewinnen können. Andrerseits aber ist es so ungemein menschlich, sich nicht in der reinen Sachlichkeit zu isoliren, nicht eine Erkenntniss zu erstreben, die auf die Mittheilung verzichtete: hatte doch der sachlichste und wissenschaftlichste Geist, den das Alterthum hervorgebracht hat, Aristoteles, es ausgesprochen, dass in alle Geheimnisse des Himmels und der Erde eingeweiht

zu sein unter der Bedingung, nichts davon mittheilen zu dürfen
oder zu können, für den Menschen, wie er seiner Natur nach
ist, eine Qual sein würde. In Summa wird sich sachlicher
Schaden in Folge bewusster oder unbewusster Rücksichtnahme
auf die Widmungen kaum eingestellt haben, dagegen wird im
Gedanken an sie die Arbeit vielfach versüsst sein, und die Freunde
werden sich durch die ihnen erwiesene Aufmerksamkeit nicht
nur geehrt und erfreut, sondern auch zu lebhafterem Interesse
für die Sache angeregt gefühlt haben. Es liegt ein Hauch von
edler Humanität auf dieser Sitte. Den Personen der Widmung —
die bei uns als eine Sache für sich erscheint, bei den Alten
aber mit dem darauf folgenden Buche, als dessen Anfang, zu
Einem corpus verwebt und im Eingange etwa folgender „Bücher"
derselben Schrift durch ein jedesmaliges Vorwort erneuert zu
werden pflegt — wird nicht in unangenehmer Weise ge-
schmeichelt, es wird die Gemeinsamkeit der geistigen Interessen
betont und an das Band der Freundschaft mit ihnen erinnert,
öfters liegt auch die ganze Widmung wesentlich in dem zu
Anfang und auch sonst wohl einmal an Stellen vertrauterer
Aussprache oder gehobenerer Darstellung eingeschobenen Voca-
tivus der Anrede.

Insbesondere verlangt die gute Sitte, dass niemand ein
Exemplar der neuen Schrift eher erhält als die Person, der sie
gewidmet wird, was Cicero dem Atticus XIII, 21, 4, unter Berufung auf des Freundes eigenes Tactgefühl, eindringlich an's
Herz legt. Das Widmungsexemplar soll doch nicht abgestanden
(ἕωλον, *obsoletum*, ad Att. XIII, 22, 3) sein. Vor allem muss das
Exemplar auch διώρθωτον (ad Att. XIII, 21, 4), d. h. von dem Autor
auf die Richtigkeit seiner Abschrift durchgesehen, und nicht
inchoatum (ad Att. XIII, 22, 3) sein, d. h. auf die Ausgabe letzter
Hand des Schriftstellers (ἀρχέτυπος *crebris locis inculcatus et
refectus* ad Att. XVI, 3, 1) zurückgehen, in der er selber, abgesehen von der Berichtigung der Schreibfehler, noch Veränderungen angebracht hat, die ihm während der Zeit der Abschrift eingefallen sind. Die Sache ist offenbar folgendermassen
zu denken: Nach Beendigung des Manuscripts übergab der Autor
den Archetypus [oder ein Dictat desselben an den geschicktesten
seiner Secretäre (*librarii*)] an den Unternehmer, z. B. den Atticus,
der in derartiger Geschäftsvertheilung mit dem Verleger — be-

kannt sind als solche allerdings zuerst die Gebrüder Sosius im Augusteischen Zeitalter (Hor. ep. I, 20, 2. II, 3, 345) —, dass diesem der Vertrieb, jenem die Herstellung der Exemplare zufiel, die Anfertigung der verabredeten Zahl von Abschriften durch seine Sklaven von einiger litterarischen Bildung (Hor. ep. II, 2, 7) besorgen zu lassen hatte.   Die Abschrift erfolgte sicherlich *) durch Dictat an zahlreiche, etwa in einem Saale zum Schreiben vereinigte Sklaven zu gleicher Zeit, vielleicht sogar bisweilen durch gleichzeitiges mehrfaches Dictat in verschiedenen Räumen. Die Sorge um correcte Exemplare war dabei natürlich grösser, als wenn ein einziges für den mechanischen Abdruck gesetztes Exemplar dem Autor zu mehrfacher Correctur vorgelegen hat, denn jeder einzelne Abschreiber konnte individuelle Fehler begehen und Hunderte von Exemplaren jedes einzelne für sich durchsehen zu lassen, wenn auch durch mehrere gebildete litterarische Gehülfen, war unsäglich weitläufig, ermüdend und abstumpfend. Dafür aber hatten, wie ich überzeugt bin, die dictirten Abschriften sehr viel an Correctheit vor ersten Correcturexemplaren für den Druck — sehr geschickte Leistungen, durch die man oft erfreut wird, ausgenommen — voraus, denn das Dictiren fand gewiss mit lauter Stimme und so deutlicher Aussprache statt, wie man sie, wenn sie einmal im wirklichen Leben vorkam, tadelnd *putida vox* nannte; und warum sollte nicht je nach einem Abschnitt, etwa nach der Morgens- und nach der Nachmittagsarbeit, jedesmal zum Schluss einer der Abschreiber zum nochmals vergleichenden Vorlesen aufgefordert sein?   Und Tadel für ein etwa als besonders fehlerhaft sich herausstellendes Exemplar der Abschrift wurde gewiss von jedem Sklaven gefürchtet, die einzelnen Exemplare aber waren gewiss durch den Namen des abschreibenden Sklaven gekennzeichnet. Dass einzelne Exemplare, von eifrigen Liebhabern und Neugierigen hervorgelockt, zu früh unter das Publikum kamen, fiel gewiss öfters vor. Cicero dringt desshalb darauf (ad Att. XIII, 21, 4), dass „die übrigen eingehalten werden", bis er den Zeitpunkt gekommen erachte, die ganze Auflage in die Oeffentlichkeit zu bringen (*foras dare*).   Diesen Zeitpunkt müsse er selbst im Einverständniss mit Atticus bestimmen, ad Att. XIII, 22, 2.   Ad Att.

---

*) Bezeugt ist die Sache zufällig nirgends ausdrücklich, Marquardt-Mommsen, Röm. Alterth. Bd. VII, 2. Theil, S. 830.

XV, 13, 1 dagegen überlässt er ganz dem Atticus die Ueber-
wachung und die Zeit der Herausgabe einer Rede, deutet aber
§ 7 selbst einen Termin dafür an.

8. Die Nachbarschaft.

Wenn Luther in der Erklärung der vierten Bitte unter den
nothwendigsten Lebensgütern auch „getreue Nachbarn" nennt,
so würde sich gewiss nachweisen lassen, dass der grosse Mann
überhaupt für die wenn auch nicht tiefgehende, so doch eigenartige sittliche Beziehung dieses Verhältnisses einen offenen
Sinn und warmes Gefühl gehabt hat. Sie ist auch durch die
Sache selbst wie im Menschen begründet, und so auch der
antiken Humanität nicht fremd. Es giebt nach de off. I, 59 —
einer Stelle, wo schwerlich griechische Systematik, sondern einfache Lebensmoral spricht — solche Fälle, wo man dem Nachbarn schneller Hülfe leisten wird als dem Bruder oder Freund,
z. B. wenn es sich um die Einbringung der Ernte (etwa des
Heu's vor einem aufsteigenden Gewitter) handelt. Ich erinnere
mich noch, wie mein verehrter Director Geffers in Göttingen
uns Primanern die Frage vorlegte: „Aber wie so denn?" und
uns, als wir ihm alle für den Augenblick rathlos in's Gesicht
sahen, mit der einfachen Antwort überraschte: „Weil dem Bruder
oder Freund sein Nachbar hilft". Die Nachbarschaft hat das
Besondere an sich, dass man auf ihre Nähe und dadurch ermöglichte Bereitheit immer mit Sicherheit rechnen kann, und
darauf baut sich auf beiden Seiten die Voraussetzung auf, dass
dieses Verhältniss sich, wo man fremder Hülfe ohne grosses Opfer
bedarf, als ein ganz natürlicher Specialfall der allgemeinen Menschenliebe werthvoll erweisen wird. Dies ist offenbar auch die
Empfindung der antiken Humanität zu diesem Verhältniss, und
human wird diese Erwartung noch mehr dadurch, dass man sie
selber erfüllen wird, als dadurch, dass man sie zu dem anderen
Theile hegt. Eine erwünschte Nachbarschaft kann auch „das
Licht", die erfreulichste Seite einer Besitzung, werden, ad Q. f. II,
8 (10), 3, wenn man an die Besonderheit ihrer Lage denkt; dass
gerade der Marius, dessen Nachbarschaft dort so freudig begrüsst wird, der Mann danach war, in diesem Sinne so hoch
geschätzt zu werden, kann man aus den Briefen Cicero's an
ihn (ad fam. VII, 1—4), namentlich dem ersten, wohl begreifen.

Nach ad Att. IV, 10, 2 schickte Pompejus (im Jahr 55) sogleich nach seiner Ankunft auf seinem Cumanum dem Cicero auf sein Puteolanum, wo er sich damals gerade aufhielt, eine Mittelsperson, um ihm seinen Gruss zu vermelden. In Rom freilich wird nach ad fam. V, 15, 2 auf die Nachbarschaft nicht so grosser Werth gelegt, und zwar nicht aus dem Grunde, wesshalb sich jetzt in grossen Städten die Nachbarn so gleichgültig sind, sondern „weil dort das Forum gemeinsam ist."

9. Die Frauen.

Ueber die Stellung der Frauen im Alterthum ist oft gehandelt worden, z. B. von Fr. Jacobs, Verm. Schriften Bd. III, S. 201 ff.: Die Hausfrau; Bd. IV, S. 157 ff.: Beiträge zur Geschichte des weibl. Geschlechtes; L. Wiese, Ueber die Stellung der Frauen im Alterthum und in der christl. Welt, Berlin 1854; E. Hölder, die römische Ehe, Zürich 1874. Cl. Bader, la femme romaine, Paris 1877. Ich beabsichtige hier nur einige Zusammenstellungen, aus denen die Frage, ob und wie weit der Humanitätsgedanke auch im Verhältniss der Männer zu den Frauen Kraft gewann, einige Beleuchtung erhalten soll.

Im allgemeinen waltet hier ein ungünstiges Vorurtheil ob gegen das Volk, dessen Juristen wohl die Zusammenstellung gebraucht haben: *homines et mulieres*, und dessen Männer, wenn sie in geistigen oder praktischen Interessen mit einander verkehren, im allgemeinen wenig davon merken lassen, dass sie unter anderem auch die Gatten ihrer Frauen sind. In der That wüsste ich z. B. nicht, dass in der ganzen Schrift de oratore irgendwie einmal der Frauen erwähnt würde, ausser an der Einen Stelle III, 45, wo Crassus seine Schwiegermutter Laelia gelegentlich gewissermassen als ein Muster in einer Beziehung behandelt: Sie spreche ein ganz besonders reines und echt stadtrömisches Latein. Das komme daher, dass die Frauen leichter das unverfälschte Alte bewahrten, weil sie, nicht viel zu Gesprächen kommend, das zuerst Gelernte festhielten. Wenn er die Laelia höre, so komme es ihm vor, als ob er den Plautus oder Naevius höre: so richtig, so einfach, so natürlich und unaffectirt spreche sie in ihrer deutlichen, gleichmässigen und sanften Aussprache. So müssten offenbar ihr Vater und ihre Vorfahren gesprochen haben. Aber diese einzige Erwähnung macht doch sogleich einen sehr günstigen, unserem Gefühl nicht im mindesten fremdartigen Eindruck, ebenso wie z. B. Liv. XXXIX, 11—13 das ehrfurchts- und vertrauensvolle Verhältniss des Consuls Postumius zu seiner Schwiegermutter Sulpicia, einer „hochwürdigen Frau", die er einem dritten gegenüber, um ihm klar zu machen, dass selbstverständlich nur alles Sittlichedle und Geziemende von ihr zu gewärtigen sei, bedeutungsvoll einfach „eine solche Frau" nennt. Aehnlich heisst es auch bei ganz gelegentlicher Erwähnung — allerdings erster Frauen Roms — ad fam. V. 8, 2: „deine Gattin, die beste aller Frauen", ad fam. XV, 8: „deine hochwürdige und treffliche Gattin".

Es ist also vielleicht ganz gut, dass wir Neueren uns hier einmal erinnern, dass wir selber bei diesem Thema Gefahr laufen, nach einer anderen Richtung hin vorurtheilsvoll zu werden: nämlich jegliche Hochschätzung der Frauen um so mehr gutzuheissen, je stärker sie auftritt. Dann wird allerdings die ruhige Vernunft der antiken Humanität als „gewogen und zu leicht gefunden" erscheinen. Aber diese ruhige Vernunft, der es vielleicht an dem Organ für die Würdigung des Tiefsten und Zartesten im weiblichen Seelenleben und für die ganze Kraft weiblicher Selbstverleugnung und Aufopferung fehlt, hat doch auch andrerseits niemals den modernen Begriff der „Dame" aufgebracht, dieses eigenthümliche Culturproduct, dessen Gebilde so sehr in dem Gedanken dessen lebt, was es scheint und vorstellt, dass die schönsten Schätze dessen, was es als Weib ist, darüber nur unvollkommen in die Erscheinung treten können. Wiederum an ruhiger Vernunft gemessen, zeigt sich die ruhige Vernunft der antiken Humanität, verbunden mit dem ihr so nahe stehenden gesunden menschlichen Gefühl, in dem, was für sie die Frau ist, in gar nicht so ungünstigem Lichte.

Von den alten guten Zeiten rühmt Tacitus (dial. 28), dass es der Mutter specifisches Lob war, im Hause zu walten und im Dienst des Wohles der Kinder zu leben. Daran schliesst sich das weitere Lob der Genügsamkeit (*frugalitas*), Sittenstrenge (*continentia*), der Treue gegen das eheliche Band, keuscher, ehrsamer und rechtschaffener Sitten der Frau, wie sie sein soll, de rp. IV, 7. Das Familienleben ist innig: ad Att. I, 18, 1: „Ich habe so viel Ruhe — so sehr fühle ich mich von anderen verlassen — als ich Zeit in Gemeinschaft mit meiner

Gattin, meiner geliebten Tochter und meinem herzlieben Knaben (*mellito Cicerone*) verbringe". Nach ad fam. XIV, 4, 6, einem höchst schmerzlich bewegten Briefe an seine Gattin Terentia aus der Verbannung, leidet Cicero mehr durch das Elend seiner Frau als durch sein eigenes. Ad Att. III, 19, 2 deutet er mit den Worten: „Ich werde weder die Hoffnung meines schwer heimgesuchten Weibes noch die Beschwörungen meiner unglücklichen Tochter Tullia zu schanden machen" (*deseram*) an, dass er sich um ihretwillen — er nennt daneben freilich auch noch gebührlicher Weise die Theilnahme und Bemühungen des Bruders Quintus und der beiden treuesten Freunde — in dem Elend der Verbannung über Wasser zu halten suchen, und geradezu, dass er der Versuchung, Selbstmord zu begehen, um ihretwillen widerstehen wird, vgl. ad fam. XIV, 4, 5: „Wenn dies für unsere Kinder willkommen ist, dass wir leben, so wollen wir das Uebrige, obgleich es nicht zu ertragen ist, ertragen". Seinem Herzen noch näher als die Gattin, der er etwa zehn Jahre später den Scheidebrief gab, stand ihm die Tochter Tullia, der er sich, wie wir sahen, auf's tiefste seelenverwandt fühlte. Nach ihrem Tode schreibt er dem edlen Servius Sulpicius (ad fam. IV, 6, 2) in Beantwortung seines Trostbriefes, dass er in der gottverlassensten aller Lagen in ihr eine Zuflucht, eine Ruhe gefunden, in ihrer Unterhaltung und Liebenswürdigkeit alle Sorgen und Schmerzen vergessen hätte. Dergleichen wird oft, wenn der Tod das Bild der Vergangenheit umformt, übertrieben behauptet, aber auch im Leben zeigte Cicero die rührendste Fürsorge für seine Frauen („*mulieres tuae*" für Frau und Tochter z. B. ad Att. IV, 17, 1), wie sich z. B. aus den Briefen ad fam. XIV, 7, ad Att. VII, 13a, 3, XI, 3, 1 ersieht.*) Er ist damals in Folge des Ausbruchs des Bürgerkrieges von ihnen getrennt, die er in Rom zurückgelassen hat, aber denkt aus der Ferne sogleich daran, sie mit Rath und Weisung für alle Fälle, z. B. den Ausbruch einer Theuerung in der Hauptstadt oder das Einrücken „der Barbaren" in diese, zu versehen, und legt dem Freunde ihre Sicherheit und ihre Unterstützung an's Herz. Die Erkrankung der Tullia und namentlich der damit verbundene bedrohliche

---

*) Auch die Briefe aus der Verbannung (ad fam. XIV, 1—3) beweisen das, doch hätte Cicero besser als durch sein Klagen durch eine männlichere Haltung auch für das Wohl von Weib und Kind gesorgt.

Kräfteverfall macht ihm tödtliche Sorge (*exanimat, excruciat eum*), ad Att. XI, 6, 4, ad fam. XIV, 19; ad Att. XI, 7, 6 wird er im Gedanken an ihre Krankheit von einem Thränenstrom verhindert, weiter zu schreiben; ad Att. X, 8, 9 dankt er dem Freunde, dass er seine Tullia auf's liebenswürdigste und sorgfältigste geehrt habe (*coluerit*). An der letzten Stelle ist also noch nicht von ihrer Krankheit die Rede, sondern von ehrerbietiger Aufmerksamkeit des Atticus für sie, wodurch er sie selbst sehr erfreut und dem Vater die angenehmste aller so zahlreichen Freundschaftsbezeigungen erwiesen habe.

Als ein Prüfstein der „Herzensbildung" gilt es bei uns, ob in der Wahl des Gatten der Neigung der Töchter Raum gegeben oder über sie nach Rücksichten der elterlichen Interessen bestimmt wird. Unserem Thema zufolge würden wir in der Art, wie es in dieser Beziehung in der antiken humanen Gesellschaft gehalten wird, auch einen Prüfstein der Humanität erblicken können. Wir müssen uns hier aber vor dem Vorurtheil hüten, als ob wahrhaft human nur die völlige Freigebung der Neigung wäre. Denn erstens kann sich diese ja bei dem weiblichen Geschlecht nur defensiv, und activ nur mittelbar äussern, wenn es nicht aus seinem natürlichen Charakter herausgerissen werden soll, und zweitens bedarf die Unerfahrenheit der jungen Mädchen in der Welt und in ihrem eigenen Herzen doch der Controlle der gereifteren Einsicht der Eltern. Die Praxis, die in dem heutigen Amerika zu weit nach dem Extrem der weiblichen Freiheit fällt, scheint mir in der antiken humanen Gesellschaft zu weit nach dem entgegengesetzten Extrem der elterlichen Entscheidung zu fallen, etwa wie heutzutage bei den Juden und in der höheren Gesellschaft Frankreichs. Als die Gesichtspunkte für die Verheirathung der jungen Attica erscheinen ad Att. XII, 21, 7: Der Name*), die Familie, das Vermögen des

---

*) Die Lesart *hominem*, die sich in der Ausgabe von Orelli ohne Angabe von Varianten findet, scheint mir nicht so gut wie die alte: *nomen*. Denn es folgt: *Quod caput est, ipsum non novi*. Das „*ipsum non novi*" ist mit „*hominem*" nicht wohl zu vereinigen. Und was ist denn nun die Hauptsache? Was vorher genannt ist, das ist dreierlei, darauf kann sich also ohne unleidliche Undeutlichkeit das „*quod caput est*" nicht beziehen. Nach Orelli, der interpungirt: „*Quod caput est — ipsum non novi — sed audio laudabilia*" bezöge es sich auf das folgende *audio laudabilia*, wo das *sed* in harter und überflüssiger Weise eingeschoben ein würde. Sollte es aber in einem so entscheidungsvollen freundschaftlichen Gut-

von dem Vater in Aussicht genommenen Candidaten, über den
aber auch das Gutachten des vertrautesten Freundes gehört wird
und offenbar gewünscht worden ist. Als die Hauptsache sogleich
darauf freilich auch die Persönlichkeit, aber ohne jede Beziehung
auf das Gefühl und den Willen der designirten Braut selber; die
gewiss berechtigten Gesichtspunkte werden einfach von dem
Vater und dessen Freunde erwogen, auch der Meinung der Gemahlin des Atticus, Pilia, geschieht keine Erwähnung. Ganz
ähnlich schreibt Cicero über die (zweite) Verlobung seiner Tullia
ad Q. f. II, 4, 2: „Ueber (die Verlobung unserer) Tullia hoffe ich
mit Crassipes zum Abschluss gekommen zu sein". Wenn man
bedenkt, dass diese Ehe nach wenigen Jahren damit endete, dass
Crassipes der vortrefflichen jungen Frau den Scheidebrief schickte,
und weiter bedenkt, dass die ihr bald darauf von dem Vater
zugewiesene neue Ehe mit dem reichen Wüstling Dolabella noch
schlimmer ausfiel, so muss man doch sagen, dass der Tochter
offenbar weder die vernünftige Gelegenheit, ihren zukünftigen
Mann erst kennen zu lernen, noch die, ihr eigenes Gefühl für die
Entscheidung über die Eheschliessung in die Wagschale zu
werfen, hinreichend gegeben sein wird. Die Humanität ist doch
nicht genügend gewahrt, wenn Cicero (ad Att. V, 14, 3) versichert, dass ihm nichts mehr am Herzen liege als das (dem
Atticus bekannte) Geheimniss (ἐνδόμυχον) dieser Vermählungs-
frage; Tullia selber wäre nach allem, was wir von dieser hochherzigen Frau wissen, sicherlich würdig genug gewesen, ihr
eigenes Herz sprechen zu lassen, aber davon verlautet nichts.

Mit der zärtlichen Liebe Cicero's zur Terentia, die in den
ersten Briefen des XIV. Buches ad fam. in ganz unzweifelhaften
Naturlauten des Herzens sich kundgiebt, contrastirt grell die etwa
ein Jahrzehnt später vorgenommene Scheidung von ihr, die sich
für unsere Kenntniss der Sache in dem kurzen, kühlen Briefe
ad fam. XIV, 20 vorbereitet, und fast noch greller contrastirt

---

achten nicht der Besonnenheit des sechzigjährigen, erfahrenen Freundes besser entsprechen, zu sagen: „Was die Hauptsache ist, (auf Grund persönlicher Kenntniss zu
urtheilen), so kenne ich (freilich) ihn selber nicht" — damit doch auch ein für jetzt
noch retardirendes Moment in den guten Rath kommt, welcher sonst Geneigtheit zu zustimmendem Urtheil (*propensum animum ad probandum*) für die in Aussicht genommene weitere mündliche Besprechung verheisst? Auf das, was er gehört
hat, kann er einiges Gewicht legen, wie er es nach meiner Auffassung thut, aber
das hauptsächlichste Gewicht, wie nach Orelli, doch schwerlich.

12 *

ihre Lage einer verstossenen Frau mit dem Heldengeist und
dem thatkräftigen Opfermuth, womit sie offenbar (den Briefen
des XIV. Buches zufolge) in den schlimmsten Zeiten (der Verbannung ihres Mannes, auch des ausbrechenden Bürgerkrieges)
ihre Aufgabe, eine Lebensgefährtin Cicero's zu sein, durchge-
führt hatte. Das ist ein nicht wegzutilgender Schatten auf der
antiken Humanität, denn die Handlungsweise Cicero's ist sicher
typisch für viele Vorfälle dieser Zeit, in der sich die noch er-
schrecklichere Leichtigkeit und Häufigkeit der Ehescheidungen
des nächsten Menschenalters vorbereitete. Die Gleichgültigkeit,
womit Cicero ad Att. XII, 18, 2 nach der Scheidung von dem
spricht, was der Benachrichtigung durch den Freund zufolge
Terentia noch an der geschäftlichen Seite der Auseinandersetzung
zu bemängeln hat („Sei überzeugt, dass ich mich darum nicht
kümmere, und dass kleine oder neue Sorgen keinerlei Platz
mehr bei mir haben"), ist nicht dazu geeignet, jenen Schatten
zu mildern. Eher noch die Wärme, mit der Cicero ad VI, 2, 1 f.
gegen die Scheidung des Quintus von seiner Gemahlin Pomponia, der Schwester des Atticus, spricht, als sein cholerischer
Bruder sich mit diesem Scheidungsgedanken trug und das auch
ausgesprochen hatte, und das Zartgefühl, mit dem er die tadelnden
Worte ausspricht: „Was er auch in einer solchen Angelegenheit thun wollte, er musste es doch nicht an einen Freigelassenen
schreiben", wie die Theilnahme, mit der er (ad Att. VI, 3, 8) die
Erschütterung des jungen Quintus hat erleben müssen, als dieser
von den Misshelligkeiten zwischen Vater und Mutter erfahren
hatte. Die Frage, ob die Gesetzgebung die Ehescheidung erschweren oder ihr für den Fall schwerer Zerwürfnisse zwischen
den Ehegatten goldene Brücken bauen soll, ist eine tiefe ethische
Streitfrage, für deren Beantwortung nach beiden Seiten hin
sich triftige Gründe anführen lassen. Das Schwergewicht der
Gegengründe scheint mir aber gegen die Leichtigkeit der Scheidung in die Wagschale zu fallen, weil mit der gesetzlichen
Möglichkeit derselben der Muth und die Kraft zu sittlicher
Lösung der Schwierigkeiten gelähmt und die Seele verführt
wird, nach einer äusserlichen Abschüttelung der Schwierigkeiten
vorfrüh auszublicken, und weil Sicherheit und Vertrauen beider
Theile dadurch untergraben wird. Die einseitige gesetzliche
Leichtigkeit dem Manne eingeräumter „Zusendung des Scheide-

briefes" hat sicherlich einen starken Antheil der Schuld an dem unerfreulichen Bilde der Häufigkeit der Ehescheidung im ciceronischen und augusteischen Zeitalter. Wenn diese Frauen eine heroische Gesinnung und ernste und kluge Theilnahme an grossen, selbst geschichtlich grossen Angelegenheiten der Männer beweisen, so ist das in ihnen nicht Humanität, sondern eine natürliche Seelengrösse, auf Seiten der Männer aber, — denen wir die Nachrichten von solchem Verhalten der Frauen verdanken — ist es allerdings doch auch eine Wirkung des mit Bewusstsein in ihnen lebendigen humanen Princips, dass sie diese weibliche Grösse beachten, anerkennen und ihr auch ihren übertriebenen androkratischen Vorurtheilen gegenüber die Ehre geben. Solche weibliche Charaktergrösse oder männlich kluge Einsicht wird aber nicht selten gelegentlich bezeugt. Sogleich im Anfange des ersten (aus der Verbannung geschriebenen) Briefes an Terentia (ad fam. XIV, 1) heisst es: „Von vielen Seiten brieflich und von allen Seiten im Gespräch wird mir gemeldet, dass deine Kraft und Tapferkeit unvergleichlich sei, und dass du weder durch geistige noch durch körperliche Anstrengungen ermüdet werdest", und ad fam. XIV, 3, 2 gesteht der Mann sogar sein Schamgefühl ein, dass er (damit, dass er dem Clodius zu früh das Feld geräumt) seinerseits der vortrefflichen Gattin, den geliebten Kindern nicht den vollen Mannesmuth und die volle Umsicht bewährt habe. Nach dem Ausbruch des Bürgerkrieges giebt Cicero (ad fam. XIV, 7, 2) seiner Frau und Tochter in einem unmittelbar vor seiner Ueberfahrt nach Griechenland an sie gerichteten Briefe das Zeugniss, dass sie sich in den Monaten, wo sich der Kriegssturm vom Rubicon her gegen Rom erhob, muthiger als irgend ein Mann benommen haben und dass sie desshalb auch der Ermuthigung durch ihn nicht bedürfen. Und ad Att. X, 8, 9 schreibt er über das Verhalten insbesondere der Tullia in dieser Zeit: „Ihr Heldenmuth ist bewundernswürdig. Wie trägt sie das öffentliche Unglück! Welche Seelengrösse zeigte sie bei meiner Abreise (zu den Pompejanern)! Sie zeigt kindliche Liebe (στοργ´), sie zerschmilzt ganz in Sorge für mich, aber dennoch ist ihr der massgebende Gesichtpunkt, dass ich der Pflicht gemäss handle und meine Ehre bewahre" (anstatt das Gefahrlosere, die Unterwerfung unter Cäsar, zu wählen). Nach ad Att. IX, 6, 4 haben beide Frauen (und auch beide jungen Ciceronen, im Gegensatz zum Bruder Quintus, der jedwede Handlungsweise des Bruders in blanco gut hiess) von Anfang an gewünscht, dass sich Cicero noch schneller und entschiedener, als er es gethan hat, auf die Seite des Pompejus stellen möchte.*) — Wenn Cicero in dem Gratulationsbriefe ad fam. XV, 8, den er an den C. Marcellus zur Consulwahl (im Jahre 51) seines Sohnes richtet, bemerkenswerther Weise auch die Bitte ausspricht, dass der Adressat auch seiner ehrwürdigen Gemahlin Junia zu diesem ruhmvollen Ereigniss in seinem Namen gratuliren möge, so ist das ein Beweis sowohl für die feine Humanität, mit der die Frau des Hauses nicht vergessen wird, wie auch für die Bedeutung dieser Frau für das höhere Streben in ihrem Hause: sie muss wohl, einer Mutter der Gracchen ähnlich, ihren Antheil an der politischen Ausbildung des Sohnes gehabt haben.**)

Interessant ist, dass im Verhältniss zu den Frauen die Humanität auch in der edlen Form vernünftiger religiöser Duldsamkeit hervortritt. Cicero selbst hat sich unzweifelhaft — der Beweis dafür liegt in seiner Kritik der Volksreligion im dritten Buch de natura deorum und im zweiten Buch de divinatione, auch sagt er einmal (ad Q. f. I, 3, 9) geradezu: „Ich würde darum die Götter bitten, wenn sie nicht meine Bitten zu hören aufgehört hätten", in dieser Wendung den ernsteren Gedanken nur verhüllend, dass es die Gebet erhörenden Volksgötter gar nicht giebt —, gerade wie der grösste Theil seines Freundeskreises, einen philosophischen monotheistischen Gottesglauben gebildet und sich vom Gebet und Opfer zu den vaterländischen Göttern losgesagt. Terentia aber hält an dem Volksglauben, seinen Gebeten und Opfern fest, und der Mann zerstört nicht nur nicht diesen Glauben, sondern nimmt auch, sich in die Seele der Frau versetzend, auf ihn Rücksicht, zieht aus ihrem Sinn heraus voll

---

*) Da sich freilich nun einmal Cicero nicht sogleich kräftig entschieden hatte, glaubte Tullia nach Beginn des (ersten) Krieges in Spanien den Vater oft brieflich anflehen zu müssen, doch den Ausgang dieses Krieges abzuwarten, ad Att. X, 8, 1, und hier hat der Vater in den Gegengründen, die er dem Atticus ausführlich entwickelt, doch den weiterschauenden Blick, nur dass er sich in seinen Erwägungen der Eventualitäten gründlich täuscht, wenn er dem Caesar keine *clementia* zutraut.

**) Ueber die Grenzen des weiblich Edeln geht doch schon hinaus die fast dominirende Betheiligung der Frauen im Kreise der Caesarmörder an der Politik, wie eine solche Betheiligung in dem Briefe ad Att. XV, 11 hervortritt.

Zartgefühl seine Consequenzen. Als er von einem schweren, hypochondrisch verstimmenden, ihn den Seinigen zur Last fallen lassenden Unwohlsein durch eine plötzliche Gallenentleerung mit Einem Male gänzlich geheilt ist, schreibt er der Terentia (ad fam. XIV, 7, 1), dass sie dafür „dem Gotte*), ihrer Sitte gemäss (vgl. ad fam. XIV, 4, 1), fromm und rein die gebührende Genugthuung (durch ein Opfer) darbringen werde." Das ist ganz ähnlich, wie wenn der für seine Person monotheistisch gesinnte Sokrates im Anschluss an den Volksglauben, wie unzählige Mal in seinen Gesprächen, als sein letztes Wort (Pl. Phaed. 118 A) ausspricht: „Wir sind dem Asklepios (für die definitive Genesung vom irdischen Leben) einen Hahn schuldig. So bringt ihn denn dar und vergesset es ja nicht". Den Zusatz „so Gott will" (si dii nos adiuvabunt) macht Cicero niemals*) in Briefen an seine Freunde, wenn er von etwas erhofftem Zu-

---

*) Den Zusatz: id est Apollini et Aesculapio hat Manutius als eine Glosse athetirt, und die neueren Herausgeber folgen ihm, aber bei dem Gotte ist jedenfalls an eine Volksgottheit gedacht.

**) Nur zu der Zeit der schweren Unruhen, die nach Caesars Ermordung ausbrechen, lehrt die Noth beten. So schreibt denn Cicero an Plancus (ad fam. X, 22, 1): „Auf dir und deinen Collegen ruht alle Hoffnung, wenn es den Göttern genehm ist", und ad fam X, 19, 2: „Ruhm zu erwerben haben dir die unsterblichen Götter, wie ich hoffe, die beste Gelegenheit gegeben". Freilich muss dieser Plancus die Aufklärung des grösseren Theiles der humanen Gesellschaft nicht getheilt haben, denn er schreibt (ad fam, X, 23, 2): „Ich habe mich durch die Güte der Götter bemüht, mich schnell zurückzuziehen", wo er doch diesen Entschluss selbst gefasst hatte und höchstens hätte sagen können: „und durch die Güte der Götter ist es mir auch glücklich gelungen". Denn die Norm für die Aufgeklärten ist in dieser Beziehung ausgesprochen de n. d. III, 86: „Alle Sterblichen halten es so, dass sie die äusseren Güter (commoditates prosperitatemque vitae) von den Göttern zu haben glauben, die Tugend aber hat noch niemand der Gottheit als ein Geschenk von ihr gebucht" (acceptam deo rettulit), vgl. Hor. ep. I, 18, 112. So konnte denn Cicero dem Plancus speciell gegenüber sehr human auf dessen Glauben in seiner brieflichen Ausdrucksweise Rücksicht nehmen, mit ihm in Dingen, über die es kein menschliches Wissen giebt, sehr zartfühlend und verständig auf Grund der Voraussetzungen sprechen, in denen Plancus lebte, was als Unwahrhaftigkeit anzusehen plump und tactlos sein würde. Aber Cicero schreibt in diesen Zeiten auch an Cassius einmal (ad fam. XII, 6, 2): .. „welches Omen die Götter abwenden mögen", und Asinius Pollio schreibt in der gleichen Zeit und Lage (ad fam. X, 33, 4): „Wenn dies, was die Götter verhüten mögen, wahr ist, so ist mir das nicht wenig leid". Ich sehe in den angeführten religiösen Zügen doch nicht einen Zufall oder eine Redensart, sondern, wie gesagt, eine Anfachung der religio durch die Noth der Zeiten.

künftigen spricht, obgleich er ihn auch in dem Sinne seines
philosophischen Gottesglaubens, wenigstens in wichtigen Dingen,
hätte machen können, aber er macht ihn ad fam. XIV, 5, 2 in
einem Briefe an seine Terentia. Das ist nach verständiger Beurtheilung so weit entfernt, eine Unwahrhaftigkeit zu sein, dass
es vielmehr eine zartsinnige Hineinversetzung in fremdes Seelenleben darstellt, die an dessen Voraussetzungen und in Gültigkeit
für diese folgerecht anknüpft. Die humane Weitherzigkeit der
Duldung bewährt sich auch in der Aeusserung (ad Att. XIII,
44, 2) über die Theilnahme der Attica, als es den grossen Festzug nach Besiegung der Söhne des Pompejus zu sehen gab,
bei welchem Caesars Statue neben der der Victoria unter anderen
Götterbildern einher getragen war. Dem Cicero selbst ist von
diesem Festzug zu hören ein Stich in's Herz gewesen, und er findet
in ihm eine Entmuthigung aller Hoffnung, dass er vielleicht durch
eine Denkschrift an Caesar zu gunsten der republikanischen Einrichtungen wirken könne. Aber warum hätte er dem jungen
Mädchen zumuthen sollen, an so festlichem Tage zu Hause zu
bleiben und ihre natürliche Schaulust unbefriedigt zu lassen?
Er schreibt aber dem Atticus nicht nur, dass er nichts darin
finde — und das musste diesem schon ein Stein vom Herzen sein,
dass ihm der Freund die harmlose, der Tochter ertheilte Erlaubniss nicht doch in's politische Gewissen hineinschob —,
sondern er fügt noch hinzu: „Es ist etwas werth, dass das Herz
erleichtert und gehoben wird nicht nur durch das Zuschauen,
sondern ganz besonders durch den Glauben, dass man eine den
Göttern wohlgefällige Handlung vollbringt (*religionis opinione*),
und das Gefühl, dass man dabei beachtet wird". Ihn selbst
hätten keine zehn Pferde, wie man so sagt, dahin bringen können,
so etwas mit anzusehen oder vielleicht auch nur, an dem Tage
in Rom zu sein, aber das ist eben humaner Grossmuth, nicht
alles nach sich selbst zu bemessen, sondern andere nach ihrer
Façon selig werden zu lassen. Was musste in seinen Augen
eine solche „Religiosität" sein! Aber doch lässt er dem grossen
Unterschiede des Alters und Geschlechtes das kindliche Vergnügen, sich in solchem Schaugepränge religiös afficirt zu fühlen. —
    Den specifisch weiblichen Tugenden traut man doch nicht
recht die Urwüchsigkeit in den besonderen Naturanlagen des
Geschlechtes zu: de rp. IV, 6: „Es soll (im vernünftigen Staate)

der Censor sein, (nicht, wie bei den Griechen, ein specieller Aufseher des weiblichen Geschlechtes, *mulieribus praefectus*, γυναιχονόμος), der die Männer lehrt, die Weiber in der Tugend der Mässigkeit zu erhalten". Wenn die Weiber alle sich berauschender Getränke enthalten (*temeto carent*), so wird das ebendort der strengen E r z i e h u n g zur Scheu vor dem (für sie) Unschicklichen (*disciplinae verecundiae*) zugeschrieben. Der Einfluss der Sitte und Erziehung ist in dieser Hinsicht gewiss nicht zu unterschätzen, aber die ihr entgegenkommende Naturanlage der Frauen darf darin doch nicht als Null behandelt werden.

Reinlichkeit, ungeziertes Wesen, edler Anstand gefällt an Frauen ganz von selbst, und das Gegentheil von diesen Eigenschaften stösst ab, ad Att. IX, 10, 2, und es wird insbesondere hinzugefügt „ἐν τοῖς ἐρωτικοῖς", wenn des Mannes geschlechtliche Auswahl interessirt ist. Duft aber wird an ihnen durch keinerlei künstliches Parfüm gewünscht: ad Att. II, 1, 1: „Weiber duften gut, die gar keinen Duft haben". Doch werden die beiden letzten Urtheile ganz gelegentlich, und in Vergleichssätzen, gefällt, nicht etwa, weil die antike Humanität so ausdrücklich auf die Bedingungen des Wohlgefallens am anderen Geschlecht reflectirt hätte, wie etwa später Lucian oder in der Zeit des italienischen Humanismus Firenzuola in seiner damals berühmten Schrift *della bellezza delle donne*.

10. Die Erziehung.

Auch die Frage nach der Erziehung bei den beiden classischen Völkern des Alterthums ist ein durchaus durchackertes Feld. Aus der grossen darüber bestehenden Litteratur erinnere ich nur an einige Hauptwerke: I. L. Ussing, Darstellung des Erziehungs- und Unterrichtswesens bei den Griechen und Römern, zweite Bearbeitung Berlin 1885, L. Grasberger, Erziehung und Unterricht im classischen Alterthum, 3 Bde., Würzburg 1864—81, F. Stadelmann, Erziehung und Unterricht bei den Griechen und Römern, Triest 1891; speciell über die römische Erziehung E. Egger, *Étude sur l'éducation publique chez les anciens et particulièrement sur l'éducation littéraire chez les Romains*, Paris 1833; F. Helfreich, Ueber den Unterricht und die Erziehung bei den Römern, Zweibrücken 1844. 1850. Wenn also über die antike Erziehung als I n s t i t u t i o n schwerlich etwas Neues vorzubringen

ist, so darf ich doch auf einige Punkte hinweisen, in denen sich
der Geist der von mir so oft so genannten antiken humanen
Gesellschaft widerspiegelt. Die Liebe zu den Kindern ist natürlich (φυσικὴ ἡ πρὸς τὰ
τέκνα, sc. ἀγάπη), ad Att. IV, 2, 4, über diesen Punkt freut sich
Cicero a. a. O. mit Atticus ganz einig zu sein, nämlich — wir
müssen das bei einer für uns so selbstverständlichen Sache hinzufügen — im ausdrücklich hervorgehobenen Gegensatz zu den
epikureischen Principien, nach denen wirklich der Natur gemäss
nur die egoistische Selbstliebe sein würde. In diesem Satze ist
die Verbindung des Interesses für die Erziehung mit dem humanen
Geist hergestellt. Denn wenn dieser zum Kern, um den sich alle
Ausgestaltung sammelt, die Forderung hat: Sei nach jeder Richtung das, wozu dich die vernünftige menschliche Natur bestimmt,
so ist in ihm nun auch enthalten: Entwickele die natürliche Thatsache der Liebe zu den Kindern zu der vollen Entfaltung der
Leitung ihrer Erziehung.

Zuerst ist die Erziehung nothwendig: denn „ohne Erziehung und Zucht ist es unmöglich, dass einer nicht mit Fehlern
(vitio) behaftet sein sollte", de leg. III, 29. Dass die Erziehung
nicht auf die Natur sollte einwirken können („die Tugend nicht
sollte lehrbar sein", was dafür seit Plato der Ausdruck der Schulphilosophie), ist ein ganz unannehmbarer Gedanke, ad Att. X,
12, 7. Freilich auf verschiedene Naturen kann sie es nicht immer
in gleichem Maasse, daher ad Att. a. a. O. der Wunsch, dass
in einem Falle, wo Anlage (indoles) da ist, auch die sittliche
Charakterdisposition (ἦθος) in einigem Maasse (aliquid) zu erobern*) sein möchte.

So zeigt sich denn überall das lebhafteste Interesse für
die Kinder, und nicht nur für ihr Gesundsein oder Kranksein,
wie z. B. ad Q. f. III, 8, 2: „Mehr will ich an dich schreiben,
wenn ich erst wieder Stimmung dazu habe (vacuo animo), wenn

---

*) διδαχῇ, ἁλωτόν nach der Conjectur Rose's für einen sinnlosen griechischen
Schriftzug von 10 Buchstaben; Orelli vermuthet lieber ἀλλοιωτίον, modificirbar.
Dieser letztere Begriff liegt auf alle Fälle nothwendig in dem Gedanken und wird
durch die gleiche Buchstabenzahl ausgedrückt; ob die specifische Wendung desselben
durch ἁλωτόν nahe gelegt wäre, hängt davon ab, ob dem betreffenden Knaben
(Q. Cicero) gegenüber sich der Eindruck aufdrängte, dass es darauf ankam, ihn einmal so zu sagen mit Sturm zu erobern, um dann aber auch seiner gewiss zu sein.

sich, wie ich hoffe, mein Cicero (wieder) gut befindet" *(belle habe-bit)*, und in den häufigen Erkundigungen nach dem Ergehen der Attica, sondern auch dafür, wie sie sich nun im Vergleich zu dem elterlichen Erziehungsideal darstellen. Ad Q. f. III, 9, 2: „Die litterae und unsere Studien und die Musse und die Landhäuser sind meine Freude, und ganz besonders unsere Kinder"; ad Q. f. III, 3, 1 in allerliebster Zusammenfassung: „Die Kinder sind gesund, lernen eifrig, haben sorgfältigen Unterricht und lieben uns und sich unter einander". Auch in die Provinz Cilicien, wohin ihn sein Bruder Quintus als Legat begleitete, nahm Cicero seinen und seines Bruders Sohn mit, schickte die Knaben aber aus dem Lager einstweilen zu dem jungen Prinzen Dejotarus, wo es für die Jungen am hübschesten *(bellissimum)* sein würde, ad Att. V, 17, 3. Den Atticus bittet er (ad Att. XII, 28, 3), seinen, des Cicero, jungen Enkel Lentulus zu besuchen, um sich nach ihm umzusehen, und antwortet ihm (ad Att. XII, 30, 1): „Dass du den Lentulus besuchst, ist mir sehr willkommen. Theile ihm Sklaven zu so viele und welche es dir gut scheint." Von etwas so natürlichem ist nun freilich an sich kein Aufhebens zu machen als von einer bemerkenswerthen Kundgebung von Humanität, wenn nicht auch bei uns oftmals Väter, die sich durch Amt, Geschäft oder Studien zu beschäftigt dünken, um sich um die Kinder bekümmern zu können, sich die Sorge um sie von der Hand schlügen; namentlich deutsche Gelehrte stehen in dieser Beziehung oft weit zurück hinter Subalternbeamten, die in dieser Richtung den löblichsten Eifer zu entwickeln pflegen, um die Söhne womöglich weiter zu bringen, als sie es selbst gebracht haben. Ganz besonders tritt auch hervor das Interesse für die Kinder der Freunde. Ein eigenthümlicher Sprachgebrauch, der sich daran schliesst, ist es, dass die Kinder näherer Freunde im Briefwechsel der Väter u n s e r genannt werden. So z. B. *Attica nostra* ad Att. XIII, 19, 1. XVI, 3, 6, *Servilius noster* ad fam. IV, 2, 1, *Lepta noster* ad fam. VI, 18, 4. Der Sinn davon ist klar: man will aus freundschaftlicher Liebe für den Vater dem Interesse für seine Kinder einen besonders herzlichen Ausdruck geben. Am deutlichsten spricht sich das aus in dem Briefe des Trebonius an Cicero (ad fam. XII, 16, 1), wo er, den jungen Marcus „deinen und vielmehr unseren Jüngling" nennend, hinzufügt: „Denn zwischen uns kann es nichts Getrenntes geben";

so auch „dein und unser Lentulus" ad fam. I, 9, 24, „dein und
unser Cicero" ad Q. f. II, 12, (14), 2. In freundlich scherzender
Weise besagt noch mehr „meine Attica" ad Att. XIII, 13, 3.
XV, 28, 1. XVI. 1, 6. Wurde sie doch Cicero's ganz besonderer
Liebling, sie, von der er schon in ihrer frühen Kindheit dem Vater
voraus geschrieben hatte (ad Att. V, 19, 2): „Dass dir dein Töchter-
chen angenehm ist, freut mich, und ich liebe sie, die ich niemals
gesehen habe, dennoch und weiss sicher, dass sie liebenswerth
ist". Wenn sich dagegen die Väter nicht so nahe standen,
heisst es (von mehreren Söhnen) Crassi tui (ad fam. V, 8, 4),
auch einmal in Abwechselung Lentulus tuus (ad fam. I, 9, 23),
Servius tuus (ad fam. XIII, 27, 4).

Cicero liess sich auch herbei, seinen Sohn und seinen Neffen
selber mit zu unterrichten. So schreibt er ad Q. II, 12, (14), 2,
dass er schon einige Uebung in der Schulmeisterei erlangt habe
durch das Bemühen, seinen Sohn Marcus zu fördern (*producendi*);
jetzt erbietet er sich auch für seinen Neffen zum Lehrmeister.
Und ad Q. f. III, 1, 7 schreibt er, dass es ein (Verwunderungs-)
Geschrei geben soll (*clamores efficiam*), wenn er den jungen
Quintus fern von Rom, wo er allerdings nicht zu Athem komme,
in Musse für sich allein zum Unterricht haben werde. Des
jungen Marcus Hauptlehrer war der von Atticus empfohlene
(ad. Att. VIII, 4, 1) Dionysius, ein Mann, von dem Cicero anfänglich auch für sich selbst Belehrung erwartete (ad Att. IV,
15, 10), und den er zuerst sehr gern hatte und für unübertrefflich
in Gelehrsamkeit und sittlicher Gesinnung ansah (ad Att. VI,
1, 12), über dessen tactlose und grobe Undankbarkeit er sich
aber ein Jahr später bitterlich bei Atticus (ad Att. VIII, 4, 1)
beklagt; die beiden Knaben hatten schon früher bei dem Vater
Klage darüber geführt, dass der von ihm geschätzte Mann rasend
zornig werden könne (ad Att. VI, 1, 12). Neben diesem wird
auch noch (ad Q. f. III, 1, 14) ein Rhetor erwähnt, bei dem sein
Sohn ohne Unterlass übe, ad Q. f. III, 3, 4 wird der Rhetor
Paeonius genannt, „ein sehr geübter und wackerer Mann", dessen
Unterweisung sich der junge Quintus mit dem grössten Eifer hin-
gebe. Cicero hatte nun aber, als schon von seinem Bruder Quintus
und von allen Seiten (*vulgo*) Klagen über Dionysius einliefen,
die beiden Knaben lieber selbst durch Nachhülfe weiter fördern
(*subdocere*) als für sie einen neuen Lehrer suchen wollen. Er

spricht dann aber (ad Q. f. III, 3, 4) von dem Unterschiede seiner Lehrweise und der des Rhetors, die seinige etwas gelehrter und θετικώτερον nennend. Die alte Rhetorik unterschied θέσις, allgemeine Themata, und ὑποθέσεις, nach Ort, Zeit und Personen bestimmte Themata (Volkmann, Hermagoras S. 13 f.), Cicero will also wohl sagen, dass seine Lehrweise rationeller, principieller, weniger empirisch sei, indem sie von den concreten Fällen immer auf die allgemeinen, ihnen zu Grunde liegenden Kategorieen zurückführe. In demselben Sinne spricht er sich ad Q. f. III, 4, 6 aus, wenn er sagt, dass er im Begriff sei, seinen Sohn während der Tage der Spiele mit sich auf sein Tusculanum zu nehmen zu einem Cursus (*ludus*) des Lernens, und nicht des Spieles, vgl. schon den Schluss des vorigen Briefes. Cicero beschäftigte sich offenbar trotz seiner stets starken Ueberlastung mit Arbeit sehr gern wissenschaftlich mit dem Sohn und Neffen, nur dass er des letzteren — Gefrässigkeit bei dem Zusammenleben mit ihm „fürchtete", die dieser nur unter den Augen der Mutter besser zügelte (ad Q. f. III, 9, 9). Diese war allerdings eine in den nächsten Sorgen des häuslichen Lebens so umsichtige Frau, dass sie auch leere Flaschen versiegelte, damit das Gesinde von heimlich ausgetrunkenen nicht sagen könnte, sie seien leer gewesen, ad fam. XVI, 26, 2, und mochte wohl gegen solche niedere Unarten des Sohnes einen abschreckenderen Blick haben als der humane, auf geistigen Höhen lebende Consular.

Bei aller Liebe zu den beiden Knaben war die Beachtung ihres sittlichen Wesens von dem Geiste des Ernstes und der Strenge getragen und insofern von wahrer Humanität erfüllt, wenn wirklich die vernünftige Natur selber, und nicht Satzung und Convenienz den Menschen zur Sittlichkeit als einem nothwendigen Moment seiner Bestimmung führt. Humanität im Sinne einer sich vor der Vernunft doch Blösse gebenden Milde ist durchaus nicht die antike Auffassung der Humanität. Die Jugend als solche hat zu allen Zeiten zwei Grundfehler, die Eitelkeit — das Platonische (Gorg. 527 D) νεανιεύεσθαι ὡς τὶ ὄντας, das Grossthun unter einander mit ungebührlicher Ueberhebung — und die Genusssucht, und diese sind eben die beiden Hauptfeinde ihrer sittlichen und intellectuellen Entwickelung in der Richtung des echten Menschenthums, welches der antiken humanen Gesinnung als das schönste und eigentlichste Ziel des Lebens vorschwebte.

Cicero wusste das und verfolgte bei jeder passenden Gelegenheit
gern die Aufgabe, „die Begierde zu beschneiden und die Jugend
im Zaum zu halten, nicht aus Hass gegen irgend wen, sondern
in der Hoffnung, das Gemeinwesen dadurch zu bessern und das
Volk zu heilen" (ad Att. I, 18, 2), und sah ein, „dass sie besonders
zu seinen Zeiten so weit auf der schiefen Ebene herabgeglitten
war, dass sie durch gemeinsame Bemühung ernstlich im Zaum
gehalten werden musste" (de div. II, 4), — obgleich er mit dem
Hass der begehrlichen und verzärtelten Jugend einen so schweren
Kampf zu bestehen hatte, dass er wohl auch einmal versuchte,
durch Freundlichkeit ihren Widerwillen gegen den sittenstrengen
Mann in Verehrung für die milde, leben lassende Persönlichkeit
umzuwandeln; während er sich doch hütete, in gunstbuhlerisches
und lockeres Wesen zu verfallen (ad Att. I, 19, 8). Jene Strenge
liess er bei aller etwa zulässigen Willfährigkeit gegen noch
unreife Menschen auch in der Erziehung der beiden Knaben obwalten (ad Att. X, 4, 6. X, 12, 3); und das machte ihm namentlich
bei der difficilen Veranlagung (*multiplex ingenium*) des jungen
Quintus Mühe genug (ad Att. VI, 2, 2), zumal dessen Vater, mehr
ein Stimmungsmensch und in den Gedanken vernünftiger Humanität weniger gefestet als sein Bruder Marcus, „in allzu grosser
Nachsicht oft wieder lockerte, was dieser scharf angezogen hatte"
(ad Att. X, 6, 2). In jener Sittenstrenge hat Cicero nach Lactant.
I, 20 in einer für uns verloren gegangenen Stelle wohl des zweiten
Buches de leg. auch gesagt: „Einen 'grossen und verwegenen'
(d. h. sittlich doch recht bedenklichen) Gedanken hat Griechenland gefasst, wenn es die Statuen von Eroten und Pothoi in
den Gymnasien aufstellte". Mir sei dabei die gelegentliche Bemerkung erlaubt, dass wir in den oberen Gymnasialklassen hinsichtlich zufälliger Verknüpfungen mit dem erotischen Gebiete,
die in der Lectüre anderer Stoffe einmal für einen Augenblick
vorkommen, um so weniger von peinlicher Bedenklichkeit —
wie sie sich in der Austilgung solcher Stellen sogar in dem
Schülertexte deutscher Classiker in manchen neuen Ausgaben
zeigt — sein sollten, als wir über solche ohne jede Erklärung
weglesen, resp. sie einfach in der Uebersetzung ausdrücken
können; dass dagegen die Schullectüre solcher Werke, in denen
die geschlechtliche Liebe Kern und Substanz der Sache ist, wie
z. B. der Emilia Galotti und selbst des idyllischen Epos „Hermann

und Dorothea" in Wahrheit doch ihr Bedenken hat, und zwar
nicht sowohl aus Rücksichten der Prüderie, sondern weil die
Vertiefung der zu grunde liegenden Probleme erst einem freien
und reifen philosophischen Geiste möglich ist, während die land-
läufigen Auffassungen, mögen sie auch von der Kritik tiefer
begründet wieder eingesetzt werden, doch in der Schule unbesehens und ohne ehrliche Kritik hingenommen werden müssen.
Einer der schwierigsten Punkte der Erziehung ist die Frage,
wie mit dem Lobe umzugehen ist. Dieser Punkt wird sehr individuell zu behandeln sein. So findet sich denn auch bei der
antiken Humanität ein gewisses Schwanken in dieser Beziehung.
Ad fam. XV, 21, 4 heisst es: „Für die Anregung und An-
stachelung (*in acuendo*) hat es die grösste Bedeutung, wenn man
den lobt, den man ermahnen will", aber da ist die Rede von
einem Erwachsenen. Dagegen heisst es frr. inc. de rp. Nr. 9
„Ein missliches Ding ist es, einen Knaben zu loben, denn da
ist nicht ein wirklich erreichter Zustand, sondern die Hoffnung
zu loben". Die Praxis wird wohl nach der klugen Erwägung
des einzelnen Falles, mit Bevorzugung der den grössten Men-
schenkennern eigenen Kargheit im Lobe, gehandelt und sich,
gerade wie bei uns, bisweilen auch vergriffen haben.*) Das für die

---

*) Ich halte es hier für nicht unangebracht, den Herrn Collegen eine kleine
Anekdote aus meinen Schulerfahrungen mitzutheilen. Als ich ein junger Lehrer
war, erzählte eines Tages ein Oberprimaner des Gymnasiums zu A. seinem Pen-
sionsherrn, der auch Lehrer der Anstalt war, und mir, heute sei ein Wunder geschehen: der Director Dr. K . . . . . l habe seine Primaner einmal gelobt. Nun
wussten wir aber schon, um was es sich handelte: der Director hatte sich schon im
Lehrerzimmer seinen Collegen gegenüber einmal über den Fall expectorirt. Er
hätte heute Freude in Prima gehabt. Er hätte eine gelesene Rede des Demosthenes
einmal von den Primanern frei deutsch vortragen lassen, da hätten es nun alle vorzüglich gemacht, aber jeder in seiner Weise, unter interessantem unwillkürlichen
Ausdruck seiner Individualität. Bei dem einen sei mehr die logische Kraft, bei dem
anderen mehr der sittliche Ernst (das ἦθος), bei einem dritten mehr die Leidenschaft (das πάθος) des grossen Redners vornehmlich zur Nachbildung gekommen.
Nun hatte der Director, ein *vir humanissimus*, in dem das antike Element seiner
Bildung einen hervortretenden Factor seines Wesens ausmachte, dessen anderer
Factor seine christliche und deutsche Gesinnung bildete, seine Primaner aber ein
für allemal in einem so ausgezeichneten Zuge sittlicher Gesinnung und wissenschaftlichen Strebens, dass die besondere löbliche Leistung keineswegs eine Ausnahme
machte, sondern nur in einer schwierigeren Aufgabe einmal besonders erfreulich in
die Erscheinung getreten war. Ob ein so guter Classengeist und -zug auch bei
etwaiger Gewohnheit des Lobens herbeizuführen ist, das ist doch fraglich; die Ge-

Zukunft in der allgemeinen Erwartung von den dereinstigen
Leistungen eines begabten Jünglings vorweggenommene Lob
kann auf der Entwickelung eines solchen schwer lasten, ihm (ad
fam. II, 4, 2) „als eine drückende Gegnerin immer zu Häupten
stehen" *(constituta et parata esse)*, weil es für ihn schwer ist, der
Zeit oder dem Grade der Leistungen nach nicht hinter der hoch-
gespannten Erwartung zurückzubleiben, auch weil das Lob zu
Ueberstürzung oder zu Ueberschätzung der eigenen Kräfte und
dem Versuche, sich an zu schwere Aufgaben heranzumachen, verführen kann. Wo solche Erwartung der Menschen besteht, giebt
es nur ein richtiges Gegenverhalten: die beste Anspannung der
Kräfte, oder, wie Cicero a. a. O. so schön dem jungen Curio
schreibt: „Die Erwartung der Menschen wirst du durch ein
Mittel leicht besiegen: wenn du dir klar hältst, dass du dich in
den edlen Fähigkeiten bemühen musst, durch welche das Lob
erworben wird, dessen Ruhm du dir im Herzen zum Ideal gemacht hast", oder, um diese Worte lateinisch anzuführen als ein
Beispiel des ganz einzigartigen, unnachahmlichen sprachlichen
Gewandes, über das die antike Humanität verfügt: *„quam tu*
una re facillime vinces: si hoc statueris, quarum laudum glo-
riam adamaris, quibus artibus eae laudes comparantur, in iis
elaborandum".

Das eigentlichste Ziel der Erziehung kann für den specifisch humanen Geist nur die Neueinpflanzung des humanen Geistes
in den heranwachsenden Menschen sein. Das wesentlichste Mittel
dazu ist schon im Alterthum dasselbe, welches das auch heute noch
ist: die fleissige und eindringende Beschäftigung mit den Schriftwerken, in denen der humane Geist, mittelbarer oder unmittelbarer, ausgeprägt ist. Denn dass die Sprache, die zunächst in
dieser Beschäftigung bewältigt und zum klaren Bewusstsein ihrer
Bedeutung als des Instrumentes des Geistes gebracht werden
muss, der nächste und wichtigste Bildungsstoff zur Bethätigung
aller Seiten der geistigen Anlagen sein muss, das ist eine von
den Griechen und Römern mit den ersten Pädagogen und Philosophen aller Zeiten getheilte, bei ihnen mehr stillschweigende

---

fahr, ein wohlfeiles Lob mit Gleichgültigkeit anzusehen und eine zu leichtbefriedigte
Gutmüthigkeit als Schwäche zu belächeln oder sich darauf als etwas Verdientes auch
bei minder löblichen Leistungen zu erpichen, liegt doch manchen jugendlichen Naturen zu nahe.

Voraussetzung; andere Werke aber in menschlicher Sprache als die ihren aufzusuchen, um sie der Jugendbildung zu Grunde zu legen, war für die Alten weder möglich noch von nöthen. Erwähnt werden z. B. als Jugendlectüre Hesiod, unzweifelhaft die ἔργα καὶ ἡμέραι, den der junge Lepta auswendig lernen und aus denen er das τῆς δ' ἀρετῆς ἰδρῶτα.. stets vor Augen haben möge, ad fam. VI, 18, 6, aber auch vorher in demselben Briefe Cicero's Orator, allerdings zunächst mit dem Ausdruck der Freude, dass die Schrift dem Vater Lepta so sehr gefalle, danach aber auch mit dem Wunsche, dass der jugendliche Sohn schon Gefallen an solchen Werken finde. Das sind zwei für das jugendliche Verständniss doch in beträchtlich verschiedener Nähe stehende Schriften, die eine aus der praktischen Sphäre des Landmannes, die andere aus den feinsten Stilgeheimnissen des Meisters der Rede. Aber Cicero fügt die sehr treffende Bemerkung hinzu: „Mag auch jetzt die Reife des Alters noch fehlen, so ist es doch nicht ohne Werth, dass schon jetzt sein Ohr von solchen Klängen umtönt wird". In der That können grosse, inhaltsschwere und formvollendete Werke in verschiedenen Stadien des Lebens mit verschiedenem Verständniss, und erst in reifen mit reifstem Verständniss gelesen werden, aber manche von ihnen können und müssen doch auch schon der Jugend nahe treten, zu einer Zeit, wo sie wenigstens für ein vorläufiges und zu späterer, vertiefender Wiederkehr reizendes Verständniss entwickelt genug ist. Was Lichtenberg (Werke, Bd. I, S. 266) einmal von Tacitus sehr treffend sagt, dass er bei dem Dreissigjährigen ein ganz anderes Verständniss finde als bei dem Zwanzigjährigen, in dem durch Erfahrung gereiftesten Alter aber wieder noch ein ganz anderes als bei dem Dreissigjährigen, das gilt z. B. auch von Cicero's Orator. Der Lehrer wird dieses feinsinnige Cabinetstück der Reflexion über die Stilarten der Rede und ihre gemischte, vollkommenste Gattung mit noch ganz anderem Genuss und Verständniss lesen als der Primaner, und doch wird auch schon der Primaner durch die Schrift, die auch der Uebersetzung in's Deutsche fast unvergleichlich schöne Aufgaben unter den Werken der alten Litteratur stellt, bei seinem unvollkommenerem Maasse des entgegengebrachten Verständnisses in ganz ungewöhnlicher Weise gefesselt, wie mir denn überhaupt die Cicero-Lectüre nach meinen Erfahrungen bei angemessener Behandlung

für die oberen Stufen des Gymnasiums als noch lohnender denn
selbst die des Sallust, Livius und Tacitus, sogar des Horaz
erschienen ist. Uebrigens ist zu beachten, dass in dem obigen
Ausspruch darüber, dass es nicht unvernünftig ist, hohe Schriften
schon früh auf die Jugend wirken zu lassen, dabei das sinnliche
Moment des in's Ohr Fallenden, die dem Gehör fühlbare sprachliche Schönheit, in diesem Specialfalle offenbar die Fülle und
der prosaische Rhythmus, betont wird. Den Werth davon kann
ich aus eigener Erfahrung bestätigen: schon als Quartaner las
ich einmal die 24 letzten Tage vor Weihnachten, in Festes-
ungeduld, jeden Tag ein Buch der griechischen Odyssee laut
für mich — Ilias, die mich noch mehr begeisterte, auch sonst oft —;
ich verstand in Rückbeziehung auf die uns damals völlig geläufigen und ganz genau bekannten Schwabschen Sagen recht gut den
Fortgang der Erzählung, das Einzelne aber natürlich noch nicht,
und dennoch hatte ich nicht nur einen wundervollen augenblicklichen Genuss von der Herrlichkeit des Klanges der griechischen
Hexameter, sondern auch einen grossen Vortheil für eine gefühlsmässige Vertrautheit mit dem Geist und Wesen der homerischen
Volksdichtung, die sich in Wahrheit mehr an das jugendliche
Herz als an die gelehrten Durchforscher der homerischen Frage
wendet. — Ausser den angeführten Schriftwerken finde ich z. B.
als Bildungsmittel für die Jugend auch De oratore erwähnt (ad
fam. I, 9, 28), von welcher Schrift die Hoffnung ausgesprochen
wird, dass sie für den jungen Lentulus nicht unnütz sein werde,
da sie sich fern halte von den trivialen Regeln der Schulrhetorik
und die höhere Betrachtungsweise der Beredtsamkeit, wie sie von
Aristoteles und Isokrates begründet sei, zum Vorbild nehme.
Und von seinem scharfen Angriff gegen Piso in der Rede de
prov. consularibus berichtet Cicero (ad Q. f. III, 1, 11), fühlbar
erfreut, dass sie alle Knaben „wie ein Dictat" (auf der untersten
Stufe des Unterrichts, vgl. Hor. ep. II, 1, 70) ganz und gar lernen.*)
Darin freilich zeigt sich schon eine bedenkliche Hinneigung zu
der specifisch rhetorischen Tendenz des Jugendunterrichts, der
so viele nützliche Kenntnisse versäumen liess und auch für die

---

*) Dass die Knaben das alte, schwer verständliche Zwölftafelgesetz „wie ein
nothwendiges Gedicht" auswendig lernten, das war noch um Ciceros Knabenalter
üblich gewesen, aber ein Menschenalter später ganz ausser Gebrauch gekommen,
de leg. II, 59.

Bildung wahrhaftiger Charaktere ungünstig wirkte, vgl. Böckh, Encyclopädie S. 419 f.   In demselben Briefe, § 19, zeigt sich auch, dass man an die Söhne wohl Briefe schrieb, die als Bildungsmittel wirken sollten und wirkten, und De officiis ad Marcum filium lässt sich als ein ausgeführter solcher Brief betrachten, vgl. ad Att. XV, 13, 6: „Worüber soll ein Vater besser seinem Sohne schreiben?"

Die schwierigste Zeit der Erziehung ist vielleicht die, wenn die Söhne so weit gekommen sind, dass sie zuerst zur Probe auf eigene Füsse gestellt werden müssen, aber noch nicht so weit, dass sie sich allen den neuen Versuchungen gegenüber, die dann ihnen verlockend entgegentreten, bewährt haben.   Es sind das bei uns die Jahre der „akademischen Freiheit", etwas ganz ähnliches aber auch in dem Zeitalter, das unseren Feststellungen ganz besonders zu grunde liegt, die Jahre, wo die Söhne zu einem Studienaufenthalt nach Griechenland, am liebsten nach Athen, geschickt wurden.   Die Stellung der antiken Humanität zu diesem Erziehungsstadium spiegelt sich in den Gedanken und Maassnahmen Cicero's, die seinen etwa 18 jährigen Sohn betrafen, recht klar wieder.   Zuerst taucht der Gedanke in Berathung mit dem Freunde Atticus (ad Att. XII, 7, 1) auf, ob er dem Sohne Marcus auf seinen Wunsch gestatten soll, nach Spanien zu gehen, um dort für Caesars Sache zu kämpfen.   Den Sohn dürstet es nach Freiheit, der Vater spricht auf's offenste (liberalissime: so, dass er selber seine volle Meinung sagt und der Selbstständigkeit des Sohnes das möglichst weite Zugeständniss macht) mit ihm, er möge sich entschliessen, mehr der Liberalität des Vaters als seiner eigenen Freiheit zu gedenken. Darin tritt schon die Rücksicht auf den Geldpunkt hervor, denn den richtigen Gebrauch des Geldes zu lernen, ist eine der wichtigsten Aufgaben dieses Lebensalters.   Die Liberalität des Vaters wird schon die Engherzigkeit verbannen und Verständniss mit den jugendlichen Wünschen beweisen, aber doch wieder vernünftige feste Grenzen den Ausgaben setzen, die „Freiheit" des Jünglings wird leicht in die Gefahr gerathen, diese Grenze nicht anzuerkennen.   Aus der Absendung des jungen Cicero nach Spanien wird nichts: entscheidend dafür war wohl, dem angeführten Briefe zufolge, die Scheu des Vaters vor dem Tadel, dass er nicht nur die Waffen des Pompejus verlassen, sondern

13*

auch seinem Sohne die Erlaubniss gegeben haben würde, auf
der entgegengesetzten Seite zu kämpfen. Kurze Zeit darauf
(s. ad Att. XII, 24) steht es fest, dass der junge Marcus einen
Studienaufenthalt in Athen nehmen soll. Zunächst ist wieder
das Hauptaugenmerk des Vaters die Geldfrage. Er nimmt den
Atticus für den Rath in Anspruch, ob es besser sein wird, dem
Marcus die benöthigte Geldsumme baar mitzugeben, oder ihm
einen Wechsel (auf einen athenischen Geldwechsler) anzuweisen
(*quod opus erit M. filio Athenis, permutarine possit an ipsi feren-
dum sit*). Er hat für ihn die Zinsen der Grundstücke aus der
Mitgift der Terentia (*mercedes dotalium praediorum*, worunter
namentlich an die Einkünfte aus *insulae*, Miethsgebäuden (ad
Att. XVI, 1, 5) zu denken ist) ausgeworfen, wovon der Sohn
recht auskömmlich (*laxius*) soll leben können, ad Att. XV, 20, 4.
Auch später, bei weiterer Ausdehnung des Aufenthaltes des
Sohnes in Athen, ist es dem Vater eine Sorge, dass seinem Sohne
nichts fehle, dass er ihn durchaus honett und reichlich mit Geldmitteln versieht (ad Att. XIV, 7, 2; 11, 2), was ihm eine Ehrensache ist (*pertinet ad existimationem et dignitatem*). Ad. Att.
XIV, 17, 5 nimmt er dafür die Hülfe des Atticus in Anspruch
und bittet dann natürlich nur um so viel für den Sohn, wie es
dem Ermessen des Freundes entspricht (*Ciceroni meo suppedi-
tabis quantum videbitur*); Atticus erfüllte diese Bitte in zuvor-
kommender Weise und reichlichem Maasse, erhält dafür Cicero's
Dank und die Wiederholung der Bitte für die Zukunft (ad Att.
XIV, 11, 2). Uebrigens ist nach ad Att. 15, 4 (*Eros numerabit*)
doch nur an einen Vorschuss des Atticus zu denken. Für die
Zeit nach der Rückkehr des Sohnes nach Rom scheint der
Vater die nunmehrige wirthschaftliche Selbstständigkeit des
Sohnes in Aussicht zu nehmen und die Einkünfte aus den *insulae*
dafür festhalten zu wollen, ad Att. XVI, 1, 5. Wir sehen dort,
dass diese nicht weniger als 80000 Sestertien — etwa 16000 Mk.
betragen und müssen dabei wahrlich die Liberalität des Vaters
bewundern und uns über die vermeintlichen Bedürfnisse eines
jungen Aristokraten der damaligen Zeit verwundern, da für so
etwas, was wir nobele Passionen nennen, ein Mann wie Cicero
seinem Sohne doch kaum Geld aussetzen wird. Auch scheint
Cicero eben jener Stelle zufolge an die Herbeiführung einer
reichen Heirath für den Sohn gedacht, aber an der „unerträg-

lichen Schwiegermutter", welche die beabsichtigte Partie mit
sich gebracht haben würde, Anstoss genommen zu haben, wovon
dann der Nachgedanke ein edleres Stück Humanität ist als der
erste Hauptgedanke. Der junge Cicero will aber doch einmal
(ad Att. XV, 15, 4) seit dem ersten April, mit dem sein Finanz-
jahr begann, kein Geld nach Athen bekommen haben, hat das
aber nicht dem Vater, sondern „aus Bescheidenheit" dem Tiro
geschrieben; der Vater bittet darauf den Atticus, ihm doch sogleich den Jahreswechsel nach Athen anzuweisen. Die Hoffnungen des Vaters auf fleissiges Studium des Sohnes, der auch
im späteren Leben dem Vorbilde seines rastlos thätigen Vaters
nicht eben Ehre gemacht hat, erfüllten sich aber doch nicht
recht. Zwar lobt Trebonius (ad fam. XII, 16, 1), der ihn in
Athen besucht hat, in herzlicher Freude, mit vollem Munde und
unter Zurückweisung des Verdachtes, dass er dem Vater zu
Gefallen rede (se hoc auribus eius dare), die Liebenswürdigkeit
und den Fleiss des jungen Mannes in den vom Vater ganz besonders geliebten, d. h. „edelsten" Studien als ganz unvergleich-
bar mit allen jungen Männern, die sich damals in Athen aufhielten, und hat ihn auch auf die im Gespräch fallen gelassene
Aeusserung hin, dass er Asien zu besuchen wünsche, nicht nur
eingeladen, sondern auch gebeten, dass er das während seiner,
des Trebonius, Statthalterschaft in Asien thun möchte, und ver-
spricht dem Vater, ihm dabei jegliche Liebe zu erweisen, auch
dafür zu sorgen, dass er den Philosophen Cratippus mit sich
nehme, damit der Vater nicht glaube, dass der Sohn aus der
Reise die reine Ferienreise machen wolle. Aber der dem Marcus, wie es scheint als eine Art Mentor, beigegebene Leonidas
schreibt über den Fleiss seines Anbefohlenen weniger befriedigend, wenigstens kann der Vater (ad Att. XIV, 16, 3; XV, 16a)
über die Einschränkung des gespendeten Lobes durch den Zusatz „wie es jetzt ist" oder „noch" nicht hinwegkommen, weil
ihm der Zusatz als ein Zeichen nicht des Vertrauens, sondern
der Besorgniss für die Zukunft erscheint. Der zweite Mentor
aber, Herodes, hatte, trotz seiner ausdrücklichen Weisung, auf's
genaueste zu berichten, bis zu der Zeit des ersteren der beiden
Briefe noch gar nichts geschrieben, wie Cicero fürchtet, weil
er nichts dem Vater angenehm zu lesendes zu berichten gehabt
habe, zur Zeit des zweiten Briefes freilich sehr lobend. Marcus

selbst hatte nach ad Att. XV, 16a „endlich" geschrieben, und
zwar so gewandt (πεπινωμένως — *nitide*, ein von der Palaestra
entlehnter Ausdruck), dass er dem Vater dadurch jedenfalls
Fortschritt (προκοπήν) zu verrathen schien; ad Att. XV, 17, 4 scheint
es noch einmal derselbe Brief zu sein, der auch noch wegen
seines pietätsvollen Tones gelobt und für werth erklärt wird,
vor einer Zuhörerschaft (*in acroasi*) vorgelesen zu werden; damals
kamen auch noch sehr günstige Erzählungen seines Studien-
genossen, des jungen Messala, hinzu. Jedenfalls beschliesst
Cicero schon in dem Briefe ad Att. XIV, 16, 3, durch eine ausdrückliche Reise nach Griechenland sich einmal selbst davon zu
überzeugen, wie der Sohn seine Studienzeit benutze, „in seine
Studien dazwischen zu regnen" (*intervenire discenti*), was „aufs
äusserste in dem Interesse des jungen Mannes oder vielmehr
meinem eigenen oder ganz eigentlich in unser beider Interesse
liegt". Diesen Entschluss fasste Cicero in seinem vorletzten
Lebensjahre, und wenn man bedenkt, wie unglaublich von Thätigkeit politischer und litterarischer Art dieses und das letzte an-
gefüllt war, und was auch rein äusserlich genommen eine Reise
von Rom nach Athen noch bedeutete, so muss man wahrlich
diesen Erziehungsernst — eine Seite der Humanität nach dem
antiken Sinne des Wortes — bewundern. Am 25ten Juli 44 v. Chr.
war Cicero denn wirklich auf dieser Reise „ungefähr 300 Stadien
weit" von Leucopetra (bei Rhegion), von wo die Ueberfahrt
erfolgen sollte, gekommen, als ihn Stürme nach dem Ausgangs-
ort zurückwarfen und ihn am Lande politische Nachrichten von
solcher Wichtigkeit trafen, dass er die Reise aufgab, ad Att.
XVI, 7, 1. Er rechtfertigt sich in diesem längeren Briefe gegen den
Freund noch einmal ausführlicher, sowohl über den Entschluss
zur Reise als auch über den, sie fallen gelassen zu haben.*)
In dem interessanten Briefe ad fam. XVI, 21 des jungen Cicero
an Tiro findet man einigermassen Auskunft darüber, was es
mit den Erziehungssorgen und -hoffnungen des Vaters für eine

---

*) In dem Briefe ad fam. XII, 25, 3 erscheint das Motiv der beabsichtigten
Reise nach Athen doch auch stark durch politische Rücksichten beeinflusst: „Ich
hatte im Zorn über die Lage an der Freiheit verzweifelt und fühlte mich desshalb
mächtig nach Griechenland gezogen"; die Winde, die ihm ihr Geleit versagt haben,
nennt er dann „gleichsam gute Bürger", da ihm die Umkehr nachträglich doch aus
politischen Gründen willkommen war. Vgl. Abeken, Cic. in s. Briefen. S. 377 f.

Bewandtniss hatte; daran, dass der junge Mann dem von ihm
geliebten und verehrten Factotum des väterlichen Hauses Sand
in die Augen streuen wollte und sich etwa im Kreise von
Commilitonen über den Biedermann lustig machte, der den tugendhaften Brief ernst nehmen würde — an diese gewisse Species
modernen Studententhums ist sicher nicht zu denken, das verbietet der Ton des Briefes und die antike Einfalt, die bei im
übrigen nicht ganz unähnlichen zu grunde liegenden Verhältnissen doch sicher eine Cameraderie des Renommirens mit Dingen,
deren man sich vernünftigerweise nicht rühmen kann, nicht hatte
aufkommen lassen.   Der junge Marcus spricht also zuerst aus,
dass er sich der günstigen Gerüchte, die über ihn jetzt zu Tiro
gekommen seien, erfreue und sich bemühen werde, dass diese
jetzt aufkeimende gute Meinung von ihm von Tage zu Tage
mehr verdoppelt werde.   „Die Irrungen seiner Jugend hätten
ihm soviel Schmerz und Gewissensbisse (*cruciatum*) veranlasst,
dass nicht nur sein Inneres von dem Geschehenen, sondern auch
sein Ohr von der Erwähnung nichts mehr wissen möchte".   Der
Vater hatte also ganz richtig geahnt, dass es mit ihm nicht
stehe, wie es sollte.   Er erzählt dann von den Studien, die er
mit dem Cratippus, einem gewissen Bruttius und Cassius gemeinsam betreibe, die er als φιλολογία und tägliche συζήτησις
bezeichnet.   Einen gewissen Gorgias hat er auf das Geheiss des
Vaters sogleich entlassen, trotzdem er ihn seinerseits für einen
nicht untauglichen Gehülfen in den oratorischen Uebungen angesehen habe; er habe aber alles hintangesetzt, um nur den
Vorschriften seines Vaters Folge zu leisten und ihm nicht die
Veranlassung zu irgend welchem Verdacht (als ob er nicht durch
seine g u t e n Seiten mit diesem Gorgias verbunden würde) zu
geben, und es sei ihm ein drückender Gedanke gewesen, über
das Urtheil seines Vaters seinerseits urtheilen zu wollen.   Wenn
man aber bedenkt, dass später nichts Rechtes aus dem jungen
Cicero geworden ist, so sieht doch ein wenig „der Pferdefuss"
aus der Bemerkung, — die er bei dem Lobe des angenehmen
Zusammenlebens mit dem Bruttius macht — dass der Scherz
mit dem wissenschaftlichen Geiste (der φιλολογία und συζήτησις)
doch ganz wohl vereinbar sei.   Das ist ganz gewiss richtig,
wenn der Mensch erst zu freier und heiterer Ueberlegenheit
des Geistes hindurchgedrungen ist, aber für die Jugend, die den

Ernst lernen soll, eine gefährliche Klippe. Dass Cratippus, der oft unerwartet zu den Mahlzeiten eintrete, dann allem Ernst der Philosophie Valet sagte und in jener freien Ueberlegenheit des Geistes *(humanissime)* mit den jungen Leuten scherzte, ist also wohl ohne Gefühl des Unbehagens zu lesen, aber die starke Betonung des Wohlgefallens am Scherzen seitens des Jünglings selbst kann doch ein wenig übel wirken. Auch die Bemerkung, dass er den Bruttius aus seinem schmalen Wechsel *(ex angustiis suis)* oft mit durchschleppe, wenn man an die 16000 Mark denkt. Uebrigens ist der ganze Brief in seinem sprachlichen Tenor ein schönes Specimen einer dem jugendlichen Alter accomodirten Humanität und sein Stil dem des Vaters Cicero so ähnlich wie ein Ei dem anderen. — Ein über die humane Bildung hinausgehender erziehlicher Einfluss in politischer Richtung auf den Neffen Quintus zeigt sich ad Att. XVI, 5, 2. Cicero ist durch eine Umwandlung des jungen Mannes, der sich zu seiner Entrüstung nach ad Att. XIV, 17, 3 in einem Briefe an seinen Vater Q. Cicero beklagt hatte: „von Caesar habe er alles gehabt, nichts von seinem Vater, das Uebrige hoffe er von Antonius", hocherfreut, glaubt sich durch eine längere Unterredung von seiner nunmehrigen Festigkeit in optimatischen Grundsätzen überzeugt zu haben, und hat ihn desshalb dem Brutus zugeführt, der den nunmehrigen hoffnungsvollen jungen Republikaner zum Schluss umarmt und geküsst hat. Im allgemeinen scheint aber die Erziehung das Streben, den Zögling in eine politische Richtung einzugewöhnen, nicht verfolgt zu haben*), denn die politische Belehrung der *adulescentes* in der Sestiana 96 ff. richtet sich doch an solche Zöglinge, welche die eigentliche Erziehungszeit schon hinter sich haben.

11. Persönliche Feindschaft.

Nach Aristoteles ist τῶν ἐναντίων ἡ αὐτὴ ἐπιστήμη, und so will ich denn diesen Abschnitt über die antike Humanität, die sich im Verhältniss von Mensch zu Mensch zeigt, abschliessen mit der Behandlung des Verhaltens der antiken Humanitätsgesinnung in persönlichen Feindschaften.

---

*) Doch verdenkt es Cicero ad Att. XIV, 14, 1 dem jungen Q. Cicero, dass er an dem Caesarischen Parilienfeste bekränzt theilgenommen habe, sehr entschieden.

Zunächst zeigt sich, dass von dieser Gesinnung doch ein
Streben ausgeht, die Feindschaft zu mildern oder gar zu überwinden. So heisst es in einem Briefe des Caecina (ad fam.
VI, 7, 3): „Für erlaubt (*solutum*) gilt es, den anderen (wenn er ein
Feind ist) zu schwächen, aber man muss sich doch hüten, dass
man (dabei) nicht in (unnöthige oder boshafte) Angriffslust (*pe-
tulantia*) verfällt"; und gar Antonius, allerdings, wo es ihm in
seinen Kram passt — er will nämlich bei Cicero ein gutes Wort
einlegen für den Sohn des Clodius, den ihm dessen Wittwe
Fulvia mit in die Ehe gebracht hat — schreibt (in einer Ein-
lage des Cicero zu einem Briefe an Atticus, ad Att. XIV, 13 a, 3):
„Erlaube mir schon jetzt den Knaben an die Anschauung zu
gewöhnen und seinem zarten Sinn die Ueberzeugung einzu-
pflanzen, dass die Feindschaften nicht auf die Nachkommen übertragen werden müssen", gleichwie er daselbst auch findet, dass
„wir mehr mit Ehren (*honestius*) und bereitwilliger die Feindschaften aufgeben, die wir aus politischen Gründen aufgenommen
haben, als aus der trotzigen Versteifung auf persönliche Empfindungen (*contumaciae causa*)". Die grimmige Feindschaft
Cicero's, des Autors der Philippischen Reden, mit Antonius ist
erst entstanden, seitdem er eingesehen hat, dass dieser nicht nur
offen, sondern auch aus Herzenslust Krieg mit der Republik führt,
ad fam. XI, 5, 2, eine kurze Aeusserung von wohlthuendster Deutlichkeit, deren Erhaltung sehr erfreulich ist, weil sonst zwischen
manchen achtungsvollen und freundschaftlichen Kundgebungen
Cicero's für Antonius (seit pro Mil. 40) und jenen leidenschaftlichen Angriffsreden eine unerträgliche Kluft gähnt. Aber auch
als diese Feindschaft schon besteht, legt er noch (bei Brutus) ein
gutes Wort für den Appius Claudius, (des C., Clodius Bruders, Sohn)
ein, der sich mit Antonius verbunden hat, weil dieser aus Pietät
so gehandelt hat, sofern er nämlich noch zu Lebzeiten Caesars
die Restitution seines Vaters dem Antonius zu verdanken hatte,
ad fam. XI, 22, 1. Zwischen Schadenfreude (φθονεῖν) und einer
auf sittlicher Entrüstung (νεμεσᾶν) beruhenden Freude bei dem
Missgeschick eines Gegners oder Nebenbuhlers ist ja auch ein
Unterschied (ad Att. V, 19, 3). Und Cicero meint, dass dem
L. Crassus sogar der Tod eines Todfeindes, des Papirius
Carbo, wenn er ihn noch erlebt hätte, Kummer bereitet haben
würde, weil es seinem Patriotismus hätte schmerzlich sein müssen,

dass er den Greueln eines B ü r g e r k r i e g e s zum Opfer gefallen
wäre, de or. III, 10.

Doch im allgemeinen liegt Schonung des Privatfeindes oder
gar Feindesliebe nicht im Gedanken der antiken Humanität.
Sie liegt eben nicht in der menschlichen Natur, auch nicht einmal in der natürlichen Vernunft. Auch von Christen wird sie
viel weniger geübt als man glauben möchte, namentlich von
solchen, die zwischen dem Christenthum und der menschlichen
Natur und Cultur ein Band freundlicher Geistesgemeinschaft
schlingen möchten; man findet sie in ihren Gefühlen persönlicher
Feindschaft oft recht unkritisch im Fahrwasser der natürlichen Gefühle des Menschenherzens steuern. Nur wo ganz bestimmt erkannt
wird, dass das Christenthum die strenge Forderung erhebt, auch
die natürlichen Gefühle dem heiligen Willen Gottes aufzuopfern,
dass es Wiedergeburt und Heiligung verlangt, findet man auch
die übernatürliche Tugend der Feindesliebe bewährt, besonders
z. B. von den Heiligen der katholischen Kirche, was ich meiner
Ueberzeugung gemäss aussprechen muss. Die schöne und
herrliche Humanität in der Behandlung feindlicher Verwundeter,
die ein Ehrentitel unseres Volkes ist, aber überhaupt unter den
modernen christlichen Völkern blüht, ist etwas ganz anderes.
Denn gegen die einzelne Person des Volkes, gegen welches der
Staat mittels seines Volkes Krieg führt, empfindet man keinen
persönlichen Hass, und die Verwundung macht ihn auch für
das natürliche menschliche Gefühl der Hülfe bedürftig.

Die antike Humanität nun kennt zunächst die Thatsache
der natürlichen Sympathie und Abneigung. So steht z. B. ad
Att. IV, 8 b, 3 dicht zusammen die Thatsache: „Den Natta mochte
ich nicht leiden" (*oderam*) und: „Fabius Luscus hat mir niemals
Hass erregt". Der weitere Schritt ist, dass es sogar für „hübsch"
(d. h. dem natürlichen Gefühle entsprechend und ihm eine angenehme Befriedigung gewährend) erklärt wird, „einen Menschen
von Herzen (*libenter*) zu hassen; man könne eben nicht allen
dienen" (ad Att. XIII, 49, 2), welches letztere vom Christenthum,
aber allerdings nur für den übernatürlichen Menschen und um
Gottes willen, für möglich und Pflicht angesehen wird. Auch
der Gedanke „Viel Feind' viel Ehr" erscheint nicht fremd, wenn
Tacitus (dial. 40) von dem „Ruhm der Feindschaften" (*ipsa ini-
micitiarum gloria*, d. h. dem Ruhm, der schon mit der Thatsache,

sie zu besitzen, verbunden ist) spricht. Freilich wird unterschieden zwischen einer blossen Verschiedenheit der Meinungen und einem Streit, der das Innerste der Gesinnung ergreift (*opinionum dissensio — animorum contentio*, ad fam. II, 13, 2), und da ist es nun eine der schönsten und der Nacheiferung würdigsten Lebenswahrheiten der antiken Humanität, die dem Ausspruch Cicero's Phil. II, 38 zu grunde liegt: „Das war eben das Grosse zwischen mir und Pompejus, dass wir bei den entschiedensten politischen Meinungsverschiedenheiten in demselben freundschaftlichen Verkehr blieben". Liegt aber einmal das Gefühl innerer Feindseligkeit vor, so wird auch unverhohlene Freude gehegt an dem Missgeschick des Feindes, wie z. B. ad fam. VII, 2, 2 an der Verurtheilung des Bursa und an dem Tode des Clodius, aber mit dem humanen Zusatz, dass die erstere das erfreulichere Ereigniss sei, weil es besser sei, einer falle dem Richterspruch als dem Schwerte der Gewalt zum Opfer. Sogar das γελῶσι δ' ἐχθροί (Soph. El. 1153) schliesst die Humanität nicht aus: ad fam. VIII, 3, 1: „Fällt Hirrus in seiner Bewerbung um das Augurat durch, so haben wir das ganze Leben daran zu lachen"; ad fam. VIII, 4, 1: „Darum beneide ich dich nicht, dass du das köstliche Schauspiel entbehrt hast, das Gesicht des Lentulus Crus gesehen zu haben, als er, der so vertrauensvoll auf das Marsfeld heruntergestiegen, durchgefallen war". Die beiden letzten Aeusserungen sind allerdings nicht von Cicero selbst, sondern von seinem Freunde Caelius, können also durch dessen Individualcharakter beeinflusst sein. Auch Verwünschungen des Privatfeindes sind nicht selten. So „οἰμωζέτω, wenn es uns nur gut geht" (ad Q. f. III, 9, 8); „Dem L. Antonius möge es übel gehn!" (ad Att. XV, 15, 1); „Er möge Schmerz empfinden, worüber es auch sein möge, wenn er nur Schmerz empfindet" (ad Att. XVI, 2, 3, Citat eines Dichterverses); „Die Götter mögen an jenem Segulius übel handeln!" (ad fam. XI, 21, 1). Und ad fam. XII, 4, 1 schreibt Cicero in grausigem Feindeshass an Cassius: „Ich wollte, du hättest mich an den Iden des März zur Mahlzeit eingeladen: es sollte nichts übrig geblieben sein", indem er die Mordthat der Iden des März als ein Festmahl für das republikanische Gemüth auffasst und andeutet, dass er, wenn er zur Mitwissenschaft von der Verschwörung gegen das Leben Caesars zugezogen wäre, den Rath gegeben haben würde, auch den Antonius sogleich mit zu ermorden. Der Einfall hat ihm so gut gefallen, dass er ihn sehr bald darauf, sich vor dem Plagiat an sich selbst vor sich selbst nicht genirend, ad fam. X, 28, 1 dem Trebonius wiederholt. Der Einfall erinnert in seiner schrecklichen Fassung an die blutigen Worte Hagen's im Nibelungenliede, die er ausruft, als Dankwart ihm die Botschaft von der Ermordung der burgundischen Knechte bringt und er die blutige Rache dafür verkündet: „Nu trinken wir die minne und gelten süneges wîn" (Av. XXXIII, Str. 9, 3). Ganz besonders gilt die Rache an dem Feinde als etwas, was erlaubt und wünschenswerth ist und dem Gemüth wohlthut. Die Befähigung, rasch und geistesgegenwärtig in Worten Rache zu nehmen, wenn man gereizt ist, wird de or. I, 32 als ein Stück der rednerischen Befähigung hingestellt, und in der That kann auch noch heute niemand ohne diese Fertigkeit wagen, auf dem Kampfplatz der gerichtlichen oder parlamentarischen Rede aufzutreten, sie ist aber auch durch die Nothwendigkeit der Gegenwehr gerechtfertigt. Aber z. B. der Wunsch (ad Att. IX, 12, 2) kommt aus dem Herzen und klingt nach dem Verlangen empfindlicher realer Vergeltung: „Ich hasse den Menschen und werde ihn hassen. Möchte ich doch im stande sein, mich an ihm zu rächen!" (Und doch folgt auch hier ein mildernder Zusatz, der tiefe und edle Gedanke: „Aber ihn wird sein eigener Charakter schon rächen".) Auch in den Freunden freut man sich, Rächer an den Feinden zu besitzen: (nach Hom. Il. IX, 615) ad fam. II, 9, 3: „Dich, mein Rufus, schätze ich, in dem mir das Glück einen Mann gegeben hat, der nicht nur meine Ehre erhöht, sondern auch ein Rächer meiner Feinde und Neider ist." — Die feindselige Gesinnung scheut auch davor nicht zurück, gelegentlich einen Feind an einem körperlichen Fehler oder irgendwie Anstoss erregendem Aeusseren zu fassen, an dem er unschuldig ist, also in anderer Weise wie Cicero (pro Sest. 18) den Consul Gabinius an seinen gebrannten Haarlocken, die seine eigene unwürdige Eitelkeit dem Manne anhängt. Es ist ja wahr, „körperliche Fehler (*pravitates*) erregen einen gewissen Anstoss" (de leg. I, 51), aber, wie dort human hinzugefügt ist, „wenn sie sehr auffallend sind". Von diesem Anstoss bis zu ihrer schmerzenden Erwähnung ist aber doch noch ein weiter Weg. Und dennoch hat selbst der edle L. Crassus nach de or. II, 262 sich einmal nicht enthalten können, dem entschieden hässlichen, wohl gar missgestalteten (*deformis*) Lamia zuzurufen: „Wir wollen den hübschen Jungen (*pulchellum puerum*) anhören"; wirklich erregte das Gelächter, und der so wenig human Verspottete rief mit gutem Rechte dazwischen: „Meine Gestalt habe ich mir nicht selber bilden können, wohl aber meinen Geist"; darauf Crassus mit raschem und ironischen Witze, weil Lamia sich mit ihm als Redner nicht messen konnte: „Nun, dann wollen wir den Beredten hören". Der geistreiche Caesar aber, der Vertreter der Theorie des rednerischen Witzes im zweiten Buche de oratore, erzählt dort § 266 von sich selbst folgende Anekdote: Er hat seinem Gegner, Helvius Mancia, gesagt: „Ich will dir einmal zeigen, was für ein Mann du bist". Dieser ruft dazwischen: „Bitte, zeig' es!" Da weist er mit dem Finger auf den Kopf eines Galliers, der auf einem vom Marius erbeuteten und einem Geldwechsler als Aushängeschild vor seiner Taberne am Forum geschenkten Cimbrischen Schilde gemalt ist, mit verzerrten Zügen (*distortus*), ausgestreckter Zunge und schlaff herabhängenden Backen. Man lacht, eine gewisse Aehnlichkeit fällt wirklich auf, und Caesar fügt die technische Bemerkung hinzu, dass die Pointe, wenn man einmal den Gegner an seinem Porträt (*imago*) fasse, darin bestehe, dass die behauptete Aehnlichkeit noch hässlicher sein muss. Derselbe Caesar hat auch einmal einen T. Pinarius (de or. II, 266) einen Nussknacker genannt: jener hatte in seinen Mundbewegungen mit diesem etwas Aehnliches.

Ich habe diese Nachweisungen des Geistes der persönlichen Feindschaft, wie er wohl bei den Vertretern der antiken Humanität erscheint, nicht in dem Sinne gemeint, als ob ich damit eine Abirrung von der Humanität nachwiese. Im Gegentheil, menschlich ist das alles, sogar der vernünftigen menschlichen Natur angehörig, und nur in einem noch höheren Princip der Lebensgestaltung als das der Bejahung der menschlichen Natur ist zu überwinden. Aus den Reden der Alten wäre wahrhaftig noch ein ganz anderer Giftblüthenstrauss der Bethätigungen der Feindseligkeit zu winden gewesen, aber dort ist das alles nicht so einfach und naturwahr wie in den von mir angeführten Beispielen, sondern mehr Mache, Manier und ein den anderen und alles Dagewesene zu überbieten suchender rednerischer Sport. Desshalb möge es bei dem Obigen sein Bewenden haben.

12. Die Sklaven.

Ueber die Stellung der antiken Humanität zu der Sklaverei
und der Behandlung der Sklaven habe ich kein Material in
meinen Sammlungen zur Verfügung. Sie tritt in dem von mir
ausdrücklich auf die Aeusserungen der Humanität hin durch-
forschten Umfange der Litteratur gar nicht hervor. Cicero's
Officien sind ein System von Humanitätsmoral. In diesen kommt
hinsichtlich der Sklaverei nur zweierlei vor: „Wir müssen ein-
gedenk sein, dass die Gerechtigkeit auch gegen die Niedrigsten
zu bewahren ist. Die niedrigste sociale Lage (*infima conditio
et fortuna*) ist aber die der Sklaven; und da ist es nun eine
nicht unrichtige Vorschrift, dass man sie als Lohnarbeiter ansehen müsse: dass also von ihnen Arbeit zu verlangen und das
Gebührende (*iusta*) als Gegenleistung zu geben ist" (I, 41). Auch
dieser Satz ist, die inhumane Einrichtung der Sklaverei einmal
vorausgesetzt, durchaus human. Zweitens löst er (III, 89) die casu-
istischen Fragen, ob der Tugendhafte in der höchsten Theuerung
sein Gesinde verhungern lasse, und ob er lieber ein kostbares
Pfand oder einen wohlfeilen Sklaven den Fluthen opfere, um
etwa das Schifflein vor dem Untergange zu retten, ausdrücklich
mit dem Stichwort der Humanität, die erstere sogar gegen
seinen stoischen Gewährsmann Hecato. Wie weit sich die
humanen Züge, die sich in der Behandlung der römischen Sklaven
finden, auf den Einfluss des bewussten humanen Princips gründen,
ist nicht nachzuweisen; mir scheint aber, als ob sie mehr dem
unmittelbaren menschlichen Gefühl als dem System, in allen
Lebensbeziehungen das echt Menschliche erstreben zu wollen,
entstammen. Ich könnte sie desshalb aus der Darstellung der
antiken Humanität auch ausschliessen, weil ich sie für keine
specifischen Früchte der antiken Humanitätsgesinnung halte.
Da die Neueren aber gewöhnt sind, die Frage nach Humanität
oder Mangel an ihr besonders auch gerade im Zusammenhange
mit dem Benehmen gegen die Niederen und Schwachen zu stellen,
so will ich diesen Punkt, dessen Berücksichtigung man nach
dem Titel meines Buches erwarten wird, nicht ganz übergehen,
sondern einiges Wesentliche aus der vorzüglichen Darstellung
bei Marquardt-Mommsen, Handb. d. R. Alterth., 2te Aufl. VII,
1, 175—178 herausheben.*)

---

*) Litteratur über die Sklaverei im Alterthum a. a. O. S. 135.

Man liess es aus ökonomischem Egoismus seinen Sklaven, wie seinem Vieh, nicht an dem Nöthigen fehlen. Sie bekamen ausser der selbstverständlichen Beköstigung täglich etwas Wein, freilich von der schlechtesten Sorte, Kleidung, Schuhe und Wohnung in einer cella. Eine gemüthlichere Beziehung zu ihnen (ἐπιείκεια) und Gemeinsamkeit des Zusammenlebens, wie nach Tac. Germ. 20 bei den Deutschen, wird von Plutarch Coriolan 24 für die älteren Zeiten bezeugt; Cato arbeitete und ass und trank mit seinen Sklaven, seine Frau nährte bisweilen Sklavenkinder, um ihre Zuneigung zu erwerben. Der Ausdruck familia bezeichnet ja einerseits oft geradezu das Gesinde, wenn er aber doch auch die Familie in unserem Sinne ausdrückt, so ist das ein Beweis für eine gewisse Zurechnung der Sklaven zur Familie; noch mehr der bei Plaut. Epid. 2. Amphitr. 359 vorkommende Ausdruck *familiares* für sie. Auch in späteren Zeiten nahm wenigstens noch eine begünstigte Zahl von Sklaven, unten am Tisch sitzend, an dem Mahle des Herrn theil. Columella empfiehlt sogar, sich mit den Sklaven zu unterhalten, ihren Rath zu erfragen und durch Freundlichkeit ihre Arbeitslust anzuregen. Das „*contubernium*" von Sklaven und Sklavinnen rückte in der Kaiserzeit in die Würde einer rechtmässigen Ehe auf, bei ihrer Verheirathung erschien auch wohl die Familie des Herrn und mischte sich unter die Scherze der Sklaven. Sie hatten auch die freie Verfügung über das — „am Munde ersparte", (Marquardt-Mommsen a. a. O. S. 164, Anm. 7) oder durch Trinkgelder erworbene (ebendas. S. 181, Anm. 8) — *peculium*. Mit der Freilassung wurde in irgend einer Weise eine Versorgung gewährt; Marquardt-Mommsen zählt deren zehnerlei nach den Zeugnissen von Quellen oder Inschriften auf.

Das sind nun freilich nur die Lichtseiten der antiken Sklaverei, die aus freier Gutmüthigkeit des menschlichen Herzens erwuchsen, da gesetzlich der Sklave völlig rechtlos und dem Belieben seines Herrn überantwortet war. Zu ihnen kommen noch hinzu die einflussreichen und Gewinn bringenden Stellungen gebildeter Sklaven, der litterarischen Gehülfen, Geschäftsverwalter (*procuratores, dispensatores*), Secretäre (*cubicularii*) und Aerzte. Aber auf der anderen Seite steht freilich tiefster Schatten entschiedenster Inhumanität (Marquardt-Mommsen a. a. O. S. 178—188), den ich hier nicht in's einzelne ausmalen will, da

die Phantasie so leicht kein Unrecht begehen würde mit der
Anheftung alles erdenklichen Unmenschlichen und Schrecklichen
an das Sklavenloos, was sie mit ihm verbunden zu denken gewohnt ist. Namentlich seit dem Aufhören des Zusammenlebens
und der Trennung der *familia rusticana* von der bevorzugten
urbana verschlechterte sich das Sklavenloos sehr. Doch dürfte
von den Mitgliedern der humanen Gesellschaft kein Fall un-
menschlicher Sklavenbehandlung bezeugt sein.

Andrerseits war es nicht sie, von welcher die merkwürdige
Verbesserung des Sklavenschicksals in der römischen Kaiserzeit, besonders im dritten und vierten Jahrhundert n. Chr., ausgegangen ist. Diese bestand darin, dass der Sklave zur Anerkennung seiner natürlichen Menschenrechte gelangte, aus einer
Sache zur Person wurde, dass in die Behandlung der Sklaven
ein gewisser Rechtsschutz eintrat (nähere Ausführungen darüber
Marquardt-Mommsen a. a. O. S. 189—191). Das Verdienst, diesen
grossen Umschwung allmälig herbeigeführt zu haben, hat,
wie gesagt, nicht sowohl die alte humane Gesellschaft, die sich
die Thatsache der Sklaverei noch nach dem Vorgange des
Aristoteles (Pol. I, 2. Eth. Nic. VIII, 13) als Vorbedingung der
Freiheit der Bürger rechtfertigte, sondern das juristische Denken
der grossen Rechtsgelehrten der ersten beiden Jahrhunderte
n. Chr. Diesem zufolge werden alle Menschen frei geboren
(Dig. I, 1, 4), sind in naturrechtlicher Beziehung alle Menschen
gleich (Dig. L, 17, 32). Diese grossen Juristen können nicht mehr
als die eigentlichen Nachfolger der alten humanen Gesellschaft
angesehen werden, weil sie deren Universalität nicht mehr theilen.
Dagegen hatte sich Eine Seite der alten Humanität, das Interesse
für das System des Rechts, allerdings sehr bei ihnen vertieft
und war namentlich auch zur principielleren Betonung des Natur-
rechts und des positiven Rechts vorgedrungen. Ihr Grundsatz
lautete nun (Dig. I, 18, 12): „Es kommt nicht darauf an, was
zu Rom geschehen ist, sondern was geschehen muss". Von ent-
scheidendem Einfluss auf diese juristische Denkweise war allerdings das philosophische System gewesen, welches der nicht-
schulmässigen humanen Gesinnung am nächsten steht, das
stoische, wie denn ausserhalb der Jurisprudenz Seneca der erste
ist, der die wahre Freiheit nicht als ein physisches Attribut der
Geburt — der zufolge vielmehr alle gleich frei sind —, sondern

als eine sittliche, die errungene Herrschaft über die niederen Triebe, auffasst. Gleichfalls von grossem Einfluss auf die Ueberwindung der Sklaverei wurde das Christenthum, das sie grundsätzlich negirte und auf ihre Aufhebung hin arbeitete, wenn es auch den revolutionären Schritt ihrer sofortigen einmaligen Abschaffung aus Rücksicht auf den Gesamtzustand und auch das Loos der Sklaven nicht gethan wissen wollte. Endlich nähert sich auch in den letzten Jahrhunderten der Kaiserzeit der Zustand aller so sehr der Unfreiheit (Marquardt-Mommsen a. a. O. S. 194), dass schon dadurch die Grenzlinie gegen die eigentliche Sklaverei sich verwischte.

———

Vierter Abschnitt.

Die antike Humanität
in ihrem Verhältniss zu Staat und Vaterland.

Die im vorigen Abschnitt behandelten Beziehungen zwischen Mensch und Mensch sind für jeden einzelnen verschiedene, durch das zufällige Verhältniss seines persönlichen Lebenskreises zu anderen solcher Kreise bedingte. Aber mit Nothwendigkeit gegeben ist für jeden das Verhältniss zu Staat und Vaterland, in welchem alle jene Lebenskreise neben und durcheinander umschlossen liegen. Zu diesen umschliessenden und dabei doch auch ihr Dasein im Inneren jedes persönlichen Lebenskreises vielfach bekundenden Mächten, deren Existenzweise als ideal in den Gedanken der Menschen wurzelt, von da aus aber auch in einer Fülle von concreten Einrichtungen objectiv wirklich wird, stellte sich im ganzen Alterthum, zumal dem römischen, zunächst ein ganz unmittelbares, auf Gefühl, oder besser gesagt Instinct, und Sitte beruhendes Verhältniss der einzelnen heraus, und erst allmälig, dem Fortschreiten des bewussten Denkens entsprechend, auch ein durch bewusste Reflexion vermitteltes. In der eigentlichen Epoche der antiken Humanität nun aber musste auch dieses Verhältniss in den allumfassenden Grundsatz „Sei ein Mensch" mit aufgenommen und in dessen Sinne gestaltet werden. Sein leitender Gedanke musste werden: Staat und Vaterland muss das sein, was es aus der Idee des Menschenseins heraus sein soll, und der einzelne muss sich dazu stellen, wie es dieser Idee entspricht. Wir wollen nun nachzuzeichnen versuchen, zu welchem auf Staat und Vaterland bezüglichen Gedankencomplex diese Grundidee in der antiken humanen Gesellschaft ausgewachsen erscheint.

I. Das gegenseitige Verhältniss zwischen dem Staat und dem einzelnen Menschen.

1) **Der Staat ist ein naturnothwendiges Moment des menschlichen Gemeinschaftslebens.** Dass der Staat seinen Ursprung habe entweder in überlegener Beredtsamkeit oder überlegener Klugheit einzelner, welche die ursprünglich culturlos vereinzelten Menschen von den Vortheilen eines geordneten Zusammenlebens überzeugt habe, dass also der Staat ein Werk bewusster Absicht, nicht unbewusst wirkender Vernunft sei, das ist eine gelegentliche Meinung, die Crassus einerseits und Scaevola andrerseits (de or. I, 33. 36) aussprechen, weil sie sich gerade mit dem dort angeschlagenen Thema über die Macht der Beredtsamkeit einmal in Verbindung bringen lässt. Dass der Ursprung des Staates in dem Bedürfniss des Schutzes gegen wilde Thiere (und doch wohl gegen die Rohheit der Naturmenschen selber) liege, das war eine sehr einseitige Auffassung, der de rp. I, 39 f. die wahre, dass die auf Gemeinschaft angelegte Menschennatur selber den Staat als eine „durch die Uebereinstimmung über das Recht und die Gemeinsamkeit der Interessen verkettete Verbindung" hervorgetrieben habe, entgegen gestellt wird.

2) **Der einzelne Mensch hat sowohl Rechte wie Pflichten gegen den Staat.** Das Einzelleben als solches kann auf keine Weise sein naturgemässes Ideal der Glückseligkeit, die am einsichtigsten und tiefsten von Aristoteles als die κατ' ἐνέργειαν ἀρετή, ein Sichausleben auf Grund der besondersten Anlagen und Thätigkeitsbedürfnisse definirt ist, aufgeben: für das Einzelleben als solches ist das das Ideal, das an unzerreissbaren Banden über ihm schwebt. Folglich muss auch der Staat auch die Aufgabe haben, die Erfüllung dieses Ideals besser zu ermöglichen als es ohne ihn zu erfüllen sein würde. In der That ist es auch eine Ueberzeugung, „dass ohne guten Staat nicht gut (d. h. der Idee des Menschen gemäss, tüchtig sowohl wie glücklich) gelebt werden kann" (de rp. IV, 7), oder

dass „unter Preisgebung des Vaterlandes oder Knechtung desselben niemand glücklich sein kann" (ad Att. X, 4, 4), zumal,
wenn er selbst die Schuld an jener Preisgebung oder Knechtung
trägt. Ein „des Freigeborenen würdiges Leben in einem glücklichen und freien Volke" (ad fam. V, 21, 3) erscheint geradezu
als das Ideal der menschlichen Existenz, wenn auch der a. a. O.
— nach dem Beginn von Caesars Alleinherrschaft — sich damit
verbindende Gedanke, als ob in der republikanischen Zeit vor
49 v. Chr. dieses Ideal voll verkörpert gewesen wäre, eine
Illusion ist. Ist es aber dem Staate eigen, so die Menschen-
existenz erst zur Ergänzung ihrer Idee führen zu können, ist ihm
etwas so unantastbar gutes und hohes eigen, so hat der Mensch
auch ein Recht, vom Staate diese hohe Leistung zu erwarten.
Nun müssen aber alle offenbar in dieser Beziehung gleiches
Recht an den Staat haben, die Begünstigung des einen darf
nicht Benachtheiligung des andern werden, jeder muss von
seinen natürlichen, auf seine zufällige Person zielenden und in
sich selbst eigentlich schrankenlosen Ansprüchen auf so viele
verzichten, dass die gleichmässige Erfüllung der allgemeinen
Ansprüche möglich wird, d. h. neben den Rechten an den Staat
muss es auch Pflichten geben, es muss „eine unparteiische (aequabilis) Ausgleichung von Recht und Pflicht und Leistung" (de
rp. II, 57) bestehen.

3) Insbesondere hat der einzelne auch Dankbar-
keitspflichten gegen den Staat. Die bisherige Ableitung
von Pflichten gegen den Staat war nur abstract, aus dem Begriffe des Staates heraus, aber es giebt auch Pflichten gegen
ihn, die auf einem Ueberschusse seiner Leistung für den einzelnen über das, was er seiner Idee nach ihm schuldig ist, beruhen. Dem Vaterlande — „der ehrwürdigsten und heiligsten
Mutter" (ad Att. IX, 9, 2) — wird ein noch grösserer Dank ge-
schuldet als den Eltern, weil es mehr Wohlthaten für den einzelnen in sich einschliesst, fr. 1 zu de rp. I. „Nichts kann
zu spät oder zu kärglich dem Bürger vom Vaterlande erwiesen scheinen", ad fam. X, 9, 3.*) Denn ist auch die erste

---

*) Dies ist vielleicht die Stelle, die Friedrich der Grosse (in den *lettres sur*
l'amour de patrie, Oeuvres posth. XI, 273) im Sinne hat, wenn er schreibt: „Mein
Freund Cicero sagt einmal in seinen Briefen, man könne nie dankbar genug gegen
das Vaterland sein. Ich habe die Ehre zu denken wie er".

Aufgabe des Staates der Rechtsschutz — oder ist auch zwischen Civilisation und Naturzustand (*vitam perpolitam humanitate et immanem*) kein entscheidenderer Unterschied als der der Herrschaft von Recht und von Gewalt (pro Sest. 92) — so „hat uns doch das Vaterland nicht unter der Bedingung erzeugt und erzogen, dass es keinen Erziehungslohn (*nulla quasi alimenta*, das homerische θρέπτρα) von uns erwartete und nur unseren eigenen Interessen dienend unserem Privatleben eine sichere Zuflucht böte und eine ruhige Stätte zum Stilleben, sondern dass es sich zahlreiche und wichtige Seiten unseres Fühlens, Denkens und Wirkens in seinem Interesse verpfändete" (de rp. I, 8). Gedacht ist offenbar an die Vermittelung aller Culturerrungenschaften, die nur unter der Voraussetzung eines geordneten staatlichen Zustandes in vielen Generationen entstehen und vor allem erhalten werden konnten, und die schönste Ausführung dieses Gedankens ist der Platonische Krito, eine Ausführung, die um so ergreifender wirkt, als sie von dem Sokrates ausgeht, der, nachdem er so viel Gutes vom Staate empfangen hat, nun auch das Böse, den Tod, von ihm glaubt hinnehmen zu müssen, trotzdem ihm die Möglichkeit geboten wird, sich dem zu entziehen. Gedacht ist z. B. auch an den Staat als Erzieher, wenn auch nicht zur Sittlichkeit, so doch zu ihrer Vorstufe, der Legalität, sofern wir (de or. I, 194) „durch die Autorität und den Wink der Gesetze lernen, die Begierden in Beherrschung zu halten". In der angeführten Stelle aus de rp. wird sogar noch hinzugefügt, dass der Staat uns nur so viel für unser Privatinteresse zurücklasse, wie er selbst von unserer Thätigkeit entbehren könne, ein aus der Unmittelbarkeit der antiken und speciell altrömischen Gesinnung entnommener Gedanke, der die ganz andere Perspective eröffnet, dass der Staat nicht nur im Dienste des Einzellebens diesem Rechte verleiht und von ihm Pflichten fordert, sondern auch das Einzelleben in den Dienst allgemeiner Interessen nehmen will. Der mehr ganz richtig gefühlte als gerade explicirte Sinn davon ist, dass der einzelne nicht nur vielen oder allen einzelnen dienen soll, sondern auch der Allgemeinheit, dem Ganzen, das als noch etwas anderes gedacht wird. Dieser Gedanke unterliegt in seiner Beurtheilung durch uns scheinbar dem schweren Bedenken, dass das lebensvoll Wirkliche, das eigentlich Seiende, das Individuum, in ihm zum Mittel für die Zwecke eines Abstractums, eines blossen Gedankendinges, gemacht wird. Aber das Allgemeininteresse ist doch, wenn auch nicht ein Interesse aller als der einzelnen, so doch ein Interesse aller in der Beziehung, dass sie nicht nur jeder ein Individualleben mit dessen Zielen leben, sondern auch noch eine Gesamtheit, so zu sagen ein Collectiv-Individuum höherer Ordnung, bilden. Auch jeder einzelne hat an dem Gesamtwohl Interesse, aber nicht nur, sofern auch für sein Individualwohl als Menschen sein Theilchen davon abfällt und für die anderen das ihre, sondern sofern er in seiner Eigenschaft als Glied des Ganzen, als Staatsbürger, wünschen muss und ein Gefühl dafür hat, dass es um die Güter der Bürgerschaft, die für sie als solche Güter sind, möglichst wohl stehe. Dem Staate dienen ist also nicht dem Moloch eines Abstracten die lebendigen Kräfte opfern, auch nicht nur möglichst vielen einzelnen in ihren Privatinteressen dienen, sondern allen in ihrer Eigenschaft als Staatsbürgern dienen und an der Verwirklichung der Ideale arbeiten, die als die besten Attribute des Gebildes vorschweben, welches aus der staatsbürgerlichen Lebensbeziehung und Thätigkeit aller hervorgeht. Mag daher der Staat auch einmal undankbar sein, wir werden nicht aufhören ihn zu lieben, ad fam. VII, 32, 3. Wir müssen die Fertigkeiten lernen, die uns in den Stand setzen, der Gesamtheit der Mitbürger nützlich zu sein, de rp. I, 33. „Setze in Bereitschaft, sinne, denke auf das, was ein Bürger und Mann besitzen muss, der gewillt ist, den durch jämmerliche Zeiten und verderbte Sitten niedergeworfenen und geknechteten Staat in die frühere Würde und Freiheit zurückzuversetzen", ad fam. II, 5, 2. „Nichts Herrlicheres giebt es als sich um den Staat wohl verdient zu machen", ad fam. X, 5, 2. „Die wahre Ehre liegt in der richtigen Gesinnung und ihrer Bewährung (*in virtute*), und diese strahlt am schönsten in grossen Verdiensten um den Staat hervor. Weil du diese Gesinnung ganz und gar zu eigen hast (*complexus tenes*), schaffe, dass der Staat dir nicht weniger verdanke als du dem Staate", ad fam. X, 12, 5 (was nicht ausser der Möglichkeit liegt, ad fam. V, 13, 4). „Alles Ansehen für dein übriges Leben wirst du aus dem besten Stande des Staates dir erwerben", ad fam. X, 3, 2. Der Kriegsdienst ist gewiss vom Standpunkte des Individualwohles, obgleich auch dieses in mancher Beziehung mittelbar durch ihn gewinnt, der

so viele geistige und körperliche Kräfte fordert, ein schweres
Opfer an das Vaterland, aber als Staatsbürger muss ihn der
Mann thun: „Tapferen Muthes ertrage den Kriegsdienst", ad
fam. VII, 18, 1. So kann denn ein Decimus Brutus aus dieser
Seite der humanen Gesinnung, aus dem Bewusstsein der Dankes-
pflichten gegen den Staat und der Aufgabe, dem Ganzen zu
dienen, heraus, die stolzen Worte sprechen (ad fam. XI, 10, 1):
„Stören mögen sie mich immerhin im Besitzthum der Auszeich-
nungen, wenn sie mich nur nicht stören in der Ausübung der
richtigen Thätigkeit für das Staatswohl", und Asinius Pollio
(ad fam. X, 33, 5): „Ich bin gewillt, mich dem Staate weder zu
entziehen noch ihn zu überleben"*); so schreibt Plancus (ad fam.
X, 17, 2) von seinem aus schwerer Krankheit wiedergenesenen
Bruder, dass er, sobald er habe wieder gehen können, nicht
mehr für seine eigene Person als für den Staat genesen zu
sein glaube.

4) Die Lehre gewisser Philosophen, dass der
Mensch am besten thue, sich in ein gegen alles Staatliche gleichgültiges Privatleben zurückzuziehen, ist
nicht zu billigen. Dieses Verhalten ist ja eben nicht wahrhaft human, es lässt eine grosse und wichtige Seite des Menschenwesens brach liegen. Die Streitfrage, ob es eine sittliche
Pflicht sei, sich am Staatsleben zu betheiligen oder nicht, („ob
der Weise sich an ihm betheiligen werde oder nicht") spielt in
dem absteigenden Aste des antiken Culturlebens eine bedeutende
Rolle, namentlich zwischen Epikureern, die sie verneinten, und
Stoikern, die sie bejahten. Ihr Ursprung lag in dem im Laufe
der geistigen Entwickelung natürlichen Aufkommen solcher Persönlichkeiten, die, mit einem ganz überwiegenden Bedürfniss
nach einem rein wissenschaftlichen Leben begabt, ihre geistige
Arbeit durch politische Thätigkeit nicht gestört wissen wollten.
Hatte doch Plato das Ideal des Philosophen als weltfremd geschildert (Theaet. 172d — 177c. de rp. l. VI) und sich selber von
dem Treiben der athenischen Demokratie ganz fern gehalten.

---

*) Er überlebte freilich doch den Freistaat, an den er im obigen (im Jahre
43 v. Chr. geschriebenen) Briefe denkt, aber ein Staat bestand unter Augustus doch
wieder, und ein besserer als während des langen Siechthums und der Todeszuckungen
der Republik, und Pollio war vernünftig genug, das einzusehen.

und hatte doch Aristoteles das Leben in Familie und Staat für
menschlich, das in der reinen Theorie aber für göttlich erklärt.
Die Epikureer aber räumten von ihrem Princip aus, dass die
Eigenlust das höchste Gut sei, einem stillen und die Mittel zum
Eigenglück wohl abwägenden und wohlberechnenden Genuss-
leben sogar die sittliche Berechtigung ein, sich aller Beziehungen
zum Staatsleben zu entschlagen (Beläge dafür bei Ritter und
Preller hist. ph. gr. et rom. Nr. 390 fin.). Und so hat z. B. auch
Q. Cicero nach de or. III, 13 seinen Bruder Marcus um der Gefahren willen, die mit der Betheiligung am Staatsleben verbunden
sind, stets von diesem wilden Kampfplatze fern zu halten gesucht, derselbe, der freilich seinem Bruder, als er einmal die
politische Laufbahn betreten hatte, den so überaus eingehenden
Brief über die Bewerbung um's Consulat geschrieben hat. Dem
M. Cicero schien es stets, dass mehr Persönlichkeiten als es
gut war, sich in ein wissenschaftliches Stilleben zurückgezogen
hätten, de or. III, 56. Die Hauptargumente von Philosophen
für die Berechtigung vom Staatsleben fern zu bleiben finden
sich bald nach dem Eingange von Cic. de rp. (I, 4 — 10) zusammengestellt und kritisirt. Die Mühen, die Lebensgefahren, die Cala-
mitäten, der Undank, die mit der Betheiligung am Staatsleben
verbunden sind, die erniedrigende Nothwendigkeit, mit unwürdigen Menschen sich vergleichen zu lassen, die gefährliche, mit
der leidenschaftlich erregten Menge in Conflict zu gerathen, —
dies sind in Kürze die Uebelstände der Betheiligung am öffentlichen Leben, aus denen die Argumente für die Bevorzugung
eines stillen Privatlebens entnommen werden. Sie werden aber
alle niedergeschlagen durch das mächtige Gegenargument, dass
gerade die Nothwendigkeit, die Herrschaft der Schlechten und
die Zerfleischung des Gemeinwohles durch unreine und rohe
Elemente zu verhüten, das gewichtigste Motiv für die Wohlgesinnten ist, auch ihrerseits sich am öffentlichen Leben zu betheiligen. Wenn es aber heisse, „der Weise" werde das nur
dann thun, wenn die Zeit und Nothwendigkeit ihn dazu zwinge,
so sei es dann zu spät, wenn man sich nicht durch seinen ganzen
Lebenslauf von Jugend an darauf vorbereitet habe, dass man
nun auch die Fähigkeit in schweren Zeiten dem Staate Hülfe
zu bringen besitze. Diese Vorbereitung, von der man ja nicht
wissen könne, ob man nicht einmal von ihr Gebrauch machen

müsse, sei also auf keinen Fall zu versäumen. Die theoretische
Schriftstellerei über den Staat und staatliche Fragen wird dann
als eine Art Abschlagszahlung auf politische Wirksamkeit gelten
gelassen. Ein besonderes Argument für die Betheiligung am Staatsleben ist auch noch, dass der Staat unsterblich erhalten werden
müsse — Tusc. I, 90 wird die Zeit, in welcher sich vielleicht einmal ein fremdes Volk des römischen Staates bemächtigen könnte,
auf vielleicht zehntausend Jahre bestimmt, in begreiflicher opti-
scher Täuschung des geschichtlichen Auges —, während der
einzelne so wie so auf die mannigfaltigste Weise sterben kann
und jedenfalls im Verhältniss zur Staatsdauer von kurzer Existenz
ist, ad Att. IX, 10, 3, vgl. Sest. 47.

5) Insbesondere ist es verkehrt, sich an der Pflege
rein materieller Interessen genügen zu lassen und
das allgemeine Staatsleben gegen sie in Schatten zu
stellen. Keinem Schilderer der letzten Zeiten der römischen
Republik ist das viel angeführte Wort aus ad Att. I, 18, 6 (aus
dem Jahre 60 v. Chr.) entgangen: „Du kennst ja unsere Pappen-
heimer: sie sind so thöricht, dass sie ersichtlich in der Hoffnung
leben, ihre Fischteiche werden wohl erhalten bleiben, wenn die
Republik verloren geht". Ich will den Ausspruch, der sonst
als ein Zug in historischer Sittenmalerei verwendet zu werden
pflegt, hier benutzt haben, um die entgegengesetzte Gesinnung als
einen Zug im humanen Staatsbewusstsein in Anspruch zu nehmen.
Dem Ausspruch ist an die Seite zu stellen der in demselben
Jahre (ad Att. II, 1, 7) geschriebene: „Unsere Koryphäen glauben
ihre Bäume in den Himmel gewachsen (*digito se caelum putant
attingere*), wenn nur viele Meerbarben in ihren Fischteichen
sind, die an die Hand herangeschwommen kommen; etwas
anderes ist für sie nicht da". Und als es nun wirklich, 11 Jahre
später, den Kampf um die Republik galt, da zeigte es sich, dass
die materiellen Interessen den Ausschlag gaben für die Parteinahme vieler in der grossen politischen Krise. Wir sind jetzt
gewohnt, dem grossen Realpolitiker Caesar Recht zu geben,
und haben damit auch die Logik der Geschichte für uns, aber
wir müssen uns doch auch hineinversetzen können, dass der
Kampf für das Bestehende auch immer ein Moment des Rechtes
für sich hat und dass die Staatsform der Republik seit vielen
Jahrhunderten mit dem politischen Idealismus verschmolzen war.

Da lehnt sich nun dieser Idealismus, eine Seite der politischen Humanitätsgesinnung, auf gegen die Thatsache, dass (ad Att. VIII, 13, 2) „die Municipalen und die Landleute keine andere Sorge haben als für ihre Ländereien, ihre lieben Villen, ihre lieben armseligen Moneten", dass (ad Att. IX, 12, 3) „die sonst an sich zur Partei der Gutgesinnten gehören, ruhig ihre Zinsen buchen"; dass sie (ad Att. IX, 13, 6) „üppige und langhingezogene Diners geben und besuchen". Wenn so der Luxus und Erwerbstrieb der einzelnen, der sich der Sorgen um das Gemeinwesen entschlägt, einer Verurtheilung in dem echtmenschlichen Staatsbewusstsein begegnet, so würde selbstverständlich auch eine Regierung, die über einseitiger Pflege der materiellen Interessen ihre Gesamtaufgabe versäumte, vor jenem Bewusstsein sehr tadelnswerth dastehen.

6) Das „Vaterland" hat für den Menschen einen doppelten Sinn, den der Heimath und den der staatlichen Zugehörigkeit; der letztere ist der bedeutungsvollere. Der Verwechselung der Begriffe „Heimath" und „Vaterland" begegnet man bei uns häufig; die Ableitung und Begründung der Vaterlandsliebe aus dem Heimathsgefühl ist bei uns sehr gewöhnlich; aber so richtig sie ist, so einseitig ist sie. Die Alten waren sich hierüber doch klarer, wie es übrigens auch bei uns gereifte Männer sind, denn die Confundirung von Vaterland und Heimath fällt meistens der Jugend zur Last. Die Hauptstelle für jene Unterscheidung ist de leg. II, 5. Cicero hat dem Mitunterredner in dem Dialog, in dessen Form die Schrift eingekleidet ist, Atticus, Arpinum, seinen Geburtsort, und die Stätten seiner Kindheit lebendig vor Augen gezeigt — denn an diesen Stätten spielt der Dialog — und dabei die kleine Landstadt sein „wurzelächtes Vaterland" (*germana patria*) genannt. Atticus, der übrigens das grösste Interesse an den Stätten nimmt, fragt ihn darauf, was denn das bedeute, ob er ein doppeltes Vaterland habe oder ob jenes Eine (sonst gewöhnlich als dieses gedachte) Vaterland das gemeinsame (aller Römer, gleichgültig aus welcher italischen Stadt sie stammen) sei. Ob vielleicht auch z. B. Cato nicht Rom, sondern Tusculum zu seinem Vaterland gehabt habe. Cicero erwidert darauf, in Wahrheit hätten alle Municipalen ein doppeltes Vaterland, das eine der Natur (des persönlichen Geborenseins), das andere der bürgerlichen Gemein-

schaft (*civitas*), oder auch das eine des Ortes, das andere des Rechtes. In das eine werde man geboren, in das andere „aufgenommen". Aber nothwendigerweise müsse an Liebe das voranstehen, welchem zufolge allen Bürgern der Name eines Gemeinwesens zukomme, „für welches zu sterben und welchem uns ganz zu ergeben und in welches alles Unsrige zu setzen, es gleichsam als heilig zu weihen wir die Pflicht haben". Süss aber sei das Vaterland, das uns geboren habe, nicht viel weniger als das, welches uns „aufgenommen" habe; „in diesem Sinne werde er stets von Arpinum als von seiner patria sprechen, vorausgesetzt nur, dass jenes andere grösser sei, dieses letztere von ihm umfasst werde". Es kann sehr auffallend scheinen, dass als das Kriterium für die Zugehörigkeit zum grösseren Vaterlande die „Aufnahme" (in die Bürgerrollen), ein geschäftlicher Act des bürgerlichen Lebens, bei welchem der Betheiligte noch nicht einmal Mündigkeit, Reife und eigenen Willen bewährt, genannt wird. Indess ist das doch nur ein zufälliger Ausdruck des sprachlichen Gegensatzes; die Wahrheit, dass das Vaterland des Menschen durch die Nationalität bestimmt wird, ist in sich selbst so einleuchtend und mit dem Geiste des antiken Vaterlandsgefühls so verschmolzen, dass sie sicher auch für das Bewusstsein der Alten bestehend angesehen werden kann. Wohl ist das Heimathsgefühl mit Innigkeit in der Seele lebendig, wenn auch als etwas Unsagbares und in der Tiefe der Empfindung Verborgenes (de leg. II, 3). Es wird abgeleitet von der Thatsache, dass in der Heimath sich die Heiligthümer der Familie befinden, der Ursprung des Stammes liegt, viele Spuren der Vorfahren erhalten bleiben, wie z. B. das schon auf mehrere Geschlechter vererbte Geburtshaus, de leg. II, 3. Es ist wohl nur ein Zufall, dass nicht auch die Erinnerungen der Kindheit angeführt werden als ein unzerreissbares Band zwischen dem Menschenherzen und der Heimath. Der de leg. II, 4 die Berechtigung des Heimathsgefühls bestätigende Ausspruch des Atticus: „Wir werden, ich weiss nicht wie, bewegt schon durch die blossen Stätten, an denen die Spuren derer, die wir lieben oder bewundern, sich finden" — die Stätte, die ein guter Mensch betrat, ist eingeweiht — betrifft doch nicht nur die Heimath, sondern alle Stätten, die die angegebene Bedingung erfüllen, wie er von Atticus auch im weiteren auf seine Adoptivvater-

stadt Athen bezogen wird.   Aber „Welcher Wohnsitz ist will-
kommner als der in der Heimath?" (ad fam. IV, 8, 2).   „Keine
Stätte muss dir süsser sein als die Heimath" (ad fam. IV, 9, 3).
„Daheim und im Vaterlande möchte ich lieber als in der Ferne
und der Fremde (leben und) sterben" (ad fam. IV, 7, 4).   „In dem
eigenen Gemeinwesen, wie beschaffen es auch immer sein mag"
(der Brief ist unter der Herrschaft Caesars geschrieben), „wolle
so bald als möglich sein!" (ad fam. IV, 9, 1).   Die Bande zwischen der Heimath bleiben auch bestehen, wenn man längst
ausserhalb ihrer lebt: „Das Interesse meiner Landsleute im
engeren Sinne (*municipes Arpinates*) pflege ich immer gewissenhaft wahrzunehmen" (ad fam. XIII, 11, 1).   Dafür, dass es an der
Heimath nicht ihre Schönheit oder irgend welcher besondere
Reiz ist, der das Menschenherz an sie kettet, sondern eben die
Heimath als solche, pflegt das Beispiel der Heimathsliebe des
Odysseus (Od. I, 57. IX, 27. 34) zu seinem ohne jede Romantik
als reizlos gedachten Felsennest Ithaka angeführt zu werden, de
or. I, 196. de leg. II, 3.   Eine zweite Heimath ist für den Römer
der Reichszeiten, mag er geboren sein, wo er will, jedenfalls
die Stadt Rom selber.   Die Stadt Rom, die „Stadt" κατ' ἐξοχήν
— „Die Stadt, d. h. das Vaterland" ad Att. IX, 6, 2 — ist der
Gegenstand heisser Liebe und, wenn man fern von ihr ist, zumal
natürlich je weniger das ganz mit eigenem Willen der Fall ist,
der Gegenstand brennender Sehnsucht.   Ad. Att. V, 11, 1: „Es
ist nicht zu sagen, welches Heimweh nach Rom in mir brennt,
wie es mir kaum möglich ist, das Unschmackhafte (*insulsitatem*,
die Philistrosität) dieser Verhältnisse zu ertragen!", was, von
Athen aus im Jahre 51 v. Chr. geschrieben, sich übrigens nicht
so sehr auf Athen als auf die beginnende leidige Last der Statthalterschaft beziehen wird.   Ad. Att. V, 15, 1: „Das grosse öffentliche Leben im Centrum (*lucem*, etwas anders *Corinthus totius
Graeciae lumen* Pomp. 11), das Forum, die Stadt, mein Haus,
euch vermisse ich".   Ad. fam. VII, 28, 1: „Der Wohnsitz in dieser
Stadt war für deine Humanität und Liebenswürdigkeit angemessener als der ganze Peloponnes."   Ad fam. II, 12, 2: „Die
Stadt, die Stadt, lieber Rufus, halte in Ehren und lebe in ihrem
Lichte.   Jedweder andere Aufenthalt ist — was von Jugend
auf mein Urtheil war — dunkel und niederdrückend (*sordida*)
für die, deren Thätigkeit (nur) in Rom einen ihrer würdigen

Schauplatz finden kann" (*potest illustris esse*).*) So ist also sowohl das Heimathsgefühl, wie insbesondere das Gefühl für die zweite, allgemeine Heimath (für jetzt die Heimath aller Italiker, später aber auch noch vieler Provinzialen aus dem weiten Reiche), die Stadt Rom, in der humanen Gesellschaft intensiv lebendig. Aber doch fällt selbst das zweite Gefühl mit dem Patriotismus keineswegs zusammen. Dieses letzteren Gegenstand ist ein geistigerer, er ist das Gemeinwesen, das dadurch, dass eine grosse Gemeinschaft zunächst stammes- und sprachverwandter Menschen von Natur so geartet sind, nicht nur gegenseitig ihr Einzelwohl zu fördern, sondern auch Bedürfnisse, Forderungen und Zwecke der Gemeinschaft als solcher zu constituiren und ihnen zu dienen, eine zugleich ideale und reale Existenz, nur natürlich der Summe der concreten Sonderexistenzen anhaftende, Existenz gewinnt.

7) Die Vaterlandsliebe verlangt keineswegs unbedingt das Domicil in der Heimath. Dieser Satz der antiken humanen Gesinnung ist eine Bestätigung der Anschauung von dem doppelten Sinne, in welchem das „Vaterland" gedacht wird. Fiele es mit der Heimath zusammen, so müsste die Vaterlandsliebe das Verlangen enthalten, stets in der eben von Natur vor allen andern Stätten geliebten Heimath, sei es in dem Sinne eines bestimmten Ortes, sei es wenigstens in dem des Heimathlandes, zu verweilen, oder so würde sie wenigstens durch ihre Weichheit ein kräftiges Wirken im Auslande beeinträchtigen. Aber die echte Vaterlandsliebe, in dem Sinne der Liebe zu dem Staat, dem man angehört, bringt es keineswegs mit sich, dass man nur daheim die Liebe zum Staate bewähren könnte. Es ist freilich Herzenshärtigkeit (*duri est*), das Vaterland, die Heimath nicht zu vermissen (ad fam. IV, 9, 4), aber „viele haben ihr Interesse und das ihres Gemeinwesens gut wahrgenommen fern von der Heimath, und viele, die daheim ihr Leben verbrachten (während es für sie angezeigt war, im Auslande dem Vaterlande zu dienen), haben aus dem Grunde Missbilligung gefunden", so schreibt Cicero (ad fam. VII, 6, 1) dem Trebatius, der sich in Gallien im Dienste Caesars nicht recht

---

*) Freilich heisst es auch in einem Briefe aus dem Jahre 49 v. Chr., ad Att. IX, 7, 5: „Ich wünsche von hier fortzukommen, um dieses (alles was der Bürgerkrieg mit sich bringen wird) nicht anzusehen zu brauchen".

gewöhnen konnte und dem väterlichen Freunde mit inepten Klagen der Sehnsucht nach der Stadt Rom und dem Leben in ihr (der *urbanitas*) in seinen Briefen zur Last fiel. Er wollte eben nicht einsehen, dass vernünftige Forderungen seiner persönlichen und der öffentlichen Interessen ihm für längere Zeit dieses Opfer für sein Gefühl auferlegten. Wer in's Ausland geht, reisst sich zwar von der Heimath los, aber nimmt sein Vaterland in seiner Nationalität und seiner Staatsangehörigkeit mit sich, und dem Vaterlande kann in vielen Fällen besser gedient sein durch ein kräftiges Wirken im Auslande als durch ein schwächliches Kleben an der Scholle, selbst wenn jenes Wirken zum nächsten Ziel nur einen leichteren und reicheren Privaterwerb hat als ihn die Heimath ermöglicht. Es ist leicht diesen Gedanken mit Berücksichtigung sowohl antiker wie moderner Verhältnisse weiter auszuspinnen; sind doch wahrlich die unternehmenden Jünglinge, die sich in fremden Ländern ein Vermögen und eine das Vaterland ehrende Lebensstellung erwerben, und die Pioniere unserer Gesittung in den Colonien, falls sie nur ihre Nationalität bewahren, nicht unsere schlechtesten Patrioten.

8) Die nächste Pflicht patriotischer Gesinnung ist die Kenntniss des Staates, dem man angehört. De or. II, 337: „Um einen Rath über Gegenstände des Staatslebens geben zu können", (d. h. nicht gerade, um eine leitende Rolle zu spielen, sondern überhaupt eine wirklich active Theilnahme am öffentlichen Leben zu bethätigen) „ist die Hauptsache, den Staat zu 'kennen". Aber der Staat in seinem gegenwärtigen Zustande hat sich aus der geschichtlichen Vergangenheit entwickelt, daher müssen wir „um der Vaterlandsliebe willen die Einrichtungen unserer Vorfahren kennen", de or. I, 247.

9) Ein streng nationaler Charakter der Cultur ist in den geschichtlichen Zeiten entwickelter Völkerbeziehungen nicht einzuhalten. Wohl ist die Empfindung des idealen Wunsches bekannt, dass die nationale Cultur ganz volksthümlich und nicht nur urwüchsig, sondern auch in sich abgeschlossen und spröde gegen fremde Bestandtheile seir möchte, sie liegt unmittelbar in der natürlichen nationalen Eigenliebe, dem Wohlgefallen an der Eigenart, im besten Sinne. Doch ist diese Empfindung, die uns in Deutschland heutzutage bei

vielleicht noch grösserer Unmöglichkeit, dass ihr Ideal sich erfüllen liesse, täglich in breiten Strömen gewisser Organe der Presse umfluthet, für das Zeitalter der antiken Humanität nur aus geringen Spuren zu erschliessen. In de rp. II, 29 ruft Manilius, nachdem ihm Scipio bewiesen hat, dass aus chronologischen Gründen die religiösen Anordnungen des Numa Pompilius unmöglich auf die unteritalischen Pythagoreer zurückgehen können, hoch erfreut und fast, als ob ihm ein Alp von der Brust gewälzt wäre, aus: „Ich lasse es mir gern gefallen, dass wir nicht durch überseeische und importirte Erzeugnisse theoretischen Nachdenkens (*artibus*), sondern durch nationale, volkseigene sittlich-religiöse Kräfte zu reineren religiösen Begriffen gelangt sind" (*genuinis domesticisque virtutibus eruditos*). Aber die Thatsache wird nicht verkannt, dass auch fremde Elemente in die nationale Cultur eingegangen sind, sie wird für das nationale Selbstgefühl nur gemildert durch die Ueberzeugung, dass alle jene fremden Elemente daheim eine Modification zum Besseren erfahren haben, de rp. II, 30. Tusc. I, 1. Insbesondere ist das theoretische und ästhetische Geistesleben (*doctrina*), der römischen Nationalveranlagung an sich fremd, für diese nur aufgegangen durch die Berührung mit den Griechen, und zwar sind es die Ahnherren des humanen Geistes, Scipio, Laelius und z. B. Furius Philus, gewesen, die mit den Besitzthümern des altrömischen Geistes auch das fremde Element der um ihrer selbst willen erstrebten freien, geistigen Bildung verbunden haben (*ad domesticorum maiorumque morem etiam hanc .. adventiciam doctrinam adhibuerunt*), de rp. III, 5. Damit ist ein neues Ideal aufgegangen: die höchste Vollkommenheit (*ad laudem omnia*) erreicht, wie es a. a. O. weiter heisst, wer den Willen und die Fähigkeit zu beidem hat, sich nicht nur mit der nationalen Gesittung (*maiorum institutis*), sondern auch mit der freien griechischen Geistesbildung (*doctrina*) auszurüsten. Es ist ja unmöglich zu verkennen, dass die Gottesgaben der nationalen Veranlagungen so reich und mannigfaltig unter den Völkern der Erde ausgestreut sind, dass das menschlich Höchste wirklich gar nicht zu erreichen ist, wenn sich der nationale Stolz und die nationale Selbstliebe darauf versteift, nur das in sich entwickeln zu wollen, was ursprünglich in sie hineingelegt ist; und ganz besonders konnten die Römer die im Lauf ihrer Geschichte unvermeidliche Kenntnissnahme dessen, was die Griechen, der ihnen nächstverwandte Spross in der Völkerfamilie, geleistet hatten, gar nicht gewinnen, ohne dass wenigstens die Besten unter ihnen mit dem Verlangen erfüllt werden mussten, nach besten Kräften die nationale Eigenart mit dem Geiste zu verschmelzen, der jene Leistungen hervorgerufen hatte. Es ist im Leben bildungsfähiger Völker so unmöglich, diesem Antriebe zu widerstreben, wie es im Leben des einzelnen unmöglich ist, sich nur auf die Entwickelung seines natürlichen Charakters zu beschränken und gar nichts von „erworbenem" Charakter anzunehmen, so unmöglich, wie irgend jemand sagen kann, dass nicht mannigfache Elemente in dem, was geistiger Weise aus ihm geworden ist, dieser oder jener Anregung fremder Persönlichkeiten seinen Ursprung verdankt. Die humane Gesellschaft nun machte aus dem, was so wie so nicht zu vermeiden war, ein bewusstes Princip und setzte sich zum Grundsatz, da das reine Römerthum eine gar nicht mit Nothwendigkeit hinzunehmende Einseitigkeit gewesen sein würde, die Idee eines Menschenthums sich zum Leitsterne zu nehmen, in dem das Nationale erhalten, aber durch das Vorbild einer Schwesternation zu dem menschlich Höchsten ergänzt wäre. Diese Idee aber, die den ganzen Menschen ergriff, musste auch die Stellung des Menschen zum Staate und weiter das Staatsleben selber berühren, da der Mensch als Staatsbürger nicht rein zu sondern ist von der Totalität dessen, was der Mensch aus sich macht.

Beurtheilung des Patriotismus der antiken Humanität.

Es liegt sehr nahe, dem Grundprincip der Humanität einen vaterlandslosen Kosmopolitismus als Consequenz zuzuschreiben. Allein die Thatsächlichkeit, sowohl der Gesinnung, die überall aus den litterarischen Denkmälern jener Denkungsart hervorleuchtet, als auch der Haltung, welche die Anhänger jenes Grundprincips im gesamten politischen Leben, im Frieden, in auswärtigen Kriegen wie in bürgerlichen Unruhen, eingenommen haben, widerspricht dem. Ein schönes Bekenntniss des Patriotismus der antiken Humanität in Worten, aber auch sicherlich nach Herz und Gedanken, findet sich de or. I, 196: „Wenn uns, was im höchsten Grade Pflicht ist, unser Vaterland erfreut, eine Thatsache, die von Natur so tief begründet ist *(cuius rei tanta*

vis est ac tanta natura), dass der weise Held jenes an rauhen
Felsen wie ein Nest klebende kleine Ithaka der Unsterblichkeit
vorzog: von wie grosser Liebe müssen dann wir entbrennen
gegen ein derartiges Vaterland, welches vor allen anderen Ländern der Welt die Wohnstätte ist männlicher Tugend, der Herrschaft, der Würde?" Vgl. Sest. 141. Das ist eine Begründung
der Pflicht der Vaterlandsliebe aus dem Heimathsgefühl sowohl
wie aus dem Bewusstsein der Zugehörigkeit zu einem grossen
Staatswesen, aber eine in solchem Tone gehaltene Begründung, dass man fühlt, die Pflicht wird nicht erst gepredigt,
sondern ihr Bewusstsein kommt nur verstärkend zu einem schon
bestehenden unmittelbaren Gefühl hinzu, — zumal wenn auch
sonst kein Zweifel darüber bestehen kann, dass dieses Gefühl
eine innere Wahrheit ist. Andrerseits ist nicht zu leugnen, dass
das Weltbürgerthum der antiken humanen Gesellschaft nicht
fremd ist. Es durchdringt alle Kundgebungen ihrer Geistesart
wie ein zartes Fluidum, denn man fühlt überall, dass die nationale Zugehörigkeit nicht die ausschliessende Bedingung ist,
unter der die gedacht werden, an die sich die Kundgebungen
richten, die zum Menschen sprechen unter allerlei Volk, das
unter dem Himmel ist. Und gleichwie sich auch bei allen unseren
grössten Klassikern in Poesie und Prosa einzelne entschiedene
Aussprüche zu gunsten weltbürgerlicher Gesinnung finden, so
fühlt man der schwungvollen Zeichnung des Ideales der Selbsterkenntniss, die erst in der Verbindung mit Gottes- und Welt-
erkenntniss eine volle sein könne, in de leg. I, 61 an, dass der
ihr beigemengte Zug, sich nicht als von den Mauern eines einzigen Ortes eingeschlossen, sondern als Bürger dieser ganzen
Welt, wie gleichsam Einer Stadt, zu fühlen, die Inbrunst der
Seele an, mit der dieser Begriff umfasst wird; und so hört man
auch dem kurzen Bericht (Tusc. V, 108) darüber, dass Sokrates
auf eine darauf zielende Frage (*cuias esset*) sich für einen Weltbürger erklärt habe, die bewundernde Sympathie an, mit der
er gegeben wird.

Aber zwischen Patriotismus und Kosmopolitismus besteht
in Wahrheit gar kein Widerspruch, weil beide Gesinnungen
und Gefühle g a r n i c h t i n d e r s e l b e n B e z i e h u n g g e h e g t
w e r d e n und beide, wie zu meiner Freude auch der grosse
Patriot v. Treitschke im 5ten Bande seiner Geschichte Deutschland⁵

im neunzehnten Jahrhundert einmal in herrlichen Worten aner-
kennt, erst in ihrem sich ergänzenden Zusammenklang die allerhöchsten Erscheinungen und Leistungen des geschichtlichen
Lebens ermöglichen. Der Patriotismus bezieht sich auf die
Thatsache der nationalen Zugehörigkeit des einzelnen, auf die
Existenz der Nation als eines selbständigen und besonderen
Gliedes der Menschheit und auf alle Seiten des' Lebens, die
dadurch bedingt werden, sein höchstes Ziel ist die Freiheit, die
Eigenart, die Grösse und Ehre der Nation. Der Kosmopolitismus bezieht sich auf die Thatsache, dass der einzelne nicht nur
ein Glied der Nation, sondern auch der Welt ist, dass Ein Kosmos
das ganze Menschheitsleben umschliesst, dass der vernünftige
Geist, trotz der nationalen Färbungen sogar der Vernunft, die
aber nur ihre Bethätigung und nicht ihr Wesen alteriren, sich
in allen grossen Culturnationen wiederfindet. Für die Grösse
und Ehre seiner Nation wirkt der Patriot, für seine eigene
menschliche Vollkommenheit doch wesentlich der Mensch, die
vernünftige Seele — trotzdem das auch der Nation zu gute kommen wird, und es ist für ein grosses Culturvolk unter den Cultur-
völkern ganz undurchführbar, sich im geistigen Geben und Empfangen auf die eigene Natur beschränken zu wollen. Die Wissenschaften werden betrieben nicht von dem nationalen Menschen als
solchem, sondern von dem denkenden Geiste, und sie werden durch
das Zusammenarbeiten der Berufenen unter mehr als Einem Volke
gefördert, die Werke der Kunst kennen keine Landesgrenzen
für ihre Wirkung, die Erfindungen und Entdeckungen werden
hier und dort auf Erden gemacht, angenommen und weiterge-
bildet. Zwar ist die Geisteskraft und -richtung sicherlich durch
die nationalen Mitgiften beeinflusst, und die Art des Schaffens
auf jenen geistigen Gebieten vollzieht sich in mannigfacher und
unnachahmlicher Weise unter den Geistern der verschiedenen
Nationen, aber die Früchte des Schaffens sind nicht nur für das
Vaterland, sondern auch für die Welt da. Im Menschenwesen
laufen eben die verschiedensten Lebensbeziehungen zusammen,
oder vielmehr, sie gehen von seiner wunderbaren, vielschichtigen
Fülle aus, und in anderer Beziehung handelt und leidet der
Mensch als Familienvater, in anderer als der Vertreter seines
Berufes, in anderer als Bürger seiner Stadt, in anderer als
Bürger seines Staates und vielleicht auch wieder noch in anderer

als Bürger seines Reiches, in anderer endlich als das vernünftige
Wesen, das für sittliche Ideale bestimmt ist, in anderer als der
Geist, der mit dem Bedürfniss und dem Vermögen der Erkenntniss des Wahren und des Schaffens des Schönen ausgestattet
ist, und so viele Wechselwirkungen auch zwischen allen diesen
Beziehungen seines Gesamtwesens stattfinden, so wenig umfasst
doch Eine von ihnen alle übrigen. Weltbürgerlichkeit würde
dem Patriotismus nur widersprechen, wenn sie ihn auch für sein
eigenes Bereich negiren würde. Aber das braucht sie bei richtiger Besinnung keineswegs. Die antike Humanität zumal ist
freilich auch weltbürgerlich, sofern sie ja entspringt aus der
Flucht vor der Einseitigkeit, die sich aus der, in Wirklichkeit
auch ewig imaginären, Abgeschlossenheit der Einen Nation in
sich selber ergeben würde, aber sie ist andrerseits patriotisch,
sofern ihr Princip die Entwickelung des von der (vernünftigen)
Natur im Keime Gesetzten ist und die nationalen Besonde-
rungen doch wohl als von der Natur gegeben vorgefunden
werden. Du sollst nach diesem Princip danach streben, ein
Mensch zu sein, und ihr sollt danach streben, einen menschlichen Staat zu gestalten, aber du wirst immer ein Mensch nach
der Besonderheit deiner Nation bleiben, und der Staat dem entsprechend ein besonderer Staat werden, und was so sein wird,
das soll auch gewollt werden, weil es eine Forderung der Natur
ist. Wer nur Weltbürger sein will, vergisst, dass er auch Staatsbürger und Volksangehöriger ist, und dass auf dem Grunde
dieser Eigenschaften aller, mit denen er in einer natürlichen
und vernünftigen Gemeinschaft steht, eine der grössten Seiten
des allgemeinen Lebens erwächst; wer nur Patriot sein will,
vergisst, dass er durch die höchsten Bestrebungen auch noch
in einer Gemeinschaft stehen sollte, die sich durch alle Zeiten
und Völker erstreckt.

Uebrigens hat die antike Humanität ihre auf das Verhältniss
des einzelnen zum Staat und Vaterland bezüglichen Gesinnungen
nicht bis auf die letzten Elemente zergliedert, sondern sich an
die verkürzte Ausdrucksweise gehalten, die in diesen Dingen
üblich und natürlich ist und unter der die verwickelteren Verhältnisse in Eins verschlungen schlummern, die eigentlich gemeint sind. Das „Vaterland" ist in unzähligen Fällen nicht
gedacht als gerade das Land der Väter, denn die empfindungs-

lose Erde (κωφὴ γαῖα, *bruta tellus*) ist nicht der eigentliche Gegenstand der patriotischen Empfindung, auch nicht die einzelnen
Menschen, die auf ihr in den bestimmten Grenzen gewohnt
haben oder wohnen werden, als solche. Der Gegenstand der
Vaterlandsliebe ist die Gesamtheit der Mitbürger, sofern sie als
Gesamtheit noch einen anderen Kreis von Zwecken in's Leben
ruft als die Summe der persönlichen Zwecke. „Für das Vaterland sterben" heisst sein Leben hingeben — nicht für das private
Wohl der anderen, die überlebend bleiben werden, sondern für
die Zwecke, die ihrer Gesamtheit als solcher hoch und heilig
sein müssen, und so ist es auch bei den Alten gemeint. Dem
„Staat" wird sehr oft, wie z. B. in dem Ausspruch *magnam
habet vim rei publicae disciplina* (Tusc. I, 102) eine reale Thätigkeit beigelegt, die zuguterletzt nur wirkliche Menschen ausüben
können. Es ist nur eine Kürze der Ausdrucksweise. Gemeint
sind die autoritativen Menschen, die nicht um persönlicher
Zwecke willen, sondern erfüllt von den Aufgaben, die der Gesamtheit als solcher für die Gesamtheit als solche gesetzt sind,
diese ihre Erkenntniss und diesen ihren Willen, in der Stellung,
die ihnen ihre Ueberlegenheit gewährt, durchzusetzen gewillt
und im stande sind und die auch andere Menschen (ihre beamteten Organe) thätig und alle — die, so zu sagen, an ihrem
politischen Instinct erfasst werden — leidend diesem Zweck
dienstbar zu machen wissen, ohne dass in diesen die gleiche
klare Erkenntniss der Zwecke zu wohnen braucht. So ist es
auch gemeint, „der Staat" schwebt vor als der G e d a n k e der
Gemeinschaftszwecke, sofern er durch überlegene Willensmacht
wirklicher Personen, in denen er lebendig ist, seinen Inhalt zu
verwirklichen bestrebt und im stande ist.

**II. Die Elemente des Staatslebens in ihrer dem Princip der Humanität
vorschwebenden idealen Beschaffenheit.**

Die Elemente (*membra*) des Staatslebens*) werden einmal
(Sest. 98) ausdrücklich aufgezählt, als „Religion, Auspicien —

---

*) Der zufälligen Fassung nach sind das dort die Elemente der „Ordnung mit
Ehren" (*otiosae dignitatis*), diese aber, Ordnung und Ehre, sind kurz vorher als
das eigentlichste Ziel aller am Staatsleben Betheiligten hingestellt, als die idealen
Eigenschaften, die das Staatsleben durch alle ihre Mühe und Thätigkeit als seinen er-
wünschtesten Zustand davon tragen soll; wir können jene Elemente also auch in
Kürze als die des Staatslebens selber hinstellen.

die Amtsgewalt der obrigkeitlichen Personen, die Autorität des
Senates, die Gesetze, die Sitte der Vorfahren, — die (Criminal-)
Gerichte, die (civilistische) Rechtssprechung, — der Credit —
die Provinzen, die Bundesgenossen, die Ehre des Reiches (*imperii laus*), — das Kriegswesen — der Staatsschatz". Wir
können auch in Anbetracht des reicheren Materials, das sich
uns zu Gebote stellen wird, jene Stelle ungefähr als den authen-
tischen Leitfaden für diesen Abschnitt benutzen.

1. Die Bedeutung der Religion für das Staatsleben. Die Religion — neben der als gleichwerthig die Gnade
genannt wird — ist ein überaus werthvolles Element für den
Bestand (*ad diuturnitatem*) des Staates, de rp. II, 27. Die allgemeine Wahrheit des Gedankens, der a. a. O. von den Religions-
anordnungen des Numa Pompilius für den römischen Staat ausgesprochen wird, liegt klar auf der Hand. Denn der Staat ist
bedingt durch Gesinnungen der Menschen, die der staatlichen
Ordnung des menschlichen Lebens geneigt sind. Diese Gesinnungen aber werden gefährdet besonders von zwei Seiten
her, von dem Egoismus, der für sich selber die ihm durch die
staatliche Ordnung gezogenen Schranken übel empfindet und
zu überspringen sich geneigt fühlt, und von nihilistischem Skepticismus, der die ganze Existenz, mit ihren durch das staatlich
geordnete Zusammenleben ihr gesetzten Beschränkungen, aber
auch ohne sie als eine schwere Last und einen Zustand empfindet, der nur thatsächlich vorgefunden wird, von dem aber
nicht abzusehen ist, warum er eigentlich sein muss. Da kommt
nun die Religion, das Gefühl des Gebundenseins an eine höhere
Macht, der man sich unterwerfen muss, die dem Belieben des Subjectivismus nicht gestattet, sich in's Grenzenlose zu verlieren, in
das menschliche Gemüth, aus den unbewussten Tiefen seiner Veranlagung zu wirksamem Antheil an dem gesamten Seelenleben,
und setzt den Egoismus zurecht durch die Hineinbeziehung der
ihm Schranken setzenden Ordnungen in den Willen der höheren
Macht. Den Nihilismus aber beruhigt sie durch den Glauben an
eine höhere Weisheit, die das dunkle und unverstandene Menschenloos nicht wirklich als sinn- und zwecklos gesetzt haben
kann. So wird durch die Religion das Menschenwesen gesittigt
(*ad humanitatem atque mansuetudinem vocatur*, de rp. II, 27)
und gefestigt, mit gläubiger Zuversicht erfüllt, und durch beides

zu einem geeigneten Material für staatliches Zusammenleben bereitet. Die beiden oben beschriebenen Wirkungen der Religion — namentlich die erste, denn dass blasirter und dumpf verzweifelnder oder frivol allen Lebensernst leugnender Nihilismus als allgemeinere Erscheinung aufträte, die der Heilung durch religiösen Glauben bedürfte, liegt viel weniger in der menschlichen Natur — sind es offenbar, um deren willen die Religion für das Staatsleben so werthvoll ist. Aber die Religion hat auch ihre eigenen Bedürfnisse, sie ist nicht nur Mittel zu einem ausser ihr liegenden Zwecke: vor allem will sie sich auch über den Inhalt ihres Glaubens klarer und über seine thatsächliche Wahrheit gewiss werden. Denn ein dunkles allgemeines Gefühl des Gebundenseins kann sich auf die Dauer nicht in diesem Zustande neben den helleren Gebieten des Seelenlebens halten, und das blosse Glauben kann sich nicht als geistiges Besitzthum empfinden und kann keine Wirkung thun, wenn nicht sein Gegenstand als wirklich so seiend gedacht wird, wie er im Glauben die Meinung erfüllt und beschäftigt. Die immanente Triebkraft der religiösen Anlage der menschlichen Natur wird sich namentlich nach diesen beiden Richtungen hin geltend machen und nicht eher zu Ruhe kommen als bis nach beiden hin nichts Unvollkommenes mehr empfunden wird; und dabei wird sich der Antagonismus herausstellen, dass die inhaltliche Seite der religiösen Vorstellungen auch weiter gebildet wird über den Punkt hinaus, wo sie sich noch mit festem Wahrheitsgefühl verbinden, und dass auf der kritischen Seite vieles als wahr oder unwahr erkannt wird, ohne dass der Erkenntniss religiöse Kraft innewohnt. Mit anderen Worten: die religiöse Anlage des Menschen muss zu einem langen und verwickelten religionsgeschichtlichen Process führen, wie das auch durch den Thatbestand der Völkerreligionen und ihrer Geschichte bestätigt wird. Der Gedanke, dass ein Strahl der Offenbarung von oben her diesen langen und schweren Process durchschneiden werde, wird dabei von der menschlichen und von der göttlichen Seite nahe gelegt. Denn für den Menschen ist es schwer erträglich, sich gerade in dieser wichtigsten Angelegenheit als nur zu einem vorläufigen Bruchstück der Wahrheit verurtheilt zu sehen, und dadurch erwächst ihm unwillkürlich das Offenbarungsbedürfniss,

und die Gottheit wird leicht so gedacht werden, dass es auch
ihr schwer erträglich ist, passiver Zeuge dieser menschlichen
Irrungen zu sein.   In der That war das Erdreich des antiken
Seelenlebens zum Schluss seiner Entwickelungen so zermürbt,
dass es sich willig und mit Inbrunst dem Gedanken, dass es
eine geoffenbarte Religion geben müsse, erschloss.   In der Consequenz des Humanitätsprincips nun liegt es, dass das Menschenwesen auch hinsichtlich seiner religiösen Anlage sich voll und
ungehemmt ausleben müsse: ungehemmt von aussen her, weil
von dort jedenfalls nur niedere Hemmungen zur Wirkung kommen
möchten, und auch von innen her, weil in der gesamten menschlichen Natur keinem Elemente ein Vorrecht vor dem religiösen
zuerkannt werden kann.
     Diese Consequenz hat die antike Humanität nur halb ge-
zogen.   Ganz nämlich, nach dem Maasse ihres Könnens, für ihre
eigenen Mitglieder, aber gar nicht für die grosse Masse ihrer
Volksgenossen, die sie durch Machtspruch auf den — immerhin
gereinigten — Volksglauben beschränkt wissen wollte.   „Jedes
Volk hat seine Religion, wir die unsrige" (pro Flacco 69).   Die
humane Gesellschaft selbst zeigt sich im redlichsten Ringen
begriffen sowohl nach reicher und voller Ausgestaltung des Inhaltes des religiösen Glaubens, wie besonders nach Entscheidung
über die Wahrheit dieses Inhaltes.   Zeuge dafür sind Cicero's
bedeutende Schriften de natura deorum, de divinatione und de
fato, aber auch ihr heisses Bemühen um die Klarheit über „das
höchste Gut", einen Kernbegriff auch des religiösen Lebens,
wie dieses Bemühen, im Anschluss an die griechischen Philo- ·
sophenschulen seit Sokrates, die Tusculanae disputationes und
die Bücher de finibus widerspiegeln.   Man muss anerkennen,
dass in diesen Schriften dem Humanitätsgedanken nach der
religiösen Seite hin nach besten Kräften Genüge geschieht, und
ihr Inhalt ist unmöglich als rein singuläres Interesse ihres Verfassers anzusehen, wenn auch unzweifelhaft gerade er mit ihnen
am meisten anregend für die Beschäftigung mit den religiösen
Fragen gewirkt hat.   Dagegen wird der grossen Masse des
Volkes die Beschränkung auf die nationalen Götter der Volksreligion vorgeschrieben: „FUER SICH (SEPARATIM) SOLL
NIEMAND GOETTER HABEN" heisst es in dem Gutachten
über die staatliche Regelung der Religion als Hauptstück des

Entwurfes eines Gesetzes über sie de leg. II, 19, mit der Begründung (de leg. II, 25): „Wenn eigene oder neue Götter verehrt werden, so ist eine Religionsvermengung unvermeidlich".
Jene Vorschrift und diese Besorgniss stimmt nicht im mindesten zu der Praxis der humanen Gesellschaft selber in Sachen der Religion. Denn wenn sie in ihrer Aufklärung auch nicht zu neuen und exotischen Gottheiten griff, so hatte sie sich doch der Volksreligion, wie wir schon (S. 182 f.) gesehen haben, stark entfremdet. Es tritt hier in die Erscheinung, was sich bis auf den heutigen Tag bei Menschen mit ausgeprägt politischer Gesinnung beobachten lässt: dass sie sich für Religion vorwiegend aus politischen Motiven interessiren und desshalb die Volksmenge in dem alten Religionsstande erhalten wissen wollen, auch wenn sie ihn selber für sich überwunden haben. Das ist aber inhuman, denn human ist, dass alles menschlich Vollkommene erstrebt werde. Nun aber lässt sich doch nicht von vornherein annehmen, dass eine bestimmte Volksanlage in religiöser Beziehung mit dem Höchsten, was innerhalb der menschlichen religiösen Gesamtveranlagung möglich ist, zusammenfalle, auch nicht, dass sie ein für alle Mal so sehr in sich selber beschränkt sei, dass die Fähigkeit, durch fremde Anregung noch weiter zu dem menschlich Höchsten vorzudringen, ihr dadurch benommen wäre. Die Aneignung der christlichen Weltreligion durch die Völker des Abendlandes und der budhaistischen Weltreligion durch die Völker des fernsten Morgenlandes bestätigt jene a priori aufzustellende Auffassung. Zwar ist die grosse Volksmasse nicht geeignet, alle religiöse Bewegung in der gebildetsten Minorität in allen ihren Schritten und Wandlungen mit durchzumachen, das wäre ein höchst gefährliches Experiment, aber inhuman ist es, sie grundsätzlich ein für alle Mal von dem religiösen Fortschritt auszuschliessen und sie auf dem nationalen Religionsstande als solchem festzunageln, auch wenn jene Bewegung zu Klarheit und Abschluss gelangt ist. Die römische humane Gesellschaft beging den Fehler gegen ihr Princip, dass sie das Volk fest an die überkommene Nationalreligion gebunden wissen wollte*), gleichwie auch die athenische Demokratie nie

---

*) Uebrigens war das Bemühen, das Volk im altväterischen Kreise der religiösen Vorstellungen zu halten, bei dem Zusammenfluss ausländischer Culte in dem späteren Rom je länger je mehr unmöglich, und auch alle bisweilen (s. z. B. Liv. XXXIX, 18.

zu dem modernen Grundsatz, dem religiösen Glauben (und der
Gemeinschaftsbildung auf seinem Grunde) sowie der Wissenschaft Freiheit zu gewähren, gelangt war, woraus ihr Schvarcz
in seinem hochbedeutenden, aber herben und paradoxen Buche
über sie nicht müde wird, immer wieder den schwersten Vorwurf zu schmieden. Dabei aber nahm sie, wie gesagt, für sich
selbst thatsächlich Glaubensfreiheit in Anspruch, was um so
leichter war, als sie sich dem Volke gegenüber, gerade wie es
Sokrates gethan hatte, ohne Bedenken seinem Glauben anschloss.
Schliesst doch z. B. Cicero seine Verrinen mit der ausführlichen
Anrufung zahlreicher Götter und Göttinnen, gleichwie Demosthenes seine Kranzrede mit der Anrufung aller Götter und
Göttinnen begonnen hatte, erzielt er doch in der Miloniana (85)
einen der grössten rednerischen Effecte durch die feierliche Anrufung des „heiligen Jupiter von Latium" und hatte er doch,
worauf er ad Att. VII, 3, 3 anspielt, ehe er in die Verbannung
ging, eine altehrwürdige Statuette der Minerva aus seinem
Familienbesitz auf das Capitol getragen, im Tempel des Jupiter
geweiht und mit dem Titel custos urbis versehen, gleich als ob
er ihr nunmehr anheimgäbe was er selbst nicht mehr ausüben
konnte. Das alles könnte auch nur der Unverstand für Unwahrhaftigkeit oder gar Heuchelei erklären, denn in Zeiten
geistiger Gährungen muss man mit jedem so sprechen wie er es
versteht, wenn anders man ein Mensch unter Menschen sein
will, und die andere Seite der Sache bekommen ja auch ganz
offen diejenigen zu hören, die sie verstehen. Der doch wahrhaftig ehrliche und zugleich monotheistisch gesinnte Sokrates
gebrauchte doch in seinem Verkehr mit dem Volke ganz ruhig
die Volksgötter als Ersatzbegriffe für das, was er eigentlich
meinte. Uebrigens konnte auch bei Griechen und Römern die
Religion nicht eine s o heilige Sache sein wie für uns, weil an dem,
was für sie Religion war, als die den religiösen Stoff schaffenden
Kräfte mehr das ästhetische Bedürfniss der unbewusst dichtenden
Phantasie resp. der staatliche Utilitarismus betheiligt waren denn
das eigentlich religiöse Bedürfniss der Menschenseele. Eine

Tac. Ann. II, 85) wiederkehrende Strenge gegen die Astrologen und gegen auswärtige, namentlich orientalische Culte konnte nicht verhüten, dass Rom zu einem
Sitze der Religionsmengerei wurde, wie er vielleicht nie wieder in der Weltgeschichte vorgekommen ist.

„doppelte Buchführung" mit einem Conto für das Wissen und
einem für das Glauben ist eine Unmöglichkeit, also Unehrlich-
keit oder Selbstbetrug, für den Fall, dass sich beide auf denselben Gegenstand beziehen, weil da das Anderswissen kein
Andersglauben zulässt; aber die Bereitschaft eines Januskopfes
zur Anpassung an das Verständniss anderer ist um so weniger
sittlich bedenklich, je mehr man relativ auch mit den anderen
fühlen kann und je weniger man den Verstehenden den Janus-
kopf verbirgt.

Ganz besonders die Auspicien waren eine religiöse Einrichtung, die doch aus politischen Gründen — als ein wirk-
sames Machtmittel der Nobilität — aufrecht erhalten wurde, als
auch der Glaube an ihre Wahrheit schon fast ganz von ihnen
gewichen war. Denn nicht aus de leg. II, 32 f., wo Cicero rein
als hypothetischer Gesetzgeber von ihnen spricht, sondern
aus dem zweiten Buch de divinatione lässt sich ersehen, wie in
Wahrheit der Glaube der humanen Gesellschaft sich zu dieser
Einrichtung stellte. Man salvirte wohl seine Ehrlichkeit durch
die Bemerkung (de leg. II, 33, vgl. de div. I, 25. 28), dass die
Auspicien ehemals eine wahrhafte Kunst und jetzt nur durch
Nachlässigkeit verfallen seien, aber man stellte aus politischen
Gründen das Augurenamt, auch ohne Glauben, sehr hoch. Hatte
es doch die Befugniss, „Versammlungen, die von den höchsten
militärischen oder bürgerlichen Gewalten angesetzt waren, auf-
zulösen oder nachträglich für ungültig zu erklären, Unter-
nommenes zu unterbrechen, Consuln zur Abdankung zu nöthigen,
das Recht, mit dem Gesamtvolk oder der plebejischen Gemeinde
zu verhandeln, zu verleihen oder zu versagen, allen behördlichen
Anordnungen im Kriege und im Frieden erst die letzte Ge-
nehmigungen zu ertheilen", de leg. II, 31, und galt doch die
Aufhebung der lex Aelia Fufia, eines Plebiscites vom Jahre
156 v. Chr., das die Handhabung der Auspicien regelte, selbst
dem human gesonnenen Theile der Nobilität für ein Staatsver-
brechen, Sest. 56. 114.

Die religiösen Satzungen, die in einem wohlgeordneten
Staatsleben gelten müssen, fallen nach de leg. II, 47 unter die
Rubriken: Opfer, Gelübde, Ferien, Bestattung, aber die näheren
Bestimmungen dieses Sacralrechtes gehören schon nicht mehr der
Beschreibung des humanen Bewusstseins, sondern den gottes-

dienstlichen Alterthümern an. Sie sind, wie überhaupt die Stellung
zur Religion, weniger durch das Princip der Humanität wie
durch den römischen Nationalcharakter bestimmt.

2. Die *potestates magistratuum*. Der Inhalt der
magistratus, in seinem Werden, seiner Ausbildung und seiner
rückläufigen Bewegung gehört der politischen Entwickelung an,
dagegen dem humanen Bewusstsein der folgende schöne, an
Luthers Erklärung des vierten Gebotes erinnernde Satz aus de
leg. III, 5: „Wir (der Verf. der Schrift in seiner hypothetischen
Eigenschaft als Gesetzgeber) schreiben vor, dass man den obrigkeitlichen Personen nicht nur entgegenkomme und willig ge-
horche, sondern auch, dass man sie ehre und hochschätze".

Doch wird die Bescheidung zum beschränkten Unterthan-
verstande nicht verlangt: „Wo es gilt, die Freiheit der Bürger
zu retten, ist niemand ein (blosser) Privatmann", de rp. II, 47.
Das soll heissen, dass aus seiner blossen Eigenschaft als Staatsbürger, auch ohne mit einem besonders dazu verpflichtenden
Amt betraut zu sein, jeder einzelne das Recht schöpfen darf,
mit eigener Initiative kräftig in das Staatsleben einzugreifen.
Die Beschränkung auf den Fall, dass es sich geradezu um ein
höchstes Staatsgut und hier wieder um die Freiheit der Bürger
handelt, ist sicher nicht streng zu nehmen, der Fall ist nur als
ein äusserster gesetzt, der besonders schlagend für sich selber
spricht und eine analoge Anwendung auf ähnliches, sogar minder
bedeutendes gestattet. Exemplificirt wird bei seiner Aufstellung
auch die Handlungsweise des älteren Brutus, der, trotzdem er ein
Privatmann war, „die ganze politische Lage auf seine Schultern
nahm". Ein gewiss für die Ueberwindung falscher Bescheidenheit und Belebung des patriotischen Muthes wichtiger Satz, der
auch dem modernen Staatsbürger bei inneren Zweifeln über seine
Rechte einmal wegweisend vor die Seele treten kann.

Ueber das mehr als jedes andere specifisch römische Amt
des Volkstribunats fällt Q. Cicero in de leg. III, 19 ein überaus
hartes Urtheil, das sogar Th. Mommsens berühmte Kritik dieser
Magistratur in R. G. I, 278 f. an Schärfe noch übertrifft. Seinen
Bruder Quintus lässt Cicero, offenbar auf Grund seiner ihm bekannten politischen Gesinnungen, a. a. O. folgendermaassen urtheilen: das Tribunat scheine ihm eine verderbliche Amtsgewalt,
da sie in Revolution und zu Revolution geboren sei. Nachdem

sie, gleichsam wie ein körperlich missrathenes Kind dem Zwölf-
tafelgesetze zufolge, schnell getödtet sei, sei sie in kurzem zum
zweiten Male, und in noch viel scheusslicherer Gestalt, wieder-
geschaffen. Sie habe dem Senat alle Ehre geraubt, das Unterste
zu oberst gekehrt, alles umgewühlt und sei auch nachdem sie
die Würde der Regierenden zu Boden geschlagen hätte, nicht
zur Ruhe gekommen. Das wird aus den Beispielen des Flami-
nius, der Gracchen, von denen der Ausspruch des jüngeren angeführt wird, er habe Dolche auf das Forum geworfen, mit denen
sich die Bürger zerfleischen sollten, des Saturninus und Sulpicius
bewiesen. Fünf Jahre vor dem Tribunat des älteren Gracchus
habe sogar der Volkstribun C. Curiatius, ein ganz schmutziger
Mensch aus der niedrigsten Hefe des Volkes, zwei ausgezeichnete Consuln in Fesseln und Bande schlagen lassen. Aber am
meisten habe ja das Haus der Ciceronen selber die Wuth des
Tribunats erfahren. Niemand würde so feindlich gesonnen und
verwegen gegen dieses gewesen sein, an die Verbannung des
Marcus (*de statu nostro labefactando*) zu denken, wenn nicht
das Tribunat eine Mordwaffe gegen ihn geschärft hätte; dabei
sei es für die Tullische *gens* ehrenvoll, dass nur durch Trübung
des Personenstandregisters (*perturbandis gentibus*, d. h. die ge-
setzwidrige Ueberführung des Clodius in die Plebs) ein Tribun
zur Durchführung des Anschlages gegen sie zu finden gewesen
sei. Desshalb sei Sulla in dem Punkte wenigstens auf's höchste
anzuerkennen, dass er der tribunicischen Gewalt die Möglichkeit Uebeles zu thun genommen und sie bloss auf das Recht
der Hülfsleistung beschränkt, Pompejus aber nicht recht zu begreifen, dass er das wieder rückgängig gemacht habe. M a r c u s
Cicero findet damit die Sache doch etwas einseitig beleuchtet
und will doch auch die Kehrseite in betracht gezogen wissen,
genau so, wie er später die Gewohnheit der jüngeren Akademie,
das *pro* und *contra* jeder Sache zu erwägen, gut hiess und in
seinen philosophischen Schriften sich aneignete. Die Amtsgewalt
des Tribunates sei freilich zu gross, aber die Gewaltthätigkeit
des Volkes noch schlimmer, und diese werde oft dadurch, dass
sie einen Führer habe, gemildert; denn ein Führer gedächte
daran, auf seine eigene Gefahr vorzugehen, der stürmische Drang
des Volkes lasse überhaupt den Gedanken an seine Gefahr nicht
aufkommen. In einem Collegium von zehn Personen müsse

doch voraussichtlich auch die gesunde Vernunft immer vertreten
sein. So sei Ti. Gracchus gerade durch die Reaction der gesunden Vernunft aus seinem eigenen Collegium heraus gestürzt.
Durch die Errichtung des Tribunates sei der Bürgerkrieg ver-
hütet und sei zum Heil des Volkes ein Ausgleichungsmittel (*tem-
peramentum*) zwischen den kleinen Leuten und den Mächtigen
gefunden; dem Neide gegen den ersten Stand sei dadurch vor-
gebeugt, und die Plebs ihrerseits brauche über ihr Recht (auf
das tribunicische Amt) keinerlei gefahrvolle Kämpfe zu bestehen.
Auch sei seine eigene, des Marcus, Verbannung nicht sowohl
der vom Volkstribunen aufgehetzten Menge, als der Bewaffnung
befreiter Sklavenschaaren und der Drohung mit der bewaffneten
Macht (der dem Clodius ergebenen Consuln Piso und Gabinius)
zuzuschreiben. Pompejus aber habe nicht nur das Beste, sondern auch das Nothwendige beachten müssen: er habe vernünftig
daran gehandelt, es nicht einem verderblich demagogischen
Bürger zu überlassen, dem Volke ein Recht zurückzugeben, das
es nach so langem Gewohntsein an seinen Besitz auf die Dauer
nicht habe entbehren können.

3. Die Autorität des Senates. Die Stellung des Senates
im Staatsorganismus, wie sie ihrer Idee nach sein soll, wird am
trefflichsten geschildert Sest. 137. Sie wird zurückgeführt auf
die Weisheit der Vorfahren. Danach soll der Senat, im Gegensatz zu der jährlich wechselnden Amtsgewalt der *magistratus*,
ein dauernder Staatsrath an der Spitze des gesamten Staatslebens sein. Die Wahl in ihn soll vom gesamten Volke ausgehen. Der Zutritt zu ihm, als zu dem höchsten Stande, soll dem
persönlichen Werthe aller Bürger offen stehn. Er soll der Hüter,
Vorsitzer und Vorkämpfer des Staatsinteresses sein. Die Magistratus sollen gleichsam ausführende Organe (*ministri*) seiner aller-
gewichtigsten Entschlussfassung (seines politischen Programms)
sein. Er soll den Glanz der ihm am nächsten stehenden Stände
(der Ritter und Aerartribunen) erhöhen, die Freiheit und die
Interessen der Volksgemeinde schirmen und fördern. In dieser
schönen Zeichnung der dem besten Geiste der Verfassung entsprechenden Stellung des Senates im Staatsganzen ist nur Ein
Punkt auffallend: dass nämlich der Senat als vom ganzen Volke
gewählt erklärt wird, während doch die *lectio senatus* zu dem
censorischen Amte gehörte. Da alles Nähere in der Bedeutung

des Senates auf die Weisheit der Vorfahren zurückgeführt wird, könnte hier an die älteste Zeit gedacht sein, in der der König mit den das (patricische) Gesamtvolk umfassenden Curien die Senatoren ernannte. Aber näher liegt wohl die Auffassung, dass das Volk wählte, weil es doch den Censor durch seine ordnungsmässigen Wahlcomitien gewählt hatte, also mittelbar so zu sagen doch seinen Willen kundgab. Die Hauptsache ist aber wohl, dass der Sitte gemäss stets die gewesenen Magistratus vom Quästor an den eigentlichen Stamm des Senates bildeten, den die Censoren selbstverständlich (wenn nicht *infamia* vorlag) ernannten; die Magistratus aber waren ja alle vom Volk erwählt worden. Dazu stimmt auch, dass nach der lex Villia annalis das senatorische Mindestalter 27 Jahre waren, dasselbe, das auch für die Quästoren galt.

Nach de leg. III, 11. 40 hat das einzelne Mitglied des Senates vier besondere Pflichten: zugegen zu sein, ordnungsmässig (*loco i. e. rogatus*) zu sprechen, mit Maass zu sprechen, die Fragen des Volkswohls zu beherrschen (*causas populi teneto*). Für die erste Pflicht wird der Grund hinzugefügt: „weil es der Sitzung Nachdruck verleiht, wenn das Haus voll versammelt ist". Fehlt jemand ohne Entschuldigung, so soll das für ihn culpa sein. Klagen, dass der Senat von dem *magistratus*, in der Regel den Consuln, nicht vollständig zusammenzubringen sei — im modernen Staatsleben ist die traurige entsprechende Erscheinung so häufig, dass man sie schon mit einem technischen Ausdruck „Absentismus" nennt — kommen öfter vor, z. B. ad fam. VIII, 5, 3. 9, 2. Für die dritte Pflicht werden die Ausnahmen statuirt: wenn entweder der Senat in einer schlechten Strömung befangen ist (*peccat*) oder die Sache so bedeutend ist, dass sie die Fülle der Beredtsamkeit verlangt, in Beziehung auf Ermahnung oder Belehrung. Die schon oben (S. 221) als allgemein staatsbürgerlich erwähnte Pflicht *nosse rempublicam* gilt natürlich für den Senator in erhöhtem Maasse, was de leg. III, 41 bestimmter ausgeführt wird.

Die Würde eines überzeugungstreuen (*fortis*) und charakterfesten Senators wird ad fam. I, 8, 4 eine consularische genannt. Sich von den Zeiten des in die *senectus* übergehenden Mannesalters hohen Ansehens im Senat zu erfreuen wird als das wünschenswertheste Ziel einer politischen Laufbahn angesehen und

die Mühen der gerichtlichen Praxis oder auch die litterarische
Beschäftigung für einen nicht ausreichenden Ersatz dieser wünschenswerthesten Stellung erachtet, ad Q. f. III, 5, 4, vgl. de
or. III, 7.

4. Die Gesetze und die Sitte der Vorfahren. Das
Gesetz ist nach de leg. II, 13 „die Unterscheidung des Gerechten
und Ungerechten, die ausgeprägt ist in Gemässheit jener altehrwürdigsten und allbeherrschenden Wesenheit, der sich die
menschlichen Gesetze anpassen, die die Bösen bestrafen, die
Guten vertheidigen und schützen". An dieser Definition ist
manches auszusetzen, ganz besonders, dass nicht gesagt ist,
dass das Gesetz die formulirte (vorschreibende oder verbietende)
Willensbestimmung eines Gebietenden, und zwar für gleichartige, wiederkehrende Voraussetzungen ist, wer dieser Gebietende ist und wer er am besten sein soll; auch läuft die allgemeine Definition des Genus zuletzt zu einseitig auf eine Species,
das Strafgesetz, hinaus. Aber sehr charakteristisch ist diese
Definition für die Ueberlegenheit des humanen über den nationalen Gedanken bei dem, der sie aufstellt, eben dem Hauptvertreter der antiken humanen Gesellschaft. Denn als das Ideal
aller Gesetzgebung wird in ihr betrachtet das Naturrecht, das
göttliche Gesetz der offenbar theistisch oder als Weltvernunft
gedachten höchsten Wesenheit (natura), das den Kosmos regelt
und bis in die Willensbestimmungen des subjectiven Menschengeistes hindurchdringen soll. Das Gesetz wird nicht gedacht
als etwas Historisches und „Positives", als etwas, das ohne
Hinblick auf ein Vorbild noch höherer Art nur seinerseits für
das unter ihm Begriffene Vorbild wird — was die Eine mögliche
Grundauffassung ist —, sondern als Nachahmungsversuch eines
schon vor ihm bestehenden absoluten Gesetzes. Die menschlichen Verhältnisse sollen eben nach dem Humanitätsprincip so
sein, so durch die Menschen zu gestalten versucht werden, wie
im Sinne der höchsten Weltinstanz, der übermenschlichen Vernunft, das Menschenwesen angelegt ist. Das ist offenbar ein
sehr hohes Ideal. Ein vollkommener Zustand der menschlichen
Dinge besteht schon in der Idee, und diese Idee wird als dem
menschlichen Gesetzgeber zugänglich gedacht: auf sie soll er
hinblicken, wie der Demiurg des Platonischen Timaeos auf das
Ideensystem hingeblickt hat, sie soll ihm als die höchste Norm

vorschweben. Als das Letzte erscheint also nicht die (ethnologisch, geographisch und historisch bestimmte) nationale Besonderheit, auf Grund deren der Gesetzgeber das ihr Angemessene, relativ Beste für die jedesmalige Zeit in's Leben zu rufen beflissen sein soll, sondern ein allgemeines, absolutes Ideal. Mir scheint, eine Zeit, die das Recht als ein historisches, positives, wandelbares, veränderten Bedingungen sich anpassendes Gebilde ansieht, wie die unsrige seit Hegel und Savigny, hat wenig Sympathie mit einem Ideale, das ein doch vages, ungreifliches Vorbild menschlicher Gestaltungen als bestimmt erfassbar voraussetzt. Aber von seiner Ueberstiegenheit in der Fassung entkleidet, wird doch die Gesetzesidee der antiken Humanität den vernünftigen Gedanken enthalten, dass in der Gesetzgebung auch neben dem nationalen ein rationaler Charakter obwalten muss. In der That wird keine Gesetzgebung nur dem Bilde, das sie sich von der nationalen Veranlagung des Volkes macht, für das sie gelten soll, alle ihre einzelnen Bestimmungen ablauschen können, sondern in den Erwägungen, die sie vor dem Abschluss ihrer Festsetzungen anstellt, wird sie den in der Vernunft der Sachen liegenden Momenten gerecht zu werden suchen. So aufgefasst wird die Gesetzesidee der antiken Humanität doch eine unvergängliche Seite der Sache an's Licht gestellt haben. Dazu stimmt, dass eine Voraussetzung des römischen Rechtes für die Gültigkeit sowohl rechtlicher Normen als auch privater Willensbestimmungen in der Sphäre, die dem individuellen Willen untersteht, dass nämlich „kein Verstoss gegen die guten Sitten" . darin vorkommen darf, in die Rechtsübung aller civilisirten Völker übergegangen ist. Dass etwas gute Sitte ist oder nicht, wird eben als etwas anderweitig, durch das Urtheil der menschlichen Natur, Feststehendes angenommen, worüber die Auffindung des Rechtes keine neue Entscheidung abzugeben hat. Dass aber diese ganze Auffassung aus dem Grundsatze der Humanität fliesst, wird auch dadurch bestätigt, dass bisweilen, z. B. von Ulpian libr. VI ad edict. fr. 6, § 3, eine sonst mögliche Rechtsentscheidung zurückgewiesen wird „weil sie die Humanitätsidee verletzen würde". Die andere Wurzel der Gesetzgebung, die Rücksicht auf das Nationale, das unwillkürlich und unreflectirt aus der nationalen Besonderheit Entstammende, hielt sich im Einklange mit der Volksanschauung die antike Huma-

nität offen in der Form, dass sie neben den Gesetzen und zu
ihrer Ergänzung immer wieder die Sitte der Vorfahren als eine
bindende Macht anführte, wie umgekehrt neben dem positiven
Rechte des *aequum.* Gesetze werden im allgemeinen nicht für begrenzte Zeit,
sondern für immer gegeben. Nun aber treten oft im wirklichen
Leben Veränderungen ein, die den Weiterbestand eines Gesetzes
unvernünftig oder gar sinnlos machen können. Da half sich
der vernünftige Tact stillschweigend zu gunsten des für die
Wirklichkeit Angemessenen gegen die ohne Beschränkung auf
eine gewisse Zeit formulirte Fassung des Gesetzes: „Du siehst,
dass die ewigen Sanctionirungen von Gesetzen, die abgeschafft
wurden, niemals beobachtet sind", ad Att. III, 23, 2.

Dass Ausnahmegesetze (*privilegia „i. e. leges in privos
homines"*) nicht sein sollen, gehörte nach de leg. III, 44 schon
der Zwölftafelgesetzgebung, also nicht erst dem humanen Bewusstsein an, welches den Grundsatz bestätigt — ausser vielleicht eben für Ausnahmefälle. Der Grundsatz gehört auch dem
modernen Bewusstsein noch an und ist unzweifelhaft von Rom
aus uns überkommen. Uebrigens gebrauchen wir „Privileg"
bekanntlich nur noch im guten Sinne, während bei den Römern
privilegium, das an sich eine *vox media* ist, als „Ausnahmegesetz
zu ungunsten jemandes" im Gebrauch war. Der Grund für
die Verwerfung von *privilegia* wird de leg. a. a. O. einfach in
dem begrifflichen Charakter der lex gefunden, dem zufolge sie
eben für alle gilt. In seltsamem Widerspruch zu dieser Erkenntniss der Allgemeingültigkeit der lex (für alle Fälle, in
denen die gleichen Bedingungen erfüllt sind) steht der uns fremd-
artige und doch auch in unsere publicistische Sprache übergegangene Sprachgebrauch, dass Bestimmungen des Staatswillens
über eine einzelne Person oder Sache, z. B. das Imperium des
Cn. Pompejus für den Mithridatischen Krieg (oder über die Aufhebung des Sequesters über das Vermögen eines einzelnen) auch
„Gesetz" genannt wird; er ist wohl daraus zu erklären, dass
auch solche Bestimmung singulären Inhaltes alle wissen und
sich danach halten sollen.

Die Gesetze wollen ernstlich genommen und nicht gedeutelt
sein. Das liegt in ihrer Idee, folglich auch in der humanen
Gesinnung, die die Idee alles Menschlichen realisirt wissen will.

Der peinliche, scrupulöse römische Nationalcharakter kommt dem auch entgegen, wie denn z. B. Cicero ad Att. IX, 9, 3 sich geradezu entsetzt über den Gedanken Caesars, dass ausnahmsweise einmal Consularcomitien sollten von einem Prätor abgehalten werden können, da nach dem Auguralrecht ein grösseres *imperium* von einem geringeren nicht rogirt (durch Volksbefragung eingesetzt) werden dürfe; und wie er es ad fam. VII, 30, 1 zum Lachen, aber noch mehr zum Weinen findet, wie Caesar am 31/12 45 mit der urplötzlichen Umwandlung angesagter Tributcomitien in sofort dafür abzuhaltende Centuriatcomitien sich souverän spielend über Verfassung und Herkommen stellt. Dennoch war vor Gericht ein häufiger Topus der streitenden Parteien die Controverse, ob ein Gesetz (oder überhaupt ein *scriptum*) nach seinem Sinn und Geist oder nach seinem Buchstaben verstanden werden müsse. Die Rhetorik hatte (s. z. B. de or. I, 180. II, 141, Volkmann, Hermagoras S. 22 f.) beide Entscheidungsmöglichkeiten mit den ihnen zugehörigen Argumenten ausgestattet, für das humane Bewusstsein aber musste natürlich der Sinn und Geist dem Buchstaben überlegen erscheinen. Bei jener Gewissenhaftigkeit in der Auffassung des Gesetzlichen ist es sehr befremdlich, dass Cicero doch einmal dem Atticus (XII, 36, 1) schreibt: „Wenn dir etwas in den Sinn kommt, wie wir das Gesetz (ein die Art der Bestattungen betreffendes Luxusgesetz) umgehen (*effugere*) können, so wollen wir davon Gebrauch machen". Er sah offenbar C a e s a r i s c h e Gesetze als nicht wahrhaft zu Recht bestehend an. — Mit vorzüglicher Energie spricht Liv. III, 20 den Gegensatz der Gewissenhaftigkeit in der alten guten Zeit in der Auffassung der Gesetze und der Leichtfertigkeit, die jetzt „sein Zeitalter beherrsche", mit den Worten aus: „Noch machte sich niemand durch Deutung den Eid und die Gesetze für seinen Kram passend, sondern jeder passte vielmehr seine Sitten den Gesetzen an". Dem Geist der Humanität entsprach diese altrömische Ehrenhaftigkeit gewiss.

5. D i e   J u s t i z. Die Strafe soll der Schuld gleich sein, de leg. III, 11. 46. Das ist freilich einerseits so selbstverständlich, dass es nicht gesagt zu werden braucht, andrerseits sehr schwer Fall für Fall durchzuführen, denn wie soll die Gleichheit der Strafe mit der Schuld, für die ein Gefühl vorschweben mag, eigentlich mit Sicherheit aufgefunden und bewiesen wer-

den?*) Ein guter Versuch wenigstens zu weiterer Ausführung
der allgemeinen Regel wird in den auf sie folgenden Worten
gemacht: jeder soll im Kreise seines Fehlers den empfindlichen
Nachtheil davon zu erfahren haben (*in suo quisque vitio plecta-
tur*): auf Gewaltthätigkeit soll Leibesstrafe, auf Geldgier Geld-
strafe, auf Ehrgeiz Ehrenstrafe (*ignominia*) stehen (natürlich
auf die beiden letzteren nur für den Fall, dass sie die Motive
zu Vergehen oder Verbrechen geworden sind). Insoweit bekommt der allgemeine Satz auch noch einen ganz bestimmten
Sinn: die geforderte Gleichheit bezieht sich schon auf das ganze
Genus, und nicht nur auf die innnerhalb des Genus schwer fest-
zustellende Abstufung des Maasses; und diese Ableitung der
Strafarten ist gewiss vernünftig.

Eine höchst befremdliche Eigenthümlichkeit der antiken
Strafjustiz ist es, dass ihr der öffentliche, gesetzlich bestellte
Ankläger fehlt, wenigstens gegen die Verbrechen der bevorrechteten Tausende oder Hunderte, Erpressung, Amtserschlei-
chung, Unterschleif, Aufbietung bewaffneter Banden zu Durch-
setzung politischer Zwecke und dergl. Ein gewisser Versuch
der Rechtfertigung dieser Erscheinung, die bei uns nur in Fällen
besteht, wo das öffentliche Interesse an einer Sühne des Un-
rechts nicht so gross ist wie das des Verletzten, auf dessen ihm
frei stehende Anzeige Verfolgung, dann aber auch amtliche,
eintritt, — findet sich de leg. III, 47 in der Bemerkung: „Die
Ankläger können nicht nachdrücklich auftreten, wenn sie nicht
freiwillige sind". Diese Bemerkung bringt doch wenigstens
eine gewisse Vernunft und Erklärung in eine sonst für uns fast
räthselhafte Seite des antiken Lebens, deren Befremdlichkeit
noch dadurch verschärft wird, dass sich die antiken Ankläger
sogar oft etwas auf ihre persönliche Feindschaft mit den An-
geklagten zu gute thun, gleich als ob sie ein Unterpfand besserer
Ausübung der Anklage wäre. Und die moderne Einrichtung

---

*) Die in der obigen allgemeinen Aufstellung für die Specialisirung der Strafen
nur gestellte Aufgabe wird auch heute schwerlich als gelöst anzuerkennen sein. In
den „Tagesfragen" E. v. Hartmann's, Leipzig 1896, S. 137 steht der Satz: „Die
Strafen für Realinjurien, Ehebruch und Verführung sind in unseren Gesetzen um
ebensoviel zu niedrig bemessen wie die gegen Eigenthumsverletzung zu hoch, und
bedürfen dringend einer ausgleichenden Correctur". Dieses Urtheil z. B. über die
bei uns bestehende Lösung jener Aufgabe hat etwas Frappirendes.

der officiellen Staatsanwaltschaften hat in den Zwischenfällen
zwischen offenbar bestehenden ausreichenden Verdachtsmomenten
und offenbar als unbegründet sich herausstellender Anklage, wo
die Staatsanwaltschaft selber für die Freisprechung plädirt, etwas
Gezwungenes, wenn nämlich der staatliche Ankläger, um doch
möglichst seines Amtes zu warten, auch Beweismaterial für die
Schuld aus Momenten herauszuschlagen sucht, die unbefangener
Weise nicht für schwer oder überzeugend genug dazu gelten
können. Was wir Humanität in der Gerechtigkeitspflege nennen,
finde ich einmal schwer verletzt, wenn Cicero (ad Att. XIV,
15, 2) ganz entzückt ist über die Strenge des Dolabella, der in
den ersten republikanischen Bewegungen nach der Ermordung
Caesars politische Gegner vom tarpejischen Felsen stürzen, ihre
Sklaven an's Kreuz schlagen, die dem Caesar errichtete Säule
umstürzen lässt und die Stätte, wo sie gestanden, zur Ebnung
in Verdingung giebt. Uebrigens ist das Verfahren des Consuls Dolabella, wenn es auch ad fam. IX, 14, 7 eine nicht nur
nicht gehässige, sondern sogar populäre Ahndung (animad-
versio) genannt wird, nicht eigentlich richterliche, und natürlich
auch nicht gesetzliche administrative Thätigkeit, sondern einfach das Wüthen des Parteimannes, und um so schlimmer, als
derselbe Dolabella sich sehr bald bestechen liess, zu der entgegengesetzten Partei überzugehen. Der humane Cicero kommt
einem in diesem Falle, von politischem Fanatismus verblendet,
ganz ähnlich vor, wie der vom Glaubensfanatismus geblendete
Martin Luther, sonst nicht nur ein grosser, sondern auch ein
guter Mann, in seiner Anempfehlung der schrecklichsten Marter-
strafen für die irregeleiteten Bauern.

Ein grosser Satz der Humanität, der aber schon aus den
Rechtsinstincten des römischen Volkes entspringt und den
Zwölf Tafeln angehört, ist es, dass (de leg. III, 48) über die
physische und bürgerliche Existenz eines Bürgers nicht anders
als „maximo comitiatu", in den geordneten grossen Centuriatcomitien, entschieden werden soll. Eine solche *Habeas corpus*-
Acte für das *caput* des Bürgers setzt freilich eine kleine Stadt-
republik als das Staatsganze voraus.

Ob das allmälig erwachsende grosse System des bürgerlichen
Rechtes der Römer auch von dem Geiste vernünftiger Humanität

durchdrungen war, darüber maasse ich mir als Laie kein Urtheil
an. Mein zu früh verstorbener Freund Hans Herrig, der Dichter
des Lutherfestspiels, der studirter Jurist war und sich durch
Tiefblick in historisch-politischen Dingen auszeichnete, kam oft
darauf zurück, dass das römische Recht in unsinniger Weise
den Eigenthumsbegriff überspannt, nämlich die Ansprüche des
öffentlichen Interesses an den von der Privatwirthschaft erworbenen Gütern, namentlich im Erbrecht, viel zu wenig gewahrt
habe, und von sonstigen Zeitgenossen hat besonders der Schopen-
hauerianer Baron v. Hellenbach diesem Gedanken in seinen
Schriften Ausdruck gegeben. Auch der Laie nimmt an der übertriebenen, nur durch das Inhoneste und geradezu Pathologische
beschränkten Willkür des römischen Testatrechtes Anstoss, und
der humane Gedanke, dass sich die Reichen vor allem als Verwalter Gottes fühlen sollten, gehört nicht dem Alterthum, sondern der Leuchte der mittelalterlichen Kirche, dem Thomas von
Aquino, an.

6. Die Finanzwirthschaft. „Ich will nicht, dass dasselbe Volk Beherrscher und zugleich Zöllner (*portitorem*, also
Aussauger durch Erhebung übertriebener Abgaben) der Länder
sein soll. Für das beste Einkommen aber halte ich, wie in der
Privatwirthschaft, so im Staate die Sparsamkeit", de rp. IV, 7.
Das ist freilich wenig, und die thatsächliche Praxis des römischen Volkes oft damit in schreiendem Widerspruch, aber es
ist ein grosser Grundsatz. Ebendaselbst, wie de off. I, 23, wenn
auch hier mit dem Geständniss, dass das eine „etwas harte"
Etymologie sei, kommt auch die Ableitung des Wortes *fides*
„*quia fiat quod dictum est*" vor, eine sprachwissenschaftlich
ebenso naive, wie sachlich zutreffende Ableitung. Die Treue
im Sinne des Staatscredites war nicht so regelmässig in ununterbrochenem Zustande angespannt wie in allen modernen Staaten,
wo nirgends an eine Tilgung der contrahirten Capitalschulden
anders als in langer, auf Generationen vertheilter Frist zu denken
ist, während deren aber der Credit immer neue Ansprüche gemacht
hat, aber es kamen doch Zeiten vor, wo die Bürger erkannten,
dass, wie es Liv. XXIII, 48 heisst: „der Staat (vorübergehend)
durch seine regelmässigen Einkünfte nicht bestehen könnte,
wenn er nicht durch den Credit bestände". Dann wurde
(Liv. XXIII, 49) „der Staat durch private Geldmittel verwaltet",

und in guten Zeiten die Lieferungen „mit Hochherzigkeit" über-
nommen und erfüllt, wie andrerseits der Staat in kurzer Zeit
getreulich seine Verbindlichkeiten wieder löste. Dass das Capital
culturell am segensreichsten wirkt, wenn ein grosser Theil desselben dauernd dem Staate gegen den Zinssatz, den er in dem
Wettbewerb um die Anleihung des Capitals erhalten kann, zur
Verfügung steht, der es in Sicherheits-, Verkehrs- und Wohl-
fahrtseinrichtungen investirt, war im Alterthum noch nicht erkannt, dessen Staatshaushalte in ihrer Einfachheit sich nicht
mit den verwickelten Systemen der modernen Staatsbudgets vergleichen lassen. Die Empfindlichkeit des Staatscredits und noch
mehr die Beeinträchtigung der Staatseinkünfte durch Kriegs-
gefahr schildert Cicero in der Pompejana 15 so anschaulich und
eindringlich, dass kein Secundaner, der die Rede gelesen hat,
es vergessen kann.

7. Die auswärtige Politik und der Krieg. Dass in
dieser harten Welt die Muse wohl zu begleiten, doch nicht zu
leiten versteht, das zeigt auch die römische Geschichte, die von
ganz anderen Gedanken beherrscht wurde als von solchen, die
der musischen Contemplation eines ideegemässen Zustandes der
menschlichen Dinge entfliessen. Den römischen Nationalcharakter,
der die römische Geschichte als ihr wesentlichster Factor bestimmte, hat auf's schönste zum Ausdruck gebracht Virgil in
jenen berühmten Versen (Aen. VI, 851—53):

Tu regere imperio populos, Romane, memento;
Hae tibi erunt artes; pacisque imponere morem,
Parcere subiectis et debellare superbos.

Wenn aber diese Geschichte einer zuerst unbewussten, dann
planmässigen und gewaltsamen Weltherrschaftspolitik dennoch
in einen jahrhundertelangen Zustand der *pax Romana* in einem
das Mittelmeer weit umkränzenden Völkerreiche mündete, der
seinerseits wieder die Vorbereitung zu ganz neuen Gestaltungen
der Menschheitsgeschichte wurde, so hat sicherlich nicht nur
eine providentielle Leitung der menschlichen Dinge, welche die
Menschen und Völker sich in Wahrheit um noch andere Ziele
bemühen lässt als diese selbst in ihrem Bewusstsein tragen,
dahin mitgewirkt, sondern auch — und warum sollte man in
geschichtsphilosophischer Weise nicht diese Leitung auch darin
betheiligt finden? — der humane Gedanke, der in den letzten

beiden Jahrhunderten vor Vollendung des römischen Weltreiches
in den Besten des römischen Volkes sich immer mehr zur Centralsonne ihres Denkens und Lebens erhob und der selbst in dem
grossen Realpolitiker Julius Caesar das ideale Moment seines
grossen Wirkens darstellt. Denn der humane Gedanke schuf
doch der auch das Unrecht nicht scheuenden Gewaltthätigkeit
des römischen Nationalcharakters, dem manche Nationen, wie die
Syrer und Juden (de prov. cons. 10) einfach „zur Knechtschaft
geboren schienen", sein sittigendes Gegengewicht. Von ihm
wurde, wie es z. B. in dem officiellen Schreiben Cicero's als
Statthalters von Cilicien an die Consuln, Prätoren, Volkstribunen
und den Senat (ad fam. XV, 1, 5) hervortritt, die Härte und
mancherlei Ungerechtigkeit der römischen Herrschaft erkannt,
von ihm (de rp. II, 26) der Werth des *otium et pax* für die Er-
starkung der Gerechtigkeit und Treue und für ein arbeitsames,
Güter schaffendes Leben empfunden und empfohlen. Nicht der
Friede allerdings ist ein unbedingtes Ziel des Völkerlebens, sondern nur ein Friede mit Ehren (*cum dignitate otium*): Denn
„auf der einen Seite geziemt es sich nicht, dass sich die Menschen vom Thatendrang so hinreissen lassen, dass sie die Rücksicht auf den Frieden darüber aus den Augen verlieren, andrerseits aber auch nicht, einen Frieden an's Herz zu drücken, der
mit der Ehre nicht zu vereinigen ist", Sest. 98. In dem Entwurf
eines allgemeinen idealen Gesetzes de leg. III, 9 heisst es: „(NUR)
GERECHTE KRIEGE SOLL MAN (UND) MIT GERECHTIG-
KEIT FUEHREN, DIE BUNDESGENOSSEN SCHONEN, ..
DEN RUHM DES VOLKES MEHREN, MIT EHREN NACH
HAUSE ZURUECKKEHREN". Nach de off. I, 36. de rp. III, 35
soll kein Krieg geführt werden, ehe nicht Genugthuung verlangt
ist (*nisi rebus repetitis*) und der nicht (bei Verweigerung der
Genugthuung) vorher in aller Form angekündigt ist. Selbst in
Kriegen, die um die Herrschaft geführt werden, müssen doch
gerechte Ursachen zu Grunde liegen, und Kriege, die den Ruhm
des Reiches zum Ziele haben, müssen im Gegensatz zu solchen,
in denen es sich um Existenz und Ehre (*caput et fama*) handelt,
weniger hart geführt werden, de off. I, 38. Wahrhaft gerechte
Ursachen des Krieges sind für ein Volk wie es sein soll (*optima
civitas*) nach de rp. III, 34 nur die *fides* (gegen andere, die der
Hülfe bedürfen) und die *salus*, doch wird § 35 auch die Rache

als gerechter Kriegsgrund hinzugefügt. Wenn der „Feind"
ursprünglich der „Fremde" bedeutet, so liegt darin, unmittelbar
in dem Sprachgeist sich ausdrückend, die humane Anschauung
(*mansuetudo*), dass auch in dem Feinde der Mensch erblickt
werden soll, mit dem nach dem Kriege wieder zu menschlichen
Beziehungen zurückzukehren ist, de off. I, 37. Das Versprechen
muss man durchaus auch dem Feinde halten, de off. I, 39 f., was
übrigens auch schon altrömische Ehrenhaftigkeit ist. Ein Bericht des Lactantius, der jetzt de rp. III, 22 ausmacht, über
Cicero's gegen die römische Welteroberungspolitik gehegte Gesinnung macht doch den Eindruck, als ob an einer so weit
gehenden Ueberwindung der nationalen Gesinnung durch fried-
liebende Humanität eine Umgiessung der Worte durch den
Kirchenvater betheiligt wäre, der im Dienste einer Idee steht,
die ein weltfeindliches, mindestens über die Welt hinausliegendes
Ziel verfolgt. Die Stelle lautet: „Welche Vortheile des Vaterlandes giebt es, die nicht Nachtheile eines anderen Staates oder
Volkes wären? D. h. z. B. das Gebiet erweitern durch Stücke,
die andern gewaltsam entrissen sind, die Einkünfte vergrössern
und dergl. Wer also solche Güter für sein Vaterland erwirbt,
d. h. durch Vernichtung von Staaten und Völkern den Schatz
mit Golde füllt, Land erobert, seine Mitbürger begüterter macht,
der wird mit Lobsprüchen in den Himmel gehoben, er gilt im
Besitz der höchsten und vollkommenen Mannesgrösse: und diese
irrige Auffassung findet sich nicht nur bei dem Volke und Unerfahrenen, sondern auch bei Philosophen, die sogar Vorschriften
geben für die Ungerechtigkeit". Solches den Nationalcharakter
völlig auflösende Raisonnement der Humanität hatte wenigstens
bei dem Staate selbst den entschiedensten Widerspruch gefunden. Denn als der Akademiker Karneades bei Gelegenheit
jener berühmten Gesandtschaft von 155 v. Chr., in Anwendung
einer Probe seiner Gewohnheit über alles pro und contra zu disputiren, in einer öffentlichen Rede zu Rom an dem einen Tage für die
Gerechtigkeit gesprochen hatte, am folgenden aber gegen sie,
weil die Römer, wenn sie es mit ihr ernst nehmen wollten,
alle ihre Eroberungen herausgeben müssten, waren in Folge
davon die Philosophen, als gefährliche Verdreher der Begriffe, aus Rom ausgewiesen worden, Lactant. inst. div. V, 14. —
Nachdem wir bis hierher der in Sest. 99 gegebenen Dispo-

sition gefolgt sind, müssen wir dieselbe nun noch durch einige neue Gesichtspunkte weiterführen.

8. Die Regierenden *(principes)*. Der Humanität liegt ganz besonders am Herzen, dass die Regierenden sittlich tüchtige Persönlichkeiten seien. Ein rechtes Idealbild der Regierenden nach dem Herzen des sittenstrengen Republikanismus der besseren Zeiten, aber auch der Humanität wird gezeichnet de rp. II, 59: „Während sie an Ehre weit über den anderen standen, standen sie an Genüssen hinter ihnen zurück und waren an Besitz ihnen kaum überlegen"; auf den Leib zugeschnitten ist das Bild insbesondere dem Licinius und Sestius, wie in Hor. carm. I, 12, Str. 11 ein ähnliches dem Curius Dentatus und Camillus. Die Regierenden sollen durch den Glanz, die reine Hoheit ihrer Gesinnung und ihres Lebens ihren Mitbürgern gleichsam einen Spiegel vorhalten, de rp. II, 69. Sie, die anderen gebieten, sollen selber keiner Begierde gehorchen, sie sollen ihr Leben wie ein Gesetz des Lebens ihren Mitbürgern vor Augen führen, de rp. I, 52. So heisst es auch in dem idealen Gesetzentwurf de leg. III, 10 von dem gesamten Senat: „DIESER STAND SOLL VON FEHL FREI SEIN, DEN UEBRIGEN ZUM VORBILD DIENEN". Niemals soll das Volk durch die Schuld der Regierenden auf den Gedanken kommen dürfen, dass seine Interessen von jenen mit Gleichgültigkeit angesehen würden, de rp. I, 52. Der Hauptgrund für diese auch uns noch sympathische Betonung der sittlichen Tüchtigkeit der Regierenden ist mit Berufung auf einen Ausspruch Plato's ausgesprochen ad fam. I, 9, 12: „Wie im Staate die Regierenden sind, so pflegen auch die übrigen Bürger zu sein"; wie es dementsprechend auch de leg. III, 31 heisst: „Es ist nicht ein so grosses Uebel, dass sich die Regierenden etwa (in sittlicher oder politischer Beziehung) vergehen, wie das, dass so sehr viele Nachahmer der Regierenden auftreten"; und „wenige, ja sogar ganz wenige können die Sitten des Volkes einerseits verderben, andrerseits verbessern".

Dafür ist es dann aber auch recht und billig, dass die Regierenden ihre Kraft ziehen aus dem hoheitsvollen Glanz ihrer Stellung *(princeps alendus gloria)*, de rp. V, 9; denn so heisst es vortrefflich weiter: „So lange wird der Staat aufrecht stehen, wie von allen dem Princeps Ehre erwiesen wird".

Der berühmte Ausspruch „*salus publica suprema lex esto*"
steht in dem idealen Gesetzentwurf de leg. III, 8, für die Consuln, und in der Form: *salus populi suprema lex esto*.
Die Gedanken der Humanität über die Idealeigenschaften
der Regierenden erscheinen uns leicht etwas afficirt von der
Platonischen Anschauung, dass es um den Staat nicht eher
gut stehen werde, als wenn die Philosophen Herrscher geworden
seien. Eine gesunde Reaction, die mehr aus dem praktischen
Nationalcharakter als aus der Humanität als solcher entspringt,
ist es aber, wenn es de rp. V, 5 heisst: „Der Staatslenker soll
sich nicht durch vieles Lesen und Schreiben behindern". Es
wird das treffend weiter ausgeführt: Gleichwie der Oekonom
die landwirthschaftlichen Kenntnisse hat, der Rechnungsführer
(*dispensator*) aber im Rechnungswesen gebildet ist, beide aber
sich von der Lust an ihrem Wissen praktischer Thätigkeit zuwenden, so soll der Staatslenker freilich sich der Erkenntniss
von Recht und Gesetzen befleissigen, jedenfalls ihre grossen
Grundzüge beherrschen (*fontes earum perspexerit*), aber . . wie
der Steuermann die Astronomie, der Arzt die Naturwissenschaft:
denn beide machen daraus Hülfsmittel für ihr Fach.

Die beiden Brüder Q. und M. Cicero haben sich je ein
Cabinetstück politischer Berathung zugeschickt, Q. dem M. den
Brief *de petitione consulatus*, M. dem Q. im ersten Briefe des
ersten Buches der epistolae ad Q. f. die ebenso schonend tactvolle wie eindringliche und vielseitige Belehrung über den Pro-
vinzial-Statthalter wie er sein soll. Er ist in der Provinz
der die Verwaltung und Justiz in sich vereinigende höchste
Regierende. Ich hebe aus dem köstlichen Schriftstück einige
Hauptstellen jener Belehrung aus. „Es gefällt mir nicht eben . .,
dass du alle kleine Flecken (deiner Begleitung) ausforschen, jeden
einzelnen peinlich auf's Korn nehmen (*excutere*) solltest, sondern,
dass du jedem so viel anvertraust, wie er nach seiner Treue
und Redlichkeit verdient" (11, vgl. Tac. Agr. 19). „Dein Ohr
soll am Platze sein und dafür gelten, das zu hören, was es wirklich (unbefangener Weise) hört, nicht dafür gut genug zu sein,
dass man aus Eigennutz erdichteter und erheuchelter Weise
etwas hineinflüstert" (13). „Der ganzen Provinz soll es bekannt
sein, dass dir das Leben, die Kinder, die Ehre, das Vermögen
der ganzen eingesessenen Bevölkerung deiner Statthalterschaft

im höchsten Grade am Herzen liegt" (13). „Dies sollen die Grundlagen deiner Stellung sein: zunächst deine eigene Integrität und
Selbstbeherrschung, sodann das Ehrgefühl deiner ganzen Umgebung, eine sehr vorsichtige und sorgfältige Auswahl sowohl
unter den Provinzialen wie unter den dort ansässigen Griechen
in Hinsicht vertrauteren Umganges, eine ernste und consequente
Zucht deiner Sklavenschaft" (18). „Consequenz gilt es anzuwenden und würdevollen Ernst, der nicht nur der Parteilichkeit
(*gratia*), sondern auch ihrem Scheine (*suspicioni*) widersteht" (20).
„Hinzutreten muss auch Leutseligkeit im Anhören, Milde in
den Entscheidungen, in der Befriedigung (der an dich auf Grund
angenommenen guten Rechtes herantretenden Ansprüche) und
in ihrer Begründung (*in disputando*) Gewissenhaftigkeit" (21).
„Das eigentliche Ziel für alle Statthalter muss meines Erachtens
das sein, dass alle, die unter ihrem Imperium stehen, so
glücklich wie möglich seien" (24). „Die einzige wirkliche
Schwierigkeit in deiner ganzen Statthalterschaft liegt in der
Stellung zu den römischen Pächtern. Denn sich fremden Gutes
zu enthalten, alle Begierden zu beherrschen, die Seinigen im
Zaume zu halten, Recht nach gleichmässigen Grundsätzen zu
sprechen, sich zugänglich im Kennenlernen der Angelegenheiten, in der Anhörung und Zulassung des Publicums zu
beweisen, das ist mehr vortrefflich als schwer. Es beruht
nicht auf irgend welcher Mühe, sondern auf Entschluss und
gutem Willen" (32). „Nichts ist so verunstaltend als mit dem
höchsten Imperium auch noch ein schroffes Temperament (*acer-
bitatem naturae*) zu verbinden" (37). „Ich ermahne dich, wenn
du den Zornausbruch nicht ganz vermeiden kannst, weil das
Herz eher vom Jähzorn überrumpelt wird als die Vernunft die
Gefahr der Ueberrumpelung vorhersehen konnte, dass du dich
zuvor rüstest und täglich bedenkst, dass man dem Zorn Wider-
stand leisten müsse und dass es gerade dann gilt, die Zunge
aufs sorgsamste im Zaume zu halten, wenn eine Zornesauf-
wallung das Innere packt" (38). „Keine heftigeren Erregungen
von dir, keine Schimpfworte, keine Schmähungen, zu denen du
dich hinreissen liessest, kommen mir zu Ohren, aber sie sind
auch wirklich mit Bildung und Humanität nicht zu vereinigen,
ganz besonders aber im Widerspruch mit der hohen Stellung
des Imperium. Denn wenn der Zorn unversöhnlich ist, dann ist

er die höchste Härte; ist er aber zu erbitten, dann ist es ein
Charaktermangel; immerhin ist dieser, wenn auch nur als das
kleinere Uebel, der eisernen Härte vorzuziehen" (39). Diese An-
führungen mögen genügen aus jenem herrlichen Briefe, dessen
wundervoller Kenntniss der Menschen und Dinge und feinfühliger
Anwendung dieser Kenntniss gegenüber die üblichen modernen
geringschätzigen Aeusserungen über den Cicero auch als Schriftsteller nicht nur verstummen, sondern auch sich beschämt fühlen
müssen. Ich aber verdanke es meinem theueren Lehrer in der
Tertia und Secunda des Gymnasiums, damaligem Subconrector,
jetzigem hochverdienten Geheimen Regierungsrath und Gymnasialdirector a. D. Dr. Julius Lattmann, wenn sein mir durch
und durch fühlbares Ergriffensein von den Feinheiten Cicero's
als Psychologen und Moralisten, das sich an seiner
eigenen Lust und Freude, die Gedanken eines solchen Kenners
des Menschenherzens mitzudenken, widerspiegelte, von früh auf
die Fähigkeit erweckt hat, allen Angriffen zum Trotz meinen
Glauben an die schriftstellerische Grösse dieses liebenswerthen
Classikers hochzuhalten. Jener erste Brief an den Bruder Quintus
ist so recht von dem Grundgedanken eingegeben, dem ad fam.
VIII, 5, 1 von Caelius an M. Cicero Ausdruck gegeben ist: „Alles
verlangt man von dem, der mit einer leitenden Stellung im öffentlichen Leben betraut ist", und der nun in dem Briefe nach allen
Seiten hin verzweigt wird, mit der tactvollsten Rücksichtnahme
auf die Person des Empfängers und der zartesten Scheu, nicht
in den Ton aufdringlicher und überlegener Schulmeisterei zu
verfallen. M. Cicero selber hat aber auch zehn Jahre später
seine eigene Verwaltung der Provinz Cilicien so geführt, dass
er sich hatte herausnehmen dürfen, das Vorbild eines Statthalters wie er sein soll zu zeichnen. Es ging ihm zu Herzen die
Lage der unglücklichen Provinzialen, die unter den Plackereien
und Schindereien ihrer römischen Herren „geradezu vom Ueberdruss am Leben ergriffen waren" (ad Att. V, 16, 2). Er reiste
ohne jede Kosten für die Gemeinden (ad Att. V, 10, 2); er tadelt
auch den Aufwand für die üblichen Belobigungsgesandten (ad
fam. III, 8, 4); er trat einer Hungersnoth entgegen und brachte
es „ohne Gewalt, ohne Verurtheilung (von Iländlern, die mit
ihren Vorräthen zurückhielten), ohne schneidige Strafreden, allein
durch sein Ansehen und seine Aufmunterung" dahin, dass Grie-

chen und römische Bürger, die Getreide aufgespeichert hatten, eine grosse Masse davon der Bevölkerung zukommen zu lassen versprachen (ad Att. V, 21, 8); er machte den Zutritt zu seiner Person den Provinzialen so leicht, wie sie es nie gekannt hatten, und liess nichts durch den Kammerdiener (*cubicularius*) verhandeln (ad Att. VI, 2, 5); er kann von sich schreiben (ad Att. VI, 2, 4), dass er viele Städte seiner Provinz von Schulden gänzlich befreit, viele wenigstens sehr erleichtert habe, und auch bestimmt angeben, was ihn zu diesem Ruhm, desgleichen oft in den Tag hinein gesprochen wird, berechtigt. Einerseits nämlich hat er den Gemeinden durch seine Verwaltung auch nicht die allergeringsten Kosten (*nullum sumptum, ne teruncium quidem*) verursacht, andrerseits hat er die griechischen Obrigkeiten, die in unglaublicher Weise die Städte bestohlen hatten, in ein strenges Verhör genommen und sie dadurch, ohne ihnen den Schimpf einer richterlichen Verurtheilung anzuthun zu brauchen, bewogen, dass sie die unterschlagenen Gelder sofort zurückstellten.

9. Die Staatsformen. In Cicero *de republica* neigt Scipio mehr zur monarchischen, Laelius mehr zur aristokratischen Regierungsform als der besten hin, beide aber einigen sich doch in dem Compromiss, dass eine aus monarchischen, aristokratischen und auch demokratischen Momenten weise gemischte Staatsform die vorzüglichste sei (I, 45. 54. 69). Das ist eine Ansicht, in der, beiläufig gesagt, in einem soeben erschienenen glänzenden Aufsatze über „unsere Verfassung" (in „Tagesfragen", Leipzig 1896, S. 45—57) Eduard v. Hartmann, dieser ausserordentliche Mann und umfassendste Geist unter den Lebenden, mit dem leider von ihm gelegentlich (ebendas. S. 168) so wenig gewürdigten Cicero zusammentrifft. Jede einzelne der drei Staatsformen kann möglicherweise, wenn auch nicht vollkommen, so doch, wenn auch eine in vollerem Maasse als die beiden anderen, erträglich sein, falls sie den ursprünglichen Staatszweck erfüllt („falls sie das Band festhält, welches zuerst die Menschen in staatlicher Gemeinschaft friedlich geeinigt hat"), d. h. einen Rechtszustand an Stelle des Naturzustandes ermöglicht, I, 42. Die Monarchie hat für sich, dass sie dem Vorbilde der Stellung des Vaters zu seiner Familie entspricht (I, 54), dass sie ein Schutz ist für die an wirthschaftlicher Kraft oder Verstandesgaben Schwächeren

(I, 54), dass sie durch die Analogie der Vernünftigkeit des Regimentes eines einzigen in der privaten Wirthschaft, des Steuermannes auf dem Schiffe und dergl. empfohlen wird (I, 61), dass sie für die Zeiten der Noth unzweifelhaft am segensreichsten wirkt, wie denn auch das römische Volk in Friedenszeiten mit seinen Magistratus in Fehden liegt, im Kriege aber dem Führer wie einem Könige gehorcht (I, 63), dass sie in der Herrschaft der Vernunft über die Seelenkräfte (I, 60), in der nach mythologischer wie philosophischer Anschauung monarchischen Regierung des Kosmos (I, 56) ein der Natur der Dinge entnommenes Urbild besitzt.   Daher spricht für sie auch das Zeugniss der Völker (I, 58) und hält nach dem Verse des Ennius, wenn das Volk eines gerechten Königs beraubt ist, „die harten Herzen die Sehnsucht nach ihm umfangen" (I, 69). Dagegen hat die reine Monarchie die Schattenseite, dass sie (bei der Zufälligkeit der Geistes- und Charaktereigenschaften ihres jedesmaligen Inhabers, die zumal unter der Voraussetzung ihrer Erblichkeit besteht) keine Bürgschaft der Weisheit und Gerechtigkeit des jedesmaligen Herrschers in sich trägt (I, 50), und dass die Aufgabe, die in ihr liegt, für Einen zu hoch und schwer ist (dass „einer nicht alles erreichen kann"), I, 52.

Die Aristokratie muss jedem, der zu den Besten zu gehören fühlt, — nicht um seiner selbst willen, denn das wäre ja eine seiner unwürdige Gefühlsweise, sondern um der legitimen Ueberlegenheit des Besten willen, als eine sympathische Staatsform erscheinen, also auch der antiken Humanität, zu der sich unzweifelhaft die Besten der Zeiten, wo sie blühte, bekannten. „Das hält den Staat zusammen", heisst es de leg. II, 30, „wenn das Volk stets ein Bedürfniss nach dem Rathe und der Autorität der Optimaten empfindet", und de rp. I, 51: „Auf dem Rath und den Maassregeln der Besten beruht das Heil der Staaten".   Die schwache Seite der Aristokratie aber ist, dass „die Menge unter ihr kaum der Freiheit theilhaftig sein kann, dass ihre Lage unter ihr stets eine Aehnlichkeit mit der Knechtschaft hat" (de rp. I, 43), und dass in ihr stets die Gefahr des Ueberganges in eine Oligarchie vorliegt (de rp. I, 44).   Und die schlimmste Entartung der Aristokratie ist die Plutokratie.   „Kein Staat ist missgestalteter als in wel-

chem die Reichsten (*opulentissimi*) für die besten gelten“,
de rp. I, 51.*)
Eine genügende Freiheit des Volkes nämlich ist a u ch eine
Forderung der Vernunft, und das spricht für die D e m o k r a t i e.
„Nicht leicht ist einem starken Volke zu widerstehen, wenn man
ihm entweder gar kein Recht zuweist oder zu wenig“ (de rp.
IV, 8). Aber „stets ist im Staatsleben festzuhalten, dass nicht
die meisten das meiste vermögen sollen“, de rp. II, 39.**) „Kein
Staat hört eher auf diesen Namen zu verdienen, als der ganz
und gar in der Gewalt der Menge ist“, de rp. III, 45. Denn
die Demokratie hat stets die Neigung, die Besten in die Verbannung zu treiben (de or. II, 56), sie missbraucht am liebsten
ihre Freiheit dem gegenüber, durch den sie sie erlangt hat (ad
fam. XI, 12, 2), der Wille des Volkes ist oft in ihr entfesselt,
aber seine Rechtschaffenheit (*virtus*) in Fesseln (ad Att. II, 17, 1,
wo das freilich zunächst nur von einer bestimmten politischen
Lage in Rom, wie sie dem Briefschreiber im Jahre 59 v. Chr.
erscheint, behauptet wird).

Die guten Verfassungen laufen Gefahr — es ist das die bekannte Aristotelische Lehre von den παρεκβάσεις —, eine jede
in die ihr entsprechende Entartung überzugehen, das Königthum in die Tyrannis, die Aristokratie in die Oligarchie (*factio*),
die Demokratie in wüste Ochlokratie (*turba et confusio*), de rp.
I, 69. Eben darum ist, wie das a. a. O. in Verbindung mit einander gebracht wird, die aus monarchischen, aristokratischen und
demokratischen Elementen gemischte Verfassung die beste, weil
sie die am gleichmässigsten ausgebildete und festeste ist und
die Motive, zur Entartung abzuweichen, an allen drei Stellen
abschwächt.

10. F r e i h e i t und G l e i c h h e i t. Die antike Humanität
hatte zunächst ein ganz feines Gefühl dafür, dass es eine berechtigte Sphäre i n d i v i d u e l l e r Freiheit giebt, in die selbstverständlich dem Staate kein Eingriff gestattet ist. Diesem

---

*) Eine kurze, aber vorzügliche Belehrung über das Wesen der Plutokratie,
mit einem Ausblick auf die römischen Verhältnisse nach den grossen Kriegen im
Osten, findet man in E. v. Hartmanns „Tagesfragen“ S. 24.

**) Das ist durch timokratische Einrichtungen oder durch Lenkung der meisten
durch die Besten (Perikleisch-Gracchisch-Caesarische Staatsform) zu verhindern; verhindert sich aber auch durch die „*gregariousness of mankind*“.

Gefühle gehören zuerst so allgemeine Aussprüche an wie ad fam. X, 31, 3, dass die Freiheit süss und das Leben unter einer Zwingherrschaft elend ist. Diese Freiheit bezieht sich vor allem auf die Gedanken und Empfindungen und wird nicht sowohl als ein positives Gut empfunden, wenn sie besessen wird, wie schmerzlich vermisst, wenn sie einmal durch eine ganz besondere Verkehrtheit der politischen Zeiten nicht vorhanden ist. Der eigentlichste Apostel dieser Freiheit und unvergleichliche Strafprediger voll düsterer sittlicher Entrüstung für solche Zeiten, denen sie fehlt, ist Tacitus, der unter Domitian lange Jahre, wo sie unterdrückt war, erlebt hatte (Agr. 2. 45) und daher auch rückwärts für die Zeiten des Tiberius und Nero die Farben für die Schilderung dieser furchtbarsten Seite der Tyrannei so wunderbar zu mischen weiss. Im Blüthezeitalter der Humanität war ähnliches doch nur ausnahmsweise vorgekommen. Da empfand man es als den selbstverständlich normalen Zustand, dass man, wie Servius Sulpicius ad fam. IV, 5, 3 schreibt, in den Angelegenheiten seiner Freunde seiner persönlichen Freiheit leben durfte. Als aber nach Caesars Ermordung auf kurze Zeit die Terroristen des Republikanismus*) diese Freiheit des Gefühles gewaltsam zu unterdrücken suchten, da klagt der edle Caesarfreund Matius (ad fam. XI, 28, 4) über solchen „unerhörten Hochmuth": die Gefühle, Furcht, Freude und Schmerz hätten doch stets selbst den Sklaven freigestanden, sie nach dem eigenen Herzen, und nicht auf fremdes Geheiss zu empfinden. Es sei eine unerträgliche Anmaassung (§ 7), in die Freiheit der Wahl seines Umganges einzugreifen, und Caesar selbst hätte ihn doch niemals gehindert, auch mit solchen Personen zu verkehren, die ihm selber weniger genehm gewesen wären. Wenn Cicero bisweilen, wie ad fam. XV, 16, 3, über Politik „nicht schreiben mag was er denkt", so empfindet man das Unbehagen, mit dem er sich in solchen anormalen Zustand schickt.

Dass ein gesundes Maass politischer Freiheit und Betheiligung des Volkes an der Feststellung des Staatswillens

---

*) Brutus und Cassius haben freilich gut reden und sich (ad fam. XI, 3, 3) mit dem Paradespruch der Freiheit in die Brust zu werfen: „Bei freien Männern haben Drohungen keine Autorität", aber sie selber machen es so, wie oft die Freiheitsschwärmer, dass sie die fremde Freiheit dennoch rücksichtslos einzuschüchtern versuchen.

nicht nur zugestanden, sondern geradezu von einer idealen Verfassung postulirt wurde, haben wir schon gesehen. Dagegen
ist die Humanität von wahrem Abscheu gegen eine allzuun-
beschränkte (*nimis meraca*) politische Freiheit der Menge erfüllt.
Sie beruft sich dafür (de rp. I, 66 f.) auf die ergreifende Schilderung, die Plato von diesem Zustande entworfen hat: „Wenn
der unersättliche Schlund des Volkes vor Durst nach Freiheit
trocken geworden ist und von schlechten Dienern berathen nicht
eine maassvoll gemischte, sondern eine allzu ungemischte Freiheit
dürstend verschlungen hat, dann verfolgt, befehdet und beschul-
digt es die Regierenden, falls sie nicht sehr gelinde und schlaff
sind und ihm reichlich den Freiheitsbecher kredenzen, und nennt
sie übermächtig, Despoten, Tyrannen. Und dann treten die folgenden Erscheinungen ein: die den Regierenden gehorchen, werden
von solchem Volke verhetzt und freiwillige Knechte genannt, die
aber, die im Amte Privatleuten ähnlich sein wollen, und solche
Privatleute, die es darauf anlegen, dass zwischen dem Privatmann
und dem Beamteten kein Unterschied sein soll, hebt man in den
Himmel mit Lobsprüchen und macht sie zu Abgöttern, so dass
nothwendigerweise in solchem Gemeinwesen alles voll von Freiheit ist. Jedes Privathaus kennt dann kein Oberhaupt, und
dieses Uebel geht bis zu den Hausthieren hinab, der Vater
fürchtet den Sohn, der Sohn ist gleichgültig gegen den Vater,
es fehlt an jeglicher Scheu: man ist vollkommen ungebunden.
Es ist kein Unterschied zwischen Bürger und Fremdem, der
Lehrer fürchtet die Schüler und schmeichelt ihnen, und die
Schüler verachten den Lehrer, junge Leute nehmen für sich das
Gewicht von gereiften Männern an, gereifte Männer erniedrigen
sich zum Spott junger Leute, um ihnen nicht gehässig und
drückend zu sein. Daher kommt es dann, dass sich auch die
Sklaven zu frei benehmen, die Weiber dasselbe Recht haben
wie die Männer, ja, dass in solcher Freiheit auch die Hunde,
Pferde und sogar Esel sich so gehen lassen, dass man ihnen
aus dem Wege weichen muss. Das Endergebniss solcher unbeschränkten Zügellosigkeit ist dann, dass der Sinn der Bürger
so hochmüthig und empfindlich wird, dass er auf den leichtesten
Druck von Herrschgewalt, ausser Stande ihn zu ertragen, mit
Zornmüthigkeit reagirt, in Folge wovon man anfängt, auch gegen
die Gesetze gleichgültig zu sein, so dass man ganz und gar

ohne irgend einen Herren ist". Aus dieser schönen Stelle lässt
sich so recht empfinden, wie die antike Humanität die Volks-
freiheit nur unter der Voraussetzung billigte, dass die sittlichen
Mächte von Zucht und Ehre, Botmässigkeit und Gesetzlichkeit
über sie die Herrschaft bewahrten.

Den gesunden Kern des Gedankens der Gleichheit habe
ich stets in der christlichen Auffassung, dass wir alle als Kinder
Eines Vaters Brüder sind, oder in der Schopenhauerschen Wendung, dass alle Menschen der nämliche Wille zum Leben auf
der nämlichen Stufe der Objectivation seien, aus zwei verschiedenen Grundauffassungen heraus vortrefflich ausgedrückt gefunden. Ebenso wichtig ist es aber, dass die vernünftige Ungleichheit der Menschen nicht übersehen wird. Die antike
Humanität, als die Gesinnung einer Aristokratie des Geistes,
betont mehr die letztere Seite. Zwar hält sie den entscheidenden
Punkt, dass das Conubium rechtlich*) bestehen müsse, aufrecht, da es sogar durch die Zugehörigkeit des Mannes und
Weibes zu verschiedenen Völkern nicht aufgehoben zu sein
pflege (de rp. II, 63); und dass im Tode kein Unterschied zwischen
den Menschen bestehen dürfe, das wird de leg. II, 59 in Hinsicht der für Vornehme und *plebs* gleichmässig geltenden Luxus-
gesetze gegen Aufwand bei der Bestattung als im höchsten
Grade der Natur gemäss anerkannt, ohne dass der Gedanke
ausgesprochen wird, dass ohne die Gleichheit des Todes für
hoch und niedrig die Armen die Unterschiede des Menschenlooses nicht ertragen würden. Aber mehr Nachdruck wird darauf
gelegt, die verführerischen falschen Folgerungen, die in dem
Schlagwort der Gleichheit liegen können, abzuwehren. Die
Gleichheit ist an und für sich ungleich und unbillig, wenn sie
Abstufungen der Würde ausschliesst, de rp. I, 43. Die Völker

---

*) Livius lässt den Canuleius in der vortrefflichen Rede über das Conubium,
die er ihm IV, 3 – 5 in den Mund legt, sehr tactvoll unterscheiden „was stets Sache
privater Entscheidung gewesen ist, für jede Frau, in das Haus einzuheirathen, welches
ihr zusagte, für den Mann, sich aus dem Hause die Frau zn nehmen, aus dem er
sie sich verlobt hätte" und die hochmüthige gesetzliche Festlegung von Banden,
denen zufolge niemals ein Uebergreifen der Patricier in die Plebejer und umgekehrt
bei der Wahl des Ehegatten stattfinden dürfte; nicht die Thatsache meistentheils
patricischer Inzucht, sondern erst die gesetzliche Verhinderung jeder Abweichung
von ihr sei beleidigend für die Plebs. Die ganze Ausdrucksweise des Livius muthet
uns freilich dabei recht antik an.

selbst, so radical freiheitlich sie auch sein mögen (*quamvis so-luti ecfrenatique sint*), erweisen doch vielen viele Vorrechte, und auch in ihnen findet eine grosse Auswahl der Personen und der Würden statt; wenn aber Hohen und Niedrigen, die in jedem Volke unvermeidlicher Weise sein müssen, die gleiche Ehre zu theil wird, so ist die sogenannte Gleichheit an sich selber die höchste Ungleichheit, de rp. I, 53. Gleichwie Gott dem Menschen, die Seele dem Leibe, die Vernunft der Begierde und den übrigen Leidenschaften gebietet, so müssen so zu sagen naturrechtlich auch die durch ihre Eigenschaften dazu Berufenen den Unberufenen gebieten, und zwar ist die Unterordnung den letzteren dienlich, ist in ihrem eigenen Interesse, de rp. III, 36, vgl. de off. I, 13. Wenn diejenigen dienen, die sich selbst nicht beherrschen können, so ist es kein Unrecht, de rp. III, 37. Mit diesen Anschauungen hängt auch die seit Plato und Aristoteles übliche Rechtfertigung der Sklaverei zusammen, die in unseren Augen auf einer Erschleichung der Voraussetzung beruht; doch beabsichtige ich nicht, die vielfach durchackerte Stellung des Alterthums zu der Sklaverei in meine Darstellung zu ziehen.

Gegen communistische Gleichheitsideen wird de rp. IV, 4 der schlagende Gedanke geltend gemacht: „Es darf weder jemandem schaden, wenn er durch seinen Fleiss mehr hat, noch ihm nützen, wenn er durch seine Schuld weniger hat". Und gegen die Weibergemeinschaft, eine Idee, die sich mit commu-nistischen Utopieen zu verbinden pflegt, ebendaselbst: „Wie kann da auf beiden Seiten eheliche Liebe (*amor*) bestehen, wenn keine bestimmte und mit dem Gefühl der Ausschliesslichkeit verbundene Empfindung besteht?" Auch die Bemerkung ad fam. III, 8, 8: „Ich bin von Natur immer etwas zurückhaltend (*restrictior*) gewesen, von fremdem Gut zu spenden" hat nicht nur ihre Spitze gegen den Briefempfänger, Appius, der sich Cicero gegenüber etwas darauf zu gute gethan hatte, in der Provinzialverwaltung freigebiger gewesen zu sein als dieser, sein Nachfolger, sondern weist auch hin auf die kritischen Gedanken des Staatsmannes gegen demagogische Volksbeglücker, die sich nicht klar machen, dass ihre Ideeen nicht ohne Unrecht und Raub zu verwirklichen sind oder vielleicht sogar Unrecht und Raub bewusster Weise zu ihrem Programm machen. Die Gedanken zur Lösung der socialen Frage (Verschaffung der Existenzsicher-

heit für die Besitzlosen) waren im römischen Alterthum meist agrarischer Natur, d. h. zielten auf die Ausstattung der Armen mit einem kleinen Grundbesitz, so dass also dieser technische Ausdruck der volkswirthschaftlichen Politik, das Agrarierthum, bei den Alten und in der Gegenwart eine umgekehrte Bedeutung hat: die heutigen „agrarischen" Bestrebungen zielen auf Preiserhöhung der landwirthschaftlichen Erzeugnisse zu gunsten der Grundbesitzenden. Da ist nun Cicero der agrarischen Lösung der socialen Frage nicht abhold, falls diese durch staatsseitigen Ankauf von Grund und Boden von den Besitzenden, und nicht durch Enteignung vor sich gehen soll (ad Att. I, 19, 4), weil dadurch „die Existenz der kleinen Leute gesichert wird" (*fortunae constituuntur tenuiorum*), Sest. 102, weil die „Hefe der Hauptstadt ausgeschöpft wird und das verödete Italien dadurch wieder volksreicher werden kann" (ad Att. a. a. O.); dagegen verhehlt er sich doch nicht, dass diese Lösung auf die Dauer principiell undurchführbar ist, weil dadurch die Thätigkeit der Armen (durch Hoffnung auf Staatshilfe) abgespannt wird und die Staatsfinanzen durch sie erschöpft werden müssen (Sest. a. a. O.). Die andere Möglichkeit der Lösung der socialen Frage, dem hauptstädtischen Proletariat Arbeitsgelegenheit zu verschaffen, hat Caeser sich eifrig angelegen sein lassen, und die agrarischen Bemühungen ersetzte er durch eine weitausschauende Colonisationspolitik.

11. Bürgerzwist. Uneinigkeiten der Bürger entspringen aus Interessengegensätzen, de rp. I, 49. Für den Unbetheiligten gilt es dann, die Bürger, die die verschiedenen Interessen vertreten, abzuwägen, und nicht zu zählen: die guten müssen mehr gelten als die niedern, de rp. VI, 1. Der Interessengegensatz kann sich bis zum Bürgerkrieg zuspitzen. Das ist eine unglückselige Wendung der Dinge, schon die Zeiten, in denen sich die Wetterboten des bevorstehenden Bürgerkrieges von fern ankündigen, sind so traurig, dass der kein Bürger ist, der noch lachen kann (ad fam. II, 4, 1); denn nichts ist so wenig bürgerlich und human, als dass nach Gründung eines Gemeinwesens irgend etwas auf dem Wege der Gewalt verhandelt wird (de leg. III, 42). Ein guter Bürger tritt in die Anfänge eines Bürgerkrieges widerwillig ein, sein Ende mag er nicht bis zu den letzten Consequenzen verfolgen, ad fam. IV, 7, 2. Denn mit der grössten

Gefahr wird über das öffentliche Recht die Entscheidung durch die Waffen herbeigeführt, ad fam. IV, 14, 2. Wenn erst einmal die Berufung an die Waffen in Aussicht gestellt ist, dann wird kaum noch etwas mit Würde verhandelt, ad fam. IV, 4, 3. Selbst der Sieg der guten Sache kann wegen des Bürgerblutes, das an ihm klebt, nicht erfreulich sein, de or. III, 12. Als Pompejus vor dem anrückenden Caesar aus Italien hat weichen müssen, da „fühlt Cicero sich nicht beklommen, sondern brennt vor Schmerz und ist ganz ausser sich" (ad Att. IX, 6, 4), für besser hätte er es gehalten, alles zu erleiden als an solchem Greuel theilzunehmen, geschweige denn eine leitende Rolle bei ihm zu spielen (ebendas. 9); es ist ihm, als ob die Sonne aus der Welt verschwunden wäre (ad Att. IX, 10, 3). Dennoch kam bald der Zeitpunkt, wo er sich nicht mehr halten konnte, dem Pompejus über das Meer zu folgen. Es giebt Entschlüsse, die mit Macht aus so unbewussten Tiefen der Persönlichkeit herauswirken, dass das so zu sagen ihnen nur zuschauende Bewusstsein sich schwer darüber klar wird, was denn die eigentlichste Kraft ist, die gerade zu diesem Entschluss treibt; aber bei wirklich völliger Wahrhaftigkeit gegen sich selbst wird doch auch das Bewusstsein im stande sein, unter den mitbetheiligten Motiven den wahren Punkt — der oft im eigentlichsten Sinne eine punctuelle Spitze sein wird — herauszufinden, aus dem die wirkliche Entscheidung fliesst. Cicero schwankt nach ad fam. VI, 6, 6 darüber, ob es Pflichtgefühl oder der Gedanke an das Urtheil der Gutgesinnten oder (was doch mit dem letzteren zusammenfällt) Schamgefühl (bei etwa entgegengesetzter Handlungsweise) gewesen ist. (Ad fam. XI, 27, 4 nennt er bei gleichem Schwanken an dritter Stelle das Schicksal, den Zwang der Lage.) Kurz, er überwindet endlich seine Scheu vor der Theilnahme am Bürgerkriege. Und doch ist ihm klar, dass auch der Sieg der Partei, der er sich anschliesst, kein Gut sein wird. Der Sieg im Bürgerkriege macht die Sieger selber immer rücksichtsloser und leidenschaftlicher (ad fam. IV, 9, 3), er ist immer übermüthig (ad fam. IV, 4, 2). Schon im Lager ist die Grundlage eines (alle umfassenden) Staatswesens aufgehoben, ad fam. XI, 23, 3; es ist ihm desshalb ein unsägliches Angehen gewesen, sich dahin zu begeben, ad Att. XIV, 22, 2. Und nach dem Siege des Mächtigeren scheint ihm anfangs „eine solche Lage

der Gesetze, Gerichte, der gesammten Verhältnisse bevorzustehen,
dass der am besten daran ist, der mit der leichtesten Strafe sich
von solchem Gemeinwesen trennt", ad fam. V, 18, 1. In der
Hauptstadt sind ihm Zeiten, Menschen, Forum und Curie ganz
unleidlich, ad fam. V, 15, 4. Denn „was bin ich noch? Was
kann ich noch sein?" (ad Att. XIII, 10, 1). Mit dem begreiflichen Abscheu der Humanität vor dem Bürgerkriege als dem
äussersten der Uebel verbindet sich doch die historische Kurz-
sichtigkeit, dass unter gegebenen Voraussetzungen der aus dem
Bürgerkriege hervorgehende Caesarismus doch das kleinste der
Uebel und bei einem grossen Caesar sogar nicht nur die einzige
Rettung für die Gegenwart, sondern auch eine Wohlthat für
die Zukunft des Volkes sein kann, und dass speciell die sich
die „Guten" nannten, nicht in dem Maasse politische und sittliche Güte besassen, dass bei Fortbestehen ihrer Herrschaft das
Gemeinwesen nicht viel schlimmer gefahren wäre.

12. Sittenstand und Sittenaufsicht. Für den Sittenstand des Volkes ist ganz entscheidend, wie sich die Sitte gegen die
natürlichen Anreizungen zum sinnlichen Genuss verhält. Dass Rom
an der *voluptatis libido* und der *luxuries*, die wieder die Habsucht
und Ungerechtigkeit aller Art nach sich zieht, kranke und dem
Abgrund entgegentreibe, dass es durch Sitteneinfachheit und
-reinheit gross geworden sei und allein wieder gesunden könne,
darüber sind sich alle schriftstellerischen Vertreter der nationalen
Gesinnung und der noch über sie hinausgehenden Humanität
so sehr einig, dass es vielleicht kein ihnen gemeinsameres und
kein von ihnen allen so nachdrücklich behandeltes Thema giebt.
Aber auch die Schuld einzelner, welche besonders zur Vorbildlichkeit berufen sind, wird erkannt: „Durch den Mangel an Männern
sind die Sitten selber zu grunde gegangen; .. durch unsere
Laster haben wir die Republik verloren", de rp. V, 2. Auch
übele (d. h. offenbar: egoistische, den Gemeinsinn vergessende)
Bestrebungen und gefährliche Irrlehren haben plötzlich ganze
Völker zu grunde gerichtet, nachdem das Verderben allmälig
in das Innere der Bürger sich eingeschlichen hatte, de leg. II, 39.
Als ein Maassstab des sittenverderbenden Luxus gilt neben der
Völlerei, Schlemmerei, Pracht der Häuser und Villen, den Fischteichen der Reichen und dergl. auch wohl einmal der Aufwand,
der für die Bestattung gemacht wird, de leg. II, 62.

Die Staatsreligion konnte ihrem ganzen Wesen nach nicht
einen solchen erzieherischen und die Sitten schirmenden Einfluss
haben, wie die christliche Kirche. Wenn bei den Griechen die
Poesie, namentlich auch hinter allem ihren Cynismus und unge-
zogen graziösen übermüthigen Geistesspiel die alte Komödie, das
Amt einer Richterin der Sitten und Ermahnerin geübt hatte,
so entsprach es dem ernsten römischen Nationalcharakter und
dem systematisirenden Geiste der Humanität mehr, dass die Aufgabe sittenrichterlichen Waltens mehr einem besonderen Amte
als der freien Initiative der Dichter zugedacht wurde: „Es ist
besser, dass schlechte Bürger von dem Censor als von dem
Dichter gebrandmarkt werden", de rp. IV, 11. Einen Lebenden
mit Namen von der Bühne aus zum Gegenstand von Angriffen
zu machen, worin die alte attische Komödie so rücksichtslos
gewesen war, dass sie nicht nur Demagogen, die es verdienten,
wie einen Kleon und Hyperbolos, sondern auch den Schöpfer
der athenischen Grösse, Perikles, zur Zielscheibe genommen
hatte, das widersprach dem praktischen Rechtschaffenheitsgefühl
der Römer, das einen solchen ungehemmten Einbruch in das
Sicherheitsgefühl der Ehre der Bürger nicht ertrug, und die
Humanität schloss sich dieser nationalen Empfindungsweise an.
De rp. IV, 12 wird es gebilligt, dass schon die Zwölftafeln unter
sehr wenigen Vergehungen auch diese als Capitalverbrechen
hingestellt hatten, wenn jemand ein Gedicht machte, das einem
anderen Infamie bereitete. „Vortrefflich: denn dem Richterspruch obrigkeitlicher Aemter, den Bestimmungen der Gesetze
müssen wir unser Leben ausgesetzt haben, nicht dem Subjectivismus (*ingeniis*) der Dichter, und einen Vorwurf (ernstlicher
Art) dürfen wir nicht anders zu hören bekommen als unter der
Bedingung, dass es uns erlaubt ist zu antworten und uns vor
Gericht zu vertheidigen".

III. Grundsätze für das politische Leben.

Die Politik ist in dem einen Sinne des Wortes Wissenschaft, in dem anderen Kunst. Wissenschaft ist sie, sofern sie
das Wesen des Staates zum Gegenstand ihrer Erkenntniss macht
mit allem, was aus seinem Wesen nach allen Seiten der Entfaltung des Wesens folgt. Diese Wissenschaft würde freilich
abstract und leer sein, wenn sie ohne jede Beziehung auf wirk-

liche Staaten und deren mannigfaltige concrete Bedingtheiten
mit lauter apriorischen Begriffen, die bloss für das Gedanken-
ding eines Staates als solchen gälten, operiren wollte. Bei aller
Bezugnahme auf die wirkliche Entfaltung des Staatsbegriffes
eben auf Grund gegebener Culturverhältnisse ist die Politik als
Wissenschaft — für deren antike Ausführungen Plato's, Aristoteles' und Cicero's Schriften über den Staat die Hauptwerke
sind — dennoch höchst verschieden von der Politik als Kunst.
Denn diese hat zum Ziel, die jedesmal gegebene politische Situ-
ation auf das beste weiterzuführen, sei es, dass die vorläufige
Erhaltung derselben als das Beste erscheint, sei es, dass es sich
Schritt für Schritt um die richtigste Veränderung handelt. In
diesem wie in jenem Sinne ist nach Ueberzeugung der antiken
Humanität die Politik eine der höchsten Künste, resp. Wissenschaften, gegen welche die übrigen sogar untergeordneten
Werthes erscheinen, de rp. I, 35. Die Herabsetzung der anderen
Künste und Wissenschaften ist freilich durch den praktischen
Geist und die alle anderen Interessen überragende Staatsge-
sinnung des Römerthums bedingt; Aristoteles würde die Politik
wenigstens als Wissenschaft nur als eine Provinz im Gesamt-
reiche der Philosophie ansehen und das Königthum in diesem
der Wissenschaft von den Principien, der Metaphysik, zuerkennen,
die Politik als Kunst aber doch als einen Compromiss zwischen
der Herrschaft der Idee und den Ansprüchen der wirklichen,
zum theil banausischen, Lebensmächte empfinden.

Die Grundsätze für das politische Leben theilen sich in
solche, die Geltung haben für die Möglichkeit, sie durchzuführen, und solche, die sich der überlegenen Gewalt von Thatsachen anbequemen.

A. Politische Grundsätze,
die für den Fall der Möglichkeit ihrer Durchsetzung bestehen.

1. **Es gilt, die Chancen des Zukünftigen abzuwägen.** Jede politische Situation, in das πάντα ῥεῖ eingeschlossen, hat die Tendenz, aus sich heraus zu führen, ist streng
genommen in langsamer fortwährender Veränderung. Da muss
nun der Politiker, der ja seinerseits einen Willen hat, nach
welcher Richtung — oder nach welchen Richtungen hinsichtlich verschiedener Seiten der Situation — die Veränderung der

Lage erfolgen soll, zu beobachten wissen, wohin abzüglich der
Kräfte, die er selbst mit einsetzen kann, die übrigen Kräfte an
sich neigen. „Es ist der Hauptpunkt der Staatsklugheit, einen
Blick zu haben für die Bahnen und Wandelungen (*itinera
flexusque*) der öffentlichen Angelegenheiten, um, wenn man weiss,
wohin sich jegliches neigt, im stande zu sein, entweder zu hemmen
oder zuvor entgegenzukommen“, de rp. I, 46. Jener Blick aber
wird gewonnen und geschärft durch die Weisungen und Regeln
der Kenner und überhaupt durch historisch-politische Bildung,
ganz besonders aber durch die aufmerksame Beobachtung, welche
jeder sich an der Politik Betheiligende selber unmittelbar seiner
Zeit gegenüber anstellt, zumal wenn diese Zeit mannigfaltige
Belehrung für den, der Augen hat, zu sehen, mit sich bringt,
ad fam. VI, 6, 3. Der oft vorkommende Ausdruck *aliquid —
plus, minus — in republica videre* hat geradezu den bestimmten
Sinn: ein Auge haben für das, was wirklich ist, was sich hinter
unwillkürlichem Dunkel des erst Werdenden und hinter absichtlicher Täuschung verbirgt, ganz besonders aber für das, was
werden will und seine Schatten vor sich voraus wirft. An der
Gegenwart ist immer nichts mehr zu ändern, die Hauptsache
ist, sich nicht zu täuschen über die ansetzenden Keime, und
sie zu befördern, zu modificiren, zurückzuhalten, je nachdem es
das ideale Bild dessen, was werden soll, verlangt.

2. Gedanken über die Stellung, welche politischen
Fragen gegenüber einzunehmen ist. Der Politiker lässt
nun aber die Dinge nicht gehen, wie sie wollen, sondern setzt
alle seine Einsicht und Kraft ein, dass sie gehen, wie sie nach
seiner Ueberzeugung gehen sollen. Er erwägt bei sich die
Lage nach allen Seiten, er verfolgt die verschiedenen Möglichkeiten bis dahin, wo klar wird sowohl, was voraussichtlich
werden will, wie auch, in wiefern dieses Ergebniss wünschenswerth ist oder nicht; er hütet sich auch, diese Möglichkeiten
zu beurtheilen nur nach der Weise, die ihm zufällig persönlich
die natürlichste und nächstliegende ist, sondern versetzt sich zur
Probe auch einmal in andere Beobachtungspunkte, als den er
selber einnimmt: dies ist der Sinn des Ausspruches (ad Att. VIII,
14, 2): „Jeder discutirt doch wohl bei sich selber in mannig-
faltiger Weise die Situation“. Ein schönes Beispiel, wie Cicero
in besonders schweren Zeiten, vor dem Ausbruch des Bürger-

krieges, diese Aufgabe, in mannigfacher Ueberlegung bei sich
selbst über den zu fassenden Entschluss klar zu werden, geübt
hat, findet sich ad Att. IX, 4, 2, wo er sich die an ihn herantretenden Aporieen ausführlich zu Papier gebracht hat. Und
zwar hat er es in griechischer Sprache gethan, um sich noch
objectiver und so zu sagen wissenschaftlicher zu der Frage zu
stellen als in der Muttersprache, die von der herrschenden Redeweise, den Schlagworten der Parteien, der Phrase leichter beeinflusst werden könnte; über die Fragen, die er sich so formulirt hatte, disputirt er dann bei sich selbst bald griechisch,
bald lateinisch: er hat damit den inneren Gedanken aus seiner
Knospenhaftigkeit zur Entfaltung gelockt und sich gezwungen,
sich bestimmter bewusst zu werden, woran er ist. Die Fragen
haben charakteristischer Weise stark die Färbung casuistischer
Gewissensfragen, da, wie wir noch sehen werden, der antiken
Humanität für die Politik der Gesichtspunkt des sittlich Löb-
lichen noch höher steht als der der Klugheit, und blosse einer
Schachpartie ähnliche Schwierigkeit wohl nicht zu so peinlichen
Veranstaltungen zur Erringung der Klarheit geführt haben würde.
Sie lauten z. B.: Muss man im Vaterlande bleiben, wenn es der
Tyrannis verfällt? Muss man den Sturz der Tyrannis auf alle
Weise betreiben, auch wenn dadurch der Staat in die höchsten
Gefahren geführt wird (κἂν μέλλῃ περὶ τῶν ὅλων κινδυνεύσειν)? Muss
man dem der Tyrannis verfallenen Vaterlande durch Abwartung
der günstigen Zeit und mit Vernunft oder mit den Waffen
helfen? Muss man mit Freunden und Wohlthätern die politischen Gefahren theilen, auch wenn sie in ihrer politischen Auffassung nicht wohl berathen scheinen? u. s. w. — Die Fassung
des Entschlusses kann sehr schwer sein; die Verhältnisse können
so verwickelt liegen, dass die Entscheidung die Einfachheit eines
kühnen Griffes nicht ermöglicht, sondern einem auf alle etwaigen
Gegenzüge berechneten kunstvollen Calcül gleicht, ad fam. IX,
16, 2. Doch ist es eins der grössten Vorurtheile, das im politischen Leben den unverdientesten Tadel einträgt, dass man
seine Ansicht schlechterdings nicht ändern dürfe. „Keine wissenschaftliche Autorität hat jemals die veränderte Stellungnahme
mutationem consilii) Charakterlosigkeit genannt" (ad Att. XVI,
7, 1). Ueber diesen bis auf die Gegenwart äusserst wichtigen
Punkt hat sich Cicero am vortrefflichsten ausgesprochen in dem

langen Brief an Lentulus ad fam. I, 9, wo es § 21 heisst: „Niemals ist von den grössten Staatsmännern die unentwegte Verharrung bei Einer Meinung gepriesen, sondern, gleichwie es in der Schiffahrt zum sachverständigen Verhalten gehört, dem Sturme nachzugeben, auch wenn man den Hafen nicht gewinnen kann, es dagegen thöricht ist, wenn man das durch Veränderung der Segelbehandlung erreichen kann, mit Gefahr an dem eingeschlagenen Curs festzuhalten anstatt unter Veränderung desselben dennoch zum Ziel zu gelangen, — so müssen wir im Staatsleben, da über das von mir unzählige Mal als „Friede mit Ehren" bezeichnete Ziel kein Zweifel sein kann, nicht immer dasselbe sagen, aber stets das gleiche Endziel im Auge behalten". — Schlimm ist für politisches Wirken auf alle Fälle die Vereinzelung. Ohne die Sympathie der Menschen kann auch der grösste Heerführer und Staatsmann nichts Grosses und Heilsames ausrichten, de off. II, 16. So spricht denn auch Cicero einmal (ad Q. f. III, 15 (16), 2), offenbar auf Grund von Erfahrungen, die ihn gewitzigt haben, aus, dass er ohne grosse Deckung nicht mehr daran denken wolle, im politischen Leben es mit irgend welchem Heilmittel zu versuchen, und ebenso — wenn auch zunächst in Beziehung auf einen bestimmten Fall — in einem Briefe an den Bruder (III, 8, 1), dass in dem Wohlwollen des besten und mächtigsten Mannes der stärkste Schutz liege. Wenn auch in der Gewinnung der Einsicht jeder letzthin so sehr auf sich selbst gestellt ist, dass ad fam. X, 16, 2 der ganz überzeugende Rath ertheilt wird: „Sei dir selbst Senat, folge dahin, wohin auch immer dich die vernünftige Erwägung der Lage führt", so ist doch in Consequenz der eben ausgesprochenen Gedanken die Geltendmachung der gewonnenen Einsicht ohne die starke Stütze möglichst zahlreicher Gleichgesinnter kaum möglich. Es ist desshalb anzunehmen, dass der vielberufene Satz Solons, dass der gute Bürger in politischen Streitigkeiten durchaus Partei ergreifen müsse, auch der Ueberzeugung der antiken Humanität angehört, wenn auch Cicero (ad Att. X, 1, 2) in einem besonderen Falle, in dem Anfangsstadium des Bürgerkrieges zwischen Caesar und Pompejus, ihn eben ausnahmsweise nicht anerkennen und sich von beiden Seiten fern halten möchte. — Der grosse Caesar widerspricht dem Solonischen Gedanken in einem kurzen Schreiben an Cicero, das uns ad Att. X, 8 B erhalten ist, mit dem Satze: „Was geziemt einem wackeren und ruhigen Manne und gutem Bürger mehr als sich von bürgerlichen Zwistigkeiten fern zu halten?", — dem antiken Vorläufer des historisch berüchtigten Satzes „Ruhe ist die erste Bürgerpflicht". Aber, wenn man auch das beachtet, dass er, die Waffen schon in der Hand, für den Begriff „Zwistigkeiten" den unschuldigen Ausdruck *controversiae* (Doctorfragen) gebraucht, so kann man sich durchaus des Eindrucks nicht erwehren, dass dem grossen Parteiführer hier der Schalk im Nacken gesessen hat und er, nach innen lächelnd, den verfassungstreuen Stimmführer der Humanität hier eben an seiner friedliebenden Beschaulichkeit fassen wollte, um vielleicht das Gewicht seiner Person und seines Namens für seine Sache zu gewinnen. — Eine Haupterwägung wird oft die Frage zum Gegenstand haben, ob langsam wirkende kleine Mittel (oder eine dilatorische Behandlung von Schäden oder Schwierigkeiten) oder ein gewaltsamer, so zu sagen operativer Eingriff gegebenen Falls das Gerathenste sei. Dafür hat sich im Ausdruck geradezu der technische bildliche Gegensatz eingebürgert von *diaeta* und *chirurgia* (ad Att. IV, 3, 3), *sanare* und *exsecare* (ad Att. II, 1, 7), und zwar wird von diesen beiden Möglichkeiten so gesprochen, dass darauf hingewiesen wird, wie die erstere Behandlungsweise keinegswegs zu unterschätzen und ausser Acht zu lassen sei; doch wird Cicero's persönliche Zaghaftigkeit in dieser Auffassung einen Antheil haben, und der Realpolitiker Caesar erwies sich als einen grösseren Heilkünstler am Gemeinwesen als der vor energischen Mitteln zurückbebende und auch nicht zu einer ersten leitenden Stellung berufene Vertreter der Humanität.

B. Politische Grundsätze für den Fall, dass unüberwindliche Machtverhältnisse zur Verzichtleistung auf den eigensten Willen zwingen.

1. Compromisse sind nicht zu vermeiden. Wie der Krieg, die *ultima ratio*, so zielt alle Politik auf den Sieg; fände sie keine Widerstände, so bedürfte es keiner Anstrengung für sie. Aber es giebt Fälle, wo am Siege durchaus zu verzweifeln ist, weil die unüberwindliche Uebermacht des Gegners erkannt wird. In solchem Falle, wenn es um das Ganze geht und nicht

um einzelne Fragen, die das Menscheninteresse nicht absorbiren
können, findet sich im Alterthum als der dann gegebene Ausweg wohl der Selbstmord angesehen.*) Von einem Demosthenes,
C. Gracchus, und ausserhalb der classischen Welt einem Hannibal, angewandt, wurde der Selbstmord von der stoischen Schule
für solchen Fall auch theoretisch verherrlicht. Der des Cato
Uticensis stand schon unter dem Einfluss dieser Schulweisheit,
und in der römischen Kaiserzeit suchte in manchen Perioden,
gleichfalls unter dem Einfluss der (jüngeren) Stoa, der politische
Selbstmord, in seiner erhabenen Gesinnung sich selbstgefällig
spiegelnd und drapirend, auch geradezu Eitelkeitsaffecte zu er-
trotzen.   Die Humanität hielt es in diesem Punkte anders**).
Vielleicht verband sich die ausgeprägte Milde ihrer Gesinnung weniger gut mit dem physischen Muthe, der zum
Selbstmord auf alle Fälle gehört, aber entscheidend ist doch
der Grund, dass bei dem höchsten Interesse, welches sie am
Staatsleben nahm, dennoch der ganze Mensch, auf dessen
Verwirklichung sie zielte, nicht durch den Umkreis des Politischen ausgefüllt wurde, sondern die wichtigsten und werthvollsten Seiten seines Wesens übrig behielt, in die er sich
einstweilen flüchten und in denen er sich ausleben konnte, falls
ihm jede Bethätigung seiner politischen Grundsätze versagt war.
So bewundernswerth auch die starre Erhabenheit der Gesinnung
eines Cato und Hannibal ist, die ihre Person ganz und gar mit
ihrem Werke identificirten und denen bei dem Untergange ihrer
politischen Lebensziele auch persönlich kein Bleibens auf der
Erde mehr war, so ist doch die Humanität in diesem Punkte
eben menschlicher.   „Die, welche Unerlaubtes zu bewundern
pflegen, sollen wissen, dass es möglich ist, dass auch unter
schlechten Herrschern grosse Männer leben, und dass Willfährig-

---

*) Der Ausdruck des Dec. Brutus ad fam. XI, 1, 3 „wenn der schlimmste
Fall eintritt, so werden wir zu den äussersten Mitteln greifen" (ad novissima auxilia
descendemus) bezieht sich wohl nicht auf den Selbstmord, sondern auf die Aufnahme des Bürgerkrieges.

**) Cicero vertheidigt sich ad fam. IX, 18, 2 gegen den Vorwurf, nach Caesars
Siege nicht Selbstmord begangen zu haben.   Auf dem Krankenbette zu sterben,
sei ja besser gewesen, aber ihm nicht zu theil geworden; an der Schlacht habe er
nicht theilgenommen; Cato's Tod sei ja erhaben, aber ein gleicher sei immer möglich, er wolle sich bemühen, ihn nicht so nöthig zu haben, wie ihn Cato nöthig
gehabt hätte.

keit und Selbstbescheidung, falls sie nur mit rühriger Thatkraft verbunden ist, über das Lob derjenigen hinausgeht, die
meistentheils in trotziger Weise ihre Handlungsweise vom Zaun
brechend, aber ohne jeden Nutzen für das Gemeinwesen, durch
einen ehrgeizigen Tod Ruhm gefunden haben", so sagt Tac.
Agr. 42, im Gedanken an seines Schwiegervaters und seine eigene
Haltung unter Domitian, und in seiner Auffassung des Selbstmordes als einer unerlaubten Handlung, wie es scheint, mehr
von alten Gedanken des Pythagoras und Plato als der herrschenden Schulethik seiner Zeit beeinflusst; die „rührige Thatkraft" aber wird er sich als in der Richtung der Wissenschaft,
des receptiven Studiums wie namentlich der productiven Arbeit
an ihr, der Freundschaft und des Familienlebens sich bethätigend
denken. Die Humanität musste sich, da ihr auch nach der Zer-
trümmerung der politischen Ideale noch anderweitige menschliche
blieben, mit dem Gedanken vertraut machen, dass es nicht ein
Höchstes, ein kategorischer Imperativ sei, im Staatsleben durchaus
mit dem Kopfe durch die Wand zu wollen, dass auch der Compromiss seine sittliche Berechtigung habe, und zwar nicht nur
in Aufopferung eines Theiles der eigenen Ansprüche, um doch
einen anderen Theil zu retten, sondern auch in einstweiliger
Verzichtleistung auf alle politische Thätigkeit. Der Gegensatz
zwischen ihr und dem eisernen Charakterthum des Cato, der
(ad Att. II, 1, 8) „seine Meinung verfocht wie im Idealstaate des
Plato, und nicht wie in der Volkshefe des Romulus" war ihr
ja von vornherein klar. Mit einem solchen Material, wie die
wirklichen Menschen sind, kann man nicht alles erreichen, was
man will, sei es dass man unverstanden bleibt oder dass man
die Menschen nicht mit sich fortreissen kann. Welches Licht
wirft auf die Lage eines Erleuchteteren zwischen den ewig
Blinden z. B. das Bekenntniss ad Att. IV, 6, 2: „Wenn ich im
politischen Leben ausspreche, was das eigentlich rechte ist, so
werde ich für einen Schwärmer (*insanus*, vgl. Sest. 23 *insanire
et vaticinari*), wenn, was noth thut, für einen Menschenknecht
gehalten, wenn ich schweige, für erdrückt und gefangen genommen!" So geht es denn in der Wirklichkeit nicht ohne
Compromisse. Ein Ausdruck dafür ist „*utor via*" (ad Att. II,
19, 2), der als Bezeichnung des Compromisses klar wird durch
das, was vorhergeht: „Ich kämpfe weder mit jener Sache, noch

billige ich sie"; ein anderer Ausdruck *iacturam facere*, wie ad
Att. II, 1, 8, wo sowohl der Preis des Compromisses angegeben
wird, mit den Worten „um die Sympathie der Staatspächter nicht
zu verscherzen", als auch das mit ihm gebrachte Opfer, mit den
Worten „wir werden sie durch Lohn gedungen besitzen", als
auch die Unvermeidlichkeit mit: „was sollen wir machen, wenn
es anders nicht geht?" (Es handelte sich darum, dass die Publi-
caner einen Contract aufgekündigt hatten; Cicero findet das
unverschämt, aber doch die Verwerfung dieser Kündigung auf
Antrag des Cato sehr inopportun, weil in Folge ihrer Annahme
sogleich eine Entfremdung der Staatspächter vom Senat, auf
deren Zusammengehen nach seiner Ueberzeugung das Staatswohl beruhte, sehr empfindlich in die Erscheinung getreten sei.)
Der Hauptgedanke aber für die Begründung der Unvermeidlichkeit von Compromissen hat die Form: *tempori serviendum
est* (ad fam. IX, 7, 1) oder: *temporibus assentiendum est* (ad
fam. I, 9, 21). Denn „du siehst wahrhaftig, welche Bedeutung
für das Staatsleben die Zeitläufe haben" (ad fam. II, 7, 2), „die
Zeiten haben die grösste Macht im Staatsleben" (ad fam. XII,
1, 2). Ad Att. VIII, 3, 6 wird es geradezu als ein sicher leitender
Grundsatz (*certa ratio*) behandelt, sich der Zeit zu unterwerfen,
wenn es unvermeidlich ist, daneben nur an die gleichwerthige
Ergänzung desselben erinnert, die Zeit nicht zu verpassen, wenn
sie gegeben ist. In dem Gefühl, dass jener Grundsatz doch
auch etwas gegen sich hat, wird ad fam. IV, 9, 2 so zu sagen
auf die allgemeine Volksstimme Bezug genommen, „dass es zu
allen Zeiten für ein Merkmal der Weisheit gegolten hat, der
Zeit nachzugeben, d. h. der Nothwendigkeit zu gehorchen", und
ad Att. XII, 51, 2 auf die Stimme der πολιτικοί, der theoretischen
Schriftsteller über Politik, die stets die Lehre gegeben hätten,
sich den Zeiten zu unterwerfen. Freilich zeigt sich ad fam. X,
3, 3 auch die Erkenntniss, dass man zu weit gehen kann in der
Unterwürfigkeit unter die Zeiten, nämlich, wenn man das billigt
oder zu billigen den Anschein erweckt, was man doch nur
duldet. Aber zu weit geht doch in seiner Stimmung der selbst,
welcher davor warnt, in diesem Opportunismus nicht zu weit
zu gehen, wenn er ad Att. XIV, 11, 1, vgl. XIV, 13, 3 schreibt:
„Aber dies (wie alles nach Caesars Ermordung gehen wird)
möge das Schicksal sehen, da die Vernunft nicht Lenkerin ist";

Tusc. V, 25 hat er doch selber den Spruch „*vitam regit fortuna, non sapientia*" verworfen. Besser hält die Linie des erlaubten Compromisses die Aeusserung ad fam. VI, 22, 2: „Ich würde dich zu der Gestaltung deines Lebens ermahnen, die vergönnt wäre und die mit der Wirklichkeit im Einklange stände"; mannhafter tritt Cicero den möglichen Wendungen des Schicksals entgegen ad Att. VIII, 1, 3, wenn er sagt: „Ich muss gehen (in das Lager des Pompejus), um, welchen Fall auch das Schicksal herbeiführen mag, ihn lieber in Gesellschaft derer, die die Wohlgesinnten heissen, zu erleiden, als den Anschein auf mich zu laden, als ob ich mich von den Wohlgesinnten trennte". — Es ist klar, dass in allen diesen Wendungen desselben Gedankens „die Zeit, die Zeitläufe, das Schicksal" nur eine dunkele Zusammenfassung ist für die Summe der überlegenen Machtmomente, deren Factoren doch wieder die Macht anderer Menschen, Meinungen und Antriebe, insbesondere die Macht des überlegensten Mannes ist — *virtuti omnia parent*, Sall. Cat. 2 — und dass die Proclamation, dass man sich den Zeiten unterwerfen müsse, im Grunde genommen die Proclamation der eigenen Ohnmacht gegenüber seines gleichen ist. Auch wird man versucht, sich hier des Schopenhauerschen Ausspruches zu erinnern, dass, was die Menschen das Schicksal nennen, meist nur ihre eigenen dummen Streiche seien. Die Humanität zeigt sich in diesem ihrem Bekenntniss zur Unvermeidlichkeit des Compromisses und der Rechtfertigung desselben dem grossen Realpolitikerthum eines Caesar unterlegen, der sich den Compromissgedanken, die *diaeta* anstatt der *chirurgia*, eben nicht angeeignet haben würde, und sie theilt in der harten wirklichen Welt das Loos der Muse, die zu begleiten, doch zu leiten nicht versteht. Wenn sie sich so aber zur Beherrscherin der Staatsgeschicke nicht aufzuschwingen vermag, so hält sie dafür das Ideal hoch, das, es gehe in der Wirklichkeit wie es wolle, doch erst den Glanz des menschlich Edelsten über alle Wirklichkeit ausgiesst und den realen Gestaltungen eines Caesar doch solche geistigen Güter vorhält, die dieser nicht zu schaffen vermag, sondern nur die geistige Gemeinschaft der stillen Gemeinde derer, die mehr für immer das beste Menschenthum als für jede Zeit ihr politisches Programm zum Ziele haben.

2. Cicero's Verhalten während des Bürgerkrieges und nach ihm als ein Spiegel der Anpassungsfähigkeit der Humanität.

Der römische Elitekreis der Humanen musste Eine Generalprobe bestehen auf seine politischen Fähigkeiten und Gesinnungen, insbesondere sein Bekenntniss zur Berechtigung des Compromisses im politischen Leben, unter der durch Caesar herbeigeführten Entscheidung zwischen der überkommenen Nobilitätsherrschaft und einer demokratischen Monarchie des ersten Mannes und in den Jahren seiner Alleinherrschaft selber. Cicero's Haltung in diesen Zeitläufen, wenn auch beeinflusst durch seinen persönlichen Charakter oder, wenn wir offen sein wollen, seinen Mangel an Charaktergrösse, und das Maass seiner persönlichen politischen Einsicht, erscheint doch wesentlich bestimmt durch sein Princip der Humanität und ist uns ein Spiegel dieser ganzen Denkweise, wie sie sich in der denkbar schwersten Krise bethätigte. Cicero's Haltung gerade in den Schwierigkeiten dieser kritischen Lage ist ein Hauptquell für die seit Drumann und Theodor Mommsen üblich gewordene scharfe Verurtheilung des ganzen Mannes. Und doch ist sie menschlich so sehr begreiflich und sogar entschuldbar, zumal wenn wir bedenken, dass eben die staatlichen Dinge doch nicht den vollen Kreis des Menschlichen für ihn ausfüllten.

Cicero hatte sein politisches Ideal der besten Zeit der Geschichte seines Volkes entnommen, in der der Senat wirklich als eine Versammlung von Königen zum Besten des Gemeinwesens regiert und noch nicht den Geist des edelsten Patriotismus an den Egoismus einer Aemternobilität verloren hatte. Die Schäden der Nobilität seiner Zeit durchschaut er vollkommen, die schnöde Kleinlichkeit ihrer Standesinteressenpolitik beklagt er oft mit den naturwahren Tönen tiefsten Schmerzes, aber den Gedanken konnte er nicht fassen, dass es wirklich für immer vorbei sein sollte mit der echten Aristokratie der sittlich besten, · uneigennützigen und das Erbe überlegener Staatsweisheit zum Besten des Gesamtvolkes verwaltenden Männer. Da sein allgemeines politisches Ideal auf dem guten Grunde, was einst eine lautere Aristokratie für den Staat geleistet hatte, feststand, so konnte sein concretes Ideal für seine Zeit kein anderes sein als die sittlich-politische Regeneration der Nobilität und die Rückführung einer so geläuterten Nobilität an das Ruder des

Staates. Die Fähigkeit der Nobilität seiner Zeit hat den opti-
mistischen Hoffnungen, die er auf sie setzte, nicht entsprochen,
trotzdem ihr selber die Einsicht durchaus nahe gelegt war, dass
sie mit Gerechtigkeit nicht weiter regieren konnte, falls sie sich
nicht innerlich völlig umwandelte und den Materialismus, die
Pleonexie, ihrer Gesinnung ablegte. Da dem C. Gracchus und
Caesar die Ereignisse recht gegeben haben, dass sie die Unver-
besserlichkeit dieser Nobilität mit in den Ansatz ihrer grossen
politischen Entwürfe eingesetzt haben, so muss man urtheilen,
dass diese beiden gewaltigen Naturen an realistischem Tiefblick
dem Vertreter der Humanität und conservativen politischen Re-
formator-in Gedanken weit überlegen gewesen sind. Aber wer
kann es nicht verstehen, dass Ein Menschenleben nicht lang
genug gewesen ist, um ein an sich gutes Ideal ganz aus seinem
Herzen herauszureissen, mit welchem es verwachsen war, und
es zu ersetzen durch ein völlig entgegengesetztes, welches den
Nothzwang der einmal gegebenen Verhältnisse und die Erträg-
lichkeit, ja das Bestmögliche für sich hatte?

Das Herannahen und der Ausbruch des Bürgerkrieges
stürzte Cicero in die schwersten Seelenkämpfe, und wer solche
durchmacht, beweist doch schon eben dadurch, dass er mehr
bedenkt und feiner organisirt ist als die anderen, denen ihre
Entscheidung wie etwas Selbstverständliches zufällt. Er war
nicht in der glücklichen Lage, einer der beiden Sachen, die sich
befehdeten, aus Ueberzeugung anzugehören. Der Caesars, der
ihm ein Usurpator der höchsten Gewalt scheinen musste und
mit feindlichem Heer auf die Hauptstadt heranzog, gewiss
nicht, aber auch nicht der des Pompejus, der nicht der loyale
Vorkämpfer einer der Vormachtstellung im Staate würdigen
Aristokratie war, den es vielmehr (ad Att. IX, 10, 6) nach Proscriptionen und dem Sullaspielen gelüstete. Nach der Flucht
des Pompejus über's Meer nach Epirus ist endlich seine Entscheidung dahin gefunden, dass er ihm folgen muss. Jedenfalls
nach inneren Kämpfen*), unter denen seine Seele blutete, und
jedenfalls nicht mit vollem und ganzem Herzen. Denn wie die
Humanität principiell über den Bürgerkrieg dachte, wissen wir

---

*) Ad. Att. VIII, 3 findet er wenigstens die Ruhe, das Für und Wider seiner
Entscheidung für eine der beiden Parteien einmal mit kühlerer Objectivität gegen
einander auf die Wagschaale zu legen.

schon; die Hoffnung auf Sieg des Pompejus aber hatte ihm die
Schwächlichkeit und Kopflosigkeit der Maassnahmen desselben
und die feste und verwegene Energie Caesars vollständig geraubt,
vor allem aber war Pompejus nicht das Haupt einer guten, sondern nur immerhin besseren und mit dem Verfassungsmässigen
dem Namen nach in Zusammenhang befindlichen Sache. Dass er
kaum selber mit Gewissheit finden konnte, was es eigentlich
war, das ihn zu Pompejus hinzog, haben wir schon oben (S. 260)
gesehen, wir müssen hiernach einmal etwas ausführlicher auf
diesen Punkt zurückkommen. Ueber den Werth des Pompejus
hatte er in seinem Leben so unsäglich widerspruchsvolle Urtheile gefällt, dass einen über solchen Mangel an Klarheit und
Treue gegen sich selbst und den Freund schaudern müsste, wenn
nicht eben Pompejus selbst eine in so bunten Farben schillernde
und dazu noch bis zur Heuchelei verschlossene Natur gewesen
wäre, und Cicero seine sich widersprechenden Urtheile nicht eben
auf die jedesmalige Phase, die in dem Kaleidoskop der politischen Haltung des Pompejus an die Reihe kam, mit der an
dem Augenblick haftenden Beweglichkeit des Südländers bezogen hätte. Ein gewisser dämonischer Zauber, den die Persönlichkeit des Pompejus auf Cicero immer wieder ausübte
(*animi inductio et mehercule amor erga Pompeium*, ad fam. I,
8, 2), blieb zuletzt im Uebergewicht. Vor seinem Bewusstsein
legte sich Cicero, was sich nun guterletzt in ihm so mächtig
regte und ihn trieb, dem Manne, der so kläglich in den Anfang
des Waffenganges eingetreten war, über's Meer zu folgen, als
die Stimme der Dankbarkeit aus: „Ich schaudere vor der An-
schuldigung der Undankbarkeit" (ad Att. IX, 2 a, 2, vgl. IX, 7, 4);
„ich muss an seine Wohlthat (das kräftige Eintreten des Pompejus für die Rückberufung Cicero's im Jahre 57) denken" (ad Att.
IX, 5, 3); „ich glaube für seine Dienstleistungen die Einsetzung
meines Lebens als Kaufpreis zahlen zu müssen" (ad Att. IX, 5, 3);
und ad Att. IX, 7, 3 heisst es sogar: „Ich folge der Wohlthat, nicht
der Sache". Das war ja gewiss auch richtig, dass die Dankbarkeit in dem Vorgange seiner Motivation betheiligt war, aber
das Ganze macht doch den Eindruck, als ob Cicero wie von
einem Magnetismus unbewusster Kräfte, der Mücke gleich, die
um's Licht schwärmt und sich verbrennt, gezogen wurde. Dann
deutet er sich einmal wieder das, was in ihm vorging, als die

Regung des Gefühls der Scheu und Scham vor dem Urtheil der Menschen, das ihn treffen würde, falls er dem Pompejus nicht folgte. Ad. Att. VIII, 16, 1: „Pompejus zieht mich nicht, in dem ich schon längst den gänzlichen Mangel an staatsmännischer Tüchtigkeit erkannt hatte, jetzt aber auch den Mangel an strategischer Fähigkeit erkenne, sondern das Gerede der Menschen; ich höre nämlich, dass die Optimaten kein gutes Haar an mir lassen"; „was für Leute diese Optimaten auch sind (die diesen Namen in Wahrheit gar nicht verdienen), ich scheue die Troer" (ad Att. VIII, 16, 2, wie denn dem Cicero dieser Vers II. VI, 442 in dieser Zeit sehr oft im Sinne lag); „ich werde nicht im stande sein, die Reden der sogenannten Guten, die es freilich nicht sind, zu ertragen" (ad Att. IX, 2 a, 3, vgl. IX, 1, 3; XI, 12, 1); und ad Att. XI, 7, 3 legt er den höchsten Werth darauf, wenn Atticus ihm melden kann, dass er den Beifall der Gutgesinnten nicht gänzlich verloren habe. Und dennoch heisst es ad Att. IX, 1, 4 wieder, im Widerspruch mit diesen Bekenntnissen: „Das Gerede der Gutgesinnten, die es garnicht sind, hat gar keinen Einfluss auf mich; nur dem Pompejus ganz allein bringe ich dies Opfer (ihm nach Epirus zu folgen)". Nach allem diesem ist klar, dass dem Cicero in diesem schwierigen Falle die widerspruchslose Auslegung seines eigenen Motivationsprocesses vor seinem Bewusstsein nicht gelang; es müsste denn sein, dass man in der Formel, die sich ad Att. VIII, 15, 2 (vgl. IX, 7, 1) für die Spitze der Diagonale im Parallelogramm der sich bestreitenden psychischen Kräfte einmal findet: „Vorsichtiger ist mein Bleiben, aber ehrenhafter mein Hinübersetzen über's Meer", ein einheitliches Resultat aller betheiligten Antriebe erblicken könnte. Aber die Philosophie des Unbewussten hat es ja aufgeklärt, dass der Motivationsprocess in der That wesentlich durch unbewusste Vorstellungen entschieden wird, über die sich das Bewusstsein nur unvollkommen und oft fehlerhaft Rechenschaft abzulegen bemüht. Cicero's Freund Caelius, der gewiss ein Typus vieler ist, machte sich die Entscheidung freilich viel leichter, wenn er schon im Jahre 50 an Cicero (ad fam. VIII, 14, 3) schreibt: „Bei inneren Zwisten muss man, so lange noch mit Verhandlungen (*civiliter*) gestritten wird, der honetteren Partei sich anschliessen, wenn es zu Krieg und Lager gekommen ist, der stärkeren" und: „Es ist noch Zeit, die Macht-

mittel beider zu erwägen und (danach) Partei zu ergreifen".
Aber ist das mehr zu loben als Cicero's Seelenkampf? Es war
ja für diesen etwas ganz Neues und wider seine Natur Gehen-
des, überhaupt eine solche Entscheidung treffen zu müssen, die
auf alle Fälle ein grosses Uebel einschloss; denn er selbst war
durchaus mit Plato, den er dafür anführt, so gesonnen, „dass
man im Staatsleben nur soweit Kraftanstrengungen machen
müsse, wie man glaube, seine Mitbürger überzeugen zu können,
und dass es pflichtwidrig sei, den Eltern und dem Vaterlande
Gewalt anzuthun" (ad fam. I, 9, 18).
Von da ab, wo die Entscheidung gefallen war — die er (ad
fam. XV, 15, 1) durchaus nach einer Hauptschlacht als herbeigeführt anzusehen sich vorgenommen hatte, so dass er nach dem
Tage von Pharsalus nach Italien zurückkehrte und sich ganz
und gar von der Sache derer, die noch weiter die Republik
gegen Caesar verfochten, trennte — merkt man seinen Briefen
an, dass ihm ein Alp von der Brust gefallen war. Denn hatte
auch in seinen Augen die der Idee nach schlechtere Sache ge-
siegt, so war doch auch die bessere durch die Proscriptions-
gelüste der Pompejaner und ihre Verbindung mit barbarischen
Völkerschaften (ad Att. XI, 6, 2) so furchtbar verunreinigt, dass
er nichts mehr mit ihr zu thun haben mochte; vor allem aber
machte sich das psychologische Gesetz geltend, dass in jeder
Entscheidung immer eine Wohlthat im Vergleich mit dem
quälenden Zustand der Ungewissheit und des Schwankens liegt.
Da sein ganzer Mensch nicht in der Politik aufging, da er
geistiger Weise auch dem Vaterlande noch die grössten Dienste
erweisen konnte, wie er es dann durch seine reiche und ganz
neue Bahnen eröffnende schriftstellerische und wissenschaftliche
Thätigkeit in den fünf Jahren zwischen Pharsalus und seinem
Tode gethan hat, so konnte von der stoisch-catonischen Consequenz der Niederlage der republikanischen Sache bei ihm
eben consequenter! — und nimmermehr feiger — Weise nicht die
Rede sein: hat doch nach de off. I, 112 die Verschiedenheit der
Charaktere eine solche Bedeutung, dass in derselben Sache der
eine die Pflicht hat, Selbstmord zu begehen, der andere nicht,
was mit Beziehung auf den Gegensatz zwischen Cato und weniger
schroffen Naturen a. a. O. auf das schönste ausgeführt wird —,
und musste er vielmehr von nun ab sehen, wie der Compromiss

zwischen der nunmehrigen politischen Wirklichkeit und seinen eigentlichen Idealen in seinem Leben in concreto durchzuführen war. Zwar war es ihm immer schwer geworden, (aus persönlichen Rücksichten auf die Machthaber) das Gefühl für das Sachliche in der Politik (den correcten optimatischen Standpunkt) zurücktreten zu lassen (*sensum de**) *republica deponere*, ad fam. I, 8, 2), zwar hatte er sich gequält mit der Zweifelfrage, ob es einem ehrenhaften Manne und guten Bürger zukomme, in einer Stadt zu leben, in der er nicht sein eigener Herr (*sui iuris*) sei (ad Att. VIII, 3, 2), aber es war jetzt nicht anders, es galt jetzt, sich eine kleine, sturmfreie Festung für das persönliche Leben zu bewahren, „sich gegen die Zeitläufe zu verschanzen" (ad fam. IX, 18, 2), es galt, mit den besten Freunden zu überlegen, wie die Zeit zu verleben sei, die ganz dem Willen eines einzigen anzupassen war (ad fam. IV, 6, 3), gleichwie auch in Griechenland, zu Athen oder Syrakus, oftmals die Weisesten persönlich frei unter der Tyrannis zu leben gewusst hatten (ad fam. IX, 16, 6). Er hatte in seiner Jugendzeit mehrfach bei Greisen die Kundgebungen von Verzweiflung über die politischen Zeiten erlebt (ad fam. II, 16, 6), und er selber hatte doch die Jahrzehnte, die jene im tiefsten Schwarz vorausgesehen hatten, als zum theil doch glücklichere und hoffnungsvollere Strecken herunter zu leben bekommen, sollte er bei solcher Erfahrung selber nur zum Schwarzseher werden? Die Vernunft und auch die Zeit selber, die auch Thoren heilt, verleiht ja die Kraft der allmäligen Eingewöhnung in veränderte Verhältnisse (ad fam. VII, 28, 3). Sollte er sich da foltern? Was sollte er damit erreichen? Und bis zu welchem Endziel sollte er es thun? (ad fam. IX, 26, 1). Das Vaterland hatte er aus dem Grunde betrauert (*eluxerat*), und schwerer und länger als jemals die Mutter den einzigen Sohn (ad fam. IX, 20, 3); sollte er sich da Vorwürfe über Leichtfertigkeit und Oberflächlichkeit des Herzens machen, wenn er fühlte, dass ihm ein neuer *modus vivendi* möglich wurde, zumal er ihn ganz in der edelsten geistigen Thätigkeit fand? Ein Thor ist ja, wer sich dagegen

---

*) Die alte Lesart de rp. führt Orelli, der in rp. hat, gar nicht einmal als Variante mit an, aber sie drückt den Gegensatz eines principiellen Standpunktes und einer Anbequemung („*ipse me conformo ad Pompeii voluntatem*") an den augenblicklichen Machthaber besser aus.

versteitt, sein Privatleben zu geniessen (ad fam. IV, 9, 4). Dem Sieger sich nicht bittflehend zu Füssen zu werfen, hatte er, wie er sich zu seiner Genugthuung sagte, das stolze Selbstgefühl gehabt; wäre es aber nicht sinnloser Hochmuth gewesen, dessen Hochherzigkeit zu verschmähen? (ad fam. IV, 9, 4). So machte er sich denn zum Gesetze, nichts zu sprechen, was Anstoss erregen könnte (ad fam. IX, 16, 3), nichts Thörichtes oder Unbesonnenes zu sagen oder zu thun gegen die Mächtigen (ad fam. IX, 16, 5), halbfrei zu sein durch Schweigen und Zurückgezogenheit (ad Att. XIII, 31, 3), sich nicht zu kümmern um das, was er nicht billigen *) konnte (ad Att. XIII, 20, 4), da das erstere mit Anstand (*pulchre*) möglich war und nur das letztere ihn in seinem Gewissen verurtheilt hätte. Von einer Privatschuld an Caesar hatte er sich schon im Jahre 50 freigemacht, weil es unschön sei, der Geldschuldner eines politischen Gegners zu sein (ad Att. VII, 8, 5.) Wenn die Treulosigkeit gewisser Persönlichkeiten auch dem Bestand an Vermögen und Ehren etwas raubt, so haben die — ein recht Sokratischer Gedanke — welche Unrecht thun, am Ende ja einen grösseren Schaden davon, als die es leiden (ad fam. I, 5a, 4). So kommt er allmälig sogar dahin, häufig bei den Machthabern zu speisen (ad fam. IX, 7, 1). Auch den Caesar selbst bewirthete er einmal im letzten December vor dessen Tode (ad Att. XIII, 52) und muss dem Freunde gestehen, dass ihm die Sache wohl gehässig, aber nicht lästig gewesen und gut, namentlich auch zur Befriedigung des Gastes, ausgelaufen sei; die tiefe politische Kluft, die zwischen diesem und dem Wirth bestand, ist mit keinem Worte berührt, die beiderseitigen geistigen, namentlich litterarischen, Interessen haben den Stoff zu der höchst belebten Unterhaltung bei der Tafel hergegeben.

Es ist nicht zu verkennen, dass in allen diesen Selbstbekenntnissen Cicero's ein gewisser Galgenhumor (vgl. ad fam. IX, 7, 2), noch besser etwas von der Hamletschen Stimmung „Wirthschaft, Horatio, Wirthschaft" liegt, ja dass er bisweilen mit nach Innen gekehrtem Schmerz nach Aussen eine an Cynismus streifende Frivolität in den Auslassungen über diesen Um-

---

*) Die LA. der Ausgaben „*non possum non probare*" würde das „*quae tum acta sunt*" auf seine eigene Handlungsweise beziehen; näher liegt, es von den politischen Ereignissen zu verstehen und *non improbare* zu schreiben.

schwung der Verhältnisse hervorkehrt. Aber das steht ihm
besser an, als wenn er in kaltblütiger Gemüthsruhe und kühler
egoistischer Berechnung diesen Umschwung mitmachte; denn
der ganze Mensch zeigt so bei aller Maskirung doch die Tiefe
seines Gefühls und sogar Gesinnungstreue bei aller Verkehrung
seiner Rolle. Wir sind jetzt, namentlich seit Mommsens glänzender Darstellung von Caesars Person und Werk, gewohnt,
diesen im Vollbesitze des höchsten weltgeschichtlichen Rechtes
und als dessen unvergleichlichen Vollstrecker anzusehen, und
wir verübeln es desshalb dem Cicero, dass er so gar keine Augen
hatte für das Grosse, was Caesar in der Reorganisation des
Staates während der kurzen Frist vollbrachte, die ihm der ver-
blendete und kurzsichtige Fanatismus seiner Gegner verstattete.
Aber wenn Mommsen aus den unscheinbarsten Notizen, weil er
es einmal will und sich vollkommen mit der Grösse seines Gegenstandes durchdrungen hat, in seiner bewundernswürdigen Darstellung des Caesarischen Werkes die herrlichsten Lorbeerblätter
für den Ruhmeskranz seines Helden zu machen weiss, so muss
man doch auch sagen, dass Cicero und sein Kreis nähere Beobachter und nicht auf den Kopf gefallen waren. Wenn sie nun
so gar nichts sehen von dem, was der moderne Historiker als
ein wundervolles, nach allen Seiten verzweigtes System schildert,
so braucht desshalb das Unrecht noch nicht auf dessen Seite
zu sein, der alles von einer höheren Warte erblicken kann;
aber, wenn auch er Caesars Bau gelegentlich doch nur als das
möglichst Beste in zerrütteten Verhältnissen bekennt, so werden
Caesars human-optimatische Zeitgenossen eben den Unterschied
von dem nur relativ Besten von dem, was ihnen als das eigentlich Gute nach dem Vorbilde alter grosser Zeiten ihres Volkes
vorschwebte, lebhafter empfunden haben, und wer will ihnen
verargen, dass sie noch immer einen Maassstab des politischen
Heils in der Seele trugen, der an sich selbst so edel war, dass
er in einer und derselben Menschenbrust nicht in der Jugend
gefasst und im Alter zum alten Eisen geworfen werden konnte?
Peinlich berührt, das ist nicht zu leugnen, der plötzliche
Hervorbruch aus der ruhigen Anpassung der Compromisszeit
zu dem wüthenden Caesarhasse nach der Ermordung des grossen
Staatsmannes. Mit den innersten Bekenntnissen der Ciceronischen Briefe lässt sich diese Haltung freilich in Einklang bringen,

denn aus ihnen ist klar, wie der aristokratische Republikaner immer nur mit Schmerz und Selbstüberwindung die, wenn auch noch so heilsam wirkende, usurpirte Monarchie ertrug. Aber es bleiben die Reden *pro rege Deiotaro*, *pro Ligario* und *pro Marcello* als Zeugen, wie weit der Mann, der sie hielt, in der offenen Verherrlichung, ja Umschmeichelung Caesars gegangen war, die mit vielen geheimen Herzensbekenntnissen gleichzeitiger Briefe zusammengehalten, nun kaum mehr als erlaubter Opportunismus, sondern als Falschheit erscheinen muss. — Glimpflicher erscheint dieses Verhältniss Cicero's zu Caesar in der allerjüngsten Zeit nach der Darstellung von O. E. Schmidt in seinem Buche „Der Briefwechsel Ciceros von seinem Proconsulat in Cilicien bis zu Caesars Ermordung" (Leipzig 1893), S. 34—68 und Aly's in d. Zeitschr. für Gymn.-Wesen, Febr.-März-Heft 1896, S. 106. Beide Gelehrte finden in der *Ligariana* einen leisen Umschwung (gegen den Despotismus) angedeutet. Schmidt analysirt die politischen Umstände, aus denen die Marcelliana erwachsen ist, und *tout comprendre c'est tout pardonner.*

C. Politische Grundsätze ohne ausdrückliche Reflexion auf ihre Durchführbarkeit oder Undurchführbarkeit.

1. Das *rectum et honestum* ist der sicherste und unumgänglichste Leitstern auch im politischen Leben. Dass die antike Humanität es für richtig gehalten hätte, im politischen Leben unter allen Umständen mit seiner Ueberzeugung zu stehen und zu fallen, kann man nach dem Obigen gewiss nicht sagen. Aber für ihre Bereitwilligkeit, im Zwange der Noth auch auf Compromisse einzugehen, gab es doch Eine feste Grenze: das Gebot der Pflicht und Ehre, das durch keinerlei Compromiss verletzt werden durfte und bei billiger Beurtheilung des oben geschilderten besonderen Compromissfalles auch in diesem nicht verletzt erscheint. Dieses Gebot wurde aber als ein kategorischer Imperativ empfunden, die Reflexion über Durchführbarkeit oder Undurchführbarkeit auf solche Grundsätze bezogen, die schon oberhalb dieses unverletzlichen Fundamentes lagen.

Mit der Formulirung der unverletzlichen Grenzlinie gegen alles weitere Compromiss als der von „Pflicht und Ehre" gezogenen habe ich mich zunächst einmal der Ausdrucksweise angeschlossen, die der modernen Denkweise für diesen Fall geläufig ist. Die antike Humanität empfand das inhaltlich Gleiche doch unter einem etwas modificirten Gesichtspunkte. Von einer Pflicht gegen positives Gesetz konnte nicht wohl die Rede sein, denn welches derartige Gesetz hätte das politische Verhalten für kritische Lagen, die schwierige Gewissensfragen stellten, geregelt? Die „Pflicht" konnte sich nur beziehen auf die Uebereinstimmung mit dem, was die sittlichen (vier Cardinal-)Tugenden geboten. Im modernen Staatsleben wird der Eid auf Gehorsam gegen das Staatsoberhaupt und Beobachtung der Verfassung dem Pflichtmässigen einen noch positiveren Inhalt verleihen. Grösser ist die Differenz hinsichtlich des Begriffes der Ehre. Auch im modernen politischen Leben ist der Begriff der Ehre gewiss einem festen Leuchtthurm gleich, ausserhalb dessen Lichtweite kein politischer Curs steuern darf. Aber die Ehre ihrerseits wird hier mehr durch die fremde Meinung der am politischen Leben Betheiligten über das, was ehrenhaft ist, bestimmt und auf den sachlichen Grund dieser Meinung weniger reflectirt: die Thatsache eines Bestehens dieser Meinung von solchem Inhalte genügt. Die antike Humanität aber fühlte sich in dem Gedanken an das Ehrenhafte mehr wieder mit dem Unpersönlichen des aus der menschlichen Natur abgeleiteten sittlichen Gesetzes als mit einem Tribunal von Personen, die maassgebend gesonnen seien, confrontirt, wenn sie sich in dunkler Nacht über den richtigen Weg gewiss werden wollte. In der *„honestas"* steckt etymologisch noch die Beziehung auf das Geehrtwerden von den Menschen darin, aber im wirklichen Sprachgebrauch wird diese Beziehung weniger empfunden als das Sachliche, was in dem Begriffe mit dem *bonum, rectum, pulchrum* zusammenfällt. Die Idee des Humanen mit den aus ihr abgeleiteten concreteren Normen war zu sehr in Fleisch und Blut übergegangen, als dass das fragende und zweifelnde Bewusstsein sich mehr als an diese letzte Quelle an die Thatsächlichkeit der öffentlichen Meinung hätte wenden sollen. Wenn der Gedanke an das Ehrenhafte einmal, wie z. B. ad Att. IX, 6, 5 als αἰσχροῦ φαντασία ausgedrückt wird, so tritt eine der modernen Empfindungsweise von Ehre näherstehende Empfindungsweise hervor, die so menschlich ist, dass sie natürlich auch in der antiken Humanität nicht fehlt. Aber in Summa ist bei den Alten

im Gedanken der Ehre die Beziehung auf das Forum des über
sie urtheilenden geschlossenen und social bevorrechteten Per-
sonenkreises nicht so peinlich ausgebildet wie im modernen
Leben, und ganz besonders wird nicht die Ausschliessung aus
dem Verkehr mit den die allseitige Befolgung des Gebotes der
Ehre überwachenden Personenkreisen für den Fall der Ehrver-
letzung als das eigentlichste Motiv, der *honestas* treu zu bleiben,
empfunden, da sogar eine unausbleibliche Sicherheit solcher
Reaction gegen Unehrenhaftigkeit nicht hervortritt; die Alten
fühlten sich eben mehr unter dem Richterspruch der Idee als
der Personen stehend in schwierigen Lagen des politischen Gewissens. Was von beiden das Höhere und Feinere ist, das zu
untersuchen würde hier zu weit führen. Nur einen gewissen
Unterschied der Gefühlsweise glaubte ich doch nicht igno-
riren zu dürfen. Wenn ich aber gelegentliches Hinüberneigen
der antiken zur modernen Gefühlsweise zugegeben habe, so ist
auch andrerseits nicht zu leugnen, dass die moderne in gewissen Personen und Fällen der antiken zuneigen kann.

Dass aber der Gedanke an „das Rechte" als der eigentliche Leitstern angesehen wurde, der noch allein den Pfad er-
hellte, wenn gar zu grosse Schwierigkeiten einer verwickelten
Lage das Sicherheitsgefühl in der Entscheidung raubten, das
zeigt sich ganz besonders wieder in den verworrenen Zeiten vor
dem Untergang der Republik. „Ich bin entschlossen", schreibt
Cicero an Atticus VII, 3, 11, „von der ehrenhaftesten Auffassung
nie einen Finger breit abzuweichen" und ebenda § 2: „Ich werde
kein Bedenken tragen, auf eine so grosse Sache, wie mein
Triumph (nach der Statthalterschaft von Cilicien) ist, zu verzichten, wenn das pflichtgemässer (*rectius*) ist. Zweifle nicht,
dass mir das Ehrenhaftere das Ehrwürdigere sein wird". Die
Philosophie hat ihn gelehrt, nichts unter die wirklichen Uebel
zu rechnen, was nicht das Moment der Schuld in sich trägt
(ad fam. XII, 23, 4). Er bemisst alles an dem Gedanken der
Pflicht (ad Att. VIII, 12, 5), er will in dem grossen „σκέμμα", das
mit dem Ausbruch des Bürgerkrieges an ihn herantritt, thun
„was sich geziemt" (ad Att. VII, 21, 3); er fragt sich, ob er,
wenn er sich etwa dem Caesar mit Sicherheit ergeben könne,
es auch mit Ehren könne (ad Att. VII, 22, 2), er will ihm ja
sonst möglichst Genüge thun, falls er nur nichts Schimpf-

liches dabei begeht (ad Att. VII, 23, 3); ad Att. IX, 7, 1 aber deutet er auch die Qual der Furcht an, dass er vielleicht (ohne es zu wollen und recht zu erkennen) etwas Schimpfliches thun könnte oder vielleicht sogar schon gethan hätte. Wenn ad Att. VIII, 2, 4 das „*neque rectum neque honestum*" für einen Plan (Italien zu verlassen und dem Pompejus zu folgen) einmal d a n a c h gesagt wird, dass er für den Staat nicht nützlich sei, so geschieht das nur, weil das Unzweckmässige sich als das Nähere aufdrängt, nicht als ob der Gesichtspunkt des *honestum* nicht der höchste bliebe. Von Machtanbetung und Furcht dem grossen Caesar gegenüber ist der Vertreter der Humanität so fern, dass er ad Att. VII, 11, 1 ausruft: „O über den Unsinnigen und Unglücklichen, der niemals auch nur den Schatten τοῦ καλοῦ gesehen hat. Er beruft sich freilich für alle seine Thaten auf seine Würde. Wo giebt es aber eine Würde als wo die *honestas* nicht fehlt? Ist es aber *honestum*, ein Heer zu halten ohne jede staatliche Ermächtigung?" Er legt also den Maassstab des sittlich Guten an seine eigene Handlungsweise wie an die des Gegners an. Für uns ist nur die Frage, ob die allgemeine sittliche V e r n u n f t forderung der Verfassungstreue auch für die U r t h e i l s k r a f t eine Forderung ist, die j e d e r Verfassung gegenüber besteht, auch solcher, die geschichtlich ihr Recht verbüsst hat und durch den grossen Mann der That durch eine den Verhältnissen nach bessere ersetzt werden soll.

Uebrigens ist klar, dass bei allen obigen Berufungen auf die *honestas* als das oberste Princip nicht an die des Privat-, sondern an die des öffentlichen Lebens gedacht wird. „Zu fallen" ist ja schimpflicher im privaten als im öffentlichen Leben (ad Att. XVI, 15, 6), und der Sturz im ersteren zieht mit grösserer Sicherheit den im letzteren nach sich als umgekehrt. Aber von der in der Bewahrung der privaten Rechtschaffenheit liegenden Vorbedingung für öffentliche Wirksamkeit ist hier ja nicht die Rede, sie ist etwas Selbstverständliches: die dem öffentlichen Leben als solchem angehörenden Handlungen müssen vor allem die Bedingung erfüllen, honett zu sein, der Maassstab für dieses Honette aber liegt nirgends anders als in einem Theilabschnitt der Idee der Humanität und wird auf Grund eines Gefühles sowohl für ihn wie die der Idee durch die Philosophen zu theil gewordene theoretische Entfaltung gehandhabt.

2. Das persönliche Ziel für die politische Laufbahn und ihr persönlicher Lohn ist die *dignitas*. Das
völlige Verschwinden der Person hinter der Sache, wie des
Dichters hinter dem epischen Gedicht, ist in der Politik doch
nicht thunlich und dieser Anspruch an die Personen würde doch
nicht richtig gedacht sein. Denn die Voraussetzung für er-
spriessliche sachliche Wirksamkeit ist hier die allgemeine Hochschätzung der Person, die sie ausübt. So kommt es denn, dass
bisweilen neben dem sachlichen Ziel alles politischen Wirkens,
der *salus populi* oder des äusseren und inneren Friedens mit
Ehren, auch ein persönliches Ziel hervortritt, das im Staatsleben erreicht sein muss. Dies ist die *dignitas*, von der es de
or. II, 334 heisst, dass sie, zumal in einer so ruhmvollen Staats-
bürgerschaft, am meisten zu erstreben, und ad fam. XII, 22, 3,
dass nichts vorzüglicher als sie und dass sie der oberste Gesichtspunkt sei, auf den alles bezogen werden müsse. Der Begriff der *dignitas* fällt nicht zusammen mit dem der *gravitas*,
dem sittlichen Ernst und der sittlichen Würde, die selber fest
steht und nicht, wie die *levitas*, vor jedem Winde bewegt wird,
und die schwer und wuchtig in's Gewicht fällt bei jeder Willens-
meinung, die eine Persönlichkeit, der sie eigen ist, kundgiebt.
Er fällt schon eher zusammen mit der *auctoritas*, welche die Eigenschaft ausdrückt, dass jemand mit seiner Auffassung und Willens-
meinung voranzugehen und Gefolgschaft nach sich zu ziehen
durch das Vertrauen, das seine Person auch ohne Prüfung des
besonderen Falles als solche verdient, berufen erscheint. Die
dignitas theilt mit der *auctoritas* die entschiedener als in der
gravitas ausgedrückte Beziehung auf die Meinung der Menschen. Sie selber besteht in Rang und Stellung, die sich auch
äusserlich unbezweifelt ausprägt, aber durch das Moment, durch
innere Eigenschaften wohl verdient zu sein, in ihrem Werthe
vertieft wird und mit Selbstachtung ebenso verbunden wie von
eitler Selbstgefälligkeit frei ist. Die *dignitas* lässt sich auch
einmal (ad fam. IV, 14, 1) durch das Merkmal bestimmen, dass
man seine Ansicht entweder zu verwirklichen (*re efficere*) oder
wenigstens frei in der Rede zu vertreten im stande ist. Wenn
an der *dignitas* auch ihr unbestrittenes Anerkanntwerden von
der allgemeinen Meinung ein wesentliches Moment ist, so bleibt
doch ihr Kern ihr Begründetsein in Verdiensten, in Thaten und

in sittlichem Ernste; und Weisheit und Seelengrösse verlangen, dass man sich darüber klar sei und äusseren Glanz nicht mit solcher wahrhaft fundirten Würde verwechsle (ad fam. I, 5 a, 4). Uebrigens fügt doch ad fam. I, 7, 10 ein gewisser gesunder Realismus zu der Feststellung der *dignitas* als des persönlichen politischen Zieles die Warnung vor unnöthiger Aufopferung seiner selbst hinzu: „(Ich habe es erfahren und) du, Lentulus, lerne es, so lange du es noch ohne Schaden lernen kannst: man muss weder an die *dignitas* denken ohne Berücksichtigung der Existenz (*salus*), noch an die Existenz ohne Berücksichtigung der Würde." Der Besitz hoher Aemter macht sie nicht aus, sie ist vielmehr der Lohn dauernden Verdienstes, ad fam. XII, 7, 2, wo einmal *qui vere appellari potest honos* mit ihr völlig synonym gebraucht wird. Die hohen Aemter sind leere Namen und noch nicht Abzeichen wirklicher Würde, wenn sie nicht im Geiste wahrhaft heilsamer Politik, die Freiheit des Volkes mit der Autorität des Senates vereinigt, geführt werden; sonst entbehren sie nicht nur der Würde, sondern sind auch ein hässlicher Widerspruch zwischen Schein und Wirklichkeit (ad fam. X, 6, 2 f.), die leeren Abzeichen des Glanzes gewähren nur einen Scheinruhm (ad fam. X, 12, 5). „Ist dir irgend eine Prätur angenehmer sei es als die Pflicht, die viele, oder als der Ruhm, den alle zum Ziel haben?" (ad fam. X, 26, 3). Neben der *dignitas* wird ad fam. I, 8, 3 als das persönliche Ziel der politischen Laufbahn einmal die Freiheit besonders herausgehoben, die sonst als ein selbstverständliches Moment der Würde mitgedacht wird, und zwar wird dort die *dignitas* auf den Vortrag der Ansicht im Senat, die Freiheit auf die politische Stellungnahme so zu sagen localisirt. Als die Eigenschaften, die diesem Ziele zuführen, sind solche des Herzens noch wichtiger als solche des Kopfes, was wenigstens ad fam. X, 28, 2 von dem Specialfall einer besonders bedeutenden Leistung (den schlaffen und ermüdeten Senat zur alten Kraft und Gewohnheit zurückgeführt zu haben) versichert wird.

Die *dignitas* will mit aller Energie gewonnen und gewahrt sein. Ihre Feinde sind daher die Schwäche gegen Einschüchterungen und Schmähungen, denen Trotz geboten werden soll (z. B. ad fam. XI, 28, 4, ad fam. XI, 11, 2), und die Schlaffheit, die nie der Treue in der Pflicht hinderlich sein sollte (ad fam. XI,

25, 6). — Eine glänzende ausführliche Darlegung des wahren
Ehrenweges im Staatsleben findet sich namentlich Sest. 96—131,
136—143 in jener herrlichen Belehrung der jungen Generation
in den politischen Pflichten, zwar mehr vom Standpunkte eines
lauteren Aristokratismus als dem der Humanität, wenn nicht
die Entwicklung des humanen Princips selber zu der Forderung
einer leitenden Stellung der Besten im Staatsleben führte.

Fünfter Abschnitt.

Die antike Humanität in ihrem Verhältniss zu Wissenschaft und Kunst.

I. Der Charakter des von dem Humanitätsgedanken beherrschten geistigen Lebens.

A. Die positiven Seiten desselben.

1. Die Liebe zu dem über das Bereich des praktisch Nützlichen sich erhebenden geistigen Leben.
Die Schopenhauersche Unterscheidung alles menschlichen Thuns
in die Gruppen des dem Dienst des Willens unterworfenen
Handelns und des willensfreien Erkennens wird dem Thatbe-
stande des gesamten menschlichen Thuns nicht völlig gerecht,
aber ist für den Inhalt des gesamten Treibens der antiken Humanität äusserst zutreffend. Die schöpferische Kunst wird nur
gezwungener Weise dem willensfreien Erkennen untergeordnet,
denn das von allen grossen Künstlern erlebte Charakteristische
ihres Schaffens stimmt keineswegs mit der Schopenhauerschen
angeblichen Wiederholung von in willensfreier Erkenntniss ge-
schauten Ideeen in irgend einem Material (Sprache, Farbe, Erz
oder Marmor, Tönen) zusammen: denn ihre freie Synthese
von Vorstellungselementen dient keineswegs allein der Erkenntniss des Seienden, so sehr sie auch dieser zu gute kommt,
sondern daneben ihrer eigenen und der receptiven geistigen
Lust an den idealen Mikrokosmen, durch die sie die wirkliche
Welt bereichern, keineswegs nur zu dem Zwecke, die Erkenntniss dieser zu fördern. Auch die Technik steht freilich guter-

letzt in Beziehung zu Zwecken des Willens, nämlich zur Erhöhung des „Comfort" des Lebens, aber innerhalb ihrer geistigen
Thätigkeit waltet auf weite Strecken hin der rein theoretische
Verstand ohne fühlbare Abhängigkeit von den praktischen
Zwecken, und die für das praktische Leben wichtigsten Entdeckungen sind bekanntlich zu einem grossen Theile einem ursprünglich rein theoretischen Bemühen wie ganz nebenbei in den
Schoss gefallen*). Die antike Humanität aber, in dem begrenzten Sinne, in dem wir sie mit gutem Grunde zum Gegenstande unserer Darstellung gemacht haben, hat kein einziges
grosses schöpferisches Werk der Poesie oder Kunst aufzuweisen,
wie solche bei den Griechen nicht aus dem bewussten Princip,
das Menschenwesen voll ausgestalten zu wollen, sondern aus dem
Instinct einer hohen und specifischen, überpraktischen und allerdings eben vollmenschlichen Begabung hervorgingen; dagegen ist
alles, was auf dem Boden der antiken Humanität über die Bethätigung des praktischen Menschenthums hinausging, in der That
wesentlich eben ein „Reinertrag des Daseins", wie er auf der Losreissung des Intellectes vom Dienst des Willens zu freier eigener
Entfaltung seines auf Erkenntniss gerichteten Wesens beruhte.

Der Sonnenaufgang aber war von dem Römerthum durch
seine Berührung mit dem Griechenthum erlebt worden, dass es
eben mit der Dienstbarkeit unter dem Willen, und wäre es auch
der hohe Wille des Staatsbesten, kein vollendetes Menschenthum sei, dass zu diesem auch das freie Sichwiegen des erkennenden Geistes auf seinen Schwingen gehöre. Mit der
Willensfreiheit dieses Erkennens hat es freilich doch wieder eine
eigene Bewandtniss, weil das dienstfreie intellectuelle Leben doch
nicht auf die vereinzelten Momente beschränkt werden darf, wo
der Geist wirklich alles Zweckes vergessend sich ganz in das
Schauen oder Sinnen vertieft, sondern zu ihm auch die von
Zwecken der Erkenntniss oder der Darstellung der Erkenntniss
beherrschten Arbeitsstunden mitgerechnet werden müssen, hinter
denen doch wieder eben der Wille zu einem willensfreien Erkennen wirksam ist. Jedenfalls aber beweisen Stellen wie de
off. I, 13: „Wenn wir von nothwendigen Geschäften oder Sorgen
frei sind, dann begehren wir etwas zu sehen, zu hören, hinzu-

---

*) Die Aristotelische Unterscheidung von πρᾶξις, θεωρία, τέχνη und ποίησις muss
also als treffender denn die Schopenhauersche angesehen werden.

zulernen" oder de or. II, 23: „Von den Geschäften des Forums
und der Arbeit in der Stadt ermüdet, athmet unsere Seele auf
und wird von dem Verlangen ergriffen, frei von Sorge und
Mühe (den Schwalben gleich, die sich von ihrer Arbeit am
Nestbau erholen und nun fröhlich sich einherschwingen) sich
ihrem Fluge hinzugeben", oder gar die berühmte Stelle Tusc.
V, 9, die den Ausspruch des Pythagoras an den Tyrannen Leon
von Phlius berichtet, dass die Philosophen nichts von realen
Zwecken wissen, sondern ganz in der Intuition aufgehen — solche
Stellen beweisen, dass der antiken Humanität der Wesensunter-
schied zwischen den geistigen und allen praktischen Bestrebungen
rein aufgegangen war. Auch Stellen wie de or. III, 88: „Ich
habe stets Lust zu lernen", vgl. de or. I, 96. III, 147, de div. I, 11,
und de rp. I, 6: „Um zu lernen oder zu sehen setzt man über
die Meere hinüber" beweisen das.

Diesem geistigen Leben gehört also die ganze Liebe des
humanen Bewusstseins. „Wir alle", sagt Catulus de or. II, 20
von den an dem Dialoge betheiligten Repräsentanten des humanen Kreises, „sind solche Menschen, dass wir ohne diese
Studien das Leben für kein Leben erachten"; vgl. ad fam. IX,
26, 1: „Oder könnte ich leben, wenn ich nicht in *litteris* lebte?"
„Ich halte diese Tusculanischen Tage" — solche sind eben den
geistigen Interessen gewidmet -- „für das eigentliche Leben"
(*vitae instar esse puto*), ad fam. IX, 6, 4. „Auch wenn aus
diesen Studien nur ihr Genuss und nicht auch ihr Gewinn
erstrebt würde, so würdet ihr dennoch diese Richtung des
Geistes für die humanste und freier Männer würdigste erachten"
(pro Arch. 16). „Diesen Genuss der Musse halte ich für den
ehrenvollsten" (Ac. post. I, 11); „in der nie zu sättigenden Begierde der Erkenntniss können wir nach Beendigung der nothwendigen Obligenheiten frei von Geschäften ein ehrenvolles und
freier Männer würdiges Leben führen" (de fin. IV, 12). Ad
Att. IV, 11, 2 sagt Cicero, dass er in seinem Cumanum in Gesellschaft des Dionysios „Litteratur verschlinge", und de fin.
III, 7 lässt er den Cato in der Bibliothek des Lucullus, von
vielen stoischen Schriften umthürmt, „in Büchern schwelgen".
Der Gedanke an die Arbeit für andere oder selbst der Ehrgeiz
ist nicht die Hauptsache bei seiner litterarischen Production,
denn wir wollen ihm wenigstens theilweise das ad Q. F. II,

7 (9), 1 gethane Bekenntniss glauben: „Das alles habe ich mehr
für mich geschrieben als für die anderen", weil die geistige
Arbeit es ja an sich hat, in ihrem vielleicht nicht ohne persönliche Interessen begonnenen Verlauf für sich zu erobern,
und weil, wie E. v. Hartmann so schön sagt, nur der anderen
ein Licht anstecken kann, welcher es zuerst sich selber ange-
zündet hat. Berühmt ist das begeisterte Lob der Studien in
pro Arch. 16: „Sie treiben die Jugend, erquicken das Alter, sind
eine Zierde im Glück, eine Zuflucht und Tröstung im Unglück,
erfreuen daheim und hindern nicht draussen, sie bringen die
Nacht mit uns zu, ziehen mit uns auf's Land und in die Ferne".
Daher ruft Cicero ad Att. II, 16, 3 mit Inbrunst aus: „So wollen
wir uns denn, o unser Titus, auf jene herrlichen Studien werfen
und endlich einmal dahin zurückkehren, von wo wir uns überhaupt nicht hätten entfernen sollen".

Die Liebe ist es ja auch, der nichts schwer ist (or. 33), ohne
deren Begeisterung, wie überhaupt nichts Herrliches im Leben,
so ganz besonders keine idealen Ziele zu erreichen sind (de
or. I, 134); ohne den höchsten Eifer ist keine Weisheit zu erringen (de or. II, 363), und wer ein grosser Redner werden will,
muss brennen vor Eifer darnach (de or. III, 125). Denn erst die
Verbindung der Naturanlage mit einer fleissig erstrebten Bildung
schafft das Beste (pro Arch. 15).

So ist denn auch die Tugend des Fleisses dem Hauptvertreter der antiken Humanität im höchsten Maasse eigen gewesen, und in dieser für das Leben so überaus wichtigen Tugend
dürfte er so leicht von keinem Sterblichen übertroffen sein.
Dieser lässt er de or. II, 148 f. durch den Antonius eine wundervolle Lobrede halten, freilich mit besonderer Berücksichtigung
des Werthes, den der Fleiss für den zukünftigen Redner hat;
er umfasst auch „Sorgfalt, Aufmerksamkeit, Nachdenken, Wach-
samkeit, Ausdauer und Anstrengung". So gehört denn bei ihm
der grösste Theil des Tages der geistigen Arbeit: „Sobald sich
die Schaar der Morgenbegrüsser verlaufen hat, hülle ich mich in
die *litterae* ein, schreibe oder lese" (ad fam. IX, 20, 3), oder . .
„verberge ich mich in der Bibliothek" (ad fam. VII, 28, 2). Ad
fam. VII, 25, 2 mahnt er einen Freund, (täglich) auch nicht einen
Finger breit (*non transversum unguem*) von dem Gebrauch des
Griffels abzugehen, der der beste Lehrmeister (*opifex*) der Rede

ist; er selber nimmt nun auch schon ein gutes Stück der Nacht
für solche Studien zu Hülfe; nach *parad.* 5 hat er diese Schrift
„in den jetzigen schon kürzeren Nächten" bei Licht ausgearbeitet
(*lucubravit*). Das scheint freilich auf eine normale Beschränkung
der Arbeit auf die Tageszeit hinzudeuten, und in der That ist
es ein quälender Gedanke, die Alten sich bei ihren kümmerlichen Lampen und ohne die Weitsichtigkeitsbrillen des Alters
studiren zu denken. Auf der Seefahrt zwischen Velia und
Rhegium schreibt er nach ad fam. VII, 19, 1 seine rhetorische
Topik; auf derselben Seefahrt (oder ihrer bald unterbrochenen
Fortsetzung nach Epirus zu) hat er nach ad Att. XVI, 6, 4 auch
seine eigenen *Academici libri* wieder durchgelesen; er lässt sich
eben, wie es Seneca später (ep. I, 1, 1) als den Nerv des Studirens einschärft, kein Schnitzelchen der Zeit ungenutzt ent-
fallen, ohne übrigens dabei, wovon man überall den Eindruck hat,
ein unglückseliger und abstossender Sklave des Zeitgeizes zu
werden, gleichwie er auch kein pedantischer Knecht einer guten
Feder (*calamus*) ist, da er stets die, welche ihm gerade in die
Hand kam, benutzte, als ob sie gut wäre (ad Q. f. II, 14 (15 b), 1).
Auch Brutus unterbricht nach or. 34 bei den grössten (praktischen)
Beschäftigungen niemals die gelehrten Studien, die man sich
den Ciceronischen ganz ähnlich denken muss. Varro ist nach
ac. post. I, 12 schon zwanzig Jahre vor seinem in hohem Alter
eingetretenen Tode so schwach, dass er das Stehen nicht lange
aushalten kann, und ein wie unsäglich fleissiger und fruchtbarer
Schriftsteller ist er auch noch nachher immer gewesen! Nach
de rp. I, 17 beschäftigte sich der jüngere Scipio im Verein mit
seinem Freunde Rutilius selbst unter den Mauern Numantia's
bisweilen mit wissenschaftlichen Fragen. Das erinnert lebhaft
daran, wie Schopenhauer einmal den Kern des echten geistigen
Lebens darin nachweist, dass es sich frei mitten aus den Drangsalen des Willenslebens erhebe, wobei er in schönen Worten
auf Goethe's naturwissenschaftliche Beschäftigung mitten in dem
Feldzuge in der Champagne exemplificirt und für die Liebhaber
des geistigen Lebens als Symbol ein Wappen mit einem wind-
umwehten fruchttragenden Baum und der Unterschrift vor-
schlägt: „*dum convellor mitescunt*". So begrüsst sich der Geist
der antiken Humanität über Jahrhunderte hinweg mit dem
edelsten modernen Geiste. Die Mahlzeiten des Atticus verliefen

nach Nep. Att. 14, 1 niemals ohne dass er sich und seinen etwaigen Gästen vorlesen liess. Die Zeit, die die Rührigsten der humanen Gesellschaft für ihre geistigen Interessen erübrigten, setzt sich nach pro Arch. 13 zusammen aus der Zeit, welche die gewöhnlichen Zeitgenossen auf ihre Privatangelegenheiten, auf die Feier von Festen und Spielen, auf andere Genüsse, auf die leibliche und geistige Ausspannung, auf lange Gastmähler, auf Würfel- und Ballspiel verwandten; doch werden wir noch sehen, dass auch die humane Gesellschaft nicht aus Unmenschen bestand, die nicht wenigstens für einen Theil dieser Obliegenheiten oder Zerstreuungen sich einige Zeit abzumüssigen wussten. Dass wir uns aber die Vertreter des antiken humanen Geistes überhaupt nicht als Sklaven eines unausgesetzten ehrgeizigen Lerntriebes vorzustellen brauchen, dahin wirken auch Aeusserungen wie ad fam. IX, 26, 1: „Für das wissenschaftliche Leben giebt es, wenn auch keine Uebersättigung, so doch ein Maass", vgl. Hor. sat. I, 106 f., und de or. II, 24: „Der scheint mir nicht frei, der nicht dann und wann einmal auch gar nichts thut".

2. Die Wissenschaften als Trösterinnen. Ganz kann es sich freilich auf Grund des Römerthums nicht verleugnen, dass das rein geistige Leben doch auch wieder als ein gewisser Nothbehelf für die Ermangelung der Möglichkeit, ganz und gar in einem Leben für den Staat aufzugehen, empfunden wird; denn das alte rein nationale Römerthum hatte keine rein geistigen Bedürfnisse gekannt und hätte sie auch nicht geachtet; verloren war aber die Naturgrundlage des Nationalcharakters noch nicht, wenn auf ihn das neue Reiss des humanen Gedankens gepfropft war. Systematische Festigkeit herrscht in dieser Beziehung begreiflicherweise nicht, so dass nicht bald einmal das rein geistige Leben als die unter allen Umständen berechtigte und alleredelste Frucht der Existenz empfunden und dann doch wieder nur die Dunkelheit und Traurigkeit der politischen Zeiten als die Voraussetzung angesehen würde, im wissenschaftlichen Leben wenigstens den zweitbesten Lebensinhalt zu suchen. Jedenfalls wird der tröstenden Ersatz gewährende Charakter des Erkenntnisslebens oft genug stark betont, dann also doch bei aller Wärme des Bekenntnisses zu der Herrlichkeit des rein geistigen Lebens immer eine Beziehung auf anderes genommen, was eigentlich dem zum Handeln geborenen (ad fam. IV, 13, 3) Menschen noch

19*

näher liegen würde und auf dessen dunkelem Hintergrunde erst
der Werth des Geistigen selber erstrahlt. Dies scheint mir für
die specifische Humanitätsperiode der alten Cultur, und namentlich die Blüthezeit dieser Periode, charakteristisch; dem griechischen und auch dem deutschen Geistesleben ist dieser Zug weit
minder eigen: dessen beste Hervorbringungen hallen in weit,
weit geringerem Maasse gelegentlich von der Klage wieder, dass
man eigentlich im öffentlichen Leben seinen besten Lebensinhalt
finden möchte, vielmehr liegt die Voraussetzung, dass man unter
allen Umständen der Aussenwelt den rein idealen Bestrebungen
als einem Höchsten huldigen darf und will, immer dem thatsächlichen Wirken für sie zu grunde.

Eine absolute Kraft, den Geist über reale Trauer und
Bekümmernisse emporzuheben, hat für das humane Bewusstsein das wissenschaftliche Leben nicht. So schreibt Cicero z. B.
ad Q. f. I, 3, 5 aus der Verbannung *): „So viel Kraft hat keine
Klugheit oder Bildung (mit allen Interessen, die sie als solche
dem Leben zu schenken weiss), dass sie einen so grossen Schmerz
zu tragen (sustinere) im stande wäre". Oder, zu der Zeit, als
der Bürgerkrieg seine ersten Schatten vorauswarf, ad Att. VII,
9, 4 (vgl. ad. Att. VIII, 1, 4): „Ich foltere mich Tag und Nacht".
Ad Att. VII, 12, 3 (im Jahre 49): „Ich zerbreche vor Schmerz."
Er findet in dieser Zeit keinen Schlaf (ad Att. IX, 10, 1), keinerlei
Ruhe (ad Att. IX, 11, 4). „Jetzt helfen mir nichts die Bücher,
nichts die Litteratur, nichts die Wissenschaft" (ad Att. IX, 10, 2).
„Schreib mir jetzt nichts aus den Büchern, nichts aus der Wissenschaft — dies Heilmittel ist, ich weiss nicht wie, schwächer als
die Krankheit —, schreib mir über Spanien, über Massilien"
(ad Att. X, 14, 2, im Jahre 49). „Die Herzensnöthe haben mich
stumpf gemacht" (ad Att. IX, 17, 2, aus denselben Jahre). „Dies
ist eine Irrsal, in der ich mich jetzt befinde, die dem Tode
gleicht" (ad Att. X, 1, 4, gleichfalls aus dem Jahre 49). Aber
auch in der bloss persönlichen Sorge um die Gesundheit seines
Tiro schreibt er (ad fam. XVI, 14, 1): „Ich kann kein Buch an-

---

*) Das Herzeleid der Verbannung hat ja nach ad Att. III, 15, 2 gegen andere
Leiden das Besondere, dass es nicht mit der Zeit gemildert wird, sondern durch
die Empfindung des gegenwärtigen Elendes und die Erinnerung an die Vergangenheit täglich steigen muss.

rühren, ehe ich dich nicht sehe". Sogar noch im Jahre 45 schreibt er einmal dem Varro (ad fam. IX, 8, 2), dass er mit den Studien kaum leben möchte, ohne die Studien aber „auch nicht einmal kaum". Auch der Scherz, ein Unterpfand der Freiheit des Geistes, das ihm sonst auch im Aerger wohl zu gebote steht (ad fam. II, 16, 7, ad Att. VII, 17, 2) verlässt ihn wohl vor lauter Sorge (ad Att. VI, 5, 4).

Aber es kommt doch eine Zeit, wo die Heiterkeit des Geistes — das Schopenhauersche willensfreie Erkennen oder diejenige Heiterkeit, die Schiller in dem bekannten Ausspruch des Wallenstein-Prologs gegenüber dem Ernst des Lebens der Kunst zuspricht — über die Herzensnöthe triumphirt und allen Kümmernissen den siegreichen Fuss auf den Nacken setzt. Entscheidend ist für diesen Uebergang gewiss die tiefe, oft erlebte psychologische Wahrheit, die ad Att. VIII, 11, 1 schön so ausgedrückt wird: „Alle Sorge wird erleichtert (oder gar gehoben, *levatur*), wenn entweder die Erwägung zu einem festen Entschluss gekommen ist oder durch das ewige Denken nichts in's reine gebracht wird", ein Erfahrungssatz, auf Grund dessen auch an den Freund Trebatius ad fam. VII, 17, 1 ein Lob ergeht, weil er endlich einmal in einem bestimmten Entschluss festen Fuss gefasst zu haben scheine. Da kehrt Cicero denn zur Versöhnung mit „seinen alten Freunden", den Büchern, zurück (ad fam. IX, 1, 2, im Jahre 47); da findet er von ganzem Herzen in ihnen Ruhe (ad fam. IX, 6, 5). Weil er alles andere, was er für herrlich gehalten, als eitel erfahren hat, gedenkt er schon ad Att. II, 5, 2 im Jahre 59 einmal „mit allen Musen Abrechnung zu halten"; mit den Musen will er sich (ad Att. II, 4, 2) gleichmüthig (die Politik vergessend), ja vielmehr freudig und gern ergötzen. Schon bevor er mit der Alleinherrschaft Caesars der Politik von ganzem Herzen den Rücken kehrt, hat er bisweilen ähnliche Anwandlungen, doch nur im freien geistigen Leben den Vollgehalt des Lebens zu finden. Gerade in der Unerspriesslichkeit der Verhältnisse oder der Beengungen der politischen Lage will er in der Mitte schon der fünfziger Jahre, als er die Bücher de oratore schrieb, seinen Studien sich hingeben (de or. I, 31. Schon im Jahre 67 schreibt er dem Atticus (ad Att. I, 11, 3) einmal: „Mich fesselt das höchste Interesse an den Büchern, gleichwie schon der Hass gegen alles Uebrige", und sechs Jahre später (ad Att.

I, 16, 13): „So muss ich denn, denke ich, philosophiren und jene
Consulate keinen Pfifferling werth erachten"; und wieder zwei
Jahre später ad Att. II, 13, 2: „So wollen wir denn philosophiren.
Mit einem Eide kann ich dir sagen, dass nichts dem gleich ist"
Ganz besonders aber, als die Republik verloren zu gehen droht
und verloren ist, wendet er sich ganz dem geistigen Leben zu:
Ad Att. VII, 11, 2: „Meine Lust ist, in diesen Kümmernissen,
mit dir der wissenschaftlichen Musse zu leben" (im Jahre 49).
Jetzt (im Jahre 46) scheinen ihm die Wissenschaften wunderbarer Weise reichere Früchte zu tragen als sie ehemals trugen,
„sei es, weil ich in nichts anderem Befriedigung finde, sei es, weil
die Schwere der Krankheit das Bedürfniss nach einem Heilmittel
recht fühlbar macht, und dieses jetzt zum Vorschein kommt,
dessen Kraft wir im Zustande der Gesundheit nicht voll empfanden" (ad fam. IX, 3, 2); in dem wissenschaftlichen Leben
suchte er früher nur Vergnügung des Geistes, jetzt aber auch
Heil und Rettung (ad fam. IX, 2, 5). Ganze Tage zu lamentiren,
fürchtet er, bringt auch seinen Studien und litterarischen Beschäftigungen Unehre (ad Att. VIII, 11, 1). Noch weitere Stellen
für die Wissenschaften als Trösterinnen sind z. B. ad fam. VII,
3, 4. IV, 3, 3. IV, 13, 4. Der melancholische Hintergrund ist,
wie gesagt, für die geistigen Bestrebungen der antiken Humanität charakteristisch, sein Dunkel und ihr Hell werden gegenseitig durch einander erhöht. Es war aber nicht etwa nur die
altrepublikanische ehrenwerthe Bornirtheit, die in Caesars
Werk nur den Bruch des öffentlichen Rechts betrauerte und
das geschichtlich Nothwendige, Heilsame und Grosse an ihm
nicht erkennen wollte und die desshalb mit ihrer Zurückziehung
auf das geistige Leben zugleich eine stille politische Fronde
gegen den Machthaber spielte, sondern das Gefühl war älter,
wie ja auch der Geist der humanen Gesellschaft, auf Marcellus
und den älteren Scipio zurückgehend, älter war als der Höhepunkt ihrer Blüthe. Schon den L. Crassus, den grossen Redner,
den edlen Vertreter der Humanität in einer um anderthalb Menschenalter hinaufliegenden Zeit, lässt Cicero schon in seiner
Schrift vom Redner (III, 226) mit einem trauernden Blick über
die Vergangenheit, Gegenwart und Zukunft des römischen Volkes
schweifen und das melancholische Wort aussprechen: „Ein Faden
wird gesponnen und eine Lebensauffassung kommt in unserem

Volke auf und wird der Nachwelt vor Augen gestellt, dass wir
schon ähnliche Bürger haben möchten wie die, die unseren Vätern
unerträglich waren". Wer denkt dabei nicht an das Horazische
(*carm* III, 6, 46) *aetas parentum, peior avis, tulit nos nequiores* . .
Es ist ein vollkommen richtiger Gedanke, den ich eben in den
Grenzboten vom 30ten Jan. 1896, S. 229 lese, dass es mit dieser
Melancholie in der römischen Kaiserzeit immer schlimmer wurde:
„Wenn die Litteratur der Kaiserzeit die Gegenwart tadelt, so
geschieht das nur im Vergleich zur ruhmvollen Vergangenheit;
der frische, hoffnungsfreudige Ausblick in die Zukunft fehlt ihr
gänzlich". Aber die Humanität, die die Herrschaft des Geistes
über die dunklen Gefühle grundsätzlich verlangt, soll doch eben
die Kraft in sich finden und findet sie auch, wenn auch, wie
wir sehen, nicht immer, die Heiterkeit des willensfreien Erkennens
über alle Traurigkeit des Gemüthes emporzubringen. Zwar ist
es (Lael. 8) gegen die Humanität, überhaupt nicht zu trauern
über Dinge, die das menschlich fühlende Herz mit Trauer erfüllen müssen, aber sich dauernd in dieser Trauer zu verschliessen und einzusargen wäre gegen die Humanität. De or.
I, 26 hat Crassus viele ahnungsvolle Klagen über die Lage des
Staates ausgeströmt, aber so gross ist dann seine Humanität, wie es 27 weiter heisst, dass, als er sich mit den Freunden
zur Führung eines rein theoretischen Gespräches (über den
Redner) niederlässt, alle Traurigkeit seiner bisherigen Unterhaltung verschwand. Der Geist ist ja eben von einer könig-
lichen Freiheit und bewahrt sich selbst in seiner Ueberlegenheit
und seinem erhabenen Blick in die Niederungen des Lebens,
wenn der bloss fühlende Mensch in seiner Qual verstummt:
„Ein Consul (Piso, in seiner Unterwerthigkeit vorzüglich geschildert Sest. 19—23) ist uns auf den Nacken gesetzt, den niemand ausser uns Rittern vom Geiste (*praeter nos philosophos*)
ohne Seufzen ansehen könnte" (ad Att. I, 18, 3). Uebrigens ist
diese Erhebung des humanen Geistes über die Beklemmungen
des Lebens nicht zu verwechseln mit der Erhebung einer bloss
glücklichen Natur- und Temperamentsanlage über Verdriesslichkeiten, wie sie nach Verr. IV, 95 den Siculern eigen war, „denen
niemals so übel zu Muthe ist, dass sie nicht irgend einen witzigen
und treffenden Ausspruch thun"; jene ist viel wurzelhaft tiefer,
sie beruht auf dem Durchdrungensein von der Erkenntniss, dass

dem Geiste die Hegemonie über die Gesamtkräfte der Seele
zukommt; und gehört sie so auch dem Bewusstsein an, so beherrscht sie es doch mit solcher Ueberzeugungskraft, dass sie
sich sogar mit der Frische und Unmittelbarkeit des Unwillkürlichen und Unbewussten bethätigt.

Das Verhältniss der Rechte, die das praktische und die
das geistige Leben an den Menschen und die ihm zu gebote
stehende Zeit hat, ist, wie schon angedeutet, nicht fest ausgeprägt. Auf der einen Seite stehen Aussprüche wie de div. I, 11:
„Für die Philosophie habe ich immer freien Geist und freie
Zeit" oder de n. d. II, 3: „Wir handeln über Dinge (in diesem
Falle über das Wesen der Götter), die sogar den Geschäften
vorangehen müssen"; auf der anderen Seite solche wie de div.
II, 7: „Den geistigen Bestrebungen ist so viel Zeit zu überlassen wie von den politischen Pflichten und Obliegenheiten frei
ist", oder de off. II, 4: „Die Philosophie fand bei mir so viel
Raum, wie die Anforderungen meiner Freunde und des Staates
mir übrig liessen"; in der Mitte solche wie ad fam. IX, 6, 5:
„Nach der Ansicht grosser Männer (er denkt an Akademiker, vielleicht auch Aristoteles und Epikur, nicht an Stoiker)
berechtigen die wissenschaftlichen Studien in gewissem Grade
zu der Freiheit vom politischen Leben" (*habent vacationem quan-
dam publici muneris*). Zu beachten ist, dass in den bald nach
Caesars Ermordung geschriebenen beiden Stellen aus de div.
II und de off. II die frische Hoffnung, als sei die Republik neu
zu begründen, es ist, die dem politischen Leben den Vorrang
selbst vor den geistigen Bestrebungen zuspielt.

3. Der Einfluss der geistigen Bestrebungen auf
das praktische und sittliche Leben. Kunst und Wissenschaft dürfen nicht um irgend welcher Zwecke willen getrieben
werden, die ausser ihnen selbst liegen, falls sie frei bleiben
wollen; selbst im Dienst der Sittlichkeit oder der Religion, die
ihnen doch gewiss mindestens vollkommen gleichwerthig sind,
würden sie an ihrem empfindlichsten Lebenspunkt geschädigt.
Diesen wenn auch nicht unumstrittenen Satz darf man jetzt
doch wohl aus dem Bewusstsein der höheren Bildung als eine
wenigstens vielfach gehegte Voraussetzung und Ueberzeugung
herausstellen; für die Kunst ist er z. B. ein Eigenthum der
Lessing'schen und Goethe'schen Geistesart, für die Wissenschaft

erleidet er kaum von irgend welcher Seite Widerspruch, für die Philosophie ist er von niemandem entschiedener betont als von Adolph Steudel (vgl. Steudel-Schneidewin, „Goldenes ABC der Philosophie", besonders S. 41—43, 155—162).

Nichtsdestoweniger steht gewiss die (den Gegensatz der Normalität und der Individualität versöhnende) Entgegenbildung der menschlichen Persönlichkeit an die Forderungen ihrer allgemeinen und individuellen Ideeen als ein noch höheres Ziel für den Menschen da als selbst die ihm in Kunst oder Wissenschaft vergönnten Leistungen oder das höchste Maass der ihm in beiden erreichbaren Receptivität. Wenn aber die absichtliche Dienstbarmachung der Kunst oder Wissenschaft unter diese noch höhere Aufgabe um der Freiheit der Wissenschaft oder Kunst willen ausgeschlossen werden muss, so ist doch der Mensch letzthin eine Einheit, aus deren Theilen eine Wirkung auf das Wesenscentrum ganz von selber stattfindet. Insbesondere sind thatsächlich alle grossen Geister in Kunst oder Wissenschaft dahin gelangt, dass sie den überwiegenden Werth des sittlichen Lebens anerkennen, sie dürfen nur die Förderung des sittlichen Lebens nicht von vornherein zum Zweck ihres künstlerischen oder wissenschaftlichen Thuns machen, weil sie diesem dadurch einen fremdartigen, aussen stehenden Regulator aufdrängen würden; vor allem darf die Wissenschaft, die gänzlich von vorn anfängt, nicht den Inhalt des sie umgebenden populären sittlichen Bewusstseins unbesehens in sich aufnehmen. Wir wollen nun sehen, wie sich in der antiken Humanität das Verhältniss des geistigen Lebens zu den ausser ihm, also ausser der wissenschaftlichen Wahrheit und künstlerischen Schönheit, liegenden menschlichen Zwecken, insbesondere dem sittlichen Leben, stellt. Da sind nun folgende Hauptpunkte zu constatiren:

a) Der praktische Charakter des Römerthums und der Mangel an entschiedener theoretischer (übrigens auch künstlerischer) Anlage bringt es trotz des in's Bewusstsein aufgenommenen humanen Princips doch mit sich, dass die geistigen Bestrebungen nicht auf die reine Erkenntniss als solche (noch weniger auf die Schöpfung künstlerischer Mikrokosmen), sondern auf ihre Verwerthung für Tugend und Glückseligkeit ausgehen. Charakteristisch sind dafür die Tuscu-

lanischen Gespräche, die ja nur die Forträumung und Ueberwindung aller der Momente, die das Hingelangen zu einem
glückseligen Leben verhindern, — der Todesfurcht, des Unter-
liegens unter dem körperlichen Schmerze, der geistigen Unlust
und der übrigen Affecte, der Unterschätzung der Tugendkraft —
zum Thema haben; nahezu ebenso charakteristisch die Bücher
de finibus, die das „höchste Gut" doch wesentlich desshalb in
seiner allen übrigen Gütern oder vermeintlichen Gütern hoch
überlegenen Dignität an's Licht stellen wollen, damit der Mensch
in seinem Handeln ein Letztes habe, worauf er alles beziehe,
woran er alles messe. „Wenn der Weise (also der, der zum
Ziele des philosophischen Strebens gelangt ist) etwa doch unglücklich sein kann, wahrhaftig, dann würde ich jene ihres Ruhmes
volle und hochachtbare „Tugend" (oder Weisheit oder Philosophie)
für nicht hoch zu schätzen erachten" lässt Cic de fin. III, 11 den
Cato sagen, der es allerdings nach seinem sittenstrengen Charakter
und als Stoiker mit der Verwandlung der Lehre in's Leben am
allerstrengsten nimmt. Dass bei vielen Philosophen ihr Wandel
nicht ihren Lehren entspricht, dass bei ihnen das System ein
Prunken mit Einsicht, aber nicht ein Gesetz des Lebens ist,
dass viele geldgierig, ehrgeizig und Sklaven der Lüste sind,
das wird Tuc. II, 11 f. mit grossem Nachdruck als höchst schimpflich gebrandmarkt, während immerhin vereinzelte neuere Philosophen die Consequenz des Princips der Freiheit des Erkennt-
nissstrebens dahin ausdehnen, dass Privatcharakter und Wandel
von Denkern überhaupt gar nicht in Frage kommen. Dass die
„sich schämen sollen" (pro Arch. 12), „die sich so in den Wissenschaften vergraben haben, dass sie daraus nichts für den Genuss aller herbeibringen noch überhaupt etwas von sich geben
(*in adspectum lucemque proferre*) können", das ist freilich ein
starker Ausdruck, der zu der Fassungskraft des gemischten
Publikums einer solchen Rede herabsteigt. Aber doch sagt
auch Varro, der gelehrteste der Römer, der trotz seines etwas
äusserlicheren Polyhistorismus doch auch vom Geiste der Humanität angehaucht ist, ac. post. I, 7 von sich, dass er für seine
Person das Studium der Philosophie sich erwähle zu dem Zwecke
eines charakterfesten Lebens einerseits und zum geistigen Vergnügen andrerseits.

b) Den wissenschaftlichen Studien wird das Beste

auch für die politische und rednerische Ausbildung
und die Erfolge im öffentlichen Leben zugeschrieben.
Ad Q. f. I, 1, 28: „Ich schäme mich nicht, es auszusprechen,
dass was ich erreicht habe, ich durch die Studien, Kenntnisse und
Fertigkeiten erlangt habe, die mir durch die Litteratur und
Wissenschaft Griechenlands vermittelt sind". Or. 2: „Ich be-
kenne, dass ich als Redner, wenn ich nur einer bin oder auch
was für einer immer ich sein mag, nicht aus den Werkstätten
der Rhetoren, sondern aus den Bahnen der Akademie hervorgegangen bin". Das ist vollkommen begreiflich für ungezählte
Männer der verschiedensten Wissenschaften und höheren Berufsarten auch bei uns, die ihrerseits aus Ueberzeugung bekennen
würden, dass sie das, was sie geworden sind, ohne den Bildungs-
einfluss der den classischen Studien auf dem Gymnasium ge-
widmeten Jahre nicht würden geworden sein.

c) Der Lehre und Bildung wird ein Einfluss auch
auf die sittliche Besserung und Veredlung zugeschrieben. Eine gründliche wissenschaftliche Erziehung kann
auch die fehlerhafteste Naturanlage veredeln (excolere), ad Q.
f. I, 1, 7. Die griechische und lateinische Litteratur hat die zahlreichsten Vorbilder nicht nur zur Anschauung, sondern auch
zur Nachahmung hinterlassen, pro Arch. 14. Die Ethik, die der
Kern der Studien der antiken Humanität ist, kann ja natürlich,
wenn man nicht Schopenhauerschen Vorurtheilen von der Un-
verbesserlichkeit des Charakters huldigen will, selbstverständlich
grosse und mannigfache Kräfte zur sittlichen Belehrung und
Vervollkommnung entfalten. Aber selbst der Naturphilosophie,
wie diese eben nicht ohne eine geheime Betheiligung der Bedürfnisse des humanen Geistes ausfiel, wird de fin. IV, 11 in
geistvoller Weise ein grosser und schöner Einfluss auf das sittliche Leben beigelegt. Es handelt sich in ihr, wie es dort
heisst, nicht etwa nur, wie es dem Epikur scheint, um Bannung
der Todesfurcht und abergläubischer Aengste, sondern die Erkenntniss der von den Göttern so wundervoll regierten Him-
melserscheinungen kann der Seele etwas von Maass, Haltung,
Harmonie, die Grösse der Schöpfung Seelengrösse einflössen,
auch Gerechtigkeit kann sich aus der Erkenntniss der Gedanken
und des Willens des höchsten Lenkers und Herrn, aus der allgemeinen Weltvernunft, lernen. Das könnte etwas phrasenhaft

erscheinen, auch sind dem humanen Bewusstsein, wie aus de n. d. l. III zu ersehen, zahlreiche skeptische Bedenken gegen die Weisheit und Gerechtigkeit der Weltregierung aus der jüngeren Akademie zugeflossen, aber doch bekennen auch bei uns manche grosse Naturforscher, dass in der Beobachtung der Erscheinungen und der Erforschung der Gesetze der stillen grossen Allmutter auch für den Frieden und die Festigkeit der Seele und die Hochherzigkeit der Gesinnung, also zur Befruchtung auch des sittlichen Lebens, eine mächtige Quelle fliesst, dass auch ihr innerer Mensch bei ihrer Beschäftigung keineswegs in jeder Beziehung schlechter als bei der Beschäftigung mit der Geisteswissenschaft gestellt ist.

d) Die Theorie verpflichtet zu entsprechender Praxis. Man hat die Pflicht, sich seiner Studien und Schriften auch in seinen Handlungen würdig zu beweisen (ad fam. v, 19, 2); in dem Sinne hatte auch Atticus dem Cicero zu der grossen Entscheidung im Jahre 49 geschrieben nach ad Att. VIII, 2, 2. Ganz besonders fühlt Cicero, dass er sich durch seine sechs Bücher de republica „wie durch Bürgen" selber verpflichtet hat (ad Att. VI, 1, 8), und das dort im sechsten Buche gezeichnete Idealbild des Staatsmannes schwebt ihm auch im wirklichen Leben vor als Muster, von dem er nicht abtrünnig werden darf (ad Att. VII, 3, 2). De n. d. I, 7 glaubt er von sich aussagen zu dürfen, dass, „wenn alle Lehren (*praecepta*) der Philosophie in Beziehung gesetzt werden zum wirklichen Leben" (d. h. als Ernst, und nicht bloss als Geistesspiel gemeint sind), er im öffentlichen und im Privatleben geleistet habe, was Theorie und Wissenschaft vorschrieb. Auch seinem Sohne Marcus liegt nach seinem Gefühl mit dem Aufenthalt in Athen und dem Anhören des Cratippus eine schwere Verpflichtung auf: „Da du dich zu ihnen gleichsam wie zu einem Einhandeln edler Kenntnisse begeben hast, so wäre es höchst schimpflich, wenn Du leer zurückkämest und dadurch der Autorität der Stadt und des Lehrers Unehre machtest" (de off. III, 6). Die dort gewählte, die Verpflichtung sehr anschaulich zum Ausdruck bringende Wendung „*suscepisti onus grave Athenarum et Cratippi*" beruht auf einer Vorstellungsweise, die auch Tacitus (Agr. 17) noch hat in den Worten *sustinuit molem* (eines grossen Vorgängers) *Frontinus.*

4. Die Geistesart der Studien der antiken Humanität. Es scheint zunächst, als ob statt dessen von der Signatur des geistigen Lebens der antiken Humanität überhaupt gesprochen werden sollte. Allein von den Elementen eines universalen geistigen Lebens fällt zunächst schon die freie und ursprüngliche künstlerische und dichterische Production, und damit auch ein grosser Theil der solche geniessenden Receptivität hinweg. Denn die Aeneis ist mehr aus höfischem Geiste, absichtlicher Verherrlichung der Nation, antiquarischen Studien und Nachahmung des grossen griechischen Vorbildes als aus unmittelbarer, instinctiv getriebener Dichterkraft geboren, Lucretius' geniales Werk de natura rerum ist immerhin die dichterische Darstellung eines fertigen griechischen Systems, Ovid's Metamorphosen entspringen einerseits dem Vollgefühl poetischen Talentes und hoher Virtuosität der Form, andererseits der Nachahmung griechischer Vorbilder und der alexandrinischen Dichtungsweise, und der humane Geist ist jedenfalls nicht der Kern dieser drei grössten dem humanen Zeitalter am nächsten stehenden Dichtungen. Die griechischen Dichterwerke und immerhin auch die lateinischen von Ennius und Naevius bis Attius und Pacuvius wollten mehr studirt sein als sie noch frank gelesen und unmittelbar genossen wurden. Die schöpferische wissenschaftliche Kraft fehlte gleichfalls. Die Signatur des übrig bleibenden geistigen Lebens war wirklich wesentlich das Studium, zumal es sich an eine fremde Sprache anschloss, an der doch immerhin die zu bewältigende Schwierigkeit in der Handhabung eines nicht angeborenen Organes des Geistes empfunden wurde. So können wir mindestens a potiori hinsichtlich der Geistesart der antiken Humanität von ihren Studien sprechen, wenn wir nunmehr zur Charakteristik ihres Verhältnisses zu Kunst und Wissenschaft überzugehen haben.

a) Die Lernart der antiken Humanität. Ohne lebendigen Lehrer, bloss aus Büchern, ist nicht mit Sicherheit zu lernen: „Keine Wissenschaft lässt sich aus Büchern ohne Hülfe eines persönlichen Führers (sine interprete) und ohne einige Uebung zur Aneignung bringen", so schreibt Cicero dem damals immerhin nicht mehr ganz jungen Trebatius ad fam. VII, 19 und exemplificirt dabei auf die Jurisprudenz, die trotz der zahlreichen Schriften über sie doch durchaus den persönlichen Lehrer und praktische

Uebung verlange. Freilich stellt er dann für den Fortgang des Studirens auch die Erringung der Fähigkeit zum Selbststudium in Aussicht. Die einfachen Gedanken der angeführten Stelle sind so sehr in der dauernden Natur des Lernens begründet, dass sie für alle Zeiten wahr sind und natürlich auch für die Lernart der antiken Humanität gelten. Wenn hier auch das Lernen aus Büchern stets als begleitend und für reifere Lernende als die Hauptsache zu denken ist, so tritt doch das persönliche Element, die Hilfe von Lehrern, stets sehr hervor. Schon der jüngere Scipio hatte bei seiner Gesandtschaft nach Asien und Aegypten das stoische Schulhaupt Panaetius zu seiner einzigen Begleitung (Ac. pr. II, 5). Sein Freundeskreis, Männer wie Laelius und Furius, „hatten öffentlich die gebildetsten Männer aus Griechenland stets um sich" (de or. II, 154). Der Redner L. Crassus hörte, als er als Quästor aus Macedonien nach Athen gekommen war, dort die berühmtesten Philosophen, die Häupter der jüngeren Akademie, den Stoiker Mnesarchus und den Peripatetiker Diodorus (de or. I, 45. III, 68), zugleich las er daselbst mit dem Akademiker Charmadas „sorgfältiger" den Platonischen Gorgias (de or. I, 47); in Asien hat er den Metrodorus von Skepsis über Rhetorik gehört (de or. II, 365). Der Redner Antonius hatte den Athener Menedemus zum Gastfreunde, einen Mann, der trotzdem er mehr als Staats- und Gerichtsredner thätig war, sich doch auch in die theoretischen Controversen der Akademiker mischte (de or. I, 85); zu Athen, und zu Rhodus gab er sich den wissenschaftlichen Gesprächen der Philosophen und Rhetoren eifrig hin (de or. II, 3); auch die asiatischen Rhetoren Menecles und seinen Bruder Hierocles von Alabanda hörte er (de or. II, 95). M. Brutus hat mit dem eifrigen Demostheniker Pammenes zusammen in Athen den ganzen Demosthenes studirt (or. 104), dessen ehernem Standbild er auch in seinem Tusculanum einen Ehrenplatz zwischen den Ahnenbildern gegeben hat (or. 110)*), in Athen hat er sonst noch den Philosophen Aristus, den Bruder des Antiochus von Askalon, Varro diesen letzteren gehört (ac. post. I, 12); Piso, der Unterredner in de finibus, gleichfalls den Antiochus (de fin. V, 1) und hat den Staseas von Neapel viele

---

*) Die Epikur-Enthusiasten besassen nicht nur Porträts ihres Meisters in ihren Häusern, sondern trugen auch sein Bildniss auf Ringen und hatten es in Relief an Pocalen, de fin. V, 3.

Jahre bei sich gehabt (de fin. V, 8). Lucullus, von dessen philosophischen Studien nur seine näheren Bekannten eine Ahnung hatten, ist, wie litterarischen Neigungen überhaupt, so ganz besonders philosophischen nicht nur im Jünglingsalter, sondern auch in seinen Aemtern und unter den aufreibenden Forderungen des Feldherrnthums ergeben gewesen und hat jenen Antiochus, der für den ersten philosophischen Lehrer seiner Zeit galt, während eben jener Zeit der praktischen Thätigkeit bei sich gehabt (ac. pr. II, 4). Etwas Aehnliches ist es, wenn Fulvius Nobilior den nationalen Dichter Ennius mit sich nach Aetolien nahm (Tusc. I, 3, pro Arch. 27), auf welches letzteren Person man auch eine Marmorstatue an dem Grabmal der Scipionen deutete (pro Arch. 22). Hier wie dort war es der Tribut der Ehre und Liebe, zu welchem sich die Männer der That für die Männer des Geistes hingezogen fühlten, seitdem es ihnen in der eigenen Nationalität zu eng wurde und in ihnen der Gedanke aufgegangen war, diese durch volles Menschenthum ergänzen zu wollen. Sollte denn auch „das gesellige Zusammensein von Staatsmännern schweigend sein oder ihre Unterhaltung nichtig (*ludicros*) oder ihr Gespräch sich auf gleichgültige Dinge beziehen"? (Ac. pr. II, 6), oder, so kann man hinzufügen, sollte denn aus dem Ernst der Geschäfte gar kein Ausblick stattfinden auf das heitere Reich der geistigen Dinge? Cicero selbst hörte zuerst den Akademiker Philo in Rom mit dem höchsten Interesse (Brut. 306), in Athen die Epikureer Phaedrus und Zeno, deren Vorträge er täglich mit seinem damaligen Commilitonen Atticus eifrig discutirte, ohne übrigens jemals von ihnen überzeugt zu werden (de fin. I, 16), ferner den Akademiker Antiochus und den Rhetor Demetrius Syrus (Brut. 315), in Rhodus den Rhetor Molo (Brut. 307. 316) und übte sich in Asien mit den berühmtesten dortigen Rednern ihrer Zeit (Brut. 315 f.); der Stoiker Diodotus hat sogar in seinem Hause und in lebhafter geistiger Verbindung mit ihm gelebt und ist dort auch gestorben (Brut. 309); auch von dem berühmten Stoiker Posidonius, den auch Pompejus noch an seinem Krankenlager aufsuchte (Tusc. II, 61), ist er unterrichtet (de n. d. I, 6). So kann er denn auch sagen (de n. d. I, 6), dass sein Haus sich stets des Vorzuges erfreut habe, mit den ersten Männern der Wissenschaft in naher Verbindung zu stehen. Aus der ciceronischen Briefsammlung

lernt man zahlreiche Männer kennen, die diese geistigen Interessen theilen und die zum theil ebenso die Bildung durch
griechische Lehrer aufgesucht haben werden. Natürlich wurde,
wie auch bei uns, in gereifteren Jahren das Bücherstudium
immer mehr zur Hauptsache. Man las die griechischen Schriften
der bedeutendsten Schulhäupter der letzten Jahrhunderte, und
dieses Lesen konnte sowohl nach der Seite des Inhaltes, dessen
reiche Gliederung aufgefasst werden musste und der stets mit
Aufmerksamkeit nicht nur auf sein *quid?* sondern auch auf sein
quale? zu begleiten war, als auch nach der Seite der an ihm
zu überwindenden idiomatischen Schwierigkeiten ein Studiren
heissen. Uebrigens las man (de fin. I, 6) neben jenen Fahnen-
werken auch die inhaltlich wesentlich gleichen zweiten und
dritten Ranges, die immer wieder die Schullehre mit geringen
Modificationen wiederholten; man machte sich so die Kenntniss
und die kritische Beherrschung des Stoffes immer mehr zu eigen
und vermied doch die zu häufige langweilige Wiederholung eines
und desselben Textes.

b) Das Streben nach Universalität. Dieses Bestreben ist dem geistigen Leben der antiken Humanität entschieden eigen und trennt sie gründlich von dem modernen
Princip der Theilung der Arbeit. Freilich ist es charakteristi-
scherweise meist sogleich stark in Beziehung gesetzt mit einem
praktischen Ziele, dem des vollendeten Rednerthums, und nicht
ein Ausdruck der auf Allerkenntniss, wenn sie nur möglich ist,
ausgehenden Natur des Geistes. Das Bekenntniss zu diesem
Streben ist daher auch namentlich aus der Schrift de oratore
nachzuweisen, in welcher Crassus, wie bekannt, der Vertreter
der Grundansicht ist, dass die Voraussetzung einer vollkommenen
Beredtsamkeit die umfassendste Bildung des Redners ist. Aussprüche wie: „Man muss die Brust beladen und erfüllen mit dem
reizvollen mannigfaltigen Reichthum (*suavitate, copia, varietate*)
der zahlreichsten und bedeutendsten Kenntnisse" (III, 121) sind
die Grundmelodie des Hauptsatzes seiner Ausführungen. Aber
selbst der das Ideal mehr beschränkende und sich mehr an
die Praxis des Forums anlehnende Antonius sagt I, 218, dass
das Talent des Redners mit der entsprechenden Mannigfaltigkeit vieler Dinge „besprengt und geziert" sein müsse. Der Redner
müsse desshalb vieles mit Ohr und Auge aufgenommen haben,

vieles in Empfindung und Nachdenken, vieles auch durch Lesen
durchlaufen haben, wenn er es auch nicht als eigen besässe,
sondern aus fremdem Besitz abschöpfe. Es sei ja dem einzelnen
weder von der Natur noch durch irgend welches Gesetz oder
Sitte verboten, mehr als Ein Fach zu kennen (I, 215), ein schönes
Motto für das Streben nach allgemeiner Bildung. Es sei ja
nicht zu leugnen, dass keinerlei Kenntniss nicht nützlich sei
(I, 250), er wolle nichts dagegen haben, dass die angehenden
Jünger der Redekunst alles läsen, alles hörten (I, 256). Aber
auch die Philosophie, die doch immer für die eigentliche Stätte
des Wissens galt, die in ihren Anfängen das letzte Weltprincip
im Sturm zu erobern den Anlauf nahm, zielte bei den Alten trotz
ihres seit Sokrates mehr anthropocentrischen Charakters immer
auf nichts Geringeres als ein Allwissen.

Das Alterthum und so auch die antike Humanität steht in
dieser Beziehung sowohl gross wie auch klein gegen die Neuzeit da. Gross, sofern ganz unzweifelhaft das eigentliche und
ursprüngliche Verlangen des Menschengeistes auf das Allwissen
gerichtet ist, wenn auch nicht auf das Allwissen des einzelnen, —
da vielmehr die Alten was man jetzt Wissen heisst gar nicht
für Wissen angesehen haben würden, sondern vielmehr in ihren
grössten Geistern eifrig untersuchten, welche höchste Einzelart
des vorstellenden Habens von Objecten erst den auszeichnenden
Charakter des Wissens an sich trügen —, so doch auf die
Grunderkenntniss überhaupt und die Grunderkenntnisse der
verschiedenen Gebiete, worauf eben auch der Geist des Alterthums gerichtet war. Klein, weil gegen das unendliche Einzelwissen der Gegenwart der schöne und achtungswerthe Schatz
des Alterthums an particularen Erkenntnissen und Kenntnissen
doch gänzlich zusammenschrumpft. Das Alterthum konnte Universalität des Wissens anstreben, weil ihm das Erkenntnissideal
ein Endliches (πέρας) war, ganz anders die neue Zeit und ganz
besonders die Gegenwart: sie kann es nicht, weil dieses Ideal ein
Unendliches (ein ἄπειρον) geworden ist; das endliche, einheitliche, abgeschlossene Wissen, über das nicht immer noch Neues
hinausführte, erscheint ihr als etwas Undenkbares. Nicht einmal das Gesamtwissen aller wird als eine (aus unzähligen Einzel-
elementen sich zusammensetzende, gewaltige, aber doch zum Abschluss gelangte) Einheit gedacht, geschweige denn das Wissen

des einzelnen, selbst des umfassendsten Geistes, der eine Men-
schenmöglichkeit ist. An allen Ecken und Enden stösst jenes,
wie viel mehr dieses an die Grenzen des Unerkannten an.
Dem modernen Erkenntnissbetriebe liegt ausgesprochenermaassen
der Gedanke der Theilung der Arbeit und stillschweigend die
Anschauung zu grunde, dass die tausende von Berufenen aller
Culturvölker an einer Arbeit der Aufhäufung des Wissens begriffen sind, von der ganz und gar kein Ende abzusehen ist,
zu der die einzelnen die „Bausteine" zusammentragen. Zwar
wird öfters von Männern der Wissenschaft, die auf ungewöhnlich hoher Warte stehen, ausgesprochen, dass alle „Bausteine"
sich doch zu einem einheitlichen, planvollen Baue zusammen-
fügen sollen, aber dieser wird doch wieder nur als ein vor-
läufiger gedacht, und der letzte verliert sich in völlig unabsehbare
Ferne. Nachdem Schelling durch seine Auffassung, dass es
bei allen Versuchen des Erkennens nicht sowohl auf das Resultat
als auf die durch jeden Versuch hervorgerufene „Bewegung"
ankomme, zu dieser dem Geist der neuen Zeit durchaus homogenen
und sympathischen Anschauungsweise den Anstoss gegeben, hat
W. Wundt sogar den Gedanken als der Weisheit Schluss zur
Endspitze seines Systems gemacht, dass es keinen Schluss der
Weisheit gebe und dass buchstäblich unendliche geistige Hervorbringung die Pointe alles weltlichen Geschehens sei, also
eine Pointe ohne wirkliche Spitze. An diesem Punkte scheint
mir der grösste Gegensatz des antiken und des modernen wissenschaftlichen Geistes zu liegen, und Gegensätze werden durch
einander aufgehellt. Das Alterthum wollte in edler Einfalt
Universalität schon für den einzelnen und übersah darüber zahllose Ansätze und Verzweigungen in's Unermessliche, der neue
wissenschaftliche Geist erwartet Universalität nicht einmal mehr
von der Summe der Einzelerkenntnisse, er hat die jetzigen ungeheueren Veranstaltungen des Wissensbetriebes in's Leben gerufen, aber darüber die einfache ursprüngliche und vernünftige
Stellung des Menschenwesens zur Wahrheit verloren. Das Alterthum zielte auf das Einfache, Centrale, Kern- und Wesenhafte
und hielt dafür, dass sich in dessen Besitze das Menschenleben
in immer wieder neuen Existenzen gut und glücklich herunter-
leben lasse; der neue wissenschaftliche Geist scheidet so leicht
nichts als unwesentlich und werthlos aus dem Wissbaren aus

und lässt das Belieben der einzelnen wissenschaftlichen Arbeiter
endlos neue Fragen aufwerfen und nach ihrer Beantwortung
suchen, wenn er auch Einer grossen Hauptstrasse der Forschung,
auf der die erlesensten Kräfte thätig sind, vor dem Gewirr der
unter einander verschlungenen Nebenpfade den Vorzug giebt;
das Leben scheint ihm ein unaufhörliches Sichtummeln im
unablässig sich gebärenden Neuen sein zu sollen. Wenn im
Jahre 1866 die Röntgenschen Strahlen schon entdeckt gewesen
wären, so würde Vogel v. Falckenstein sich wohl einen Besuch
bei ihrem Entdecker in Würzburg abgemüssigt haben, um sich
über diese neueste Entdeckung Vortrag halten zu lassen; aber
dass ein neuerer Heerführer sich gelegentlich bei einem Philosophen, wie Pompejus bei'm Posidonius (Tusc. II, 61), über etwas so
unsäglich einfach Menschliches und doch so unsäglich Wichtiges,
wie die Argumente, wesshalb der Schmerz kein Uebel sei, Raths
erholen sollte, das wäre ganz unerhört. Das Alterthum strebte
nach Wahrheiten, nach der constituirenden Versammlung der
Wahrheiten, als nach einem festen Besitz; der neue wissenschaftliche Geist erwartet von jeder neuen Erkenntniss ihre
baldige Veraltung und wieder auch die baldige Veraltung von
dem, was sie überholt. So liess sich im Alterthum einfach der
Gegenstand des Erkannten lieben, die neuere Liebe kann nur
der ewigen Bewegung selber gehören, weil sie nichts fest an
seinem Platze lässt. Die Liebe zur Wahrheit war im Alterthum
reiner, weil im Sinne des ursprünglichen menschlichen Bedürfnisses gehalten, sie hat jetzt eben ihren natürlichen Gegenstand vertauscht, indem sie sich nicht auf das Ziel, sondern auf
die ewige Bewegung bezieht, und doch ist das ein Widerspruch,
da jede Bewegung zu einer bestimmten, gerade diesen nur durch
ihre Beziehung zum Ziele werden kann. Persönliche Motive
mischen sich mehr in den Wissenschaftsbetrieb ein als im Alterthum, z. B. weil der Doctorgrad durch eine Dissertation erworben
werden soll, eine Programmabhandlung zu schreiben ist, Veröffentlichungen auf die Carrière, dgl. es im Alterthum nicht gab,
günstig wirken sollen, ganz besonders aber, sofern der Wunsch,
auf alle Fälle etwas Neues vorzubringen, oft sichtlich mehr gewirkt hat als der Gedanke an die sachliche Wahrheit. Die
wissenschaftliche Production im Alterthum war gewiss fleissig,
rührig und brachte zum theil taube Nüsse hervor, wurde doch

aber in Schranken gehalten durch den vorschwebenden Gedanken eines Zieles von begrenzter Universalität, die neuere aber
ist bei allem ihrem der alten weit überlegenen Reichthum doch
auch erschreckend. Es ist ein frommer Glaube, auch mancher
Philosophieen, dass keine Arbeit verloren gehen kann, aber eine
nüchterne Erwägung der Wirklichkeit bestätigt ihn nicht. Unzählige Bücher, die jetzt ohne Nachfrage in den Bibliotheken
lagern, haben ihrer Zeit mit einem Theil der in ihnen aufge-
speicherten geistigen Arbeit gewirkt, aber wer wollte sagen,
dass mit aller ihrer Arbeit, wer an das Vorhandensein einer
Bürgschaft dafür glauben, dass immer ihre werthvollsten und
besten Bestandtheile zum Wirken gekommen sind? Keineswegs
mit Sicherheit nach Gebühr schlägt vieles vielmals seine Wellen,
keineswegs ist verbürgt, dass für vieles, das ungeachtet geblieben ist, noch einmal seine Zeit kommen sollte. Die wirkliche
Zusammenfassung alles Wissens in Einem Geiste ist längst
gänzlich unmöglich und würde bei dem discursiven Charakter
der menschlichen Erkenntniss immer auch nur der Möglichkeit
nach bestehen; und wenn auch alles menschliche Wissen in
einem dauernden Material seiner Documente niedergelegt ist,
besitzt es dadurch nicht den Charakter des lebendigen Besessen-
werdens, lebensvollen geistigen Daseins. So trägt der moderne
wissenschaftliche Geist eigentlich den Speer des Widerspruchs
im Leibe, indem er im Gegensatze zu der antiken Idee der geschlossenen Universalität des Wissens in's Unendliche, und
damit Ziellose strebt. Es wäre desshalb gut, wenn er mit dem
antiken wissenschaftlichen Geiste eine Art von Compromiss
einginge. Durch die Vielseitigkeit und Akribie der Einzelforschung bleibt er diesem unaussprechlich überlegen, das Streben
nach Einheit und die Unterscheidung des innerlich Grossen im
Wissen von dem an Bedeutung geringeren Material sollte er
dem antiken ablernen. Die Aufmerksamkeit auf diesen Punkt
ist in der That längst geweckt. So sehr in den letzten dreissig
Jahren die Einzelforschung gewachsen ist, so sehr ist andrerseits
das Interesse an den Cardinalpunkten, „der Weltanschauung"
gestiegen. Vor dreissig Jahren war wer diese im Auge hatte
noch ein weisser Rabe auf den Universitäten; jetzt ist die Theilnahme der Geister und Herzen an ihr bis tief in das Volk
heruntergestiegen. Freilich bringt es die moderne Neigung zu

dem Gedanken des unbegrenzten Fortschrittes mit sich, dass auch die „Weltanschauung" meist doch als eine nur vorläufig einmal abschliessende gedacht wird, der weitere wieder vorläufig abschliessende folgen werden. Dagegen steht das Alterthum doch einfach-gross da, wenn es in den grössten Fragen, z. B. der nach dem höchsten Gute, ein für alle Mal das ewig Wahre zu erfassen ringt. Ebenso überhaupt in der Richtung auf diese grössten Fragen. Wer Cicero de finibus liest in der Absicht, sich über das höchste Gut klar zu werden, falls er darüber in Religion oder Philosophie sich noch keine Ueberzeugung gebildet hat, der allein liest die Schrift eigentlich in der höchsten Absicht, denn die Einsicht in solche Dinge giebt die Elemente einer auch jetzt noch möglichen Universalität in dem Allerwissenswerthesten; aber die neuere Wissenschaft knüpft an solche Monumente antiken Denkens unbegrenzte und auch sozusagen zufällige Forschungen an, denen alles andere mehr denn jenes Eigentliche am Herzen liegt, und findet auch hier, wie überall, in der Unerschöpflichkeit immer neuer Gesichtspunkte und Untersuchungsgänge gerade Wissenschaft, die die Alten nur auf das Eine in der Idee der Sache Liegende bezogen. Dass unser Specialismus nachgerade zu einer grossen Gefahr für wirkliche Erkenntniss wird, darin stimmen die gewichtigsten Mahnungen unserer wissenschaftlichen Grössen überein. Und wenn auch eine derselben, die in ihrer Virtuosität des leidigen Schimpfens unübertroffen ist, das Kind mit dem Bade ausschüttet, wenn sie die Gelehrsamkeit, als etwas was gar nicht sein sollte, immer „Verlehrtheit" nennt, so sollte doch in der That das Vorbild der antiken Universalität sich dahin geltend machen, dass neben dem modernen Specialismus, der mit Erschliessung immer neuer Stoffe das kindliche Alterthum so sehr in Schatten stellt, und in dem sich jeder sein allerbesonderstes Feld zur Weiterforschung erlesen möge, doch auch ein gewisses Streben nach einer gewissen Universalität wieder allgemeiner würde.

Mit dem Streben der antiken Humanität nach Universalität der Erkenntniss, stand in innerem Zusammenhange das Mittel, durch welches sie dieselbe zu erreichen suchte, nämlich

c) Die systematische Form der Erkenntniss. Der Ausdruck für diese systematische Form ist *ars*. Die inhaltlichen Elemente jeder *ars* waren ursprünglich zerstreut, weil zufällig bald dieses bald jenes gewonnen, de or. I, 187, wo auf die Elemente der Musik, der Geometrie, der Astronomie, der philologischen Hermeneutik (*grammatica*) und der Rhetorik etwas ausführlicher exemplificirt wird. Da ist denn eine formale Kunst (die Dialektik) hinzugekommen, welche die Fähigkeit besass, das Zerstreute zu verbinden und durch ein inneres Band zusammenzuhalten (de or. I, 188). Der Begriff der *ars* will also etwa dasselbe besagen, was wir jetzt Lehrbuch oder Compendium nennen. Dem neueren wissenschaftlichen Geiste wäre es ein unerträglicher Gedanke, die Wissenschaft ausschliesslich in Lehrbüchern „versumpft“ oder „verknöchert“ zu denken. Aber andrerseits wäre doch der Gedanke ebenso unerträglich, dass sich in dem zufälligen Urwald der Einzelforschungen gar keine Blockhäuser der Compendien erhöben, in deren Umkreise die gethane Arbeit übersehen werden kann. Die antike Humanität schätzt die Form der einzelnen Lehrgebäude überaus. Es muss doch eine *ars* der wichtigsten Dinge geben, da von den unbedeutendsten (es ist offenbar an die Handwerke gedacht) keines ohne ein gewisses System sein kann (de off. II, 6). So ist z. B. die (praktische) Philosophie nichts anderes als eine *ars vitae* (de fin. III, 4). Freilich erfreut uns an allen grossen Wissenschaftsgebieten zunächst, wie an den Bäumen, ihre Höhe, die Wurzeln und der Stamm nicht in gleicher Weise (or. 147). Aber die Hauptsache für die Erkenntniss ist doch, alles auf die Quellen, die Grundwahrheiten zurückzuführen, von denen der Weg zu den Einzelerkenntnissen leicht ist (de leg. II, 51). Die Juristen z. B. fehlen darin, dass sie oft (an den Zufälligkeiten der Empirie haftend), alles bis in's Unendliche verstreuen, was in Einer Grunderkenntniss leicht zu erfassen wäre (de leg. II, 47). Durch diese mannigfache Trennung der Theile wird die Grösse der einzelnen Erkenntnissgebiete verkleinert; zu den Zeiten des Hippokrates z. B. gab es noch nicht die Specialisirung der ärztlichen Wissenschaft in solche für innere Krankheiten, für Verwundung, für die Augen (de or. III, 132). Schon im Alterthum also wird der damals noch so sehr in den Windeln liegende Specialismus beklagt, falls er zur Aufhebung einheitlicher und umfassender Erkenntniss führt. Die einzelnen wissenschaftlichen Theilgebiete haben zwar zunächst ein jedes ihre Sonderexistenz und halten sich in sich selber zusammen (de or. II, 4), aber andererseits stehen sie in

continuirlichen Zusammenhängen (de n. d. I, 9) und werden guterletzt von Einem gemeinschaftlichen Bande umschlungen (de or.
III, 21. pro Arch. 2), d. h. offenbar, sie bestehen aus Sätzen,
in denen sich die Grundwahrheiten specialisiren. Das ist offenbar für das gar nicht ableitbare empirische Einzelmaterial, dem
durch Wahrnehmung, Beobachtung, Erkundigung nahe getreten
werden muss, nicht richtig, aber man sieht daraus, dass die
Würde von Systemen nur den Vernunftwissenschaften, nicht
den empirischen zuerkannt wird. Die *ars* bezieht sich ja auf
Gegenstände, die g e w u s s t werden (de or. II, 30), ein wirkliches
Gewusstwerden aber wird durch eine solche Vernunftgemässheit
bedingt gedacht, wie sie dem, was nur als thatsächlich gegeben
aufgenommen wird, nicht zukommt, sondern nur dem, was sich
aus der Vernunft wieder erzeugen lässt. Zu diesem aber ist das Ausgehen von systematischer Conception eine sicherere Führerin als
der Instinct des zufälligen Denkens *(ars certior dux quam natura)*, de fin. IV. 10. In das System hinein gehört also nur was
wirklich gewusst wird, de n n die Wahrheit kann nur Eine
sein (de or. II, 30. de n. d. I, 5). So ist die treibende Kraft
in dem wissenschaftlichen Bestreben der antiken Humanität die
Eine Wahrheit selbst, nicht die Lust der unendlichen geistigen
Bewegung, und daher das directe Ziel sogleich das S y s t e m, das
bei uns so gern in nebelhafte Ferne verschoben wird. Das Um-
strittene wird ausgeschlossen, aber der Inhalt der *artes* doch
wenigstens unter kritischer Ausscheidung des Unrichtigen und
im durchgeführten Kampf mit anderen Lösungen der Probleme
gewonnen; die moderne Akribie aber in der Constatirung des
Streitigen und Unabgeschlossenen nach dem jedesmaligen Stande
der Einzelforschungen, wie es nicht den Haupttext der Lehr-
bücher einverleibt, aber in den Anmerkungen berücksichtigt zu
werden pflegt, ist nicht antik. Das systematische Wissen *(arti-
ficem esse cuiusdam generis atque artis)* ist keineswegs dem
Versirtsein in den Stoffmassen gleich zu setzen (de or. I, 248),
es ist etwas viel Höheres, das eigentlich Anzustrebende. Das
Object der Erkenntniss ist immer die Idee der Sache, nicht
irgend welche der stets unvollkommenen und mit zufälligen
Mängeln behafteten Verwirklichungen derselben (de or. III, 84 f.),
worin sich wieder das Streben nach geschlossener Universalität
und systematischer Form des Wissens ausspricht und die empi-

rische Kenntniss der wirklichen Objecte als nicht zur Wissenschaft gehörig zurückgewiesen wird. Es begreift sich aus dem allen die tiefe Liebe zum wissenschaftlichen Leben, welche der antiken Humanität eigen ist; denn sein Ziel fällt noch zusammen mit dem, was das eigentliche, natürliche Verlangen des Menschengeistes ist, und wird nicht hinausgedrängt zu gunsten eines jahrtausendlangen Zwischenzustandes der in's Unendliche betriebenen Einzelforschung, in welchem man sich gewöhnt hat, mit der Betheiligung an der Heranschaffung der „Bausteine" fürlieb zu nehmen. Das Höchste des menschlichen Wahrheitsbestrebens wird wohl bestehen in der Vereinigung des antiken Strebens nach Vollendung der Hauptarbeit und des modernen nach nie zur Ruhe kommenden Ergänzung des Einzelwissens, Gemeinschaftlich ist beiden Bestrebungen, dass von ihnen hochgeschätzt wird

d) das Hilfsmittel der Bibliotheken. Denn auch das systematische Wissen rein aus sich selbst zu erzeugen, ist der menschliche Geist nicht geartet; er kann der Kenntnissnahme der Vielheit der menschlichen Bemühungen um die Wahrheit nicht entbehren, in die er dann in seinem systematischen Bedürfniss Ordnung und Gliederung hineinbringt. So ist auch die Bibliothek eine Liebe der antiken humanen Gesellschaft. Die der Griechen sind unermesslich (Tusc. II, 6) — nicht weil, nach moderner Weise, die subjective Stellung des Menschengeistes zu dem Wissensstoff keine Grenzen kennt, sondern „weil das Nämliche (mit unwesentlichen Modificationen innerhalb der Schulen) von vielen vorgetragen wird". Cicero hat selbst eine grosse Bibliothek, aber sie genügt ihm nicht, er sucht seine Kenntnisse aus der des Lucullus zu ergänzen (de fin. III, 10), er „weidet sich" an der Bibliothek des Faustus (ad Att. IV, 10, 1). dem Nachbar seines Cumanums. Er selbst will alle seine Spargroschen (*„vindemiolas"*) zu dem Zwecke zusammenhalten, sich die Bibliothek des Atticus einmal als Ressource für sein Alter zu erwerben (ad Att. I, 10, 4). Wenn er das erreicht — und er schiebt diesmal den Termin nicht so spät hinaus — so übertrifft er den Crassus an Reichthum und verachtet allen städtischen und ländlichen Grossgrundbesitz (ad Att. I, 4, 3). Zehn Jahre später, im Jahre nach seiner Rückkehr aus der Verbannung, freut er sich besonders darauf, dass Atticus bei einem

Besuche seine Bibliothek in vorzüglicher, durch Tyrannio besorgter, Anordnung finden wird (ad Att. IV, 4ᵇ, 1); er hat also doch auch inzwischen sich eine bedeutende Büchersammlung angelegt gehabt und findet, dass (von der Einäscherung seines Hauses, *pro Sest.* 54) ihm über Erwarten viel und in einem über Erwarten guten Zustande gerettet ist. Ad Att. IV, 8 a, 2 sagt er, dass, nachdem ihm Tyrannio seine Bücher geordnet habe, seinem Hause erst eine verständige Seele (*mens;* ὄμμα braucht im gleichen Sinne Aeschyl., z. B. Pers. 168) hinzugefügt erscheine. Leute des Atticus hatten ihm die Bibliothek durch Einband (*constrictione*) und Titelblätter (*indices*, ad Att. IV, 4 b, 1, oder *sillybi*, ibid. IV, 5, 3. 8 a, 2, sie waren aus einer Membran, ad Att. IV, 4 b, 1) zu einem freundlicheren Aussehen gebracht, und mit heller Freude spricht er ad Att. IV, 8 a, 2 von den Bücherbrettern, anscheinend einem Geschenke des Atticus (*illa tua pegmata*), in denen nun die so wohl geordnete und gezeichnete Büchersammlung prangt. Die Anschaffung von Büchern ist noch schwieriger als in dem folgenden Zeitalter. Die Bücher, die man haben möchte, sind oft nicht käuflich, offenbar, weil gerade solche, nach denen Nachfrage ist, so besonders von Werthe sind, dass sie von ihren Besitzern zurückgehalten werden; es bedarf zu ihrem Kauf oder Eintausch der Vermittlung besonders geschickter Kenner. Und doch weiss Cicero oft trotz seines Bemühens in diesem Punkte nicht zum Ziele zu gelangen. Ganz besonders sind einigermaassen fehlerfreie Abschriften von lateinischen Büchern schwer zu bekommen. Die Hauptstellen über den Büchererwerb in dieser Zeit sind ad Q. III, 4, 5. 5, 6.

e) Methodologische Grundsätze der Forschung und Kritik. Die eigentlich formal-logischen Denkregeln, der Satz der Identität, des Widerspruchs und des zureichenden Grundes, die inductive Methode der Forschung und die deductive, syllogistische sind bekanntlich von Aristoteles als solche entdeckt worden, aber gehandhabt sind sie natürlich auch vor ihm kraft der unwillkürlichen Selbstbethätigung des Denkens und werden es auch nach ihm meist unbewusst, in ausdrücklicher Reflexion auf sie höchstens einmal zur Controlle. Ausser jenen formalen Denkgesetzen (oder besser -normen) sind der antiken Humanität aber auch werthvolle mehr inhaltliche methodologische Grundsätze bekannt und geläufig, von denen ich die mir besonders aufgefallen sind anführen will. Fehlerhaft ist es, an der Meinung oder gar der Schule, an die man wie durch einen zufälligen Sturm verschlagen ist, wie an einem Felsen sich anzuklammern (ac. pr. II, 8). Denn urtheilen über den Vorzug einer Ansicht vor den übrigen kann man ja nur, wenn man alle kennen gelernt hat. Viele aber wollen wunderbarer Weise lieber irren und die einmal liebgewonnene Meinung auf das streitbarste verfechten als ohne hartnäckigen Eigensinn nach der haltbarsten unter den möglichen Meinungen suchen (ac. pr. II, 9). Statt dessen sollte man die Gründe mit den Gründen vergleichen (de div. I, 7), bereit sein, ohne Eigensinn zu widerlegen und sich ohne Empfindlichkeit widerlegen zu lassen (Tusc. II, 5), auch nicht sowohl Autoritäten als die sachlichen Momente entscheiden lassen: die Berufung der Pythagoreer auf das αὐτὸς ἔφα ist nicht zu billigen (de n. d. I, 10). Zu einer positiven Lösung eines Problems ist vielleicht nicht vorzudringen, dann aber ist es doch auch schon etwas, wenigstens entscheiden zu können, welche Lösungen jedenfalls nicht anzunehmen sind. So weit lässt sich offenbar die Consequenz des Ausspruchs ziehen, den der Akademiker Cotta de n. d. II, 2 thut, dass er mehr einen Blick habe für das, was nicht sei, als für das, was sei. Die Kantsche Unterscheidung eines constitutiven und eines regulativen Princips, also die Aufstellung, dass man in gewissen grossen allgemeinen Fragen von grosser praktischer Wichtigkeit auch wo man nicht im stande sei, sich eine theoretisch gültige Lösung zu verschaffen, sich doch im Leben so halten dürfe, als ob die von der praktischen Vernunft geforderte Lösung auch wirklich unabhängig von menschlichen Bedürfnissen und Wünschen wahr sei, ist mit vollkommener Klarheit erfolgt de n. d. I, 12, also mit Beziehung speciell auf die Gottesfrage, wie auch bei Kant, wenn es dort heisst: „Vieles ist annehmbar, was, wenn es auch der theoretischen Gewissheit entbehrt, dennoch eine so ausgezeichnete helle (praktisch überzeugende) Scheinbarkeit für sich hat, dass es wohl berechtigt und berufen ist, für das Leben des Vernünftigen zum leitenden Princip zu werden". — In Uebergangszeiten, wo sich ein alter, zumal dem religiösen Glauben heiliger, Geistesinhalt langsam zersetzt und ein neuer erst von einer geringen Minorität der am weitesten Vorgeschrittenen erfasst wird, können diejenigen, welche von

dem Neuen überzeugt sind, in eine schwierige Lage und schwere
Seelenkämpfe gerathen, theils ihrem eigenen Inneren gegenüber,
welches noch mit seiner Gemüthsseite dem Alten anhängt,
theils der grossen Masse der Altgläubigen gegenüber, von denen
sie gar nicht umfasst und verstanden werden und vielleicht sogar Anfeindungen, Bedrohungen ihres persönlichen Wohls und
Verfolgungen zu erleiden haben. Dass da in gewissen Fällen
das Märtyrerthum das sittlich Höchste sein kann, ist selbstverständlich, aber auf der anderen Seite gleichfalls wohl zu verstehen, dass das Märtyrerthum, eine Aufopferung an den Unverstand, berechtigter Weise gemieden wird, zumal wenn der
Verlauf des in Gang gekommenen Processes nicht von dem
Märtyrerthum abhängt und wenn das Alte gar nicht in jeder
Beziehung gemissbilligt, sondern nur in Beziehung auf seine
realistische Wahrheit verworfen wird. Da ist wirklich kaum
zu vermeiden, dass der Mensch mit der grossen Mehrzahl seiner
Mitbürger eine Sprache führt, die sie verstehen, andrerseits
aber für sich und den kleinen Kreis der Eingeweihten sich
seine höhere Meinung reservirt. Die Sache ist so wenig „doppelte Buchführung der Wahrheit", dass die Menschen sogar
den Sachverhalt und seinen inneren Grund ahnen und gewissermassen begreifen, zumal ja die Redeweise jedes nach beiden
Seiten so klaren Mitgliedes der kleinen Minorität nicht nach der
Einen Seite heuchlerisch ausfallen, vielmehr sich von der Redeweise derer, die wirklich nur auf der Einen Seite stehen, fühlbar unterscheiden wird. Ganz in diesem Sinne hat es Cicero
— wie seit Sokrates mehr oder weniger alle Philosophen —
gehalten, wenn er in seinen Reden und seinem politischen Leben
sich auf den Boden des Volksglaubens stellt, als Philosoph aber
deutlich einen geläuterten, monotheistischen Gottesglauben kundgiebt und im zweiten Buch de divinatione ein ganz wesentliches
Stück des Volksglaubens ex professo als ganz von Superstition
durchsetzt fallen lässt. So lässt er denn auch den Akademiker
Cotta, der im dritten Buche de n. d. die stärksten Zweifelsgründe
gegen den Volksglauben und sogar gegen eine göttliche Vor-
sehung vorträgt, daselbst § 5 die Unterscheidung treffen zwischen sich, dem Römer und *pontifex*, der sich als solcher
durchaus und gewissenhaft an die Satzungen der Vorfahren hält,
und sich, dem Menschen und Denker, der als solcher für sich

nur nach der wirklichen sachlichen Wahrheit strebt. Wenigstens
liegt diese Unterscheidung darin, dass er sogleich seine theoretischen skeptischen Ausführungen beginnt, nachdem er eben
erklärt hat, dass er als *pontifex* mit aller Entschiedenheit sich
dem Volksglauben anschliesse. Cicero's hochgebildeter Bruder
Quintus, der trotzdem zum theil dem Volksglauben, zum theil
dem stoischen Positivismus anhängt, durchschaut den Sachverhalt de div. I, 8 ganz genau, wenn er sagt, dass Cotta sich (in
de n. d. III) auf der Einen Seite nur desshalb salvire, um den Anschein zu vermeiden, als ob er mit der Volksanschauung brechen
(*communia iura migrare*) wolle. —

Hinsichtlich der Beurtheilung fremder Leistungen, noch mehr
auf dem Gebiet des Schönen als auf dem des Wahren, ist sich
die antike Humanität vollkommen klar darüber, dass hier ein
grosser Fehler ist, den Maassstab eines absoluten Ideals ohne
Berücksichtigung des Unterschiedes der Gattungen und Arten
der Production anlegen zu wollen. Zwar ist wirklich der Maassstab das Ideal: „Worüber auch immer man rationell urtheilen
möge, das ist auf die höchste Idee seiner Gattung zu beziehen"
(or. 10), aber es wird eben hinzugefügt: „seiner Gattung".
Das naive, unmittelbare Gefühl, von dem es auch in Uebertreibung ad Att. XIV, 20, 3 heisst: „Noch nie hat ein Dichter
oder Redner gelebt, der irgend einen für besser als sich gehalten hätte", das also ganz in seine subjective Liebhaberei
verrannt ist, kann nicht maassgebend sein: weder die Schranken
der Gattung sind zu vergessen noch ist um der einen willen
die andere herabzusetzen. Jedes ist eben in seiner Art schön
(falls es schön ist), der Arten aber giebt es mehrere (or. 36).
Die Künstler, die nach feststehendem Urtheil Lob verdienen,
sind doch in verschiedenen Gattungen zu loben: die Plastiker
Myro, Polyklet und Lysippus und die Maler Zeuxis, Aglaophon
und Apelles sind alle grosse Künstler, aber durchaus verschieden von einander, so jedoch, dass man keinen von ihnen
sich selber unähnlich wünschen möchte (de or. III, 26). Die
Anmuth ist das Auszeichnende an Isokrates, die Feinheit an
Lysias, der Scharfsinn an Hyperides, die Tonfülle an Aeschines,
die Kraft an Demosthenes. Wer von ihnen ist nicht hervor-
ragend? Und dennoch wer einem anderen als sich selber ähnlich? (De or. III, 28). Ebenso werden dort in ihrer rednerischen

Besonderheit die Römer Scipio, Laelius, Galba, Carbo charakterisirt und daran die rhetorische Frage geknüpft: „Wer von
ihnen war nicht ein Meister (*princeps*) für seine Zeit? Und dabei
jeder doch nur in seiner Gattung Meister. Und nicht nur die
ersten Grössen, ein Homer, Archilochus, Pindar, Sophokles
haben ihren Platz, sondern auch zweite und auch solche noch
unter dem zweiten Range; ehrenvoll ist es, wenn man sich das
Höchste zum Ziel setzt, auch bei dem zweiten oder dritten
Preise zu landen (or. 4, vgl. Hor. carm. IV, 9, 5 ff.)*). Auch
Tacitus hält diese offenbar dem Studium der älteren Humanität
verdankte Anschauung noch fest, wenn er (dial. 18) sagt: „Was
verschieden ist, braucht nicht *eo ipso* unterwerthiger zu sein".
Uebrigens ist ja auch die Subjectivität des Geschmackes nicht
ganz auszuschliessen, den einen scheint dieses, den andern jenes
das Beste (or. 36). Ja, auch der einzelne kann zu verschiedenen
Zeiten verschieden urtheilen (or. 237), so dass ein starrer, eigen-
sinniger Dogmatismus des ästhetischen Geschmackes nicht angebracht ist.

f) Die productive Geistesarbeit. Das Studium treibt
über sich selbst hinaus zur Production. Der unterrichtete Geist
holt immer etwas aus sich hervor, was andere erfreut, ihm selber
Ehre einbringt (Lucceius ad fam. V, 14, 1); die blosse Beschäftigung und der Lerngeist erzeugt täglich etwas aus sich, was
man mit der Freude, die die Musse gewährt, zum Gegenstand
weiterer Forschung macht, und so wird die innere geistige Bewegung unerschöpflich (de or. III, 88). Charakteristisch ist es, dass
die hier auch einmal von dem antiken Geiste entgegen seinem
Streben nach geschlossener Universalität betonte „Unendlich-

---

*) Antonius regelt de or. II, 85 das verschiedene Verhalten des Meisters zu
den Jüngeren der Kunst sehr vernünftig folgendermaassen: bei grossem Talent be-
schwört er, auch allen Fleiss aufzubieten, bei mittlerem dringt er nicht sehr und
stellt alles der jungen Kraft selber anheim, bei mangelndem Talent räth er auf's
dringendste ab, es mit dieser Kunst zu versuchen. Eine Erprobung der Talente
auf ihre Anstelligkeit (*quid deceat*), und auf ihre namentlich physischen Mittel geht
vorher; er denkt an die Redekunst, aber die Gedanken sind auch auf andere Künste
zu übertragen. Crassus warnt de or. III, 35 vor der Annahme, dass die so verschiedenen Talente nicht aus derselben Belehrung und Schulung hervorgehen könnten.
Das sei wider die Erfahrung. Der Lehrer müsse nur seine Aufmerksamkeit auf die
Verschiedenheit der Begabungen richten und dann individualisirende Behandlungsweise eintreten lassen (*ad cuiusque naturam institutionem accommodare*).

keit" der wissenschaftlichen Forschung nicht sowohl aus der
Unendlichkeit des Stoffes, als aus der unendlichen Regsamkeit
des subjectiven Geistes abgeleitet wird; die Begrenztheit der
artes wird dadurch nicht aufgehoben, an eine Zugehörigkeit
aller aus den Forschungsanwandlungen des Subjectes hervor-
gehenden Forschungsarbeit zu dem System des Wissens wird
nicht gedacht. — Was man litterarisch verarbeiten wollte, darüber
pflegte man sich erst Notizen zu machen, (ac. pr. II, 2), wo an
Lucullus gelegentlich eine so erstaunliche Gedächtnisskraft*) gerühmt wird, dass er dessen entbehren konnte und alle Eindrücke
„in seinem Geiste eingegraben" trug. Eine gute, d. h. wohl-
geordnete, klar ausgeführte und reizvolle Darstellung galt für
die unerlässliche Bedingung von litterarischen Veröffentlichungen;
wer nicht auf sie bedacht ist, der treibt einen Missbrauch mit
der Musse und den litteris und kann nicht erwarten, gelesen
zu werden (Tusc. I, 6. II, 7). Daher können Männer wie Cicero's
Zeitgenossen Amafinius und Rabirius, die ohne jede Spur einer
logischen und ästhetischen Vorbildung über Dinge, die auf der
Hand liegen, in der Vulgärsprache schreiben (ac. post. I, 5), die
sich gar nicht angelegen sein lassen, wie, sondern nur was sie
schreiben (Tusc. II, 7) gar nicht zur humanen Gesellschaft gerechnet werden. In dieser wird sorgfältig gefeilt: ad Att. IV, 13, 2:
„Meine oratorischen Schriften sind mir lange und viel in der
Hand gewesen, jetzt magst du sie abschreiben lassen". Eine
andere Schrift wagt Cicero dem Atticus erst zu schicken, nachdem er sie langsam und mit feinfühliger Bedenklichkeit gegen
etwa noch nicht völlig Gelungenes sich selber zu völliger Befriedigung gebracht hat (ad Att. II, 1, 1). Doch hat Quintus
Cicero in 16 Tagen vier Tragödien „absolvirt" (ad Q. f. 5, 7),
sie mögen auch danach gewesen sein, wenn der Ausdruck nicht
etwa nur bedeuten soll, dass er in dieser Zeit die letzte Hand
an sie gelegt hat. Man theilt auch wohl seine Schriften vor
ihrer Veröffentlichung Freunden zur Begutachtung mit. So liess
sich Cicero die beiden ersten Bücher de republica in seinem
Tusculanum in Gegenwart des Sallust vorlesen (ad Q. f. III, 5, 1 f.),
der gegen die Form des Dialogs, dass der Verfasser in diesem
nicht selbst die Hauptrolle spielte, sondern überhaupt das Ge-

---

*) Und zwar heisst es dort in feiner Beobachtung, dass sein Sachgedächtniss
so gross gewesen sei, an Wortgedächtniss habe ihn Hortensius noch übertroffen.

spräch Männern der Vorzeit in den Mund gelegt hatte, gewichtige Bedenken äusserte, die auf Cicero zunächst den Eindruck machten, dass er das Werk umarbeiten wollte, um als Meistunterredner auch die Verhältnisse der nachscipionischen Zeiten und besonders seiner eigenen Zeit — die grössten politischen Erschütterungen, wie er sagt — berücksichtigen zu können; übrigens hat er bekanntlich nachträglich dann doch diese Einwürfe des Freundes überwunden. M. Brutus schickte dem Cicero im Jahre 44 seine in einer Contion auf dem Capitol gehaltene Rede mit der Bitte, dass sie der Freund vor der Herausgabe verbessern möchte, ohne dabei seinem Ehrgeize, ihn übertreffen zu wollen, die Zügel schiessen zu lassen. Cicero fand die Rede nach Form und Inhalt überaus gewählt, nur dass er selber in gleichem Falle leidenschaftlicher (*ardentius*) gesprochen und geschrieben haben würde. Brutus, schreibt er, habe in seiner Art unübertrefflich geschrieben, daher habe er ihm auch nicht durch Corrigiren dreinreden können, obgleich er selber nun einmal, gleichgültig ob mit Recht oder Unrecht, ein anderes rednerisches Ideal verfolge (ad Att, XV, 1 b, 2). Selbstverständlich fällt man auch unter Freunden mündlich oder brieflich litterarische Urtheile über die zeitgenössische Production, so z. B. Cicero über seinen eigenen orator ad fam. VI, 18, 4: die Schrift ist ihm so sehr ein entscheidendes Specimen über sein ganzes Können, dass er etwas sein will, wenn diese Schrift nach competentem Urtheil etwas ist, wo nicht, sich einen ihr entsprechenden Abzug an seiner schriftstellerischen Reputation gefallen lassen will, und er hat mit der Schätzung dieser feinsinnigen Schrift auch in den Augen der Nachwelt ganz recht. Die „poëmata" des Lucrez finden beide Ciceronen, Marcus und Quintus, im Einverständniss nicht von vielen Geistesblitzen erfüllt, aber doch von vieler Kunst (ad Q. f. II, 9 (11), 4); wenn damit Lucretius *de rerum natura* gemeint ist, und von anderen Gedichten des Lucrez wissen wir doch sonst nichts, so ist freilich das Urtheil über das geniale Werk in auffallender Weise durch die stoffliche Abneigung Cicero's gegen den Epikureismus gefärbt *).

---

*) Klotz liest desshalb: *multis luminibus ingenii, non multae tamen artis*, was gleichfalls ein schiefes Urtheil sein dürfte. Bergk hat in Cic. de Lucretio iudicium, Marburg 1846, die ganze Stelle noch kühneren Conjecturen unterworfen, indem

Die dialogische Form seiner philosophischen Schriften macht Cicero so viel Freude, dass er nach Lael. 4, wenn er seine Schrift *de senectute* liest, oft nicht sich, sondern den Cato selbst zu hören glaubt, oder umgekehrt, weil ihm diese Form unter anderen auch eine so angenehme Illusion gewährt, wählt er sie. Die nähere Gestaltung dieser Form beschäftigt ihn bisweilen in seinen Briefen, so ad Att. XIII, 19, 3, ff die Umgestaltung der *academicae quaestiones* aus ihrer ersten Anlage in die zweite. Es fragt sich dann, ob er die Weise des Aristoteles (in seinen für uns verloren gegangenen exoterischen Dialogen), sich selbst die Hauptrollen beizulegen, oder die des Heraklides Ponticus — Plato wird seltsamer Weise nicht genannt —, das Gespräch nur vor dritten Personen halten zu lassen, und dann, ob von zeitgenössischen oder verstorbenen, befolgen soll. Es würde zu weit führen, hier sein *pro* und *contra* weiter zu verfolgen. Ad Att. IV, 16, 3 weiss er unter Anspielung auf den greisen Kephalos in Plato's Republik zu motiviren, wesshalb er den alten Scaevola vom zweiten Buch de oratore ab nicht mehr an dem Gespräche theilnehmen lässt; nur ist schwer verständlich, dass er es für ihn auch nicht *decorum* hält, dass er, ein Mann von solchen Ehren, sich mehrere Tage in dem Tusculanum des Crassus aufhalten sollte.

Sklavenbedienung und -hülfe (oder solche von gebildeten Freigelassenen) steht diesen Männern der humanen Gesellschaft, wie bei der Ordnung ihrer Bibliothecken, auch bei ihrer litterarischen Production vielfach zur Verfügung. Der Tod eines solchen, des jungen und angenehmen (*festivus puer*) Vorlesers Sositheus, hat nach ad Att. I, 12, 4 dem Cicero tiefe Betrübniss gemacht, „mehr als ich gedacht hätte, dass es der Tod eines Sklaven thun könnte". Schon L. Crassus hatte in dem Diphilus, seinem Vorleser und Secretär, einen vertrauten Arbeitsgehülfen (de or. I, 136). Eine trotz der Berufung auf einen noch lebenden Zeugen seltsame Verwendung eines Sklaven wird de or. III, 225 von Gracchus (wohl dem jüngeren) berichtet: er habe einen Sklaven mit einer kleinen elfenbeinernen Flöte versteckt hinter

---

er aus dem Folgenden *sed cum veneris, virum to putabo, si .. auch noch Stoff für die Lucrezbeurtheilung herausschlägt mit der Verbesserung „sed ad umbilicum si veneris, virum te putabo.* Für einen Cicero sollte die Lectüre des Lucrez solche Schwierigkeit gehabt oder Ueberwindung gekostet haben?

sich stehen gehabt, wenn er vor dem Volke redete", der schnell
den Ton anzugeben gehabt hätte, der ihn entweder bei zu sehr
nachgelassener Stimme anregen oder bei zu starker Anspannung
derselben das Zeichen zur Milderung geben sollte. Der ad
Att. VI, 1, 23 erwähnte Flötenspieler des Lucceius, mit dem dieser
oft in seinem Tusculanum verweilte, war wohl einfach einer von
den *pueri symphoniaci* (pro Mil. 55), welche bei vornehmen
Römern eine Hauscapelle bildeten. —

Die moderne Höflichkeitswendung in Vorreden — deren
Cicero übrigens einen ganzen Band auf Lager hatte, so dass
er einmal aus Versehen eine schon einmal verwandte noch einmal benutzte (ad Att. XVI, 6, 4) —, dass der Verfasser das Urtheil über Werth oder Unwerth seiner Schrift anderen über-
lasse, eine nicht ganz ernstgemeinte Wendung, die der Thatsache widerspricht, dass ein verständiger Autor über die Vorzüge
und Mängel seiner Werke sich selber am besten klar zu sein
pflegt, war auch den Alten nicht unbekannt (de off. I, 3). Dem
L. Crassus legt Cicero noch in den Mund (de or. II, 25), dass
er weder von den Gebildetsten noch von den Ungebildetsten
gelesen werden möchte, er selbst aber erklärt Tusc. II, 4, dass
er nur wünschen könne, dass gegen ihn geschrieben werde,
weil sogar in Griechenland erst der Streit die Blüthe des wissenschaftlichen Lebens hervorgerufen hätte.

5. Das Verhältniss zu den Griechen. Es ist den
Römern völlig bekannt, dass was ein auserwählter Kreis in
ihnen, eben die humane Gesellschaft, in dem Hinausgehen über
ihren praktischen Nationalcharakter zu einer so zu sagen neuen
Nationalität allseitigerer Menschlichkeit geworden ist, er ganz
und gar durch Anregung des griechischen Wesens geworden ist.
Der grösste Theil der lateinischen Litteratur ist ein einziger
Beleg für das *Graecia capta ferum victorem cepit* (Hor. ep. II,
1, 155), und eine nähere Ausführung davon ist hier so wenig nöthig,
wie insbesondere die oft beigebrachte Nachweisung der Stellen,
an denen Cicero die Abhängigkeit seiner philosophischen Schriften
von griechischen Vorbildern bekennt, eine Nachweisung, die
namentlich in den letzten Jahrzehnten oft in Dissertationen über
die Quellen der einzelnen dieser Schriften ergänzt ist. Wir
wollen hier nur zuerst einige Belege dafür anführen, wie hoch
insbesondere der ausserordentliche Werth der Stadt Athen für

die menschliche Cultur von der humanen Gesellschaft geschätzt wurde. Da heisst es also de sen. 1, aus Athen stamme die Humanität und sogar die Klugheit; Nep. Att. III, 3, Athen rage durch Alterthum, d. h. durch die Länge der eigenen Geschichte, und durch geschichtliche Erkenntniss des Alterthums, durch Humanität und durch gelehrtes Wissen hervor. Der Begriff der Humanität bleibt dabei, wie wir nachgewiesen haben, ein römischer, aber das Wesen der Humanität als allseitiger Ausbildung der menschlichen Anlagen, ist schon griechischen, speciell athenischen Ursprunges. Athen liebt Cicero von Herzen (ad Att. VI, 1, 26), *ipsas Athenas*, schon die Stadt Athen als solche. Sie vermag durch die Vorbilder zu fördern (de off. I, 1), da in jedem Theile Athens in den Stätten selber der Hinweis auf die grössten Männer enthalten ist (de fin. V, 4), da „Athen selber" durch die Erinnerung an die grössten Männer erfreut (de leg. II, 4). Auffallend ist, dass Athens damals doch sicher noch zum allergrössten Theil erhaltene Kunstwerke nicht vor allem anderen als der eigentliche Reiz der Stadt angesehen werden; in der Stelle de leg. II, 4 werden „die grossartigen Werke und ausgesuchten Kunstschöpfungen der Alten" in Athen erwähnt als nicht mehr (oder nicht so sehr?) erhebend wie jene Erinnerung. Das wird daraus erklärlich sein, dass der Schwerpunkt der humanen Gesinnung doch mehr nach der Seite des philosophischen Ernstes als nach der Seite der Heiterkeit der Kunst lag; wer kennt nicht auch heute noch die Naturen, die mehr durch die Momente ihres eigenen Innenlebens erregt werden als durch Werke der Kunst, die äusserlich licht und gross vor ihnen stehen? Und in das Innenleben der nicht specifisch künstlerisch oder ästhetisch angelegten Naturen greifen Werke von der ausdrücklichen Klarheit des allgemein menschlichen Gedankens energischer ein als Werke, welche die doch zum theil eigenartige Gedankenwelt des Künstlers sinnenfällig herausstellen. Die Bewegung aber, die auf das empfindende Gemüth von den Stätten ausgeht, an welchen Männer gewirkt haben, die dem Innenleben des sie Aufsuchenden ganz besonders vieles oder ganz besonders grosses gegeben haben, ist in der That eins seiner seltsam höchsten Erlebnisse. Diese Empfindungsweise, die später noch einmal in dem edlen Germanicus (Tac. Ann. I, 61 f. II, 53 f. 60 f.) in seltenem Maasse ausgeprägt war, ist auch der älteren humanen Gesellschaft in hohem Grade eigen. Atticus besucht mit Eifer die Grabstätten der grossen Todten in Athen (de leg. II, 4), gleichwie Cicero in Syrakus nicht ruhte, bis er das von Gestrüpp umwachsene Grabmal des grossen Archimedes wieder aufgefunden und freigelegt hatte, das er an der Sphäre und dem Cylinder auf seiner Spitze erkannte (Tusc. V, 64). Die Hauptstelle für die Constatirung dieser Empfindungsweise ist für uns de fin. V, 2—4. Dort sehen wir, wie Piso, die einsame Stätte der alten Akademie betretend, von der Erinnerung an Plato so ergriffen wird, dass er ihn selbst zu sehen glaubt, und ihm der noch erhaltene Lehrsessel des Polemo ein Gegenstand der Pietät ist. Den Q. Cicero hat auf dem Wege dorthin bei dem Vorübergang an Kolonos die Erinnerung an Sophokles und das herrliche Chorlied im Oed. Col. εὔιππου, ξένε, τᾶσδε χώρας . . ebenso ergriffen. Atticus hält sich gern in weihevoller Erinnerung in den Gärten Epikurs auf. M. Cicero bestätigt diese Empfindungsweise als auch seine eigene, dass wir lebhafter und aufmerksamer durch die Mahnung der Stätten, wo sie geweilt, an grosse Männer gedenken; erzählt, dass er bei einem Besuche von Metapont nicht eher bei seinem Gastfreunde eingekehrt sei, als bis er die Sterbestätte des Pythagoras besucht habe, und spricht jetzt aus, dass ihm bei dem Anblick der Lehrhalle des Carneades die Empfindung gekommen sei, als ob er ihn leibhaftig sehe und als ob die verwaiste Stätte den Verlust der Stimme eines so grossen Denkers betrauere. Der junge L. Cicero erzählt unter Erröthen, dass er bei'm Phaleroshafen an die Stätte herabgestiegen sei, wo einst Demosthenes in seinen Redeübungen das Meeresgetöse zu übertönen gesucht habe, ist kurz vorher rechts vom Wege ausgebogen, um an das Grab des Perikles heranzutreten, und fügt hinzu: „Wohin wir auch in und bei Athen den Fuss setzen, betreten wir irgend eine historische Stätte". Diese Unterhaltung abschliessend sagt Piso, dass es freilich blosse Curiosität sei, wenn man sich an der Constatirung von Erinnerungsstätten genügen lasse, dass in den sich daran schliessenden Gemüthsbewegungen erst etwas geistig werthvolles sei, wenn man sich durch jenes äussere Moment zur Nachahmung der grossen Männer erregen lasse. — Uebrigens ist für die humane Gesellschaft an allem Grossen, was Athen auszeichnet, eigentlich das am meisten Sympathische „der ein-

sichtige und lautere Geschmack" (or. 25), „die Freiheit der
attischen Sprechweise von Gesuchtem und Ineptem" (or.
29), also ihre edle Einfalt und Natürlichkeit, — was freilich ausgesprochen
wird, wo gerade die verschiedenen Charaktere der B e r e d t s a m -
k e i t thematisch sind und der „asianische" Schwulst auf sein
leuchtendes Gegentheil hingewiesen werden soll.

Obwohl aber die antike Humanität sich darüber klar ist,
dass ihre „feinste Bildung von jenseit des Meeres und von
aussen gekommen ist" (de or. III, 135), dass man die Beispiele
der geistigen Grösse bei den Griechen und nur die der sittlichen
bei den Römern suchen muss (de or. III, 137), dass in den
Griechen, auch den seit Alexanders des Grossen Zeiten über Asien
zerstreuten, nicht nur die Humanität wohnt, sondern auch von
ihnen zu andern gekommen ist (ad Q. f. I, 1, 27), so sind doch
die dem Blüthealter der Humanität zeitgenössischen Griechen
in deren Augen weit entfernt davon, das wahre Ideal des humanen Wesens harmonisch, in der richtigsten und vernünftigsten
Mischung seiner Bestandtheile, in sich darzustellen. Das damalige
Griechenthum fährt in ihren Augen mit schiefem Kiele, auf
den der einseitige Ballast theoretischen oder ästhetischen Geistes-
thums so sehr drückt, dass das dabei herauskommende Gesamtbild ihres Wesens nimmermehr das eines echten, vernünftigen
Menschenthums ist. Sie sind nicht Menschen, sondern *homun-
culi*, sie werden meistentheils nicht *Graeci*, sondern *Graeculi*
genannt, was man nicht unzutreffend, aber doch etwas einseitig
„griechische Schöngeister" zu übersetzen pflegt; ein derber, unerklärlicher und doch so wunderbar verständlicher, unschrift-
deutscher niedersächsischer Ausdruck, „H . . . . . ." trifft den
Sinn dieses Deminutivums noch besser. Zunächst erfreuen sich
diese Leutlein einer Musse — *Graecum otium* or. 108 —, wie
sie mit dem zum Handeln bestimmten ernsten menschlichen Leben
nicht vereinbar ist. „In *litteris* geboren, zerfliessen sie nun vollends in Musse" (de or. III, 131); das praktische Leben hat etwas
Erziehendes, Zwingendes, Haltung Gebendes, im Gegensatz
wozu sie eben „zerfliessen". Um die Musse auszufüllen, die Zeit
todt zu schlagen, disputiren sie „in Winkeln", was sonst *umbra
scholae*, im Gegensatze zu dem *sol et pulvis vitae* heisst. Sie
schwätzen (de or. II, 21); ihre tagaus tagein im Gange befindliche Geschwätzigkeit entbehrt der Erfahrung, sie ist das Ab-

leiern eines Schulinhalts (de or. I, 105). Sie sind begieriger nach Streit als nach Wahrheit (de or. I, 47); sie richten noch nach Weise der alten Sophisten die Aufforderung an ihre Zuhörer, ihnen jedes beliebige Thema zu stellen, auf das sie dann sogleich in einem freien Vortrage eingehen, und das ist eine gerechten Spott herausfordernde Unverschämtheit (de or. 102. 104)*). Wo es auch ist, unter welchen Menschen es ihnen auch einfällt, disputiren sie auf's spitzfindigste über schwierige oder nicht nothwendige Dinge, und das ist der Gipfel des Inepten (de or. II, 18); die alten grossen griechischen Staatsmänner sind solchen Leuten keineswegs ähnlich gewesen, wenn sie auch i n d e r M u s s e theoretische Gespräche nicht mieden (de or. II, 19). Und doch wissen jene Griechlein nicht einmal ihr Publikum durch ihre Vorträge wirklich zu fesseln: sobald sich das Sausen des Discus aus der Nähe vernehmen lässt, stürzt alles Hals über Kopf aus der Halle, um an diesem Sport theilzunehmen, und lässt den Philosophen sitzen (de or. II, 21). Der Grossvater Cicero's hat den Einfluss dieses Wesens der griechischen Zeitgenossen mit dem drastischen Ausspruch gekennzeichnet: „Je besser einer griechisch kann, von desto schandbarerer Leichtfertigkeit ist er" (de or. II, 265)**). Sein Enkel lässt den L. Crassus (de or. III, 43) aussprechen: „In Athen ist schon längst die wissenschaftliche Bildung der eigentlichen Athener zu grunde gegangen; nur der Wohnsitz der Studien bleibt in jener Stadt, die Bürger wissen nichts von ihnen, die Fremden geniessen sie, in Bann genommen von dem Namen und dem Ansehen der Stadt." Im praktischen Leben haben die Griechen etwas Unzuverlässiges an sich und sind streberische Naturen: „Ich habe wirklich gründlichen Ueberdruss an der Charakterlosigkeit und Schmeichelei dieser Leute, die nicht im Dienst der Pflicht stehen, sondern Opportunisten sind (*temporibus serviunt*), ad Q. f. I, 2, 4***). Daher giebt M. Cicero (ad Q. f. I, 1, 16) auch den Rath, in der

---

*) Cicero's edler, humaner Freund Paetus verspottete einst ein solches Griechlein mit der unerwarteten Antwort auf solche Frage: ja, er frage ihn jetzt am Morgen, was das Abendessen auf den Tisch bringen würde. „Der Tölpel hatte eine Frage wie die erwartet, ob es Einen oder mehrere Himmel gebe" (ad fam. X, 26, 3).

**) Viele der in Griechenland honetter Weise zu betreibenden Wissenschaften und Künste erscheinen doch selbst humanen Römern brotlos (*ludicrae*), Tac. dial. 10.

***) So spricht Juvenal (III, 78) von dem „hungernden Griechlein".

Provinz vor Vertraulichkeit mit Griechen sorgfältig auf seiner Hut zu sein, „mit Ausnahme sehr weniger, die etwa des alten Griechenlands würdig sind". Wenn er (ad fam. XIII, 78, 1) dem Demokrit von Sikyon nachrühmt, dass er ihm ein vertrauter Freund sei, so vergisst er nicht, die Sache noch wichtiger zu machen durch den Zusatz, dass dies zumal für einen Griechen eine Seltenheit bei ihm sei. — Bei alledem ist es dann kein Wunder, dass Leute, die sich, wie ein gewisser Albucius, ganz und gar wie Griechen benehmen, von Lucilius aus dem Munde des Scaevola als Verleugner ihrer Nationalität geistreich und scharf verspottet werden (de fin. I, 8 f.). Ad fam. IX, 15, 2 wird gelegentlich der altrömische Witz — die alte einheimische „festivitas" — für salziger als der berühmte attische erklärt; das Urtheil ist schwer zu controlliren, jedenfalls weniger gewagt als das bekannte, wohl nur vorübergehend einmal vom Nationalstolz eingegebene Urtheil Tusc. I, 1, dass die Römer alles entweder weiser erfunden oder es nachträglich besser gestaltet hätten als die Griechen, sofern sie es für der Mühe werth gehalten hätten, Arbeit darauf zu verwenden. Der Ausruf Tusc. II, 35 „O du bisweilen an Ausdrücken armes Griechenland, an denen du immer reich zu sein glaubst!" ist dagegen in seiner vorsichtigen Fassung wohl zu entschuldigen.

B. Die hemmenden Momente.

1. **Banausischer Sinn.** Der römische Nationalcharakter hat sich in summa nicht so sehr in seiner natürlichen Mitgift beschränkt bewiesen, dass nicht die begabtesten Träger desselben zu einer freieren und weiteren Humanität sich hätten aufschwingen können. Dennoch waren abgesehen von den durch Natur und Absicht starren altrömischen Charakteren und der grossen Masse des niederen Volkes gewisse Elemente innerlich davon ausgeschlossen, zur Theilnahme an der humanen Gesellschaft zu gelangen. Das gemeinsame Merkmal aller dieser war was de or. II, 10 *ieiunitas bonarum artium*, ein auf Nüchternheit und innerer Leere beruhender Mangel an geistigen Interessen, heisst und was die Griechen einen banausischen Sinn — das Wort ist vielleicht von βαῦνος Ofen und αὖειν brennen abzuleiten — nannten. Diese Banausen, die durch die Niedrigkeit ihres Wesens von der Humanität ausgeschlossen sind, werden etwa

durch folgende weitere Merkmale, die übrigens ja nicht alle zusammen in jedem Falle einzutreffen brauchen, charakterisirt: Es sind die geistigen Tagelöhner und Handlanger (*operarii*, ad fam. VIII, 1, 2), die wohl für Stadtklatsch, aber nicht für das Höhere im Staatsleben oder gar in Kunst und Wissenschaft Sinn haben, eine Person welcher Art in dem namenlosen „alter" des oben angeführten Briefes des Caelius hervortritt oder in dem Chrestus (ad fam. II, 8, 1), der dem Cicero nach Cilicien eine „Compilation" von Stadtneuigkeiten so niederer Art geschickt hat, „wie sie ihm zu Rom niemand zu erzählen gewagt haben würde". Es sind die, welche nur den *illiberalis labor* (de fin. I, 3) kennen und „mit Einer Thätigkeit Tag und Nacht denselben Amboss schlagen" (de or. II, 162), die „in das Staatsleben entblösst und ungerüstet, ohne irgend welche Kenntniss der Dinge und irgend welches Wissen eintreten" (de or. III, 136); es sind die Halbgebildeten (*leviter eruditi*), deren Meinungen anfangen wie ein Alp auf dem öffentlichen Leben zu lasten (de or. III, 24). Es sind die, die, wenn sie schweigen, sich den Anschein geben, als ob sie aus tieferen und verständigen Hintergedanken (*iudicio*) schwiegen, in Wahrheit aber aus innerer Armuth verstummen (de or. III, 110). Die griechische Litteratur lieben sie nicht, noch mehrere sind es, die die Philosophie nicht lieben, manche halten die Beschäftigung mit ihr wenigstens für römische Staatsmänner nicht eben geziemend (ac. pr. II, 5). Auch manche, die als lateinische Lehrer der Beredtsamkeit auftreten, verfahren dabei in so handwerksmässiger Weise, dass sie die Köpfe nur verdummen, die Unverschämtheit stärken (de or. III, 93). Auch Aper in Tac. dial. 10 schwenkt doch in dieses Heerlager ab mit der Bemerkung: „Uns möge es genügen, private Controversen und solche, die unserem Zeitalter angehören, zu führen". — Eine Thätigkeit für armseligen klingenden Lohn (*mercedula*) wird de or. I, 198 nur Griechen von niederster Herkunft nachgesagt, die sich als sogenannte πραγματικοί Rednern vor Gericht als Gehülfen anbieten, und ihnen die römische Sitte des Rechtsbescheids, welchen die ersten Männer des Staates ertheilen, entgegengesetzt. Diese reiche Aristokratie hatte freilich gut reden; ihre bevorrechtete Stellung liess sie nicht zu der einfachen, humaneren Anschauung der modernen Zeit gelangen, dass der Arbeiter seines Lohnes auch w e r t h erscheinen darf, so wünschenswerth auch

die Gunst der Verhältnisse sein mag, dass in Thätigkeiten höchster
Art oder feinfühliger Beziehungen der Gesichtspunkt des Lohnes
nicht mitzusprechen brauche, ohne dass die unabweisbaren Bedürfnisse des Lebens des Arbeitenden dadurch ihre berechtigte
Berücksichtigung einbüssten.

2. Die national-römische gênirte Zurückhaltung
vor dem Bekenntniss rein geistiger Interessen. Rein
geistige Interessen zu haben oder auch nur haben zu können
lag ursprünglich nicht in der römischen Natur, und man hielt sie
auch noch lange Zeit, nachdem sie dem römischen Wesen aufgegangen waren, mit einer gewissen, ganz eigenthümlichen, so zu
sagen jungfräulichen Scheu vor fremder Wahrnehmung in einer
gewissen Verborgenheit. Diese Scheu verbreitet über die litterarischen Monumente der antiken Humanität einen ganz eigen-
artigen Hauch, der mir sonst in keiner Litteratur eines anderen
Volkes bekannt ist: es ist der Hauch der herben Sprödig-
keit einer praktischen Natur, mit der sie ihr Herz für geistige
Interessen entdeckt und es doch sich und noch mehr anderen
nicht recht eingestehen will. Es ist die Scheu, das Dasein eines
noch ganz anderen, feiner organisirten Lebensinhaltes zu gestehen, nachdem eine Jahrhunderte lange Volksvergangenheit
sich nur in der Welt des Staates, des Krieges und der Geschäfte ausgelebt hat. Für Menschen, die nach ihrer nationalen
Mitgift darüber stehen und die Weiten des menschlichen Wesens
mit den Producten aller ihrer Zonen als gleichberechtigt zu
empfinden gewohnt sind, hat die Beobachtung dieser Zurückhaltung etwas Anziehendes, ja Rührendes, das sich vergleichen
lässt mit dem Gefühl des Lieblichen, das die Generation von
Eltern und Grosseltern empfindet, wenn in der jungen Generation
das unbekannte Gefühl der Liebe zart seine ersten Schwingen
regt, nur dass dort die hineinspielende Empfindung der leichten
Pein fehlt, dass die kindliche Unschuld die leisen Anfänge zeigt,
dermaleinst im Realismus des Lebens zu verschwinden.

Ganz besonders dem Volke gegenüber zeigt sich die Scheu,
geistige Interessen und die Verbindung mit dem Griechenthum,
die den Nationalcharakter in neue Bahnen bringt, zu verrathen.
Antonius hat (de or. II, 153) stets die Ueberzeugung gehegt,
dass den Römern ein Redner angenehmer und gewichtiger
sein würde, der keinerlei Kenntniss griechischer Dinge kund

gäbe. Da aber die Griechen ein so grossartiges und vielseitiges
geistiges Leben aus sich hervor gebracht hatten, so konnte er
doch nicht umhin, wenigstens in geheimem Hinhören (*subauscultando*) ihre Stimme aufzufangen und von Ferne auf das, was
sie „erzählten", zu achten. Crassus und Antonius glaubten beide,
„gewichtiger" zu sein, der eine, wenn es schiene, als ob er die
Griechen verachtete, der andere, als ob er sie nicht einmal
kännte (de or. II, 4). Es ist charakteristisch für die derbere
Empfindungsweise eines Zeitalters, das schon weit jenseit der
Mittagshöhen der Humanität stand, wenn Tacitus (dial. 2) das
Motiv, wesshalb sein Julius Aper die Wissenschaften „mehr verachtete als nicht kannte", dahin angiebt: „Er glaubte, einen
grösseren Ruhm für seine Thätigkeit und Mühe zu finden, wenn
sein Talent auf keinen Stützen fremder Wissenschaft zu fussen
schiene". Der will also schon etwas scheinen, die Alten wollen
nur mehr in ihrem Volke wirken. Aemilius Paullus, der Sieger
von Pydna, „trug kein Bedenken" oder „wagte", vor seinen
Soldaten in Macedonien, die bei einer Mondfinsterniss, wie noch
die Soldaten des Tiberius in Pannonien (Tac. ann. I, 28), von
abergläubischer Furcht befallen wurden, dieses Schauspiel als
einen ganz natürlichen Vorgang, der unter gleichen Bedingungen
immer so wiederkehren müsste, zu erklären (de rp. I, 23). Dieses
„wagen" kann auch darauf gehen, dass es ein fragliches Unter-
fangen war, ob er die Sache „ungebildeten und beinahe bäuerischen
Menschen" auch würde verständlich machen können; aber es
liegt doch auch in dem Ausdruck, dass er um eines handgreif-
lichen Nutzens willen die Scheu überwand, vor dem in der Wolle
gefärbten Römerthum seine wissenschaftliche Beschäftigung zu
verrathen. Ganz besonders tritt in der vierten Verrina, wo der
Redner die Kunsträubereien des Verres zu enthüllen hat und
desshalb das Thema gar nicht meiden kann, den Werth der Kunstschätze in helles Licht zu stellen, das Bestreben hervor, nur bei
Leibe nicht selber als ein griechelnder Schöngeist zu erscheinen.
Dort heisst es z. B. (34), dass er ja selber wohl wisse, dass „diese
Dinge" etwas nicht ernst zu Nehmendes (*nescio quid nugatorium*)
seien, dass (128) Leute wie Verres „diese Dinge" vielleicht
allzu sehr bewundern und in den Himmel heben, dass die „griechischen Menschen" allzu viel Gefallen an Gemälden finden (132),
dass sie an jenen Dingen, die wir verachten, die wir für gering-

fügig halten, eine merkwürdige Freude haben (134); er selbst
sagt von sich (94), wie zu seiner Entschuldigung, dass er von
diesen (*istis*) Dingen nicht sowohl viel verstehe, als viel gesehen habe.

Aber auch im Kreise näherer Freunde, der Humanen unter
sich, war wenigstens die ältere Generation des vorciceronischen
Zeitalters noch bemüht, das Unrömische der Lust an wissenschaftlicher Bildung nicht blicken zu lassen. Die jüngeren
Männer des kleinen edlen Kreises, den die Unterredner in de
oratore bilden, Sulpicius und Cotta, auch der schon ältere Catulus (de or. II, 13) haben sich oft bemüht, etwas von Crassus
herauszulocken über die Theorie der Beredtsamkeit, aber es
weder durch Hinterhalt noch durch Auflauern erreichen können
(de or. I, 97. 136). Crassus hat nicht aus Hochmuth oder Inhumanität so gehandelt, sondern angeblich aus Unwissenheit
in systematischen Theorieen (*earum rerum quae quasi in arte
traduntur*, de or. I, 99, *quae doctrina aliqua continentur*, de
or. II, 15); denn „mit schulmässigen Lehrern der Beredtsamkeit
dürfen wir keinen Wettstreit haben" (de or. II, 139), — der in
Wahrheit aber sehr zu ungunsten der Zunft und zu gunsten
derer, die mit ihrem wissenschaftlichen Vermögen so zurückhalten,
ausfallen würde. Crassus empfindet, dass ihm und Antonius,
„so alten Männern" — sie waren 50 Jahr alt — vom Eifer der
Jünglinge eine Last auferlegt wird (de or. I, 207), auch Antonius
erklärt, von ihnen überrumpelt und dingfest zu seinem Vortrage gemacht zu sein (de or. I, 207); man solle seine Zugäng-
lichkeit loben, wenn er ihnen nicht nach eigener Wahl, sondern
durch ihren Eifer bestürmt, ohne weiteres Sträuben antworte
(de or. I, 208). Crassus ist mit einigem Gefühl der Scham oder
der Unfreiwilligkeit in einen derartigen Vortrag eingetreten
(de or. II, 364), er will lieber den Anschein erwecken, als ob er
nicht etwas aus sich selbst heraus zugesagt habe, sondern zufällig in die theoretische Unterhaltung hereingerathen sei (de
or. I, 111). Er will aber nicht so unverschämt sein, dass er
den Bittenden diese Gabe länger schuldig bleiben zu können
glaube (de or. III, 18); die Autorität und die Freundschaft der
jungen Männer, ganz besonders aber das Entgegenkommen des
Antonius, hat ihm die Freiheit sich zu weigern geraubt (de or.
III, 19). Auch Scipio will de rp. I, 35 nur angehört werden

wie einer von den Togaträgern (Normalrömern), der durch die
Sorgfalt seines Vaters in einer des freien Mannes nicht un-
würdigen Weise unterrichtet ist. Cicero selbst ist der erste, der mit aller Entschiedenheit sich
offen dazu bekannt hat „gelernt zu haben" (or. 146); auch das
Lehren beginnt er mit Ueberwindung der altrömischen Scheu
davor zuerst in seinen rhetorischen und philosophischen Schriften,
während das Lehren bis dahin in Rom „keine Würde besessen
hat" (or. 144), abgesehen von der Ausnahme, dass das Lehren
des bürgerlichen Rechtes immer für fair gegolten hat
(or. 142).

3. Das Advocatenthum. Da die Wissenschaft auf die
Wahrheit zielt, die Beredtsamkeit aber auf den Sieg der Sache,
für die sie eintritt, so besteht zwischen dem rednerischen und
dem wissenschaftlichen Bestreben ein gewisses Widerspiel. Dies
würde freilich wegfallen, wenn man sagen könnte, dass die Wahrheit oder wenigstens die subjective Ueberzeugung von der
Wahrheit der Sache die Voraussetzung wäre, dass der Redner
für sie einträte. Im Alterthum, und insbesondere in der römischen humanen Gesellschaft, ist das aber keineswegs der Fall,
und zwar natürlich nicht desshalb, weil die Gesellschaft eine
humane ist, sondern trotzdem, dass sie es ist und somit zur
Wahrhaftigkeit hält, und aus dem positiven Grunde, weil fast
alle ihre Glieder anderweitig den Beruf des öffentlichen Rednerthums mit in sie hineinbringen. Von dieser Seite her dringt ein
gewisser Schaden wenn auch nicht an die Wurzeln der antiken
Humanität, so doch auf ihre Baumkrone, die er wie ein nicht
ganz reiner Staub befällt. Schon dass alle Bildung doch auch,
ja geradezu vornehmlich — man denke nur an den vortrefflichen
Quintilian — aus dem Grunde geliebt und gesucht wird, weil
sie in der Beredtsamkeit zu verwerthen ist, das trübt die Rein-
heit der Bildungsquelle. Zum Glück kann man sich dem gegenüber doch aber auch wieder vergegenwärtigen, dass das
Streben nach Erkenntniss aus einer constitutiven Seite der Menschennatur abgeleitet und in seinem ganzen Adel erkannt und
geliebt wird, und dass die Sehnsucht, von der Praxis des Forums
zum wahrhaftig freien geistigen Leben aufathmen zu können,
oft mit voller Macht durchbricht. Zweitens aber liegt in dem
grossen Interessenkreise der antiken Humanität auf diese Weise

doch Ein nicht unbedeutendes Gebiet, auf dem seiner Natur nach
nicht die lautere Wahrheit herrschen kann. Die Beredtsamkeit
ist vorwiegend die gerichtliche, nicht die staatsmännische, die
wir als das höhere *genus* hinstellen würden, die aber fast im
ganzen Alterthum erst an die zweite Stelle und gegen die gerichtliche etwas in den Schatten gerückt wird; handelt doch z. B.
Antonius im zweiten Buch de oratore erst von § 333 an von
der berathenden Beredtsamkeit, und auch dann nur bis § 340,
während das ganze übrige Buch den Vorschriften für die gerichtliche Beredtsamkeit gewidmet ist. Die gerichtliche Beredtsamkeit aber trübt noch mehr die reine Wahrhaftigkeit als die
Staatsberedtsamkeit, weil sie mehr als diese mit Personen sich
beschäftigt. Es ist nun freilich ganz der Idee der Sache gemäss, dass in dem einmal im Interesse von Personen aufgenommenen Redekampf der Sieg für diese Interessen, und nicht
die objective Wahrheit das alles beherrschende Motiv ist; aber
dass eben die reine Wahrheit hier durch die Idee der Sache
selbst zurückgedrängt wird, lässt dieses Gebiet in einem gewissen Conflict mit dem Grundgedanken der Humanität erscheinen, sofern die allgemeine Anlage der vernünftigen Menschennatur auf die Wahrheit zielt. Dieser Sachverhalt erscheint in
milderem Lichte, wenn man bedenkt, dass für den von der Humanitätsidee ergriffenen Redner die Ueberzeugung von der
Güte einer Sache die Grundbedingung sein wird, dass er sich
mit der Sache befassen kann. Aber im einzelnen beugt er
thatsächlich dennoch die Wahrheit nach dem Interesse des
Sieges seiner Sache. Cicero's Vertheidigung des Milo z. B.
kann immerhin als ein Eintreten für eine gute, mindestens die
bessere Sache angesehen werden; aber in der Art ihrer Durchführung nimmt er grösstentheils die bewusste Unwahrheit in
den Kauf, und der glänzende Scharfsinn, mit dem er für die
Freisprechung Milo's kämpft, dient doch dazu, bewusste Un-
richtigkeiten mit blendenden Gründen plausibel zu machen. In
allen Reden Cicero's wird für den Clienten überall alles in einer
Weise in's Günstige und für den Gegner in's Ungünstige gedreht,
wie es vor dem Richterstuhl des objectiven Wahrheitsbestrebens
gar nicht verantwortlich ist. Auch die Theorie rechtfertigt
dieses Verfahren, und sie rechtfertigt es mit relativem Rechte,
aber der Gegensatz zu dem Verfahren des wissenschaftlichen

Wahrheitsgeistes ist gar nicht wegzuleugnen. Zwar wird de or.
I, 202 das Ziel der gerichtlichen Beredtsamkeit — als welche
a potiori immer die vertheidigende gedacht wird — dahin formulirt, dass sie im stande sein soll, mit der Waffe ihres
Talentes die Unschuld von Strafe zu befreien, und II, 295
mit gutem Rechte gesagt, dass es schimpflicher ist, den Anschein zu erwecken, dass man seinem Clienten geschadet, als
dass man ihm nur nicht genützt hat. II, 330 heisst es sogar,
dass es nicht nur Thorheit, sondern sogar Treubruch sei, dem
Clienten zu schaden. Aber die bestimmteren Regeln zielen doch
eben auf den Sieg, nicht auf die unbedingte Wahrhaftigkeit.
Das juristische und relativ nicht anzufechtende *„si fecisti, nega"*
klingt doch auch deutlich genug de or. I, 182. III, 70 aus dem
Munde von Personen hindurch, die mit der Humanität eigentlich
das Gesetz der Wahrhaftigkeit für bindend anerkannt haben. Es
liegt ja durchaus in der Natur der Sache, dass der Redner seine
starken Punkte recht gehörig herausarbeiten *(amplecti, exor-
nare, exaggerare)*, die schwachen — doch ja so, dass er das
wieder nicht verräth — möglichst verdecken soll, welche Regel
Antonius de or. II, 292 aus seiner Praxis heraus giebt, aber die wissenschaftliche Redlichkeit könnte mit der gleichen Maxime nicht
bestehen. Der erzählende Theil der Rede soll nach de or. II, 330
recht vorsichtig behandelt werden, so dass wir „was gegen uns
ist nicht energisch verfolgen", nach de or. II, 241 ist auch „was
man der Wahrheit gemäss erzählen kann mit kleinen Lügen
anzusprengen": das ist unanfechtbar opportunistisch, das ist sehr
rednerisch gedacht, aber ein Gedanke, der ausserhalb der Grundsätze steht, die das eigentliche geistige Leben der Humanität
beherrschen. Selbst der vortreffliche L. Crassus zeigt sich oft,
z. B. de or. I, 167—169 mehr von dem Gedanken, alle forma-
listischen Möglichkeiten zu gunsten seines Clienten zu benutzen,
als von dem, die Gerechtigkeit zu verfechten, beherrscht. In
Tac. dial. 8 heisst es von Eprius Marcellus und Vibius Crispus, dass
sie beide zu hohem Ansehen und Reichthümern als die ersten
Redner ihrer Zeit gelangt, dabei aber beide keine tadellosen
Charaktere gewesen seien. In Sokrates, Plato und Aristoteles
hatte sich das gesunde Gefühl auf's allerkräftigste gegen die
sophistische Redekunst aufgelehnt, nicht im Namen der Humanität, die kein griechischer Begriff ist, sondern unmittelbar im

Namen der hier hauptsächlich in Betracht kommenden Seiten
des humanen Gedankens, der Wahrhaftigkeit und Gerechtigkeit;
in Rom schwamm alle Zeit, einige wenige Männer ausgenommen,
in denen sich altrömischer Charakter mit stoischer Denkweise
vereinigte, der Betrieb einer auf den Sieg ausgehenden Beredtsamkeit unvermittelt auf der humanen Gesamtgesinnung, wie
Oel auf dem Wasser. Man sehnt sich ja, für sein Alter aus
diesem ein so bedenkliches Compromiss einschliessenden Treiben herauszukommen und endlich einmal ausschliesslich sich
in den Sphären bewegen zu können, wo die reine Wahrheit
gilt, aber ganz vereinzelt steht ein so Platonischer Ausspruch
da, wie ihn Cicero (de rp. V, 11) dem Scipio in den Mund legt:
„Ich sehe nicht ein, warum der, welcher den Richter mit Geld
bestochen hat, der Strafe würdig ist, wer es aber durch Beredtsamkeit gethan hat, sogar noch Lob davon tragen soll." Wie
gesagt, ein allzugrosser Rigorismus würde hier unangebracht
sein, da es ja in der Idee der Partei liegt, für den Sieg der
Partei zu wirken mit geistigen Mitteln, die bis an die Grenze
gehen, jenseit deren die Wahrheitsliebe keinen Fuss setzen mag,
und da ja der Richter neben der gegnerischen Partei der dritte
Factor bleibt, der in dem entscheidenden Spruche zur Geltung
kommen soll. Auch kann man zum Glück nicht sagen, dass
in dem wissenschaftlichen Streben der antiken Humanität der
Geist des Rechtbehaltenwollens mit einer vorgefassten Meinung
aus der advocatischen Praxis eingedrungen sei; die Uebung, die
Gründe vielseitig und bestens zu stützen, hat sogar ihre gute Wirkung, da sie auch der Behandlung der gegnerischen Gründe zu gute
kommt. Aber immerhin lässt doch die Personalunion der Träger
des freien geistigen Lebens mit den Meistern des Forums neben
der weit geringeren schöpferischen Begabung die römische
Humanität neben den Höhen des theoretischen Griechenthums
als eine sehr entschiedene Mindergrösse erscheinen. Auch
Spuren von etwas sophistisch angekränkelter Stellung zur Wahrhaftigkeit im Leben zeigen sich. Unschuldiger ist es vielleicht,
wenn ad Att. III, 15, 8 aus der Verbannung der Auftrag ertheilt wird, etwaige von Cicero in Rom zu schreibende Briefe in
seinem Namen schreiben und an ihre Adressen befördern zu
lassen. Denn die Möglichkeit liegt vor, dass die Briefe sich auch
offen nur als in Cicero's Auftrag und seinem, dem Freunde

für jeden Fall bekannten Sinn geschrieben zu erkennen geben. Aber geradezu anstössig ist ein ad Att. III, 12, 2 vorkommender Fall. Dem Cicero ist das Missgeschick passirt, dass eine ihm im Zorn untergelaufene, von einer gar zu leidenschaftlichen Augenblicksstimmung eingegebene und daher durchaus in seinem Privatbesitze zurückgehaltene Rede — man weiss nicht gegen wen, und er weiss nicht wie — dennoch in Umlauf gekommen ist. Da sie flüchtiger als seine sonstigen Reden geschrieben ist, hofft er, dass der stilistische Beweis für seine Autorschaft nicht sicher ist, und bittet nun den Freund, wo irgend möglich sein, des Cicero, Verfasserthum darauf hin abzuleugnen und gut zu machen, was etwa gut zu machen ist; nur die Schlussbemerkung „wenn ich aber ganz zu grunde gegangen bin, will ich versuchen, mir die Sache aus dem Sinne zu schlagen", hat etwas von einem gewissen versöhnenden Galgenhumor.

4. Die Last der Geschäfte. Von der Klage über die freilich für einen römischen Staatsmann und Redner als ganz unabwendbar angesehene Last der Geschäfte — des *forum*, der *ambitio*, der *res publica*, der *amicorum tempora* (de or. I, 78) —, deren Druck die brennende Neigung zum freien wissenschaftlichen Leben immerdar hemmt und einschränkt, sind namentlich die Personen der vorciceronischen humanen Gesellschaft — für uns natürlich aus Cicero's Munde — voll. Stadt und Leben überhäufen mit *occupatio*, die mehr ein bedrücktes Beschäftigtsein als eine freiwillige Beschäftigung ist, (de or. I, 21); „wir werden aufgerieben in den Processen, die wir zu führen haben" (de or. I, 249); Gerichte und die leidigen Reden eine (*contiunculae*) in Volksversammlungen werden als Tretmühle (*pistrinum*) empfunden, in die man verbannt und eingepfercht ist (de or. I, 45); man steht in seinen täglichen Obliegenheiten wie in einer Schlachtlinie (de or. I, 252). Musse wird nur selten einmal in den Ferien zu theil (de or. I, 164), im Tusculanum, wo man dann zu den Büchern der Philosophen greifen darf (de or. I, 224), in Misenum, denn in Rom kommt man kaum zu wissenschaftlicher Beschäftigung (de or. II, 59). Da kann man sich dann „sammeln" (aus der Zerstreuung), de or. I, 24.

So ist denn das Lernen und Studiren sehr erschwert. So lange man noch ein ganz junger Mann war, ist es einem vergönnt gewesen (de or. I, 135). Aber was hat man später studiren können, da man eher zum Handeln als zum Erkennen gekommen ist! (de or. I, 78. 81. 102), da man, bevor man in die Bahn des Studiums eingetreten ist, überschüttet wird von der Ambition und dem forum (de or. I, 94)! Man hat nicht alles so studiren können wie man bekennt, dass es studirt werden müsste (de or. III, 74); man hat in seinem Durste nur ein wenig kosten können (de or. III, 75).

Ein Glück ist dabei, dass für einen gewissen praktischen Takt und Blick für das wahrhaft Werthvollste im Wissen das Lernen doch nicht so schwer ist, wie es denen scheint, denen für das Lernen die ganze Lebenszeit zu früh zu Ende geht (de or. III, 86). Ein Mensch von gesundem Mutterwitz hat dafür so viel Zeit nicht nöthig (de or. III, 86). Die Gegenstände des Wissens liegen nicht in einem so tiefen Dunkel, dass ein mit lebhaftem und scharfem Geist ausgerüsteter Mensch in sie nicht einen rasch durchdringenden Blick thun könnte (de or. III, 124). Wenn man sich nur auf das beschränkt, was wirklich noth thut, einen treuen Lehrer hat und selber das richtige Lernen versteht, lernt es sich nicht so schwer (de or. III, 87). Was man nicht schnell fasst, wird man überhaupt niemals gründlich lernen (de or. III, 88); es kommt ja wesentlich auf die fruchtbaren Hauptpunkte (fontes) an, und wer diese nicht schnell erfasst hat, wird sie überhaupt niemals erfassen, wer aber schnell mit ihnen in's reine kommt, braucht nicht sein ganzes Leben auf die Studien zu verwenden (de or. III, 123). Von den Schriftstellern z. B. wird man sich nur die eigentlich classischen (ornatissimos) zum Studium und zur Nachahmung auswählen (de or. III, 125). Man sieht, das Gebiet der geistigen Interessen war für diese Crassus, Antonius und ihren Kreis doch noch recht beschränkt, gedacht ist im wesentlichen offenbar an die Theorie der Rhetorik; die an sich halbwahren Bemerkungen über die Leichtigkeit des Lernens sind daraus zu erklären, zumal da die Meister der thatsächlichen Beredtsamkeit sicherlich jene auch in sich höchst systematisch abgeleiteten und gegliederten und daher in ihrer Fassbarkeit und gleichsam Eroberungskraft für den Geist der elementaren Mathematik gleichenden Lehren sicherlich spielend beherrschen lernten.

Mit dem Ciceronischen Zeitalter wurde der Umfang der

geistigen Interessen unvergleichlich weiter. Zwar konnte auch
Cicero in ganzen Jahrzehnten seines Lebens, was er oft, z. B.
ad Att. I, 20, 7 ausspricht, nur die ihm von der Mühe des Forums
übrig bleibende Zeit den Studien widmen, zwar schaute er oft
mit Sehnsucht hinaus auf die Zeit, wo es ihm vergönnt sein
würde, ganz nach seiner Neigung (den geistigen Interessen) zu
leben (ad fam. VII, 1, 5) und ruft ad Q. f. III, 1, 12 in diesem
Sinne aus: „Wann werde ich leben?", *) gleich als ob der Anfang des rein geistigen Lebens erst der Anfang des Lebens
überhaupt für ihn wäre. Aber er übt doch schon das wichtige
Stück der Lebenskunst, kein Zeitschnitzelchen (*subseciva tempora*) verloren gehen zu lassen und ganz besonders die Tage
des Landaufenthaltes für das geistige Leben auszunützen, mit
viel peinlicherer Fertigkeit aus (de leg. I, 9); er kann schon von
sich sagen, dass er b e i d e n Arten des Lebens, dem theoretischen
und dem praktischen (in gleicher Weise) Genüge gethan habe
(ad Att. II, 16, 3), wenn er auch einem Varro sein noch viel un-
gestörteres wissenschaftliches Stillleben, in dem er fast der einzige ist, der im Hafen verweilt und die reichsten Früchte des
Wissens pflückt, beneidet und für viel wünschenswerther als alle
Schätze der Welt hält (ad fam. IX, 6, 4). Das Gewicht des
Werthes des wissenschaftlichen Lebens steigt ihm, wie er schon
im Jahre 47, also noch vor den Jahren seiner productiven Hoch-
fluth, ausspricht, von Tage zu Tage, in Folge der Reife des
Alters, wie er glaubt, und der Verderbtheit der Zeiten, die ihm
keine andere Herzerleichterung gewährt (ad fam. IX, 4, 4). Im
folgenden Jahre spricht er aus, dass er dem Forum und der
Curie schon ganz Valet sage, sich ganz in das litterarische Leben
vertiefen und in Gemeinschaft mit gleichgesinnten Liebhabern der
Wissenschaft der edelsten Musse geniessen wolle (ad fam. VII,
33, 2); denn er schämt sich, (im politischen Leben) ein Knecht (Caesars) zu sein und „schafft sich daher mit anderen Dingen zu thun,
um nicht den Vorwurf eines Plato zu hören" (ad fam. XV, 18, 1).

---

*) Wie sehr schon im Augusteischen Zeitalter die Humanität, der Ernst und
die Thatkraft ihres geistigen Lebens herunter gesunken ist, sieht man aus dem Vergleich des Horazischen Ausrufes (sat. II, 6. 60ff.) mit diesem Ciceronischen, denn
in jenem wird der Wein und das *dolce far niente* schon als die eine Hälfte der
höchsten Vergessenheit des aufgeregten Lebens n e b e n der anderen Frucht der
Musse, den Studien, behandelt.

Den häufigen Klagen über die Last der Geschäfte steht
gegenüber die Liebe zur Musse und ihre begeisterte Verherrlichung. Der Sinn und der Werth der Musse ist ein doppelter.
Auf der einen Seite ist nämlich ihr Gewinn nicht die Anspannung
des Geistes, sondern seine Ausspannung (de or. II, 22). Scipio
und Laelius liebten in der Musse des ländlichen Aufenthaltes
auch einmal in unglaublicher Weise zu Kindern zu werden und
am Strande von Cajeta und Laurentum Muscheln — nicht eben
in ernstem naturgeschichtlichen Interesse — zu sammeln (de or.
II, 22), den L. Crassus erfreute in der Musse doch auch das
Garnichtsthun und gänzliche Feiern (de or. II, 24), Antonius las
in der Mussezeit, mehr zum Zeitvertreib, wie er sagt, Historiker
(de or. II, 59). Auf der anderen Seite war es ein von Cato*)
überlieferter Ausspruch des jüngeren Scipio, dass er niemals
mehr thue als wenn er nichts thue (und niemals weniger allein
sei, als wenn er allein sei), de rp. I, 27. de off. III, 1, wo Cicero
in tiefster Zustimmung bei dem „herrlichen Ausspruche" verweilt. Und dieser selbst gedachte in seiner Liebe zur Musse
sicherlich weit mehr der ununterbrochenen ungebundenen geistigen Thätigkeit, die sie ihm gewährte, als der Ausspannung und
der Genüsse. Je einsamer ein Landgut, desto ungetrübter und
freier von unliebsamen Störern (interventoribus, de fato I, 2)
war natürlich die Musse, doch konnte sie bisweilen selbst zu
Rom so tief wie in der menschenleersten Gegend für Cicero
sein, so dass er sich in seiner litterarischen Beschäftigung so
ganz sicher vor Unterbrechung fühlte (ad fam. VI, 18, 5).

C. Das Gleichgewicht der praktischen und
theoretischen Interessen in der antiken Humanität.

Wenn auch die Liebe zum geistigen Leben in der antiken
Humanität oft genug, wie wir sahen, die leidigen unvermeidlichen Geschäfte als einen Hemmschuh des höheren geistigen
Aufschwunges empfinden lässt, dem eigentlich die innerste Sehnsucht des Herzens zugewandt ist, so besitzen doch andrerseits
die praktischen persönlichen Angelegenheiten ein so volles In-

---

*) Cato selber dagegen war so sehr Altrömer, dass er „bis in das höchste
Alter hinein sich lieber in den Wellen und Stürmen des politischen Lebens tummeln
als in der Ruhe und Musse eines Tusculanums auf das angenehmste leben" wollte
(de rp. I, 1).

teresse der Persönlichkeiten der humanen Gesellschaft, dass
wir urtheilen können: zwischen ihnen und den höheren Aspi-
rationen des geistigen Lebens besteht hier ein gesundes, echt
menschliches Gleichgewicht, in welchem beide Seiten des menschlichen Wesens zu ihrem vollen Rechte, eine jede nach Maass-
gabe der Ansprüche, die sie erheben kann, gelangen. Und zu
diesem Ergebniss arbeiten sich der Humanitätsgedanke, der ja
keineswegs den wirklichen Menschen rein vergeistigen, sondern
alle seine Anlagen verwirklicht wissen will und von den wirklichen Bedürfnissen der menschlichen Natur keineswegs absieht,
und der praktische römische Nationalcharakter entgegen. Plato
mit seinem Ideal weltflüchtigen Strebens nach Gottähnlichkeit
(Theaet. 176 A) und Aristoteles mit seiner Erklärung, dass das
göttlichste Leben in der reinen Theorie bestehe (eth. Nic. X, 7),
gehen über den Humanitätsgedanken hinaus, aber die geistige
Gemeinschaft innerhalb des gesamten classischen Alterthums,
die wir immer als die eigentliche Trägerin jenes Grundgedankens
ansehen, opfert diesem in der vernünftigen, natürlichen, echt
menschlichen und so zu sagen wohl proportionirten Berücksichtigung der praktischen Lebensinteressen nichts auf.

Principiell wird de rp. III, 5 die Verbindung der praktischen
und theoretischen Interessen für das Herrlichste erklärt, nur
dass jene dort als *rerum magnarum tractatio* im Gegensatz
zu den *artium studiis* und der *cognitio* formulirt und in der
Wirklichkeit auch kleinere praktische Interessen ernst genommen werden. Man nimmt seine Grundstücke in Augenschein
und verfolgt den Stand der Landgüter, sei es im Interesse für
den Ertrag, sei es auch aus reiner Freude daran (de or. I, 249).
Man giebt dem Verwalter (*procurator*, de or. a. a. O., *dispensator*
de rp. V, 5) seine Anweisungen, dem Meier (*villicus*, de or. a. a. O.)
seine Befehle; ebenso ist es (de or. II, 28) der staatsmännische
und humane Hausherr selber, der für den Tagesverlauf, z. B.
die häusliche Einrichtung für Gäste, seine Anordnungen trifft.
Jeder gute Familienvater muss eine gewisse Uebung im Rechnungswesen besitzen, von der er oft Anwendung zu machen hat
(de rp. V, 2), und Antonius spricht de or. II, 37 von der Meinung der Menschen, dass er über Ausgaben und Einnahmen
nicht Buch führe, in einer Weise, dass er sich verwundert, wie
man an seiner Erfüllung einer so selbstverständlichen Pflicht

22*

zweifeln kann.   Ganz besonders ist Cicero's Briefwechsel, wie
sich jeder Leser desselben erinnert, voll der Beweise für diese
vernünftige Verhältnissmässigkeit der Vertheilung des Interesses
an das geistige und andrerseits nicht nur das politische, sondern
auch, worauf es hier ankommt, das praktische Leben.   Ich will
hier aus dem reichem Stoffe das Folgende herausheben, um den
allgemeinen Eindruck davon mit concreterer Anschauung zu erfüllen.   Zwar sagt er einmal ad Att. XIII, 23, 3: „Ich versichere
dir so bündig, wie es nur möglich ist, und ich möchte,
dass du es mir glaubtest, dass mir meine kleinen Besitzungen
mehr Anstoss als Freude gewähren", aber das ist doch wohl mehr
in einer Stimmungsanwandlung — nämlich im Jahre 45, als ihn
die geistigen und litterarischen Interessen begreiflicherweise
schon fast ganz ausfüllten — geschrieben, als dass darin ein
dauerndes ruhiges Bekenntniss zu erblicken wäre.   Denn er beweist sonst unzählige Male einen hellen praktischen Blick und
so viel Hingebung für die praktischen Dinge, wie diese in einem
allseitig wohlgeordneten Leben doch auch nicht entbehren
können.   Ad Att. II, 4, 5 schreibt er, dass er eine zum Heiraths-
gut seiner Gattin Terentia gehörige Weidetrift besichtigt hat und
an ihr ausser der dodonäischen Eiche nichts zu einer epirotischen
Besitzung, wie sie Atticus hatte, vermisse.   Ad Att. IV, 12,
dass er sich in Larinum auf drei Tage an einer Auction betheiligen müsse.   Ad fam. VII. 2, 1 sehen wir, dass er von
seinem Freunde Marius mit einem Gutskauf beauftragt ist, wobei er darüber scherzt, dass in diesem Falle ein möglichst hoher
Preis zufällig in seinem eignen Interesse liege, wesshalb Marius
gut daran gethan habe, einen Maximalpreis im voraus festzu-
setzen.   Ad Att. IV, 16, 14, zeigt er ein lebhaftes Interesse, als
für ein glorreiches Werk, für eine Erweiterung des Forums bis
zur Vorhalle des Tempels der Freiheitsgöttin, die eine ihm dafür keineswegs zu hoch scheinende Summe von 60 Millionen
Sestertien (ungefähr 12 Millionen Mark) kosten wird, weil die
zu diesem Zwecke niederzureissenden Privathäuser — es ist
der Fall der Berliner Schlossfreiheit — nicht wohlfeiler zu haben
sind; ferner für die Herstellung marmorner, überdeckter und
von einer Säulenhalle von 1000 Schritten umgebener Schranken
(saepta) für die Tribut-Comitien auf dem Marsfelde.   Als der
bevorzugteste Gegenstand des praktischen Interesses aber er-

scheint bei ihm oft das Haus, das Wohngebäude, dem ja auch
in der That dieser Vorrang unter den einfachen Lebensgütern
gebührt. Zu der Zeit, wo es sich um seine Zurückberufung aus
der Verbannung handelt, liegt ihm an nichts mehr, als dass sein
Haus auf dem Palatinus, das, wie schon einmal erwähnt, von
seinen Feinden niedergebrannt war, wieder aufgebaut wird (ad
Att. III, 20, 2), erst wenn er dieses — „d. h. den Grund und
Boden" (*area*) — wieder hat, erachtet er seine Restitution für
vollständig (ad fam. XIV, 2, 3). Doch darin liegt noch mehr
der Affectionswerth des Platzes und das Gerechtigkeitsgefühl
im Bedürfniss des Schadenersatzes ausgedrückt; nun kommt
der Neuaufbau selber. Wenn er selbst nicht dabei sein und
nach dem Rechten sehen kann, so bittet er den Atticus, die Bau-
stelle fleissig zu besuchen (ad Att. IV, 5, 3. IV, 10, 2). Er hat
in seinem Leben öfter gebaut, Häuser und Villen. Bei solcher
Gelegenheit ist es, dass er mit seinem Baumeister Cyrus eine
Differenz hat über die richtige Breite der Fenster (ad Att. II, 3, 2):
er selbst hat sie weiter haben wollen, aber Cyrus demonstrirt
ihm, wie er a. a. O. in launiger Weise, unter Nachahmung der
von dem Griechen auch hier an den Haaren herbeigezogenen,
auf die Theorie des Sehens von Gegenständen angewandten
Syllogistik, in griechischer Sprache mittheilt, den seltsamen Satz,
dass engere Fenster für den Ausblick vortheilhafter seien.
Atticus hatte gleichfalls die zu grosse Enge der Fenster getadelt; nachdem sich Cicero auf das Sachverständniss seines Bau-
meisters berufen hat, fügt er hinzu, dass er auch sonst der
Kritik seines Freundes nur dann nachzukommen gesonnen sei,
wenn es ihm keine Mehrkosten verursache. In der verderbt
und unheilbar überlieferten Stelle ad Att. XV, 26, 4 scheint es
sich um die Anordnung zu handeln, dass der achte Theil der
Fenster (*luminarium*) zugemauert werde. Ad fam. IX, 15, 5
schreibt er dem Paetus (im Jahre 46), dass er mit einem Hause
zufrieden sein wolle, wenn an den Wänden oder dem Dache
nichts Fehlerhaftes sei; Paetus möge das Haus mit sachverständigen Arbeitsleuten einer Prüfung unterziehen. Ad Q. f. II, 8 (10), 3
schreibt er dem Bruder aus einer noch offenen und nicht einmal im Rohbau vollendeten Villa, er sei voll solcher Liebe
zum wissenschaftlichen Leben (*nos ita philologi sumus*) —
welche er am besten in der Landeinsamkeit befriedigen kann —,

dass er sogar mit den Bauarbeitern zusammen wohnen könne:
in diesem Falle liegt also das Schwergewicht auf dem Bekenntniss zu den geistigen Interessen, aber er wird sicher auch den
Bau in seiner Gegenwart in allen Stücken controllirt haben.
Ad Att. V, 12, 3 interessirt er sich für die Beschaffung von Zie-
gelsteinen und besonders für die Wasserleitung, die er aus
eigenem Gefühl und in Folge der Meinungsäusserung des Freundes für besonders wichtig hält; vgl. ad Att. V, 13, 3. XIII, 6, 1.
Aber auch wenn Freunde bauen ist er selbst gern gefällig
und unterwirft die Arbeit in ihrem Verlauf in deren Interesse
seinem sachverständigen Blick. So schreibt er dem Sestius
(ad fam. V, 6, 3): „Dein Haus und den ganzen Bau habe ich in
Augenschein genommen und spreche dir meine volle Befriedigung darüber aus." Die Hauptstelle dafür ist ad Q. f. III, 1, 1—5.
Dort hat er in dem Arcanum des Quintus die Anlage einer Wasserleitung — die zu 3 Sesterzien für den Fuss in Arbeit gegeben
war — in sehr befriedigendem Zustande gefunden, und bei dem
Verwalter alles in Ordnung. In dem benachbarten Manilianum
des Bruders hat er dagegen den „Diphilus noch fauler als den
Diphilus" gefunden, indessen doch bis auf die Bäder, die Wandelhalle, das Geflügelhaus alles fertig. An der Villa hat
ihm besonders die Säulenhalle mit Mosaikboden (pavimentata
porticus), überhaupt die Fussböden gefallen. Einige Zimmer-
wölbungen, die ihm missfielen, hat er zu ändern angeordnet.
Ueber die Anlage eines kleinen Vorsaales in der porticus bittet
er den Bruder, noch einmal mit sich zu Rathe zu gehen. In
den Bädern hat er die Schwitzkämmerchen (assa) in die andere
Ecke des Auskleidezimmers (apodyterium) verrücken lassen,
weil sonst der zu ihnen gehörige Heizungsraum (vaporarium) unter
der Schlafkammer lag. Die geräumigen und richtig angelegten
Schlafzimmer haben seinen vollen Beifall. Die Säulen hat Diphilus weder gerade noch einander gegenüber angelegt und
muss sie daher wieder abreissen lassen. Von diesem Manilianum hat sich Cicero auch noch geraden Weges nach dem andern kleinen Gut begeben, welches er für den Bruder um 100 000
Sesterzien (ungefähr 20000 M.) vom Fufidius gekauft hatte. Es
ist höchst schattenreich und hat auch vielfaches Quellwasser;
ob Quintus damit freilich fünfzig Jochen Wiesenland wird
wässern können, was dem Marcus versichert ist, darin erklärt

er sich nicht für sachverständig, macht ihm sonst übrigens Vorschläge zur Verschönerung des Gutes durch Anlage eines Fischteiches, von Springbrunnen (*salientes*), eines Ringplatzes, eines Lustwäldchens. Drei Tage darauf ist M. Cicero dann auch noch im Laterium gewesen. Dort hat er einen neuen Weg so vortrefflich angelegt gefunden, dass er für ein Werk auf Staatsregie gelten konnte; nur war ein Theil des Weges mit Staub anstatt mit Kies (*glarea*) beworfen, das liess er ändern. Der Weg war etwas steil, weil er den Grund und Boden des benachbarten Varro hatte vermeiden müssen, aber der grosse Gelehrte war praktisch genug gewesen, seine Grenze vorher tüchtig verzäunen zu lassen. Den Ziergärtner (*topiarius*) hat Marcus loben können, weil er so schön den Epheu um die Villa gezogen hat. Auch den Hausbau des Quintus in der Stadt besichtigt er fleissig. So viel aus jenem Briefe an Quintus. Die in ihm zuletzt genannte Villa ist so einfach, dass sie ihm „wie eine Philosophin erscheint, die die unsinnige Pracht der übrigen beschämt (*obiurgat*)", aber andererseits erscheinen dem Cicero ad Att. XII, 44, 2 die Villen des Silius und Drusus nicht herrschaftlich (οἰκοδεσποτικαί) genug, als dass er sie kaufen möchte. Ad fam. VII, 20, 1 hat er für die Ausrottung des Lotus, die Trebonius an seinem Hause vornahm, so viel Interesse übrig, dass er seine Freude darüber ausspricht, weil die Aussicht von dem Hause dadurch verbessert wird. Ad Att. XII, 32, 2 bittet er den Atticus, sich einmal nach der Persönlichkeit und den Vermögensverhältnissen seiner, des Cicero, Miether umzusehen, besonders aber auf eine auf den Tag pünktliche Miethszahlung derselben zu halten. Da ist allerdings ein Punkt, wo der Mensch schon praktisch sein muss, und man kann sich eher verwundern, dass er selber bis dahin über diese Sache nicht besser orientirt ist. Nimmt man nun noch aus den Briefen die unzähligen, für uns nicht weiter interessanten Stellen hinzu, an denen geldgeschäftliche Angelegenheiten, besonders Zahlungen und Schiebungen von Schuldsummen, berührt werden, so bekommt man ein Bild von der praktischen Tüchtigkeit, Erfahrung und Geweckheit der humanen Gesellschaft, die andrerseits mit so vollem Herzen den Interessen des geistigen Lebens zugethan ist. An dem modernen Gelehrtentypus war bis in's vorige Menschenalter das unpraktische Wesen ein Grundzug; jetzt sind die ge-

lehrten Naturen, die alles Geschäftliche ganz und gar der Frau
überlassen, viel seltener geworden. Wenn aber einmal ein
tüchtiger Gelehrter eine vielseitige praktische Tüchtigkeit, vorausgesetzt nur, dass sie nicht in das moderne Speculationswesen
abirrt, mit seinem wissenschaftlichen Geiste verbindet, so erinnert
er damit an den Typus der antiken Humanität (keineswegs an
den antiken Philosophentypus, der von dem allem nicht einmal
weiss, dass er nichts davon weiss, Plat. Theaet. 173 D). Oben (S. 97)
habe ich einmal in anderer Beziehung August Böckh und Karl
Otfried Müller als wundersame Bilder *hominum humanissimorum*
im antiken Sinne erwähnt; in der nun zuletzt besprochenen Beziehung möchte ich vielen seiner noch lebenden Freunde und
Schüler Ernst v. Leutsch vor die Seele rufen, der in ihrer
Erinnerung als ein wahres Muster der Vereinigung von Gelehrten-
thum und praktischem Sinn dastehen wird, zumal wenn sie
seiner gedenken, wie er in seinem Garten ihnen entgegentrat,
den er pflegte, als ob er den alten Laertes oder den friedlichen Helden von Vergils Georgica verkörpern sollte, und der
seiner Zeit die Vormundschaft der Kinder seines Freundes
F. W. Schneidewin mit unvergesslicher Treue, Sorgfalt, Peinlich-
keit und praktischer Umsicht geführt hat.

II. Die Gegenstände des geistigen Interesses der antiken Humanität.

1. Die Sprache. Die Sprache ist das erste, nächste und
hauptsächlichste Organ des Geistes; freilich im Vergleich zu
der wenigstens in der Idee zu fassenden Allgegenwart eines
intuitiven Verstandes, dem auch die Allheit der Objecte gegenwärtig wäre, nur ein schwacher Nothbehelf, im „Discurriren"
der Reihe nach sich vor's Bewusstsein zu führen, was man nicht
in Einem Blicke besitzen kann. Aber so sehr auch die Nothwendigkeit der Sprache geradezu die entscheidende Thatsache
für die Schranken des Menschengeistes ist, von so unvergleich-
lichem Werthe ist die Sprache als das Medium des eben in
dieser Endlichkeit organisirten Geistes. Desshalb haben die
Heroen des Geistes meist nachweislich das höchste Interesse
für die Güte und gegen die Schädigungen dieses wundervollen
Instrumentes bekundet. Auch die antike Humanität zeigt sich
diesem Interesse auf's lebhafteste ergeben. Und zwar dem

Interesse sowohl für die Correctheit wie für die Schönheit der Sprache. In dieser Beziehung sind im einzelnen zu beachten: a) Gewisse Grundsätze, nach denen das sprachlich Richtige oder Schöne zu erstreben oder zu beurtheilen ist. α) Der Grundsatz des Sprachgebrauches (des „*usus tyrannus*"). Dem thatsächlichen Sprachgebrauche ist bisweilen nachzugeben, offenbar ist gemeint, in solchen Fällen, wo er wirklich aus der Volksseele quillt und sich schon zu etwas Idiomatischem verdichtet hat, nicht in solchen Fällen, wo eine Sprachdummheit durch Mangel an Taktgefühl und durch Kakozelie einzelner aufgekommen und noch durch den Eingriff der Vernünftigen auszumerzen ist. Or. 160: „Den Sprachgebrauch räume ich dem Volke ein, mir selber habe ich die Erkenntniss des eigentlich Richtigen reservirt"; als Beispiel wird angeführt „*pulcri, triumpus*". Der Sprachgebrauch muss auch gegen die Analogie Recht behalten; z. B. muss man *pertaesum* und nicht *pertisum* sagen, trotz *insipiens, iniquus, concisus, tricipitem*, „weil die Gewohnheit die Form *pertisum* (den Umlaut) nicht gebilligt hat", or. 159. *Scripsere* darf man sagen neben *scripserunt*: „Letzteres empfand ich als richtiger" (*verius*, als ob es in diesen Dingen eine Wahrheit im eigentlichen Sinne gäbe, d. i. die Uebereinstimmung mit einem aller menschlichen Beeinflussung entrückten Vorbild in der Wirklichkeit der Dinge!), „aber der dem Ohr nachgebenden Gewohnheit füge ich mich gern", or. 157.

β) Der Grundsatz des Wohlklanges. „Um des Wohlklanges (*suavitas*) willen darf man fehlen", or. 157; als Beispiele werden dort angeführt *iisdem* für *eisdem*, *pomeridianus* für *postmeridianus*, *nescire* für *non scire* (welches doch aber kein Fehler mehr zu nennen ist), *meridies* für *medidies*. (Ich würde im Deutschen dafür anführen: „von angenehmen Aeusseren statt des sehr hart klingenden angenehmem, trotzdem man dieses um der Richtigkeit willen immer geschrieben findet.) Der Wohlklang wird auf das ästhetische Bedürfniss des Ohres zurückgeführt: „Zieh die Wahrheit zu Rathe: sie wird tadeln; bring die Sache vor den Richterstuhl des Ohres: dieses wird es (mannigfache Abweichungen von dem eigentlich Richtigen) billigen; der Lust des Ohres muss die Rede willfahren" (or. 160). Das Ohr der Alten muss in seinen ästhetischen Ansprüchen an das sprachlich Wohlgefällige sehr fein gewesen sein. Das Urtheil über alle Längen und Kürzen, ebenso über Hochton und Tiefton (*acutarum graviumque vocum*), heisst es or. 173, hat die Natur selber in unser Ohr verlegt; die ganze Zuschauerschaft der Theater schreit auf, wenn in einem Verse eine Sylbe zu lang oder zu kurz gewesen ist. Das Urtheil des Ohres ist sehr anspruchsvoll (*superbissimum*), or. 150. Den Attikern wird ein besonders feines und penibeles Ohr (*teretes et religiosae aures*) nachgerühmt. Merkwürdigerweise wird trotzdem der Hiatus, den Demosthenes eben um der Feinheit des athenischen Ohres willen so peinlich mied, nicht für ungefällig erklärt, „weil er eine nicht unwillkommene Nachlässigkeit eines Menschen verräth, der sich mehr um die Sache als um die Form bemüht" (or. 77). Das Ohr scheint ihn also doch unliebsam zu empfinden, aber wichtiger ist ein Urtheil über innere, fast sittlich zu nennende Qualitäten, das bei Gelegenheit dieser sinnlichen Empfindung hervorgelockt wird, und hinter diesem muss der Anspruch der rein sinnlichen Empfindung zurückstehen. Uebrigens ist „das Ohr" hier überall nur ein abgekürzter Ausdruck, die richtige physiologische und dianoetische Erkenntniss zeigt sich in der volleren Wendung or. 177: „Das Ohr oder vielmehr die Seele auf Grund der ihr vom Ohr (Hörnerven) zugetragenen Nachricht enthält in sich eine gewisse natürliche (unwillkürliche) Messung aller Töne."

γ) Der Grundsatz, dass die Entschuldigung mit dem angeblich Unvermeidlichen nicht gilt, or. 230. Gedacht ist offenbar — wenn auch sogar in Hinblick auf den prosaischen Rhythmus, von dem weiter unten die Rede sein wird — an Fälle, wo wir eine Form (wie oft im Homer, bisweilen auch im Horaz und überhaupt bei den Dichtern) oder eine Wortwahl mit der „Versnoth" erklären. Die Sache verhält sich so: In vielen Fällen ist in der That die Versnoth die wirkliche Erklärung für gerade diese Form, gerade diesen Ausdruck, die beide ohne die Versnoth befremdlich erscheinen. Fehlerhaft aber ist die Sache und eines guten Schriftstellers nicht würdig, wenn nur die Versnoth etwas Unpassendes oder gar Falsches herbeigeführt hat. Ein guter Dichter muss die Versnoth zu verschleiern suchen und die Modification der Form oder des Ausdrucks, die durch sie herbeigeführt ist, um ihrer selbst willen dem Näherliegenden vorgezogen zu haben scheinen. Von

unabänderlicher Noth kann ja desshalb nicht die Rede sein, weil
d i e s e Fassung, wenn sie doch in der Form oder im Ausdruck
eine Unzuträglichkeit oder gar Unerträglichkeit mit sich bringt,
g a n z umgestossen werden und statt ihrer eine neue gefunden
werden musste, die jenen Uebelstand nicht in sich schliesst.
Das ist allerdings leicht gesagt: denn die gewählte Fassung
konnte so sehr das Beste und Zutreffendste geben, dass sich der
Dichter gleichsam in sie verliebte und lieber eine Härte in den
Kauf nehmen als von ihr lassen wollte. So wird sich auch bei
aller Annehmbarkeit der Modification der wahre Grund, der
dennoch in der N o t h lag, nicht verkennen lassen. Die antike
Humanität scheint aber in diesem Punkte unerbittlicher gewesen zu sein, wenn Cicero a. a. O. sagt: „Man muss nicht
müssen" (*nihil est necesse*); dennoch scheint er auch die obige
Verhüllungstheorie des Unvermeidlichen zu kennen, wenn er
fortfährt: „und wenn man einmal müsste, so müsste man es
doch nicht eingestehen"; auch sagt er or. 156 dennoch: „das
Eine Mal spreche ich so, wie es erlaubt ist, das andere Mal,
wie es nothwendig ist"; Beispiele für den ersten Fall sind *pro
deum* und *pro deorum fidem*, für den zweiten *trium virum,
sestertium, nummum* (nicht die Formen auf *orum*), „weil in den
letzteren Fällen der Sprachgebrauch nicht schwankt".

b) D a s I n t e r e s s e f ü r s p r a c h l i c h e C o r r e c t h e i t. α) in
Beziehung auf W o r t f o r m u n d S y n t a x. Die Grammatik und
Rhetorik lehrte, dass man bei'm Gebrauch der Sprache die erste
Pflicht habe, fehlerfrei zu sprechen und zu schreiben, sich sowohl
vor Formfehlern (Barbarismen) wie vor syntaktischen Verstössen
(Soloecismen) zu hüten.*) Aber auch die freie Humanität hält
die Aufmerksamkeit auf diese Dinge nicht unter ihrer Würde.
Cicero hatte an Atticus geschrieben: .. „*in Piraeea*". Atticus
hatte ihm das in peinlichem Eifer für sprachliche Correctheit
als fehlerhaft aufgemutzt, darauf verantwortet sich Cicero ad
Att. VII, 3, 10. Die Form Piraeea statt Piraeeum, wie alle seine
Landsleute geredet haben, giebt er zu, hätte er „als Römer"
nicht gebrauchen sollen. Dagegen sucht er die Vorsetzung der
Präposition mit einer Stelle aus Caecilius Statius und zweien
aus dem von ihm für viel gewichtiger geschätzten Terenz, ferner

---

*) Höchst interessant ist in dieser Beziehung zu lesen Quintil. I, c. 4—6.

aber aus der Auffassung des Piraeeus als nicht einer Stadt, sondern einer Oertlichkeit immerhin zu vertheidigen. Die ganze Behandlung des Falles, namentlich auch die Schlussbemerkung von § 10 ist in so ernstem Ton gehalten, dass man fühlt, man hat es hier mit einer Gesinnung zu thun, für die mit sprachlicher Correctheit auch in Kleinigkeiten nicht zu spassen ist. Andere Beispiele für das Interesse für sprachliche Correctheit sind oben unter dem Gesichtspunkt der Berücksichtigung des Wohlklanges angeführt.

ß) in Beziehung auf den Ausdruck. Ad Att. XIII, 21, 3 wägt Cicero ganz genau ab, ob es an einer Stelle einer Schrift von ihm heissen müsse *inhibere* oder *sustinere remos*. Das erstere Wort hatte ihn auf Atticus' Fürsprache erst sehr angesprochen, jetzt aber hat er am Tage zuvor, als er zu Schiff bei seiner Villa landete, den Vorgang in diesem Interesse der Correctheit des Ausdrucks an jener Stelle ganz genau beobachtet und bemerkt, dass die Ruderer keineswegs auf das Commando zu „inhibiren" die Ruder emporheben, sondern auf eine andere Weise rudern. Er kann also den Ausdruck *inhibere* nicht dort gebrauchen, wo die Folgevorstellung die des Aufhebens der Ruder ist. Er bittet den Atticus, demgemäss in seinen Abschriften wieder ändern zu lassen und auch dem Varro für den Fall, dass er geändert hat, Mittheilung davon zu machen . .; es sei ihm das wichtiger als Stadtklatsch. Das ist ein viel sagendes Beispiel von Interesse für Correctheit des sprachlichen Ausdrucks. Ad fam. XVI, 17, 1 verweist er dem Tiro, der sonst ein „Kanon" seiner, des Cicero, eigenen Schriften zu sein pflege, mit grosser Lebhaftigkeit und mit Hinweisung auf den eigentlichen Sprachgebrauch und die mannigfachen Gegenstände, auf die eine richtige Uebertragung des Begriffes *fideliter* stattfinden könne, den Ausdruck *valetudini fideliter inserviendo*. Die Pointe scheint mir darin zu liegen, dass von Treue nur gegen eine Pflicht gesprochen werden könne, während die Fürsorge für die Gesundheit ja im Interesse der Eigenliebe geübt werde. Aber Cicero scheint mir in diesem Falle die Feinheit des Tironischen Ausdruckes nicht verstanden zu haben. Tiro hat offenbar unwillkürlich angedeutet, dass er den unaufhörlichen Mahnungen seines Herrn und Freundes, für seine Gesundheit zu sorgen, getreulich (eben gegen eine ihm von einer anderen Seite her

auferlegte Pflicht) nachkomme, dass er aber sich selber nicht
zu einer kleinlichen und hypochondrischen Pedanterie des ewigen
Gedankens an seine Gesundheit bekennen mag; er meint: um
deinetwillen bin ich bereit, den Gesundheitscommissarius gegen
mich selbst zu machen. Ad Att. XVI, 11, 2 will Cicero dem
Atticus in einigen kritischen Bemerkungen zum Ausdruck in
irgend einer seiner Schriften Folge leisten und diesen dem entsprechend verändern. Wenn der verehrte Mann, dem diese Schrift
gewidmet ist, in seinem schönen Vortrage über „den Missbrauch
der Sprache" ein ganz ähnliches ernstes und angelegentliches
Interesse für die Correctheit des sprachlichen Ausdrucks zeigt
und litterarischen Freunden, nach meinen eigenen dankenswerthen
Erfahrungen zu urtheilen, etwaige untergelaufene Sprachversehen
mit äusserst feiner Empfindlichkeit aufdeckt und freimüthig
-ευμενῶς (wie es Cicero dem Atticus a. a. O. nachrühmt)
brieflich zu Gemüthe führt, so finde ich darin nicht nur einen
einer geistigen Charakterseite der antiken Humanität frappant
ähnlichen Zug, sondern glaube sogar eine directe Einwirkung
des antiken Geistes zu empfinden.

γ) in Beziehung auf lateinischen Purismus. In dieser Beziehung gilt im allgemeinen der (freilich in etwas anderer Rücksicht ausgesprochene) Satz (or. 164): „Wir wollen lieber gut lateinische Wörter gebrauchen, als glänzende griechische", und
aus den Lehrbüchern der lateinischen Stilistik ist bekannt, mit
welcher Gewissenhaftigkeit im allgemeinen die lateinische Rede
und das lateinische Schriftthum, zumal wo sie sich an das grosse
Publikum wandten, in der Blüthezeit der Sprache, die mit der
der Humanität zusammenfällt, die als Beschmutzung (*inquinatio*)
empfundene Einmischung von Fremdwörtern gemieden hat.
Dennoch ist der sprachliche Purismus der Humanität keineswegs engherzig und fanatisch. Eingebürgerte Fremdwörter (*usu
percepta, quibus instituto veterum utimur pro latinis*), wie z. B.
philosophia, rhetorica, dialectica, grammatica, geometria, musica,
sollen, „wiewohl sie (ihre Gegenstände) auch lateinisch
hätten bezeichnet werden können", für so gut wie lateinisch gelten (de fin. III, 5).

δ) in Beziehung auf die hauptstädtische Tonfärbung
(*urbanitatis color*). Diese bezieht sich nicht sowohl auf die Wahl
der Wörter und den Vorrath des üblichen Ausdrucks, sondern auf

das Unsagbare, specifisch Stadtrömische, welches in der echt-
römischen Stimme erklingt (*retinuit et resonat*), Brut. 171. Es
ist ein gewisser dem Organ eigenthümlicher Zauber (*suavitas
quae exit ex ore, lenitas vocis atque ipse oris pressus ac sonus*),
der eben nur an der *urbs* haftet (de or. III, 42) und an dem der
wenig gebildete Stadtrömer den Gebildetsten aller National-
römer (*togatorum omnium*), der aus der Provinz, wenn auch aus
Latium, stammt, übertrifft (de or. III, 43, vgl. — dieselbe Sache
nach Athen übertragen — die allerliebste Anekdote über die
attische Aussprache des Theophrast Brut. 172). Diesem stadt-
römischen Tone, „in dem nichts Anstössiges, nichts Missfälliges,
nichts Auffallendes ist, nichts Fremdes tönt oder duftet“, muss
man sich anschliessen und nicht nur die Herbigkeit des ländlichen Dialektes, sondern auch das Ungewohnte des fremdlän-
dischen Tones (*peregrinam insolentiam*) zu meiden lernen (de
or. III, 44). Diese Mahnung ist um so nothwendiger, weil sich
in die Stadt das Fremdländische ergossen hat: zuerst sind die
facetiae urbanae von Latium übersponnen (*oblitae*), zur Zeit
Cicero's sogar von transalpinischen Völkern fremder Nationalität
(*braccatis et transalpinis nationibus*), ad fam. IX, 15, 2; auch
„der gewisse fette und fremdländische Ton von Dichtern, die zu
Corduba geboren sind“ (pro Arch. 26) gehört hierher.*)

ε) in Beziehung auf die Sprachrichtigkeit neugebildeter
Wörter. Die Neubildung von Wörtern ist an sich nicht unstatt-
haft. Die Hauptstelle hierüber ist de fin. III, 3—6. Dort heisst
es: In jedem Fache, das nicht alltäglichen Inhaltes ist, finden
sich viele neue Wörter, da eine sprachliche Ausprägung der
dem Fache eigenthümlichen Begriffe geschehen muss. So bedient sich z. B. die Logik und die Naturphilosophie auch solcher
Wörter, die selbst den Griechen nicht bekannt sind. Die Mathematiker aber vollends, die Grammatiker und die Theoretiker
der Musik sprechen ihre eigene Sprache. Sogar die doch ganz
in den Dienst des öffentlichen gerichtlichen und politischen
Lebens gestellte Rhetorik bedient sich in ihren Lehren so zu
sagen ihrer Privatausdrücke. Selbst die Handwerker sind auf
viele Ausdrücke angewiesen, die nur sie verstehen, und nicht

---

*) Ad. Att. IV. 17, 1 ist nicht ganz deutlich, ob das echtrömische Latein
einmal *latinus* ἀττικισμός genannt wird oder ob ein Griechischsprechen, wie es aus
lateinischem Munde kommt, gemeint ist.

das grosse Publikum. Neue Bezeichnungen kommen endlich sogar in der Landwirthschaft vor, die doch eine Art Gegenpol der feineren Bildung ist. Wie viel mehr ist das in der Philosophie nöthig, die ihre Ausdrücke nicht vom Forum entnehmen kann. Und de fato I, 1 heisst es: Es geziemt sich zur Bereicherung der lateinischen Sprache auch neue Wörter zu bilden; daher will Cicero z. B. das neue Adjectivum *moralis* (*philosophia*) einführen, während sich an sich auch *philosophia de moribus* sagen lässt. Aber die Cautel ist in dieser Beziehung, zumal für den Redner, dass ein sei es vollständig oder in seiner Zusammensetzung neues Wort (*factum vel coniunctione vel novitate*) „schonende Rücksicht auf das Ohr und die Gewohnheit nimmt", de or. III, 170.

c) Das Interesse für die sprachliche Schönheit. α) Der classische Ausdruck. Die blosse Richtigkeit, Klarheit und Verständlichkeit des Ausdrucks macht noch nicht seine Schönheit und Classicität aus (de or. III, 38 f.). Das Wesentliche an dem Geheimniss der sprachlichen Classicität erscheint doch, dass die Worte wirklich und wahrhaftig im Dienst des Gedankens stehen, diesem die Form geben wollen, aber auch weiter nichts für sich wollen. E. v. Hartmanns gelegentliche (Studien und Aufsätze, S. 15) Erklärung des Classischen als „der natürlichen Kunst, ohne Kunst an jeder Stelle in schlichter Weise das Nöthige zu sagen .." scheint mir zu weit: denn nach ihr wäre z. B. eine Verkaufsanzeige von Waaren ohne jede Anpreisung classisch. Der sprachliche Schmuck wird durch die classische Eigenschaft der Worte, wirklich im Dienst des Gedankens zu stehen, nicht ausgeschlossen, denn nur in logischer Beziehung reduciren sich die Worte auf Subjecte und Prädicate zu Subjecten, in Wirklichkeit ist oft auch der innere Gedanke an sich selbst schon nicht kahl, sondern ausgestaltet und „geschmückt." „Die Worte erscheinen mir immer genügend schmuckvoll, wenn sie derartig sind, dass man den Eindruck hat, die Sache selber habe sie geboren" (de or. II, 146). „Reden ist nichts anderes, als meistentheils die Gedanken durch irgend welche Einkleidungsart (*specie*) in ihrem vollen und besten Lichte sich geben zu lassen (*illuminare*)", or. 136. Das Wichtigste ist in unmittelbarer Folge der obigen Definition, dass der Ausdruck wahrhaft treffend, der denkbar treffendste sei, also was die Alten die Proprietät des Ausdrucks nennen. Unter den treffen-

den Ausdrücken werden wir die edelsten (*lautissima*, de o. g. o. 4,
lecta atque illustria, de or. III, 150) auswählen. Eine unverdorbene
Gesundheit ist so recht das Eigenthümliche der Atticität (de o.
g. o. 8), also der Classicität. Gesuchte Schönrederei ist also
ein falsches Stilideal. Die stilistische Gefälligkeit soll doch
„streng" (*austera*) und gediegen sein (de or. III, 103). Worte,
die „etwas Volles und Tönendes" (de or. III, 150) haben, sind
gut, sicherlich aber ist es gegen das Stilgefühl der antiken
Humanität, wenn solche Worte um deswillen einen Vorzug
vor den treffendsten erhalten (wie man so oft in unserer Pu-
blicistik und Feuilletonistik wahrnehmen kann, nur dass das
Entlegenere (z. B. verquicken für vermischen, vereinbaren auch
wo es heissen muss vereinigen) einen noch stärkeren Reiz zu
seiner fälschlichen Bevorzugung zu üben pflegt). Der Schmuck
muss massvoll sowohl an sich wie in der Häufigkeit und Ausdehnung seiner Anwendung sein. Es ist ja ein ganz allgemeines
Gesetz für das ästhetische und ökonomische Bedürfniss der sinnlichen Empfindung, „dass wir uns am schnellsten mit einem gewissen Ueberdruss und mit Uebersättigung von den Eindrücken
abwenden, die unsere Sinne ganz besonders mit Lustgefühl
afficiren und mit der ersten Einwirkung am lebhaftesten bewegen" (de or. III, 98), oder einfacher: „Ueberall ist der höchsten
Lustempfindung der Ueberdruss benachbart" (de or. III, 100). In
dem richtigen Gefühl für den sprachlichen Schmuck macht sich
dies Gesetz dahin geltend, dass „uns gut und vortrefflich so
oft wie es nur immer kommt geredet werden darf, aber hübsch
und in einer nach Effect haschenden Weise (*festive*) nicht allzu
oft" (de or. III, 101). An „Haarlöckchen und Schminke" (Auf-
donnerung und Effecthascherei) eines Redners oder Dichters
nimmt man schnell Anstoss (de or. III, 100). „Lieber möchte ich
wahrhaftig die Leidenschaft eines C. Gracchus oder die Reife
eines L. Crassus als das haarkräuselnde Brenneisen (*calamistros*)
eines Maecenas oder das Wortgeklingel (*tinnitus*) eines Gallio"
(Tac. dial. 26). An einer gedrechselten, mit Absicht heraus-
staffirten, manierirten Redeweise ohne Unterbrechung, ohne
Zurückgreifen (zum Natürlicheren), ohne Abwechselung, kann
man, mit wie leuchtenden Farben sie auch ausgemalt sei, kein
langes Wohlgefallen empfinden (de or. III, 100). Die höchste
Vorzüglichkeit der Rede soll doch Schatten zum Licht und

Abmilderungen zu der Erregung hinzuthun (*habeat summa laus umbram aliquam et recessum*, letzteres gleichsam eine Nische, in der man sich vom Tanz ausruht), damit das Hellbeleuchtete um so entschiedener hervortritt (de or. III, 101). Man wird beachtet haben, dass die Stellen gegen überladenen und sich vordrängenden Schmuck der Rede grösstentheils den vorzüglichen Ausführungen des Crassus über die Elocution im dritten Buche de oratore entnommen sind. Und dem entsprechend wird man überall in den classischen Mustern der Beredtsamkeit bemerken können, dass die in dem *grande genus dicendi* gehaltenen Stellen nicht allzu lang zu sein pflegen und in ruhigere Stellen, gleichsam um wieder ruhigeren Athem zu schöpfen, auslaufen. — Wenn es de or. II, 341 von den Leichenreden heisst, dass sie sehr wenig geeignet sind, rednerische Eigenschaften hervortreten zu lassen, so ist wohl daran gedacht, dass gerade in ihnen der Gedanke selbst von einer Schlichtheit, Innigkeit und Keuscheit der inneren Empfindung (zu dem traurigen Fall der Veranlassung) ist oder wenigstens sein sollte, dass er sich nur ein einfaches Gewand anziehen wird.

β) Das Metaphorische im Ausdruck. Das Metaphorische liegt in jeglicher Art sprachlicher Gedankenäusserung als etwas der Natur des menschlichen Geistes Gemässes: der Weinstock treibt Augen, die Felder dürsten, die Saaten stehen lustig, das Korn üppig, das ist eine auch der Landbevölkerung geläufige Redeweise (or. 81). Der psychologische Grund dafür — an die dabei auch in betracht kommende unwillkürliche Thätigkeit der Phantasie und den Geistestrieb des Menschen, sein eigenes Wesen aus sich heraus zu projiciren, ist dabei nicht gedacht — liegt darin, dass „die Uebertragungen um der Aehnlichkeit willen die Seele von einem zum anderen hinüberführen, zurückführen und hierhin und dorthin bewegen, und nun diese schnelle Bewegung der Vorstellung an sich selber mit Lustgefühl verbunden ist" (or. 134). De or. III, 160 wird der Grund, bei wesentlicher Uebereinstimmung der Auffassung von ihm, etwas anders formulirt und weiter variirt: „sei es, weil es eine gewisse Bethätigung der Geisteskraft ist, das vor den Füssen Liegende zu überspringen und anderes aus der Ferne Geholtes dafür zu nehmen; sei es, weil der Hörer in seiner Phantasie anderswohin geführt wird und doch nicht abirrt, was ein grosser Genuss ist;

sei es, weil durch einzelne Worte (durch eine partielle Aehnlichkeit) die Sache und die g a n z e Aehnlichkeit zu stande kommt.
sei es, weil jede Uebertragung, sofern sie zutreffend stattfindet,
an die Sinne selber, besonders den Gesichtssinn, der von allen
der lebhafteste ist, herantritt." *) Regeln für die richtige Anwendung des metaphorischen Ausdrucks sind aber: dass er
gleichsam erbeten und nicht gewaltsam eingetreten zu sein
scheinen muss (de or. III, 165), dass die Aehnlichkeit nicht weit
hergeholt sein darf (de or. III, 163), dass die Gegenstände, zu
welchen die Aehnlichkeit die Seelen der Hörer zieht, nicht
die Vorstellung von etwas Hässlichem (gemeint ist offenbar hauptsächlich was die Sittsamkeit zu nennen verbietet) herbeizwingen
(de or. III, 163).

γ) Die Gliederung der Rede. Irgendwie gliedern sich
die Sätze der menschlichen Sprache ganz von selbst und ohne dass
man auf das „Wie" der Gliederung achtet; wenn schon nicht alle
Sätze, so doch die meisten. Die beiden altclassischen Sprachen
sind gegliederter als die deutsche in ihrer Führung der Sätze.
Namentlich die griechische Sprache, vor allem die Prosa, ist
durch ihr so überaus häufiges, fast unablässiges μέν — δέ, τε
— καί so stark gegliedert, dass es für unser Gefühl lästig werden
kann, weil dadurch der Hingebung an den Sinn des einen Satz-
gliedes immer auch schon die manchmal ablenkende Forderung
angehängt wird, sein Verhältniss zu einem anderen zu beachten;
doch würde ein in dieser Weise ungegliedertes Griechisch
allerdings viel unerträglicher sein, weil es sofort den Eindruck
barbarischen Preisgebens der sprachlichen Individualität machen
würde. Wenn nun im Interesse der antiken Humanität für die
sprachliche Schönheit auch das Moment hervortritt, dass die
Rede gegliedert sein müsse, so ist der Sinn davon, dass die in
dem Inhalt des Gedankens selbst liegende Gliederung sprachlich mit Aufmerksamkeit darauf nachgebildet werden müsse,
dass sie gefällig in's Ohr fällt. In diesem Sinne heisst es or. 221:
„Man muss oftmals schneller einhalten oder noch weiter vorgehen (in einem Satzgliede), damit weder der Eindruck ent-

---

*) Bei dieser Werthschätzung des metaphorischen Ausdrucks kann der Schluss-
satz von de or. III, 157, in welchem er (verborum tralationes) pueril genannt
wird, unmöglich echt sein, wie ihn auch die Ausgaben einklammern.

steht, als habe die Kürze das Ohr benachtheiligt („defraudirt") oder die Länge ihm zu viel zugemuthet" (es „obtundirt"); vgl. de or. III, 190: „Wir müssen es dahin bringen, dass die Rede nicht verfliesst, nicht ausschweift, dass sie nicht zu früh einhält (*insistat interius*), nicht zu weit hinausläuft". So ist es denn auch nicht gut, kunstvolle Perioden hinter einander fortlaufen zu lassen, oftmals ist auch die Rede in kleinere Glieder zu zerlegen (de or. III, 190). Eine in Einschnitten und Gliedern (*incisim et membratim*, Beispiel für jenes „*dicimus*", für dieses „*testes dare volumus*", Beispiel für das Wesentliche des Gemeinten „*o callidos homines, o rem excogitatam, o ingenia metuenda*) behandelte Darstellung hat für den Eindruck der Rede im Ernstfalle (*in veris causis*) eine hohe Bedeutung (or. 225). Wir würden heutzutage viele Schriftsteller eher umgekehrt daran zu erinnern haben, dass doch auch im Deutschen nicht immer kurze, abgerissene Sätze eine gute Darstellung ausmachen, dass auch die deutsche Darstellung wohlgebauter Perioden wohl fähig ist und dass solche, mit Maass angewendet, die Schönheit der Darstellung erhöhen. Die einzelnen Theilstücke einer Periode sollen verbunden sein wie die Reliefs am Atheneschilde des Phidias, die ein Ganzes ausmachen, aber auch jedes für sich einen selbständigen Kunstwerth haben, nicht wie die einzelnen Reiser eines Besens (*scopa*), die nur zusammen etwas Brauchbares ergeben (or. 235). Doch scheint mir diese Regel mehr aus dem Unvermögen, einen geistreichen Einfall abzuweisen, entsprungen zu sein, als dass sich mit ihr etwas Rechtes machen liesse. Die wichtigste positive Regel für den Periodenbau ist, dass in ihr „alles, Anfang und Mitte auf das Ende hinzielen müssen". Denn „der Gedanke umschreibt sich (nimmt Umrisse an) zuvor im Geiste, und die Worte strömen dann sofort zusammen; und der nämliche Geist, das schnellste der Wesen, entlässt die Worte sogleich, so dass jedes seinem Platze entspricht, und ihre planmässig vorschwebende Ordnung findet bald in dieser bald in jener Abgrenzung ihren Abschluss" (or. 200).

δ) Der prosaische R h y t h m u s. Der Anspruch des ästhetischen Bedürfnisses an eine gewisse rhythmische Gestaltung auch der Prosa beruht auf einer Feinheit des antiken Sprachgefühls, die dem unsrigen überlegen ist nicht gerade wie der Geruchssinn des Hundes dem des Menschen, aber ihm doch entschieden über-

legen ist. Denn wir gestalten unsere Darstellungen in deutscher
Sprache beinahe ohne jede Anforderung an einen Rhythmus,
der dabei dem Ohr bemerklich werden soll, nur dass wir, wo
er sich dennoch einmal findet, wie z. B. in Schleiermachers Mono-
logen, in der Schlussscene des Goetheschen Egmont, auch bei
dem älteren Fichte stellenweise, ihn mit einem, vielleicht mehr
logischen als ästhethischen Unbehagen — weil er der Idee
der ungebundenen Rede widerspricht — empfinden. Der innere
Grund dieser Verschiedenheit scheint mir darin zu liegen, dass
die Wortstellung im Deutschen, wenn auch bei weitem nicht so
gebunden wie im Französischen, doch bei weitem nicht die Freiheit der lateinischen und griechischen Wortstellung zulässt.
Wer im Lateinischen auch nur Primanerexercitien, namentlich
solche von dem alten Kaliber und nicht solche nach den beklagenswerth erniedrigten „Zielforderungen" der neuen Lehrpläne von 1891, geschrieben, noch mehr wer freie lateinische
Composition geübt hat, der weiss, dass er auf Grund der ihm
vorschwebenden antiken Muster vielfach nicht geruht hat, bis
auch einem gewissen rhythmischen Bedürfniss Genüge geschehen
war. Wer die Meisterwerke antiker prosaischer, namentlich
rednerischer Darstellung mit Verständniss auch ihrer formalen
Seite in sich aufgenommen hat, der weiss, wie er oftmals durch
gerade diese Zusammenstellung von Längen und Kürzen, als
ein wesentliches Moment der Kraft oder Anmuth der Darstellung, gefühlsmässig betroffen und ergriffen gewesen ist, und der
wird auch die Bemerkung von Lewis (Gesch. der alten Philosophie,
Berlin 1871, S. 313, Anm.) unterschreiben, dass der Stil Platos
mehr rhythmisch als plastisch zu nennen ist. Aber die Sache ist
doch einigermaassen intricat. Soll man annehmen, dass die
Alten, wenn sie schrieben, nicht eher ruhten, als bis sie das
was zu sagen war jedesmal in denjenigen prosaischen Rhythmus
gebracht hatten, der erst ihrem ästhetischen Gefühl von dem, was
hier nach dieser Seite der Formgebung angemessen war, Genüge
that? Sie hätten sich die Aufgabe der prosaischen Darstellung
unsäglich erschwert, ungefähr so, wie die Dramatiker, wenn
sie sich wirklich dem vielberufenen und zum theil mit blendender
Anscheinbarkeit zu belegenden Gesetze der Corresponsion der
Verszahl in den entsprechenden Theilen dialogischer Abschnitte unterwarfen, — gegen welches Gesetz einst A. Böckh

in einer Sitzung des Seminars für gelehrte Schulen, als der hochbegabte junge Dr. Zippmann, der der philologischen Wissenschaft zu früh durch den Tod für's Vaterland eben noch vor Thorschluss des grossen Krieges bei Danjoutin vor Belfort entrissen ist, in einer Abhandlung mit grossem Scharfsinn und voller Ueberzeugung für dasselbe eingetreten war, den schlagenden und überwältigenden mündlichen Einwurf machte: „Aber, meine Herren, was sie auch an Beweismaterial zusammenstellen, wurde es denn empfunden? Und wo nicht, konnten die grossen Tragiker so närrisch sein, sich so hemmende Fesseln anzulegen?" Oder soll man annehmen, der prosaische Rhythmus mache sich, wo er sich mache, durch eine Art glücklicher Praeformation des lautlichen Charakters der Wörter für ihren Inhalt, er stelle sich von selber ein und werde dann nur bemerkt? Darin, in dieser ὀρθότης ὀνομάτων, liegt gewiss etwas, aber das Rhythmische wird doch oft wesentlich bedingt durch die bestimmte Wortform, einschliesslich der Verbal- und Nominalendungen, und nicht nur durch den Stammesantheil an dem Worte. Oder ist alles blosser Zufall und bildet man sich hinterher ein, man hätte mit einer Tugend zu thun, wo nur eine Noth vorlag? Die Sache ist gewiss so, dass nicht immer und nicht ausdrücklich nach einem prosaischen Rhythmus gesucht wird und dass er oft wie ein nebensächliches Geschenk in den Schoss fallen wird, wenn man nur den Gedanken so ausgestaltet hat, wie er es verlangte. Oft aber wird die rhythmische Wirkung auch beabsichtigt sein, nicht, als ob man sich vorgenommen hätte: hier muss nun Rhyth-mik gehandhabt werden und danach von vornherein das Wörter-material gesucht hätte, das doch wesentlich von dem Gedanken abhängt: sondern das Wortmaterial stellt sich ein nach dem Ge-danken, nun aber findet eine Auslese unter den Worten und die Erwägung der Wortstellung statt auch nach der Rücksicht auf den Rhythmus, — das alles nicht so, dass bestimmte Füsse so zu sagen in *abstracto* im voraus gefordert würden, sondern dass die sich ergebenden vom Gefühl gutgeheissen oder verworfen werden, bis sie sachgemäss erscheinen. Nicht die gesamte antike Hu-manität, sondern speciell der Vertreter ihres Höhepunktes, Cicero, hat einen bedeutenden Scharfsinn verwendet, zum theil möchte man fast sagen verschwendet auf diese Theorie der in einem prosaischen Rhythmus (*in numerose dicendo* de or. III, 176) be-

stehenden Schönheit der Darstellung, er, der or. 226 mit Recht
sagen kann, dass er über den Rhythmus in der Prosa eingehender
nachgedacht habe als (unter den Lateinern) irgend einer vor
ihm, und der de or. III, 176 dieser Frage eine gewaltige Trag-
weite für die Beredtsamkeit beimisst. Die beiden Hauptstellen
dafür sind de or. III, 176—198 und die noch in's Concretere
eingehende zehn Jahre später geschriebene, or. 168—236. Ihr
näherer Inhalt gehört schon der Rhetorik, und nicht mehr der Humanität an, dieser aber das sprachliche Interesse überhaupt und
die Thatsache, dass dasselbe auch diese Forderung sprachlicher
Schönheit einschliesst. Cicero übertreibt die Bedeutung der
Sache in einer für uns geradezu unglaublichen Weise, wie zwei
Beispiele zeigen mögen. Or. 215 sagt er, in den von ihm gehörten Worten einer Rede des jüngeren Papirius Carbo hätte
die Stelle „*patris dictum sapiens temeritas filii comprobavit*"
einen wunderbaren Beifallssturm der Contion erregt, und das
komme auf Rechnung des Rhythmus, nämlich des Doppeltro-
chäus (*dichoreus*) in dem Schlussworte *comprobavit*. „Verändere
einmal die Reihenfolge der Worte, lass es heissen „*comprobavit
filii temeritas*", dann ist die ganze Sache nichts. Aber, sagst du,
dieselben Worte, derselbe Gedanke. Für die Seele ist das
genug, für das Ohr aber nicht." Man traut seinen Ohren nicht
und schiebt den angeblichen Beifall doch sicher im wesentlichen
auf den Gedanken, mag man auch das sachgemässe Ausklingen
desselben in *comprobavit* mit empfinden. Or. 232 führt er aus
einer seiner eigenen Reden mehrere Beispiele dafür an, dass der
Gedanke durchaus an der Wortstellung hänge, darunter das
erste „*neque me divitiae movent, quibus omnes Africanos et
Laelios multi venalitii mercatoresque superarunt*"; er sagt:
„Aendere nur ein wenig, dass es heisst: *multi superarunt merca-
tores venalitiique*: die ganze Sache ist verloren" und später,
mit Beziehung auf Stellen der Rede, an denen uns die zur Erprobung vorgeschlagenen etwaigen Aenderungen einen ebenso
wenig sagenden Eindruck machen: „Siehst du wohl, wie in
Folge einer kleinen Aenderung der Wortstellung, bei denselben
Worten, bei Bestehenbleiben des Sinnes, alles in Nichts versinkt,
da es aus Wohlgefügtem dissolut geworden ist?" Wenn d i e s e
beiden Beispiele in der für unser Ohr bestehenden Bedeutungs-
losigkeit ihrer Veränderungen einen in seiner Allgemeinheit

gewiss richtigen Satz, den wir an wirklich crassen Beispielen
einer offenbar verfehlten Wortstellung bestätigen würden, illus-
triren sollen, so müssen wir sagen: Entweder wir verstehen die
formalen Vorzüge der antiken Schriftwerke nicht, ein grosser
Theil ihrer Feinheiten geht für unser viel zu unfeines Gehör verloren, oder Cicero hat sich hier einmal in dem Beispielmaterial
vergriffen und das Gras wachsen hören. Ich glaube, dass beides
zutrifft, dass Cicero hier über die Schnur haut, dass wir aber in
unserer Mitempfindung des prosaischen Rhythmus die Feinheit
des antiken Gehörs nur unvollständig, wenn auch nicht s o unvollständig erreichen . . . Wir wollen also dem Cicero nicht
in die Einzelheiten seiner Theorie des prosaischen Rhythmus
folgen, sondern nur einige Hauptsachen herausheben, die bis
zur Charakteristik einer Seite der geistigen Interessen der antiken
Humanität hinaufreichen. Rhythmus ist also auch bei älteren
Schriftstellern schon vorgekommen, aber meistentheils durch
Zufall, oft auch, weil es das Wesen der Sache (nebenbei) so mit
sich bringt (or. 170). Nachdem man darauf aufmerksam geworden
war, dass etwas zufällig Herausgekommenes mit einem Gefühl
des Angenehmen verbunden war, hat man auf diesen Quell der
Verschönerung der Sprache oder Erhöhung der Sprachwirkung
auch zu dem Zwecke, von ihm Gebrauch zu machen, geachtet
(or. 177). In den Wörtern liegt so zu sagen das Bauholz, der
Rhythmus haut es zurecht und glättet es (or. 185). Ist die Rede
etwa einmal g a n z rhythmisch, so ist es ein unerträglicher Fehler;
kommt sie dem Bedürfniss nach einem gewissen Rhythmus
aber gar nicht entgegen, so ist sie lotterig (*dissipata*), unculti-
virt und salopp (*fluens*), or. 220. Den verstimmenden Schein
der Absichtlichkeit im Streben nach Rhythmus müssen wir vermeiden (de or. III, 193). Uebertriebene Anwendung des prosaischen Rhythmus ist zu verwerfen: sie bringt Uebersättigung
mit sich, vor allem aber schaut dann auch der Unkundige dem
Redner hinter die Coulissen; ausserdem kommt die Wahrheit
der Empfindung (*a potiori „dolor"* genannt) im Vortrage dadurch
zu kurz, das echt menschliche Gefühl des Redners verfliegt,
die Wahrhaftigkeit und das Zutrauen zu ihr geht in die Brüche
(or. 209). Sonst aber ist der prosaische Rhythmus von höchstem
Werthe: „Jene Blitzstrahlen des Demosthenes würden nicht so
zucken, wenn sie nicht von Rhythmen geschwungen (*contorta*)

ergingen"*) (or. 234). Das eigentliche Princip des Rhythmus,
der Erklärungsgrund des Wohlgefallens an ihm, liegt in der
feineren Veranlagung des menschlichen Gehörssinnes. „Rhythmus" ist ja „alles was unter irgend eine Messbarkeit durch das
Ohr fällt" (or. 67). Die Natur selber modulirt (d. h. differenzirt)
im Menschenohr den aufgenommenen Laut der Stimme (de or.
III, 185). Rhythmen und Stimme sind etwas dem Geiste Verwandtes (de or. III, 197), der hier offenbar in pythagoreischer
Weise als mit der Empfindung des Maassvollen ursprünglich aus-
gerüstet gedacht wird. Ueber Stimme und Rhythmen ist das Ohr
der Richter (or. 162). Die poetischen Formen sind gefunden durch
die Abgrenzung, deren Bedürfniss das Ohr empfand, und durch
die Beachtung, welche die Einsichtigen dieser Naturanlage
schenkten (or. 178). Isokrates (der Erfinder des prosaischen
Rhythmus) hat nach dem ästhetischen Bedürfniss (ad voluptatem)
des Ohres geschrieben (or. 38). Einen falsch modificirten oder
dissonirenden Ton kann ein feines Ohr nicht ertragen (de rp.
II, 69). In Folge des Durcheinanderhallens der Töne auf dem
Forum — obgleich diese Bemerkung nicht nur für das Wohlgefallen am prosaischen Rhythmus die Vorbedingung feststellen
will, sondern allgemeiner gehalten ist — ermüdet das Ohr (pro
Arch. 12). — Interessant ist, dass der Zusammenhang dieser fein-
fühligen ästhetischen Anforderungen an die Sprache mit der
Humanität bisweilen sogar ausdrücklich hervortritt. Denn von
denen, die für den oratorischen Rhythmus keinen Sinn haben,
heisst es or. 170: „Ich weiss nicht, was sie für Ohren haben
oder was in ihnen einem Menschen Aehnliches ist" und
172: „Wenn sie ein so inhumanes und so bäurisches Ohr
haben, so wird auch die Autorität der ersten Kenner ohne Eindruck auf sie bleiben".

ε) Die Redefiguren. Deren Zusammenstellung, Classificirung
und Würdigung gehört ganz und gar der Rhetorik an. Cicero
hat sie zweimal kurz, um nicht in die eigentliche Schulweisheit
sich zu mischen, doch mit der grössten Sachkenntniss behandelt,
de or. III, 201—212 und or. 134—139, und zwar sowohl die sg.
Sinn- wie die Wortfiguren (conformationem sententiarum et ver-

---

1) Wer fühlte nicht die rhythmische Kraft, wie in unzähligen anderen Fällen
bei Demosthenes, so z. B. in dem *ionicus a minori* ϲυνενέγκοι, dem letzten Worte
der gewaltigen dritten philippischen Rede!

borum, de or. III, 201). In der rednerischen Prosa der Alten findet sich von Satz zu Satz, möchte man sagen, das in den Figuren bestehende Schmuckmittel der Rede irgendwie zur Anwendung gebracht, eben zur „Gestaltung" des Stoffes, der nicht nur durch sich selbst, sondern auch durch seine schöne Form wirken soll. Ein formales Verständniss der alten Schriftwerke ist ohne Kenntniss dieser rhetorischen Theorieen gar nicht möglich, nur durch sie wird uns zum Bewusstsein gebracht, was auf uns zum theil nicht einmal seine leise, ihres Grundes unbewusste Wirkung thun würde. Hier möge es genügen, um daran zu erinnern, um was es sich handelt, als Beispiele für die Sinnfiguren anzuführen: die *commoratio* (ἐπιμονή), die *extenuatio* (μείωσις), die *amplificatio* (αὔξησις, auch δείνωσις), die *dubitatio* (διαπόρησις), die *praemunitio* (προδιόρθωσις), die *communicatio* (ἀνακοίνωσις), die *personarum ficta inductio* (προσωποποιία), die *morum descriptio* (χαρακτηρισμός), die *dissimulatio* (εἰρωνεία), die *subiectio* (ὑποτύπωσις); für die Wortfiguren die Anaphora, die *conduplicatio* (ἐπανάληψις), die Symploke, das Polyptoton, die Klimax, die Antithese, s. Erkl. zu or. a. a. O., auctor ad Herenn. IV, 58—68, Volkmann, Hermagoras (Stettin 1865), S. 272—287.

d) Das Interesse für die zweite classische Sprache. In dieser Beziehung nun findet ein ausserordentlicher Unterschied zwischen der römischen humanen Gesellschaft und den Kreisen, die ihr bei den Griechen entsprechen würden, statt. Die römischen Humanen verstehen und beherrschen auch die griechische Sprache. Aus Cicero's Briefen, namentlich denen an Atticus, hat man den grössten Eindruck davon: unzählige Male läuft ihm in der Eile und in dem vertraulichen Austausch der griechische Ausdruck als der ihm, bei seiner litterarischen Beschäftigung noch näher liegende oder noch kürzere oder noch treffendere und schärfere als der der Muttersprache unter. (Dass daraus eine bedenkliche und unerfreuliche Sprachmengung eintritt, worauf Mommsen, R. G. III, S. 559 aufmerksam macht, ist hier nicht der Gesichtspunkt). Aber eines Beweises für Cicero's Beherrschung der griechischen Sprache bedarf es bei seiner überall hervortretenden umfassenden Kenntniss der griechischen Litteratur ja nicht. Schon von Catulus, der auch ein vorzüglich reines Lateinisch sprach (de or. III, 29) wird bezeugt (de or. II, 28), dass ihm die Griechen selbst eine gründliche und geschmackvolle Beherrschung der griechischen Sprache zuge-

stehen. L. Crassus spricht so perfect griechisch, als ob er keine
andere Sprache kännte (de or. II, 2). Atticus spricht das Griechische wie ein Athener (Nep. Att. IV, 1). Mit solchen Römern,
die überhaupt nur Griechisches, nichts Lateinisches lesen wollen,
geht Cicero öfters zu Gericht, z. B. de fin. I. 4—9. III, 5; de o.
g. o. 18. Die Griechen hingegen, auch die allergebildetsten, auch
die geistig am höchsten stehenden, waren Einsprachler. Das
bischen praktische Verständniss griechischer Dialekte, des barbarischen Macedonischen und Illyrischen und des Persischen
will dagegen nichts verschlagen, und Themistokles mit seinem
späten heisshungrigen und gründlichen Lernen des Persischen
(Nep. Them. 10, 1) ist eine Ausnahme. Es ist unglaublich, aber
wahr, diese grossen Meister haben geleistet was sie geleistet
haben ohne das allernächste und allerwichtigste Bildungsmittel,
die Erlernung einer fremden Sprache, die ja auch die eigene
durch das Zumbewusstseinbringen ihrer Unterschiede, also
ihrer Eigenart, erst recht kennen lehrt, einzig und allein kraft
des genialen Instinctes ihrer wunderbaren Begabung und trotz
der einseitigen Uebung derselben an dem Material einer einzigen Sprache. Seit Polybius' Zeiten haben freilich gebildete
Griechen oft auch die Sprache des weltbeherrschenden Rom
gelernt, aber der in ihrem Bestande im wesentlichen abgeschlossenen griechischen Cultur konnte das ja nicht mehr zu
gute kommen, auch konnten solche Griechen nicht entfernt an
den armen *litteris latinis* das haben, was die Römer an der
überreichen griechischen Geistesproduction hatten. Tritt so die
natürliche Ausstattung des griechischen Geistes in um so glän-
zenderes Licht, so wird doch andrerseits der römischen humanen
Gesellschaft mit ihrer Zweisprachigkeit eine gewisse entschiedene
Ueberlegenheit zu theil, nicht der ursprünglichen Anlage, im
Gegentheil, diese wird ja eben durch die wunderbare der
Schwesternation völlig überschattet, aber doch der Aneignungs-
kraft, des Assimilationsinteresses. Das verschiedene Verhältniss
der beiden Nationen zur Humanität tritt hier in das hellste Licht.
Die Griechen bedurften, um volle Menschen zu sein, keines bewussten Princips der Humanität, wie es sich auch bei ihnen nicht,
oder doch viel schwächer und viel gelegentlicher ausgeprägt
findet: sie waren es, wenn auch immer in nationaler Eigenart;
die Römer rangen sich erst auf dem Boden des bewussten

Strebens, vollere Menschen zu werden, aus den Schranken
ihrer nationalen Geistesmitgift los und drangen durch Aneignung
des Fremden, namentlich in dem Medium der fremden Sprache,
zu der vielseitigeren Menschlichkeit vor. Insofern sind sie aber
das erste geschichtliche Muster eines Strebens, welches für alle
Culturvölker vorbildlich sein muss. Die menschliche Cultur ist
längst viel zu reich differenzirt, als dass das Ideal einer hohen
Bildung für irgend jemanden sich bei der Beschränkung auf die
Beachtung der Leistungen und geistigen Schätze des eigenen
Volkes erreichen liesse, das geistige Bedürfniss dringt über die
Volksgrenzen hinaus. Die Lust an fremdem Grossen, Hohen
und Schönen ist ein unentbehrliches Stück im geistigen Leben
der Persönlichkeit geworden. Da ist nun die Art und der Grad
des Eindringens der römischen humanen Gesellschaft in die
griechische Sprache und ihre Denkmäler ein erstes weltgeschicht-
liches Bild dafür, was sich bei Erkenntniss des Noththuenden
und bei Lust und Liebe selbst einem spröden Boden abgewinnen
lässt. Der deutsche Geistesboden ist vielleicht der allerglück-
lichste für die Aneignung des Fremden und seine Umwandlung
in Saft und Blut des Eigenen, wenn man auch nicht einmal an
die grossen Virtuosen dieses Talentes, einen Herder und Rückert,
auch die grossen Philologen denkt, die das Alterthum wieder
in sich aufleben lassen, ohne sich dabei des Nationalen und des
Modernen zu entäussern: da hat nun für die deutsche Art dieses
grosse Bemühen Roms um die andere antike Weltsprache —
deren Verbreitungsbereich noch im Zeitalter Cicero's so bedeutend überlegen war, dass dieser pro Arch. 23 sagen kann:
„Das Griechische wird fast in der ganzen Welt gelesen, das
Lateinische hält sich in seinem eigenen, wirklich engen Gebiete"
— etwas wahrhaft Achtungswerthes und Imposantes, nach meiner
Empfindungsweise sogar etwas Rührendes und Ergreifendes,
und welcher feste Lebenskreis bei uns hat wohl eine liebevollere
und umfassendere Kenntniss einer fremden Weltsprache und
-litteratur als sie die humanen Kreise Roms von der griechischen
Weltsprache und -litteratur hatten, wenn auch die wissenschaftliche Erkenntniss des Fremden bei den modernen Meistern dieses
Wissenschaftszweiges unendlich überlegen ist?

  e) Das Interesse für Etymologie. Dieses ist vorhanden, aber, man mag auch den Platonischen Kratylos auf-

fassen, wie man will, im ganzen Alterthum bis in's *corpus iuris*
hinab eine klägliche Schattenseite seiner Bildung, da es niemals
zu einer Ahnung von wissenschaftlicher Methode der Forschung
auf diesem Gebiete gelangte. Man denke nur an Ableitungen
wie des Wortes *fides* „*quia fiat quod dictum est*" (de off. I, 23),
obgleich diese Ableitung von dem, der sie aufstellt, für einigermaassen hart erklärt wird, oder des Wortes *assiduus* „*ab asse
dando*" (de rp. II, 40). Von Varro's *de lingua latina* urtheilt
Schwegler (Röm. Gesch. I, S. 227): „Die Schrift wimmelt von unsinnigen, kindischen, selbst gegen die Anfangsgründe der lateinischen Grammatik verstossenden Etymologieen".

f) Die Kunst der Uebersetzung (aus dem Griechischen ins Lateinische). Cicero hat mannigfach aus dem
Griechischen übersetzt. Abgesehen von der Nachbildung seiner
philosophischen Schriften — die er ad Att. XII, 52, 2 einmal in
übertreibender Weise ἀπόγραφα nennt, vgl. dagegen die seine
relative Selbständigkeit betonenden Stellen de fin. I, 6; de off. I, 6 —
nach griechischen Vorbildern besonders die Φαινόμενα und Διοσημεῖα
des Aratus, viele Stellen aus griechischen Dichtern, darunter
z. B. die längeren aus Sophokles' Trachinierinnen Tusc. II, 6. 8 f.
und Aeschylus' Prometheus Tusc. II, 10, vor allem aber Aeschines' Rede gegen Ktesiphon und Demosthenes' Rede für den
Kranz. In der kleinen Schrift de optimo genere oratorum, die
er den letzteren beiden gemeinschaftlich herausgegebenen, für
uns verloren gegangenen Uebersetzungen als eine Einleitung
vorausschickt, spricht er sich auch über seine Grundsätze der
Uebersetzungskunst aus. Er will nicht übersetzen buchstäblich
wie ein Dolmetscher, sondern das Wesentliche der fremden
Originale zum Ausdruck bringen (14), er will die Gedanken und
deren Gestaltung zur Geltung bringen, dagegen das lateinische
Colorit der Sprache bewahren (*verba persequi ea tenus, ut ea non
abhorreant a more nostro*, 23). Diese Grundsätze erscheinen ungefähr auch an den uns erhaltenen Proben von Uebersetzung
griechischer Dichterstellen beobachtet. Man wird diese für den
damaligen Stand der poetischen Ausbildung der lateinischen
Sprache ganz achtungswerthe Leistungen nennen, aber ein noch
höheres Ideal der Uebersetzungskunst in der Vereinigung noch
höherer Treue und gefeilterer Vollendung der Uebersetzungs-
sprache erblicken.

2. Die Beredtsamkeit. In der Beredtsamkeit, d. h. der gerichtlichen und der Staatsrede, strebte die römische humane Gesellschaft den höchsten Zielen nach und hatte sich von ihr unter dem tonangebenden Einflusse Cicero's ein nach allen Seiten ausgemaltes Ideal gebildet. Der Redner muss alle Bildungselemente seiner Zeit beherrschen (Tac. dial. 31; bei Cicero ist bekanntlich L. Crassus in de or. l. 1 der Vertreter dieser dem Verfasser der Schrift im Gegensatz zu einer beschränkteren Auffassung des rednerischen Ideals aus dem Herzen kommenden Ansicht). (Sogar der Naturerkenntniss soll der Reder nicht bar sein, um gewisse Erhabenheiten der Rede erzielen zu können, or. 119). Die Mittel, zu solcher auf umfassender Sachkenntniss und -beherrschung beruhenden Beredtsamkeit zu gelangen, liegen auf vierfachem Gebiete, im Talent, im Fleiss, im wissenschaftlichen Studium, in Erfahrung und Uebung (de or. II, 11), oder anders ausgedrückt, in der Schulung (subactio) eines Talentes; die Schulung aber ihrerseits wird getheilt in: Uebung, Hören, Lesen, Schreiben (de or. II, 131). Es ist auffallend, dass die Kenntniss der ars, d. h. der Theorie der Beredtsamkeit, der Rhetorik, nicht mit als eine nothwendige Vorbedingung der rednerischen Meisterschaft hingestellt wird, während doch alle Reden der alten Litteratur, und um so mehr, je mehr sie in der Zeit abwärts liegen,· ohne Kenntniss des rhetorischen Lehrsystems gar nicht zu würdigen sind, weil dessen Beachtung überall dem Concreten wie ein Drahtgespinst, über welches Blumen gezogen sind, zu grunde liegt. Es liegt diese Zurücksetzung der Rhetorik daran, dass sie von ihren eigentlichen berufsmässigen Lehrern wiederum überschätzt wurde, gleich als ob sie ganz allein im wesentlichen den Redner nicht nur leiten und vor Fehltritten bewahren, sondern auch schaffen könnte, und dass nun hochgebildete Männer, die zugleich in der vollen praktischen Ausübung der Beredtsamkeit standen, wie Cicero und sein Crassus und Antonius, einen Widerwillen empfinden mussten gegen die Ueberhebung der Schulrhetoren. Im Verhältniss zu einer in jenen vierfachen Vorbedingungen wurzelnden, im Leben stehenden und kräftig wirkenden Beredtsamkeit von einer Farbe, die durch innerlich circulirenden Blutstrom, nicht durch von aussen aufgetragene Schminke (de or. III, 199) bedingt war, musste ihnen eine wesentlich von der Rhetorik aufgepäpelte Redekunst

dürr, kalt und schulmässig erscheinen: „Wir wollen es einem
Korax — der mit seinem sicilischen Landsmann Tisias bekanntlich der erste Erfinder der Rhetorik war — überlassen, ihre
Jungen im Neste auszubrüten, die dann davon fliegen als unangenehme und lästige Schreier" (de or. III, 81). Daher wird in
dem Dialog de oratore, einer Schrift, die die Bedingungen einer
lebens- und inhaltsvollen Beredtsamkeit enthält und ihr Wesen
und ihre Entfaltung nach allen Richtungen hin beschreibt, von
der Rhetorik immer, z. B. I, 115. 146, II, 77. 79. 81. 84, mit einer
gewissen kühlen Anerkennung gesprochen, dass sie ja freilich
auch etwas nütze, aber gegen die echten Vorbedingungen der
Beredtsamkeit doch ein untergeordnetes Moment sei. In Wirklichkeit kommt der rhetorischen Theorie doch eine bedeutungsvollere Rolle unter den Factoren zu, aus denen die Meisterwerke
der antiken Beredtsamkeit entsprungen sind, und die Schätzung,
die ihr in den reiferen, mit der eigenen Erfahrung gesättigten
theoretischen Schriften Cicero's über die Beredtsamkeit zu theil
wird, ist nur aus Opposition gegen ihre Ueberschätzung und ihre
Schulmässigkeit zu erklären, während er in seiner Jugendschrift
de inventione noch ganz von ihr abhängig ist. Das System der
Rhetorik ist nicht von der humanen Gesellschaft geschaffen,
sondern von dem regsamen Forschungstriebe des griechischen
Geistes, aber es ist in den humanen Kreisen Roms auf's lebhafteste in den mannigfachen Redactionen, in denen es im Umlauf war und denen auch bald lateinische Bearbeitungen folgten,
studirt. Die Rhetorik ist eine specifische Leistung des antiken
Geistes, auf die er in Folge der im Alterthum grösseren Bedeutung des öffentlichen Lebens für das Menschenleben überhaupt und seines für Sprache und Rede höchst geweckten Sinnes
verfiel, eine Leistung, der die Neueren auf demselben Gebiet
nichts Ueberlegenes an die Seite haben setzen können. Die
Ausführung der Rhetorik gehört ganz und gar dieser Wissenschaft selbst, und nicht dem humanen Bewusstsein als solchem
an, aber dieses war mit dem System der Rhetorik durchaus vertraut, die Grundzüge dieses Systems ihm stets gegenwärtiges
Wissen. Desshalb habe ich meiner Aufgabe zufolge diese Grundzüge in aller Kürze in Erinnerung zu bringen, was am besten möglich sein wird durch die Erinnerung an die mannigfachen, durch
die verschiedenen Gesichtspunkte der Division hervorgerufenen

Haupteintheilungen des rhetorischen Stoffes, die alle wieder weitere theoretische Ausführungen mit sich bringen und tief in Untertheilungen verfolgt werden.

Die Thätigkeit der Beredtsamkeit ist eine fünffache, die durch die Stichworte der *inventio* (εὕρεσις), *dispositio* (τάξις), *elocutio* (λέξις), *memoria* (μνήμη), *actio* (ὑπόκρισις) bezeichnet wird. Der einheitliche Zweck dieser fünffachen Thätigkeit ist die Ueberredung. Der Stoff, an dem die fünffache Thätigkeit stattfindet, ist ein dreifacher: *argumenta* (πίστεις), *mores* (ἤθη), *affectus* (πάθη), und zwar arbeiten die *argumenta* auf die Ueberredung hin durch Belehrung, die *mores* (die sittlichen Eigenschaften des Redners, die aus der Rede hervorblicken, und die sittlichen Züge, die er aus dem concreten Gegenstande der jedesmaligen Rede herausarbeiten muss) durch Gewinnung, die Leidenschaften (die er erwecken muss) durch Bewegung. „Die Belehrung (Beweisführung) ist nothwendig, die Gewinnung der Gemüther eine erfreuende Zugabe, die Bewegung (Umstimmung) die Krönung des Werkes" (or. 69); oder: „Die Belehrung ist eine Pflichtsache, die Ergötzung eine Ehrensache, die Erregung der Leidenschaft eine Zwangssache" (de o. g. or. 3). Die *genera causarum* sind dreifach: das *iudiciale* (δικανικόν), das *deliberativum* (συμβευλευτικόν), das *demonstrativum* (ἐπιδεικτικόν). Demgemäss ist dreifach auch die Zuhörerschaft: ein Richtercollegium (oder ein Richter), der Senat oder das Volk, eine freie corona (die bei dem dritten, uneigentlichen, *genus causarum* nicht zu einer Entscheidung oder einem Beschluss gebracht, sondern nur interessant unterhalten werden soll). Der specifische Begriff, um den es sich in den drei *genera* handelt, ist die Gerechtigkeit in der gerichtlichen, der Staatsvortheil in der berathenden, Lob oder Tadel in der Prunkrede. Die Fragestellung, der sg. *status* („Fechterauslage") für das Thema jeder Rede ist entweder *coniecturalis*, d. h. es handelt sich darum, ob etwas ist (gewesen ist, sein wird), oder *qualitatis*, d. h. es handelt sich darum, wie beschaffen (löblich oder nicht) etwas ist, oder *definitionis*, d. h. es handelt sich um die richtige Subsumirung eines Sachverhaltes unter einen höheren Begriff (z. B. einer Tödtung unter Mord, Todtschlag oder Körperverletzung mit tödtlichem Erfolge). Die Theile der einzelnen Rede sind: *exordium*, *propositio* mit *partitio*, (*narratio*), *argumentatio*, *refutatio*, (di-

gressio), *epilogus*. Die Stilarten der Rede sind die erhabene (*grande*, ἁδρόν), die blühende (*medium, laetum*, ἀνθηρόν), die feine (*tenue, subtile*, ἰσχνόν). Diese Rahmen also standen dem humanen Bewusstsein zur concreten Ausfüllung stets zu gebote, wenn es sich um Hervorbringung oder Beurtheilung rednerischer Leistungen handelte.

Es erübrigt nun noch, aus dem überreichen Bilde des rednerischen Ideals, wie es etwa vor dem humanen Bewusstsein stand, noch einige besonders bedeutungsvolle Züge herauszuheben, um es auch vor uns in einiger Bestimmtheit erstehen zu lassen. Von der Art der vorbereitenden Meditation grosser Meister der Beredtsamkeit findet sich eine etwas eingehendere Schilderung und ein interessantes Doppelbild de or. III, 7 und Brut. 87, dort von der Meditation des L. Crassus, hier des Sulpicius Galba (Consul 144 v. Chr.). Beide Männer vertiefen sich in das schärfste und angestrengteste Nachdenken, beide ziehen sich dazu in tiefe Abgeschlossenheit zurück, nur dass Galba mehrere gebildete Sclaven zur Hand hat, denen er gleichzeitig verschiedene Dictate giebt, bei beiden spiegelt sich die mächtige Kopfarbeit in den Augen, nur bei Crassus ruhevolle, concentrirte Contemplation, bei Galba, der a. a. O. einen ganzen Tag der Meditation und der darauf folgenden Ausarbeitung (*compositio*) widmet, eine echauffirende, übergrosse Anstrengung. Was die Vorübungen in der Jugend betrifft, so spricht Crassus de or. I, 154 f. aus, dass er als junger Mann zuerst gern lateinische Reden grosser Meister mit der genauesten Aufmerksamkeit gelesen und dann (wohl mündlich) frei für sich reproducirt habe. Das habe aber den Uebelstand gehabt, dass es nichts genützt habe, wenn er dieselben Worte brauchte, und sogar geschadet habe, wenn er andere wählte, weil diese ja weniger treffend hätten sein müssen. Er habe daher später mit besserem Nutzen dieselbe Uebung an griechischen Rednern angestellt. Abgesehen von der gewiss richtigen besonderen Bemerkung, die damit gemacht wird, giebt uns das ein Bild von der unvergleichlich ernsten und arbeitsvollen Vorbereitung der Alten auf den rednerischen Beruf als solchen, von der wir auch sonst vielfach unterrichtet sind. Eine derartige Vorübung treiben unsere Prediger, Anwälte und Parlamentarier nicht, wogegen sie im ganzen die Alten an fachwissenschaftlicher Vorbereitung übertreffen. Dass

die rednerischen Declamationen der Knaben in der Schule bei
den Alten des Guten viel zu viel thaten und über sie die Aneignung nützlicher Kenntnisse viel zu sehr versäumt wurde,
darüber ist das moderne Urtheil einig, ja auch das Urtheil geht
nicht zu weit, dass jene hohlen Uebungen eine wesentliche
Schuld an dem schliesslichen Bankerott des antiken Geisteslebens trifft; aber auch andrerseits ist das vielfach ausgesprochene
Urtheil nicht ohne Grund, dass bei uns in den höheren Schulen
zur Uebung des mündlichen Vortrages fast zu wenig geschieht.
— Von wissenschaftlichen Gesprächen über Beredtsamkeit und Poesie lässt Tacitus (dial. 14), ganz im Geiste der Unterredner in Cic. de oratore, den Vipstanus Messala sagen, dass
sie den Geist nähren und die erquicklichste Unterhaltung der
Erudition und der litterarischen Neigungen gewähren. In Beziehung auf die rednerische Invention bieten die sg. Topen
(loci, „Fundgruben") — von denen z. B. de or. II, 45 f. 130 f. die
Rede ist —, d. h. oft wiederkehrende allgemeine Begriffe, mit
denen gleichsam als Brille vor den Augen man entdeckt, was
im Stoffe die Ueberredung zu erwecken Geeignetes liegt, eine
sehr schätzenswerthe Unterstützung des natürlichen Nachdenkens,
indem man z. B. wenn es gilt eine Sache als gross und bedeutend darzustellen, an ihre Ursachen und Folgen, ihre Hinder-
nisse und die zu ihrer Ueberwindung erforderliche Kraft, die
Schnelligkeit oder auch geduldige Mühsamkeit ihrer Ausführung,
die Zeitdauer und den Umfang ihres Wirkens und Bestandes
denkt; oder indem man die Frage, ob etwas gewesen ist (z. B.
der und der der Thäter des und des Verbrechens) oder sein
wird (z. B. ein feindlicher Angriff) nach der äusseren und inneren
Möglichkeit (Umständen und Charakter) abschätzt. Für die
Disposition der Rede ist besonders zu beachten, dass die
wirklich am schwersten wiegenden Argumente auch vornehmlich hervortreten (de or. II, 292); man soll die Gründe mehr wägen
als zählen, nicht mit solchen anfangen, die keinen Eindruck
machen, sondern sogleich mit wirkungsvollen; auch mit solchen
schliessen, das leichtere Kaliber möge in die Mitte genommen
werden (de or. II, 313 f.); gegnerische Momente, deren man nicht
Herr werden kann, möge man in den Schatten treten lassen
oder die Aufmerksamkeit von ihnen (auf Punkte, die interessant
und der eigenen Sache günstig sind) ablenken (or. 43). Da tritt

freilich wieder das Advocatenthum hervor. Hinsichtlich der
sprachlichen Einkleidung ist ein sehr wichtiger Punkt,
den Blick zu haben für das wahrhaft vernünftig-Gefällige, d. h.
für die Farbe und den Ton der Rede, die in jedem Falle das
individuell Angemessene sind (*quid deceat videre*), or. 70. Der
Punkt ist von so entscheidender Bedeutung, dass es or. 123
geradezu heisst: Der wird das Ideal erfüllen, der im stande ist
seine Redeweise dem anzupassen, was in jedem Falle das der
individuellen Idee der Aufgabe Gemässe ist (*quodcumque decebit*).
(Wir werden später noch die der Auffassung der antiken Humanität eigenthümliche hohe Werthschätzung dieses Begriffes des
decorum für alle Kunstbeurtheilung feststellen; das *decorum*, das
als ein sonst kaum wirklich getreu wiederzugebender Begriff
auch in unsere Sprache übergegangen ist, wird in dieser doch
bei weitem nicht in dem Umfange gebraucht, wie bei Cicero,
der diesen Begriff geradezu ausgeprägt hat, sondern ist nur an
gewissen Fällen einer die fremde Meinung scheuenden Wohl-
anständigkeit haften geblieben.) So wird denn der wahre Meister
das „Niedrige", d. h. das dem gewöhnlichen Leben Angehörige
in der knappen und auf sachliche Genauigkeit zielenden Stilart
(*subtiliter*), das Hohe in der majestätischen Stilart (*graviter*),
was in der Mitte liegt, in der mittleren (*temperate*) zum Ausdruck bringen (or. 100), aber nicht z. B. (or. 123) was satte Farben
verlangt mit Nüchternheit, was erhaben ist mit kleinlichen Sprach-
mitteln (*minute*) darstellen, nicht (or. 72) über Tropfenfall (vom
Nachbarsdache) vor einem Einzelrichter (im Civilprocess) mit
hochtrabenden Worten und Gemeinplätzen, über die Majestät
des römischen Volkes mit Worten, die am Boden kriechen (*sum-
misse*) und in der niederen Stilart sprechen. Als es galt für
Milo zu reden, in einer Situation, wo das Forum und alle Tempel
am Forum von der bewaffneten Macht besetzt waren, da war
eine ganz andere Stilart von nöthen, als wenn man im Privat-
process vor einem Einzelrichter spricht (de o. g. o. 10). Uebrigens
ist ein Zuviel anstössiger als ein Zuwenig (or. 79). Die Stellen,
die recht eigentlich dem Kampfe, der Erkämpfung der Zustimmung der Hörer gewidmet sind (*contentiones*), verlangen eine
energisch vorschreitende Gedankenentwicklung, die Stellen, in
denen die sachlichen Voraussetzungen für die Beweisführung
festgelegt werden sollen (*expositiones*), eine behaglichere Breite,

was sich auch in der Verschiedenheit des prosaischen Rhythmus spiegeln wird (or. 212). Das Gedächtniss (Memoriren) ist gleichsam das Fundament, der Vortrag die Lichtquelle für die Beredtsamkeit (de o. g. o. 5). An die Möglichkeit, aus dem Stegreif etwas Vollendetes in der Beredtsamkeit zu leisten, wird immer um so weniger gedacht, weil die Ansprüche der antiken Hörerschaft auch an die Formvollendung der Rede so viel höher und peinlicher waren als es die der Modernen sind, dass dergleichen ohne Vorbereitung zu leisten wirklich die menschlichen Kräfte übersteigt. Die *memoria* wird stets als ein so unumgängliches Moment unter den Aufgaben des Redners behandelt, dass auch die sich auf sachliche Meditation des Inhaltes und der Disposition der Rede beschränkende Vorbereitung als nicht ausreichend betrachtet wird. Ein Ablesen der Rede vom Concept (*de scripto*) war, ausser wo es sich um ganz genaue Formulirung eines Antrages handelte, unerhört. Eine in der Schule genau ausgearbeitete Mnemotechnik, das Vorbild neuerer Systeme ähnlicher Art, das die Stützung des Gedächtnisses auf dem Wege der künstlichen Verbindung der Worte mit anschaulichen Zeichen unternahm — Bonnell hat darüber einmal ein lehrreiches Programm geschrieben — gehörte dem freieren Geist der Humanität nur in seinen Grundzügen an. Man unterzog sich im ganzen willig der schweren Mühe des Auswendiglernens aus Liebe und Begeisterung zu dem Ziele einer solchen Vollkommenheit der Leistung, wie sie eben ohne diese Selbstüberwindung nicht zu erreichen war. Der Vortrag ist gleichsam eine Beredtsamkeit des Körpers (or. 55). Doch soll Gesichtsausdruck und Gesticulation maassvoll behandelt werden. In der Miene soll sich nichts Ineptes (vgl. S. 108), also nichts die vernünftige Gesinnung des Hörers Beleidigendes, und nichts krampfhaft und aufgeregt Uebertriebenes (*ne quid vultuosum*) zeigen (or. 60); die Finger sollen keine Coquetterie (*nullae sint argutiae digitorum*) treiben (or. 59). Aber die ganze Scala der Töne wird der echte Redner, die Stimme dann anschwellen lassend, dann herabstimmend (*tum intendens, tum remittens*) durchlaufen (or. 59). Die wirkliche ernstliche Betheiligung der Seele des Redners an dem, was er sagt, darf nicht vermisst werden. Es handelt sich ja nicht um ein Schattenbild der Beredtsamkeit, sondern um ihre leibhaftige Gestalt (Tac. dial. 34). Der Hörer kann nicht entflammt werden,

24*

wenn die Beredtsamkeit nicht in wirklicher Gluth an ihn gelangt (or. 132); ihr aber diese Eigenschaft zu verleihen, dazu
reicht nicht der Kopf (*ingenium*) aus, sondern das Herz („*dolor*“,
vgl. S. 359) muss es thun (or. 130)*). *Acies, ferrum, sol, pulvis*
sind geläufige Metaphern für den Ernst der rechten Beredtsamkeit, allerdings mehr im Gegensatz zu akademischer Erörterung
und Schuldeclamation; de o. g. o. 17 heisst es einmal von Isokrates, dass seine Rede gleichsam mit (hölzernen) Fechtrappiren
(*rudibus*, vgl. Hor. ep. I, 1, 2), also nicht mit dem Schwerte, den
Gegner zu pariren suche.

3. Die Geschichte. Im Interesse der antiken Humanität
für die Geschichte zeigt sich doch ein gewaltiger Fortschritt,
wenn Antonius noch in den Mussestunden zu seiner Unterhaltung geschichtliche Schriften liest (de or. II, 59), Cicero aber
ad Att. XVI, 13ᵉ, 2 bekennt: „Ich brenne vor Eifer für die Geschichte", was speciell heissen soll: von dem Eifer, (auch) ein
geschichtliches Werk zu stande zu bringen. Von dem Umfange
der geschichtlichen Kenntnisse der antiken Humanität und ihrem
Interesse für geschichtliche Dinge bekommt man einen guten
Einblick durch Freund's verdienstliche Zusammenstellung der
darauf bezüglichen Ciceronischen Stellen in „Cicero historicus"
(Leipzig 1881), einer Sammlung, die noch jetzt für das Privatstudium der Schüler der obersten Gymnasialclassen von hohem
Werthe ist, wie ich aber fürchte, bei dem trotz Aly und Weissenfels leider bei den Gymnasiasten von anderer Seite her gezüch-
teten ungerechten Vorurtheile gegen den Schriftsteller, dem
mehrere frühere Generationen der oberen Gymnasialclassen ihr
bestes Studium widmeten, nicht mehr nach Verdienst zur Verwerthung gelangt. — „Nicht zu wissen, was geschehen ist ehe
man selbst geboren war, das heisst Zeitlebens ein Kind sein.
Denn was ist das Leben eines Menschen, wenn nicht die Erinnerung der früheren Ereignisse mit denen seiner eigenen**)

---

*) Das berühmte Quintilianische *pectus facit disertum* bezieht sich mehr
auf aufrichtige Ueberzeugung als auf aufrichtig erregte Leidenschaft.

**) Als Text ist überliefert: .. *nisi memoria rerum veterum cum superioribus
contexitur*. Allein in den *veteres res* wären ja *superiores* mit enthalten, und die
Beziehung auf die eigene Zeit des Menschen, die jedesmalige letzte Pointe der
historischen Vergangenheit, ist unentbehrlich. Da diese mit *inferioribus* statt
superioribus nicht bestimmt genug ausgedrückt wird, ziehe ich die allerdings weiter

Zeit verwoben wird?" (or. 120). Daher thut die Kenntniss der Geschichte in ihrem Verlauf, zumeist natürlich der des eigenen Volkes, aber auch historisch bedeutender Völker und Könige (*imperiosorum populorum et regum illustrium*) noth (or. a. a. O.). „Die Geschichte ist eine Zeugin der Zeiten, eine Leuchte der Wahrheit (d. h. sie lässt das wirklich Gewesene, auch nachdem es schon in das Dunkel einer zunächst nicht mehr sichtbaren Vergangenheit gesunken ist, vermöge glaubwürdiger Ueberlieferungen doch noch in hellem Lichte erstrahlen; dass sie auch die philosophische Wahrheit in *concreto* enthalte, daran ist bei jenem Ausdruck nicht gedacht), das Leben des Gedächtnisses, eine Lehrerin des Lebens, eine Botin der Vergangenheit (de or. II, 36). Der Geschichtsschreibung wird de or. II, 62—64 so vortrefflich ein Gesetz als Ideal ihrer Vollkommenheit vorgezeichnet, dass die Hauptmomente der allbekannten Stelle auch hier ihren Platz finden müssen. Ihr erstes Gesetz ist also, dass sie nichts (bewusster Weise) Falsches zu sagen wage, sodann, dass es ihr nicht an Muth fehle, alles Wahre auch zu sagen. Keinen Verdacht eines Schreibens nach Gunst, keinen eines Schreibens nach Feindschaft darf sie aufkommen lassen. Das sind die Fundamente. Der Ausbau (*exaedificatio*) hat eine sachliche und eine sprachliche Seite. Zu der ersteren gehört die zeitliche Ordnung und die geographische Anschaulichkeit. Ferner die Unterscheidung der Motive und Zwecke, der Ausführung und der Erfolge geschichtlicher Handlungen; in Beziehung auf die Motive und Zwecke muss der Historiker zur Klarheit seiner Entscheidung in oft sehr umstrittenen Fragen gelangen, in der Erzählung der Thaten und Worte neben dem „Was" auch das „Wie" berücksichtigen; in den causalen Momenten der Erfolge (der thatsächlichen Endergebnisse von Sach-Verlaufen) ist Zufall (äusserer und innerer, *casus* und *temeritas*) und Absicht (*sapientia*) nach ihrem Antheil zu scheiden. Auch das biographische Moment und die Charakteristik der handelnden Personen ist heranzuziehen. Die Stilart der Geschichtsschreibung darf im allgemeinen nichts von den energischen Kampfmitteln einer auf den Sieg in einer zu erringenden realen Entscheidung aus-

---

gehende Abweichung von dem überlieferten Text: *cum ipsius temporibus* vor; *suis temporibus* wäre eine äusserlich weniger kühne Conjectur, aber *suis* in Beziehung auf *hominis* scheint mir eine grosse sprachliche Härte.

gehenden Beredtsamkeit haben, sie muss mehr einem gleichmässig dahinziehenden Strome, als einem Gebirgswasser mit
Strudeln gleichen. Bei der letzten Bemerkung schwebt offenbar
besonders der Vater der Geschichte, Herodot, vor, in der gesammten obigen Gesetzgebung für die Geschichtsschreibung
ausschliesslich das *genus potius*, die politische Geschichte, wie
denn der antiken Historik die Berücksichtigung der Culturgeschichte und die letzte, geschichtsphilosophische Vertiefung in
den Stoff und Erhebung über denselben fast ganz fremd geblieben ist. Die sg. pragmatische Geschichtsschreibung aber
ist in dem Obigen unzweifelhaft mit vorzüglichen Regeln ausgestattet. Kürzer heisst es über dieselbe Aufgabe or. 66: Die Erzählung muss schön (ornata) sein, oftmals hat in sie die Beschreibung von Oertlichkeiten oder Kämpfen einzutreten, auch
Volksreden und ermunternde Ansprachen sind einzulegen; der
Stil muss von einer gewissen behaglichen Breite sein, nicht von
der gedrungenen Kraft und der Schärfe einer den Sieg im
Ernstfall erzielenden Rede. Zu vergleichen über das Ideal der
humanen wissenschaftlichen Kreise von der Geschichtsschreibung, insbesondere der von zeitgeschichtlichen Memoiren, ist
auch der lange Brief ad fam. V, 12 an Luccejus, aus dessen § 5
ich die interessanten Bemerkungen über das biographische Moment heraus hebe: „Die kritischen (*ancipites*) und mannigfachen
Phasen in den Schicksalen eines hervorragenden Mannes erwecken oft in dem betheiligten Leser die Affecte der Bewunderung, Freude, Betrübniss, Hoffnung, Furcht: wenn sie aber
gar in einem denkwürdigen Ausgange ihren Abschluss finden,
so wird die Seele des Lesers von höchstem Genuss erfüllt",
im Gegensatze wozu es vorher heisst: „Die blosse annalistische
Reihenfolge der Ereignisse fesselt uns nur mässig, wie in der
Aufzählung der trockenen Verzeichnisse des Thatsächlichen in
den *fasti*", (d. h. einem officiellen Geschichtskalender). Selbst
eine solche Art von Geschichtsschreibung aber — wie sie in
dem Einen volumen des Atticus gehandhabt war, in welchem
„kein Gesetz, kein Friedensschluss, kein Krieg, kein merkwür-
diges Ereigniss der römischen Geschichte nicht an dem entsprechenden Zeitpunkte fixirt war" und, wie auch in Special-
schriften desselben über die Junier, die Claudier, die Cornelier,
die Fabier, die Stammtafeln der berühmten Geschlechter und die

Amtsbekleidungen ihrer hervorragenden Mitglieder genau verzeichnet standen — hatte für die wissenschaftliche Gefühlsweise der Humanen noch ihren Reiz (Nep. Att. 18). Was die kritische Erforschung des Thatsächlichen betrifft, so war die antike Geschichtsschreibung überhaupt vielleicht so tief unter der richtigen Mittellinie der Untersuchung der Glaubwürdigkeit der Ueberlieferungen und ihrer Ergänzung durch Schlüsse und Construction, wie sich die Modernen im geheimen Ehrgeiz nach blendender Originalität und alles übertrumpfender Geisteskraft zum theil sicherlich in das andere Extrem der Hyperkritik von ihr entfernen; doch wird (de leg. I, 5) bei Herodot und Theopomp (in dessen für uns verlorenen Ἑλληνικά) das Vorkommen unzähliger Fabelgeschichten anerkannt. In Beziehung auf Personen der Mythologie und der Poesie ist es für uns sehr auffallend, dass sie bei den Alten meist als historisch behandelt werden, was sich hinsichtlich der letzteren schon durch den häufigen Gebrauch des Präteritums im Sprechen von ihnen statt des dafür bei uns üblichen Präsens zeigt; doch liegt wohl überhaupt der Grund dafür theilweise nur in der Form der Darstellung. Ein gewisses kritisches Bewusstsein in dieser Beziehung zeigt sich wenigstens de rp. II, 4 in der an die göttliche Erzeugung des Romulus geknüpften Bemerkung: .. „wir wollen nämlich dem Gerede der Menschen eine Concession machen, zumal einem nicht nur schon eingewurzelten, sondern auch mit weiser Absicht von den Vorfahren in Umlauf gebrachten", und de rp. II, 18, wo es heisst, dass in weniger gebildeten (unkritischen) Zeitaltern eine grosse Neigung zu (unbewusster) Dichtung bestand, da die Unerfahrenen leicht zu gläubiger Annahme solcher veranlagt waren. — Die von Cicero gelegentlich mit einer — principiellen oder unvollständigen — Beurtheilung erwähnten Historiker sind Herodot, Thukydides, Xenophon, Philistus, Theopomp, Ephorus, Kallisthenes, Timaeus, Polybius; — Cato Censorius, Fabius Pictor, Calpurnius Piso Frugi, Caelius Antipater, Terentius Varro, Sisenna (s. Freund a. a. O. S. 20 – 26; 135—138).

4. Die Jurisprudenz. Diese hängt freilich, wenn man als ihren höchsten Leitstern die wirkliche, den Sachen immanente Gerechtigkeit, d. h. die „aequitas", auffasst, mit der Humanität eng zusammen, aber erfunden zu werden brauchte sie nicht erst von

dem humanen Geiste, da sie der specifisch römische Geist schon
aus sich heraus erfunden hatte; und mit dem humanen Geiste
blieb auch die juristische Praxis, wie sie sich in Wirklichkeit
gestaltete, nicht immer im Einklange, da sie oftmals dem formalen Recht, dem Buchstaben zu viel einräumte. Erst die eigentlichen juristischen Classiker des *corpus iuris*, die grossen
Juristen des 2ten und 3ten Jahrhunderts n. Chr. sollen, wie ich
wohl von ausgezeichneten modernen Kennern des römischen
Rechtes versichern hörte — in einer Schrift über antike Humanität ist ja wohl ausnahmsweise eine ihrem Geist gemässe
Berufung auf mündliche Quellen erlaubt — in ihren Entscheidungen von Rechtsfällen zu der der Anwendung des humanen
Gedankens auf das Recht entsprechenden Idee vorgedrungen
sein, dass es sich überall um die wirkliche sachliche Gerechtigkeit handle und hinter dieser das Unrecht eines Klebens an
Form und Buchstaben zurückstehen müsse. In der classischen
Periode der antiken Humanität findet sich desshalb eine getheilte Werthschätzung der in der bestehenden Rechtsübung
sich ausprägenden Denkweise und der historisch gewordenen
Rechtsgelehrsamkeit überhaupt. Auf der einen Seite wird die
Zwölftafelgesetzgebung, wenn man auf die eigentlichen Grundbegriffe (*fontes et capita*) sieht, aus denen alles Recht fliessen
muss, an Gewicht ihrer Autorität und an der Fülle ihres praktischen Nutzens allen Bibliotheken (der Philosophen) vorgezogen
(de or. I, 195, vgl. 245). Ferner heisst es de or. I, 197—199, das römische bürgerliche Recht sei dem aller übrigen Völker so sehr
überlegen, dass dieses im Vergleich mit ihm unentwickelt (*in-
conditum*) und beinahe lächerlich erscheine; seine Handhabung
bringe in Rom den ersten Männern des Staates Ehre, Gunst
und Würde; die Ertheilung von Rechtsbescheid von einem
Thronsessel herunter (de leg. I, 10) an die sich drängende Menge
der Clienten sei ganz besonders das ehrenvollste Palladium des
Greisenalters, das sich von dem eigentlichen Staatsleben zu ihm
zurückziehe; das Haus eines Rechtsgelehrten, wie z. B. des
Mucius Scaevola, sei ein Orakel der ganzen Bürgerschaft. De
fin. I, 12 aber: die juristische Litteratur sei scharfsinnig und
von hohem praktischen Nutzen für die Bürger, Cicero lese sie
gern und werde sie stets gern lesen. De or. I, 193: das Studium des bürgerlichen Rechtes sei höchst genussreich; insbe-

sondere auch, wenn man in der Weise des Aelius Sextus (198
und Tusc. I, 18 aus Ennius „*egregie cordatus homo, catus Aelius
Sextus*") aus ihm culturgeschichtlichen Stoff (sprachliche Alterthümer und Aufschlüsse über Leben und Sitten der Vorfahren
aus gewissen Actionsformeln) zu gewinnen wisse. Auf der anderen Seite (und aus dem Munde des Vertreters einer anderen
Auffassung, hier des recht geflissentlich praktischen Redners
Antonius, während die obigen Worte aus de or. dem Crassus
in den Mund gelegt waren) aber wird de or. II, 144 die Jurisprudenz eine gähnende (langweilige) und schläfrige Weisheit
genannt. Auch der geistreiche Ausdruck des Antonius „gut
Ball und Zwölftafelgesetz spielen" (de or. I, 217) klingt nach Ge-
ringschätzung der Jurisprudenz, sofern ihr System darin als
Raub und Beute freien Geistesspieles und zu solchem, im Gegensatze zu wissenschaftlichem Ernst, veranlassend, erscheint.
Uebrigens erklärt auch Crassus selbst, mit Berufung auf das
gleiche Bekenntniss des grossen Juristen Scaevola, das Studium
der Rechtswissenschaft für eine leichte Sache. Wenn das bürgerliche Recht nur erst einmal nach seiner Materie in seine wenigen
Hauptcapitel zerlegt sei, in weiterer Theilung die Unterabthei-
lungen derselben aufgestellt seien, der Inhalt jedes Abschnittes
aber eine kurze definitionsähnliche Formulirung erfahren habe,
dann werde ein untadliges System des bürgerlichen Rechtes
zu stande gebracht sein, das mehr für bedeutungsvoll und in-
haltsreich als für schwierig und dunkel gelten müsse (de or. I,
185. 190). Pro Mur. 28 erklärt Cicero sogar, dass er trotz seiner
starken anderweitigen Beschäftigung ein solches System, wenn
es sein müsse, binnen drei Tagen zu stande bringen wolle. Es
ist bekannt, dass er in einem Abschnitte dieser Rede pro Murena
(23—28) die Jurisprudenz in geistreichem Witz mit souveräner
Verachtung behandelt. Die Meinungsäusserungen des Redners
sind aber nur mit einem sehr starken Abzuge von der Ernst-
lichkeit ihrer Vertretung aufzufassen, weil ihm diese Gering-
schätzung der Jurisprudenz zufällig einmal in seinen rednerischen
Kram passte, sofern der Ankläger des Murena, der berühmte
Rechtsgelehrte Servius Sulpicius, in seiner Anklage des Murena
wegen *ambitus* behauptet hatte, dass er ihm auch durch seine
juristischen Kenntnisse in der Bewerbung um das Consulat hätte
weit überlegen sein müssen. Der vortreffliche Servius Sulpicius

kannte aber die sich dem jedesmaligen Zwecke anpassenden
Wendungen und Windungen des zeitgenössischen Advocaten-
thums zu gut, als dass er seinem Freunde M. Tullius diese einmaligen und so zu sagen zufälligen, der Fechtersituation, und
nicht dem Ernst der Gesinnung angehörigen Ausfälle auf seinen
Beruf auf die Dauer übel genommen hätte; ist er doch z. B. der
Verfasser des oben (S. 148) erwähnten herrlichen Trostbriefes
an Cicero. Der Spott Cicero's in der obigen Rede stellt im
wesentlichen die folgenden Behauptungen auf: mit der Jurisprudenz sei es nichts Grossartiges (23); weil ihren früheren Ge-
heimkennern durch die indiscrete Geriebenheit eines armseligen
Schreibers, des Cn. Flavius (303 v. Chr., s. Liv. IX, 46, vgl. de
or. I, 186), ihre Mysterien entrissen seien, hätten sie, um etwas
Apartes für sich zu behalten, gewisse anspruchsvolle verdutzliche
Formeln der *actiones de iure* zusammengestellt (25); so sei
denn in der Rechtswissenschaft alles mit Ineptien geschminkt,
sie sei überaus leer an Sachverstand, überaus voll von Trug (26);
durch den Geist der Rechtsgelehrten sei das meiste verderbt
und entstellt; das wahre Recht (die *aequitas*) sei auf und davon
geflogen, nur Wortkram sei zurückgeblieben (27); die Rechtsgelehrsamkeit bestehe ganz und gar aus künstlich zusammen-
getifteltem Stoffe (*ex rebus fictis commenticiisque*, 28); wer kein
Redner hätte werden können, sei nun ein Rechtsgelehrter
geworden, gleichwie bei den Griechen Virtuosen auf der
Flöte nur solche seien, die es nicht zu Virtuosen auf der Cithara
hätten bringen können (29). — Der ganze, geistreiche und er-
götzlich zu lesende Passus ist für uns mehr eine nachträgliche
Bestätigung der oben (S. 331—335) über das Advocatenthum dieser
Zeit ausgesprochenen Gedanken als eine ernst zu nehmende
Quelle für das Verhältniss der Humanität zur Rechtsgelehr-
samkeit.

5. Die Philosophie. Die „Königin der Wissenschaften"!
Dieses höchste Ehrenprädicat ist wohl von verschiedenen
Königen der Wissenschaft an verschiedene Glieder des Ge-
sammtreiches der Wissenschaft ausgetheilt worden, von Kant z. B.
(allerdings mit Prolegomenen) an die Metaphysik, von Gauss
an die Arithmetik. Das Alterthum, das freilich den modernen
grossen Organismus des Körpers der Wissenschaften noch nicht
kannte, aber doch die Keime von ihnen allen gepflanzt und ihre

Schösslinge zum theil zu einer beträchlichen Höhe geführt hat,
war sich doch nahezu einig über das, was in jener Beziehung
auch die Wahrheit ist, dass nur die Philosophie, wenn auch nicht
die Königin der Wissenschaften — weil das formale Moment
ihrer Wissenschaftlichkeit vielfach von Schwestern von
ihr übertroffen wird —, so doch die Königin der Wissenschaften genannt werden darf. Auch die antike humane Gesellschaft, wiewohl sie erst in ihrer Blüthezeit zu voller Bewusst-
heit dieser Erkenntniss geweckt werden musste, erkennt doch
der Philosophie mit Entschiedenheit diese Ehrenkrone zu. „Die
Philosophie (insbesondere jene alte, die von Sokrates ihren Ursprung herleitet) geht den übrigen Studien und Wissenschaften
weit voran" (Ac. post. I, 3). Die Trias Aeschylos, Sophokles,
Euripides wird Ac. post. I, 10 deutlich hinter die Trias Plato,
Aristoteles, Theophrast (wir würden das dritte Glied der letzteren
doch lieber anders benennen) zurückgestellt.

Das wahrhafte und tiefste philosophische Bedürfniss fehlte
freilich der humanen Gesellschaft. Denn es war bei ihr nicht
aus seinem wahren Grund und Boden, der Verwunderung, der
nach Plato's (Theaet. 155 D) richtiger Erkenntniss und berufenem
Zeugniss wahren ἀρχή der Philosophie, mit Urkraft hervorge-
brochen, sondern musste ihr erst durch den humanen Gedanken,
als ein unentbehrliches Theilstück wahrhaft menschlichen Strebens, vermittelt werden. Das ist immer schon ein Verhältniss
zweiter Ordnung zur Philosophie: die Philosophie, die geartet
ist alles zu tragen, wird hier selber erst von anderer Grundlage
getragen, dem Axiom aus dem Leben, dass das Menschliche
nach allen Richtungen sein soll. Die eigentlichsten grossen und
wurzeltiefen Bekundungen des specifisch philosophischen Geistes
sind also aus den Kreisen der römischen Humanitätsgesinnung
nicht zu erwarten.

Eine ganz eigene Bewandtniss hat es mit dem Doppelverhältniss des rein theoretischen Geistes einerseits und des Gemüthes und sittlichen Bedürfnisses andrerseits zur Philosophie.
Wird die Wahrheit nicht um jeden Preis und ohne Einmischung
der Bedürfnisse des Herzens und ohne Gedanken an ihre praktischen Consequenzen gesucht, wie immer sie auch ausfallen möge,
so muss sie durch einen fremden Anspruch getrübt oder gar
verfälscht werden, mit anderen Worten: das Philosophiren soll

ein rein theoretisches Geschäft sein. Andererseits aber: wird das Ergebniss der philosophischen Wahrheitsforschung nicht in das Gemüth und den Willen verpflanzt, so fehlt ihm dennoch die höchste Weihe, so ist es mit dem kühlen und interesselosen Besitz des philosophischen Inhalts in der reinen Betrachtung nicht anderes als mit dem Besitz der Wahrheiten der Mathematik im reinen Verstande. Es ist ein ganz einzigartiger Tact der Seele, in jenem lauteren Doppelverhältniss zur Philosophie zu stehen, ohne dass die eine Seite der anderen schadet. In idealster Vollkommeit ist die thatsächliche Lösung des Problems dieses Doppelverhältnisses in der Wirklichkeit vielleicht noch nie gegeben gewesen, Plato, Spinoza und E. v. Hartmann scheinen mir noch ihr am nächsten gelangt zu sein. Ein Uebergewicht der reinen Theorie findet sich z. B. bei Aristoteles, Kant, Hegel und Steudel, ein Uebergewicht des praktischen oder gemüthlichen Bedürfnisses bei den Stoikern, Jacobi, Lotze und im geheimen auch bei Schopenhauer. Die antike Humanität kommt höchst ausgeprägtermassen zur Philosophie vornehmlich von der Seite des praktischen Bedürfnisses. Zwar wird das Recht der reinen Theorie mit der grössten Hochachtung anerkannt und den der Humanität doch fremdartigen Persönlichkeiten, die die Gabe eines rein theoretischen Lebens besassen, aufrichtige Bewunderung entgegen getragen. Zwar wird in der Erzählung von dem Gespräche des Pythagoras mit Leon, dem Tyrannen von Phlius, (Tusc. V, 8 f.) ein Selbstbekenntniss des allerechtesten philosophischen Geistes empfunden. Die Erzählung lautet: Leon habe sich in der Verwunderung der ihm neuen Bezeichnung eines „Philosophen", die sich Pythagoras gegeben habe, bei diesem zu belehren gesucht, was das denn sei, ein Philosoph. Pythagoras aber habe geantwortet: das menschliche Leben komme ihm vor wie der grosse Jahrmarkt, der unter Betheiligung von ganz Griechenland bei den grossen Spielen abgehalten werde: wie dort die einen um den Kranz im Wettkampf würben, andere aber Gewinn durch Kaufen und Verkaufen suchten, die dritten und freigeborensten endlich nicht um des Beifalls noch um des Gewinnes willen erschienen, sondern bloss um des Schauens willen, so dienten auch in dem Getümmel des Lebens die einen dem Ruhm, andere dem Gelde, und nur einige wenige seien es, die unter Nichtbeachtung alles Uebrigen

dem Wesen der Dinge ihre eifrige Anschauung widmeten;
und wie bei den Spielen das Zuschauen ohne etwas für sich
zu suchen das Edelste sei, so sei auch im Leben die reine
Contemplation und Erkenntniss das Höchste. Zwar hat man
also in der humanen Gesellschaft Sinn und Verständniss für die
reine Theorie der echtesten Philosophie, aber der Zweck, zu dem
die Philosophie in dieser Gesellschaft selber betrieben wird, ist
doch wesentlich ein praktischer. Von Cicero's philosophischen
Schriften gehören nur die akademischen Quästionen der reinen
Theorie an (nämlich der Voruntersuchung des für alles Weitere
einzunehmenden erkenntnisstheoretischen Standpunktes — ob
Dogmatismus, ob Skepticismus, ob Probabilismus —), und doch
ist auch hier das eigentlichste Interesse das an der Gewissheit,
mit der man Ueberzeugungen, die für das Leben entscheidend
sind, wird hegen können. Die Schriften über das Wesen der
Götter und über die (Wahrheit oder Unwahrheit) der Divination
(des Glaubens an göttliche Vorausverkündigung künftiger Dinge)
haben theoretische Themata, aber auch sie wollen doch im wesentlichen feststellen, welcher religiöse Glaubensinhalt für das
Leben, zu seiner Beglückung, Beruhigung und Veredlung zu
verwerthen sein wird. Die übrigen Schriften erstreben alle die
Erkenntniss der geistigen menschlichen Güter, um sie durch
ihre Erkenntniss zum Besitz des Lebens zu bringen. Eine
Grundvoraussetzung ist die, dass die geistigen Unlustempfin-
dungen ein schwereres Uebel als die körperlichen und die wirthschaftlichen (die der fortuna) sind (s. z. B. Tusc. III, 5), die entsprechenden Lustempfindungen also die höheren Güter sind.
Die Laster und Leidenschaften sind ihm die beiden Hauptfeinde
des menschlichen Geschlechts. In dieser Grundansicht steht das
Alterthum schlicht und gross in einer Gesinnung da, die zu
einer sittlichen und starken Haltung im Leben führt, schlicht
und gross namentlich auch im Vergleich zu einem Zeitalter,
welches der ganz neuen Meinung anhängt, dass gewisse früher
unbekannte „Mikroben" — ein barbarisch gebildetes Wort,
oder sollte man an die spartanischen Oben (Schwärme) dabei
denken müssen??, barbarisch gebildet wie eine „Dynamo", wie
„Wissenschafter" und dgl. Sprachverderbtheiten, die sich mit
dem Glauben an die neueste Weisheit zu verbinden pflegen —
der schlimmste Feind des Menschen seien. Es ist mir eine wahre

Freude, bei dieser Gelegenheit auf die vorzügliche kleine Schrift
des Breslauer Professors der Medicin, Dr. Ottomar Rosenbach
über „Ansteckungsfurcht" (Stuttgart 1892) hinweisen zu können,
in welcher von dem löblichen Schwimmer wider den Strom die
enthumanisirende Macht des neuesten übertriebenen An-
steckungsglaubens in eine erschreckende Klarheit gestellt wird:
bei dieser Bacillenfurcht muss ein kleiner Sinn über die Men-
schengemüther kommen, muss die Nächstenliebe oftmals in klein-
licher egoistischer Angst und Sorge ersticken, während in der
Frontalstellung der antiken Humanität gegen die Laster und
Leidenschaften als die grössten Uebel des Lebens ein ganz
eigener Hauch hoher Gesinnung empfunden wird, der über allen
uns erhaltenen Denkmälern jener Humanitätsepoche weht. Auf
die Ueberwindung der Laster und Leidenschaften geht das ganze
philosophische Bestreben der antiken humanen Gesellschaft
direct aus; das praktische Bedürfniss, zum *bene beateque vivendum* durch die Aufhellung der geistigen Bedingungen dazu zu
gelangen, drückt ihm seinen Stempel auf. Gerade durch das
Ringen um diesen Centralpunkt des inneren Lebens gestaltet
sich, wie oft bemerkt worden, eben diese Epoche der antiken
Philosophie zu einer Vorläuferin des ganz und gar auf die Kern-
frage, wie die Seligkeit zu erringen ist, gestellten Christenthums.

Der Vorwurf gegen die „römische Philosophie", der ihrem
Mangel an Originalität gemacht zu werden pflegt, wiegt in
Wirklichkeit nicht so schwer, wie er einer herkömmlichen
Auffassung wiegen zu müssen scheint. Denn Originalität
darf mit nichten das oberste Ziel der Philosophie sein, sondern
Wahrheit; es giebt neun Musen, aber nur Eine Minerva, wie
Schopenhauer sagt. Nun hatten aber die Griechen die Probleme
des sittlichen Lebens und der Eudämonie, welche, wie wir sahen,
die humane Gesellschaft vor allen anderen interessirten, wirklich
auf das reichhaltigste durchgearbeitet und alle ihre wesentlichen
Hauptlösungen, (namentlich was die Individual-Ethik betrifft,
da die Untersuchungen der Socialethik in ihrer vollen Breite
erst den modernen und modernsten Zeiten angehören), mit
mannigfachen Argumenten ausgestattet, und jede Hauptschule
auch die gegnerischen Lösungen mit mannigfachen Widerle-
gungsversuchen bedacht. Sollte da etwa der erste Anlauf, die
für philosophisches Denken empfänglichen unter den Römern

in die Philosophie einzuführen, der in die Blüthezeit der Humanitätsepoche fällt, lieber auf Originalität ausgehen und damit ein „Narrenthum auf eigene Faust", wie Hegel das subjectivistische Denken nannte, insceniren als die höchst beherzigenswerthen griechischen Gedanken einmal in lateinischem Gewande verjüngen, mit ihnen aber doch das Beste und Durchdachteste liefern, was überhaupt zu erreichen war? Wer die lateinischen Behandlungen der grossen ethischen Fragen in Cicero's philosophischen Schriften missachtet, der kann auch die Behandlung derselben durch die griechischen nachplatonischen und nacharistotelischen Philosophenschulen nicht hochschätzen, denn trotz mancher Missverständnisse im einzelnen sind es doch diese, die durch Cicero reproducirt werden. Es ist eine Charaktereigenthümlichkeit der römischen Humanität, dass ihre theoretische Liebe nicht direct auf die Wahrheit der Dinge, sondern auf die Behandlung dieser Wahrheit durch überlegene Vorgänger geht; sie fährt damit ja zweiter Cajüte, aber ihre Liebe erhält damit ein zweites Moment, das neidloser Hingebung an vorbildliche Persönlichkeiten, und diese Liebe hat mehr zündende und sozusagen ansteckende Kraft als die fast übermenschliche Liebe zu der reinen Sachlichkeit, die Fähigkeit zu welcher doch nur vereinzelten Naturen aussernormaler Veranlagung gegeben ist. Ich glaube mich mit der philosophischen Litteratur der verschiedensten Zeiten mehr beschäftigt zu haben als die jetzt das Modewort führenden Verächter der Ciceronischen philosophischen Schriften; ich muss auch die tiefe Kluft, die sie von den grössten Leistungen der philosophischen Litteratur trennt, durchaus zugeben, dennoch aber stehe ich in der Schätzung dieser ansprechenden, gedankenreichen und nach den höchsten Zielen des sittlichen Lebens ringenden Schriften durchaus auf der Seite ihrer Verehrer, unter denen die grössten Köpfe der letzten Jahrhunderte bis auf Herbart herunter zählten, und auf der Seite gegen die aus Sucht nach dem Scheine ganz besonderen Tiefsinns über sie absprechenden Modernen, die über gar keine so ernste und ideale Anforderungen erhebende Lösungen der Probleme des sittlichen Lebens verfügen. Schopenhauer hat vollkommen recht mit seiner Unterscheidung von wirklichen und „Spass-Philosophen", der Unterschied ist in dem philosophischen Schriftthum ganz unverkennbar und fällt tief auf das Gemüth des

Lesers, der in diesem Gebiet überhaupt etwas zu lesen hat.
Die hoch- und schönrednerischen unter den philosophischen
Schriftstellern, die wunder welches Gethue von ihrer Subjectivität
machen und dem Leser eine gleich vornehme Subjectivität an-
dichten, die gehören so recht zu den Spassphilosophen; dieselben
sind es aber auch, die für diese ernsten, keuschen, in dem edelsten sprachlichen Gewande der Welt auftretenden, um nichts
Geringeres als das „höchste Gut" kreisenden Schriften des Führers der antiken Humanität nur ein verächtliches Achselzucken
haben. In diesen Schriften wird doch wenigstens die wirkliche
Wahrheit gesucht, und sie sind so fern wie möglich von der
traurigen Verirrung der Kathederphilosophie unserer letzten
Jahrzehnte, welche den Inhalt der Philosophie auf ihre Geschichte, als eine Geschichte der Hirngespinste, beschränken
will. In der Schrift vom Wesen der Götter z. B. werden nicht
menschliche Meinungen in dem culturgeschichtlichen Interesse
für eben diese Meinungen und die Entwickelung der menschlichen Vorstellungen gemustert, sondern wird ganz ernstlich die
Sache selbst untersucht, das Für und Wider der grossen Frage,
ob es göttliche Wesen giebt oder nicht, und im ersteren Fall,
wie beschaffen sie in Wahrheit gedacht werden müssen. Die
Neueren ruhen oft in der blossen Beschäftigung mit den menschlichen Meinungen, als ob eben mit dieser vornehmen Beschäftigung ein Höchstes erreicht wäre, den Alten ist es um die
Sache selbst zu thun. Bei der Schrift über die Divination ver-
lockte ihr Thema stark zu dem bloss culturhistorischen Interesse,
die Geschichte des menschlichen Aberglaubens zu schreiben, aber
ihr Inhalt geht ernstlich auf den wirklichen Kern der Sache
aus, auf die Frage: Giebt es so etwas wie göttliche Vorzeichen
für zukünftige Dinge oder giebt es dergleichen nicht? Und
die Argumente für beide Entscheidungen sind überaus zahlreich
und von sachlich bedeutender Natur. (Doch gebietet hier allerdings die Gerechtigkeit, zuzugeben, dass auch die Neuesten
auf dem Gebiete des „Occultismus" eine Forschung betreiben,
der es bei allem geistesgeschichtlichen Interesse wesentlich doch
um die Erkenntniss dessen zu thun ist, was wahr oder unwahr in
diesen geheimnissvollen Regionen ist; ich denke z. B. an Perty,
Kiesewetter, du Prel, und den zum Glück kühler kritischen
E. v. Hartmann, nur dass sich die eigentlichen officiellen Ver-

treter der Philosophie noch wenig um dieses Rührmichnichtan
bekümmern, das einen bedenklichen Einfluss auf die Volkskreise
mancher Gegenden und auf Verbildete der höheren und höchsten Stände, die keinen festen Boden unter den Füssen haben,
gewinnt). Cicero erkannte mit Klarheit, dass es zur echten
Menschlichkeit gehört, auch in den Streitfragen zwischen Ge-
heimglauben, Aberglauben und Aufklärung eine feste Stellung
zu fassen, und sein erstes Buch de divinatione enthält aus dem
Munde seines gläubigen Bruders Quintus vielen bis auf den
heutigen Tag werthvollen, weil unverwüstlich sachlichen, Stoff
zur Stützung des Zuges zum Geheimnissvollen, sein zweites
Buch aus seinem eigenen Munde viel starkes Gegengift gegen
den Aberglauben. Wie man sich aber so vollkommen oder so
weit darüber hinaus dünken kann, dass man den ethischen
Schriften Cicero's nichts für das innere Leben abgewinnen kann,
das ist mir unfasslich, wenn mir noch etwas unfasslich wäre in
einer Zeit, die „Rembrandt als Erzieher" verherrlicht und in
Egidys „ernsten Gedanken" etwas Nennenswerthes gefunden hat.

Man wirft wohl der philosophischen Schriftstellerei Cicero's
vor, dass sie nicht an die Höhe der griechischen Philosophie,
Plato und Aristoteles, angeknüpft, sondern sich an die Nach-
blüthe der späteren Schulen gehalten habe, die für den uns
möglichen Gesamtüberblick über den Verlauf der griechischen
Philosophie schon deutlich in dem Zeichen des Niederganges
stehen; dadurch sei es gekommen, dass die römische Philosophie
von vornherein niederen Ranges habe bleiben müssen. Der
Vorwurf ist ja nicht unberechtigt. Das *mutatis mutandis* schon
auf Hom. Od. I, 351 f. zurückgehende Vorurtheil, welches Cicero
Ac. post. I, 13 mit den Worten ausspricht: „Jedenfalls ist immer das
Neueste das Richtigste und Fehlerfreieste" ist ja, so viel es auch
offenbar an rationeller Begründung für sich hat, thatsächlich
doch, als Allgemeinsatz aufgefasst, naiv. Aber der auf eine
rasche Förderung seiner Mitbürger bedachten und auch von
Ahnungen baldigen Todes erfüllten (ad Att. XV, 11, 4. XVI, 7, 7)
Geist drängte es, möglichst bald etwas Fertiges liefern zu können,
und da waren doch die Systeme des Plato und Aristoteles und
die litterarischen Urkunden, in denen sie enthalten sind, wahrhaftig eine Sache *altioris indaginis*, zumal die Ergebnisse bei
Plato doch nicht so abgeschlossen und mit Sicherheit mittheilbar

vorlagen und die wissenschaftlichen Werke des Aristoteles der allgemeinen Kenntniss noch gar nicht erschlossen waren (s. Grant, Aristoteles, übersetzt v. Imelmann, Berlin 1878, S. 32), die sich vielmehr fast ganz auf die uns verloren gegangenen exoterischen Dialoge beschränkte. So besteht doch jenem Vorwurf gegenüber eine gewisse Entschuldigung. Das unphilosophische Geblüt des römischen Nationalcharakters verleugnet sich freilich nicht völlig in dem Anempfindungsstreben, das die römische humane Gesellschaft besonders durch die Einwirkung Cicero's der griechischen Philosophie entgegenbrachte. Die Ehre, welche eine Nation selber daran hat, wenn auch der philosophische Geist in ihr nicht unvertreten und unthätig ist, kann für die wirklich philosophische Veranlagung kein Antrieb zu philosophischem Streben sein, welches so wie so aus inneren Quellen mit Unwiderstehlichkeit entspringt, sie ist nur ein gewiss erfreulicher, von der philosophischen *virtus* selber unzertrennlicher Schatten: bei Cicero aber erscheint sie dennoch (z. B. de n. d. I, 7. de div. II, 5) auch als ein Antrieb mit zu seiner litterarischen Thätigkeit auf dem Gebiete der Philosophie, obgleich diese Thätigkeit im wesentlichen ja direct durch den inneren Werth der Einsichten bedingt ist, die in der Philosophie erstrebt werden. — Eine grossartige, stockrömische Naivetät beging Cicero's Freund Gellius, der in Athen, als er als Proconsul nach Griechenland gekommen war, alle Philosophen zusammenrief und ihnen anrieth, endlich einmal ihren Controversen ein Ende zu machen; .. er verspreche ihnen seine guten Dienste für den Zweck ihrer Einigung (de leg. 1, 53). Man glaubt ein Seitenstück zu der bekannten Anekdote von Mummius zu hören, die dessen altrömisches Kunstverständniss köstlich verkörpert. Bei tieferer Erwägung ist freilich nur der letzte Punkt — dass die Einigkeit der Philosophen durch einen Verwaltungsbeamten hergestellt werden soll — scherzhaft (*ioculare* a. a. O., wofür er schon von den humanen Kreisen angesehen wurde): von der modernen Anschauung, dass die Wissenschaft in ewiger Bewegung sich befinden und in ewiger Mannigfaltigkeit sich brechen müsse, hielt die Alten im ganzen ihr gesund einfältiger Sinn fern, demzufolge das eigentliche Ziel der Wissenschaft die wirkliche Wahrheit sein muss, bei der es ein für alle Mal sein Bewenden hat (vgl. Gold. ABC der Philos. S. 45). Der Fortschritt, den

Cicero dem römischen Nationalcharakter abrang, spiegelt sich schön darin, dass er dem Antonius noch (de or. II, 156) das Wort des Neoptolemus bei Ennius in den Mund legt: „Philosophiren muss ich, doch mit wenigem, denn überhaupt (und grundsätzlich) gefällt es mir nicht", er selber dagegen (Tusc. II, 1) unter der Heranziehung desselben Ausspruches des Ennius erklärt, dass wenn einmal das philosophische Bedürfniss sich des Gemüthes bemächtigt habe, es unthunlich sei, ihm irgend welche Schranken zu setzen. Freilich gab es auch innerhalb der griechischen Geistesart eine Richtung, die von der Philosophie nur für die Jugend etwas wissen wollte, sie aber für einen Verderb der Menschen erklärte, wenn jemand „über das Nöthige hinaus" in ihr verweilen wolle (Plat. Gorg. 484 C). Eine gewisse Opposition des römischen Prakticismus gegen die Philosophie, gegen jene „hochmächtige und prahlerische" (de or. I, 193) Philosophie, bleibt aber doch im römischen Blute zurück und regt sich besonders dann, wann einer gewissen griechischen Einseitigkeit gedacht wird, in der es an Tact gebricht, gegen die Lust am philosophischen Handwerkzeug, der Dialektik, ein vernünftiges harmonisches Menschenthum aufrecht zu erhalten. Man hört doch ein „allzu scharf macht schartig" heraus, wenn es de or. III, 7 heisst: „In der Philosophie wird der Stoff mit eigens geschliffener Denkkraft (*ingeniis acutis*) ausgegraben"; denn de or. II, 158 wird geradezu gesagt, dass sich die Dialektiker mit ihren eigenen Stacheln stechen, und ad Att. XII, 6, 2 sagt Cicero, er lobe sich die Popularität (πάντα φιλόδημον) im Gegensatze zu der *tenuis* θεωρία, der dürren Weide der Speculation. Solche Dialektiker lässt man auf sich beruhen und fürchtet ihren Zorn nicht (de or. III, 65). Auf die stilistische Schönheit (*eloquentiam*) haben die Philosophen herab zu blicken sich gewöhnt, de or. III, 72. Auch gegen die weltflüchtige, dem öffentlichen Leben entfremdete Contemplation mancher griechischer Philosophenschulen, gemeint werden besonders die Epikureer, protestirt der praktische römische Sinn: „Sie mögen in ihren geliebten Gärten ruhen, wo sie behaglich und verzärtelt lagernd uns sogar von der Rednerbühne, den Gerichten, der Curie wegrufen" (de or. III, 63).

Doch das Gesamtverhalten der Humanität zur Philosophie ist das einer begeisterten Liebe, deren Eindruck man überall

davon trägt und deren besondere Zeugnisse in enthusiastischen
Lobreden auf die Weltweisheit vorliegen an schönen Stellen wie
Tusc. V, 5: „O Philosophie, du Führerin des Lebens, du Auf-
spürerin der Tugend und Ausrotterin der Laster . . .", Tusc. I, 64.
de off, II. 5 f.

6. **Philologica.** „Philologus" wird bei Cicero noch nicht
eben in unserem Sinne gebraucht. Denn wenn ad Att. XIII, 12, 3
Catulus und Lucullus *) *nobiles illi quidem, sed nullo modo philologi* genannt werden, so ist dabei an griechische Bildung
überhaupt und insbesondere an die Fähigkeit, über philosopische
Gegenstände mit Sachkenntniss und scharfer Auffassung zu
sprechen, gedacht; vgl. ad. Att. XIII, 16, 1, wo denselben Männern in gleicher Veranlassung und Beziehung zwar nicht ἀπαι-
δευσία, aber doch ἀτριψία in der Philosophie, speciell der Er-
kenntnisstheorie, zugeschrieben wird. Wenn ferner nach ad.
Att. XIII, 52, 2 bei dem Besuche, den Caesar dem Cicero im
December 45 in seinem am Golf von Neapel gelegenen Land-
gute machte, bei Tisch von beiden Männern „φιλόλογα *multa*"
verhandelt wurden, so ist unzweifelhaft an litterarische Themata
zu denken, vielleicht auch Gespräche über Fragen der lateinischen Sprache, für die sich bekanntlich Caesar sehr interes-
sirte; in letzterem Falle würde das φιλόλογα schon einigermassen
in unserem Sinne gebraucht sein. Eine ganz beachtenswerthe
Umschreibung des Inhalts der Philologie, die sich ja freilich
mit F. A. Wolf's, A. Böckh's und Ritschl's Constructionen des
Inhalts dieser Wissenschaft nicht entfernt vergleichen lässt,
findet sich de or. I, 187: „Behandlung der Dichter, Kenntniss
der Geschichte, Erklärung der Worte, Belehrung über die Aussprache"; doch ist dort der Name der auf das alles bezüglichen
Wissenschaft *grammatica.* Die einzelnen Momente der Thätig-

---

*) Uebrigens erscheint Ac. pr. II, 1—4 neben dem von Cicero bewunderten
Sachgedächtniss des Lucullus, das ihn befähigt habe, ohne das Hülfsmittel von Auf-
zeichnungen alles einmal Gehörte oder Gelesene in festem geistigen Besitze zu behalten, auch dessen Bildung in viel vortheilhafterem Lichte: es wird ihm ein hoher
Eifer für die Wissenschaften (*optimarum artium*) und der Besitz einer „liberalen"
und eines Staatsmannes würdigen gelehrten Bildung nachgerühmt. In der später
geschriebenen Briefstelle sucht Cicero das abzumildern, als insofern doch übertrieben,
weil er den Lucullus in der ersten Bearbeitung der *academicae quaestiones* sogar
zum Träger erkenntnisstheoretischer Erörterungen gemacht hatte.

keit dieser so aufgefassten Wissenschaft sind der humanen Gesellschaft nicht fremd, so fern diese auch einem zunftmässige-
ren Betriebe derselben stand, wie er bei den Griechen in
Alexandria aufgekommen war; aber etwas Verwandtes hat offenbar die Philologie mit dem humanen Geiste, und man hat den
Eindruck, dass sie in Achtung bei den Männern steht, die, social die bei weitem am höchsten stehende Gemeinschaft des
orbis terrarum, doch in der Ausbildung der vollen Menschlichkeit in sich ihre Ehre fand. So heisst es ad fam. IX, 16, 4 von
einem Mitgliede der humanen Gesellschaft, Servius, dass er leicht
würde sagen können: „Dieser Vers ist von Plautus, dieser
nicht", weil er ein geübtes Ohr habe in der Auffassung des
Charakteristischen der Dichter, und in Folge seiner Belesenheit
(der aufmerksamen Art seines Lesens). Ad fam. IX, 10, 1 beweist
Cicero seine Kenntniss des Aristarch, seines Zeichens des
Obelos für athetirte Stellen und der kritischen Thätigkeit seiner
Entscheidungen, ob etwas τοῦ ποιητοῦ sei oder παρεμβεβλημένον;
doch sieht es aus, wenn er sein eigenes Urtheil über Echtheit
oder Unechtheit eines kleinen geschäftlichen Schriftstücks mit
der Thätigkeit eines „alten Kritikers" vergleicht, als ob er diesen Zweig philologischer Wissenschaft in eine ferne und fremde
Zeit verlege. Or. 160 bezieht sich Cicero zur Beglaubigung
der genauen Richtigkeit eines Citats, bei dem es auf den Buchstaben ankommt (Burrus sagte nach ihm Ennius, und nicht
Pyrrhus), auf alte Handschriften des Dichters, die noch von
ihm selber herstammten (oder seine Revision erfahren hatten):
er beweist also sein Gefühl für ein Grundgesetz der philologischen Akribie. Dem Varro rühmt er ac. post. I, 9 in vollen
Tönen nach, dass er (gedacht ist wohl besonders an dessen *anti-
quitates rerum humanarum et divinarum*) die Kenntniss und das
Verständniss römischer, religiöser und staatlicher, Antiquitäten
in hohem Maasse erschlossen und „ausserordentlich viel zur
Erklärung der römischen Dichter und überhaupt der lateinischen
Litteratur und Sprache beigetragen habe", so dass also ein
Haupt der humanen Gesellschaft geradezu als grosser Philologe
vor ihm steht. Dass er selber auch einmal mit philologischer
Aufmerksamkeit Dichter liest, beweist er ad fam. X, 13, 2 mit
der Behauptung, dass Homer nicht den Ajax noch den Achilleus,
sondern (nur) den Odysseus einen „Städtezerstörer" nennt; üb-

rigens hat er zufällig doch nicht genau genug gelesen, da Homer auch den Achilleus (II. VIII, 372. XXIV, 108) so nennt.

Die Philologen werden oft wegen ihrer Mikrologie verspottet, und doch gehört die Genauigkeit der Beobachtung bis in's kleinste, wie *mutatis mutandis* in der exacten Naturwissenschaft, auch zu der Idee dieser Geisteswissenschaft, und sie ist somit wenigstens in so weit zu rechtfertigen, als sie noch irgendwie mit der Idee zusammenhängt; das zu entscheiden ist Sache des wissenschaftlichen Tactes, denn es giebt in der That Fälle, wo die Mikrologie so völlig geistlos wird oder so unmögliche Voraussetzungen (z. B. dass der Schriftsteller auf quantitative Verhältnisse, die man nachträglich in seinem Sprachgebrauch feststellt, im allerentferntesten geachtet haben sollte) einschliesst, dass der Zusammenhang mit der Idee der philologischen Wissenschaft völlig zerreisst. Als das Motto dieser philologischen Mikrologie könnte man nicht ohne Humor die Worte anführen, die Cicero gleichfalls nicht ohne schalkhaftes Belächeln seiner selbst ad Att. IV, 11, 2 gebraucht, als er in der That nach höchst singulären und zufälligen Dingen, die kaum in die Wissenschaft, die „καθόλου ἐστίν", gehören, sich zu erkundigen im Begriff ist, — die Worte: οὐδὲν γλυκύτερον ἢ πάντ' εἰδέναι. Auf wirkliche Erkenntniss bezogen sind sie auch ein Motto der Philosophie, aber auf das unendlich Einzelne bezogen gemahnen sie an den Goethe'schen Wagner und auch an die moderne Goethephilologie. Cicero erkundigt sich a. a. O. unter humoristischer Bemäntelung seiner Neugierde nach dem, was der erste, was der zweite Tag (seit der Ankunft der Consuln) gebracht habe, was Appius mache u. s. w. Aehnliche Erkundigung nach Quisquilien historischer Art kommt öfters in den Briefen vor, nach der obigen Umschreibung dieser Wissenschaft hat sie also etwas Philologisches an sich. Doch unterscheidet sie sich von der philologischen Mikrologie durch zweierlei: erstens dadurch, dass sie zu höchst menschlichen Zwecken erfolgt (z. B. sicheres Beispielmaterial zu seiner Schrift *de minuendo luctu* zu gewinnen, also mittelbar zu dem Zwecke, das menschliche Herz in der Trauer trösten zu können), zweitens dadurch, dass das Streben, sich über Dinge der Vergangenheit zu belehren oder zu vergewissern, noch die naive Form der persönlichen Erkundigung bei einem Unterrichteten oder der besser in der Lage ist, sich schnell über das Gefragte zu unterrichten, annimmt, eine Form, die uns z. B. bei Herodot, wenn er so oft seine ἱστορίη, persönliche, mündliche Erkundung, erwähnt, im Vergleich mit der modernen mühsamen und gemüthsloseren Sisyphusarbeit des Nachforschens in schriftlichen Quellen der Bücher und Archive so rührend anmuthet. (Dass übrigens diese Art der Erkundung auch für die moderne Handhabung der Forschung noch keineswegs ganz entbehrlich geworden ist, weiss man aus eigener Erfahrung, aus dem Briefwechsel Gelehrter und historischen Quellenwerken der neuesten Geschichte, wie denn z. B. Fritz Hönig für seine blosse monographische Darstellung der einzigen Schlacht bei Beaune la Rolande 2000 Erkundungsbriefe geschrieben zu haben mittheilt.) Beispiele solcher philologisch angehauchten — und doch, wie gesagt, mehr humanen als wissenschaftlichen — Erkundungen in Ciceronischen Briefen sind die folgenden: Ad Att. XII, 5, 3: unter welchen Consuln — eine auf die Dauer unglaublich unpraktische Zeitrechnung — Scaevola Pontifex Volkstribun gewesen sei, welches Vergehens er den Tubulus angeklagt habe, unter welchen Consuln, (ob unter denen 604 oder 603 a. u. c.) der Scribonius, der den berühmten Servius Galba bei dem Volke anklagte, Volkstribun gewesen sei, ob Fannius der Schwiegersohn des Laelius gewesen sei — was Atticus „γεωμετρικῶς" widerlegt zu haben glaube, worin aber die Autorität des Hortensius und Brutus gegen ihn stehe — oder nicht; ad Att. XII, 20, 2: ob X. noch zu Lebzeiten seines Vaters durch Schiffbruch umgekommen sei, ob die Y vor oder nach dem Tode ihres Sohnes Cotta gestorben sei; diese Frage wird ad Att. XII, 22, 2 dringlich wiederholt, eine ähnliche Frage hinzugefügt und die mündlichen Quellen angegeben, bei denen sich Atticus wohl Auskunft erholen könnte; ad Att. XIII, 30, 3: wer die zehn Gesandten gewesen seien, die einst der Senat dem Mummius nach Achaja geschickt habe; dem Cicero sind nur zwei davon fest erinnerlich (ist auch wahrlich genug), noch einer aber zweifelhaft. — Es genügt das, um den Eindruck davon zu tragen, dass die Humanität es nicht unter ihrer Würde hielt, auch auf kleine und peinliche historische Genauigkeit bedacht zu sein, wo das Einzelwissen eine Beglaubigung der Sorgfalt mit sich führte oder mit einem würdigen Gedankenzuge in Verbindung stand. Die moderne, grundsätzliche Akribie als eine von dem wissen-

schaftlichen Gesamtgeiste gesetzte Folge seiner selbst ist nicht
antik, weil sich das Alterthum (vgl. oben S. 305) die wissenschaftliche Erkenntniss noch nicht als eine Sandkorn an Sandkorn reihende Collectivarbeit einer unabsehbaren Folge von
Generationen dachte, sondern den einzelnen schon durch die
wesentlichen Ergebnisse beglückbar hielt.

7. Die Mathematik und Astronomie. Die Hauptzüge
der Elementarmathematik in Arithmetik und Geometrie dürfen
als in der humanen Gesellschaft wohl bekannt, d. h. also in
diesem Falle: wohl begriffen, angenommen werden. Denn sie
gehörten durchaus zu den *artes ingenuae* oder *liberales*, in der
Beschäftigung mit denen die geistige Seite der Humanität ganz
wesentlich bestand. Als ihren Inhalt muss man sich ungefähr
das Gymnasialpensum der Elementar-Mathematik denken, abzüglich der Logarithmentheorie, der Trigonometrie und der analytischen Geometrie, deren erst von Descartes schöpferisch er-
griffener Grundgedanke eben eine Grenzlinie zwischen niederer
und höherer Mathematik zieht. Die einen wesentlichen Bestandtheil der analytischen Geometrie bildende Theorie der Kegel-
schnitte war den Alten in ihrer auf ein Coordinatensystem be-
zogenen arithmetischen Formulirung der Gesetzmässigkeit von
Curven nicht bekannt, aber in synthetischer, anschaulicher Weise
machten sie sich den Unterschied von Ellipsen, Parabeln und
Hyperbeln als der durch die Schneidung der Kegelfläche durch
Ebenen von verschiedener Lage entstehenden verschiedenen
Curven von einfacher Gesetzmässigkeit klar, sie drangen also
bis in die höhere Geometrie wohl inhaltlich, aber nicht metho-
dologisch vor. Die fachmässige Liebhaberei der Mathematik
scheint nur einzelnen Personen der humanen Gesellschaft eigen
gewesen zu sein, die Hochschätzung der reinen und ihren ganz
passiven Stoff, ein blosses Formenreich, siegreich bewältigenden
Verstandesthätigkeit der mathematischen Operationen war sicherlich, sowohl um ihrer selbst als um der durch sie gewährten
Geistesübung willen, allen eigen. Ein gewisser Vestorius wird
ad Att. XIV, 12, 3 als in der Arithmetik wohl geübt, Sextus
Pompejus de off. I, 19 als fleissig mit geometrischen Uebungen
beschäftigt genannt. Ac. post. I, 6 heisst es unmittelbar vor
einer Lücke im Text, dass auch die Geometrie als Hilfsmittel
zu der philosophischen Theorie der Körper und ihrer Bewe-

gungen heranzuziehen sei, aber Tusc. I, 5, dass die Mathematik
bei den Römern nur geschätzt gewesen sei, soweit sie sich als
Messkunst und Grundlage des Rechnens praktisch verwerthen
liess. Dabei ist aber offenbar nur an die alten Zeiten gedacht,
ehe der Sonnenaufgang des humanen Gedankens auch den römischen Geist das echt Menschliche und die Würde auch der
reinen Theorie empfinden liess.

Eine Glanzseite der antiken Humanität war das allgemeine
Interesse für das Planetensystem. Zunächst sind die Erscheinungen, also besonders die Eigenbewegung der Planeten von
Westen nach Osten in grössten Kreisen, deren Neigungen gegen
den Himmelsäquator mit der der Ekliptik ungefähr zusammenfallen, ihr Stillständig- und Rückläufigwerden, (sicher auch die
Verschiedenheit des scheinbaren Durchmessers) allgemein bekannt und stehen anschaulich vor der geistigen Perception, wie
man z. B. de n. d. II, 51—56. 101—104, Tusc. I, 68 ersieht. Von
der modernen allgemeinen Bildung kann man leider nicht das
Gleiche sagen. Das kommt daher, weil in jeder Beziehung die
Erde den Himmel aus den Gemüthern der Menschen verdrängt,
ferner, weil es leichter ist „von Nebelflecken und Sonnen zu
schwätzen" als die eigentlichen Gründe sich klar zu machen, auf
denen sich die Lehren, die man nachschwatzt, erheben; sodann
weil der allgemeine Besitz der Kalender*), statt dessen sich die
Alten am Himmel selbst orientiren mussten, die fachmännisch
erarbeiteten Ergebnisse der Himmelsbeobachtung und der sich
daran knüpfenden Rechnung bequem wie gebratene Tauben in's
Maul fliegen lässt; weil man in dem entsprechenden Unterricht
zu früh mit der modernen (Copernicus-Kepler-Newtonschen) Erklärung einsetzt, ehe man den Thatbestand, der jene grossen
Forscher zu ihren Theorieen desselben drängte, in aller Ruhe
so festgestellt hat, dass das Bedürfniss einer befriedigenden
Erklärung dieses Thatbestandes insbesondere aus seinen die Verwunderung, die Aporie erregenden Seiten zum Bewusstsein, ja
zu quälender Empfindung gebracht wird; endlich weil man die
Aufmerksamkeit zu viel von dem Himmel selbst auf die Modelle

---

*) Wie sehr bei den Alten die Orientirung am wirklichen Himmel die zeit-
liche Orientirung durch den Kalender ersetzte, lässt sich mittelbar aus dem Dienste,
den sie der räumlichen Orientirung gewährte, erschliessen, wenn man Stellen beachtet
wie z. B. Soph. O. R. 795 und schon Hom. Od. V, 272—277.

der Demonstration ablenkt und sich dann begnügt zu zeigen, dass auch die in den Modellen (Planetarien) zum Ausdruck gebrachte Auffassung der Sache den Erscheinungen genug thut, anstatt vor allem erst zu beweisen, dass die Erscheinungen nicht als das in dieser Weise wirklich am Himmel Geschehende genommen werden dürfen, dass sie so zu sagen sich selber nicht genug thun. Vgl. meine Aufsätze über „die Achsendrehung der Erde" in Fleckeisen's Jahrb. 1884, S. 309 ff. 1887, S. 199 f. und über „Einige Grundeinsichten der Himmelskunde" in der „deutschen Schülerzeitung" 1893, bes. S. 66 f. Das Planetensystem wurde mit Recht als eine überaus herrliche, bewundernswürdige Veranstaltung der Natur empfunden, von der jedesmal in hohem, psalmähnlichen Tone gesprochen wird, während sich jetzt die Menschen bei dem Ansichtigwerden der Planeten unter den Fixsternen nichts zu denken, nichts zu empfinden pflegen, auch keine Ahnung davon haben, wo etwa nun der und der Planet in einem Monat stehen wird oder gestanden hat; das noch viel grössere Wunder der Fixsternwelt trat freilich gegen das der Planetenbewegung sehr zurück, übrigens, wie in vernünftigem Einklang damit, dass sich auch die wissenschaftliche Erforschung der Fixsternwelt erst nach der vollständigen Bewältigung des uns näheren Planetensystems (etwa seit Herschel, namentlich aber in den letzten Jahrzehnten dieses Jahrhunderts) zuwenden sollte. Aber die Kenntniss der Erscheinungen und die beinahe andachtsvolle, weil stets mit dem Gedanken an die weltordnende Gottheit verbundene Art des Emporblickens zu ihnen genügte nicht, unzweifelhaft hatte man auch Kenntniss von den besten damaligen Deutungsversuchen der Erscheinungen, etwa des Eudoxos von Knidos (um 370 v. Chr.) und des Archimedes. (Das Ptolemäische System selber mit seinen beiden Hypothesen zur Erklärung der beiden Anomalieen der Planetenbewegung, erstens der Veränderung der Grösse des scheinbaren Durchmessers der Planetenscheiben, zweitens des zu gewissen Zeiten eintretenden Stillstandes und der gleichfalls periodisch eintretenden Rückläufigkeit derselben, also mit der Hypothese des excentrischen Kreises und der epicyklischen Bahn, wurde erst zwei Jahrhunderte später aufgestellt. Lotze pflegte es mit der Aristotelischen Logik, insbesondere Syllogistik, als die beiden merkwürdigsten theoretischen Leistungen des Alterthums hinzustellen.

Den Erscheinungen thut es in der That auf das scharfsinnigste genug, weil es als Hypothese ihnen eben angepasst werden musste, aber aus inneren Gründen der Mechanik (Phoronomie) der Bewegung ist ein ihm entsprechender Sachverhalt in der Natur doch ganz unmöglich.)

Unter den Humanen that sich durch astronomische Kenntnisse und Studien vor allen hervor Sulpicius Gallus, schon ein älterer Zeitgenosse des jüngeren Scipio, ein überhaupt hochgebildeter Mann (Brut. 78). „Wir sahen ihn", so sagt Cato von ihm (de sen. 49), „in dem Eifer, den Himmel und die Erde beinahe auszumessen. Wie oft überraschte ihn nicht das Morgenlicht, wenn er sich des Nachts an irgend welche graphische Darstellung der Erscheinungen gemacht hatte (*aliquid describere ingressum*), wie oft die Nacht, wenn er früh Morgens angefangen hatte! Wie erfreute es ihn, uns Sonnen- und Mondfinsternisse vorher zu sagen*)!" Im Besitz seines Zeitgenossen und Freundes Marcellus, eines Enkels des Eroberers von Syrakus, befand sich ein aus dem Inventar des Archimedes stammender Globus und ein von diesem selbst nach dem Vorgange des Eudoxos von Knidos construirtes Planetarium, welches Gallus im Sinne des Erfinders so zu handhaben wusste, dass eine einzige Manipulation die Bewegung der fünf Planeten (Mercur, Venus, Mars, Jupiter, Saturnus) so darstellte, wie sie im Verhältniss zu einander am Himmel verläuft (de rp. I, 21 f.). Archimedes selbst ist nach unserer Auffassung kein Mitglied der humanen Gesellschaft, sondern ein griechischer Fach-Mathematiker und -Ingenieur, und zwar der grösste von allen, von dem der mathematische Professor Stern in Göttingen einst die freilich schwer controllirbare Ueberzeugung aussprach, dass er, wenn er wieder auferstände, die ganze neue höhere Mathematik binnen Einem Jahre *intus* haben würde.

Wenn ich oben die allgemeine Kenntniss der Erscheinungen der Elementar-Astronomie und das lebhafteste Interesse für sie

---

*) Man muss dabei wohl an die Nachzeichnung der Linien der Planetenbahnen, das Hin- und Her der oberen Planeten um die Zeit ihrer Opposition, vielleicht sogar an die Darstellung der verwickelten Verschlingungen der scheinbaren Bahn der beiden unteren Planeten denken, ferner an die für die Vorausberechnung der Finsternisse entscheidende Markirung der Lage des auf- und absteigenden Knotens der Mondbahn u. dgl.

für eine Glanzseite im geistigen Leben der antiken Humanität
erklärte, so passt wohl hierher die ergänzende Bemerkung, dass
von ihren anderweitigen naturwissenschaftlichen und naturgeschichtlichen Kenntnissen kein Aufhebens zu machen ist. Empirische Kenntniss dieser Art findet sich nur in schwachem
Maasse und vereinzelt, am meisten noch im ersten Buche de
divinatione, im zweiten de natura deorum und bei Lucrez, Systematik derselben kaum irgendwie. Der reichlich zwei Menschenalter spätere ältere Plinius besitzt im Vergleich dazu freilich
grosse Kenntnisse, aber ist doch keine Quelle mehr der Wissenschaft von Sachen, sondern nur der Belehrung darüber, wie
weit es die Fachgelehrsamkeit der Alten ohne die richtigen, auf
Baco von Verulam zurückgehenden Forschungsmethoden in
dieser Beziehung an Anhäufung von Material gebracht hatten.
Das Genie des Aristoteles in der Erforschung der organischen
Natur — in der der unorganischen theilte er die groben Mängel
des antiken Geistes — steht fast ganz vereinsamt da. Dem
Mangel an Sinn für Naturwissenschaft misst Seeck in seinem
bedeutenden Buche über den Untergang des römischen Reiches
in geistreicher Conception nicht mit Unrecht sogar einen grossen
Antheil an dem Zerfall der römischen Weltherrschaft bei, sofern
dem antiken Geiste, der sich in allen seinen Gaben ausgelebt
hatte, damit ein grosses Object entging, an dem er sich hätte
verjüngen können. Auch der Sinn für Maschinentechnik blieb
im Zusammenhang damit bei den Alten in den Windeln liegen.

8. Poesie und Kunst.

A. Aesthetische Grundsätze. Zwei Momente des
modernen geistigen Lebens, sofern es auf das Schöne und die
Kunst gerichtet ist, fehlen der antiken Humanit: die leichte
belletristische Unterhaltungslitteratur und die ästhetisirende Schönthuerei, das Kunstgeschwätz. Der erstere Mangel, der freilich auch
seine Vorzüge hat, wenn man bedenkt, wie viel Zeit, die der
ernsten inneren Bildung gewidmet werden könnte, bei uns einer
künstlichen Spannung und deren Lösung gewidmet wird, ohne
dass der Geist dabei bereichert, das Herz veredelt wird, bleibt
doch ein gewisser Mangel: für die Oekonomie der geistigen
Thätigkeit ist doch diese völlige Ausspannung, die zugleich mit
der lebhaftesten Unterhaltung erfüllt wird, eine Wohlthat, und

das Uebergewicht des analytischen Denkens erhält durch die Begleitung und Nachbildung der freien Synthese von Talenten ein erspriessliches Gegengewicht. Auch wissen ernstere Geister, denen das bewusste Streben nach Selbstbildung Lebensodem ist, auch aus der leichtesten Lectüre manchen Assimilationsstoff für ihr geistiges Besitzthum, ihr inneres Leben heranzuziehen. Das Fernsein des zweiten Momentes ist aber reiner Gewinn. Die wahre Quelle jener Schönthuerei und jenes Geschwätzes ist nichts anderes als die liebe Eitelkeit, die sich vor anderen den Schein wunder welcher Vornehmheit der eigenen Subjectivität und Feinheit des eigenen Gefühls und Urtheils geben will und des festen und starken Geistes entbehrt, der über die ästhetischen Eindrücke mit dem Ernst und der Keuschheit einer auf die höchsten Lebensgüter gerichteten Gesinnung Herr bleibt. Schönthuendes Kunstgeschwätz findet sich nirgends in den Monumenten der antiken Humanität, sondern bei aller Feinheit der Empfänglichkeit nur festes, männliches, gesundes und vernünftiges Urtheil, welches die Eindrücke des Schönen einem gediegenen Geistesleben, der echten Humanität des persönlichen Seins einzuverleiben weiss. Und zum Glück giebt es das Gleiche neben unermesslichem Geschwätz auch bei uns.

Wir wollen hier einige besonders hervorspringende ästhetische Sätze der antiken Humanität verzeichnen, die allerdings zunächst mit Rücksicht auf eine besondere Kunst, z. B. die Schauspielkunst, ausgesprochen werden, aber ihrem Sinne nach eine Verallgemeinerung zulassen. Die Künste zerfallen in die freien und schönen, und die nützlichen, die *artes elegantes et ingenuae* und die der *opifices* (de fin. III, 4); der Zweck der letzteren ist eben irgend welcher Nutzen, der der ersteren eine freie (durch keine Befriedigung eines praktischen Bedürfnisses bedingte) Geistesfreude (de or. I, 118). Die Hauptsache (*caput*) in aller (schönen) Kunst ist das *decere* (de or. I, 132). Jede einfache Uebersetzung des entscheidenden Begriffes dieses unübertrefflichen Ausspruches, z. B. „gefällig zu sein“ oder gar das viel zu enge „edlen Anstand zu zeigen“ ist durchaus unzureichend: gemeint ist nichts Geringeres als was auch die höchsten Formen der modernen Aesthetik, die Hegelsche und Hartmannsche, für jene Hauptsache erklären würden: die von ihrer Idee wahrhaft adäquat und zutreffend erfüllte, eben dadurch „schöne“

Erscheinung. Darauf kommt auch die immerhin etwas enger gefasste Erklärung des ästhetischen *decere* or. 74 hinaus, dass es ein völliges Angemessensein an Zeit (Situation) und Person bedeute, wesshalb der Dichter das *dedecere* als den grössten Fehler meide. Das Schaffen dieses *quod deceat*, also die Verkörperung der Idee in der Erscheinung, ist Sache der Kunst und des Genies (*naturae*), es zu empfinden Sache der Empfänglichkeit, des Verständnisses (*prudentiae*), de or. III, 212. Dieses Verständniss ist aber zum Glück bei einem normalen, nicht verbildeten Publikum als eine Naturgabe gefühlsmässig vorhanden, wenn ihm Gelegenheit zur Aufnahme von Schöpfungen der Kunst gegeben wird; und das ist eine so zu sagen teleologische, providentielle Voraussetzung dafür, dass Werke der Kunst in weite Kreise hinein wirken können: „Alle urtheilen in schweigender Empfänglichkeit (*sensu*) ohne irgend welches theoretische Bewusstsein (*sine ulla arte aut ratione*) was in den Künsten richtig und verkehrt ist" (de or. III, 195). Im Urtheil ist kein grosser Unterschied zwischen Kennern und Nichtkennern (*doctos et indoctos*, sonst wird *intelligentia* für Kunstkennerschaft gebraucht, z. B. Verr. IV, 46. 98, de o. g. o. 1. 11, an letzterer Stelle neben den *teretes aures*, de or. III, 197). Etwas anders heisst es de o. g. o. 11: „Zur Beurtheilung von Gemälden zieht man auch solche heran, die selber in dieser Kunst nichts produciren können, aber einige Feinheit (*sollertia*, Findigkeit) des Urtheils besitzen": der Gegensatz bleibt aber der zwischen dem Schaffen und Aufnehmen; letzteres zeigt zwar Grade der Abstufung entgegenkommenden Verständnisses, aber das Gefühl für das eigentlich Werthvolle in der Kunstleistung ist nicht an die Bedingung des schöpferischen Könnens gebunden, der Künstler darf auf sein Vorhandensein in der Receptivität rechnen. Und zwar hat das Publikum ein feineres und schärferes Gefühl für das Fehlerhafte als für das Gute (de or I, 116); das Verkehrte scheitert an dem Missfallen, das es erregte (*fastidiis adhaerescunt*), de or. I, 258, aber eben darin vollzieht sich ja auch die Auslese des Guten. „In der Sache geht die Frage immer auf das Beste (das eigentliche Ideal), an der Person charakterisirt man das wirklich Geleistete" (de o. g. o. 2), d. h. man vergewaltigt nicht die concrete Leistung durch Anlegung ewig gleicher Schablone, sondern giebt sich auch dem Reichthum des

Individuellen hin, das aus dem unerschöpften Naturquell der Talente fliesst, wenn man sich auch stets über die eigentliche Forderung der Idee klar bleibt: das Unsagbare des überraschenden Genialen ist doch noch höher als alle Vernunft. „Denken kann man sich immer noch Schöneres" (als das vom höchsten Kunstwerke Geleistete) or. 8. Das Ideal würde demnach doch nie erreicht. Ich halte dafür, dass dieser von E. v. Hartmann, der das ausgeführte Kunstwerk für vollendeter erklärt, als die Conception, einmal (Studien und Aufsätze S. 388) scharf bestrittene Satz in gewissem Sinne — nämlich für ein unbestimmtes Gefühl, nicht für eine in concreter allseitiger Bestimmtheit ihr Gebilde auch nur in der Phantasie realisirende Vorstellungskraft — unleugbar richtig und für das zu blossem Aufnehmen verurtheilte und stillhaltende Publikum ein wahrer Trost für die bescheidenere Mitgift ist, die es im Vergleich zu dem schaffendem Künstler empfangen hat. Aber für den Künstler selbst ist es gefährlich verführerisch, nach Lob zu geizen für das viel Höhere, das er angeblich in sich getragen und gewollt hat: er verlangt damit, Rittergüter beliehen zu erhalten, die auf dem Monde liegen. Es giebt deren, die ein Lieblingsthema daraus machen, die Anerkennung wirklicher Leistungen zurückzuweisen und für das Höhere in ihrem Inneren viel höheres Lob zu beanspruchen; das ist doch so ein wenig bescheidene Falschspielerei.

B. Die einzelnen Künste. a) Die Poesie. „In unsern Dichtern unbewandert sein, das zeugt entweder von der philisterhaftesten Interessenlosigkeit (*inertissimae segnitiae*) oder von der verzärteltsten Ueberfeinheit des Geschmacks. Mir wenigstens erscheinen die ungebildet, denen unsere nationale Dichtung unbekannt ist" (de fin. I, 5). Diese Verurtheilung der Barbaren, die der Dichtkunst Stimme nicht vernehmen (und der Narren der Ausländerei, denen die Erzeugnisse der heimischen Dichtung nicht gut genug sind) ergeht freilich im Namen des Patriotismus, und nicht der Humanität, aber an der thatsächlichen Liebe der humanen Gesellschaft zur Poesie hatte natürlich auch das humane Princip seinen grossen Antheil. Cicero's Schriften --- von den Reden kommen hier begreiflicherweise nur einige ganz kurze Bemerkungen und Anspielungen in Betracht: pro Arch. 18. 19. 24, pro Sest. 118. 120, pro Planco 59, pro Rosc. Amer. 46

— sind bekanntlich voll von Citaten aus lateinischen und griechischen Dichtern und gelegentlichen, oft treffenden und feinen Beurtheilungen einzelner Dichter: der griechischen: Homer, Hesiod, Simonides Ceus, Sophokles*), Euripides, Aristophanes, Eupolis, Aratos, Antipater von Sidon (Epigrammendichter um 90 v. Chr.); der lateinischen: Livius Andronicus, Naevius, Pacuvius, Attius, Plautus, Caecilius Statius, Terentius, Afranius, Lucilius (s. Freund, Cic. historicus, S. 15—20; 130—135). Die sprachliche Gattung der Reden heisst *per metonymiam* or. 12 *agrestiores Musae*, doch wird der Gegensatz *mansuetiores Musae* (ad fam. I, 23, 9) nicht auf die Poesie, sondern auf die theoretische Schriftstellerei bezogen. — Etwas überschwänglich klingen aus dem Munde der besonnenen Humanität Aeusserungen über die Poesie, wie die, dass der Dichter gleichsam durch göttlichen Anhauch begeistert werde und dass zu allen Zeiten die Dichter (mit Recht) für heilig gehalten und so genannt seien. Diese Aeusserungen stehen aber in der Rede pro Archia (18. 31), wo es einen Poeten zu verherrlichen galt und der Corona aus dem Volke gegenüber eine Vorstellungsweise am Platze war, die wie Carl du Prel im Eingange seiner „Philosophie der Lyrik" glaubhaft macht, ursprünglich im Volke keineswegs figürlich gemeint war. Dort (19) wird auch der Gedanke von der Macht der Poesie über das Menschengemüth schön oratorisch figurirt: „Felsen und Einöden antworten der Menschenstimme, wilde Thiere werden oftmals von Musik berührt und bleiben stehen, wir, die wir mit der besten Bildung ausgestattet sind, sollten vom Dichterwort ungerührt bleiben?" — Die grosse und wichtige ästhetische Frage von dem Verhältniss der Poesie zur Wahrheit, deren ausführlichere Lösung etwas verwickelt ist und für jedes Gefühl sogleich die Amphibolie in sich enthält, dass auf der einen Seite die „Wahrheit" die allerhöchste Aufgabe der Dichtung ist, auf der anderen Seite aber Wahrheit und Dichtung eben ein Gegensatz sind, dessen zweites Glied mit dem ersten souverän schalten und walten darf, — diese Frage wird de leg. I, 4 in einer Weise berührt, dass man fühlt, die antike Humanität besitzt eine ganz richtige Lösung von ihr,

---

*) Von Aeschylos wird eine längere Stelle aus dem Prometheus übersetzt Tusc. II
23 25, erwähnt wird er ferner ac. post. I, 10.

Es heisst dort nämlich, dass nur der Unverstand von dem Dichter die Wahrheit wie von einem Zeugen vor Gericht fordere, und damit ist ein Hauptpunkt angedeutet: dass der Dichter an die geschichtliche Treue eines singulären Vorganges nicht gebunden ist. Die Komödie ist allerdings „eine Nachahmung des Lebens, ein Spiegel der Sitte, ein Bild der Wirklichkeit" (de rp. IV, 13), aber diese Ausdrücke brauchen doch keineswegs im Sinne eines übertriebenen ästhetischen Realismus verstanden zu werden, unter dessen schlechte Herrschaft sich fügend die Kunst nicht mehr Kunst bleiben könnte. Den Gegensatz der Komödie und Tragödie hat die Humanität nicht heraus gearbeitet*) — der letzte Ausspruch aus de rp. ist dem Grammatiker Donatus de com. et trag. entnommen und an der angegebenen Stelle in den fragmentarischen Text de rp. eingefügt —, wie sie es denn überhaupt zu einer Poëtik nicht gebracht hat. Auffallend ist die Bemerkung Seneca's (ep. V, 9, 5), die in den Text de rp. IV, 9 eingeschoben wird: „Cicero erklärt, wenn er auch doppelt so lange zu leben hätte, würde er doch keine Zeit haben, die Lyriker zu lesen". Das würde ein entschiedenes Deficit der Humanität ausdrücken, oder vielmehr, da die Humanität durch ihre Idee bestimmt ist und diese Idee das Interesse für die Lyrik einschliesst, beweisen, dass die römische Humanität an einem nicht unwichtigen Punkte durch ein hemmendes Moment — offenbar die Last der Geschäfte und das Advocatenthum — an ihrer vollen Entfaltung verhindert ist. Aber wirklich finden sich bei Cicero ausser einer blossen Erwähnung des Stesichorus (de sen. 23) nur Bemerkungen über den einzigen Simonides von Keos. Und doch sind auch diese der Art, dass er um sie zu machen den grossen Lyriker gar nicht als solchen gekannt zu haben braucht. „Ein anmuthiger Dichter" (de n. d. I, 60) das ist sehr blass und nichtssagend für den vielgewandten grossen Meister, dessen blosse spärliche Fragmente K. O. Müller zu seiner berühmten individuellen Charakteristik Stoff gegeben haben; das Tusc. I, 101 in der bekannten, von Gottfried Hermann geistvoll kritisirten Uebersetzung angeführte Epigramm ὦ ξεῖν'

---

*) Nur die vereinzelte Bemerkung findet sich de o. g. o. 1: „In der Tragödie ist das Komische fehlerhaft und in der Komödie das Tragische verwerflich", eine Bemerkung, die aber in dieser Allgemeinheit nicht zu der Sophokleischen Behandlung der Botenrollen und noch weniger zur Shakespeareschen Tragödie stimmt.

ἀγγέλλειν war gewiss Allgemeingut der litterati; im übrigen wird Simonides nur als Denker (de n. d. I, 60), als Gedächtnisskünstler und als (in einem Falle) divinationsgläubig (de or. II, 352 f., de fin. II, 104), endlich als bis in's Alter dem Leben des Geistes getreu (de sen. 23) erwähnt. Es muss also bei dem an der antiken Humanität eventuell festzustellenden Manco sein Bewenden haben. Dazu stimmt, dass Cicero den Antonius sogar sagen lässt (de or. II, 61), an die Dichter überhaupt, als ob die gleichsam in einer anderen Sprache redeten, wage er sich nicht heran. Also von Antonius bis zu Cicero findet doch andrerseits ein sehr grosser Fortschritt statt. Wenn Antonius zum Lesen von Dichtern keinen Muth hat, so klagt Cicero wohl einmal (ad Q. f. III, 4, 4. 5, 4), dass er zum Dichten selber durchaus keine Zeit habe; bei der Gelegenheit legt er auch ein Verständniss für einige der inneren Bedingungen, ohne welche keine dichterische Thätigkeit möglich ist, an den Tag: sie verlangt einen von allen Sorgen freien Geist (4, 4) oder geistige Munterkeit und Aufgelegtheit (5, 4), ein inneres Verhältniss zu dem Stoff und äussere Beherrschung desselben (5, 4), ja sogar ἐνθουσιασμός (4, 4), so dass er also, um sich für sein Brachliegen entschuldigen zu können, sogar in einem zwanglosen Briefe auf die in pro Arch. kundgegebene Vorstellung von der Nothwendigkeit gottgegebener Begeisterung für den Dichter zurückgreift. In der That war dem grossen Prosaiker ein poetisches Talent auch nur in mittelmässigem Grade verliehen. Dies werden wir nach den von ihm erhaltenen poetischen Bruchstücken — deren grösstes, abgesehen von Uebersetzungen, wohl das de div. I, 17–22 aus dem zweiten Buche über sein Consulat ist -, wenn wir sie mit Vergils strengerer Formvollendung oder Ovids graziöser Gewandtheit vergleichen, urtheilen. Auch schrieb ihm nach ad Q. f. II, 15 (16), 5 Caesar einmal auf ein ihm übersandtes Gedicht, dass ihm das erste Buch so gut, wie nur griechische Verse, gefallen habe, darauf aber eine lange saloppe Stelle (reliqua ad quendam locum ῥαθυμότερα) gefolgt sei. Die grösseren dichterischen Leistungen der lateinischen Litteratur im Augusteischen Zeitalter traten auf, als schon nicht mehr der allgemeine Humanitätsgedanke der herrschende in der Elite der Geister war, sondern das Streben und der Ehrgeiz, ein besonderes Talent auszuleben, auch sich damit dem Alleinherrscher zu empfehlen, die Führung in den Geistern ergriffen hatte.

b) Die Schauspielkunst. Die Schauspielkunst hat ein grosses Interesse für die Humanität, schon um ihrer nahen Verwandtschaft mit dem rednerischen Vortrag willen, dem Demosthenes die erste, zweite und dritte Rolle für die Beredtsamkeit überhaupt zugesprochen hatte (de or. III, 213). Zwar war der Schauspielerstand verachtet: da man die Bühne für eine sittlich bedenkliche Einrichtung hielt (*probro ducerent*) — offenbar in einer entschuldbaren Begriffsverwirrung, weil auf ihr eine Discrepanz zwischen dem, was die Schauspieler wirklich sind und was sie darstellen, vorliegt, während es in Wahrheit für die Dauer des Spieles gar nicht darauf ankommt, was die Schauspieler als Privatpersonen sind, sondern nur darauf, was sie in ihrer Rolle scheinen — so haben die Römer diese Menschenclasse nicht nur ausserhalb der Ehre der übrigen Bürger stehen sehen, sondern sie sogar durch censorische Note aus der Tribus gestossen wissen wollen (de rp. IV, 10). Aber zu Cicero's Zeit waren doch auch freie Männer Schauspieler, und grosse Mimen, wie Aesopus und Roscius, konnten doch die humane Gesellschaft so wenig im Zweifel über ihre geistige Bedeutung lassen, dass sie vielmehr in ihrer Person das Vorurtheil gegen ihren Stand überwanden und von dieser mit aller Achtung, ja Freundschaft behandelt wurden. Dem Cicero selbst lag etwas von der Lebhaftigkeit des Schauspielerthums so sehr im Blute, dass er einer im einzelnen freilich für uns dunklen Stelle (ad fam. II, 9, 1) zufolge auf eine für ihn sehr erfreuliche Nachricht hin — die der Wahl seines Freundes Caelius zum Aedilen — wie von einem pudelnärrischen Fieber ergriffen wurde, zum Hohn über den geschlagenen Mitbewerber Hirrus für sich selbst gewisse anzügliche jugendliche Rollen nach schauspielerischem Vorbilde nachzuspielen und nachzutanzen. Der Mehrzahl der fachmässigen Schauspieler ohne tiefere Bildung zuzuschauen *)

---

*) Dieser nächstliegende Ausdruck war den Alten ebenso natürlich wie uns, weil eben die Erinnerung noch mehr an dem Gesehenen, dem ganzen Gesichtsbilde des gefüllten Theaters und der Vorgänge auf der Bühne, als am Gehörten haftet, und es hat etwas Studiertes an sich, wenn jetzt manche mit ausdrücklicher Richtigkeit von einem Stück sprechen, das sie „gehört" haben, während der sich an das natürliche Sprachgefühl haltende Mensch sogar eine Oper „gesehen" hat.

war freilich den Humanen — eben um der Kluft des beiderseitigen Bildungsstandes willen — mehr eine Geduldsprobe als
ein Genuss (de or. I, 118), nur einige wenige waren sie im stande
(auch nur) mit Gleichmuth anzusehen (de or. I, 18). Besonders
das Utrirte des Bühnenspiels hatte offenbar für die maassvoll
gestimmten. Humanen etwas Abstossendes. Der Histrionenart
in der Erlernung des Gestus mühsam nachzustreben schien
ihnen für die angehenden Jünger der Beredtsamkeit wenig gerathen (de or. I, 251); die peinliche Art, wie griechische Tragöden
in der Vorübung ihres Spiels und nach jedem Auftreten vor
der Rückkehr aus ihren Rollen in den Stimmgebrauch des gewöhnlichen Lebens ihr Organ methodisch behandelten, zum
Bühnengebrauch stimmten und von ihm zurückstimmten, schien
ihnen für den Redner viel zu studirt und umständlich (de or.
I, 251). Die „Acteurs der Wirklichkeit", die Redner, hatten
die Uebertreibung der Stimmmodulation und des Gestus —
offenbar als ein mit harmonischer Humanität nicht vereinbares
Moment — aufgegeben, die „Nachahmer der Wirklichkeit" die
Histrionen, ihre Domäne daraus gemacht (de or. III, 214); nach
den Erzählungen, die ich von den auch für die Verdrehung der
Köpfe und Verhexung der Herzen nicht unbedenklichen Vorträgen des Herrn v. Egidy gehört, habe ich seufzen müssen:
O wo ist das edle Maass der antiken Humanität! Das macht,
dass die allgemeine Bildung für unsere Zeit nicht mehr so
fundirt zu sein pflegt, als es die der antiken Humanität für ihre
Zeit war! Der histrionische Gestus drückte — nach der Art
schlechter Virtuosen und gegen die Art classischer Schauspieler
— zu sehr die einzelnen Worte aus, statt die ganze Sache und
das Innere des Gedankens — nicht platt und breit zu demon-
striren —, sondern durch Andeutung zur Empfindung zu bringen
(de or. III, 220). Zur Zeit des Tacitus war das schon viel schlimmer
geworden: da hätte die ernste und keusche (*impexa*) Alterthüm-
lichkeit der Gesticulation eines Roscius oder Ambivius Turpio
(de sen. 48) keinen Eindruck mehr gemacht (dial. 20); da wird dem
Messala der Ausspruch in den Mund gelegt, dass die Redner
die Weise der Histrionen zum Ausdruck bringen, dass sie nach
schauspielerischer Art reden und die Histrionen „beredt tanzen"
(dial. 26). — Für die Verwerfung eines unkünstlerischen, nackten
schauspielerischen Naturalismus hätten wir eine höchst merk-

würdige Stelle, ad Att. IV, 15, 6, wo Cicero den Schauspieler Antipho hinsichtlich des Spieles bei seinem ersten, anscheinend vielerwarteten Auftreten heftig tadelt: trotzdem er die Palme davon getragen habe, sei ihm sein Spiel kleinlich, stimmlos, unerträglich realistisch erschienen. Man las: „*nihil tam pusillum, nihil tam sine voce, nihil tam verum. Haec tu tecum habeto* ..“ Allein der Ausdruck „*verum*“ ist doch zu einfach — auf der anderen Seite auch zu befremdlich als ein tadelndes Prädicat im Kunsturtheil — als dass er den specialisirten Begriff übertriebener naturalistischer Treue und mangelnder künstlerischer Idealisirung tragen könnte. Man schreibt daher jetzt seit Bose, dem Urheber dieser unvergleichlich einfachen Conjectur: „*nihil tam ... Verum haec tu tecum habeto*“, also mit Annahme einer Lücke nach dem dritten „*nihil tam*“. Dass ein die gemeine Wirklichkeit abphotographirender Naturalismus der Schauspielkunst aber nicht im Sinne der antiken Humanität gewesen sein würde, ist an sich nicht zu bezweifeln. — Uebrigens brachte man etwaiger Indisponirtheit oder Unpässlichkeit eines Schauspielers bereitwillig einige Entschuldigung für Minderleistungen an einem bestimmten Tage entgegen (de or. I, 124); sind doch die Künstler ein etwas verwöhntes Volk und menschlichen Schwächen unterworfen! „Nummarius singt, wenn es ihm genehm ist“ (de or. III, 87).

Die besonderen Urtheile Cicero's über grosse Schauspieler und deren Leistungen sind so vereinzelt, dass wir sie hier anführen können. Aesopus, ein grosser Künstler, brachte, wenn er den Eurysaces des Attius spielte, die Intention des Dichters nicht nur durch seine Kunst, sondern auch durch seinen „Schmerz“ (durch die volle Betheiligung seines Innern) zum Ausdruck (pro Sest. 120). Sein Mienenspiel und sein Gestus war von einer Leidenschaft, dass man den Eindruck hatte, als zöge ihn eine in seinem Geiste wirkende Gewalt ganz von der Wahrnehmung der gemeinen Wirklichkeit ab (*ut cum vis quaedam abstraxisse a sensu mentis videretur*), de div. I, 60. Er suchte, wie die *scenici* überhaupt, gern nicht das an sich beste, sondern das ihm (für eine Hauptrolle) am besten gelegene Stück mit einer Rolle für sich aufgeführt zu sehen (de off. I, 114). Einen vertrauten Freund des Marcus Cicero nennt ihn Quintus de div. a. a. O. Roscius zeichnete sich besonders durch weise Haushaltung in der Verwendung der Affecte aus; er konnte an und für sich bedeutungsschwere Worte noch leicht hinfallen lassen (*prorsus abicere*), wenn unmittelbar darauffolgende verlangten, dass sich seine ganze Seele hineingab. Wenn z. B. das *O pater, o patria, o Priami domus* (aus Ennius' Andromache, Tusc. III, 44) bevorstand, so kam das vorhergehende: *Quid petam praesidi?* noch „sanft" gelassen, ohne Anstrengung des Vortrags (*non actuose*), heraus: er wollte sich nicht zu früh ausgeben (de or. III, 102). Das Auge war ihm, wie es das in der That ist, ein so wesentliches Mittel der Darstellung, dass man selbst ihn in der Maske nicht allzusehr lobte (de or. III, 221). Der ästhetische Kernspruch „*caput artis esse decere*" (s. oben S. 397) stammt eigentlich von ihm, s. de or. I, 132. So urtheilt denn L. Crassus (de or. I. 130) über ihn, dass an seinem Spiel alles vollkommen, alles mit der höchsten Anmuth (*venustas*) verbunden sei, alles so, dass jenes *decorum* darin zur Erscheinung komme und alle Zuschauer gepackt und erfreut würden. An Hegels Ausspruch: „Von meinen Schülern hat mich keiner verstanden, nur Einer hat mich verstanden, und der hat mich falsch verstanden" erinnert der Ausspruch des Roscius (de or. I, 129), er habe noch keinen Schüler gefunden, dem er seine Anerkennung hätte schenken können, nicht als ob nicht einige anerkennenswerth wären, aber weil er das geringste Fehlerhafte nicht ertragen könne. Sein Tod, der in seinem hohen Alter 61 v. Chr., eintrat, wurde allgemein betrauert, „weil man wegen seiner ausserordentlichen Kunst und Anmuth das Gefühl hatte, als hätte ein solcher Mann überhaupt nicht sterben dürfen" (pro Arch. 17). — Die Arbuscula des Horaz (Sat. I, 10, 77), die einmal ausgezischt, die anderen verachtend, den stolzen Ausspruch that: „Mir genügt es, wenn die Ritter mir Beifall klatschen", hat schon dem Cicero „sehr gefallen" (ad Att. IV, 15, 6).

c) Die bildende Kunst und Malerei. Wer bei uns auf „Vergnügungsreisen" Orte besucht, welche Kunstsammlungen beherbergen, der versäumt im allgemeinen nicht, aus der „Besichtigung" solcher Sammlungen einen Haupt-Reisezweck zu machen, sei es, dass er wirklich ein instinctives Wohlgefallen, oder gar einen aufrichtigen Enthusiasmus für diese Gegenstände besitzt, sei es, dass er einem ihm aufgezwungenen Gebot dessen, was die Bildung verlange, folgt, sei es, dass er ohne ein natürliches Geistesbedürfniss in dieser Richtung doch den hohen Werth dieser Dinge erkennt und wenigstens mit Bewusstsein von ihnen in sich aufzunehmen sucht, was ihm ein redlicher Wille, alles Schöne kennen zu lernen und auf sich wirken zu lassen, in sich aufzunehmen ermöglicht. Unsere Bädecker's sind voll von unendlichen Verzeichnissen und kurzen Beschreibungen der an jedem Orte ihres jedesmaligen Reiseumfanges befindlichen Kunstwerke und setzen das Interesse für sie bei allen Gebildeten voraus oder drängen es auf. In der Blüthezeit des classischen Alterthums scheint dieses Kunstinteresse nicht so ausdrücklich und bewusst gewesen zu sein, wenn es auch in anderer Art, ganz instinctiv und dem Beschauer so unbemerkt, wie dem Müller das Getöse seiner Mühle, vorhanden sein musste, widrigenfalls die Kunstwerke hervorbringende Kraft — ohne das Interesse der Menschen für sie — unmöglich gerade zu jener Zeit hätte auf ihrer Höhe stehen können. Aber das ausdrückliche Interesse konnte, wie gesagt, unmöglich zu jener Blüthezeit in einer dem eben erwähnten modernen Interesse entsprechenden Weise vorhanden sein: sonst könnte bei Thukydides, Xenophon, Plato, den attischen Rednern die bildende Kunst nicht eine so ganz geringe, fast gar keine Rolle spielen. Man lebte und athmete offenbar in dem Kreise hoher Kunstschöpfungen wie in der Atmosphäre von etwas Selbstverständlichem, man fühlte dem Geist, der sie geschaffen hatte, homogen, man verdankte auch wohl ihrem Einfluss als einem Hauptmomente unbewusster Weise die Kraft, Hoheit und Harmonie des inneren Menschen, aber bemerkte das nicht ausdrücklich und legte sich anscheinend keine Rechenschaft darüber ab. Im späteren Alterthum muss das anders geworden sein. Ein Zeugniss dafür ist Plinius der Aeltere und Pausanias der Perieget, aber auch schon in Cicero's vierter Verrina tritt öfters hervor, dass es die allgemeine Sitte mit sich bringt, an jedem Orte die Kunstschätze, die er birgt, ausdrücklich zu besichtigen. Z. B. Thespiae wird ausdrücklich besucht nur um des Eros des Praxiteles willen, sonst würde kein Mensch das Nest berühren (Verr. IV, 4). Wer von den Römern nach Messana kam, pflegte das täglich den Besuchern geöffnete Haus des Hejus zu besuchen, um einen marmornen Eros des Praxiteles, einen ehernen Herakles des Myron und zwei Kanephoren des Poly-

klet in der Kapelle des Hauses in Augenschein zu nehmen
(Verr. IV, 5). In Segesta wurde die Artemis von allen, die in
die Stadt kamen, besichtigt; als Cicero Quästor war, wurde ihm
nichts in Segesta eher gezeigt (Verr. IV, 74). Für die grösste
Sehenswürdigkeit (*nihil magis visendum putabatur*) von Syrakus
galt das Gemälde einer Reiterschlacht des Agathokles, das um
die innern Wände eines Athenatempels auf der Nasos (übrigens
abnehmbar, und nicht *al fresco*) herumlief (Verr. IV, 122). „Besichtigt werden mussten" z. B. eine marmorne Venus in Rhegium, eine Europa auf dem Stiere, ein Satyr im Tempel der
Vesta zu Tarent, die berühmte Venus (des Praxiteles) von Marmor
in Knidos, das berühmte Venusgemälde (des Apelles) in Kos,
der Alexander (des Apelles) zu Ephesos, ein Ajax und eine
Medea in Cyzikos, ein Heros Jalysos in Rhodos, ein marmorner
Bakchos, ein Gemälde des Paralos (oder nach Bursian der heiligen Triere Paralos) und die eherne Kuh des Myron zu Athen
(Verr. IV, 135). Fremdenführer („*mystagogi*") pflegten Reisende
nach den sehenswürdigen Kunstwerken jedes Ortes (*ad ea
quae visenda sunt*) zu geleiten und alles zu erklären (*demon-
strare*), Verr. IV, 132.

War das alles nun die Wirkung des humanen Geistes?
Schämte man sich etwa, früher dem menschlich Hohen, das in
den Werken der Kunst sich offenbart, so lange ganz fern geblieben zu sein, um sich nun um so schärfer angespornt zu
fühlen, das Versäumte nachzuholen? Denn eine Wirkung unmittelbarer Begeisterung, instinctiven Gebanntwerdens von dem
Kunstschönen war es jedenfalls nicht. Ich glaube, die Humanen
mochten wohl das grösste Contingent zu diesen auf Kunstanschauung oder wenigstens nicht ohne Kunstanschauung Reisenden stellen, schon weil sie alle den reicher Besitzenden angehörten, ich glaube, die Humanen brachten auch wohl den
würdigsten Geist, die immerhin beste Empfänglichkeit den
Schöpfungen der Bildkunst entgegen, aber die Mode ging doch
über ihren Kreis hinaus und führte auch Verwaltungsmänner
und Soldaten, auch Schiffsherren, Staatspächter und Grosskauf-
leute ohne ästhetisches Bedürfniss wohl an die Stätten, wo dem
Genius der griechischen Kunst zu huldigen eben eine Forderung
des guten Tones geworden war. Die Humanen mussten aus
ihrem Geiste heraus dieser neuen Sphäre der höheren mensch-

lichen Veranlagung Hochschätzung und warmes Interesse entgegentragen: der eigentliche Sinn dafür, der innere Drang nach dem Schönen, dem das Erscheinen desselben in mannigfachster Gestaltung eine unerheuchelte höchste Lebenswonne ist, liess sich nicht commandiren. Ich glaube aber, dass die Humanen an guter Empfänglichkeit und wirklicher Freude an den Werken der Bildkunst selbst von denen nicht übertroffen wurden, die als eigentliche Kenner gelten wollten und sich in eine specifische Liebhaberei hinein erhitzten, mit eben dieser Einseitigkeit aber nicht der harmonischen Geistesart der Humanität angehörten. Ein Typus derselben ist die dem Cicero (ad fam. VII, 23, 2) und noch Horaz (sat. II, 3) gemeinsame Person des Damasippus. Dieser war ein leidenschaftlicher Kunstliebhaber, aber ein ideale Seite tritt daran doch nicht hervor, vielmehr wesentlich eine ungezügelte Liebhaberei, Kunstwerke durch Kauf an sich zu bringen, womit sich dann ein Speculationsgeist verband, durch Kauf und Tausch zu gewinnen, der ihn endlich zum Bankerott gebracht hatte (Hor. a. a. O. 19), worauf er in dem von Horaz verspotteten weitschweifigen stoischen Tugendgeschwätz einen Trost suchte. Cicero dagegen zeigt sich in der Verr. IV überall als einen warmen und empfänglichen Liebhaber der Kunst. Das scheint zunächst um so höher anzuschlagen, als er ja der oben (S. 328—331) geschilderten römischen Zurückhaltung zufolge vor dem grossen Publikum aus dieser Seite seines Wesens eine Mördergrube machen musste, wie er denn z. B. Verr. IV, 4 sich den Anschein giebt, als ob er die Namen der griechischen Künstler erst bei der Gelegenheit kennen gelernt hätte, dass er die Anklage gegen Verres zu führen hatte, und wie er z. B. Verr. IV, 12 einen Unterschied macht zwischen seinem Gefühl für diese Dinge und dem der Griechen, „die den Namen der Künstler in den Himmel erheben". Andrerseits aber musste er, weil er den Verres als Kunsträuber anzuklagen hatte, um recht *accusatoric* reden zu können, den Werth der Kunstwerke möglichst erhöhen. Die Motive also, deren eines ihn zur Herabdrückung dieser Werthschätzung, deren anderes ihn zu ihrer Erhöhung führt, heben sich ungefähr in ihrer Wirkung auf, und so kann man aus der vierten Verrina ungefähr ein Bild der Stellung der humanen Kreise zur griechischen Bildkunst schöpfen. Da kann nun von einem solchen Enthusiasmus für die Antike, wie ihn z. B. Winkelmann, Goethe, Schelling, Elisabeth von Stägemann („Erinnerungen für edle Frauen", herausgegeben von Kühne, S. 81) hegten, nicht die Rede sein, wohl aber von einem warmen Gefühl für die Werke der Kunst und lebhafter, gehobener Freude an ihnen. Die Erwähnungen der Kunstwerke gehen begreiflicherweise nie auf eine feinere Charakteristik ein. dgl. dem römischen Publikum bei der Gefahr, sich als einen *homo Gracculus* lächerlich und verächtlich zu machen, nicht zu bieten war, sondern verbinden sich nur mit allgemeinen Prädicaten hohen Lobes, wie *pulcherrimus*, *egregie factus* u. dgl. Bisweilen dagegen kommen doch Beschreibungen vor, die in ziemlich nüchterner Haltung den lebhafteren Pulsschlag eines für das Schöne empfänglichen Herzens durchsichtig verhüllen. So werden z. B. Verr. IV, 5 die oben erwähnten Kanephoren beschrieben: „. . von hervorragender Anmuth, in jungfräulicher Erscheinung und Kleidung, die mit emporgehobenen Händen gewisse Cultusgegenstände nach Art der athenischen Jungfrauen auf dem Haupt hielten". IV, 65: „. . An dem Candelaber aus leuchtenden Edelsteinen, den der König Antiochus von Syrien für das römische Capitol stiften wollte, schien die Kunst mit dem Reichthum zu wetteifern", vgl. Ov. Met. II, 5. IV, 74: „Die Artemis von Segesta war ein sehr ansehnliches und hochragendes Standbild der Göttin in lang herabwallendem Gewande, aber mit jener Grösse verband sich doch die Jugendlichkeit und das Aussehen einer Jungfrau. Die Pfeile hingen von der Schulter herab: in der linken hielt sie den Bogen, in der rechten trug sie eine brennende Fackel vor sich her".

Man sollte nun meinen, in den vertraulichen Aussprachen der Briefe sollten sich noch sicherere Aufschlüsse über die Stellung des humanen Geistes zur Kunst, auch wohl noch ungeschminktere Kundgebungen der Begeisterung für sie finden. Die Hauptstellen in dieser Beziehung sind ad Att. I, 1, 5. 4, 3. 8, 2. 9, 2. 10, 3. und ad fam. VII, 23, 1—3. Die fünf ersten Briefe sind aus den Jahren 67—65, der letzte aus unbekanntem Jahre. Zunächst ist auffallend, dass sich also das Kunstinteresse Cicero's so zu sagen auf eine bestimmte Zeit zu localisiren scheint. Es ist die Zeit, wo er sich in seiner Stadtwohnung und in seinen Villen häuslich einrichtet, und alle Stellen betreffen auch die Erwerbung von Kunstwerken zur Ausstattung seiner Besitzungen mit ihnen. Es ist auf diese Weise wahrscheinlich, dass auch der Brief ad fam. VII, 23 aus derselben Zeit herrührt. Das Kunstinteresse scheint dann gegen andere Angelegenheiten, politische und geistige, die ihm noch näher an Herz und Nieren gingen, zurückzutreten. Das ist schon ein bezeichnendes Ergebniss. Aber auch in Anknüpfung an die Bemühungen um den Ankauf von Kunstwerken zeigt sich kein hoher Enthusiasmus, wohl aber ein lebhaftes Wohlgefallen, in dem sich aber das Moment der Freude an dem Besitz mit der reinen, uninteressirten ästhetischen Lust verwischt; nirgends bricht ohne eine bestimmte Veranlassung, wie eben die des Sichtragens mit Kaufgedanken eine ist, eine reine Begeisterung für die Kunst, als ein wichtigstes Lebensmoment, durch. Man muss annehmen, die Humanität ist einerseits so harmonisch in sich ausgeglichen, andrerseits geistigen Interessen, die ihr noch näher liegen, wie namentlich der Beredtsamkeit und der Philosophie, so sehr zugewandt, dass ein einseitiger, specifischer Kunstenthusiasmus in sie nicht eingeht. Dagegen aber, wie gesagt, ein gutes Interesse, ein offener und warmer Sinn für die Kunst, so wie er sich mit der allgemeinen Liebe für alles menschlich Edle und Schöne ohne entschiedene Sonderrichtung auf das Künstlerische und Aesthetische vereinigt. Ich möchte eben die antike Humanität schildern wie sie ist, nicht wie sie sich wohl in vorgefassten und herkömmlichen Meinungen von ihr malt. Es handelt sich in den angeführten Briefen an Atticus um Statuen zur Ausschmückung (I, 4, 3) — das Hervortreten dieses Zweckes ist charakteristisch — der Wohnräume und vornehmlich der Gymnasien (I, 1, 5. 4, 3. 8, 2. 9, 3), auch einer Wandelhalle (*xystus*, 8, 2); ganz besonders des Hermes (I, 8, 2) und Doppelstatuen von Hermes und Athena in Verbindung (I, 1, 5. 4, 3). Sie „erfreuen" Cicero — das ist ein einfacher, herzlicher Ausdruck, aber ohne Enthusiasmus, der stärkste Ausdruck statt des gewöhnlichen *delectare* ist Einmal *sic efferimur*, I, 8, 2 —, aber in dieser Freude steckt mehr der Gedanke an ihre Bedeutung und Beziehung zu seinen wissenschaftlichen Interessen als die unmittelbare Lust an der Kunstschönheit. Denn Hermes ist — offenbar als erfinderischer Gott, in Berlin schwebt er mit dem Geldsack in der Hand auf der Spitze des Börsengebäudes — ein allen Gymnasien gemeinsames Symbol, und Athena ein be-

sonderes der Akademie, der sich Cicero angehörend fühlt (I, 4, 3).
Die Geschmacksrichtung spricht sich ausdrücklich und einseitig
dahin aus, dass für ein Gymnasium, für eine Palaestra, für die
Akademie die Statuen geeignet sein müssen, die Cicero anzu-
schaffen sucht (I, 8, 2. 9, 2. 10, 3). Auch der Gewinn, den der
Ort der Aufstellung in der Art, wie er sich nun präsentirt, durch
die Statuen erfährt, wird neben der für ihn symbolischen Bedeutung des schmückenden Gegenstandes betont: „Deine Herma-
thena ist so hübsch aufgestellt, dass man den Eindruck hat,
das ganze Gymnasium wäre nur eine Weihestätte für sie" (I, 1, 5).
Für den, der einen ganz entschieden und specifisch ausgeprägten
Kunstsinn hat, ist die Gestalt am Kunstwerk mindestens so
bedeutend wie der Gehalt; dieser reine Aestheticismus ist kaum
antik-human, die Hermen von pentelischem Marmor mit Köpfen
von Erz (I, 8, 2) sind sogar von fraglicher Schönheit der unmittelbaren Erscheinung. Der Brief ad fam. VII, 23 giebt kein
anderes Bild. Dort hat der Adressat, Fadius Gallus für Cicero
Einkäufe an Kunstwerken gemacht, mit denen dieser nicht ganz
zufrieden ist. Fadius hat sich in seinem Kauf nicht nur nicht
an die eigentlich gewünschten Gegenstände, sondern auch nicht
an die dafür ausgesetzte Summe gehalten, im übrigen nicht nur
mit Eifer, sondern sogar *con amore* gekauft, was seines feinen
Geschmackes (*elegantissimum iudicium*) und des Auftraggebers
würdig war. Aber Cicero möchte die vier oder fünf Statuen,
wie er offen gesteht, wieder los werden und hofft auf den Damasippus „oder einen Pseudo-Damasippus" als Käufer. Fadius
hat für sie soviel ausgegeben, wie für Cicero das „ganze Genre
aller Statuen" — der Ausdruck klingt fast etwas geringschätzig,
wie „Rummel" — nicht werth ist. Und die Bakchantinnen, die
Fadius mit den Musen des Metellus vergleicht, und deren von
ihm gepriesene Schönheit Cicero einräumt, passen ja gar nicht
zu dem, was dieser will, den Schmuck einer Palaestra, der dieser
eine Aehnlichkeit mit den griechischen Gymnasien geben soll;
während die Musen doch im Einklang mit seinen Studien und
für seine Bibliothek passend sein würden, obgleich er sie „mit
der Zustimmung aller Musen" nie so theuer bezahlt haben würde.
Was solle nun aber gar ein Ares für ihn, der ein Fürsprecher
des Friedens sei? (Das klingt freilich, als ob es nach 50 v. Chr.
geschrieben wäre). Aus dem allem lässt sich wohl das gute

Stichwort für den Kunstsinn der antiken Humanität herauslesen, dass er wohl musisch, aber nicht bakchantisch war. Cicero gedenkt gelegentlich in seinen Schriften auch griechischer Künstler: der Plastiker Phidias, Polyklet, Myro, Alkamenes, Praxiteles, Lysippos, der Maler Polygnot, Zeuxis, Parrhasios, Apelles, Protogenes (s. Freund, Cicero histor. S. 82—86). Aber auch da pflegt ihre Erwähnung nicht Selbstzweck zu sein; nicht etwa macht es sich so, dass diese Seite des geistigen Interesses der Humanität einmal durchbräche, weil sie so mächtig im Innern wogte, sondern es pflegt eine Analogie mit den redenden Künsten (wie z. B. Brut. 70. 228. de or. III, 26) oder eine allgemeine Wahrheit, wie z. B. Brut. 257 der treffliche Satz: *non quantum quisque prosit, sed quanti quisque sit ponderandum est,* Tusc. I, 34 der Satz von dem allgemeinen Streben nach Nachruhm) zu sein, der zu kurzer Berührung dieses Thema's führt. Auch tritt dann mehr ein gesundes und treffendes als ein bedeutendes und originelles Urtheil, mehr ruhige Hochschätzung als ein Strom von Begeisterung, hervor. Wenn es ad fam. V, 12, 7 heisst, dass eine einzige kurze Schrift Xenophons über Agesilaos für den Ruhm des Königs bedeutsamer gewesen sei als es alle Porträt-Bildnisse und Statuen hätten sein können (vgl. Hor. carm. IV, 2, 19), so liegt darin ein beinahe naives Eingeständniss, dass die Humanität nicht zu einem gerechten Gleichgewicht in der Schätzung der bildenden und redenden Künste gelangt war. Höchst befremdlich ist aber das extreme Urtheil in Tac. dial. 10: „(Man geht jetzt an einem Dichter vorüber und ist zufrieden), wie wenn man eine Malerei oder eine Statue gesehen hätte". Doch ist da nicht die Rede von der humanen Elite, die das thäte, sondern von dem unempfänglichen grossen Haufen, auch könnte man daran denken, dass die Ueberfülle des in dieser Beziehung im kaiserlichen Rom Gebotenen abstumpfend wirkte.

Ein innigeres Gemüthsverhältniss und eine grössere Begeisterung für die Werke der Kunst wird für die griechischen Gemeinden Verr. IV, 133f. bezeugt. Dort heisst es, dass keine griechische Gemeinde in ganz Griechenland und Asien jemals eine Statue, ein Gemälde, kurz irgend ein ihrer Stadt zur Zierde gereichendes Kunstwerk jemals freiwillig verkauft hätte. Denn es dünke ihnen die höchste Schmach, dass eine Zahlung für ein solches Werk in der Gemeinderechnung gebucht würde; die Griechen hätten nun einmal eine wunderbare Freude an diesen von den Römern verachteten Dingen. (Indess man muss doch auch diese griechische Kunstfreude nicht als rein ästhetisch ansehen, die Gewöhnung und der Localpatriotismus hatte unzweifelhaft einen grossen Antheil daran, vor allem aber der religiöse Glaube, der sich z. B. mit rührender Naivetät äusserte, als Verres die Artemis von Segesta wegschaffen liess: alle Frauen und Jungfrauen der Stadt strömten herzu, salbten die Statue der Göttin mit Salben, behängten sie mit Kränzen und Blumen, geleiteten sie unter Anzündung von Weihrauch und Wohlgerüchen bis zur Stadtgrenze (Verr. IV, 77). Ein rein ästhetisches Interesse war es begreiflicherweise auch nicht, das die Syrakusaner für 27 vorzüglich ausgeführte Porträts von Sicilischen Königen und Tyrannen hegten, die im Athenatempel der Nasos hingen: Cicero sagt ausdrücklich (Verr. IV, 123), dass diese nicht nur durch ihren Kunstwerth erfreuten, sondern auch durch das historische Interesse und die Möglichkeit, mit bekannten Namen auch die Vorstellung des leiblichen Aussehens ihrer Träger verbinden zu können.)

Von den Werken der bildenden Kunst besassen natürlich die eigentlichen Statuen das Hauptinteresse; Basreliefs, die er in der Decke eines kleinen Atriums einer Villa einsetzen lassen will und zwei mit Schnitzwerk versehene Brunnendeckel (*putealia sigillata*) bestellt Cicero ad Att. I, 10, 3. Einen offenbar künstlerisch ausgestalteten „Tischträger" hatte Fadius mit für ihn gekauft, ad fam. VII, 23, 3.

Von ornamentaler Malerei spricht er ebendort in einer Weise, als ob er sie der bildenden Kunst vorzöge: er will eine kleine Sprechhalle oder Nische (*exedra*) an einem Säulengange seines Tusculanums mit solcher ausschmücken. Im ganzen ist aber die Plastik die antike, die Malerei eine moderne Kunst, wie nach E. v. Hartmann sogar das ästhetische Empfinden überhaupt den anschaulichen Objecten gegenüber bei den Alten plastisch, bei den Neueren malerisch sein soll. Die sehr spärlichen Bemerkungen über die Aesthetik der Malerei bei Cicero — solche über die Aesthetik der Plastik fehlen eigentlich völlig — sind doch wieder rein gelegentlich und um einer Analogie mit der redenden Kunst willen gemacht: wie z. B. die Bemerkung

Brut. 261, dass Caesar (der Unterredner in de or. l. II) in seinen Reden gleichsam gute Bilder in gutem Lichte aufstelle, wie die or. 36, dass in der Malerei die einen an hellen (*nitida*), die andern an dunkelen (*horrida*) Farbentönen Geschmack finden, oder die or. 169, dass man doch nicht zu der alten Malerei mit vier Farben (weiss, ockergelb, roth, schwarz, Plin. n. h. XXXV, 32) zurückkehren werde, wenn auch jemand an ihr zufällig mehr Gefallen finden sollte, nachdem diese nunmehr schon vollkommene (vgl. Brut. 70) Malweise erfunden sei. Interessant ist ein Urtheil über die Nothwendigkeit eines oder vielmehr mehrerer Modelle für den Maler. Dieses wird dem Zeuxis in den Mund gelegt (de inv. II, 2 f.). Als er nämlich für die Stadt Kroton ein Bild der Helena malen wollte, wählte er sich mit officieller Erlaubniss der Bürgerschaft die fünf nach seinem Urtheil schönsten Jungfrauen der Stadt zu Modellen aus, mit der Begründung, dass alles, was er an Schönheit suche, an Einem Menschenkörper nicht zu finden sei, weil die Natur in einem einzigen Exemplar einer (höheren) Species niemals alles in jeder Beziehung vollkommen schüfe. Dagegen hält Cicero (or. 8) dafür, dass Phidias für seinen olympischen Zeus oder seine Pallas kein Modell gehabt habe, sondern: „In seiner eigenen Phantasie lebte ein Idealbild der Schönheit, und auf dieses hinschauend und in dieses versenkt lenkte er Kunst und Hand so, dass in der Wirklichkeit etwas dem Aehnliches entstehen sollte".

In Beziehung auf die Schätzung des Geldwerthes der Kunstwerke stand die Humanität den eigentlichen einseitigen und schwärmerischen Liebhabern einigermaassen kühl gegenüber (Verr. IV, 13). Cicero bezahlte für eine Sendung Megarischer Statuen 20400 Sesterzen (ad Att. I, 8, 2), ungefähr 4000 Mark. Der Versteigerungspreis von 40000 Sesterzen für ein einziges ehernes Standbild war noch nichts Unerhörtes (Verr. IV, 14). Solche Summen legten Liebhaber (*studiosi harum rerum*) an: „denn in diesen Dingen ist nichts anderes als das Maass der Begierde das Maass der Schätzung" (Verr. IV, 14). Kunst- und Geldwerth wird Verr. IV, 124 geschieden: die aus Elfenbein gearbeiteten Reliefs und ein Medusenhaupt an der Flügelthür des Athenatempels auf der Nasos hatten für Verres Kunstwerth, die goldenen Buckel an derselben nur Geldeswerth.

Eine Beziehung des Kunstsinnes zur Humanität wird Verr.

IV, 98 ausdrücklich ausgesprochen. Cicero hält dort dem Verres entgegen: Kunstverständniss soll ein Scipio, *homo doctissimus et humanissimus*, nicht gehabt haben, du, ein Mensch, der aller höheren Eigenschaften bar ist, *sine ulla bona arte, sine humanitate, sine ingenio, sine litteris*, willst es haben! Halm führt daselbst aus Gell. XIII, 17 an: *Qui verba Latina fecerunt quique his probe usi sunt .. humanitatem appellaverunt id propemodum quod Graeci παιδείαν*) vocant, nos eruditionem institutionemque in bonas artes dicimus*, und die bei Gellius citirte Stelle aus Varro: *Praxiteles .. nemini paullum modo humaniori ignotus*. Eine Bestätigung für die ganze Auffassung, die dieser meiner Arbeit zu grunde liegt! In unserem modernen Sinne wird „Humanität" z. B. einmal wenig weiter unten (Verr. IV, 120) gebraucht in den Worten: „Marcellus hielt es für ein Recht des Sieges, viele Kunstwerke aus Syrakus nach Rom zu überführen, aber für eine Pflicht der Humanität, die Stadt nicht ganz auszuplündern".

d) Die Architektur und Musik. Wie sehr sich auch Schopenhauer erregen mag gegen die angebliche, „der innigsten aller Künste" das schwerste Unrecht thuende Blasphemie, die Musik und die Architektur für verwandte Künste zu erklären, — die Musik hat nicht nur die Seite einer besonders mächtigen Einwirkung auf das Gefühlsleben, sondern auch die andere Seite, durch und durch in ihren Elementen durch ein Formengesetz bestimmt zu werden, wesshalb auch E. v. Hartmann die Schopenhauersche Heraussetzung ihrer philosophischen Theorie aus dem ästhetischen Idealismus für einen entschiedenen Irrthum ansieht: so ist denn die häufige Zusammenstellung der Musik und Architektur, die auch den bekannten geistreichen Ausspruch herbeigeführt hat, die Architektur sei gefrorene Musik, von einer sachlichen Hauptseite her wohl gerechtfertigt. Für die Kunstempfänglichkeit der antiken Humanität haben beide Künste das Gemeinsame, dass sie für dieselbe sehr zurücktreten. Lebendiges Interesse für eigene Bauten und die von Freunden haben wir ja kennen gelernt; aber in diesem ist der Gesichtspunkt des Zweckmässigen, Behaglichen und namentlich des Besitzthums

---

*) Dieselbe Sache wird also von Griechen und Römern in einem verschiedenen Lichte gesehen: nur kann auch das Ziel der Erziehung kein anderes sein als der Mensch im Menschen.

immer so stark betheiligt, dass die reine, uninteressirte Lust an der schönen Form wenig aufkommt. Cicero sagt de or. III, 180: „Säulen tragen Tempel und Hallen, dennoch haben sie nicht mehr Nutzen als Schönheit" und spricht damit den wichtigen Grundgedanken aus (vgl. S. 48), dass in der Architektur das Zweckmässige zugleich ein Schönes (und umgekehrt) sein müsse, natürlich spricht er aber diesen Gedanken um einer Analogie mit der redenden Kunst willen aus. Weiteres über das Interesse der Humanen an der schönen Baukunst wüsste ich nicht beizubringen; denn Vitruvius war ein Fachmann. Wenn der geniale Berliner Architekt Hans Grisebach im Jahre 1871 in Hameln, (wo er damals am Neubau des Münsters thätig war), von ferne unser schönes, aus der Zeit kurz vor dem dreissigjährigen Kriege stammendes „Hochzeitshaus" erblickte, überkam es ihn bisweilen wie ein wahrer Schauer und Zauber überquellender ästhetischer Lust an dessen edlem und eigenartigem Baustil, die meiner eigenen, eben nur humanen Empfänglichkeit für diese Dinge gar nicht verständlich war: die antike Humanität hat sicher von solcher Schwärmerei für architektonische Schönheit nichts empfunden. Eben so zu kurz kam unzweifelhaft die Musik bei ihr. Ich muss gestehen, dass ich die neuesten, noch dem grossen Böckh, dessen vielseitiger Geist auch für sie Verständniss gehabt haben würde, unbekannten Forschungen, die das Geheimniss der Musik der Alten einigermaassen aufgeklärt zu haben glauben, nicht habe verfolgen können und dass ich mir von der antiken Musik in ihrem Verhältniss zur neueren keine klare Vorstellung machen kann, — bis auf den Einen Punkt, dass sie an Polyphonie, an Harmonisirung der Melodie, gewiss sehr zurückstand. Jedenfalls spielte sie keine Rolle für das humane Leben. Das müsste doch irgendwie hervortreten. Aber auch aus der innerlichen Eigenart des humanen Geistes ist es begreiflich, dass seine ruhige, unter der Hegemonie der Vernunft stehende Klarheit und sein centrales Interesse für dasjenige an der Selbstentfaltung des Geistes, was in das Wort, als die nächste und natürlichste Offenbarung des Geistes, eingeht, eine Hingebung des Gefühls an das geheimnissvolle, das Gemüth ansprechende Dämmerlicht der Töne nicht recht ermöglichte. Bei Cicero findet sich nur der Platonische Gedanke, dass die Musik wunderbar in das für sie zart empfängliche Ge-

müth einfliesse und eine wunderbare Kraft für das Gefühl nach
beiden Richtungen habe, der der Erregung und der der Herabstimmung; und dass ein Zusammenhang zwischen sittlichem
Verfall der Völker und der Verweichlichung der Musik stattfinde, sei es, dass die Schuld und der Anfang dieser Veränderung
von der einen oder der anderen Seite ausgehe (de leg. II, 38).
Ferner die Mittheilung über die Pythagoreer, dass sie ihren
durch Denkthätigkeit angespannten Geist durch Gesang und
Saitenspiel zur Beruhigung hinüberzuleiten gepflegt hätten (Tusc.
IV, 3). Die Mittheilung (Tusc. I, 20. 24) über den grössten Musik-
theoretiker des griechischen Alterthums, Aristoxenos, dass er
die Seele (in materialistischer Auffassung, nicht für eine eigene
Substanz oder auch ein Strahlenbündel der Einwirkung der Einen
göttlichen Substanz auf den Organismus, sondern) für eine Harmonie des Körpers erklärt habe, ist philosophischer, nicht musik-
theoretischer Art, obgleich mit dieser Auffassung „der Schuster
bei seinen Leisten bleibt". Wenn nach or. 228 auch die Gladia-
torenbewegungen nicht nur das für die Kampfsituation Zweckmässige in's Auge fassten, sondern sich zugleich einer musikali-
schen Begleitung anzupassen suchten — so führe ich mir die
Andeutung aus —, so steht das ästhetische Bedürfniss, das damit
befriedigt werden soll, etwa auf der gleichen Stufe mit dem,
welches noch heute das Publikum in Circusvorstellungen mitbringt, und die Sache kommt gelegentlich in aller Ruhe und
in einer Vergleichung mit einem Punkte der Theorie der Rede
zum Ausdruck. Dass das den Humanen von grosser Bedeutung
für ihr ästhetisches Empfinden gewesen wäre, ist nicht zu
merken.

––––––––––

Sechster Abschnitt.

Die Humanisirung des sinnlichen Menschen.

I. Das humane Verhältniss zur Aussen-Natur.

Die Natur als *natura naturata* hat den grössten Einfluss
auf das menschliche Leben, mit ihren Jahres- und Tageszeiten,
mit der Witterung, mit dem mannigfachen Inhalt des Ausschnittes
aus ihr, den der Mensch übersieht, der Lust und Unlust, Be-

gehren und Meiden erregt; die Natur als *natura naturans* hegt und trägt schon mit Athmung und Herzschlag das menschliche Leben in jedem Augenblick. Der humane Mensch aber findet seinen Hauptlebensinhalt in dem, wodurch er sich über die Natur erhebt. Der Einfluss der Natur jedoch bleibt für ihn als natürlichen Menschen bestehen; nur sinkt die Natur für ihn zum Mittel für sein geistiges menschliches Leben herab. Er sucht in sie nach Möglichkeit so einzugreifen, dass sie seinen Interessen besser entspricht, oder sich wenigstens geistig so zu ihr zu stellen, dass sie so von ihm hingenommen wird, wie er es für die geistige Seite seines Lebens haben möchte.

Das g r o s s a r t i g s t e Verhältniss, das der Mensch zur Natur gewinnen kann, ist das der Naturwissenschaft, die die Gesetze der Natur erkennt und sie in technischen Erfindungen, die auf diesen Gesetzen fussen, dem Leben dienstbar macht. In diesem Verhältniss zur Natur blieben die Alten, wie bekannt, im ganzen auf der Kindheitsstufe stehen. Das i n n i g s t e Verhältniss zur Natur ist das vieler Dichter (auch Maler) aller Zeiten, das in seiner individuellen Mannigfaltigkeit, auch in dem Fortschritt einer gewissen Entwicklung A. Biese in seinem mit Recht berühmten und   zu wenig gelesenen, vorzüglichen Buche mit erstaunlicher Belesenheit darstellt. Meine Lieblingsstelle dieser Art hat er dabei nicht gekannt. Sie steht in der „Doralice" der Gräfin Ida Hahn-Hahn, Bd. I, S. 140 – 142; hier einige Stücke aus ihr: „Der unaussprechliche, geheimnissvolle Zauber der Nacht umfing ihn. O dieser Zauber! Da ist die Stille nicht todt und das Schweigen nicht stumm und das Dunkel nicht finster, wenn die Sommernacht mit ihren grossen schwarzen Flügeln über die träumende Natur schwebt... Welch ein Flüstern geht durch den Wald und welch ein Rauschen kommt von den Bergen, und wie wogt der Strom und das Meer und das kleinste Bächlein tiefer bewegt auf, als wollten sie alle ein wunderbares Geheimniss kund thun... Alles ist Räthsel, ist Geheimniss, ist die Schattenseite einer Schönheit, deren Lichtseite der Tag der Ewigkeit entschleiern wird... Und zwischen diesen Räthseln von Welten und Sonnensystemen steht der Mensch, ein Atom, aber räthselhafter als sie alle, und sinnt ihnen nach, und seine Seele stimmt in den stummen Wechselgesang von feierlicher Majestät und von klagender Sehnsucht ein, welche den Grundton

in dieser Hymne der Nacht angeben, denn in seiner Seele ringt
ein Sohn des Staubes mit einem Kinde der Ewigkeit". Das
Gefühl geht hier weniger auf die *natura naturata* in ihrer anschaulich und uns umwitternd uns umfangenden Erscheinung
als auf die intelligibele Einheit der gotterfüllten Natur in
ihrem allgegenwärtig stillen Wirken und Weben, und der Gipfel
dieses Verhältnisses zur Natur ist die mystische Versenkung
in die unbewusste Geistigkeit der Natur, die auch den eigenen
Organismus des Menschen ganz durchzieht und das bewusste
Leben wie eine Victoria Regia über unergründlichen Tiefen ruhen
lässt. Auch dieses lyrische und mystische Verhältniss zur Natur
ist nicht antik, die Monumente der antiken Humanität insbesondere weisen es ganz und gar nicht auf. Das entsprechendste
Verhältniss des Menschen als vernünftigen Geistes zur
Natur ist das ethische, in dem die subjective Vernunft der
menschlichen Natur auf die allgemeine Natur übertragen und
das „der Natur gemäss leben" auf die allgemeine Natur, und
auf die menschliche nur als auf einen von ihr umschlossenen
Specialfall bezogen wird. Dieses Verhältniss ist im Alterthum
am schärfsten ausgeprägt in der stoischen Philosophie, s. Diog.
Laert. VII, 89: „Unter der Natur, der gemäss zu leben die höchste
ethische Norm ist, versteht Chrysippos die allgemeine sowohl
(„die richtige Vernunft, die durch alles geht", Chrysipp bei D. L.
VII, 88) als auch insbesondere die menschliche; Kleanthes aber
fasst sie nur als die allgemeine auf". Bei dem ausserordentlichen Einflusse der Stoa auf die antike Humanität ist die letztere
von diesem Verhältniss zur Natur tief durchdrungen. Nur verschwindet darin für uns fast die Identität mit dem, was wir
unter „Natur" zu denken pflegen. Die *naturata* ist ja ganz und
gar nicht mehr gemeint, auch nicht die *naturans* als schaffende,
organisirende, im Wechsel des Stoffes die Form der Dinge der
natura naturata erhaltende Macht. Gemeint ist eine Vernünftigkeit, die im Gegensatz zu gewordenen, zufälligen Meinungen
und Satzungen des subjectivistischen menschlichen Denkens eben
als die natürliche, mit der Idee, welche von der *natura
naturans* im Menschen gesetzt wurde, zusammenfallende erscheint.

Thematisch ist für diesen Abschnitt aber etwas viel Ein-
facheres und Handgreiflicheres. Das Leben der antiken Humanität

fand seinen Inhalt nicht in der Natur, sondern in den Gebieten, die aus der geistigen Veranlagung des Menschenwesens hervorwachsen, es concentrirte sich auf die Gesellschaft, den Staat und das Studium. Nun kann das geistige Leben aber nicht in ununterbrochenem Fluss bleiben, sondern hat das Bedürfniss, sich durch Ruhe und durch Abwechselung in den Gegenständen und der Art der Beschäftigung immer wieder zu erfrischen. Die Ursache ist physiologischer Art. Das geistige Leben ist bedingt durch Gehirnthätigkeit, und diese gehört nicht zu dem unermüdlichen vitalen, sondern zu dem ermüdenden animalen System unserer Organisation. Dieses Bedürfniss der Ausspannung, Erholung und Erfrischung durch Abwechselung, um hinterher um so voller wieder der geistigen Thätigkeit in den Gebieten menschlicher Zwecke leben zu können, wird nicht nur durch die Hauptveranstaltung der Natur dafür, den Schlaf, gestillt, sondern begründet auch noch ein neues, viertes Verhältniss des Culturmenschen zur Natur, ganz im allgemeinen, und so auch bei der antiken Humanität. In welcher Besonderheit bei der letzteren, wollen wir nun sehen.

„In den Dingen, die man zu dem Zwecke geistiger Erholung und Ergötzung in den Kreis des Lebens zieht, ist die Natur die dominirende Macht" (de leg. II, 2). Da „denkt man nichts als Felsen und Berge" (de leg. II, 2), d. h. der am besten durch die Natur sich darbietende Wechsel der Gegenstände, die in die Vorstellung eintreten, erfüllt am besten jenes Bedürfniss nach Ausspannung und Neu-Erfrischung. Die Anmuth der Natur — die ihr für das menschliche Gemüth einmal eigen ist, die theoretische Erklärung und Begründung der Naturschönheit ist eins der schwierigsten Capitel der Aesthetik — und ihr günstiger Einfluss auf die Gesundheit (ihre *salubritas*) ist es, der man in diesem Falle nachgeht (de leg. II, 3), d. h. die Erfüllung der Vorstellungskraft mit ansprechenden und von denen der gewöhnlichen Beschäftigung ganz verschiedenen Gegenständen und die Beförderung des körperlichen Wohlgefühles (durch den höheren Sauerstoffgehalt der eingeathmeten Luft) leisten das, was man bei der Natur sucht. Wenn Cicero erklärt (ad Att. I, 5, 7), dass er in seinem Tusculanum allein Ruhe finde oder (ad Att. I, 6, 2) dass er an ihm eine solche Freude habe, dass er sich selber erst wenn er dort hingekommen sei gefalle, oder (ad Att. I, 11, 3), dass ihn nicht nur der Anblick dieser Stätte, sondern schon der blosse Gedanke an sie erquicke, so hat jedenfalls dieses eben beschriebene Verhältniss zur Natur daran seinen grossen Antheil. Sein Haus und seine Fluren sind seine Freude (ad Att. IV, 16, 10), seine bescheidenen Villen sind für ihn der Augapfel Italiens (ad Att. XVI, 6, 2). So schwärmt er auch für den Aufenthalt in Antium: „Es giebt nichts Ruhigeres, nichts Kühleres, nichts Anmuthigeres" (ad Att. IV, 8a, 1); (ad Att. II, 6, 2 tritt der andersartige Vorzug des Landstädtchens hinzu, dass ihn dort jedermann hochschätzt und niemand stört (*interpellat*)), während er in seinem Cumanum einmal (ad Att. V, 2, 2) wegen der Belebtheit der Gegend „ein kleines Rom" hatte. Er versenkt sich nicht in die Natur, weder wissenschaftlich noch gemüthlich, sondern das Aufathmen von dem ermüdenden und aufreibenden alltäglichen Treiben, die Veränderung der Lebensbedingungen, ist es offenbar, die ihn in der freien Natur erquickt; die Gedanken, die er dorthin trägt, sind doch andere als die in dem Arbeitsleben, sie lösen sich mehr von der Wirklichkeit zu freierer Contemplation ab: es ist ein σοφιστεύειν, was er, wie er sich ad Att. IX, 9, 1 ausdrückt, sobald er auf's Land gekommen ist, betreibt, er fühlt sich also der freieren griechischen Geistesart näher, wenn auch eine Entscheidung in der Ergreifung seiner politischen Parteinahme a. a. O. der Gegenstand seines σοφιστεύειν ist. Bei Horaz und Tibull ist die Liebe zum Landleben schon so empfindsam geworden, wie es sich mit dem heroischen Zeitalter der Humanität gar nicht vereinigen würde, dessen centrale Interessen doch in der Hauptstadt oder in einer geistigeren Höhe des Menschenthums liegen.

Das Hauptmoment in dieser Stellung zur Natur, in der man eigentlich wesentlich die Gesunderhaltung seiner eigenen Lebensökonomie sucht, ist — οὐδὲν ποικίλον οὐδὲ σοφόν, sondern etwas ganz Triviales, — der tägliche Spaziergang, eben schon um der subjectiven Seite der Sache willen, weil das geistige Leben durch ihn die willkommene Entlastung erfährt, indem die Gedanken für seine Dauer ziehen wie sie wollen und nicht — wie bei der Arbeit — wie sie sollen. Einen deutschen Gelehrten kann man sich kaum ohne den täglichen (einsamen) Spaziergang denken, der, wie Jacob Grimm in seiner Altersschrift sagt, mit zum Schönsten des Lebens gehört. Die Alten kennen diesen Spaziergang kaum. Es liegt das theils daran, dass das gemüthliche Verhältniss zur Natur bei ihnen nicht so ausgebildet ist, theils daran, dass sie dem arbeitsamen Leben nicht so viel Zeit abmüssigen mögen, theils daran, dass ihre Gesundheit, noch freier von Nervosität, dieser Erquickung wohl nicht so bedürftig war. Nicht nur der Platonische Sokrates hat bekanntlich das Ufer des Flusses vor der Stadt, an das ihn Phaedros mit hinausführt, noch nie betreten (Plat. Phaedr. 230 D), sondern auch die Humanen kennen den einsamen Spaziergang nicht. Was sie an dessen Stelle und zu dem Zwecke, dem er dient, üben, das ist ein blosses Auf- und Abwandeln, ungefähr wie in den Colonnaden unserer Badeorte bei regnerischem Wetter, ein gemächliches Wandeln, bei dem die körperliche Bewegung noch mehr als bei unserem Spaziergange zu einem ganz vergessenen Momente wird, das bloss eine Begleitung der Unterhaltung ist, auf die es ankommt. So macht man de rp. I, 18 einen oder den andern, de or. I, 28 zwei oder drei Auf- und Abgänge (*spatia*), was etwas Pflichtmässiges an sich hat, da das Niedersitzen der ersehnte Moment wird, vgl. de leg. I, 14. Als die Oertlichkeit des Auf- und Abwandelns muss man sich (auch wohl die freie Natur (de leg I, 15), besonders aber) eigens dazu angelegte Wandelbahnen denken, die mit den Gymnasien, z. B. mit einem „Lyceum", und in Athen der Akademie, verbunden waren, de div. I, 8. de fin. V, 1; der Weg dorthin wird a. a. O. nicht zum Spaziergang mitgerechnet, sondern erst an Ort und Stelle geht das eigentliche Wandeln an. Der geistige Zweck der Unterhaltung tritt an ihm mehr hervor, z. B. auch ad Att. I, 18, 1, wo Cicero „durch die Unterredung einer einzigen Ambulation" mit Atticus über eine Sache glaubt ins reine kommen zu können, als der der körperlichen Erholung, nur dass das Wandeln auf eine möglichst kurze Zeit beschränkt gewünscht wird (de div II, 8. de leg. II, 1), d. h. offenbar: auf das von der Gesundheit zur Ausgleichung der sitzenden Lebensweise durchaus verlangte Mindestmass. Bei dem Studienaufenthalt in Athen erscheint ein nachmittägliches Auf- und Abwandeln als regelmässige Sitte (de fin. V, 1); in Rom liess die forensische Thätigkeit fleissigen Männern kaum Zeit dazu, wie sich aus ad fam. VIII, 9, 1 schliessen lässt, wo es von dem nicht fleissigen Hirrus heisst, dass er selten nach Mittag auf dem Forum beschäftigt zu sein pflege.

Der Freundesaustausch wird gern als beim Auf- und Abwandeln sich bethätigend gedacht ,ad Att. IV, 10, 1); ad fam. VII, 1, 5 wollen beide Freunde (oder wenigstens der an Gesundheit schwache Marius) sich in der Sänfte in der Umgegend ihrer Landhäuser herumtragen lassen, so dass also wenigstens eine Art von Bewegung, wenn auch nicht die Eigenbewegung, ihrem Verkehr zu gute kommen solle. Ad Q. f. III. 3, 1 schreibt Cicero, dass er augenblicklich mit täglichen Vertheidigungsreden so beschäftigt sei, dass was er (anderweitig oder zur Vorbereitung einer solchen am nächsten Tage) fertig bringe oder denke gemeiniglich in die Spaziergangszeit verlege: das waren also ausnahmsweise Tage von reinen Arbeitsspaziergängen, an denen man nothgedrungener Weise zwei Fliegen mit einer Klappe schlägt. Einen Spaziergang mehr in unserem Sinne finde ich ac. post. I, 1, wo Cicero und Atticus dem Varro nach seiner Villa am Golf von Neapel von dem Ciceronischen Cumanum entgegengehen und ihn „satis longo intervallo", d. h. doch wohl, um noch weiter spazieren zu gehen, nicht auf dem nächsten Wege, zu seiner Villa zurückführen. Die eigentliche Fusstour, diese für uns bei guter Gesundheit, gutem Wetter und in schöner Gegend herrlichste Lust des natürlichen, ja auch des geistigen Lebens, für die J. J. Rousseau mit so köstlichen Bekenntnissen schwärmt und die der beste Gesundbrunnen für viele unserer Gelehrten, auch Künstler und Staatsmänner ist, scheint gänzlich unbekannt: ein inhumanes Uebergewicht des Geistes über die Natur bei den antiken Humanen! Denn wenn Cicero ad Att. VIII, 9, 3 „um seine bescheidenen Villen herumirren" will, die er später (der Brief ist im Jahre 49 geschrieben) wiederzusehen nicht mehr hofft, so ist das ganz etwas anderes: das „Irren" ist die seinem zu dieser Zeit ganz aus den Angeln gehobenen, zerfahrenen Inneren entsprechende, trostlose äussere Bewegungsart. Und wenn er ad fam. VI, 18, 5 (im Jahre 45) schreibt, dass er nicht mehr so reiselustig (peregrinator) wie ehedem sei, so bezieht sich das auf seine früheren Reisen in der Sänfte, zu Wagen, vielleicht auf dem Maulthier (wie bei Hor. sat. I, 6, 105) und zu Schiff.

Was in der Natur eigentlich für das Herz gesucht wird, kommt manchmal wesentlich auf die Einsamkeit hinaus. „Sie suche ich auf" (ad Att. XII, 23, 1), „Einsamkeit und Abge-

schiedenheit ist mein Bereich" (*provincia*, ad Att. XII, 26, 2),
„sie regt mich weniger auf als die Menschenmenge" (*celebritas*,
ad Att. XII, 13, 1), „in ihr führe ich mein Gespräch nur mit
den *litteris*" (ad Att. XII, 15). Doch ist zu beachten, dass alle
diese Stellen kurz nach dem Tode der Tullia geschrieben sind,
wo die tiefe Trauer nach Einsamkeit dürstete. Ad Att. XIII, 16, 1
scheint das Einsamkeitsbedürfniss schon zur Gewohnheit geworden, und nur dauernde und heftige Regengüsse haben Cicero
verhindert, einen Fuss aus der Villa zu setzen. Einsamkeit
konnte er in dieser gewiss auch haben, aber es ist also doch
erst die Einsamkeit in der Natur, die seiner Stimmung ganz
entspricht.

Eine Empfindung für das, was man die Poesie des Waldes
nennen kann und was dem deutschen Gemüth so eigen ist, wird
man in der Gefühlsweise der antiken Humanität nicht finden,
immerhin einen Anflug davon bei den Dichtern, aber doch so, dass
man merkt, der Wald wird irgend ein bewusstes Kunstthema,
nicht dass solche Naturlaute des Gefühls für ihn wie z. B. bei
Eichendorff und Uhland hervorbrächen. Die eigenartige Schönheit des Waldes, in deren Gefühl das was das Auge sieht, das
was die Seele an dem stillen Wirken der grossen Mutter empfindet, und was das körperliche Wohlbehagen an Förderung
erfährt, unbewusst zusammenwirken, ist ja etwas für die Empfindungsweise der antiken Humanität, aber dieses Etwas begnügt sich doch mit kühlen und nüchternen Worten seiner
Aeusserung. „Die Dichter müssen, wie sie selber sagen, in
Wälder und Haine, d. h. in die Einsamkeit sich zurückziehen"
(Tac. dial. 9, vgl. Hor. carm. I, 1, 30. 22, 9. III, 4, 7. IV, 3, 11,
Prop. IV, 1, 2) — das hat doch etwas Conventionelles. Die
Ausführung davon Tac. dial. 12 „Der Geist zieht sich dann an
reine und unschuldige Stätten — d. h. wo der Mensch nicht
hinkommt mit seiner Qual — zurück und geniesst gottgeweihte
Wohnsitze" ist gehobener, aber doch schon, in der Weise der
silbernen Litteratur, ohne die antike Einfalt mit Schönthun im
Gefühl sich ergehend. In des Waldes Dunkel verbirgt sich
Cicero nach ad Att. XII, 15 in der Zeit der ersten, tiefsten
Trauer um Tullia früh Morgens und kehrt vor Abend nicht
von dort zurück. Mitten in den Wald, um seiner schattigen
Kühle willen, begiebt sich de or. III, 18 die Gesellschaft des

Dialogs am zweiten Nachmittage des Gesprächs, weil nach des Crassus Bemerkung das Lagern daselbst für das Gespräch nicht unpassend ist. Kühl und nüchtern! Sonst werden wohl einzelne Momente erwähnt, die am Walde gefallen, die griechischen Cypressenhaine und hochschlanken Pappeln de leg. I, 15, die Platanen bei'm epirotischen Amaltheum des Atticus de leg. II, 6, die schattigen Erlen de leg. fr. 1. V. Ein lebhaftes Wohlgefühl am Walde macht sich an diesen Stellen wohl bemerkbar, aber keine Begeisterung, keine Wonne, keine lyrische oder mystische Versenkung in die Natur. Das Wasser ist „das Auge der Landschaft". Bäche und kleinere Flüsse, deren Spiegel in der Entfernung von den Ufern verdeckt wird, sind das kaum, aber sie haben durch ihren geschlängelten Lauf, der unbewusst die personificirende Vorstellung unablässigen Eifers im Suchen mit sich bringt, durch ihr Rauschen und Flüstern und das Gebüsch am Ufer ihren besonderen landschaftlichen Reiz. Wem, wie mir aus meinen einsamen oder in Gesellschaft von Freunden, darunter den beiden späteren Lyrikern Albert Moeser und Eduard Grisebach, gemachten Spaziergängen am Lutherbach bei Göttingen, der jetzt durch die Verkoppelung eine schnöde gerade Linie geworden ist, das Wandeln an solch einem Flüsschen als höchst besondere Kindheits- und Jugenderinnerung vor der Seele steht, der weiss, was ich meine. Aehnlichen Reiz muss nach de leg. I, 14, ad Q. f. III, 1, 1, ad Att. XIII, 16, 1, de leg. I, 21 (wo auch der Gesang der Vögel zum Rauschen der Flüsse als reizerhöhend hinzukommt) doch auch für die antike Humanität dieser Theil der landschaftlichen Schönheit gehabt haben. Aber wo Gebüsch und Wasser ohne die Beweglichkeit seines Laufes den Charakter der Landschaft einseitig bestimmt, wie am Lucrinersee, da regt sich doch bald eine Empfindung des Ueberdrusses an solchem Aufenthalt, ad Att. XV, 16.

Die Poesie des Meeres gehört nicht zum antik humanen Empfinden, während sie, doch ohne Romantik, nach den homerischen Gedichten zu dem altionischen voll gehört hat und dem attischen Herzen eine Liebe zum Meere, jedenfalls wenigstens als dem Elemente der Grösse der Stadt Athen und des Lebens eines nicht geringen Theiles der Bevölkerung, eigen gewesen ist. Doch geht Caesar ad Att. XIII, 52, 1 bei jener oben (S. 278) erwähnten Gelegenheit zwischen einer langen finanziellen Morgenconferenz mit Balbus und dem Bade und der Salbung vor der Hauptmahlzeit, offenbar aus gesundheitlicher Diät, die ihm leider nicht lange mehr nützen sollte, am Meeresgestade spazieren. Cicero selbst schreibt von seinem Puteolanum ad Att. XIV, 13, 1, dass Atticus ganz recht habe, wenn seiner Meinung nach nun er, Cicero, nicht wissen werde, ob er mehr Ergötzung an den Hügeln und der Aussicht oder am Strandspaziergange (*ambulatio* ἐλιτενί;) hätte; die Anmuth von beiden sei in der That so gross, dass er nicht wisse, welches den Vorzug verdiene. Aber sogleich geht er doch, rasch abbrechend, mit dem Citat von Il. IX, 228 auf sehr ernste Dinge über. Ad Q. f. II, 12 (14), 1 erwähnt er ganz leichthin und gelegentlich, dass er bei seiner Arbeit an den Büchern de republica auf seinem Puteolanum und Pompejanum den Blick auf's Meer habe; wer heute im Seebade sein Zimmer so miethet, dass er die Aussicht auf das Meer hat, der muss das nicht nur in dem Miethpreise recht ausdrücklich bezahlen, sondern hat so und so oft am Tage eine Anwandlung von Hochgefühl darüber und spricht allen seinen Badebekannten von dem Reiz eines solchen Logis. Nur Einmal zeigt Cicero etwas von der modernen, doch auch von idealer Naturfreude, und von Freude an gerade diesem Ausschnitt der Allnatur angehauchten, Lust am Seebad-Leben. Es ist bei seinem Aufenthalt zu Antium im Jahre 59, wo ihn das Missvergnügen an der in Rom aufgetretenen Allgewalt des Triumvirats so sehr in die Liebe zu weltvergessender Musse treibt, dass er die richtige Stimmung an die See mitbringt. Er schreibt an Att. (II, 6, 1), dass er jetzt das Stillleben so in's Herz geschlossen habe, dass er sich gar nicht von ihm losreissen könne. Mit der versprochenen schriftstellerischen Frucht dieser Villeggiatur (*peregrinatio*) werde es wohl nichts werden. Er erfreue sich an Büchern, deren er eine erquickende Fülle zu Antium habe, oder zähle die Wellen (vgl. Hor. ep. I, 11, 10), denn zum Fang von Meerthieren (der also doch auch nach seiner Stimmung ist), sei das Wetter zu stürmisch. Dieses völlige Herausgerissenwerden aus der inneren Arbeit des Geistes durch das grosse, nie ermüdende Schauspiel des Wogenganges ist so recht eine humane Frucht des Aufenthaltes an der See, und das kennt also die antike Humanität doch auch. Dass auch Scipio und Laelius bei

solcher Gelegenheit Muscheln am Seestrande suchen (de or. II,
22) ist schon oben bei anderer Gelegenheit erwähnt. Dass man den kühlenden S c h a t t e n liebt (de leg. I, 14 f.
fr. 1. V, vgl. Hor. z. B. carm. I, 1, 30. III, 13, 10. 29, 21), kann
bei dem italienischen Klima nicht auffallen; noch weniger, zumal
bei den bis auf den heutigen*) Tag mangelhaften Heizvorrich-
tungen in Italien, dass man in der kälteren Jahreszeit die S o n n e
aufsucht, wie de rp. I, 18 bei Winterszeit den sonnigen Platz
auf einer kleinen Wiese, oder ad Att. VII, 11, 1 die ausdrückliche Sonnung (apricatio). Der Zug zur Sonne, in anderer Beziehung ein Hauptquell der ältesten Religion und Mythologie,
ist so human, dass er dem Menschen sogar mit aller Creatur
gemeinsam ist. De or. III, 209 ist die Sonne noch die Natur-
Uhr, gerade so, wie schon Hom. Od. XIII, 29.

Die Freude der Humanen an G ä r t e n beweist das Schluss-
wort von ad Q. f. II, 8 (10): „ein Garten ist am Hause" (dafür
sogar domi) als ein Hauptmotiv bei einer Einladung des Bruders
Quintus und des Marius. Ad fam. IX, 4 wünscht sich Cicero
sogar, damit ihm nichts fehle, für einen Besuch bei Varro einen
„Garten in dessen Bibliothek"; das heisst offenbar: als E r s a t z
des — bei der neuen Villa Varro's wohl noch nicht angelegten
— Gartens etwas Grün von Topfgewächsen in der Bücherhalle,
also in voll-humanem Bedürfniss doch auch etwas für den natürlichen Menschen neben der reichen Versorgung für den
geistigen Menschen. Ad Q. f. III, 1, 14 erscheint dagegen die
Gartenliebhaberei nur als mässig, das Haus bei weitem als die
Hauptsache.

Echt menschlich ist es, dass einem unter allen Gegenden
und Stätten der Natur Eine oder auch einige vor allen an's
Herz gewachsen, eine Lieblingsstätte der Erde sind, so weit man
sie kennt, wie z. B. die oben in Sachen des Naturgefühls angeführte Gräfin Hahn-Hahn sich einmal die sich selbst aufge-
worfene Frage, wo sie am liebsten die Sonne zum letzten Mal
untergehen sehen möchte, beantwortete: „Zu Stolzenfels am
Rhein"; später war ihr freilich alles, was zur „Ordnung der

*) Ich habe mir von jemand erzählen lassen, dass ihn noch nie im Leben
so gefroren hätte wie bei einem Winteraufenthalt in Messina, und von anderer
Seite, dass man im Winter von Florenz nach Deutschland geflohen sei, um doch
einmal warm zu werden.

Natur" gehört, sehr gleichgültig geworden gegen das, was sie mit grossen Lehrern der Kirche die „Ordnung der Gnade" nennt. Auch die antike Humanität kennt diese Aeusserung des Naturgefühls, einen Lieblingsplatz auf Erden zu haben. Wie es für Horaz (carm. II, 6) Tibur und Tarent, für Catull (carm. 31) die Halbinsel Sirmio ist, die sich von Süden in den lacus Benacus (Garda-See) erstreckt, so für Cicero, und ganz besonders seinen Bruder Quintus, der vor dem Flüsschen Fibrenus unmittelbar vor seiner Mündung in den Liris bei Arpinum gebildete Werder. Dieser Liebe giebt der Eingang von de leg. II (1–6) einen schönen Ausdruck, eine Ciceronische Stelle, die sogar vor Th. Mommsens Augen (R. G. III, S. 502) Gnade gefunden hat. Was darin als der Grund des besonderen Wohlgefallens hervortritt, das ist die Freude an dem reissenden, rauschenden und unvergleichlich kühlen Wasser des Flüsschens, die Geschaffenheit des kleinen Werders wie gerade zu der Grösse und Dienlichkeit einer Palästra zum stillen Denken, Lesen und Schreiben, und endlich vor allem die Nähe des Geburtshauses der Ciceronen, also das Heimathsgefühl; Atticus, der sich bei seinem Besuch an dem Reiz dieser Stätten „nicht sättigen" kann, verachtet gegen sie „prachtvolle Villen, marmornes Getäfel und Stuckatur-Plafonds", ganz besonders aber künstliche Wasserleitungen, welche von den vornehmen Liebhabern der Pracht und des Luxus „Nile und Euripen" genannt werden. Sonst sind geographische Naturbeschreibungen, zumal solche, bei denen ein persönliches Gefühl von Naturliebe, und nicht nur der Wunsch einer Verdeutlichung des Verständnisses des zu Erzählenden den Griffel führt, selten, nicht etwa weil γεωγραφικά, wie Cicero ad Att. II, 6, 1 sagt, keine rechte Handhabe zum ἀνθρογραφεῖσθαι, zur Darstellung im blühenden Stil, böten, sondern weil der Sinn dafür den Humanen nicht aufgegangen ist, bei dem Besitze welchen Sinnes — man denke z. B. an Adalbert Stifter — solche Beschreibungen denn doch nicht blosse Stilübungen sind. Eine immerhin recht hübsche Beschreibung solcher Art ist die der Umgebung von Henna Verr. IV, 107. Ihre Elemente sind: ein rings schroff abfallendes Hochplateau, Seeen und Haine, lustige Blumen, — eine Gegend, wie geeignet zur Anknüpfung der Sage vom Raube der Proserpina, daher auch in der Nähe eine unergründlich tiefe, nach Norden

geöffnete Höhle, in der Pluto mit der Cerestochter verschwunden
sein soll. Das liest sich recht hübsch, bleibt aber dabei kühl-
classisch im Verhältniss zu moderner Natur-Romantik oder auch
nur liebevoll und behaglich sich ergehender Einzelbeschreibung.

II. Das humane Verhältniss zur eigenen sinnlichen Natur.

Ein so durchaus nüchtern-vernünftiger, dabei aber eben
wahrer Ausspruch wie der Schopenhauersche: „Die Grundlage,
wie unserer Existenz, so auch unseres Glückes ist unsere anima-
lische Natur" ist auch im Sinne der antiken Humanität, so sehr
diese auch den Vorzug der geistigen Seite des Menschenwesens
vor der körperlichen betont; zwischen beidem ist kein Widerspruch,
denn wenn alles auf die Errichtung eines hochragenden Ge-
bäudes ankommt, so muss vor allem die Grundlage fest und
dauernd sein. Daher wird nicht nur in der systematischen
Ethik, wie in der neueren z. B. unter der Rubrik „Pflichten
gegen uns selbst", so unter der der vierten Tugend, der Selbstbeherrschung, die vernünftige Fürsorge für die Gesundheit als
pflichtmässig gelehrt (z. B. de off. I, 106. 123, vgl. z. B. Hor. carm.
III, 24, 52—54., sat. II, 1,8. 2,76—81), sondern es zeigt sich auch im
gewöhnlichen Leben die Sorge für das körperliche Wohlbefinden
als ein durchaus zur Oekonomie des Lebens gehöriges Moment,
z. B. de or. I, 265. III, 230, wo in beiden Fällen nach den langen,
anspannenden Unterredungen nun die *corporis curatio* in ihr
Recht eintreten soll. Uebrigens ist die Grundeinsicht der Feuch-
terslebenschen „Diätetik der Seele" und der Kantschen „Macht
des Gemüthes", dass das seelische Verhalten (in vielen Fällen,
unmittelbar und mittelbar) viel zur Gesundheit beitragen kann,
der antiken Humanität bekannt: ad fam. XVI, 14, 2: „Jetzt musst
du geistig stark sein, um es körperlich werden zu können", —
ja, sie ist sogar recht specifisch antik (vgl. S. 382). Die Stelle
ad fam. XVI, 15, 1: „Wende deine Erfindungskraft an, um dich
und mich zu erhalten" ist etwas anderes gedacht: die Erfindungskraft geht auf Mittel aus, und eine unmittelbare Einwirkung
ihrer geistigen Beschaffenheit schwebt nicht vor.

Dass dem Geiste die Herrschaft über den sinnlichen Menschen zukomme, ist sicher der oberste Grundsatz der antiken
Humanität in Hinsicht auf die persönliche Lebensführung, und
zwar schon in unmittelbarer Gesinnung, noch vor der ausdrück-

lichen Ausführung dieses Lehrstückes in der praktischen Philosophie. Die sinnliche Lust ist das „capitalste Verderben" (de sen. 39), welches von der Natur in's Menschenleben eingemischt ist, d. h. ein Angebinde der Natur, durch welches mehr als durch alles andere das Glück und die Tüchtigkeit des Lebens auf's Spiel gesetzt wird; insbesondere aber des gebildeten (humanen) Mannes ist sie unwürdig (de off. II, 2). Ein gesundes und vernünftiges Recht der Sinnlichkeit, welches dem classischen Alterthum so oft, insbesondere von der Renaissance und von Jung-, auch Jüngst-Deutschland im Gegegsatze zu der christlichen, wenigstens altkirchlichen Forderung der Abtödtung des Fleisches, die man mit Hass und Verachtung verfolgte, nachgerühmt worden ist, wird von der antiken Humanität keineswegs ausdrücklich proclamirt und mit Eifer verfochten, im Gegentheil tritt viel eher stets eine spiritualistische Auffassung von der hoch überlegenen Würde des Geistes hervor. Indessen ist ja eine wirklich „gesunde und vernünftige Sinnlichkeit" unzweifelhaft etwas eben so Gesundes und Vernünftiges, dass sie weder die Humanität noch das Christenthum (mit Ausnahme rein asketisirender und puritanischer Secten) verwirft, und in den oben angeführten Sentenzen über die sinnliche Lust darf man sicher die Beschränkung als selbstverständlich mitgedacht voraussetzen: falls sie die Herrschaft über den ganzen Menschen ergreifen, die ihr von der Vernunft aufgelegten Zügel abwerfen will. Aber das Gewissen der Humanität war doch sehr fein in Beziehung auf auch nur den Schein des sinnlichen Wohllebens. Ein Hauptort für das Leben in allen sinnlichen Freuden war schon in der Blüthezeit der Humanitätsepoche das üppige Bajae. Als nun Varro den Cicero einmal dorthin eingeladen hat, antwortet ihm dieser ad fam. IX, 3, 2, ob es denn auch recht sei, dass sie sich bei so tragischer politischer Lage — der Brief ist im Jahre 46 geschrieben — an solchen Orten aufhielten. Sie würden denen Stoff zum Gerede geben, die nicht wüssten, dass sie wo es auch sei dasselbe, nach jeder Richtung sobre, untadlige Leben führten. Diese Thatsache werde sie dennoch nicht vor Gerede schützen. Gerade jetzt komme es darauf an, dass solche Männer wie sie (die humane Gesellschaft) im Gegensatze zu denen, die sich im Lasterpfuhl wälzten, nicht durch ein (anscheinend) unthätiges Leben mit einander die Möglichkeit zu

übler Nachrede schüfen. Dennoch entscheidet sich Cicero zum
Schluss mit Recht dahin, dass er die Ahnungslosigkeit der Banausen *barbarorum inscitiam*) von höheren Dingen, denen sie zusammen leben wollen, als nicht vorhanden betrachten und dem
Varro folgen will.

Was zunächst die Tafelfreuden betrifft, so kann sich
Cicero, für uns der Typus der antiken Humanität, gewiss mit
Recht, wie er es gegen Paetus ad fam. IX, 23 thut, für einen
„ganz und gar nicht gefrässigen, insbesondere gegen Mahlzeiten
von grossem Aufwand feindlich gesinnten Menschen" erklären.
Vgl. ad fam. IX, 16, 8; „Ich verlange keine Mahlzeit, bei der
grosse Reste übrig bleiben: was es giebt, das soll magnifique und
lecker (*lautum*) sein". Doch ist der Schluss dieser Stelle schon
angehaucht von dem Humor, dem er in dieser Beziehung, wie
wir sogleich sehen werden, verfällt. Es kommt nämlich eine
Zeit seines Lebens — welcher übrigens auch schon die erste
der eben angeführten Selbstcharakteristiken angehört —, in der
er sich den Anschein giebt, als sei er ein rechter Feinschmecker
geworden. Aber wenn dem auch nicht die zuletzt citirten Stellen,
unser Vertrauen zu dem Manne und die ernste Bemerkung ad
fam. IX, 16, 9 (wo er den vorangehenden Worten, als ob er
wunder welchen Werth auf die grössten Feinheiten des Mahles
lege, den Schluss hinzufügt, in Obigem habe er gescherzt) ent-
gegenstände, so wird jeder verständige Leser aus allen solchen
Stellen den Ton des Humors und Scherzes heraushören. Die
Sache ist ganz einfach: es war ein gewisser Galgenhumor, der
über Cicero gekommen war, die Stimmung „ich hab' meine
Sache auf nichts gestellt" oder „lasset uns essen und trinken,
denn morgen sind wir todt" oder „Wirthschaft, Horatio, Wirthschaft!" — oder wie immer man suchen soll, sie an ein Stichwort zu
knüpfen, diese Stimmung der Gleichgültigkeit gegen das früher
wohl Geachtete, des Lächelns und so fort durch Stufen hindurch
bis zum gellenden Hohn über früher gehegte Ideale, diese Stimmung des nunmehr aber die Schleusen für das *tel est notre
plaisir* aufziehenden Beliebens, in der man sich schlechter macht
als man ist, wenn ein grosses Lebensideal in Trümmer gegangen
ist. Dieses Lebensideal war die republikanische Freiheit, sein
Zertrümmerer der grosse Caesar, die Zeit, in der Cicero sich
wohl diesem schmerzlichen Humor hingab, die der Caesarischen

Alleinherrschaft. Es war aber auch etwas Ernstes an der
Stimmung: im Vergleich zu der unsäglichen Seelenpein, die
Cicero durchkostet hatte in der Zeit zwischen seiner Zerrissen-
heit und seiner persönlichen Entscheidung und dann zwischen
dem Anfang des Kampfes und seiner sachlichen Entscheidung
war ihm, seitdem die Würfel bei Pharsalus gefallen waren und
er dann persönlich mit Hochherzigkeit begnadigt war, ein wahrer
Alp von der Brust gefallen, und in solchen Zeiten giebt sich
der Mensch gern einem holden Leichtsinn hin, öffnet er auch
den natürlichen Bedürfnissen und Regungen unbekümmerter
Thor und Thür, wie denn, um die Sache durch ein recht triviales Beispiel zu klären, schon mancher im wilden Hohn über
die sein Gefühl durchbohrende Zurückweisung einer Herzens-
neigung zum Trinker geworden ist oder mancher sonst ordent-
liche Mensch nach endlicher, wie auch ausfallender Befreiung
aus einer qualvollen Ungewissheit heftig über die Stränge
schlägt. So scheint denn Cicero's Wahlspruch jetzt geworden:
„Ich geniesse so lange es vergönnt ist, ich wünsche, dass es
immer vergönnt sein möge" (ad fam. IX, 17, 2), d. h. es vollzieht
sich auf dem Hintergrunde des politischen Umschwunges der
Zeiten von der Republik, in der sich alle am Staatswohl betheiligen, zur caesarischen Monarchie, wo Einer allen die politischen Sorgen abnimmt, der Uebergang von der heroischen Humanität zu der Horazischen lebensweisheitlichen, in der der Gedanke dieses *„dum licet"* sogar wörtlich (carm. II, 11, 16. sat. II, 6, 96)
wiederkehrt und oft, z. B. carm. II, 3, 15 in anderer Form durchklingt.
Insbesondere lassen mehrere Briefe an Paetus im 9ten Buche
ad familiares diese Melodie ertönen. So scherzt Cicero IX, 18, 3,
es sei der Hauptvortheil seiner für einige jüngere Freunde neu
eingerichteten Redeschule, dass er (wie zu einem Honorar in
natura) bei ihnen schon mehr Pfauen verzehrt habe als Paetus
junge Tauben, er solle jetzt bei ihm nur die Prolegomena (der Fein-
schmeckerkunst) lernen. So IX, 20, 1 f.: Er, den früher der
Freund Paetus schon mit der Vorspeise (*promulsis*) fertig gemacht habe (vgl. IX, 16, 8), bringe jetzt ungeschwächten Hunger
zu den Eiern mit und esse sich (durch alle Gänge) bis zum Kalbs-
braten durch, die Zeiten seien vorbei, wo Paetus habe ausrufen
können: „O ein so leicht zu befriedigender Gast!" Dann tritt
der psychologische Zusammenhang dieser Wandlung mit den

politischen Zeiten offen hervor: „Ich habe alle meine Sorge um
das Gemeinwohl, den Gedanken an die im Senat abzugebende
und zu begründende Stimme, die Vorbereitung auf die gerichtlichen Reden von mir geworfen: ich habe mich in das Lager
meines bisherigen Gegners Epikur geschlagen . . desshalb triff
Vorbereitungen: mit einem Esser hast du zu thun und einem
Manne, der schon etwas (von den Feinheiten des Mahles) versteht; du weisst aber, wie ungenügsam gerade die spät zur Erkenntniss Kommenden sind; mit deinen früheren Fruchtkörbchen
(*sportellae*) und Küchelchen (*artolagani*) ist es jetzt vorbei, ich
habe schon die ersten Feinschmecker, einen Verrius, Camillus,
sogar Hirtius — denke dir die Kühnheit! — bei mir zum Diner
eingeladen gehabt, und meinem Koch ist die Nachahmung (dessen,
was sie bieten) schon bis auf die heisse Suppe*) völlig gelungen".
Und an Trebatius schreibt Cicero (ad fam. VII, 20, 3), er habe dem
Sextus Fadius die Schrift des Niko über die Kunst, viel zu
essen, ausgeführt. „O das ist ein Arzt, den man sich gefallen
lassen kann, und ich bin ein gelehriger Schüler für diese Kunst!"
Dagegen sticht doch sehr ab, was sich aus den früheren Zeiten
des Meisters der Humanität über sein Verhältniss zu den Tafelfreuden gelegentlich feststellen lässt. Nach ad fam. VII, 26 hat
er sich einmal bei einem Augural-Mahl im Hause des Lentulus
(im Jahre 57) einen Magenkatarrh (διάρροια) zugezogen, der trotz
peinlichster darauf angewandter Diät erst nach zehn Tagen zu
weichen anfing. Eine neu aufgekommene Schüssel, Pilze und
höchst schmackhaft gewürzte Salate, haben ihn belauert und
ihm, der vorher bei unbekommlichen Leckereien, wie Austern
und Muränen, seine Esslust bestens zu beherrschen pflegte, diesen
bösen Streich gespielt (*fraudi fuerunt, deceperunt*). Es ist ihm
um deswillen besonders unangenehm, weil er „στραγγουρικὰ καὶ
δυσεντερικὰ πάθη" immer vor allen gescheut hat, da diese leicht
und sogar oft nicht ohne Grund den bösen Schein hervorrufen,
dass sie selbstverschuldete Folgen von Völlerei oder „eines noch
schimpflicheren Vergehens gegen die *temperantia*" sind. In
Zukunft will er vorsichtiger sein. Das alles klingt doch nach
einem principiell sehr soliden Lebenswandel. Ad. Att. V, 9, 1
rühmt er das „Saliarische (also üppige) Mahl", welches ihm bei

---

*) Die Conjectur Orelli's *nihil non potuit imitari:* für *nihil potuit imitari*
wird durch den Sinn verlangt.

seiner Seefahrt nach Cilicien auf das leckerste und liebreichste zu Coryra und bei den Sybota-Inseln von den Naturalspenden des Atticus (der diese offenbar von seinen nahen Besitzungen in Epirus gesandt hatte) ·von Areus und „seinem Freunde" Epitychides zubereitet sei. Aber das ist der Ausdruck nicht sowohl der Freude an Schlemmerei, sondern der Dankbarkeit für den so aufmerksamen Freund, an den der Brief gerichtet ist. Ad. Att. II, 12, 2 ist er in Gedanken heisshungrig in der Neugierde nach näheren Mittheilungen über ein „sündhaft üppiges Gelage" (*convivii* ἀσελγοῖς), das Atticus in einem Brief erwähnt hat; aber es soll ihm nicht schwer werden, mündliche Erzählung von diesem συμπόσιον abzuwarten. Nun so könnte auch bei uns an einen Freund ein Mann einmal schreiben, dem in seinem Herzen ganz andere Dinge weit über luxuriöse Gelage gehen; andrerseits ist dieses so vereinzelte Zeugnisse einer auch die sinnlicheren geselligen Freuden nicht verschmähenden Menschlichkeit ganz willkommen bei einem Manne, der als ein so unübertreffliches Muster des unermüdlichen Fleisses in geistigen Dingen vor uns steht. Das Lob geselliger Diners, das er ad fam. IX, 24, 2 f. an Paetus schreibt, ist trotz seiner Versicherung § 4, dass er trotz des scherzhaferen Tones im Vorhergehenden die Sorge für das öffentliche Wohl nicht abgeworfen habe, im wesentlichen sogar ernst zu nehmen, nicht nur im Sinne des Verfassers des Briefes, sondern als der Ausdruck einer ganz berechtigten Freude hochgebildeter Männer an einem gesellig-frohen Zusammensein, bei dem doch auch der wirklichen menschlichen Natur in ausgewählter Weise ihr Recht wird. Bei der Philologenversammlung in Göttingen vom Jahre 1852 war ich Zeuge eines Mittagsmahles in meinem elterlichen Hause, bei dem Männer wie Rost, Wüstemann, die beiden Dindorfs, Eckstein und sein damals verlobter Schwiegersohn Keil mit ihren Damen, so weit sie solche hatten, geladen waren: ich nahm von dem wundervoll heiteren und angeregten, in festivem Tone auch viele philologische Racketen aufsteigen lassenden Mahle aus der Kindheit den tiefen Eindruck mit in's Leben, dass ich einmal gesehen hätte, was Humanität in der Geselligkeit sei: aber Speisen und Wein waren sichtbarlich kein gleichgültiges Moment dabei, das man sich auch hätte fortdenken können. Aber andrerseits hatte ich doch bei anderen Zusammensetzungen

solcher Gesellschaften wohl ein viel materielleres Wohlgefallen
an Speise und Trank, das mich abstiess und traurig machte,
bei einzelnen „Lebemännern" wahrgenommen. Es war mir ein
Vorgefühl der antik humanen Stellung zu diesen Dingen, der
also Cicero a. a. O. Ausdruck giebt, wenn er schreibt: „Dass du
aufgehört hast, Diners zu besuchen (*ad coenas itare*), ist mir
bedauerlich. Denn du hast dich einer grossen Ergötzung und
Freude beraubt. . . Spurinna, dem ich das erzählte und zugleich
Mittheilung über deine frühere Lebensgewohnheit machte, fand
darin wirklich — eine grosse Gefahr für die Republik, wenn
du nicht mit wiederkehrenden Frühlingslüften, falls du jetzt
Erkältung fürchtetest, zu deiner früheren Art zurückkehrtest.
Aber wahrhaftig, liebster Paetus, Scherz bei Seite ermahne ich
dich, dass du mit angenehmen, dich liebenden Männern von
guter Gesinnung lebst, ich finde darin wirklich ein Stück des
„glückseligen Lebens". Nichts gehört mehr zum Leben, nichts
ist wesentlicher für das Lebensglück. Ich denke dabei nicht
sowohl an die sinnlichen Genüsse, sondern an die Gemeinsamkeit des Lebens, und zwar auch bei'm Mahl (*communitatem
vitae et victus*) und an die geistige Ausspannung, die ganz besonders eine Wirkung der Freundesunterhaltung ist, die ihrerseits wieder bei den von unseren Vorfahren so sinnreich (und
besser als in den griechischen „συμπόσια" und „σύνδειπνα") sogenannten *conviviis* am allerherzerfreuendsten sich gestaltet.
Siehst du wohl, wie ich dich durch philosophische Betrachtung
für Diners zurückzugewinnen suche? Sorge für deine Gesundheit, und das wirst du am leichtesten erreichen, wenn du ausser
Hause speisest". Die ganze Stimmung aber, wie sich diese
epikureischere Richtung in die ernstere politische Gesinnung
einfügt, spiegelt sich am besten in dem 47 v. Chr. an denselben
Paetus geschriebenen Briefe ad fam. IX, 26. Dort heisst es nach
einer wie von ganz leichtem Cynismus angehauchten Mittheilung,
dass er dieses Billet Nachmittags drei Uhr bei einem Diner im
Hause des Volumnius Eutrapelus (εὐτράπελος, der feine Weltmann",
ist gewiss ein Spitzname des V.), bei einem Platze zwischen Atticus
und Verrius (vgl. oben S. 434) schreibe: „Du wunderst dich
wohl, dass wir bei unserer Knechtschaft so heitere Saiten auf-
ziehen? Was soll ich denn thun? Ich frage dich, der du einen
Leibphilosophen hältst. Soll ich beklommen sein? Soll ich

mich abfoltern? Was erreiche ich damit? Weiter, bis zu welchem Ende? .. Ich lebe ja in den *litteris*, wozu du mich aufforderst. Aber das hat doch sein Maass. Und wenn ich mich von diesen für den Tag trenne, so finde ich wirklich nichts Besseres zu thun vor dem Schlafengehen ... Ein Convivium ist meine Freude: dort spreche ich, was, wie man sagt, auf die Erde fällt (was nicht so ängstlich auf die Wagschale gelegt zu werden braucht, weil es mit dem Augenblick verweht) und verwandle das Seufzen, das mir im tiefsten Herzen steckt, in das ausgelassenste Lachen. So leben wir denn folgendermaassen: täglich wird etwas gelesen oder geschrieben; sodann, um doch auch die Freunde zu ihrem Rechte kommen zu lassen, speisen wir mit ihnen zusammen, nicht nur nicht gegen das (Caesarische Sumptuar-) Gesetz, wenn es jetzt so etwas wie Gesetze giebt, sondern noch hinter dem, was das Gesetz gestattet, und zwar beträchtlich, zurückbleibend. Du brauchst dich also nicht vor meiner Ankunft zu fürchten. Du wirst einen Gast sehen, der nicht viel isst, aber hochaufgelegt zum Scherzen ist (*non multi cibi hospitem, multi ioci*)". Die letzte Bemerkung führt uns noch recht zurück zu dem wahren Bilde, das wir uns von dem epikureischen Johannistriebe der Humanen zu den Tafelfreuden machen müssen. Und dazu stimmt noch ad fam. IX, 16, 9: „Ich werde dir die einzigen Kosten machen, dass du ein Bad für mich heizen lassen musst; im übrigen ganz, wie ich's einfach gewohnt bin; was oben anders klang, war nicht so ernst gemeint". Ferner der Schlussausruf in ad Att. XIII, 31: „O über den abgeschmackten Schlund (Schlemmer)! Ich schäme mich in der Seele seines Vaters". — Die Worte scheinen sich auf unnatürliche, protzige Ansprüche auf Verfeinerung der culinarischen Genüsse zu beziehen, die bei dem jungen Quintus Cicero hervorgetreten und dem strengen Oheim hinterbracht sind.

Einladungen zum Mahl, bei dem der nähere Freund mit seiner Frau erscheinen soll, sind den humanen Kreisen nicht unbekannt: ad Att. IV, 12: „Wenn du mich lieb hast, speise am zweiten bei mir mit der Pilia"; seltsam und immerhin bezeichnend, dass nicht auch die Frau des Einladenden erwähnt wird. Am 12ten Febr. 56 speiste umgekehrt Cicero bei Atticus, als an dem Hochzeitstage des Freundes. Wieder ist dabei von der Terentia des Cicero keine Rede; doch bittet Cicero im April darauf den Atticus um einen Besuch, und dass er dabei auch die Pilia mitbringen möchte, wie es billig sei und Tullia*) es wünsche. Eine (von Cicero sehr hoch aufgenommene) Selbsteinladung (des Triumvir Crassus bei ihm, der er in den Gärten seines zweiten Schwiegersohnes Crassipes Folge gab), kommt vor ad fam. I, 9, 19, vergl. Hor. carm. III, 17, 14, wo sich die „Selbsteinladung" (Nauck) von selber ergänzt. Dass die Trunksucht und geschlechtliche Ausschweifungen von der humanen Gesellschaft missbilligt und sogar verabscheut wurden, kann man schon daraus schliessen, dass in Cicero's Reden überall, wo einer gegnerischen Person etwas von *vinolentia* oder *mulierositas*, geschweige denn griechischen Lastern angehängt werden kann, es ergriffen wird, um es in grellen Farben als lasterhaft darzustellen. Höchst auffallend war es schon, dass in unseren obigen Ausführungen über die Stellung der Humanität zu den *coenae* und *convivia* die Aufheiterung durch den Genuss des Weines so wenig oder gar nicht neben den Tafelfreuden hervortrat. Doch ist das wohl Zufall, soll doch schon „die Hochbrust des alten Cato oftmals durch lauteren Wein in wärmere Wallung gerathen sein" (Hor. carm. III, 21, 11, vgl. de sen. 46, wo aber Cato neben seiner Lust am Poculiren seine Maasshaltung darin, besonders aber die Wonne der Freundesunterhaltung *inter pocula* hervorhebt.) Was die Sodalin (Hor. carm. III, 18, 6) des Bacchus, die Venus, betrifft, so thut Cicero ad fam. IX, 26, 2 das Bekenntniss, dass sie nie in seinen jungen Jahren über ihn Macht gehabt habe (*me nihil istorum ne iuvenem quidem movit umquam*), geschweige denn jetzt in seinem Alter (von 59 Jahren). Bei dem von Jugend auf angestrengten Arbeitsleben des Mannes und der durchaus geistigen Richtung seiner Natur ist das Bekenntniss glaubhaft. Doch war es ihm nach der Erzählung a. a. O. an Paetus widerfahren, dass er ganz ahnungslos in eine Gesellschaft gerieth, zu der

---

*) Man erwartet hier durchaus, Terentia, die Frau anstatt der Tochter, genannt zu sehen. Tullia war damals junge Witwe nach ihrer sehr kurzen ersten Verheirathung mit dem Piso Frugi und lebte also wohl wieder in des Vaters Hause. Trotzdem dessen Ehescheidung von der Terentia, die die Tage der Prüfung während des Verbannungsjahres ihres Gemahls so heroisch und hingebungsvoll zugleich überstanden hatte, erst einige Jahre später fiel, so muss sie also wohl doch schon damals eine gegen ihre, vom Vater so sehr geliebte Tochter zurücktretende Rolle gespielt haben.

auch die Hetäre Cytheris — neben der Tänzerin Arbuscula
(vgl. oben S. 406) und der Origo (Hor. sat. I, 2, 55) die ver-
rufenste ihrer Zeit — geladen war, die den Platz unterhalb des
Hausherrn (Volumnius) hatte. Er machte aber unbefangene
Miene zu dem seltsamen Spiel, dass „jener Cicero, auf den man
die Augen richtete, nach dem auch die Griechen sich umkehrten",
an einem Gelage von der durch solche Gäste modificirten Beschaffenheit theilnahm. Er exemplificirte vor sich selbst und
dann vor dem Freunde Paetus auf den Sokratiker Aristipp, der
mit Bezug auf die Lais das berühmte ἔχω, οὐκ ἔχομαι ausgesprochen hätte, und zog sich, gleich als ob ihn die Courtisane
nichts anginge, auf die Lust an der männlichen Unterhaltung
zurück.

Die Schaulust ist ein Vergnügen des höheren, objektiven
Gesichtssinnes, welches an sich schon mehr geistiger als nieder-
sinnlicher Art ist, aber wenn sie sich zugleich mit dem schlechten
geistigen Kitzel der Lust an der Lebensgefahr fremder Wesen,
zumal einer willkürlich eben zur Befriedigung der Schaulust
herbeigeführten, verbindet, wie das bei einem grossen Theile
der römischen Spiele der Fall war, so kann sie zu einer sehr
inhumanen Leidenschaft werden. Wir haben nun noch zu sehen,
ob das die antike Humanität erkannte, oder ob sie etwa in dieser
Beziehung von der allgemeinen nationalen Empfindungsweise
und Sitte gehindert wurde, sich zur humanen zu erheben.

Zunächst ist das Interesse der Humanen an den Spielen
jedenfalls gering. In dem langen Briefe ad Att. IV, 15 findet
sich unter vielen Mittheilungen nur die kurze Notiz (§ 6): „Die
Spiele waren grossartig und gut aufgenommen. Die Hetzjagden
sind verschoben". Ad Att. XV, 26, 1 bittet Cicero zwar um
genauen täglichen Bericht über die Spiele, aber — nur im politischen Interesse für Brutus, der die Spiele in dem für die
Republik so kritischen Jahre nach Caesars Ermordung als Praetor
zu geben hatte: da musste sich die Volksstimmung für oder
wider den „Befreier des Vaterlandes" zeigen. Cicero selbst hat
es für höchst absurd (ἀτοπώτατον) angesehen, dass er etwa, der
seit dem Ausbruch des Mutinensischen Krieges Rom, und zwar
aus Rücksicht auf seine Würde, nicht auf seine Sicherheit, nicht
gesehen, nun der Einladung des Brutus zu seinen Spielen folgen
sollte: zu solcher Zeit sei es für ihn nicht nöthig, den Spielen beizu-

wohnen, aber auch nicht einmal ehrenhaft. Er wünscht dann ja von
ganzem Herzen den Spielen den glänzendsten Verlauf, d. h. aber
nur: guten politischen Erfolg. Als von ihm in demselben Jahre bei
Gelegenheit der zum Besuch seines Sohnes Marcus in Athen
begonnenen Reise (vgl. S. 198) das Gerücht verlautet war, er habe
sich nach Olympia begeben, um dort die Spiele mit anzuschauen,
ist er über die ihm damit zugetraute „Infamie" ganz empört,
und es fällt ihm, und mit ihm auch denen um Brutus, ein Stein
vom Herzen, dass seine unfreiwillig verfrühte Rückkehr solchem
Gerüchte ein rasches Dementi gesetzt hätte. „Da ist ja nichts
Schimpflicheres (für den ernsten Staatsmann) in jeder politischen
Lage, in dieser nun aber gar wäre es unverzeihlich" (ad Att.
XVI, 7, 5). Ad Att. IV, 8*, 2 (im Jahre 56) erkundigt er sich
zwar angelegentlich nach den Gladiatoren, doch nur für den Fall,
dass „sie sich gut machen", das kann nach Obigem nur heissen:
wenn sie dem Parteifreunde, der sie veranstaltet, gute politische
Wirkung erzielen. Freilich findet er ad Att. XV, 10 es ganz
abscheulich, wenn Brutus etwa nicht persönlich die Spiele, wie
in normalen Zeiten, feiere, aber nur, weil er damit in seinen
Augen die republikanische Flinte zur Schmach der Iden des
März in das Korn werfen würde: denn als ein Stück in dem
politischen System der Leitung des Volkes durch die Nobilität
sind ihm freilich die Spiele genehm und ihre gewohnheitsmässige
Abhaltung verfassungsgerecht, wie er in gleichem Sinne auf die
Auspicien (de leg. II, 16. de div. II, 70. Sest. 33) hält. Sonst
„giebt es niemanden, der noch die auf die Spiele verwandten
Geldmittel bewundert — denn sie sind Sache oder Plutokratie,
und nicht persönlicher Eigenschaften — und der nicht schon
von ihnen übersättigt wäre" (ad fam. II, 3, 1). „Die Spiele zu
Antium zu beschauen habe ich keine Lust. Denn es ist ein
wenig philiströs (ὑποσόλοικον), dass ich plötzlich zum Vorschein
käme als ein nicht nur gafflustiger, sondern auch ernster Zwecke
baarer Tourist (*non solum delicate, sed etiam inepte peregri-
nans*), während ich doch bestrebt bin, jeden Verdacht zu vermeiden, als ob ich mit den weichlichen Sitten der Uebercultur
(mit der Modesache des Sportes) etwas zu thun hätte" (ad Att.
II, 10).

Im allgemeinen suchen die Humanen den Spielen aus dem
Wege zu gehen. So will z. B. Cicero ad Att. IV, 8 b, 1 den

den Spielen hinzugefügten Tag besser mit seinem gelehrten
Amanuensis Dionysius zu Antium zubringen. Nach de fin.
III, 8 hat er sich sogleich mit Beginn der Spiele auf sein Tusculanum
begeben und besucht nun von dort aus das benachbarte des
Lucullus, um aus dessen Bibliothek Bücher für sein Studium
zu entnehmen; dort ist auch Cato anwesend, der offenbar sich
die Tage der Spiele in gleicher Weise edler nutzbar macht.
Dagegen sucht man wohl seinen lieben Tribulen, ohne sich
selbst damit zu bemühen, durch subalterne Zwischenpersonen
Plätze zu schaffen (ad Q. f. III, 1, 1). (Ebenso werden übrigens
auch die Ferien und die Supplicationen benutzt. De n. d. 1, 15
ist Cicero während der latinischen Ferien auf die Einladung
und Abholung des Cotta auf dessen Landgut gekommen und
findet dort noch weitere Gesellschaft von den Humanen. Ad Q.
III, 8, 3 schreibt er, dass er in den Ruhetagen der Gebetfeste
ein Gedicht an Caesar zu Ende zu bringen gedenke.)

Ad Att. VI, 1, 21 theilt Cicero dem Freunde mit, dass ihn
Coelius um Beschaffung von Panthern aus seiner Provinz Cilicien für die von ihm, dem Coelius, zu veranstaltenden Spiele
gebeten habe, und eine solche Bitte findet sich auch in dem
Briefe des Coelius an Cicero ad fam. VIII, 8, 10 ausgesprochen.
Cicero schreibt aber darauf a. a. O., dass er dem Coelius erwidert habe, er halte es für unvereinbar mit seiner Reputation
(*existimatio*), dass die Cibyraten (Bewohner von Cibyra in
Pamphylien) auf seinen Befehl von Gemeindewegen auf die Jagd
gingen. Dagegen hat nach dem Briefe an Coelius ad fam. II,
11, 2 etwas später doch das gefällige Herz, das keine Bitte abschlagen kann, und die gleiche Kappe der gleichen Nobilitäts-
brüder über jenes sehr honette Bedenken den Sieg davon-
getragen. Dort heisst es: „Was die Panther betrifft, so wird
die Sache von denen, die zu jagen pflegen, auf meinen Auftrag
(also doch nicht auf seinen amtlichen Befehl) eifrig betrieben,
aber es sind ihrer gar wenige, und die, welche da sind, sollen
sich sehr beklagen, dass es in meiner Provinz nur auf sie abgesehen ist, und haben desshalb, wie man sagt, den Beschluss
gefasst, aus unserer Provinz nach Carien auszuwandern" . . .
(beiläufig einer der sehr seltenen Fälle, wo in der neueren, oft
unausstehlich übertriebenen Hidigeigei-Weise die Thiere wie mit
Menschenvernunft begabt behandelt werden, während gerade

das rührend Anziehende an der Thierwelt ihre der Vernunft entbehrende Sorglosigkeit und Ungeschminktheit der sich kundgebenden Affecte ist. Hier soll es witzig sein, und man lächelt
auch einmal darüber, aber diese Witzigkeit darf nicht krampfhaft zu Tode geritten werden, und Thiere, die mit menschlichem
Gesichtsausdruck dargestellt werden, wie jener Kater im Struwel-
peter und auch sonst, sind ganz abstossend: ein Thier, das uns
plötzlich anlachte, würde uns aufrichtiges Grauen vor der Lage der
in seinen Körper verzauberten Menschenseele erwecken. Es ist
wirklich ὑποσάλοικον, eine Geschmacksverirrung. Ganz anders ist es
in der Fabel, wo die Sache nicht raffinirt wird, sondern eine ein-
fältig-weise Einkleidung der Belehrung über den Menschen ist.)
   Eine wahrhaft humane, und zwar sowohl antik, wie auch
im modernen Sinne humane Abwendung von der Barbarei
namentlich dieser Art von Spielen, die noch heute leider manche
romanische Länder, nicht in Folge, sondern trotz ihrer Religion,
verunzieren, spiegelt sich in dem schönen Brief an Marius, ad
fam. VII, 1, 1—3 vom Jahre 55. Dort heisst es etwa: „Wenn
dich deine Gesundheit verhindert hat, zu den Spielen zu kommen,
so schreibe ich das mehr dem Zufall als deiner Weisheit zu;
wenn du aber diese von den übrigen bewunderten Siebensachen
für verachtenswerth angesehen hast und trotz guten Gesund-
heitszustandes dennoch nicht hast kommen wollen, so freue ich
mich über beides . ., vorausgesetzt nur, dass dir eine Frucht
deiner Musse zu theil geworden ist, die es dir wirklich vergönnt
war, köstlich zu geniessen, da du in jener anmuthigen Gegend
beinahe allein zurückgelassen warst. Uebrigens zweifle ich nicht
daran, dass du in deinem Zimmer mit der schönen, freigelegten
Aussicht auf Misenum die Tage hindurch die Morgenzeit mit
kleiner Lectüre verbracht hast ... Die übrigen Theile des Tages
aber erfülltest du mit selbstgewählten Unterhaltungen, wo wir
Dinge aushalten mussten, die nach dem Herzen eines Sp. Maecius
waren. In Summa, wenn du fragst, waren die Spiele höchst
glänzend (*apparatissimi*), aber nicht nach deinem Geschmack
(*stomachi tui*: die Sache geht förmlich an körperliches Unbehagen,
dass sich die Speiseröhre umdrehen möchte); denn ich schliesse
auf ihn von dem meinigen." Es folgt dann eine Bemerkung über
die scenischen Spiele, bei denen der Liebling des Adressaten,
Aesopus, einen Tag von erbarmungswürdiger Stimmlosigkeit

gehabt habe.   Dann fährt der Briefschreiber fort: „Die übrigen
Spiele kennst du ja; sie hatten noch nicht einmal den Reiz,
den mittelmässige Spiele zu haben pflegen; denn die Aufmerksamkeit auf das Aeussere der Ausstattung verbannte alle Heiterkeit, und ich zweifle nicht, dass du diese Ausstattung kühl
bis an's Herz hinan entbehrt hast. Denn welchen Genuss gewähren denn eigentlich sechshundert Maulthiere in der Klytaem-
nestra oder im „Trojanischen Pferde“ dreitausend Mischkessel
oder die bunte Waffenrüstung von Fussvolk und Reiterei in
einer Schlacht? Der süsse Pöbel sperrte das Maul dabei auf,
aber dir hätte das keinen Genuss gewährt.   Und wenn du in
diesen Tagen dich mit deinem Protogenes beschäftigt hast,
wahrhaftig so hast du nicht wenig mehr Genuss gehabt als
irgend einer von uns, vorausgesetzt nur, dass er dir alles
lieber als meine Reden gelesen hat.   Und was soll ich glauben,
dass du die Athleten (Ringkämpfer) vermisstest, der du die
Gladiatoren verachtet hast? . . Bleiben über die Hetzjagden,
immer je zwei fünf Tage hindurch; sie waren grossartig,
niemand leugnet es, aber wie kann es für einen gebildeten Menschen ein Genuss sein, wenn da ein schwacher Mensch von
einer gewaltigen Bestie zerrissen oder ein edles Thier von dem
Jagdspiess durchbohrt wird? Uebrigens hast du ja auch dergleichen, wenn es wirklich sehenswerth ist, oft gesehen, und wir,
die wir Zuschauer dabei waren, haben nichts Neues gesehen. Der
letzte Tag gehörte den Elephanten : dabei kam eine grosse Bewunderung des grossen Haufens und der wirren Menge zum
Vorschein, Genuss aber keiner; ja sogar eine gewisse Regung
von Mitleid blieb nicht aus und ein Eindruck, als ob jenes Thier
etwas Menschenähnliches in seinem Seelenleben und dem Ausdruck desselben hätte.“

Der „Sport“ kann gewiss von manchen Seiten her gerechtfertigt und von der Seite seiner gesundheitlichen Einwirkung und
körperlichen Uebung und Stählung sowohl, wie der geistigen Art
der in ihm getriebenen Beschäftigung her als etwas Erspriessliches
anerkannt werden. Aber ich möchte hier doch in aller Kürze
versichern, dass der Geist, der sich mit ihm meistentheils zu
verbinden pflegt — ich denke z. B. an die Radfahrer, die unzählige Sonntage nichts Besseres anzufangen wissen, als mit
einer Hingebung an die Selbstbewegung, die ersichtlich keinen

anderen Gedanken daneben aufkommen lässt, durch die Land-
strassen dahin zu jagen, oder an die Bootfahrer, die unter dem
Läuten der Oster- und Pfingstglocken ihre Fahrzeuge klar
machen und den Kirchenbesuchern, die über die Brücke zum
Gottesdienst gehen, die Gleichgültigkeit gegen das, was andern
heilig ist, aufdrängen, u. s. w. u. s. w. — dass dieser Geist auch
von der antiken Humanität, wie von einem höheren Schwunge
des geistigen Lebens überhaupt, doch meist himmelweit fern ist.
Die Olympischen Spiele aber, die der reine und hohe Geist eines
Pindar verherrlichte, verhalten sich zu ihm ungefähr, wie die alte
Thierfabel zu jener eben erwähnten erquälten und aufgebauschten,
geistreich sein sollenden poëtischen Behandlung von Thieren,
als ob sie Menschen wären.

Schluss.

1. Der Gesamteindruck der antiken Humanität.

Ich bin mit meiner Einzeluntersuchung zu Ende. Ich denke,
ihr Vorangehen wird dem nun noch ausstehenden Gesamturtheil
bestimmtere Beziehungen geben zu einem Stoff, der nun seinen
ganzen concreten Inhalt herzugeben gezwungen gewesen ist,
und es wird mehr Hand und Fuss haben als auf Grund des
allgemeinen Gefühls, welches man von der antiken Humanität
hat, ehe man mit ausdrücklicher Aufmerksamkeit in alle Seiten
ihrer Entfaltung eingedrungen ist.

Wenn man den Begriff der „antiken Humanität", wie
das so üblich ist, allgemein auffasst, etwa als den „Geist des
Alterthums", so würde die monographische Ermittelung seines
Inhalts etwa auf dasselbe hinauskommen wie Leopold Schmidt's
„Ethik der alten Griechen", d. h. ich würde die Loose, die schon
ein anderer gespielt hat, ohne Hoffnung auf einen Treffer noch
einmal übernehmen: denn die bestimmten Leistungen der Griechen in Litteratur und Wissenschaft würden ausscheiden, als durch
die Idee ihrer besonderen Sphäre und durch die Eigenart ihrer
Urheber determinirt, und ihr allgemeiner Geist, der übrig bliebe,
würde im grossen und ganzen mit den ethischen Anschauungen
zusammenfallen, die auch L. Schmidt mit Recht nicht auf die

eigentlich moralischen beschränkt hat. Nun habe ich aber mit Nachweisung des guten Rechtes dazu, wie ich glaube, die „antike Humanität" in dem begrenzteren Sinne genommen, der diesem Ausdruck allein zukommt, d. h. als die Lebensansicht und das Gesinnungsprogramm der Elite der römischen Gesellschaft von den Scipionen bis auf Cicero, die für uns aus den Schriften des Mannes, der ihren Höhepunkt darstellt, zu erschliessen sind. In diesem Sinne also ist nun die antike Humanität in ihrer Gesamtheit zu charakterisiren. Da ist sie zunächst gleich dem Inhalt des griechischen Geistes, abzüglich seiner sachlichen Bestimmtheit durch die Idee der besonderen Geistessphären, der Wissenschaftszweige, Kunstgattungen und politischen Gestaltungen, die er in's Leben gerufen hat; denn diese Bestimmtheit folgt doch nicht aus der Naturbegabung einer Volksindividualität, sondern aus der Vernunft der Dinge. Aber doch wieder nicht gleich dem griechischen Geist als solchem, in seinen instinctiven Ausstrahlungen, sondern wie er modificirt ist durch die Liebe zu ihm seitens einer Nationalität, die ihn sich vermittelt hat durch den bewussten Gedanken, dass das der menschliche Geist selber nach seinen von der Natur gewollten Gaben und Kräften sei, also durch eine receptive Nachbildung, und durch die Zuthaten und Einschränkungen, die aus der Eigenart dieser recipirenden Nationalität flossen, endlich aber durch die Kritik, die diese Nationalität doch auch dem im ganzen bewunderten und mit Liebe erfassten Urbild angedeihen liess. Wir könnten somit im wesentlichen die antike Humanität auch anschauen in den Offenbarungen des griechischen Geistes, nur dass diese nicht unter dem Wahlspruche der Humanität emanirt sind, sondern zunächst unter gar keinem bewussten Wahlspruche, vielmehr aus ursprünglichem Born instinctiven Geistes, später aber unter anderen, den wesentlich gleichen Inhalt von ganz anderer Seite erfassenden, etwa dem der Kalokagathie oder der παιδεία. Denn die Griechen hatten nicht nöthig, erst durch den Gedanken, das Menschenwesen verkörpern zu wollen, sich zu ihrem Geistesleben beschwingen zu lassen, sie lebten aus was sie in sich trugen, und daraus wurde, so weit es nicht durch ihre Nationalfehler und durch die allgemeine menschliche Unvollkommenheit getrübt wurde, Kalokagathie oder παιδεία. „Humanität" ist eigentlich ein streng-römischer Begriff. Sie ist auf diese Weise Mondlicht, das muss zugestanden werden. Aber wer möchte in der *universitas rerum naturae* auch das Mondlicht entbehren, das es doch wahrlich an sich hat, einmal unsere Seele ganz zu erfüllen? Das ist an diesem geistigen Mondlicht das Ergreifende, ja Rührende, dass es von dort ausgeht, wo ursprünglich kein Licht war, nicht von einer selbstleuchtenden Sonne, die sie weiss selbst nicht wie aus Gnaden der tiefsten *natura naturans* zu dieser bevorzugten Eigenschaft gekommen ist; dass es durch zwei aller normalen menschlichen Natur eigene Grundkräfte angeeignet ist, durch Erkenntniss und Liebe. Eben desshalb kann es auch vorbildlich wirken so weit normale menschliche Natur reicht, weil in ihm die Aufgabe gelöst ist, ein Bestes und Schönstes, auch wo seine Keime nicht in den ursprünglichen Boden gesenkt sind, doch auf ein ärmer ausgestattetes Erdreich mit Erfolg zu verpflanzen. Hat das starre Römerthum die schöne Blume der Humanität, weil es ihre Schönheit erkannte und in Liebe zu der erkannten entbrannte, aus sich hervortreiben können, wie viel mehr hat z. B. das für sie unsäglich viel günstiger angelegte Germanenthum die Anwartschaft, die gleiche Blume, in einer durch die eigenartige Mitgift seines Urbodens etwas anders gestalteten, gefärbten und duftenden Species, aus sich zur Blüthe zu entfalten! Und jene durch den Erfolg erwiesene Befähigung einer schwächeren Naturgrundlage muss dabei der so viel stärkeren zur Ermuthigung und Anfeuerung in dem Uebertragungsbemühen dienen.

Die antike Humanität hat einige Jahrhunderte lang den Besten die begleitende Melodie abgegeben zu dem Texte, den ihnen das Leben selber las, und hat auch den Text beeinflusst und bereichert. Solche Melodie ist eigentlich immer das letzte Geheimniss des Gesuchten, um welches die höheren Bestrebungen der Menschengeschlechter kreisen. Mit elementarer Gewalt hat sie die Tiefen der Gemüther kaum aufgewühlt oder beschwichtigt, weil sie zu klare Vernunftconstruction war, die Wurzeln nicht in die unbewussten Tiefen schlug und nicht die dämonische Qualität eines religiösen Glaubens besass. Die Massen waren nicht von ihr ergriffen, sie war ein durchaus aristokratisches Gebilde, ein Religionsersatz in der Epoche zwischen dem zersetzten volksthümlichen Polytheismus und dem sich vorbereitenden Christenthum. Ein Feuereifer, dass allen Menschen geholfen

werde und dass sie alle zur Erkenntniss der Wahrheit kommen,
ist ihr ganz fremd, es ist ihr wie eine selbstverständliche Voraussetzung, dass nur um die Spitze der menschheitlichen Pyramide
die freien Lüfte wehen, dass da unten die grosse Masse unfrei,
unedel, dem ewigen Einerlei von Mühe und von Erholung in
niederen animalischen Trieben hingegeben ist.

Der Umkreis des Menschlichen war umsichtig abgesteckt,
und innerhalb desselben erhielten die wesentlichsten Anlagen
der Menschennatur in gesundem Verhältniss ihre Rabatten zur
Pflege der Besonderheit in der Einheit, welche letztere eben in
dem humanen Gedanken das Ganze und alle Theile durchdrang.
Die glückselige Illusion, dass jeder einzelne, wenigstens von der
humanen Aristokratie, alles Menschliche sein und wissen könnte,
lebte noch in den Gemüthern. Menschlich muss ja zu allen
Zeiten bleiben was die Menschheit betreibt, aber eine Conception
des Gesamtmenschlichen von einer Abgründlichkeit, aus der der
Entschluss entspringen muss, dass eine zwischen allen getheilte Arbeit doch in absehbaren Zeiten immer nur einen
Theil des Ganzen hervorbringen soll, der immer noch von der
Totalität fern bleibt, wurde durch den begrenzten Rahmen verhindert, der von vornherein für den Inhalt des Bildes mitge-
bracht wurde. Wo die Menschheit auf solche Abgeschlossenheit verzichtet, da entspringt aus der Wechselwirkung zwischen
Subject und Object unbegrenzt Neues, indem durch das Object,
z. B. die Natur, die Grenzen des subjectiven Könnens immerfort
erweitert werden; die Alten aber hatten den Inhalt des Menschlichen in der rationalen, zu Ende kommenden, nicht abwartenden
Construction des Subjectes ein für alle Mal eingefangen. Das
ist ein grosser Mangel, der aber doch mit einem grossen Vor-
zuge verbunden ist. Denn das ursprüngliche Bedürfniss der
Menschennatur geht dennoch auf Einheit, und dieses lässt sich
doch nicht zu gunsten einer unbegrenzten Perfectibilität zu
völliger Abdankung zwingen: wenn auch die Massen, in Gleichgültigkeit gegen ewige Conturen des Menschlichen sich einseitig
in dem Gedanken ewigen Fortschreitens sonnen, so ringen doch
auch in der modernen Welt grosse Naturen mit grösserem
oder geringerem Erfolg immer um das Ideal der Vereinigung
einer Totalität im Erreichten mit dem Hinausstreben über jede
Totalität. Das Gegentheil führt zu einer solchen Zersplitterung

im Specialismus, dass die Reaction echter Menschen zu einer
Zusammenfassung nicht ausbleiben kann. Vgl. die Habilitations-
vorlesung (Berlin, Mitscher und Röstell) des Dr. Arthur Drews,
des voraussichtlich ausgezeichnetsten akademischen Lehrers der
Philosophie im nächsten Menschenalter, gehalten am Polytech-
nikum zu Carlsruhe vom 23. April 1896, in welcher er den
naturwissenschaftlichen höchst bedenklich gewordenen
Specialismus zur Einkehr in der Einheit einer Naturphilosophie
ruft. Und ein Vorbild des Strebens nach Einheit und Totalität
bleiben immer, wenn sie auch andrerseits zu früh abschlossen,
die Alten. Die kritischen Gedanken, die sich hier aufthun und
auf die es hier genügen wird nur hingewiesen zu haben, sind
dieselben, die mit besonderer Anwendung auf die Poesie
Schiller in seiner unsterblichen Abhandlung über naive und
sentimentale Dichtung ausgesprochen hat: Das moderne Ideal
ist unvergleichlich höher, aber die Erreichung des Ideals bei
den Alten weist doch immerhin auf den Zustand, der besser ist,
als wenn sich das Ziel immerfort unter den Händen verliert.

Ist das Princip der Humanität ein höchstes, das kein
Hinausgehen über sich gestattet oder nöthig macht? Ein hohes
und edles ist es ganz gewiss, hat sich doch die antike Humanität
in Summa gewiss als eine liebens- und achtungswerthe Art zu
sein herausgestellt, und finden doch noch heute viele Denkenden
in ihm das Ziel und die Krone dessen, was sie suchen. Und insofern ist es nicht zu überschreiten, als ja selbst ein göttliches
Princip die menschliche Seite haben müsste, im Menschen
menschliches Besitzthum zu werden, falls es eine Wirksamkeit
entfalten soll. Dennoch scheint mir das humane Prinzip an
dem, was das denkbar Höchste ist, gemessen, zwei grosse Mängel
zu haben. Erstens misst es die Idee des Menschen in abstract-
rationaler Auffassung derselben zu früh aus, und wer dieser
rational systematisirenden Betrachtungsweise hingegeben ist, der
erschwert sich das, dass auch die irrationalen, überraschenden,
aus unbewussten Tiefen quellenden Seiten der Idee des Menschlichen in ihm Gestalt gewinnen, mehr als solche Naturen, die
ohne den Bauriss zu construiren, in der thatsächlichen inneren Bewegung des Seelenlebens auch zu solchen Höhen steigen, die
gar nicht mit vorgesehen sind. Zweitens lehrt die Erfahrung,
dass sich die Idee, auch für den Willen, der ihr zugekehrt ist,

nie rein verwirklicht. Die antike humane Gesellschaft hat in ihrem
Leben sicherlich nicht diese Idee rein abgespiegelt, sondern
höchstens ihren glänzenden Faden in der Summe eines vielfach
auch ideewidrigen Existenzinhaltes nur durchblicken lassen.
Von der wirklichen Idee des Menschen muss jedes Lebensmoment eine Partikel zum Ausdruck bringen, aber einer vom Bewusstsein construirten Idee des Menschen fliesst zu viel fremder
Stoff zu, als dass alles, was wirklich erlebt wird, unter sie fallen
könnte. Die Ursache, dass nicht alles Psychische die Färbung
des πέρας, des Begrenzenden, Bestimmenden, der Idee an sich
tragen kann, liegt in dem ἄπειρον, welches theils aus dem höchst
complicirten körperlichen Organismus (von dessen Vorgängen
ein Theil in dem höchsten, bewussten Centrum anklingt), theils
aus der bunten Objectenwelt strömt. So kann ideegemässe
Humanität doch nur sehr in Bausch und Bogen, unter starker
Abstraction von dem unvermeidlichen Zufälligen, die Signatur
eines Menschenlebens sein. Doch das muss jedes auch als
göttlich auftretende Lebensprincip mit dem der Humanität
theilen. Es fragt sich nur, ob ein anderes Princip etwa eine
grössere Kraft haben könnte, das niedrig-Menschliche aufzu-
zehren, als der Gedanke, ein echter und voller Mensch sein zu
wollen. Dieser Gedanke hat in seinem classischsten Vertreter
des Alterthums jedenfalls nicht die Macht besessen, ihn über die
schwersten Stürme der mannigfachsten Affecte anders als in den
besten, befreienden Momenten, und immer auf kurze Zeit, zu erheben, wenn er ihm auch über den niederen Trieben eine edle
menschliche Würde und Haltung zu bewahren befähigt hat. Ich
glaube, es giebt solche dem Humanitätsprincip noch überlegene
Gedanken. Erstens: Wenn sich der Mensch die Vollkommenheit seines Wesens als in unendlicher Potenzirtheit an dem vollkommenen Geiste seiend denkt und nun die menschliche Vollkommenheit als Ebenbildlichkeit Gottes vorstellt, das alles aber
eben nicht bloss als ein Vorstellungsgebilde seiner Subjectivität (als
„regulatives, nicht wirklich constitutives Princip" wie bei Kant,
oder als „metaphysische Dichtung", wie bei F. A. Lange) ansieht,
sondern von ganzer Seele als wirklich so seiend glaubt, dann
hat er auf diesem Grunde noch mächtigere Kräfte zur Verwirklichung auch seiner idealen Menschlichkeit zu gebote, als
wenn ihn nur das beschränkte Bild seiner ideegemässen Huma-

nität leitet. Dem schon mit dem grösseren Gegenstande gefüllten Geiste müssen die Schwingen wachsen. Ist aber dieser
Glaube auch sachlich richtig, so ist der Zuwachs an sittlicher
Kraft nicht nur psychologisch zu erklären, sondern dann ist
auch der vollkommene Geist in einem realen Verhältniss zu
ihm, er ist in dem Schwachen mächtig, und auf das Erdreich
eines guten Willens senken sich Kräfte aus der Höhe. Kann
aber der natürliche Wille des Menschen auch wirklich gut sein?
Die Voraussetzung der antiken Humanität ist dieses: die Erkenntniss der Idee muss den Willen ziehen, und ein die Idee,
das Beste in jeder Sphäre, wollender Wille ist eben der gute
Wille. Die Erfahrung macht doch diese natürliche Güte des
Menschenwillens sehr fraglich. Viele grosse Philosophieen und
Religionen können nicht umhin auf Grund des gegebenen Lebens-
bildes zu leugnen, dass ein gutes Princip, die Idee, das allbe-
herrschende in der innersten Weltanlage ist und auch die Menschennatur durchdringt: ein böses hemmt und durchkreuzt es.
Die altiranische Religion nennt es den Ahriman, viele Philosophen
bezeichnen es rein formal als „das andere“ (θάτερον), das dunkle
Etwas, das hindert, dass alles so ist wie es der Idee nach sein soll,
Schelling bezeichnet es ebenso formal als das B neben dem in der
Dreiheit seiner Potenzen einheitlichen A, mit Hinblick auf einen
engeren Erscheinungskreis Kant als das radical-Böse, Schopenhauer und E. v. Hartmann als die blinde Bejahung des Willens
zum Leben, endlich die heil. Schrift als den Sündenfall, den
שָׂטָן und den διάβολος, die Kirche als die Erbsünde. Wo nun
der natürliche Wille als nicht-gut erkannt und für ein neues
Leben erst eine innere Krisis, eine Umwendung des Willens
von der Liebe zu sich selbst zu der Liebe Gottes als nothwendig
erachtet und diese Wiedergeburt als Wirkung des heiligen
Geistes gedacht wird, da treten zu der dem Humanitätsprincip
überlegenen Wirkungskraft schon des blossen Theismus noch
die grossen Hülfskräfte des positiv durchgeführten christlichen
Glaubens hinzu, und es kann gar keine Frage sein, dass dieser
die Menschen zu noch grösserer sittlicher Vollkommenheit zu
führen vermag als das Ideal des Humanitätsgedankens, was
auch durch die Vergleichung der eigentlichen Helden beider
Systeme unwiderleglich in die Augen springt. (Die rein theoretische Richtigkeit der beiden Systemen zu grunde liegenden

Meinungen bleibt dabei eine Frage für sich.) Z w e i t e n s ist, wenigstens in gewisser Richtung, ein mächtigeres Princip als das der Humanität das der buddhaistischen Willensverneinung; denn wenn es auch der Entfaltung der Kräfte für die Zwecke des diesseitigen Lebens sogar sehr ungünstig ist, so leistet es doch für selige Gemüthsruhe, Gelassenheit, Ertragung der Leiden und erbarmende Liebe zu aller Creatur ungleich mehr. D r i t t e n s : das ganz neue tiefste praktische Princip in E. v. Hartmann's theoretischer Zeichnung einer „Religion des Geistes" ist so eigenartig aus Selbstverläugnung, Hingebung an Gottes Sache — der hier als ein pantheistischer, das Kreuz des Seins tragender, erlösungsbedürftiger Gott, das wahre Subject alles Weltleides aufgefasst wird — und Freudigkeit der Betheiligung am Weltprocesse combinirt, dass in ihm sicherlich Kräfte zusammenmünden, die den aus dem Gedanken der Humanität fliessenden weit überlegen sind.   Doch ist, wenn auf das christliche Princip schon von Millionen, so hier noch von keinem einzigen Menschenleben die Probe auf dieses Princip gemacht worden, da der Urheber des Systems und auch seine beiden namhaften Anhänger, Olga Plümacher und Dr. Arthur Drews, von den Antrieben des theoretischen Lebens absorbirt werden, und sich Wurzeln, die dieses Princip im allgemeinen Geistesleben geschlagen hätte, noch schwerlich nachweisen lassen.   Auch setzt leider die Hartmannsche praktische Philosophie den beglückendsten aller Gedanken, den der Selbstvervollkommnung, zu einer schulmeisterlichen Idee herab (Phänomenol. d. sittl. Bewusstseins, S. 137).   Dagegen möchte ich von dem in mancherlei Variationen weit verbreiteten S p i n o z i s m u s nicht behaupten, dass er einen Fortschritt über den Humanitätsgedanken hinsichtlich seines Vermögens, die Seelenkräfte zu wecken, darstellte.   Denn wenn a l l e s weltliche Geschehen ohne Unterschied das Leben Gottes sein muss, so ist nicht abzusehen, wie der dem Menschen doch göttlicher erscheinende Theil der menschlichen Lebensbethätigungen aus dieser Voraussetzung Impulse erhalten soll, über den dem Menschen als niedriger erscheinenden Theil obzusiegen.   Wenn aber von Spinoza sehr häufig, z. B. in vielen Propositionen des vierten Buches, die oberste praktische Lebensmaxime als das *ductu rationis vivere* aufgefasst wird, so ist diese Maxime schon vollständig ebenso in der antiken Lehre von der vierten Tugend,

29*

der σωφροσύνη oder *temperantia*, enthalten, welche auch unabhängig von ihrer schulmässigen Behandlung unmittelbar in dem antiken humanen Bewusstsein eingeschlossen ist. Auch „das Leben für die Menschheit", das von so vielen Modernen als das rettende letzte Wort angesehen wird, das sich aus dem „Ringen um die Weltanschauung" zuletzt, wenn die Stürme ausgetobt haben, als nunmehr gewonnene Leuchte des Lebens erhebt, vermag ich in Summa nicht über die Losung der antiken Humanität zu stellen. Denn seinen Mitmenschen zu dienen ist ja auch in dieser enthalten, und wenn auch das Leben im Dienste der Menschheit bei den Neueren in seiner Einen grossen Richtung viel intensiver, vielseitiger und programmatischer geworden ist, so zeichnet sich doch das Leben der antiken Humanität wieder vor der Bevorzugung der Arbeit für Wohlfahrt und Hülfe durch allseitigere Hingebung an die Idee des Menschlichen aus. Der Grund dafür liegt darin, dass die antike Humanität von der Construction des idealen Subjectes ausging, das moderne „Leben im Dienste der Menschheit" von der gegenständlichen Menschenwelt und insbesondere von den Mängeln, die das Bild der socialen Gemeinschaft bietet, ausgeht. — Wenn endlich der beste Mensch ist der den Mund am vollsten nimmt und auf die anders Gesinnten am stärksten schimpfen kann, so würde sich das Programm eines bekannten Stimmführers einer kleinen Gemeine empfehlen, das eine neue „Lebenshaltung" auf Grund einer phantasmenfreien Wirklichkeitsphilosophie zum Inhalt hat, oder das andere, das in der „menschlichen Tragikomödie" die einmal aufgedrungene Rolle möglichst mit Anstand durchzuführen räth; das erstere auch, wenn es wahr wäre, dass der Geist einer gegebenen Rassenqualität gegenüber ein für alle Mal zur Knechtschaft unter die Natur verdammt wäre. Ein neuester Denker, der in der „Wesensbildung" das erlösende Wort gefunden zu haben glaubt, kehrt damit im Grunde zu dem antiken Humanitätsgedanken zurück, hüllt aber seine in der That viel tiefere Auffassung des menschlichen Wesens in einen so betäubenden Wortschwall vornehmer Hochrednerei ein, dass die antike Humanität, die eine Vertiefung ja nicht verbietet, mit ihrer edlen Einfalt ein viel erquicklicheres *Vademecum* an die Hand giebt. —

Denn überhaupt ist für die antike Humanität noch Ein Moment so charakteristisch, ja fast wesentlich, wie nur möglich:

die Form, in der sie sich giebt, das Instrument, dessen sich ihr
Geist bedient: ich meine die lateinische Sprache. Nicht
die griechische? Für den antiken Geist überhaupt, an dessen
Constitution die hellenische Nation den bei weitem grössten Antheil hat, ganz gewiss, aber für diesen unter dem Begriff der
Humanität zusammengefassten und unter dessen Licht gestellten Geist die lateinische Sprache. Wie soll ich noch in Kürze
dieses Instrument des Geistes schildern, dessen Beschreibung
ganze grosse Bücher, wie z. B. Hand-Schmitt's Lehrbuch des
lateinischen Stils und Nägelsbachs lateinische Stilistik, gewidmet sind? Zumal ich bekennen muss, Partei zu sein, da mir
keine Musik den Geist mit solcher Wonne überströmt, wie gute
Gedanken in einem edlen Lateinisch ausgedrückt. Allerdings
auch in griechisch und deutsch, aber nicht mehr als in lateinisch, und vielleicht dort nicht in einer so sehr charaktervollen
Tonart — welches eben die der antiken Humanität ist — wie im
Lateinischen; und das Lateinische allein ist doch hier thematisch.
Dieses Instrument hat sich die Humanität nicht geschaffen,
oder wenigstens, wie wir sehen werden, nur zu einem Theil,
und vielleicht nicht zu einem so bedeutenden, wie z. B. das
Homerische Epos die Homerische Sprache, sich geschaffen.
Ihre Flexion hat sich der altrömische, vorhumane National-
geist aus dem indogermanischen Urschatze gemodelt, nicht so
reich, wie der indische Geist die des Sanskrit oder der hellenische die des Griechischen, aber reicher als die jüngeren
Glieder der indogermanischen Sprachfamilie in dieser Beziehung
ausgestattet sind. Für die Flexion einer Sprache sind neben
anderen Momenten die Modi des Verbums das entscheidendste.
Wenn das Lateinische die griechische Differenzirung des Con-
junctivs und Optativs und deren weitere Differenzirung durch
Hinzufügung oder Weglassung des ἄν entbehrt, so ist es
desshalb doch nicht unfeinfühlig und stumpf zu nennen, da
bei'm Lateinischschreiben sich nie das Gefühl aufdrängt, dass
dem Bedürfniss des Gedankens durch die verfügbare Differenzirung der Modalität nicht genug gethan sei. Der ganzen Feinheit auch dieses Instrumentes wird man sich einmal recht bewusst, wenn man z. B. das semitische Hebräisch damit vergleicht,
in dem der Unterschied zwischen Tempus und Modus und der
der Aussage-Modi unentfaltet in der Indifferenz schlummert.

Die Syntax ist gleichfalls nicht von der Humanität geschaffen worden, sondern wiederum schon von dem altrömischen Geist und Leben, und ausgebildet worden ist sie am meisten durch das oratorische Bedürfniss des öffentlichen Lebens, wie dieses sich auf Grund des altrömischen Wesens und der Kenntniss der griechischen Beredtsamkeit entwickelte. Der Grundstock des Wortschatzes gehört gleichfalls nicht der humanen Bildung und Gefühlsweise, sondern dem allgemeinen praktischen Menschenleben und insbesondere der römischen Vorliebe für Landwirthschaft, Handel, Staat, Krieg, Recht und Familie an. Was dem Instrumente, das der neu aufkommende humane Geist schon vorfand, eigen war, das war männliche Bestimmtheit, logische Schärfe und vor allem eine unvergleichliche Kraft und Würde, hinsichtlich deren Böckh (Encyclop. S. 294) sagt: „In keiner Sprache der Welt kann man grossartiger und kraftvoller sprechen und schreiben als in der lateinischen". Dieser von der Humanität schon vorgefundene Charakter der lateinischen Sprache lässt sich auch ausdrücken in dem Einen Stichwort der Monumentalität, deren allerschmiegsamstes, wohlanstehendstes Gewand bis auf den heutigen Tag die lateinische Sprache, als in der das Bedeutende in schlagendster Kürze, Gedrängtheit und Wucht ausgedrückt werden kann, geblieben ist — falls nicht nationale Rücksichten oder ein in der Muttersprache allein wiederzugebendes Empfinden ihre Anwendung verbieten. Aber hinzugethan hat denn doch zu diesem seinem Instrumente der Geist der Humanität ein Grosses. Nämlich hinsichtlich der Darstellungsfähigkeit der lateinischen Sprache und des Ausdrucks. Der humane Geist war von brennender Liebe zu den geistigen Dingen erfüllt. In Folge davon hat er seiner Sprache zunächst eine herrliche Entfaltungslust verliehen. Der Drang, mehr zu sagen, als dem alten starren, würdevollen und wortkargen Römerthum zu sagen um's Herz war, weil man nun, aufgeweckt durch das Vorbild der reicher begabten Schwesternation, mehr dachte und empfand, hat die knospenhafte Art der altrömischen Mittheilung von Mensch zu Mensch köstlich zur Blüthe auseinander geschlagen. Die bald nach dem Erwachen des humanen Geistes und im Zusammenhang mit ihm einziehende Lust an rhetorischer Ausbildung kam hinzu und schuf die altrömische Einsilbigkeit zu der Freude an der Amplification um, die das Geheimniss des Reichthums sprachlicher Darstellung ist und die löblich und gut ist, so lange sie nicht Selbstzweck, sondern von dem Bedürfniss des voll durchdachten Gedankens regulirt wird. Diese rhetorische Neigung fügte der lateinischen Sprache, bestimmter ihrer Darstellungsfähigkeit, noch ein neues Charakteristicum hinzu, nämlich im Verlangen nach Sieg, nach Durchfechtung der eigenen Meinung nicht nur eine höchst entschiedene Zielstrebigkeit überhaupt, sondern vornehmlich eine ganz eigene Kraft und Kunst der Argumentation, die sich dem altrömischen Nationalcharakter, insbesondere seiner juristischen Begabung gemäss in sehr festen Formen ausprägte, derartig, dass die Gleichgültigkeit gegen diese Formen sogleich die echt lateinische Färbung verwischt und dass man vielleicht in keiner Sprache besser argumentiren und raisonniren kann als in der lateinischen. Ueberhaupt aber trat alle prosaische und sogar die poëtische Darstellung unter eine bewusste rhetorische Schulung. Die unbewusste schöpferische Kraft des Genies hat in der lateinischen Litteratur kaum einen Spielraum. Da aber unter Millionen nicht Ein „Genie" zu sein pflegt, so sind die Leistungen des Bewusstseins eigentlich lehrreicher als die des unnachahmlichen Unbewussten. Bei Cicero schreitet die Darstellung nicht Einen Satz vorwärts, ohne dass man nicht mehrfach die Wirkung des geschulten Stilbewusstseins spüren könnte, die im geheimen immerfort thätig ist, und bei den lateinischen Schriftstellern überhaupt zerlegt sich vielleicht mehr als in irgend einer anderen Litteratur die Darstellung immer wieder in kleinere Theilabschnitte, die eine besondere Aufgabe, immer mit stillem Hinblick auf die empfangene rhetorische Schulbelehrung lösen. Denn vielleicht nirgends ist die Uebung in mündlicher und schriftlicher Darstellung (unter allmählich verhängnissvoller Zurückdrängung der Ausstattung mit positiven Kenntnissen) so sehr das wesentliche Stück der Jugendbildung gewesen, wie bei den Römern seit Anbruch der humanen Epoche; bei den Griechen ist ein grosser Theil ihrer höchsten Schriftwerke instinctiv-genialen Ursprunges, eher entstanden als die (rhetorische und poëtische) Theorie schon entwickelt war oder doch eine beherrschende Stellung im Jugendunterrichte eingenommen hatte. Und neben der Darstellungsfähigkeit der Sprache hat also durch den humanen Geist ihr

A u s d r u c k ausserordentlich gewonnen. Natürlich zunächst der
verfügbare Wortschatz selber, da er mit der Hereinziehung
neuer Sachkreise naturgemäss bereichert werden musste. Sodann aber die Bezeichnungskraft des vorhandenen Materials für
neue Schattirungen des Wortinhalts, die in einem Geiste concipirt wurden, dem die Lust am geistigen Leben neu aufgegangen war. Da die Ueberlieferung für den vorhumanen Gebrauch der lateinischen Sprache fast ganz abreisst, ist auch das
grosse Wölfflinsche Unternehmen nicht im stande, genau nachzuweisen, welcher Bestandtheil des lateinischen Wortschatzes
erst der humanen Periode angehört, vom humanen Geiste in's
Leben gerufen ist. Es ist wahrscheinlich, dass dies mit einem
grossen Theil der Bezeichnungen für Geistiges der Fall ist.
Jedenfalls lässt sich mit dem Wortschatz, wie er in Cicero's
Schriften vorhanden ist, bei absolut genommen geringerer
Fülle doch jeder Inhalt ausdrücken, der innerhalb der inhaltlich
so sehr bereicherten modernen Geistescultur auszusprechen ist.
Dies ist allerdings nur dadurch möglich, dass Wörter von weiterem Umfange auch solche von bestimmterer Nüancirung mit
vertreten müssen, und darin liegt allerdings eine Unvollkommenheit der lateinischen Gewandung für solchen Inhalt. Aber andererseits ist es für die Neueren äusserst lehrreich, auf diese Weise
bei der Uebertragung moderner Originalstücke in's Lateinische
sich gezwungen zu sehen, überall sich über die Subsumirung
der Begriffe unter höhere klar zu werden, mit bewusster Erkenntniss von den Tochterbegriffen auf die Mutterbegriffe zu-
rückzugehen, denen für den denkenden Geist seitens der
Töchter eine Pietät zukommt, wie etwa den griechischen Mutter-
landen seitens ihrer Colonieen oder den alten Regimentern der
preussischen Armee, Nr. 1—32 seitens ihrer Töchterregimenter
Nr. 41—72. Aber auch das ist höchst lehrreich, dass für den
Fall solcher Uebertragung modernen Inhalts in moderner Sprache
in's Lateinische viele Umschreibungen nöthig sind: diese zwingen
dazu, fest ausgeprägte und dann aber auch abgegriffene und
verwischte Münzen, mit denen man gern um sich wirft, nicht
ohne das eitle leise Gefühl der Bewunderung, wie man es doch
so herrlich weit gebracht, auf ihren eigentlichen Sinn und Werth
sich klar zu machen. Für sich aber hatte die Humanität natürlich zunächst ihren eigenen (unmittelbaren oder doch letzthin

in ihr wurzelnden mittelbaren) Inhalt auszudrücken, und das hat sie
in wahrhaft classischer Weise, in wunderbarer Zusammenstimmung
von Wesen und Form, gethan. Die antike Humanität ist
beinahe an das lateinische Idiom gebunden. Gerade dieser Ausdruck, gerade diese Art der Gedankenführung wird als beinahe
unzertrennlich mit diesem Inhalt empfunden, nur im lateinischen
Gewande lässt die antike Humanität fühlen, wie sie eigentlich
gemeint, welches gleichsam die specifische Blume dieses Weines
ist. Sie ist nicht untergegangen; bis auf das letzte Menschenalter, in dem der nationale Gedanke dem humanen so grossen
— zum Theil auch berechtigten — Abbruch gethan hat und
in dem die Wissenschaft, wie E. v. Hartmann (Ges. Studien und
Aufsätze, Nr. 17 „Symptome des Verfalles im Künstler- und Ge-
lehrtenthum") sagt und beklagt, „salonfähig geworden ist" und
dem Prickel des der Belletristik und Feuilletonistik Nacheiferns
vielfach nicht widerstehen kann, ist sie die eigentliche geistige
Atmosphäre gewesen, in der nicht nur die grossen Philologen,
sondern überhaupt viele Männer der Wissenschaft, z. B. noch
ein Lessing, ein Herbart, Schopenhauer, Gauss, athmeten: aber
diese Männer bewegten sich auch alle im Lateinischschreiben,
sei es im classischen, sei es in einem individuellen, noch wie in
ihrem Element, und Schopenhauer hat sogar ein hohes Lob der
deutschen Sprache nicht anders als in der paradoxen Behauptung auszusprechen gewusst, dass sie desshalb eine so edle
Sprache sei, weil man in ihr beinahe so gut schreiben könne
wie im Lateinischen. Aber freilich trägt alle Neulatinität doch
einen gewissen Eindruck des Entlehnten an sich. Anders die
antike lateinische Classicität. Die neue Geistesaristokratie im
römischen Volke, die weder beschränkt-römisch sein wollte noch
urwüchsig griechisch sein konnte (obgleich sie das in voller
Gleichheit mit dem griechischen Geiste auch nicht einmal hätte
sein wollen), schuf sich in der zur Classicität weiter gebildeten
lateinischen Sprache ein wunderbar adäquates Organ ihrer inneren Gesinnung, und über dem Ausdruck und der Darstellung
der classischen Latinität schwebt ein Duft des Neuen, Frischge-
borenen, Unabgebrauchten, ihr ist ein Lüstre eigen von nativem
Glanze, dessen Wesen die volle Uebereinstimmung des geistigen
Innern und des sprachlichen Gewandes ist. Wenn übrigens Böckh
a. d. S. 454 a. O. urtheilt, dass das Lateinische sehr mangelhafte

Formen für speculative Ideen biete, so widerspricht dem die
Latinität der Kirchenväter, der Scholastiker, des Cartesius und
Spinoza bis auf manche lateinische Dissertation speculativen
Inhalts, wie sie noch bis auf das vorige Menschenalter herunter
geschrieben wurden. Denn ist die Latinität dieser Litteratur
auch von der classischen sehr weit entfernt, so liegt sie doch
einerseits noch innerhalb der Entwickelungsfähigkeit des lateinischen Idioms überhaupt, und andrerseits ist die Umformung
der Latinität dieser Litteratur in classisches Lateinisch wohl
denkbar, wenn man nur einmal in der Neubildung von Wörtern
nach Cicero's Vorgange tactvoll weiterschreiten und sodann von
dem Mittel der Umschreibung einen ausgiebigen Gebrauch machen
wollte. Was an der classischen Latinität dem ihr oben gespendeten hohen Lobe nicht zu entsprechen scheint, das ist auf
Rechnung nicht des humanen sondern des übertrieben rhetorischen
Geistes zu setzen, auch auf die Individualität Cicero's, die in
naiver Ruhmredigkeit eine zu belächelnde Schwäche hat, welche
aber doch von seinem Publikum wohl ertragen werden musste,
also nicht die Bedingungen vorfand, durch die sie hätte aus-
getrieben werden können.

2. Kannte das Alterthum humanitäre Einrichtungen im modernen Sinne?

Die Forschungsarbeit ist in Beziehung auf diese Frage vollständig — wenn auch, wie das so der Dinge Lauf, nicht ohne
dass Differenzen und Dunkelheiten zurückgeblieben wären —
gethan. Ich verweise in dieser Hinsicht auf Böckh, Staatsh.
d. A., 2te Ausg. I, 342 ff., Marquardt-Mommsen, Hdb. d. röm. Alterthümer, bes. V, 106 ff. 137 ff. VI, 254 ff., Mommsen, *de collegiis et
sodaliciis Romanorum*, G. Boissier, *la religion romaine*, II, 300 ff.,
gans besonders aber auf Liebenam, Zur Gesch. und Organisation
d. röm. Vereinswesens (Teubner 1890) und „Aus dem Vereins-
wesen im röm. Reiche" in Zeitschr. für Kulturgesch. 1893,
S. 112—138, endlich J. P. Waltzing, *les corporations romaines et
la charité, Louvain* 1895, und *étude historique sur les corporations professionelles chez les Romains*, Bd. I, 1895. Die Beziehung auf die Humanität tritt in diesen, von anderen Gesichtspunkten noch mehr beherrschten Forschungen zum theil

nicht ausdrücklich hervor, sie ist dagegen der leitende Gesichtspunkt in der zusammenfassenden (in den Anmerkungen überall
auf die Quellen verweisenden) Darstellung in dem schönen einleitenden Capitel „Eine Welt ohne Liebe" des berühmten Uhlhornschen Buches „Die christliche Liebesthätigkeit in der alten
Kirche", Stuttgart 1882. Im Folgenden sollen im wesentlichen
die Ergebnisse der Uhlhornschen Darstellung in weiterer Durchsiebung und übersichtlicher Zusammenfassung mitgetheilt werden.

A. Die Thatsachen.

a) Bettler erhalten im ganzen Alterthum wohl ihre kleine
Gabe; sie stehen, wie die Hülfeflehenden, unter dem Schutze
der Götter, mag dieser Gedanke auch selten (und mit der Zeit
gewiss immer weniger) so religiös, treuherzig und liebreich genommen sein wie von dem Homerischen Eumäos Od. XIV, 57.

b) In Athen, unseres Wissens aber auch unter den griechischen Staaten nur in Athen, bestand eine gewisse staatliche
Fürsorge für die wirthschaftlich Schwachen:

α) Blinde, Lahme und Krüppel erhielten von Staatswegen —
unter Bewilligung nach Volksbeschluss und Prüfung der einzelnen Fälle durch den Rath — eine tägliche Unterstützung
von 2 — Böckh a. a. O.: zu keiner Zeit unter 1 und zu keiner
Zeit über 2 — Obolen (ungefähr Groschen), sofern ihr Vermögen
weniger als 3 Minen (ungefähr 200 Mark) betrug.

β) Waisen im Kriege gefallener Bürger wurden auf Staats-
kosten erzogen, die Jünglinge unter ihnen zuletzt mit einer vollen
Rüstung ausgestattet entlassen.

γ) Das Vermögen von Waisen wurde zur Besteuerung nicht
herangezogen.

Wenn Themistokles die Einkünfte der Silberbergwerke von
Laurion unter die Bürger vertheilen liess, und wenn später 2 Obolen für den Theaterbesuch, 3 für den Besuch der Volksversamm-
lung und als Richtersold für die ausserordentlich zahlreichen
Bürger, die täglich zu Gerichte sassen, entrichtet wurden, so
geht dieses über die staatliche Unterstützung der wirthschaftlich Schwachen hinaus und stellt einen Staatssocialismus dar,
welcher in langsamer Folge ähnlich verderblich wirkte, wie in
raschem Ausbruch der verderblichen Wirkung die staatliche

Besoldung der Nationalgarde in Paris 1871 vor der Erhebung
der „Commune."*)

c) In Rom finden sich folgende Symptome eines ähnlichen
Staatssocialismus:

α) Aus der Kriegsbeute als dem letzthin dafür anzunehmenden Fonds wurden Getreidelieferungen an das Volk
gespendet. Hier einige Momente aus der historischen Entwickelung dieser Institution (über die die wichtigste Specialab-
handlung ist: O. Hirschfeld, die Getreideverwaltung in der römischen Kaiserzeit, Philologus v. 1870, S. 1—90). C. Gracchus
setzte den Volksbeschluss durch, dass der Modius Weizen vom
Staat den einzelnen Bürgern für 5 As (25 Pfg.), weit unter dem
Kostenpreise, geliefert, Clodius, dass ihnen „ein Theil" (Uhlhorn,
nach Sest. 55, 6¹/₃ As) von dem (wieder höher gewordenen) Preise,
unter Aufopferung von fast 20 Prozent der Staatseinkünfte
erlassen wurde. Die Folge war, dass das Proletariat der Stadt
Rom sich durch auswärtigen Zuzug arbeitsscheuer Elemente
sehr vermehrte. Die Zahl der Getreideempfänger auf Staats-
kosten fand Caesar, als er zur Alleinherrschaft gelangte, als
320000 Köpfe vor; er setzte sie auf die dauernde Minderzahl
von 150000 herunter, seit Augustus waren es aber doch wieder
etwa 200000. Die Bedingungen, zu den auf diese Weise Unter-
stützten zu gehören, waren: Meldung, römisches Bürgerrecht
und Ansässigkeit in Rom, aber nicht Bedürftigkeit und Würdigkeit. In der Kaiserzeit bis auf Aurelian, der statt dessen die
tägliche Lieferung von 2 Pfund Brot an diese Staatspensionäre
einführte, holten sich diese gegen Vorzeigung einer Marke
(*tessera*) 5 Modii Getreide monatlich aus den Magazinen. Der
Staatsaufwand für die Getreidelieferungen betrug 73 v. Chr.
10 Millionen Sestertien (ungefähr 1750000 M.), 46 n. Chr. fast
77 Millionen Sestertien (13¹/₂ Millionen Mark) jährlich.

β) Ausser den regelmässigen Kornlieferungen an das Volk
kommen auch solche von Wein, Oel (Congiarien), Salz und
Veranstaltungen von Mahlzeiten vor. Aurelian verzichtete auf
die Spendung von Wein, weil ihm der *praefectus praetorio* vor-
stellte, dann würde das Volk auch bald gebratene Hühner verlangen. Dass Caesar z. B. das Volk an 22000 Tischen speiste

---

*) Zu beachten ist ferner, dass für Nicht-Bürger in Athen niemand sorgte.

und bei dieser Volksbewirthung auch feinere Speisen verwandte und edleren Wein fliessen liess, ist bekannt.

γ) In der Kaiserzeit kommen auch Geldspenden an das Volk vor, ja werden bei gewissen Gelegenheiten zur Regel. Solche Gelegenheiten waren: Thronbesteigungen, 5- und 10-jährige Regierungsjubiläen, glückliche Ereignisse im Herrscherhause, Testamentseröffnungen. Den Durchschnitt dieser Geldschenkungen rechnet man vom Regierungsantritt Nero's bis zum Tode des Septimius Severus auf jährlich 6 Millionen Mark, die Höhe der Schenkung auf den Kopf schwankte zwischen 72 M. bis 875 Mk.

δ) Noch andere Schenkungen solcher Art an das Volk waren, dass allerhand Kaufmannswaaren, in Buden aufgehäuft, nach der Beendigung von Schauspielen dem Volke zur Plünderung überlassen wurden; Nero liess einmal 1000 Lotterieloose unter das Volk werfen, auf die Korn, Geld, ausländische Vögel, ja sogar Schiffe und Landgüter gewonnen wurden.

ε) Strafgelder, die von den Aedilen eingezogen waren, wären nach Uhlhorn zum theil zu Brotspenden an die Armen benutzt. *)

ζ) Hülfeleistungen des Staates bei grossen Unglücksfällen werden vereinzelt berichtet, so die Getreidevertheilung des Tiberius an zwölf durch ein nächtliches Erdbeben zerstörte kleinasiatische Städte, des Marc Aurelius an die etrurischen Städte bei einer Hungersnoth. (Die Hülfeleistung nach dem Einsturz des grossen Amphitheaters zu Fidenä unter Nero, durch Zusendung von Aerzten und Medicamenten, und die noch allgemeinere nach der Verschüttung von Herculanum und Pompeji war doch Privatoder Volks-, nicht Staatssache.)

Alle nun noch zu machenden Angaben über Thatsachen,

---

*) Die beiden Liviuscitate zu diesem Punkte bei Uhlhorn sind falsch. Sie müssen heissen: Liv. X, 23; XXXIII, 25. Die Angabe selbst ist übrigens auch unrichtig. An den zwölf Liviusstellen, die Marquardt-Mommsen II, 1, S. 467 Anm. 4 anführt, ist nicht von solchen Brotspenden aus diesen Strafgeldern, sondern immer nur von Spielen, Strassenpflasterungen oder Weihegeschenken für Göttertempel u. dgl. die Rede, z. B. Liv. X, 23 von silbernen Gefässen für die cella des capitolinischen Jupiter, goldenen Schalen für den Cerestempel u. aa.; Liv. XXXIII, 25 von drei ehernen Standbildern, der Ceres, des Liber und der Libera *de argento multaticio;* Liv. XXXIII, 42 von der Erbauung eines ganzen Tempels auf der Insel des Faunus.

die zunächst dem Begriff humanitärer Einrichtungen untergeordnet werden zu können scheinen, beziehen sich auf Rom,
ganz besonders die Kaiserzeit. Es sind das:

d) Die Clientel. Die Clienten erhielten von den römischen
Grossen eine tägliche Sportula von 1,20 M., auch Einladungen
zu festlichen Mahlzeiten, bei denen sie sich aber als Gäste zweiter Classe behandelt zu werden gefallen lassen mussten. Ihre
Gegenleistung bestand nicht in Arbeit oder reellen Diensten,
sondern in dem Beitragen zur Erhöhung des Glanzes des Hauses,
indem sie sich früh Morgens zur Begrüssung des Herrn ein-
fanden und ihm bei seinen Ausgängen den Schweif eines Ge-
folges bildeten, das dem Volke den Eindruck eines hohen Herrn
machen sollte, der sich hier in der Oeffentlichkeit zeigte.

e) Stiftungen, die der Ehrung des Andenkens Verstorbener dienen sollten, dafür aber Fonds aussetzten, aus deren Ein-
künften menschenfreundliche Gegenleistungen denen zugewandt
wurden, welche die Ehrung zum Ausdruck brächten. Solche
Stiftungen gab es z. B. für ein Mahl auf dem Grabe des Tes-
tators, das alljährlich an seinem Geburtstage zu feiern war, bei
dem dann die zur Einladung dazu Bestimmten Opfer und Kränze
darzubringen hatten; aber auch solche zu Alimentationen von
Knaben und Mädchen, die eine monatliche Unterstützung erhielten, dafür aber in der Gemeinschaft solches Stipendiats den
Namen der Stifter oder auch den ihrer Gemahlinnen führten,
z. B. *puellae Faustinianae, pueri puellaeque Mammaeani.*

f) *collegia*)*, d. h. Vereine. Ein gewissermassen humanitärer
Zweck dieser in der römischen Kaiserzeit sehr zahlreichen und
in dem Bilde der Zeit sehr hervortretenden berufsgenossen-
schaftlichen (s. d. 2ten Abschnitt in dem Liebenamschen Buche,
S. 63—158) Vereinigungen waren jedenfalls die durch einen
monatlichen Beitrag (*stips menstrua*) gespeisten Begräbnisskassen
für die Mitglieder. Ausserdem war ein Zweck derselben, wie
Liebenam a. a. O. S. 40 aus einer Inschrift anführt, „an festlichen Tagen ruhig und heiter zusammen zu tafeln". Dass sie
auch Vereine zu gegenseitiger Unterstützung in Krankheit und
Unfall, und überhaupt zu gegenseitiger Selbsthülfe waren, spricht

---

*) Aehnliche Institutionen waren die griechischen ἔρανοι, über die Böckh a. a. O.
S. 346 f. handelt und weitere Litteratur angeführt wird von K. Fr. Hermann, gr.
Staatsalterthümer § 146, 9.

Liebenam im Gegensatze zu seinem früheren Buche S. 40 (und auch der Uhlhornschen Darstellung) und im Anschluss an Waltzing, *les corporations romaines*, in der Zschr. für Culturgeschichte a. a. O. S. 128 und der Wochenschrift für class. Philologie von 1895, Nr. 41, S. 1121 nur als eine naheliegende Vermuthung aus, indem er Waltzing*) einräumt, dass sich das mit der einzigen Ausnahme des Statuts des Militärvereins von Lambaesis (C. J. R. VIII, 2551 ff., Uhlhorn S. 21 f.) nicht belegen lasse. Uebrigens hatten diese Collegien auch in idealerer Beziehung, für die humane Gestaltung des Verkehrs der Menschen unter einander, eine grosse Bedeutung, sofern sie

α) Patrone aus höheren Ständen zu gewinnen suchten und damit die Schroffheit der Classengegensätze — von der Liebenam in seinem Buche S. 55 sagt: „Es ist die Zeit der schärfsten Trennung der Stände, in der eine bevorrechtete Classe die niederen Bürger zu Frohndiensten ausnutzte" und Zschr. für Culturgesch. a. a. O. S. 136: „Ueberall herrschte dasselbe brutale System, das damals grosse Classen der Bevölkerung ihrer Freiheit und Rechte beraubte" — in etwas linderten;

β) den Zusammenschluss gerade der Glieder der niederen Stände und Sinn für Brüderlichkeit**) pflegten;

γ) den Armen das Gefühl gaben, in ihnen doch etwas zu bedeuten;

δ) die Sclaven — die in sie aufgenommen werden durften — als *collegiales* menschlich behandelten.

g) Gemeinnützige Erweisungen einzelner an ihre Vaterstadt, Mitbürger, Genossen eines Collegiums, wie z. B.

---

*) Der kürzere Vortrag Waltzing's ist gehalten auf dem internationalen katholischen Congress zu Brüssel im September 1894 und kommt auf die Frage: Gab es unter den zahlreichen Genossenschaften des römischen Reiches auch solche zu gegenseitiger Unterstützung und zur Hülfeleistung für kranke und verarmte Genossen auf Grund statutarischer Verpflichtung — zu der runden Antwort: Nein! Mir scheint, die Absicht, die Liebesthätigkeit der alten Kirche in um so hellerem Lichte erscheinen zu lassen, hat bei diesem so kategorischen Nein doch im geheimen etwas mitgewirkt. W. ist Professor an der kathol. Universität Loewen.

**) Die Mitglieder nannten sich unter einander Brüder und Schwestern, die Vorstände wurden von ihnen Vater und Mutter genannt. In dem Statut des lanuvinischen Collegium's Dianae et Antinoi findet sich das Wort: *a nostro collegio dolus malus abesto*, s. Liebenams Buch, S. 185.

Gründung eines neuen Theaters, Schlachthauses, einer Wasserleitung, eines Brunnens, Badehauses, einer Bibliothek.

B. Die Motive.

Bei allem, was wir als antike Analoga zu modernen humanitären Einrichtungen angeführt haben, ist r e i n e Humanität
(im Sinne von Menschenliebe) vielleicht nirgends das Motiv
gewesen. Aber ist sie es denn in der Neuzeit? Dass diese
Spielart in der menschlichen Gefühlswelt in der Neuzeit aufgegangen, ist kaum zu bezweifeln. Ich denke hier n i c h t an die
christliche Nächstenliebe, die *caritas*, denn die ist mehr als Humanität. Wer diese für blosse Humanität hält, der täuscht sich
über ihr Wesen oder vielmehr er kennt dieses gar nicht. Denn
die christliche *caritas* wurzelt doch in der Liebe G o t t e s, um
Gottes willen liebt sie den Nächsten, dessen Werthheit geliebt
zu werden oft ja auch gar nicht begründet werden könnte.
Und die Liebe Gottes ist wieder nicht eine n a t ü r l i c h e Liebe,
die auch vielleicht sogar (nach Kant) unmöglich ist, weil Gott
kein Gegenstand sinnlicher Erfahrung ist, sondern die übernatürliche Liebe der in gläubiger Ergreifung der Gnade Gottes
in Christo wiedergeborenen Creatur: nur d i e s e geheimnissvolle,
aller blossen Humanität an Kraft überlegene Liebe Gottes und
durch sie der Menschheit ist die Quelle der ungezählten Werke
lauterer christlicher Liebesthätigkeit, die von den Anfängen der
Kirche bis zur Gegenwart übrig bleiben, wenn man auch alle
von natürlichen oder gar unlauteren Antrieben nicht freien
christlichen Liebeswerke abzieht. Aber ausserhalb ihrer ist auch
eine rein humanitäre Liebesthätigkeit aufgekommen und gehört
als ein charakteristisches Stück dem modernen Leben an. Die
Unabhängigkeit dieser Humanität von der christlichen *caritas*
beruht darauf, dass man entweder die christliche *caritas* nicht
versteht oder ihre dogmatische Grundlage mit dem kritischen
Verstande verwirft, sei es als etwas, was man auch nicht l i e b t,
oder nur als etwas, was man nur nicht für thatsächlich richtig
(„phantasmenfrei") hält. So hat sich eine directe Menschenliebe
gebildet, die nicht erst durch die Liebe Gottes hindurchgeht und
in manchen Naturen ihr Object, die Menschheit und die einzelnen
wirklichen Menschen, mit einem Schwung religiöser Begeisterung
umfängt. Sie wird abgesehen von vielfacher Mischung mit

Eitelkeit und Bethätigungslust des eigenen Selbst doch auch
in reinem Zustande vorkommen, nur den Schwierigkeiten ihrer
Aufgabe gegenüber (in der Ueberwindung des Ekels und der
Ermattung) mit ihren rationalen und gemüthlichen Kräften
nicht so weit kommen, wie die auch über mystische Seelenkräfte verfügende christliche *caritas*. Diese reine Humanität
nun wird den obigen immerhin humanitär zu nennenden Thatsachen des antiken Lebens als Motiv nicht unterzulegen sein.
Denn der Gedanke an eine Pflicht der allgemeinen Menschenliebe war doch mehr auf dem Papier stehen geblieben, und
nicht zu einem Lebensprogramm geworden; ohne rationale
Grundlage in der vernünftigen Idee solcher Liebe und als unmittelbares Gemüthsbedürfniss oder Herzensfähigkeit regte sich
die allgemeine Menschenliebe auch nicht eben. Von der Theorie
(de off. I, 51 f.) war sie auch nur auf gewisse Fälle beschränkt
worden, wo die Pflicht des Wohlthuns *(beneficentia)* für gewisse
Dienstleistungen, „die dem Empfangenden nützlich, dem Gebenden nicht lästig sind", in keiner näheren Beziehung zu dem Empfangenden einen Grund zur Bethätigung habe, als weil dieser
doch auch ein Mensch sei; und als dgl. Bethätigungen der allgemeinen Menschenliebe galten z. B. „einem Irrenden den Weg
zeigen, dem darum Bittenden (der wird freilich schon in der
näheren Beziehung eines Nachbarn stehen) von seinem Feuer
geben, einem, der für sich überlegt, einen redlich gemeinten
Rath geben". Dennoch war auch bei jenen humanitären Erscheinungen die Humanität stark betheiligt, aber nicht (vgl.
S. 30) die moderne, vom Menschen als Object, sondern die antike,
von dem Menschen als Subject ausgehende. Der christlichen
caritas entspricht nämlich, wie Uhlhorn (a. a. O. S. 6) sehr
treffend sagt, die bei Cicero de off. I, 20. 42 ff. geradezu mit
der *beneficentia* identificirte antike Tugend der liberalitas, die
Geneigtheit zu einem hochherzigen, eines freien, nicht kleinlich
und niedrig an seinem Besitze hängenden Mannes würdigen
Geben und Spenden von seinem Ueberfluss. Und diese Tugend war gewiss viel reiner und ungemischter als Motiv zu
humanitären Handlungen betheiligt, als wir uns denken mögen,
die wir nicht so gewohnt sind, aus der Idee unseres menschlichen Subjectes die Antriebe zu sittlichem Handeln zu ziehen.
Gehören die oben unter e) und g) angeführten humanitären

Thatsachen — die hier besonders in betracht kommen — auch
nicht mehr dem Blüthezeitalter der antiken Humanität an, in
welchem institutionsmässige Humanität noch nicht hervortritt
und nur die Liberalität gegen Freunde einen weiten Spielraum hatte, so wirkte doch wohl in dieser Beziehung die Anschauungsweise der älteren Humanität nach, die dem Menschen
zur Aufgabe machte die Bethätigung alles dessen, was der Idee
des Menschen zufolge echt menschlich sei, eine Anschauungsweise, die wirklich, wenn man sich in sie einlebt, eine starke
Motivationskraft hat. Wenn also die reine Menschenliebe zu
den Empfängern der Wohlthat sicherlich wenig als Motiv des
Wohlthuns betheiligt war, so möge man sich doch andrerseits
das Bedürfniss der Eitelkeit, des Ehrgeizes, für hochherzig zu
gelten, nicht zu stark bei dem Seelenprozesse, der zu den
Wohlthaten führt, betheiligt denken. Denn, wie gesagt, der
Gedanke, etwas zu thun, weil es recht ist, d. h. weil es dem
vernünftigen Wesen des Menschen entspricht, ist eine grosse
Macht (wie auch der Gedanke an das Gute, welches damit den
Menschen erwiesen wird, eine andersartige grosse Macht
ist), und er ist eine Macht, die so recht mit der antiken Geistes-
verfassung verschmolzen ist. Uhlhorn (S. 31, Anm. 60) behandelt
hier das antike humane Motiv in der ihm von Aristoteles gegebenen Fassung „von allem Löblichen theilt der Treffliche sich
selbst das Beste zu" mit leiser Ironie: das heisst aber die ausdrücklichen und jede Missdeutung aus dem Felde schlagenden
Ausführungen des von Uhlhorn citirten Capitels eth. Nic. IX, 8
als nicht vorhanden betrachten. Die von Uhlhorn übersetzte
Stelle findet sich dort mit ganz geringen Variationen dreimal:
p. 1168^b, 29, 1169^a 28. 34. Aber Aristoteles unterscheidet
ausdrücklich die tadelnswerthe Selbstliebe der in sinnlichem
Egoismus befangenen Mehrheit (1168^b, 16), die „in äusseren
Gütern und Ehren und sinnlichen Genüssen" sich selbst das
Meiste zutheilt und die Selbstliebe des Trefflichen, der der Vernunft gehorcht, die in jedem Falle das wirklich beste erwählt
(1169^a, 17). Auf diese Weise erhält der Treffliche bei'm Geben
das bessere Theil, denn der Freund erhält Geld und Gut, er
selbst aber die Bethätigung der Tugend (τὸ καλόν), 1169^a, 28.
Ja selbst im Opfertode für das Vaterland erwählt er es, denn
er opfert „Güter, Ehren und überhaupt die Güter, um die sich

der Kampf des Lebens dreht", er selbst aber macht sich das was sittlich schön ist zu eigen (1169ᵃ, 20). Die Stelle des Aristoteles ist so unverfänglich, dass sie wohlverstanden sogar das Licht der antiken Humanität nach dem, was ewig vernünftig in ihm ist, in dem stärksten Strahlenfeuer concentrirt. Es ist also ganz unberechtigt, den Tugendhaften des Aristoteles zu behandeln wie das naive Kind, welches Aepfel und Nüsse zu vertheilen hat und dabei sich selbst am besten bedenkt. Vielmehr sind die von Uhlhorn gleichfalls zur Beantwortung der Frage nach den Motiven der antiken Wohlthätigkeit angeführten Stellen Arist. eth. Nic. IV, 2 (1120ᵃ, 24): „Der Freigebige giebt, weil es schön ist zu geben" und Sen. de ben. IV, 9: „Das Wohlthun ist etwas an sich erstrebenswerthes" durchaus ernst zu nehmen, und das Wohlthun aus diesem Motive psychologisch völlig zu verstehen, wenn man sich nur in die besonders seit Sokrates aller alten Ethik gemeinsame Denkweise hinein versetzt, dass der Vernunft die Hegemonie unter den Seelenkräften zukommt, und dass die Vernunft bei der von der Natur gewollten Veranlagung des Menschenwesens die Macht hat, das Handeln zu lenken. Das Wohlthun aus Liebe ist ein ebenso edles und starkes, dem nicht systematisirenden, sondern unmittelbar den Antrieben seines Gefühles folgenden Menschen noch näher liegendes, aber durchaus andersartiges Motiv. Doch ist der Gedanke an das dem Empfangenden widerfahrende Gute auch in der Sache selbst so sehr gegeben, dass er natürlich den Alten neben jener anderen specifisch antik humanen Motivationsart doch auch nicht fremd ist. So fährt Seneca a. a. O. unmittelbar fort: „Ganz allein der Nutzen des Empfangenden wird bei'm Wohlthun in's Auge gefasst, dem wollen wir nahe treten unter Beiseitesetzung unserer Interessen", ohne zu beachten, dass er in Einem Athem von den zwei ganz verschiedenen Motiven das zweite so behandelt, als ob es nur die Bestätigung des ersteren wäre. Andrerseits weist Seneca de clem. II, 5, 6, (Uhlhorn S. 34, Anm. 70) für den Weisen das Motiv des Mitleids geradezu zurück und sagt, dass er nur aus Vernunft helfe. Doch das ist specifisch stoische Starrheit. In der bekannten Anekdote von Aristoteles (Diog. L, V, 1, Uhlhorn, S. 31, Anm. 59), dass er sich gegen den Vorwurf, einem Unwürdigen gegeben zu haben, mit den Worten rechtfertigte, er habe im Auge gehabt οὐ τὸν τρόπον,

30*

ἀλλὰ τὸν ἄνθρωπον tritt allein die zweite Motivationsweise, also die m o d e r n e Humanität, hervor, und zwar mit Berücksichtigung des stärksten Einwandes, den man gegen sie als Princip des Handelns machen kann. Uebrigens weist Uhlhorn (S. 38 f.) nach, dass im ausgehenden römischen Alterthum doch auch schon die Barmherzigkeit ausdrücklich als Motiv des Wohlthuns vorkomme, wobei er sehr richtig die Möglichkeit offen lässt, dass hier schon christlicher Einfluss sich geltend mache.

Für die oben angeführten staatssocialistisch zu nennenden Einrichtungen sind die Motive gewiss wesentlich politischer Art. Die Unbemittelten hatten von ihnen ihren Vortheil, wirklichen Segen freilich oft gewiss nicht, denn sie verloren dadurch, die Arbeitsunfähigen abgerechnet, den eigentlich sittlichen Boden unter den Füssen, das Gefühl nämlich, dass der Unterhalt die Gegenleistung der Gesellschaft für eine der Gesellschaft zu gute kommende Arbeit sein muss; und davon, dass wenigstens in möglichster Weise eine staatliche Fürsorge für die Arbeitstüchtigen stattgefunden hätte, kann trotz mancher Maassregeln der Kaiser und voran Caesars für Schaffung von Arbeitsgelegenheit principiell gewiss nicht die Rede sein. Wer würde aber die Frage, ob die rein humane Hineinversetzung der Regierenden, Begüterten und Machthabenden in die Lage der Armen und der aus reinem menschlichen Mitgefühl entspringende Wunsch, ihnen zu helfen, zu staatssocialistischen Einrichtungen geführt hätte, bejahend beantworten? Praktische Socialpolitik ist auch in unserer Zeit thätsächlich humanitär, zum theil gewiss auch den Motiven nach, aber den wesentlichsten Anstoss zu ihr giebt doch der Egoismus der wirthschaftlich stärkeren Minderheit. Die physische Ueberlegenheit der so vielfachen Mehrzahl, eine Ueberlegenheit, die im Alterthum um so grösser war, weil ein gleichwerthiges Analogon zu einem wohl disciplinirten, dem Volkshaufen an Bewaffnung weit voranstehenden, dem Staatsoberhaupt unbedingt ergebenen stehenden Heere zum Schutz auch der bevorrechteten Stellung der Minderheit nicht existirte, muss die Furcht vor gewaltsamem socialen Umsturz von unten her erwecken, und in dieser Furcht muss der psychologische Hauptquell für humanitäre Einrichtungen liegen. Streng genommen müssen wir diese ja auch von ihrem hauptsächlichsten Charakter her s t a a t s s o c i a l i s t i s c h e Maassregeln nennen, und das ist doch nicht ganz dasselbe wie humanitäre Institutionen. Denn wenn auch die Gesamtheit in ihren Rücksichten der Gerechtigkeit folgt und Fürsorge für das Wohl der untersten Classen trifft, so ist doch die Gesamterhaltung des Staates ihr Hauptaugenmerk. Dies ist auch das Motiv ganz besonders in der römischen Politik der Gründung von Colonieen — abgesehen von den zur Ausübung der militärischen Herrschaft bestimmten älteren —, woran Uhlhorn S. 2 erinnert.

C. Die Mängel der antiken humanitären Einrichtungen im Vergleich zu den christlichen und modernen. Als solche treten nach der Uhlhornschen Darstellung folgende hervor:

a) Es gab keine organisirte Liebesthätigkeit oder Armenpflege.

b) Es gab ausser dem, was in dieser Beziehung für Athen angeführt ist, keine Fürsorge für Witwen und Waisen.

c) Es gab insbesondere keine Armen- oder Krankenhäuser; Lazarethe nur in der späteren römischen Kaiserzeit für Sklaven und Soldaten, deren erstere für die Besitzenden ein Capital repräsentirten, das aus Egoismus gehütet werden musste, deren letztere aus gleichem Motive für den Schutz des Bestehenden zu erhalten waren.

d) Es gab nicht, wie in der alten Kirche, Gelübde auf Almosen, keine Speisung der Armen.

e) In der Erweisung der Liberalität, ja auch in den staatssocialistischen Maassnahmen, wurde nicht nach Bedürftigkeit gefragt. Sogar umgekehrt wurden Höhergestellte, so besonders in den Collegien, in den Stiftungen oft ausdrücklich mit dem Doppelten und Dreifachen bedacht.

f) Die öffentlichen Wohlthätigkeitsmaassregeln schlossen Nicht-Bürger nicht ein; die private Liberalität gedachte nur selten der Inquilinen, Reisenden und Fremden.

3. Die antike Humanität und der Humanismus.

„Humanismus" bedeutet der Wortform nach Liebe zur Humanität, Humanitätsgesinnung, und so könnte es scheinen, als ob mit unserer Zeichnung der antiken Humanität zugleich eine Zeichnung des Humanismus ausgeführt wäre, zumal die

Liebe und Begeisterung der „Humanisten" bekanntlich eben
das classische Alterthum zu ihrem Gegenstand hatte. Allein
bei genauerer Erwägung der beiden Geistesarten, deren eine
man als antike Humanität, deren andere man als Humanismus
bezeichnet, ist das keineswegs der Fall. Vielmehr sind neben
entschiedenen Aehnlichkeiten beider doch auch viele entschiedene
Unähnlichkeiten festzustellen. Beides zu thun will ich nunmehr in
Kürze versuchen. In Beziehung auf das geschichtliche Bild des
Humanismus verweise ich, da ich zu Originalstudien auf diesem
Gebiete nicht gekommen bin, auch persönlich für das Folgende
zum Schöpfen aus diesen Quellen genöthigt, dabei auf das berühmte Buch Jacob Burckhardt's „die Cultur der Renaissance in
Italien", dritte Aufl. besorgt von L. Geiger, 2 Bde., Leipzig
1877. 1878. und das Buch Dr. Paul Nerrlich's „Das Dogma vom
classischen Alterthum", S. 50—78; der deutsche Humanismus
erhält in diesem seine Darstellung S. 79—118, welche das Bild
der geschichtlichen Gesamterscheinung des Humanismus durch
die Nachzeichnung seines andern Zweiges ergänzt.

A. Die Aehnlichkeiten zwischen antiker Humanität und Humanismus.

a) **Aehnlichkeit in den Principien.** Solche blickt nur
hier und da einmal in der Weise durch, dass man den Eindruck hat,
es sei in der That die principielle Denkweise der antiken Humanität in dem Humanismus wiedergeboren. So z. B., wenn
Dante (Nerrlich S. 51) als ein wesentliches Stück des Menschenwesens voraussetzt, dass alle Menschen ein Verlangen nach Erkenntniss haben; wenn Laurentius Valla (Nerrlich, S. 74) die
Tugend als die Bedingung und den Weg zum „höchsten Gut"*)
ansieht; wenn Erasmus (Nerrlich S. 104) in der ganzen Welt einen
Tempel, und zwar den allerschönsten erblickt; wenn ganz allgemein (Burckhardt I, 167) mit dem Streben nach Wissen der

---

*) Nerrlich behandelt mit Unrecht diesen tadellosen höchsten ethischen Be-
griff als „kahl und vage" und im Gegensatz zu „der grossartigen Metaphysik des
Christenthums" befindlich: singt doch die christliche Gemeinde: „Sei Lob und Ehr
dem höchsten Gut", und gehört doch dieser Begriff zur Ausdrucksweise auch der
frommsten und tiefsinnigsten Christen; ähnlich wird der eucharistische Christus von
den Katholiken, bis zum gewöhnlichen Manne des Volkes herunter, in fester Redeweise „das hochwürdigste Gut" genannt.

Gedanke verbunden wird, dass es dem wirklichen Leben dienen soll.

b) Aehnlichkeit in solchen Elementen der Denkweise, die von den Principien weiter abwärts liegen.

α) in den politischen Anschauungen. Dante hat eine entschiedene Vorliebe für die Monarchie unter den politischen Staatsformen (Nerrlich, S. 52, vgl. oben S. 252 f.); er hält dafür, dass das römische Reich von seinen Anfängen an unter der Leitung göttlicher Providenz gestanden habe (Nerrlich, S. 53). Poggio ist ein glühender Caesarfeind (Nerrlich, S. 63). Die Eigenschaft wahren Adels (*nobiltà*) wird von Dante als die Schwester der filosofia angesehen (Burckhardt II, 105), und nach Poggio's *dialogus de nobilitate* giebt es keine andere Nobilität als die persönlichen Verdienstes (Burckhardt ebendas.). Vgl. oben S. 124 f.

β) in den religiösen Anschauungen. Der „*interpretatio Romana*" fremdländischer Gottheiten entspricht der seltsame Sprachgebrauch, den Nerrlich S. 89 namentlich bei den deutschen Humanisten behandelt, dem zufolge z. B. Joh. Tröster Christus mit Herakles und die Jungfrau Maria mit Alkmene vergleicht und Ortuin Gratius Maria die *alma Jovis mater* nennt.

γ) in der Stellung zum geistigen Leben und den litterarischen Interessen. Der Name selber der „Humanitätsstudien" wird dem Alterthum entlehnt (vgl. oben S. 37); in Italien ist es Poggio zuerst, der ihn gebraucht, in Deutschland wohl (Nerrlich, S. 94) Erasmus der erste, der von *litterae humaniores* spricht; auf Vittorino, den berühmten Pädagogen der *casa giocosa*, wurde nach seinem Tode eine Medaille geschlagen als auf „den Vater der Humanität" (Nerrlich, S. 69).

Erklärt wird die Humanität von dem Deutschen Humanisten Buschius geradezu = den sieben freien Künsten (vgl. oben S. 37), von Agricola in etwas engerem Sinne, aber auch im Geist der antiken Humanität a potiori, so könnte man gewissermaassen sagen, = der Beredtsamkeit (Nerrlich S. 94).

Des Erasmus Definition von der „Grammatik", der zufolge von dieser umfasst wird: Geschichte, Poëtik, Alterthumskunde (Nerrlich, S. 99), erinnert ganz an die Auffassung dieses Begriffes in der antiken Humanität (vgl. oben S. 388).

Wenn die Studien bei den Humanisten überall mit vollem

Enthusiasmus für das edelste Gut des Erdenlebens (wenn auch nicht im technischen Sinne für das „höchste Gut") gelten, so ist das die Gesinnung Cicero's, nur hat sich die antike humane Gesellschaft weder in gleich grosser Zahl noch zu gleich grosser Gluth dieser Begeisterung erhoben, wie die geistig in unvergleichlicher Weise angeregte Epoche namentlich der italienischen Renaissance.

Die Dichter erscheinen dieser Epoche als von der Gottheit begeistert, was zuerst Boccacio ausspricht (Nerrlich S. 59): ganz dasselbe haben wir oben (S. 400) als eine Anschauung der antiken Humanität festgestellt.

Aber dennoch ist die Poeterei namentlich der deutschen Humanisten*), und so auch wenigstens die lateinische der italienischen, nichts als Nachahmung; ganz besonders „übte in der leichteren Gattung Catull eine wahrhaft fascinirende Wirkung auf die Italiener aus" (Burckhardt I, 305).

In ähnlicher Weise ist die Dichtung der antiken humanen Gesellschaft eine Nachahmung griechischer Poesie. Nur erscheint diese doch relativ als viel selbstständiger — man denke an das Verhältniss der Aeneis zur Ilias und Odyssee —, zumal sie sich doch in der eigenen nationalen Sprache vollzieht und diese ausserordentlich weiterbildet und bereichert.

Der prosaische Stil der Humanisten, in lateinischer, aber auch sogar in italienischer Sprache, nimmt sich im allgemeinen den des Meisters der antiken Humanität zum Vorbilde. Seit Salutato, dem Staatskanzler von Florenz, drang eine blumige und sentenziöse Redeweise, wie sie Cicero für dieses genus nicht ganz gebilligt haben würde, in die Sprache der Staatsactionen ein (Nerrlich, S. 63). Ueberhaupt war die Begeisterung für Cicero seit Petrarca allgemein: so würde z. B. Poggio „für eine neue Rede Cicero's vielleicht alle Schätze der Dogmatik hingeben" (Nerrlich, S. 60), dem Guarino war Cicero sein höchstes Ideal (Nerrlich, S. 70). Nur Erasmus, der im allgemeinen diese Begeisterung so sehr theilte, dass er sogar viele Schriften Cicero's nicht lesen konnte, ohne ihren Codex zu küssen (Nerrlich, S. 93),

*) Schämten diese sich doch sogar ihres deutschen Namens und ihrer Muttersprache und verunstalteten sie diese doch durch abgeschmackte Latinisirungen und Gräcisirungen (Nerrlich S. 90).

verlangte bei der Veränderung der Weltbühne mit Entschiedenheit eine Modification des Ciceronianismus der Schreibweise und
verspottete die Affen Cicero's; aber den richtigen Stil fasste er
doch auf als denjenigen, den dieser vollendete Sprachkünstler
den veränderten Zeiten gemäss gebraucht haben würde (Nerrlich,
S. 101).

Die litterarischen Gattungen bilden sich durchaus im
Anschluss an die Alten, speciell die Humanitätsepoche, heraus.
So der moralphilosophische Tractat und die (auch poetische)
Epistel seit Petrarca, indem die Briefe seit ihm „litterarische
Arbeit werden" (Burckhardt I, 274), so die Elegie (Burckhardt
I, 307) und das Epigramm, das „als die concentrirteste Form
des Ruhmes" (Burckhardt I, 308) besonders geliebt wird; so die
Selbstbiographie (z. B. des Cardanus, Burckhardt II, 54), in der
Rutilius Rufus, Aemilius Scaurus (Tac. Agr. 1) und Sulla vorangegangen waren, wenn man auch ihre Schriften nicht mehr hatte;
so in der Lyrik Unsterblichkeitsgedichte nach dem Vorgange
z. B. von Hor. carm. IV, 9, von denen allerdings Burckhardt
(I, 301) mit Recht urtheilt, dass gerade sie eine etwa anderweitig
verdiente Unsterblichkeit nie verliehen haben. Die Geschichtsschreibung schloss sich so sehr an das Vorbild der Alten an,
dass dadurch, wie Burckhardt (I, 285) sagt, „die beste individuelle
und locale Färbung, das Interesse am vollen wirklichen Hergang
Noth litt."*)

c) Aehnlichkeiten in Leben und Sitten. Haben wir
von der antiken Humanität den Eindruck davon getragen, dass
es in ihr eine edle und geistig belebte Geselligkeit gab, so gilt
dasselbe in erhöhtem Maasse von dem Zeitalter der Renaissance.
Die geistige Lebendigkeit des Verkehrs ihrer überaus zahlreichen
Individualitäten von fluthender Erregtheit des Inneren war ein
Gegenbild der edlen Geselligkeit der humanen Aristokratie Roms,
aber sie war gewiss noch weit grösser als die in dem Verkehr
der weit ruhevolleren antiken humanen Gesellschaft. Das süd-
ländische italienische Temperament hatte sich im Lauf des

---

*) Doch sagt derselbe (I, 290) von den grossen florentinischen Geschichts-
schreibern seit dem Anfang des sechzehnten Jahrhunderts, sie seien „Bürger, die für
Bürger schrieben, wie die Alten thaten", wobei er nur von dem unvermeidlichen
formalen Einfluss der nun einmal sich stets geltend machenden rhetorischen Bildung
auf die Historiographie selbst solcher antiken Geschichtsschreiber absieht.

Mittelalters, nicht mehr gebändigt durch die altrömische Würde, eben viel ungezwungener entwickelt. Dazu kam, dass die Geselligkeit der Renaissance (und ebenso die prachtvolle Veranstaltung von Festen in ihr, Burckhardt II, 144) viel durchdachter, stilisirter auftrat. Man lese z. B. bei Burckhardt II, 124 f. das Geselligkeitsprogramm, welches bei Firenzuola in dessen Novellensammlung (1523) eine „Gesellschaftskönigin" ihrem Kreise für alle Stunden des Tages in der grössten Mannigfaltigkeit und mit unglaublich starken Ansprüchen an die Fähigkeit und Ausdauer des geselligen Verkehrs entwirft! Denn das Weib war ohne Spur von bewusster Emancipation (Burckhardt II, 134) dem Manne, als gleichfalls durchbildet vorausgesetzte Individualität, in der Renaissance vollkommen gleichgestellt, während in der antiken humanen Gesellschaft selbst hochgebildete Frauen — die es gab — sehr zurücktraten. „Rom hatte seinen wahrhaft einzigen Hof Leo's X, eine Gesellschaft von so besonderer Art, wie sie sonst in der Weltgeschichte nicht wieder vorkommt" (Burckhardt II, 127). Der moderne Salon als Mittelpunkt einer allgemeinen Theilnahme für die litterarische und künstlerische Production, der in der Renaissancezeit aufkam und blühte, hatte im Alterthum doch wohl nur schwächere Schattenbilder seiner Art aufzuweisen. Gesang und Saitenspiel, die wir (S. 417) in der antiken Humanität nur als ein sehr schwaches Moment des höheren Lebens fanden, blühten in der Renaissancezeit allgemein (Burckhardt II, 133, der aber die Bemerkung hinzufügt: „Eine andere Frage ist, wie weit wir noch an jener Tonwelt" — die er vielartig und wunderbar eigenthümlich genannt hat — „Theil hätten, wenn unser Ohr sie wieder vernähme".).

Den litterarisch gebildeten Sclaven und Freigelassenen der römischen Grossen entsprechen die Hofhumanisten der Renaissancezeit einigermaassen.

In dieser Epoche kommen auch antike Triumphzüge und antike Spiele vor (Burckhardt II, 160. 163), doch ist diese Aehnlichkeit keine innerliche, weil sie nachgeahmt waren; auch entsprangen sie im Alterthum nicht der Humanität (vgl. oben S. 439 bis 443), sondern der Schaulust des entartenden Volkscharakters.

Die Liebe zum Landleben erscheint in der heroischen Zeit der antiken Humanität am ehesten noch als eine beglückende Flucht aus politischen Unerträglichkeiten der Hauptstadt in eine

den stillen Studien günstige Einsamkeit, die positive Lust und
Liebe zu den Beschäftigungen des Landlebens gehört erst der
augusteischen Zeit an, da der alte Cato in seiner Verherrlichung
derselben in Cic. de sen. 51—61 offenbar als Altrömer, und
nicht als Humaner spricht. Von der gleichen Liebe der Re-
naissance-Menschen sagt Burckhardt II, 141: „Ein köstliches
Erbtheil des alten Römerthums lebt in den Villen wieder
auf". Die reine Liebe zum Landleben war aber auch das nicht:
„Auch die tiefste Geistesarbeit und das Edelste der Poesie ist
bisweilen von einem solchen Landaufenthalt datirt" (Burckhardt
II, 143).

B. Die Unähnlichkeiten und Gegensätze zwischen
antiker Humanität und Humanismus.

War in der Betrachtung des Aehnlichen zwischen beiden
Geistesarten doch öfters schon die Beschränktheit in den Aehnlichkeiten hervorgetreten, so kündigen sich nunmehr die Unähnlichkeiten und Gegensätze bei ausdrücklicher 'Richtung der
Aufmerksamkeit auf sie noch entschiedener an.

a) Unähnlichkeiten und Gegensätze in den Principien.

α) Die beiden Geistesarten und die Vernunft.
Zunächst erscheinen in den Grundanschauungen selber doch
hier und da Elemente, die mit der einfach edlen Grundgesinnung der antiken Humanität, dass die Idee des Menschen
der Leitstern sein soll, schlecht zusammenstimmen. Nach Poggio
(Nerrlich S. 60) ist der eigentliche Sinn des Umschwunges, der
mit der neuen Zeit der Renaisance sich vollziehen soll: das
Reich der Vernunft soll gegründet werden. Die Alten hatten
an die vernünftige Idee des Menschen gedacht als an die Bild-
nerin des einzelnen zu dem, was er sein soll: ein Reich der
Vernunft musste sich daraus, wenn der einzelne wirklich sich
nach der Idee bildet, schon von selber ergeben. Darauf re-
flectirten die Alten kaum in ausdrücklichem Bewusstsein. Diese
Italiener aber — die Erstlinge einer romanischen Nationalität —
treten mit Rauschen und Brausen und selbstgefälligem Pomp
auf der Weltbühne auf, dort wollen sie im grossen reformiren,
wie denn die „Humanisten von ihrem eigenen Aufkommen eine

neue Zeit datiren" (Burckhardt I, 288). Das stille, sanfte Säu-
seln des mit Innigkeit und Ernst bei sich selbst einkehrenden
Geistes ist nicht ihre Sache, das neue Reich ist nicht inwendig
in ihnen, es kommt mit äusseren Geberden. Auch wird wohl bei
dem „Reiche der Vernunft" der Gegensatz vorgeschwebt haben
gegen das Reich der Kirche, und dabei die bis auf den heutigen
Tag so häufige naive Verwechselung begangen sein zwischen
dem das Realisirtsein von Ideeen untersuchenden Verstande
und der über die innere Qualität der Ideeen entscheidenden Vernunft: denn an vernunftgemässer Ausgestaltung ihres Systems
hatte es die Kirche wahrlich nicht fehlen lassen, nur dass die Wirklichkeit seiner Grundlagen einmal z u g e s t a n d e n sein musste.
Das Ideal des vollendeten M e n s c h e n wird nicht mit solcher
Inbrunst ausgebildet wie das Ideal des vollendeten W e l t menschen, der allen erdenklichen Anforderungen an körperliche
und geistige Leistungskraft mit Glanz und Eleganz gerecht
wird, des sg. „cortigiano" (Burckhardt II, 129 f.), des mehr in
die Breite vielseitigen und allseitigen (Burckhardt I, 165—169)
als des in der Concentration der Idee vollendeten Menschen.
Wenn es nun ferner eine Forderung der Vernunft ist, dass der
Mensch sich um die Menschheit möglichst verdient machen soll,
so ist diese Gesinnung beiden Geistesarten eigen, aber bei den
Humanisten scheint mir der Satz, den der deutsche Humanist
Bebel einmal in einem Briefe an Reuchlin ausspricht (Nerrlich,
S. 94), „der Humanist erstrebt nichts eifriger als sich um die
Menschheit verdient zu machen", doch eine noch centralere
Stellung einzunehmen als die Lieblingsvoraussetzung der antiken
Humanität von der Solidarität der Menschen (s. oben S. 61 f.).
Vernunftforderungen, durch deren Erfüllung man zugleich etwas
s c h e i n t, werden dort inbrünstiger empfunden, als solche, durch
deren Erfüllung man zunächst etwas i s t.

β) Die beiden Geistesarten und der Subjectivismus. Hier scheint mir nun einer der tiefsten Gegensätze zwischen antiker Humanität und Humanismus zu liegen. In der
Renaissance erscheint der Gedanke von dem Recht der Subjectivität, von dem Recht der freien Entwickelung des Individuums
in seiner Sonderart, also der Subjectivismus, mit aller Macht
auf der Weltbühne, und kein Zeitalter ist reicher an ausgebil-
deten Individualitäten gewesen. Die Spitze dieser Gesinnung

richtete sich wider die Kirche, welche den Menschen, wie er sein sollte, göttlichen Geboten unterwarf, und wider die gesellschaftlichen Zustände des Mittelalters, in denen das Recht der Individualität den Ständen und Corporationen, und nicht den einzelnen Menschen angehaftet hatte. Höchst lehrreich für diesen Gegensatz ist die Rede des Joh. Pico da Mirandula *de dignitate hominis*, „welche wohl eins der edelsten Vermächtnisse jener Culturepoche heissen darf" (Burckhardt II, 72). Der Gedanke, die Aufgabe des Menschen an die Würde des Menschen zu knüpfen, ist so recht aus dem innersten Marke auch der a n t i k e n Humanität. Aber die A n w e n d u n g dieses Princips ist auf beiden Seiten verschieden. In dem entscheidenden Passus der Rede des Humanisten, den Burckhardt II, 97 f. mittheilt, wird die Würde des Menschen vor allem in seiner unendlichen Selbstbestimmbarkeit (zum Guten und Bösen in unbegrenzter Mannigfaltigkeit) gefunden; in der antiken Humanität dagegen ist sie der Einen vernünftigen Idee des Menschen eigen, die für alle ohne Unterschied das echte Vorbild ist, und die Berechtigung der Individualität, s o w e i t s i e n i c h t f e h l e r h a f t i s t, wird erst an z w e i t e r Stelle, in der zartsinnigen Lehre vom *decorum* (s. oben S. 55) anerkannt. Das Ideal des Menschen leuchtete also der antiken Humanität in ewig gleicher unveränderlicher Höhe, dem Humanismus blitzte und schillerte es in tausend Gestalten und Farben. Die sittlichen Folgen dieses Gegensatzes werden uns noch entgegentreten, hier sei nur auf das Urtheil Burckhardt's (I, 315) hingewiesen: „Die Humanisten sind die auffallendsten Beispiele und Opfer der entfesselten Subjectivität".

γ) D i e b e i d e n G e i s t e s a r t e n u n d d i e S i n n l i c h k e i t. Auch hier stehen antike Humanität und Humanismus ganz verschieden da. Das Alterthum hatte kaum Grund gehabt, „das Recht der Sinne" ausdrücklich zu verfechten. Denn die niedere Sinnlichkeit macht sich kraft der animalischen Grundlage der menschlichen Natur von selbst so geltend, dass ein Sinn, in dem die Idee des Menschen als Lebensnorm erwacht ist, umgekehrt auf ihre Z ü g e l u n g und B e h e r r s c h u n g bedacht sein muss, wie wir das denn auch durchaus als das antike Verhalten aller besseren Naturen zur Sinnlichkeit finden. Nur nach Einer Seite war eine Vertheidigung der Sinnlichkeit oder Natur wohl nöthig: nämlich gegen gewisse hyperspiritualistische Philosophen, na-

mentlich die Stoiker, die das Gute durchaus g a n z a l l e i n in dem
s i t t l i c h Guten finden wollten. Aber wie zart, tactvoll und vernünftig war diese Vertheidigung! Man sehe darüber nur den
schönen und eindringlichen Passus de fin. IV, 24—42. Es ist
wahrscheinlich, dass die dort gegen den ethischen Spiritualismus
der Stoiker ausgeführten Gedanken auch wohl der jungakademi-
schen Schulpolemik gegen den Stoicismus angehören, aber es
sind auch Gedanken, die sich aus dem unmittelbaren humanen
Bewusstsein gegen eine unwahrhaftige Tyrannei der abstracten
Vernunft erheben. Der Grundtrieb des Menschen ist nach den
Stoikern der der Erhaltung des eigenen Wesens. Ganz richtig,
heisst es dort. Aber sind wir denn reiner Geist? Wir sind
vielmehr M e n s c h e n, wir bestehen aus Seele und Leib, diese
unsere b e i d e n Seiten müssen wir also lieben und aus der Berücksichtigung beider die Idee des höchsten Gutes formuliren
(25). Nur in dem einzigen Falle würde das höchste Gut a u s-
s c h l i e s s l i c h in die Tugend zu setzen sein, wenn es ein ge-
schaffenes Wesen (animal) gäbe, das ganz aus Geist bestände,
und auch dann nur, wenn diesem Geiste wirklich jedes natürliche Moment (*quod est secundum naturam*), wie z. B. die Gesundheit, abginge (28). Wie aber hat nun die Natur den M e n-
s c h e n angelegt (*inchoavit*)? Die Vernunft (*sapientia*) hat den
Menschen doch nicht erzeugt, sondern ihn, wie er von der Natur
angelegt ist, entgegengenommen. Sie hat ihn also zu vollenden
wie Phidias ein Werk vollenden würde, das er nicht ganz und
gar aus sich concipirt, sondern von einem anderen angefangen
überkommen hätte (35). Verstümmelt ist die Idee derer vom
höchsten Gute, die ihr nur Eine Seite des Menschenwesens zu
grunde legen, vollkommen nur die Idee derer, die keine körperliche oder geistige Seite seines Wesens ohne Fürsorge (*vacuam
tutela*) gelassen haben. (36). Durch diese schlagende Argumentation muss sowohl die sinnliche Seite des Menschenwesens,
wie die Nothwendigkeit ihrer Beherrschung durch die Vernunft
zu ihrem Rechte kommen. Dass aber Poesie und K u n s t auch
in der Tendenz zu pflegen war, damit die höhere S i n n l i c h k e i t
der menschlichen Natur nicht gegen die abstracte Vernünftigkeit und die forschende Verstandesthätigkeit verkümmere, das
kam den Alten in dieser Form nicht eben zum Bewusstsein.
Denn bei den Griechen hatten Poesie und Kunst in Folge des

instinctiven Sichauslebens der nationalen Begabung geblüht; bei den Römern aber war in der humanen Gesellschaft wenigstens die bewusste Hochschätzung der Poesie und immerhin auch der Kunst und die auf reproductive Leistungen in der Poesie bedachte Liebe zur Dichtkunst erwacht: Poesie und Kunst waren edle Zweige im geistigen Leben, welches man mit Enthusiasmus hochstellte; und dass hier die höhere Sinnlichkeit der Phantasie der Mutterboden war, in dem jene beiden Zweige gedeihen, das machte man sich nicht so ausdrücklich klar, weil die doch auf der anderen Seite unzweifelhafte Zugehörigkeit der Poesie und Kunst zu den geistigen Bestrebungen genügte, für die redende und die bildende Kunst die Liebe der Herzen zu erwecken. In der Renaissance dagegen erhob die niedere und höhere Sinnlichkeit aus dem Grunde so mächtig ihr Haupt, weil eine Epoche vorangegangen war, die des mittelalterlichen Christenthums, in der die Geistigkeit als das durchaus Höhere des Menschenwesens in verklärtem Scheine angesehen war und das Leben in der Richtung auf die weltflüchtige Liebe Gottes als die höhere Erfüllung der menschlichen Bestimmung gegolten hatte. Man kann den asketischen Geist des mittelalterlichen Christenthums von verschiedenen Seiten her bekämpfen. Entweder man schätzt ihn zwar hoch, wenigstens in solchen, bei denen er sich auf grund einer inneren Vocation zu entfalten scheint, aber man hält dafür, dass es nur ein Wahn sei, nach dem Tode so zu sagen günstigere Bedingungen durch die Askese zu erlangen als die Weltkinder; denn dass der Herzensfrieden im Leben mehr im Kloster als in der Welt wohne, und dass dieser ein höheres und gewisseres Gut sei als die Unrast des weltlichen Lebens, bezweifelt man kaum. Oder man hat für die Abtödtung des Eigenwillens und des Fleisches keinen Sinn, man versteht sie nicht, man hasst sie, vielleicht auch nicht ohne dass man sich durch sie beschämt fühlt. Oder man sieht an ihr nur die zahlreichen Missbräuche, namentlich aber die Unwahrhaftigkeit derer, die „heimlich Wein trinken und öffentlich Wasser predigen", und schüttet das Kind mit dem Bade aus. In der Renaissancezeit nun floss (seit Filelfo, Nerrlich, S. 60) die Feindschaft gegen die Weltflucht und Verneinung der diesseitigen Freuden namentlich von den beiden letzteren Befehdungsquellen her zu einem mächtigen Strom zusammen; und wenn manche

Humanisten, wie z. B. Pomponazzo (Nerrlich, S. 74), recht im
Gegensatze zu der antiken humanen Gesellschaft, sogar die Unsterblichkeit der Seele überhaupt bezweifelten und „von diesem
Zweifel eine mächtige Quelle der Wunsch war, der verhassten
Kirche innerlich nichts mehr zu verdanken" (Burckhardt II, 312),
so mischte sich auch noch etwas von der ersten Art der Opposition gegen die Askese ein, aber wohl ohne dass auch nur
eine Anerkennung der Hoheit der asketischen Richtung die
Bestreitung des realistischen Begründetseins ihres Glaubens gemildert hätte. Das Bekenntniss zu dem Rechte der Sinnlichkei·
nun aber ist von der einen Seite her nichts anderes als das
Kehrblatt der Feindseligkeit gegen die Weltüberwindung. Auf
der anderen Seite aber hat die Freude zumal an der höheren
Sinnlichkeit der Menschennatur auch noch einen positiven Grund
an dem ganzen Geiste der Renaissancemenschen, den Burckhardt (II, 200) treffend charakterisirt als „jene leichte Lebendigkeit und Sicherheit des ganzen Menschen, jene mit allen Gegenständen spielende Gestaltungskraft in Wort und Form". Auf
alle Fälle erscheint das Renaissancezeitalter so recht als das
einer Hingebung auch an die sinnliche Seite des Menschenwesens, mag in ihm auch die Sinnlichkeit eine absichtliche Ver-
fechtung (wie bei Jungdeutschland) nur ausnahmsweise, wie z. B.
in den Dialogen des Laurentius Valla (Nerrlich, S. 73) gefunden
haben; und das Nämliche können wir von dem antiken Gegen-
stück, mit dem wir es vergleichen, keineswegs sagen.

δ) Die beiden Geistesarten und die Wissenschaft.
Der Renaissance erscheint im allgemeinen das classische Alterthum als die Quelle alles Wissens.*) Die antike humane Gesellschaft betreibt ihre Studien gleichfalls im wesentlichen als
eine Aneignung der Früchte des griechischen Geisteslebens,
steht dem modernen Ideal des unbeschränkten Fortschreitens
der Erkenntniss noch fern und findet in der systematischen Form
den sachgemässen Rahmen für einen in sich abgeschlossenen
Inhalt des Wissens. Aber so ausdrücklich und ausschliesslich,
wie die Renaissance, glaubt sie doch nicht in einer Culturwelt
der Vergangenheit das Vorbild zu sehen, das wieder in's Leben

---

*) Nur Pico von Mirandula „vertritt allein mit Nachdruck die Wahrheit
aller Zeiten gegen die einseitige Hervorhebung des classischen Alterthums", Burckhardt I, 244.

gerufen werden müsse, sie sucht ihr eigenes Leben zu leben als ein der Idee des Menschen entsprechendes, aber nicht als einen Abklatsch dessen, was ehemals geschichtlich war. Denn ε) das Verhältniss der beiden Geistesarten zu einer retrospectiven geschichtlichen Begeisterung war ganz verschieden. In der Renaissance war eine treibende Macht für die geistigen Bestrebungen des lebenden Geschlechts die Begeisterung für das römische Alterthum als die Glanzzeit der italienischen Nation, insbesondere für das Phantasiebild des römischen Senates und seiner Redner (Burckhardt I, 275). Die antike Humanität hatte als solche keine nationalistischen Ideale, sondern wollte ja eben, wie wir oft aussprechen mussten, über die Grenzen ihres nationalen Wesens hinaus; als römische Geistesart hielt sie ja freilich die Glanzzeit der römischen Geschichte hoch und suchte die Nationaltugenden, die das Vaterland in jener Zeit gross gemacht hatten, zu bewahren oder, sofern sie getrübt waren, wieder zu gewinnen.

ζ) Das Verhältniss beider Geistesarten zur Weisheit. Blosses Wissen, auch das vielseitigste, ist noch nicht Weisheit: Weisheit ist Gesamterkenntniss („der göttlichen und menschlichen Dinge"), sofern sie der Gesamtpersönlichkeit einen ruhig über der Gesamterscheinung der Dinge schwebenden Blick, Kraft und Festigkeit im Handeln und Seelengrösse im Leiden verleiht. Diese höchste Blüthe des persönlichen Lebens zu erstreben lag mehr im Geiste der antiken Humanität als des Humanismus. Denn jene hing an der Idee selber, dieser an einem concret ausgemalten Phantasiebilde von Zuständen, die er in subjectivistischer Begeisterung herbeiführen wollte. Ruhe aber fliesst aus der Hinkehrung der Vernunft und der Liebe zu der Idee, aus dem Enthusiasmus fliesst unruhvolles Strebewesen. So sind denn in der Renaissance die Persönlichkeiten von antiker Weisheit selten. Es sind besonders Gasparo Contarini (Burckhardt I, 317) und dessen Ideal Fra Urbano Valeriano von Belluno, welcher letztere aber ein Bettelmönch war (Burckhardt I, 318), ferner der an Diogenes erinnernde Fabio Calvi von Ravenna, der Berather Raffaels (Burckhardt I, 318f.); auch Pomponius Laetus nach dem Briefe seines Schülers Sabellicus (Burckhardt I, 319f.), endlich vor allen Luigi Cornaro (Burckhardt II, 55—58), der 1565 mehr als hundertjährig zu Padua starb und der in

seinem 84ten Jahre seine berühmten *discorsi della vita sobria*
verfasste, in denen er mit der fühlbaren Wahrhaftigkeit einer
aufrichtigen Selbstschilderung die Bedingungen eines weisen
und glücklichen, zu hohen Tagen kommenden Lebens zeichnet
und an den Cato maior Cicero's erinnert, dem er an liebenswürdiger und kräftiger Weisheit gleichkommt. Die ausführlicheren
Charakteristiken dieser verhältnissmässig wenigen Männer der
Renaissance, die an antike Weisheit gemahnen, sind bei Burck-
kardt an den aa. Oo. sehr anziehend entworfen. Eigentliche
Weisheitsideale sind nun ausser allenfalls dem jüngeren Cato
und dem Scaevola und Crassus in Cicero de oratore in den Personen der römischen humanen Gesellschaft kaum zu verzeichnen,
aber alle kommen der Weisheit doch näher als die meisten Sturm-
und Drangmenschen der Renaissance, kraft ihrer grösseren
Gehaltenheit, ruhigen Heiterkeit und Leidenschaftsfreiheit.

η) Das Verhältniss der beiden Geistesarten zur
Religion. Die antike Humanität, die für sich selbst in dem
Gedanken an Gott und Unsterblichkeit und in der Bevorzugung
der Tugend vor allen äusseren Gütern ihr religiöses Bedürfniss
befriedigte, konnte zu der Religion des Volkes, dem sie ange-
hörte, nur das einfache Verhältniss haben, sie innerlich als unwahr zu erkennen, nach aussen hin vor dem Volke, das diese
Haltung nicht verstanden haben und vielleicht mit leidenschaft-
lichem Unverstand gerächt haben würde, ihre Gebräuche mit-
zumachen, ihre Vorstellungen zu theilen, vgl. oben S. 183 f. 232 f.
So (bei aller kaum vermeidlichen Doppelsinnigkeit) einfach ist die
Stellung der Humanisten zur christlichen Religion doch nicht.
Im grossen und ganzen ist der wirkliche Geist ihrer Bestrebungen
dem christlichen entgegengesetzt, sofern jener auf diesseitige,
dieser auf jenseitige Ziele den Hauptton legt. Aber zum theil
ist man sich nicht recht klar über diesen Gegensatz. Dante,
der einem hochragenden Berge von riesigem Umfang gleich,
den Fuss in zwei Weltalter — die mittlere und schon die moderne Zeit — setzt, vereinigt noch am meisten das Alterthum
und das christliche Weltalter in Einer grossen göttlichen Oekonomie, welche Vorstufe und Vollendung umfasst. Petrarca, der
eigentlichste Vater des Humanismus, der erste glühende Verehrer
des Alterthums, trägt doch noch das Moment der Christusliebe
in sich, ohne die er kein guter Mensch werden könne (Nerrlich,

S. 57) und vertheidigt (ep. sen. l. I, ep. 5) die Vereinbarkeit des Humanismus und Christenthums, deren wahre Vereinbarkeit doch wohl nur in dem im Eingange dieser meiner Schrift gezeichneten Sinne möglich ist. „Die Kirche gab sich arglos den Einflüssen des neuen Geistes hin" (Nerrlich, S. 64) und wurde erst durch die deutsche Reformation darauf gestossen, sich auf ihren wahren Geist zu besinnen; durch die glaubensernste deutsche Reformation ist das Papstthum von dem Untergange durch Unklarheit und Verkennung des wahren Geistes der Kirche gerettet, indem es zu einer Gegenreformation getrieben wurde, die nunmehr in Männern wie Ignatius von Loyola und Carl Borromeo ihre Wurzeln in den wirklichen Sinn einer von Gott geordneten „Gemeinde der Heiligen" versenkte. Die deutschen Humanisten blieben im allgemeinen, etwa den der italienischen Renaissance am meisten geistesverwandten Hutten ausgenommen, mit dem christlichen Geiste in engerer Verbindung. Erasmus will durch die lateinischen, griechischen und hebräischen*) Studien vor allem doch die heilige Schrift erschliessen (Nerrlich, S. 105), und Reuchlin warnt davor, „durch den Sirenengesang der Dichtkunst und Beredtsamkeit die Seelen in's Verderben zu stürzen" (Nerrlich, S. 107).

b) **Unähnlichkeiten und Gegensätze in Dingen, die von den Principien weiter abwärts liegen.**

α) **Neue Gegenstände des wissenschaftlichen Interesses bei den Humanisten.** Seit Petrarca sammeln die Humanisten antike Münzen und Medaillen (Nerrlich, S. 54), seit Poggio antike Inschriften (Nerrlich, S. 57); allmählich tritt bei ihnen eine förmliche Wuth für Sammlungen und Denkmäler aller Art aus dem Alterthum ein (Burckhardt I, 228). Die antike Humanität, die noch wesentlich im Vollbesitz dieser Dinge lebte, kennt dergleichen nicht. Sie ist damit in wissenschaftlicher Beziehung einseitiger, aber auch buchstäblich idealer, da ihr Erkenntnissstreben mehr durch die Einheit der Idee als durch die bunte Vielheit der concreten Wirklichkeit (einer vergangenen Zeit) regulirt wird. Damit hängt zusammen, dass der Sachinhalt des Alterthums als solcher bei jenen die Conversation beherrschte

---

*) Auch das Studium des Hebräischen verleiht nach der Ansicht der deutschen Humanisten Humanität, Nerrlich, S. 116. Ueber die aber auch in Italien seit Dante aufblühenden hebräischen Studien vgl. Burckhardt I, 241 f. 333—338.

(Burckhardt II, 135), während er bei den Alten die sie um-
gebende und desshalb nicht so ausdrücklich beachtete Realität
selber war, und die Erkenntniss dessen, was auch für sie schon
„Alterthümer" waren, zwar zu den Gegenständen ihres geistigen
Interesses, aber doch nicht zu dem geistigen Mark ihres Strebens
gehörte. (vgl. oben S. 389).

β) Aufkommen des modernen Gedankens der wissenschaftlichen Collectiv-Arbeit bei den Humanisten.
Wenn wir oben in der Beschreibung der Geistesart, mit welcher
die antike Humanität an die Aufgabe des wissenschaftlichen
Erkennens heranging, öfters hervorgehoben haben, dass diese
Aufgabe im Gegensatze zu der modernen wissenschaftlichen
Arbeitsart, nach der nur von dem collectiven Bemühen Unzähliger die Förderung des menschlichen Erkenntnissbaues erwartet
wird, als eine dem einzelnen in seiner (dann eben ausserordentlich begrenzten) Totalität zu lösende vorschwebte, so kommen
bei den Humanisten zuerst litterarische Gesellschaften auf,
deren Idee schon dem modernen Geiste wissenschaftlicher Arbeit
verwandt ist. Die *sodalitas litteraria Rhenana* (Nerrlich, S. 86)
ist das hervorstechendste Beispiel von ihnen. Die griechischen
Philosophen- und die griechischen und römischen Rhetoren-
schulen sind doch ganz anderer Art. In ihnen dominirte das
Schuloberhaupt, das die Ueberlieferung der fertigen Lehren des
Meisters — mit dem das Schuloberhaupt, vielleicht schon ein
Diadoche, nicht zusammenzufallen brauchte — weiter leitete:
modificirte es oder einer der Jünger die Schullehre, so galt das,
was dabei herauskam, doch wieder als das fertige System der
Erkenntniss, und an ein allmähliches Ausbilden eines in weiter
Ferne schwebenden Ideals durch Austausch hinüber und herüber
und durch Theilung der Arbeit war kein Gedanke.

γ) Ueberschätzung der rein formellen Beredtsamkeit bei den Humanisten. In der Denkweise der antiken
Humanität war ganz gewiss der Werth der Beredtsamkeit nicht
zu kurz gekommen, aber ein Zerrbild der Wahrheit ist es, wenn
Nerrlich (S. 115) von einem „verbrecherischen (sic!!) dictum Cicero's spricht, dem zufolge nichts so gemein sei, dass es nicht
durch Wohlredenheit Glanz empfangen könne". Betonen doch
alle theoretischen Schriften Cicero's und insbesondere der 1..
Crassus in de oratore, als der Träger der höchsten Auffassung,

dass die Grundlage aller Beredtsamkeit die umfassende Bildung, das sachliche Wissen des Redners ist. Nur kommt es für Beredtsamkeit nach ihrer formalen Seite nicht nur darauf an, *quid quisque dicat*, sondern auch *quomodo dicat*, und in diesem Zusammenhange kann ganz unverfänglich der Gedanke auftreten, dass auch das Gewöhnliche, was doch vom sachlichen Inhalt oft nicht auszuschliessen sein wird, im Munde des Redners (durch die ihm zu gebote stehenden formalen Schmuckmittel) Glanz empfangen kann. Bei den Humanisten nun aber wird wirklich die rein formelle Wohlredenheit überschätzt; eine Beredtsamkeit, „für die der Inhalt nichts, die Form alles ist, ist ihr Ideal" (Nerrlich, S. 115); der Gebrauch der Reden nimmt einen colossalen Umfang an (Burckhardt I, 275 ff.), und zwar überwiegt die epideiktische, die blosse Prunkrede weit über solche Reden, die eine ernste Entscheidung richterlicher Collegien oder berathender Versammlungen herbeiführen wollen, während in der Praxis der antiken humanen Gesellschaft erwachsener und reifer Männer solche Reden, die bloss der jugendlichen Schulbildung angehören, kaum vorkommen. Die erst seit dem Ende des 15ten Jahrhunderts sich bedeutend mildernde Citirwuth dieser Reden wäre vollends bei dem geläuterten Geschmack der antiken Humanität eine Unmöglichkeit gewesen.

δ) Verhältniss beider Geistesarten zum Aberglauben. Nerrlich (S. 74) will den Ursprung des „wahrhaft teuflischen" Hexenglaubens, welcher eine furchtbare Erscheinung der Jahrhunderte um die Reformation herum ist, mit der humanistischen Verehrung des Alterthums in Verbindung bringen, an dessen Aberglauben er angeknüpft habe. Er vergisst dabei, dass sich schon M. Cicero im zweiten Buche de divinatione als zu einer wahrhaft unübertrefflichen Geistesfreiheit gegen allen Aberglauben durchgedrungen zeigt, während sein Bruder Quintus im ersten Buche nur einem frommen und praktisch unschädlichen Divinationsglauben huldigt. Wenn das humanistische Zeitalter insbesondere dem astrologischen Glauben ergeben erscheint (Nerrlich, S. 74), so hätte es aus der wahrscheinlich an Panaetius sich anschliessenden Darstellung Cicero's in de divinatione II, 87—99, vgl. meinen Aufsatz „Ein Capitel aus dem Kampf zwischen Glauben und Unglauben im Alterthum", Preuss.

Jahrb. 1893, Augustheft, S. 278—80, die lichtvollsten und über-
wältigendsten Argumente gegen diese Form des Aberglaubens
sich aneignen können. Zu Ehren Reuchlins muss es gesagt
werden, dass wenigstens dieses Haupt des deutschen Humanismus den astrologischen Aberglauben für das erkannt hat, was
er ist; auch Petrarca hatte freien Geistes gegen den Glauben
an Prodigien und gegen die Astrologie polemisirt (Nerrlich,
S. 54. 91).

c) Unähnlichkeiten und Gegensätze in Leben und
Sitten beider Culturepochen.

α) In sittlicher Hinsicht müssen die Vertreter des
Humanismus denen der antiken Humanität weit nach-
stehend erscheinen. An der römischen Nobilität der letzten
beiden Jahrhunderte von dem Untergange der Republik soll ihre
Verderbtheit, auch die sittliche, der Urquell aller anderen, nicht
beschönigt werden, aber soweit die Nobilität von dem Geiste der
humanen Gesellschaft erobert wurde, so weit fand sie ein Gegengift gegen die sittliche Verderbtheit, das in edel angelegten
und starken Naturen auch die Versuchung durch die niederen
Gelüste und den Ansteckungsstoff überwand. Die Kreise der
beiden Scipionen, des L. Crassus und Lutatius Catulus und Cicero's muss man sich im wesentlichen als sittlich achtenswerth
denken. Dagegen „verfiel seit dem Anfang des 16ten Jahrhunderts die ganze Menschenclasse der Humanisten einem lauten
und allgemeinen Misscredit" (Nerrlich, S. 70 nach Burckhardt
I, 311), den sie im wesentlichen durch ihre sittliche Qualität
selber verschuldet hatte.*) Von Anfang an „sanken nicht wenige der Vertreter des Humanismus gleichzeitig mit der Aufnahme des antiken Geistes in einen Pfuhl von Unsittlichkeit und
Gemeinheit hinab" (Nerrlich, S. 48).**) Schon Petrarca, der

---

*) Doch vgl. Burckhardt I, 313 über drei Gründe des Niedergangs der Hu-
manisten in der allgemeinen Achtung.

**) Nerrlich schliesst daran (vgl. auch seine Bemerkung S. 55) den horribelen
Relativsatz „welcher nur die unausbleibliche Folge dieses Geistes ist" (!!!). Und
dabei sollte bis auf den heutigen Tag seit mehreren Jahrhunderten von den Er-
leuchtesten unseres Volkes, nach dem Gewissen der Regierungen, für das Theuerste,
was unser Volk hat, die heranwachsende neue Generation, das classische Alterthum
als eine der wichtigsten Grundlagen seiner Bildung angesehen werden! Wie viel
besonnener urtheilt Burckhardt (I, 313): „Das Alterthum störte die Sittlichkeit der
Humanisten, ohne ihnen die seinige mitzutheilen". Die Unsittlichkeit der

uns als der zartfühlende Dichter der ätherischen Laura-Sonette
vorzuschweben pflegt, bei seinen Zeitgenossen aber seinen
Ruhm als der erste Wiedererwecker des Alterthums besass, hatte
mit Concubinen gelebt und damit den Ton für eine lange Reihe
von Humanisten angegeben (Nerrlich, S. 55). Von da ab wett-
eiferte Leichtfertigkeit im Leben mit Obscönität in den Schriften
sehr vieler italienischer Humanisten. Bei den deutschen stand
es vielleicht nicht ganz so schlimm, doch war auch hier, namentlich in Folge der Unsesshaftigkeit des Lebens, der sittliche
Ernst in's Wanken gerathen (Nerrlich, S. 86. 115); z. B. Conrad
Celtes führte ein sittenloses Leben, Eoban Hesse war ein Säufer
(Nerrlich, S. 89), wie denn überhaupt in diesem alten Nationallaster der Trinkliebe die deutschen Humanisten schlimmer als
die italienischen waren, die ihrerseits in *Venere* mehr peccirten.
Doch gab es auch sittenstrenge Philologen (Burckhardt I, 313),
wie z. B. ausser den oben (S. 471) genannten Vittorino und Guarino (Burckhardt I, 257), Erasmus und Reuchlin.

Man könnte auf den Gedanken verfallen, jene Sittenlosig-
keit gerade bei den Humanisten zu vertheidigen mit der Rücksicht darauf, dass sie nun eben zu einer neuen, gegen die alte
oppositionellen, Ethik sich bekannten, mit der sie im Einklang
war: denn dass eines jeden sittliches Verhalten an seiner eigenen
Ueberzeugung zu messen sei, dieser Gedanke hat seit den griechischen Sophisten bisweilen (z. B. bei Abälard und Nietzsche)
das Haupt erhoben. Der Gedanke hat auch in abstracto eine
gewisse Richtigkeit, den Fall nämlich einmal angenommen, dass
auf dem unzweifelhaft von jedem Standpunkt aus als sittlich
gut zu erklärenden Grunde einer reinen Wahrheitsliebe und
rücksichtslosesten Wahrheitsstrebens das Ethische festgestellt
würde, wie es sich da ergäbe, auch wenn es von dem bestehenden Ethischen abwiche. Allein wer sollte es für psychologisch richtig halten, dass die nach dem Gesichtspunkt der alten
und allgemeinen Ethik zu constatirende sittliche Ungebundenheit so vieler Humanisten wirklich nur die Folge eines reinen

---

Humanisten entfloss ja nicht sowohl ihrer Schulung durch das classische Alterthum
— höchstens der Schulung durch ein sehr einseitig aufgefasstes Alterthum und einen
sehr willkürlich ausgewählten Theil seiner Schriftsteller — sondern ihrem Subjectivismus, ihrem Gelüste nach Emancipation von der Kirche, das sich zu einem Gelüste der Emancipation von jeder sittlichen Norm verallgemeinerte.

Herzens zunächst einmal ganz theoretisch festgestellten neuen
Systemes wäre? Das Gelüste des natürlichen Herzens, welches
in ethischer Beziehung mindestens als nicht von vornherein
eine Quelle des Guten anzunehmen ist, hat offenbar die ethische
Gesinnung der Humanisten beeinflusst, wenn nicht geleitet. So
sehr es also wünschenswerth ist, dass die thatsächlich bestehenden
ethischen Meinungen nicht überall als feste Schablone der Beurtheilung sittlicher Qualität angelegt werden ohne Rücksicht
auf die besonderen verwickelten psychischen Zustände, die das
sittliche Verhalten bedingen, so sehr muss auch die Sophistik
entlarvt werden, die das ursprünglich von Willensrichtungen
Beeinflusste nachträglich als Consequenz lauteren Erkenntniss-
strebens darstellen möchte.

β) Der Humanismus war von einer grenzenlosen
Eitelkeit und Ruhmsucht erfüllt. Die antike Humanität
birgt unzweifelhaft nach ihren Principien wie die Liebe zu allem,
was etwa ein Lob, was etwa eine Tugend ist, so die Gelassenheit gegen das Gerede der Menschen in sich. Wenn ihr Hauptvertreter zufällig eine der ehrgeizigsten Naturen war und auch
schwacher Eitelkeit einen sehr starken Tribut zollte, so lag doch
bei ihm und überhaupt der humanen Gesellschaft des Alterthums,
wie wir oben (S. 120—122) feststellten, das bessere Bewusstsein
mit seiner Bevorzugung des Seins vor dem Scheinen und seiner
Verachtung von Lob und Tadel im Vergleich zu der Stimme
des eigenen Gewissens in einem doch siegreichen Streite. Die
italienischen Humanisten dagegen, deren Typus in dieser Beziehung wieder schon Petrarca war (Nerrlich, S. 55), haben das
Lechzen nach Ruhm in ihren eitlen Seelen ohne philosophische
Gedankenkritik zu einer Höhe anwachsen lassen, die der Gesellschaft ihres Zeitalters vielleicht mehr als alles andere den
Stempel ihrer Eigenart aufdrückt (Burckhardt I, 171—180).

γ) Der Humanismus leistete an Leidenschaftlich-
keit, Rücksichtslosigkeit und Unfläthigkeit der persönlichen litterarischen Feindschaft das Aeusserste.
Auch im classischen Alterthum war die persönliche Feindschaft mit
Macht geübt (vgl. oben S. 203—205), aber doch mehr politische
Feindschaft oder die des Anklägers vor Gericht gegen den An-
geklagten, nicht eine solche, die dem Rivalen seinen Ruhm
nicht gönnte, auch war nicht alles so gehässig von Herzen ge-

meint, wie es den Vorschriften der obligaten Rhetorik nach
herauskommen musste, und litterarische und wissenschaftliche
Polemik war bei aller Entschiedenheit doch mehr sachlicher
Art gewesen. Bei den Humanisten handelte es sich um die
glühende Eifersucht aller wider alle (vielleicht die eigenen Cli-
quen ausgenommen, in denen eine Hand die andere wusch) in
einem Geschlechte, das keine Zügelung des Ehrgeizes kannte
und naiv genug war, die Hoheit des R u h m e s, der nur wahrhaft grossen Leistungen gebührt, sich an die verhältnissmässig
kleinen Händel seiner wissenschaftlichen und künstlerischen
Streitigkeiten geknüpft zu denken. Bei den italienischen wie
bei den deutschen Humanisten, von welchen letzteren in dieser
Beziehung auch die Reformatoren (ausser dem milden Melanchthon) beeinflusst waren, rissen Invectiven ein von unglaublicher
Schärfe und Roheit, die dem Gegner auch alle erdenklichen
Laster vorwarf (Nerrlich S. 71. 88). Burckhardt drückt sich
noch gelinde aus, wenn er vor Beginn seiner Schilderung dieser
typischen Eigenschaft der italienischen Humanisten (I, 187 ff.)
sagt: „Sie waren ein Geschlecht von geborenen Krittlern und Läs-
terern"; I, 317 muss er hinzufügen, dass oft Morddrohungen gegen
Collegen ausgestossen wurden, und die von ihm daselbst gleichfalls constatirten ziemlich häufigen Fälle von Selbstmord italienischer Humanisten sind sicherlich zum theil auf das Motiv
zurückzuführen, den Qualen eines von neidischen Feinden zu
Tode geärgerten Lebens entfliehen zu wollen.

δ) Die sociale Lebensstellung der Humanisten
stand im allgemeinen hinter der der Vertreter der
antiken humanen Gesellschaft zurück. Gehörten die
letzteren der Aristokratie ihres Volkes an, waren sie Staatsmänner, so waren die Humanisten meist politische Secretäre
der Herrscher der zahlreichen italienischen Kleinstaaten (Burckhardt I, 272 f.); diese aber, die sich als ihre Mäcenate aufspielten,
waren zum theil unterwerthige Naturen (Nerrlich, S. 71). Der
häufige Heimathswechsel, das Vagantenthum besonders der
italienischen (Burckhardt I, 314), aber auch der deutschen
(Nerrlich, S. 88) Humanisten trug stark zur Lockerung der sittlichen Solidität bei, erinnert übrigens viel mehr an die Sophisten
des Alterthums als an die Persönlichkeiten der antiken humanen
Gesellschaft.

Wenn somit in Summa der Vergleich zwischen antiker
Humanität und Humanismus zu gunsten der ersteren ausfällt,
so darf andrerseits zum Schluss doch nicht verschwiegen werden,
dass was die Fülle der Talente und die Macht des Talentes in
vielen der Humanisten betrifft, die Renaissance weit überlegen
dasteht. Während die humane Gesellschaft des Alterthums wenig
bedeutende Spuren ihres Daseins hinterlassen haben würde,
wenn nicht ihr weitaus bedeutendstes Talent in Werken, die
man nicht verloren gehen liess, ihren Geist und ihre Bestrebungen — in ihr mehr Ansatz, erst in ihm Vollendung — in
vergrössertem Maassstabe widerspiegelte, so ist die Renaissance
eine der am meisten von Geist, Phantasie, Lebens- und Schaffens-
drang durchflutheten Culturepochen. Kann doch Burckhardt
(I, 304) sogar das wohlbegründete Urtheil über sie fällen, dass
sie an Schönheitssinn unserer sonst vielfach so unendlich
viel weiter entwickelten Gegenwart „unendlich überlegen sei".
Von ihren höchsten Leistungen, denen in der Malerei, welchen
die mit ihr verglichene Epoche des Alterthums überhaupt nichts
an die Seite zu setzen hat*), gar nicht zu reden, so ist doch
den Schriftstellern und Dichtern der Renaissance eine „Verfeinerung in der Analyse der Gefühle" (Burckhardt II, 129) eigen,
welche der etwa gleichzeitigen Erfindung der Vergrösserungs-
gläser entspricht: wie diese die körperliche Welt aufhellen, so
legt jene die feineren Züge in dem Gewebe des psychischen
Wesens in einem Grade bloss, von dem doch die Alten mit
ihren klaren und klugen natürlichen Augen der inneren Men-
schenkenntniss noch fern waren. Das hat allerdings auch eine
Kehrseite: denn wenn Goethe einmal sagt, die Ferngläser seien
Feinde des natürlichen Gesichtssinnes, so kann man auch von
allzu verfeinerter Virtuosität in der Seelenanalytik den Eindruck haben, dass die Sucht, das Allerfeinste zu sehen, weiter
geht als die Feinheit der Fäden in dem wirklichen Gegenstande,
dergleichen ich z. B. besonders bei den psychischen Zergliede-
rungen Balzacs empfunden habe, der, wie alle Modernen, auf
den Schultern der Renaissance steht. Auch schauten die Humanisten wenigstens zum theil, wie Cosimo und Lorenzo Medici

---

*) Doch ist auch in der Renaissance meist eine oft mehrere Menschenalter
betragende zeitliche Priorität der Bildung vor der Kunst zu constatiren, Burckhardt II, 31.

und Marsilius Ficinus (Burckhardt I, 262) empor zu höheren Offenbarungen des griechischen Alterthums, nämlich dem Platonismus, als die römischen Humanen, die aus den Werken des göttlichen Plato nur ziemlich zerstreuten Strahl auffingen und das in ihnen erweckte philosophische Bedürfniss an dem Quell der späteren griechischen Philosophenschulen, also immerhin einem Quell zweiten Ranges, stillten.

4. Die antike Humanität und die Gegenwart.

In diesem Abschnitt soll der Begriff der antiken Humanität nicht so sehr in dem specifischen Sinne des Inhaltes urgirt werden, welcher sich als sein eigentlicher herausgestellt hat, sondern überhaupt das classische Alterthum vorschweben nach dem, was es für die Gegenwart sein kann und meines Erachtens sein sollte, jedoch so, dass seine Menschlichkeit immer als seine wichtigste Seite, als das Dauernde in seiner Leistung für die Menschheit vorausgesetzt wird und dagegen das nur Thatsächliche an ihm, das was nicht von dem Grundgedanken der Humanität durchleuchtet wird, zurücktritt. Da mag also die griechische Litteratur und Kunst, wie es ihr an sich zukommt, weit im Vordergrunde gedacht werden, nur dass nicht das unglückliche und gehässige Vorurtheil der letzten Jahrzehnte die Mittelpunktstellung verkennen möge, die Cicero als Vertreter der eigentlichen antiken Humanität einnimmt; da mögen auch die absteigenden Aeste der Laufbahn der griechischen und römischen Cultur aus dem Gesammtbilde des classischen Alterthums nicht ausgeschlossen sein.

Etwas Neues wird unter dieser letzten Ueberschrift am allerwenigsten zu sagen sein; nur wird die Summe von Einzelgedanken, deren jeder für sich mehr oder weniger oft ausgesprochen sein wird, in gerade dieser Combination eine immerhin selbstständige Urtheilsabgabe darstellen, der das in obigem Versuch bekundete Interesse für das Alterthum sowohl wie für die dauernden menschlichen Aufgaben einige Beachtung zuwenden möge.

Denen, welchen jeder Versuch, am Rade der Zeit nach rückwärts zu drehen, von vornherein als eine Donquijoterie erscheint, bemerke ich, wenn ich allerdings die Hochschätzung des classischen Alterthums in eine etwas rückläufige Bewegung versetzt zu sehen für meine Person den innigen Wunsch hege, im voraus,

dass in gewissen grossen Hauptpunkten der neuen Zeit das gute
Recht oder doch die Unabänderlichkeit ihres Dahinziehens in
eigenen und neuen Bahnen von keinem Einsichtigen bestritten
werden wird. Solche Hauptpunkte sind:

Die neue Zeit wird in der auf ihren eigenen Methoden ba-
sirenden Erkenntniss des Naturbestandes, Naturgeschehens und
seiner Gesetze und der technischen Benutzung dieser Erkenntniss zur Erleichterung und Bereicherung des Menschenlebens
immer weiter schreiten zu Zielen, von denen die Alten keine
Ahnung hatten. Sie wird in dem durch ihre wunderbar vervoll-
kommneten Verkehrsmittel wunderbar gehobenen Austausch
geistiger und materieller Güter zwischen den Völkern der Erde
die entsprechenden Zustände des Alterthums auf einer ganz kind-
lichen Stufe hinter sich zurücklassen. Sie wird das Wissen des
Alterthums in Folge ihres Grundgedankens, dass das menschliche Wissen nicht im Sturme von dem einzelnen erobert werden
kann, sondern seine Erwerbung mit Geduld und Ausdauer auf
die Collectivarbeit unabsehbarer Geschlechter vertheilt werden
muss, in allen Gebieten der Geistes und der Natur, darunter
zahlreichen gänzlich neu entdeckten, unermesslich zu bereichern
und zu vertiefen fortfahren. Sie wird ihre eigenen, verwickelteren
Zustände nach eigenem Bedürfniss zum besseren zu gestalten,
einen unvergleichlich grösseren Aufwand von Geist und Kraft
daransetzen. Ihre Kunst wird ihren eigenen Lebensinhalt spiegeln; ihre Erholungen und Freuden werden ihren eigenen Lebensbedingungen angepasst sein.

Aber die Gesinnung, dass die immerfortige Veränderung,
das unabsehbare Fortschreiten die einzige Pointe des Menschenlebens sei, die Vorstellung, dass neue Geschlechter ohne Berührung ihres gänzlich neuen Lebens mit früheren kommen
würden, vergisst, dass das ganze Treiben des höchsten Ge-
schöpfes unseres Planeten ein für alle Mal, wenn auch in weiter
Ferne, von einem und demselben Rahmen umspannt sein muss,
den Grenzen der menschlichen Natur, mögen sich diese auch,
da die menschliche Natur nur langsam ihre Tiefen ausmisst,
elastisch weit hinaus dehnen. Etwas Besseres als Menschen
können doch nie zukünftige Geschlechter sein, und sollten sie
noch ungeahnte Elemente in ihr Leben aufnehmen, so war es
eben die Anlage des Menschenwesens selbst, die noch Unge-

ahntes in sich barg. Diese Anlage des Menschenwesens aber
war es eben, auf die das höchste Interesse des Alterthums sich
richtete, um eine Norm für das Menschenleben zu gewinnen; und
so gewiss Athmung und Blutumlauf immer die unaufgebbaren
Bedingungen des leiblichen Lebens der Menschen bleiben werden,
so gewiss wird auch ihr geistiges Leben immer von den Grund-
bahnen eingeschlossen bleiben, über die sich schon die Alten
in ihrer Aufmerksamkeit auf diese Hauptsache klar wurden.
Jetzt aber verliert sich der Mensch mehr nach aussen: das gafft
nach den Ausstellungen der in's Erstaunliche producirten Güter
herum und verlernt, nach Innen zu schauen. Sobald aber der
Mensch sich besinnt, dass die Aufgabe, Mensch zu sein, ihm
nicht abgenommen und nicht ersetzt werden kann durch alle
Erfindung, welche die eine Seite seines Genius, wie eine Neu-
schöpfung in der Natur, auf der von ihm beschämten Erde ausbreitet, so schlägt er auch die Fäden der Verbindung zurück
zum Alterthum, welches sich bemüht hat, ihm erst einmal die
ewige Hauptsache vorzuleben. Wer da glaubt, dass das Alterthum, gänzlich überholt, allmählich in ewige Vergessenheit sinken
könne, der vergisst, dass auch alle Zeitalter mit noch so mo-
dificirtem Inhalte immer nur Specialfälle des Menschlichen sein
können, und dass die Grundzüge des Menschlichen eben aus
der jugendlichen Einfachheit des Alterthums unauslöschlich aus-
gemeisselt hervorleuchten. Die Zeitalter haben ihr Eigenartiges,
das ist wahr, und wer besonders da für Interesse hat, wie das
bei vielen Modernen der Fall ist, dem kann die Menschheit in
den Zeitaltern wie ausgetauscht vorkommen; aber neben und
unter allen Verschiedenheiten bleibt doch immer das unverlier-
bare gleichartig Menschliche bestehen, und aus diesem laufen
Fäden zum classischen Alterthum hin, die keine Monomanie für
das Moderne zerschneiden wird.

Als die nähere Fragestellung, die in dem Folgenden ihre
Beantwortung zu finden hat, ergiebt sich

a) Welche Bedeutung hat das classische Alterthum für die Gegenwart?

α) Für die heranwachsende Jugend bis zur Zeit
ihrer Berufswahl? Es hat noch jetzt einen hohen Werth,
so sehr dieser auch von den dem classischen Alterthum feindlichen Richtungen und, wie man bei deren Bedeutung beinahe

sagen kann, vom Zeitgeist selber bestritten wird. Was für die
Bildung das Allerwichtigste bleibt, sich geistige Inhalte zu
schaffen und namentlich auch, sie exponiren, fortbilden und
vertreten zu können, das verdankt unsere Jugend unter allen
ihren Bildungsmitteln am meisten der gründlichen Beschäftigung
mit den alten Schriftstellern, wie sie auf dem Gymnasium getrieben wird. Für das erstere, die Erzeugung von Gedanken
selber, ist freilich noch wichtiger die Einwirkung der Urquellen
aller Erfahrung, der anschaulichen Welt und der erlebten Innen-
welt, auf den von Natur ihr geöffneten Geist. Aber die Gestaltung, die Beherrschung der Gedanken, ihre Zerlegung und
Verbindung, kurz ihre logische Exposition wird am besten gefördert von der Uebung an dem logisch gestalteten Material
der alten Schriftsteller. Neuere sind allerdings bei richtiger
Auswahl ebenso tauglich dazu. Aber diese sind selber durch
die Schulung an den alten hindurchgegangen, so dass die alten
doch mittelbar wieder das eigentlich Normirende sein würden;
und die absolute Ueberlegenheit der beiden classischen Sprachen
in ihrem syntaktischen Bau und die zufällige opportunistische
Ueberlegenheit ihres allen modernen Sprachen gleichmässig
ferner stehenden und dabei im ganzen sinnlicheren und sach-
licheren Ausdrucks machen die antiken Darstellungsmuster doch
für die jugendliche Geistesbildung der Modernen unersetzlich.
Bewusst ist sich dieser aus der Beschäftigung mit griechischen
und lateinischen Schriftstellern ihr erwachsenden Wohlthat die
Jugend meist nicht genug; aber thatsächlich trägt sie sie davon
in allem, was sie bis in's spätere Berufsleben hinein an Orientirung über das Zusammengesetzte und an kunstvollerer mündlicher oder schriftlicher Exposition geistiger Inhalte leistet, mag
auch allmählich die Wirkung der näher liegenden Uebung in's
Uebergewicht kommen. Das Wichtigste an jedem Bau bleibt
seine Fundirung, wenn sie auch nicht in die Augen fällt.

Die Jugend trägt ferner aus ihrer Beschäftigung mit dem
classischen Alterthum eine Fülle von inhaltlichem Besitz über
Personen und Sachen davon, in denen Grundtypen des Menschlichen ausgeprägt sind. Zahlreiche bedeutende Persönlichkeiten,
die bei ähnlichen Elementen ihres Wesens doch durch deren
verschiedene Mischung und Combination nach mannigfachen
Seiten significant hervortreten, gewinnen abbildliche Gestalt in

ihr, und ihr Besitz darf ihr auch um des willen nicht fehlen, weil spätere geschichtliche Persönlichkeiten nicht ohne Beziehung zu den antiken das geworden sind, als was diese sich nun der menschlichen Bildungsbeflissenheit präsentiren. Die aus dem classischen Alterthum sich der Jugend darbietenden Sachen gehören mannigfachen Gebieten des Lebens an, die aus der menschlichen Natur stets wieder hervor wachsen müssen, sie sind einfach, übersichtlich, anziehend und vielfach der Keim, aus welchem die entsprechenden reicher entwickelten modernen hervorgesprosst sind oder mit dem sie doch, auch wenn sie nicht ihrem Ursprunge nach im Zusammenhange mit ihm stehen, eine fruchtbare ideale Vergleichung zulassen und nahe legen.

Die Gymnasialjugend gewinnt aus der altclassischen Litteratur schöne und in ihrer Art vollkommene Typen der Hauptgattungen der redenden Künste, aus Homer den nirgends sonst erreichten des Volksepos, aus Vergil des höfischen und absichtlich patriotischen Epos; aus Sophokles der Tragödie; aus Thukydides den der pragmatischen, aus Tacitus den der moralistischen und richterlichen, aus Herodot, Xenophon und Livius den einer episch anmuthigen, aus Sallust den einer aus dem thukydideischen und taciteischen Charakter gemischten Geschichtsschreibung, aus Caesar den der Memoiren eines leitenden Mannes; aus propädeutischen Dialogen Plato's doch einen Anflug des philosophischen Geistes (und ein nur wenigen vergleichbares Idealbild des Weisheitsstrebens und menschlicher Tugend, das des Sokrates); aus Demosthenes den des ernsten und gewaltigen, aus Lysias den des feinen und logischen, aus Cicero den des vielseitig gebildeten, überströmenden und in allen Darstellungsformen gewandten Redners; aus Cicero's Briefen den der Expectoration eines beweglichen, die Gedanken und Gefühle zahlloser innerer und äusserer Situationen zu unmittelbarem Ausdruck bringenden oder mit Klugheit und Humanität in den mannigfachsten Menschenbeziehungen sich ergehenden, wunderbar geweckten Geistes und immer rührigen Mannes; aus Horaz' Gedichten wenn auch selten den edelster Naturlaute des Herzens, so doch einer feinen künstlerischen Gestaltung der Conceptionen eines lyrisch gestimmten Sinnes, aus seinen Satiren und Episteln den feinsinniger und vornehmer Betrachtung in concreto erfasster sittlicher und geistiger Zustände, wie sie sind und wie sie sein sollen. Es ist aber in allen diesen Werken nicht nur ein ältester und ehrwürdiger Typus von litterarischen Gattungen, also von Provinzen aus dem Reiche des Geistes, der sich darbietet, sondern zugleich das jedesmalige Werk selber in seiner Vollkommenheit. Man pflegt gern anzunehmen, dass damit würdige und veredelnde Gegenstände der Begeisterung und Liebe in die jugendliche Seele gesenkt werden. Und sicherlich wird ihr damit auch mancher zerstreute Strahl so hoher Empfindungen zu theil. Es bildet sich doch zu diesem oder jenem alten Schriftsteller oder auch zu mehreren eine Liebe oder wenigstens Neigung und Vorliebe, und die Zeit, die ihm zu Hause und im Unterricht gewidmet wird, empfindet sich doch als ein bevorzugter und köstlicherer Theil der Tagesarbeit. Allein ich fürchte, man darf diese Liebe und Begeisterung in der Seele unserer gegenwärtigen Jugend doch nicht überschätzen. Naturwüchsiger pflegt in ihnen doch die Liebe zu den sinnlichen Freuden des Lebens zu sein und die Neigung zu allem, was ihrer über ihre Lebensphase hinausstrebenden Eitelkeit schmeichelt. Auch hängt sich an die Beschäftigung mit den alten Schriftstellern doch zu sehr das Gefühl der Schwierigkeit der mit ihrer Bewältigung verbundenen Arbeit; die Jünglinge kommen meist nicht so weit, dass sie den Texten mit einer Vertrautheit gegenüberstehen, wie sie den im Gewande der Muttersprache ihnen entgegentretenden Stoffen eigen ist; und an der Arbeit wird zu sehr ihre Mühe und noch zu wenig ihr die Stunden vernünftig und erquicklich ausfüllender Reiz und ihre sinnvolle Beziehung zu dem Ganzen des Lebens empfunden. Zur Steigerung der Liebe und Begeisterung für die centralsten Gegenstände des Gymnasialunterrichts müssten noch wirksamere Kräfte einsetzen; doch fehlt es an solcher Liebe und Begeisterung meines Erachtens nicht ganz.

Ob nun aber unsere Jugend auch Gesinnung aus der Beschäftigung mit dem classischen Alterthum zieht? Ich fürchte, dieser Punkt, der in der Idee, nach den immanenten Kräften gerade der antiken Schriftwerke, ganz besonders günstig stehen müsste, steht in Wirklichkeit recht schlecht. Ich kann allerdings nicht urtheilen wie einer, dem über das ganze Land ausgesandte Fragebogen in grosser Zahl beantwortet heimgekehrt wären. Aber auch ein solcher kann doch nur nach einer

Summe lauter individueller Meinungen urtheilen, die sich auf einen verborgenen Gegenstand beziehen, der nicht leicht von der statistischen Beobachtung eingefangen wird. Ich wünschte nichts lieber als dass ich mit einer düsteren Auffassung recht sehr unrecht hätte; aber die aus den mir zu gebote stehenden Spuren erwachsende Meinung auszusprechen wird doch erlaubt sein und nichts schaden, zumal ähnliche Auffassungen, wie ich wohl den Eindruck hatte, auch sonst wohl in unseren pädagogischen Zeitschriften laut werden oder wenigstens durchblicken.

Gesinnung ist ein edelster Seelenbesitz, in dem die Zuthaten des Geistes, des Gemüthes und der Willensrichtung zu einer Einheit verschmelzen; ihre Grundlage wird allerdings immer eine ererbte Mitgift des ganzen persönlichen Wesens, im günstigen Falle die „Erbgnade" sein, welchen schönen und die Probe der Erfahrung rechtschaffen bestehenden Begriff zuerst, so viel ich weiss, E. v. Hartmann in seiner Religionsphilosophie eingeführt hat. Besitzt unsere Jugend überhaupt Gesinnung, wenigstens einen Grundstock später zu entwickelnder Gesinnung? Und woher stammen dessen Elemente?

Sie besitzt unzweifelhaft patriotische Gesinnung und würde sie auch bewähren wie ihre Väter 1870/71. Das Gold ihres vaterländischen Sinnes ist echt, wenn auch in Wahrheit das untadlige patriotische Gefühl, das nicht an den Gefahren, aber an den Strapazen, Rücksichtslosigkeiten und Entbehrungen des Krieges verfliegt, die Festigung durch die ernste Zucht des Kriegsheeres nicht würde entbehren können. Die patriotische Gesinnung unserer Jugend ist im wesentlichen angeboren und mit der Luft eingesogen, sie wird ja aber auch durch unsere moderne öffentliche Erziehung so mächtig genährt und gefördert, dass an dieser Art der Einwirkung nichts mangelt, eher einmal zu befürchten wäre, dass ihre Absichtlichkeit verstimmend sich geltend machen könnte. Die patriotische Gesinnung hat an einem nach dieser Richtung fein geweckten Ehrgefühl und nöthigenfalls auch an dem Triebe nach Auszeichnung in specifisch männlicher Tugend einen kräftigen Bundesgenossen. Da ich persönlich philosophisch gesonnen bin, kann ich es allerdings nicht über mich gewinnen, den Zusammenhang dieser edleren, aber doch nicht streng und unvermischt sittlichen Antriebe mit der Eitelkeit zu verschweigen, auf deren Einfluss auf unsere Jugend allerdings mit Sicherheit zu rechnen ist.

Unsere Jugend besitzt ferner überhaupt die Gesnnung des Ehrgefühls, des Haltens auf das „Anständige" in einem Maasse, dass sie mit Festigkeit auch gegen schwer zu überwindende Gegenmotive dem Anständigen folgt, das Gegentheil flieht. Aber hier tritt nun schon ein schwerer Mangel hervor. Sie übernimmt das „Anständige" nicht aus dem gereiften, sittlichen Bewusstsein der Menschheit, sondern macht sich selbst ein im Sinne eines Corporationsgeistes geltendes Anständiges zurecht, an das sie glaubt und durch dessen Befolgung sie sich den Genuss der Ehre innerhalb ihrer Corporation bereitet, vor dessen Verletzung sie in Gedanken an die damit bei der Corporation verbundene Unehre schaudert. Die baare Bezahlung dieser Art sittlicher Gesinnung durch die gesellschaftliche Ehre eines eng umgrenzten Kreises kann sie nicht entbehren. Nun ist aber dieses „Anständige" vielfach in schwerem Conflict mit dem wirklich wohl Anstehenden und Gebührlichen: z. B. Treue, Pietät und strenge Wahrhaftigkeit gegen Eltern und Lehrer ist das wirkliche, von dem reifen sittlichen Bewusstsein unweigerlich vorgeschriebene Gesetz des Verhältnisses der Jugend zu diesen vernunftgemäss für sie bestehenden Autoritäten, aber ungezogene Ueberhebungen (χυθάδεια), Pietätslosigkeit und Täuschung werden von jener Art des Corporations-Ehrgefühls nicht nur ertragen, sondern sogar gut geheissen und, im Falle weitergehender sittlicher Verbildung, verlangt. Das formale Ideal der „Ehre" bleibt hoch, aber in Vergessenheit der guten alten deutschen Verbindung „Zucht und Ehre" hat es sich mit einem ganz verkehrten Inhalt verkoppelt. Die allertraurigsten Verirrungen in dieser Richtung sind bekanntlich die sogenannten Schülerverbindungen, in deren Statuten die Pflicht der Wahrhaftigkeit gegen die Autoritäten ausdrücklich abgeleugnet, also „schön ist hässlich, hässlich schön" zum Gesetz erhoben wird und in deren geistesblöden Zusammenkünften alles Gegentheil von edler Jugendlichkeit blüht, deren Heimlichkeit daher von der Schulverwaltung mit Recht unnachsichtlich verfolgt wird, — die übrigens, wie ich hoffe, in dieser ausdrücklichen Form ziemlich erloschen sein werden.

Der tiefste Grund, wesshalb solche Entartung der sittlichen

Gesinnung der Jugend entstehen kann, scheint mir, dass die Jugend naturalistisch gesonnen, ja sogar von nihilistischen oder anarchistischen Anflügen befallen ist, wenn man von diesem Begriff nur das Merkmal der Fähigkeit und Neigung zu politischen Verbrechen fern hält, die allerdings bei uns gänzlich aus dem zur Rede stehenden Sachverhalt ausgeschlossen ist. Dass die Jugend naturalistisch gesonnen ist, das ist zunächst eben natürlich: woher soll sie denn die Elemente ihrer Gesinnung näher beziehen als aus ihrer eigenen Natur? Diese Natur aber ist, ein optimistischer Philanthropismus drehe und wende sich wie er wolle, einem unableugbaren Verdict der Erfahrung zufolge „böse von Jugend auf"; sie will sich selber, d. h. die Erfüllung ihrer natürlichen Gelüste, und sie hat keine Ahnung davon, dass, wie die „Theologia deutsch" (S. 129) sagt, wer einem Menschen seinen natürlichen Willen thut, der ihm das Allerböseste thut.*) Sie hat gar keine Geläufigkeit der Unterscheidung zwischen dem, was der rohen, von der Vernunft und dem besseren Gefühl noch nicht verarbeiteten Natur augenblicklich angenehm und dem, was dem vernünftigen eigenen Wesen heilsam ist. Kurz, ein grosser Theil der Jugend pflegt naturalistisch, und nicht ethisch gesonnen zu sein.

Ist denn aber an die Stelle dieses wild wachsenden Unkrautes noch nicht die wohl bedachte Aussaat des Gärtners getreten und hat auch das Unkraut zuvor ausgerottet? Ich fürchte, sie ist meist von ihm erstickt worden. Unsere Jugend hat ethische Belehrung empfangen, im Confirmandenunterricht, und zwar in der katechismusmässigen Erklärung der zehn Gebote eine Ethik so einfacher und dabei so umfassender, so tiefer und dabei doch so verständlicher, so gebietend auftretender und dabei doch so überzeugender Art, dass es schwer begreiflich ist, wie damit nicht ein ethischer Gesinnungsgrund für immer gelegt ist· Und doch pflegt es nicht der Fall zu sein, pflegt die Confirmation erschreckend wirkungslos vorüberzugehen. Wie kommt das? Findet sie etwa zu früh statt? Fände sie zwei bis drei Jahre später statt, so würde die Zwischenzeit bis dahin der Mittheilung einer Ethik noch ganz ermangeln, was kaum besser

---

*) Vgl. auch daselbst S. 66: „Das rûchlôs frîe ist aller nâtûre, selbheit und ichheit das sûssest und das lûstigest leben. Es ist aber nit das beste: es mag ouch in etlichen Menschen das bôste werden.

ist als wenn man sie in den Wind schlägt; die Mittheilung des
Glaubens aber würde auf erhöhte Schwierigkeiten in dem weiter
entwickelten natürlichen Menschensinne stossen, der nichts vom
Geiste Gottes vernimmt. In dem Referat des Pastors H. Grashoff
über die sittlichen Verhältnisse der evangelischen Landbewohner
in der Provinz Hannover, das über die Antworten einer von
der allgemeinen Conferenz der deutschen Sittlichkeitsvereine bei
den evangelischen Geistlichen veranstalteten Umfrage einen zusammenfassenden Bericht abstattet (Leipzig, R. Werther 1896)
wird S. 57 aus dem Bezirk Lingen-Bentheim mitgetheilt: „Bei
uns wird spät (meist zwischen dem 17ten und 20ten Lebensjahre) confirmirt; daher bleibt die Jugend unter dem Einfluss
des Predigers fast ohne Ausnahme willig"; aber nach S. 49 erheben sich z. B. in dem Regierungsbezirk Hildesheim und
Fürstenthum Calenberg nur 2 Stimmen für das Hinausschieben
der Confirmation bis zum 15ten oder 16ten Lebensjahre; 22 sind
dagegen, mit der Begründung: „Es würde nur den Erfolg haben,
dass viele gar nicht confirmirt würden und andere viel weniger
gesammelt zum Confirmandenunterricht kämen, als jetzt aus der
Schule". Den Grund in dem Termin der Confirmation zu suchen
muss also sehr zweifelhaft erscheinen. Oder ist etwa die Ethik
zu sehr mit dem Dogma verkoppelt und leidet sie unter der
Unfähigkeit der Jugend, das Dogma in wirklich überzeugtem
Glauben aufzunehmen? Das erste Hauptstück geht im Kate-
chismus voran, und es setzt vom Glauben nur voraus, dass ein
persönlicher und sittlicher Gott ist und dass er zu fürchten und
zu lieben und in seiner Furcht und Liebe der Grund zu allem
guten Denken, Fühlen und Handeln zu finden ist. Das erstere
ist ein den kritischen Verstand, zumal auf dieser Stufe, sehr
wenig herausfordernder Artikel, das zweite ist eine durch und
durch vernünftige, keinen Zweifel ermöglichende Consequenz
des ersteren. Auch pflegt im allgemeinen das kritische Denken
noch wenig entwickelt zu sein und an seiner Statt Denkfaulheit
zu herrschen. Weiterhin verbindet sich allerdings die christliche
Sittenlehre mit dem Gesamtglauben zu einer Einheit, und der
Gesamtglaube pflegt wenig tief in die Seelen der Confirmanden
einzudringen; mit lauer Genirtheit steht man ihm gegenüber,
und die Gratulationsbesuche verspülen den Ernst des Confirma-
tionstages in schaaler Oberflächlichkeit; man hält vom Glauben,

dass das alles ja recht schön sein mag, aber die Realitäten des irdischen Lebens nehmen die Seelen doch gefangen. Aber daran sind nicht „die Dogmen" schuld, von deren Zahl man sich auch ganz übertriebene Vorstellung zu machen pflegt, sondern — und damit kommen wir auf die wirkliche Ursache der meist so geringen Einwirkung der Confirmation — das Uebergewicht des natürlichen Menschen, des „rûchlos frîen Lebens" in den jugendlichen Seelen, das sich um so mehr geltend macht, als sie den wahren Ernst auch der Erwachsenen den sinnlichen und eitlen Seiten des Lebens hingegeben sehen, dem Erwerb, dem Genuss und der Rolle, die man spielt. Das ist es also, dass der Mensch aus Gemeinem gemacht ist und die Gewohnheit seine Amme nennt: daher stammt es in Wirklichkeit, dass auch die Confirmation einen Gesinnungsschatz in's Leben nicht mitzugeben pflegt. Oder wäre etwa ein offenes und entschiedenes Bekenntniss zu der christlichen Sittenlehre unvereinbar mit der jugendlichen Fröhlichkeit? Wer Sachverständniss besitzt, der weiss, dass kopfhängerisches Wesen mit nichten die echte Frucht der Aufnahme der christlichen Sittenlehre in das Innere ist; und wer kännte nicht vereinzelt treffliche Jünglinge, die mit allem Ernst einer im Leben bewährten christlichen Gesinnung erst recht die edelste jugendliche Heiterkeit verbinden?

Wir fragten nach den Quellen, aus denen sich etwa in unserer Jugend der Besitz sittlicher Gesinnung gewinnen liesse. Der Patriotismus, an dem es ihr nicht im geringsten fehlt, könnte auch ein solcher Quell sein. Zwar ist es ein etwas abirrender Gedanke, den Patriotismus zu der (eigentlichen) Grundlage des sittlichen Lebens machen zu wollen, vgl. meine Besprechung eines solchen Versuches in der „Gegenwart" vom 5ten Juli 1890; denn es giebt dafür schon andere Grundlagen, die unmittelbarer und vor allem universaler sind, in der Vernunft, dem Gefühl und Gewissen des Menschen überhaupt; aber was schon von anderen Seiten her gefordert wird, die sittlichen Anlagen zu pflegen und zu fördern, das kann auch als eine Forderung des Vaterlandes erscheinen: um seinetwillen alles Gute thatkräftig zu lieben und alles Schlechte gewissenhaft zu meiden, damit von jedem, soviel an ihm ist, das Vaterland sein wichtigstes Gut erhalte, Bürger, die gesonnen sind wie es recht ist. Nun ist aber diese Verbindung zwischen dem Vaterlandsgedanken und der allgemeinen ethischen Gesinnung der Jugend, in deren Seele die Elemente des Seelenlebens noch äusserlich neben einander liegen und sich noch nicht so zu sagen psychochemisch durchdringen, recht fremd: auch von dieser Seite her baut sie sich, so sehr das, wie gesagt, auch möglich wäre, eine sittliche Gesinnung nicht auf.

(Uebrigens ist es ein anderes, aus Liebe zum Vaterland den Entschluss zu fassen, sich zu dem (anderweitig seinem Inhalt nach gegebenen und beglaubigten) Guten zu bekennen, als den Inhalt des Guten aus dem Nationalcharakter selbst ableiten zu wollen, was heutzutage, wenn auch in mehr oder weniger verschleierter Weise, vielfach zu geschehen pflegt, von einer Seite, die sich so sehr an dem nationalen Gedanken berauscht, dass sie sich darüber zu offener Feindschaft gegen den humanen Gedanken erhitzt, der doch vor hundert Jahren von den grössten und besten Söhnen des Vaterlandes als der edelste Besitz auch gerade des deutschen Nationalcharakters empfunden wurde. Wieso dann die Elemente des Guten, die doch auch von anderen Nationen anerkannt werden, gerade als deutsch in Anspruch genommen werden sollen, ist nicht erfindlich, wenigstens, wenn man an Wesen und Gestalt des Guten, nicht an seine blosse individuelle Färbung denkt. Es ist gerade wie mit dem „deutschen Hute", gegen den Veit Valentin in seinem ausgezeichneten Buche „Kunst, Künstler und Kunstwerke", Frankf. a. M. 1889, S. 1 bemerkt: „Man muss doch fragen, wo denn bei jenen Hüten das Deutsche steckt und ob dies überhaupt in einer so oder so geschweiften Linie hervortreten kann?" Der deutsche Nationalcharakter hat bekanntlich von Anfang an neben seinen grossen und lichten Tugenden, die ihm nicht erst durch Erkenntniss vermittelt zu werden brauchten, sondern in seinen unbewussten Tiefen angelegt waren, schwere Fehler hervortreten lassen: Ungebundenheit, Unordnung, Unlust zu vernünftiger Unterordnung; Nichtsthun; eine ganz bedenkliche Neigung zu zu Trunk, Rauflust und Spiel (Tac. Germ. II, 15. 22. 24), und in welcher Periode der deutschen Geschichte wäre denn eigentlich der deutsche Nationalcharakter in so fleckenlosem Glanze und so allseitiger Vorbildlichkeit aufgetreten, dass noch die Gegenwart aus ihm ihre Leitmotive nehmen könnte, die doch mit so viel Sorgen und Aufgaben zu thun hat, die ihr ganz

eigen und neu und ohne Analogie in der Vergangenheit sind?
Man stellt — um hier der Erörterung über etwaige Vorbildlichkeit noch ferner liegender Epochen aus dem Wege zu gehen —
oft das Deutschland von 1870 dem gegenwärtigen Deutschland
als Muster hin. Aber in ähnlichem Falle würde das gegenwärtige Deutschland nicht hinter dem von 1870/71 zurückbleiben,
und das damalige Deutschland trug sich auch schon mit denselben Nöthen, die noch heute nicht geschlichtet sind. Es ist ja
damals nicht direct aus seinen inneren Vortrefflichkeiten heraus
zu so unvergleichlichen Thaten hervorgegangen, sondern aus
der Zucht und Kriegskunst des preussischen Heeres heraus, die
auf Erden nicht ihres gleichen hatten. Man zieht oft zu unbe-
sonnene Folgerungen aus kriegerischen Grossthaten auf den
allgemeinen Cultur- und Sittenstand der Nationen; ist doch der
Fall zu denken, dass dieser sich so verfeinerte und veredelte,
dass er kein Herz mehr für den Krieg hätte, nicht sowohl um
der Leiden willen, mit denen kriegerische Thaten von dem
eigenen Volke zu erkaufen sind, sondern um der Leiden willen,
die er unvermeidlich von Mensch über Mensch bringt. Man
sollte wirklich seine Liebe dem Guten, Edlen und Hohen nicht
aus dem Motive zuwenden, weil es, manchen Erfahrungsinstanzen
zuwider, als national gedacht wird, sondern, weil es gut, edel
und hoch ist, und auf diese Weise nachträglich der Nationalcharakter aus sicheren Quellen mit dem Guten, Edlen und
Hohen erfüllt wird.)
    Es fragte sich nach einem Grund und Boden, aus welchem
unserer Jugend ein Grundstock von Gesinnung erwachsen könnte,
in Anlass der Frage, ob sie etwa aus der Beschäftigung mit
dem classischen Alterthum sich einen solchen aneignete. Die
nunmehr nach der Ueberzeugung des Schreibenden auszuspre-
chende Thatsache, dass sie sich auch aus dieser Beschäftigung
nicht in befriedigender Weise die Anfänge einer Lebensge-
sinnung aufbaut, sollte durch die vorhergehenden Ausführungen
im voraus in das rechte Licht gestellt werden, insofern diese
das Gutachten aussprechen, dass sie also auch andere darge-
botene, gute Möglichkeiten sich ein so werthvolles Gut zu erwerben verabsäumt, zu benutzen. An den altclassischen Schriftstellern liegt es jedenfalls nicht, wenn sie nicht Gesinnung in
die jugendlichen Seelen pflanzen. Gesinnungsstoff darzubieten

wird jetzt unter dem Einfluss der Herbartschen pädagogischen
Lehren an mannigfache Theilstücke des Unterrichts geknüpft,
die förmlich erst künstlich dazu hergerichtet werden müssen
und die dann auch wohl in kleinen bestimmten Kreisen diesen
Zweck erreichen, weil sie mehr Nebenpunkte betreffen und sich
nicht grundsätzlich gegen die naturalistische Gesamtgesinnung
der Jugend wenden: die alten Schriftsteller bieten einen Gesinnungsstoff dar, der an sich jenem Naturalismus das wirkungs-
kräftige Antidoton einer wahrhaft sittlichen anderen Gegen-
gesinnung zu theil werden lässt. Zwar ist die christliche Ethik
mit ihrer Lehre von der Pflicht der Heiligung der erlösten
Creatur in der übernatürlichen Liebe Gottes und der Menschen
noch höher vorgedrungen als die antike Ethik und Humanität,
wie selbst die meisten derjenigen zugeben werden, die einer
historischen Auffassuug der Menschheitsentwicklung huldigen
und daher einen mehrtausendjährigen Rückschritt nicht annehmen würden; zwar hat vielleicht die neue Philosophie die
christliche Ethik noch überholt, wenn auch nicht an Adel des
Inhalts, so doch an realistischer Begründung. Aber für die
Jugend, die, wie wir urtheilten, sich der christlichen Ethik nicht
genugsam erschliesst, ist mit der antiken Ethik ein Inhalt gegeben, der ihr an sich völlig fasslich ist und der sie mit einer
für das Leben höchst werthvollen und segensreichen Gesinnung
durchtränken könnte. Man braucht sich nur einmal zu denken,
wie sich eine Jugend von der heutigen unterscheiden würde,
der die so einfache und überzeugende Lehre von den vier Cardinaltugenden, dem Erkenntnissstreben, der Gerechtigkeit und Menschenliebe, der Hochsinnigkeit, endlich der Selbstbeherrschung,
und ihren Verzweigungen nach der Darstellung von Cic. de off.
l. I in Fleisch und Blut überginge, oder die von der göttlich
heiteren Unbedingtheit der Hingebung an die sittliche Erkenntniss, wie sie von dem Platonischen Sokrates auch nur der
Apologie und des Kriton ausströmt, sich wahrhaft packen liesse.
Es würde eine köstliche Jugend, eine Jugend von Gesinnung sein,
und mit deutscher und christlicher Färbung liesse sich diese
Gesinnung sehr wohl verschmelzen, wenn anders die Durch-
glühung des fehlerhaften natürlichen Menschen durch ein läu-
terndes göttliches Centralfeuer in der Seele, wenn die Liebe
zu dem unselbstisch Reinen deutsch und die Liebe zu dem

Wehen unbestechlich heiligen Gottesgeistes christlich ist. Aber einen solchen Ernst mit der dargebotenen altclassischen Lectüre zu machen kommt der Jugend nicht recht in den Sinn, aus den Niederungen des Trieblebens ihres Lebensalters und der Um-zäunung ihres Utilitarismus blickt sie so hoch nicht hinauf. Möglich wäre es an sich sehr wohl, und an dem Wesen des Dargebotenen liegt es gewiss nicht, wenn es nicht geschieht. Man wird vielleicht finden, dass hier ein gar zu pessimistisches Verdict in der Frage, ob die Jugend aus den classischen Studien eine Gesinnung schöpfe, gefällt sei, und dass die Verallge-meinerung der Frage, ob unsere Jugend überhaupt schon Ge-sinnung besitze, gleichfalls eine gar zu pessimistische Beant-wortung gefunden habe. Das Urtheil ist ja ein subjectives, es kann desshalb irrig sein, und niemand wünschte mehr als ich, dass es recht irrig sein möchte. Aus subjectiver Wahrhaftig-keit konnte ich es aber nicht anders fällen. Aus derselben heraus aber muss ich nachträglich seinen, „pessimistischen" Charakter von zwei Seiten her doch mildern.

Erstens werden aus solcher Jugend heraus später im ganzen doch Menschen von normaler bürgerlicher und beruflicher sitt-licher Gesinnung. Die Erklärung dieser Thatsache liegt wieder in der naturalistischen Grundlage, die sie meist zeitlebens nicht verlassen. Wenn aus dieser in dem jugendlichen Alter von 14—18 Jahren die sg. Flegeljahre, die sogar ein wissenschaft-licher Begriff der Psychologie und Pädagogik sind, mit ihrer Gesinnungslosigkeit oder verkehrten Gesinnung erwachsen, so ist es in den späteren Jahren schon der natürlichen Ent-wickelung zur Reife gemäss, dass sich eine Zustimmung zu den allgemein herrschenden sittlichen Begriffen und Urtheilen heraus-bildet. Dem gereifteren Verstande stellen sich diese auch ohne Mitwirkung einer philosophischen oder religiösen Ethik als selbstverständlich, als eine gar nicht zu entbehrende Grundlage eines erspriesslichen Lebens und Zusammenlebens der Menschen dar, und über die Gesinnungslosigkeit der Flegeljahre ist es ihm wie Schuppen von den Augen gefallen. So sind doch immerhin nur einige Jahre einer edleren Menschlichkeit, deren sie, wenn nur ein antinaturalistisches Princip in der Seele Anker fasste, schon fähig wären, verloren gegangen. Wenn sich frei-lich die Beobachtung und das Urtheil auf diese wenigen Jahre beschränkt, so bleibt der Thatbestand schlimm und betrübend genug. Und ferner ist wenig Aussicht dazu, dass sich ein höheres Princip noch in der Seele einlebt zu einer Zeit, wo die gereiftere Natur seiner anscheinend schon weniger bedarf, wenn es fern geblieben war zu einer Zeit, wo der baare Naturalismus die sittlich bedenklichsten Früchte zeitigte und die Selbsterkenntniss so sehr nahe lag, dass man mit seiner Natur dem Bösen überantwortet ist. In der That gehen aus der oben geschilderten gesinnungslosen Jugend zwar später immer noch normale, aber selten hochsinnige und hohe, von Gotteskräften erfüllte Menschen hervor.

Zweitens kann der Mangel an Gesinnungsanfängen in unserer Jugend doch sehr wohl l a t e n t bleiben, nämlich unter einer strammen Zucht, die das, was als freie Bethätigung einer inneren Gesinnung noch werthvoller sein würde, doch wenigstens in äusserer Legalität hervor zu rufen weiss und die wenigstens vor dem Auge und Ohr der Autorität der Eltern und Lehrer die wirkliche, noch nicht sittliche, Gesinnung verhindert, sich an's Tageslicht zu wagen. Ja sogar kann die Moralität der Gesinnung durch die zwangsweise Gewöhnung an die Legalität viel schneller erzeugt werden als ohne solche gute und consequente äusserliche Zucht, durch welche ihr am besten der Boden bereitet wird. Das aber möchte ich für aussichtslos halten, dass auf dem Wege der Belehrung und des Versuches der Erweckung anderer Motive als der eigener, für den Uebertretungsfall angedrohter Unlust in der Jugend unserer Tage schon sittliche Gesinnung gepflanzt werden könnte. In einzelnen wohl angelegten Naturen gewiss, vielleicht auch in dem Theile der Mitglieder unserer oberen Schulclassen, bei denen der Geist des Elternhauses noch nicht dem Naturalismus verfallen wäre; aber wenn der andere Theil der Schüler jener Classen bei aller vorsichtigen Durchsiebung genommen werden muss woher er sich zudrängt, d. h. aus den modernen Familien ohne tiefere Lebensgründung, dann kann eine sittliche Gesinnung noch nicht auf dem Wege der Gewinnung der Herzen für eine freiwillig gewährte Ueberzeugung geschaffen werden, zumal der Gesamtgeist mehr durch den Einfluss der schlechten als der guten Elemente bedingt wird: denn diese wirken mehr nur durch ihr Sein, jene auch durch den geflissentlichen üblen Willen, und die Ansteckung durch das

Schlechte ist erfahrungsmässig eine stärkere Gewalt als die Anziehungskraft des Guten, weil jener im Naturgrunde des menschlichen Wesens eine entgegenkommendere Bundesgenossenschaft sich darbietet. Die Seele der strammen Zucht besteht darin, dass die Gewissheit eingeflösst wird, dass jeder namhaften Abweichung von dem, was sein soll, ein Gegenzug folgen wird, welcher sich dem Streben nach Eigenlust als empfindliche und daher zu meiden gesuchte Beeinträchtigung fühlbar macht. Noch vorzüglicher ist freilich die Zucht, welche durch die Scheu, dem der sie ausübt auch nur zu missfallen, erfolgreich wirksam ist: aber diese Art der Zuchtübung ist als ein Charisma nur den selteneren Naturen verliehen, die ganz entschieden nach dem Pole der „Würde" schlagen; die an sich gleichwerthigen Naturen löblicher menschlicher Persönlichkeit, die um den andern Pol, den der „Anmuth" lagern, sind mit diesem Charisma nicht bedacht, wenn sie dagegen andersartige Reize ausströmen, die den ersteren versagt sind. Bei dem vieltausendköpfigen Stande des deutschen Lehrerthums aber und bei den äusserlichen Motiven und Nöthen, durch die viele ihm zugeführt werden, besteht eine der Null gleich zu achtende Unwahrscheinlichkeit, dass nicht viele seiner Mitglieder der Fähigkeit entbehren sollten, die heilsame strenge Zucht wesentlich schon durch Würde ihrer Person zu üben.

β) Für die höheren Berufsstände. Zunächst wird dasjenige, was wir als Frucht der Beschäftigung der Jugend mit dem classischen Alterthum anerkennen konnten, dgl. sich doch bei allem Pessimismus gegen zu günstige Meinungen ergab, im weiteren Leben fortwirken, wobei sich die entgegengesetzten Wirkungen der allmählichen Verdunkelung dessen, was nicht weiter geübt wird, und des naturgemässen Ausreifens des angeregten Könnens ungefähr ausgleichen mögen. Nur darf man nicht glauben, dass die gymnasialen Einflüsse erlöschten, wenn sie immer weniger mehr direct nachwirken: wäre doch die ganze leistungskräftigere Operationsbasis ohne sie nicht erreicht, ist doch in sie ein für alle Mal ihre Kraft übertragen.

Schwer ist die Frage zu beantworten, in welchem Maasse etwa noch unsere akademisch Gebildeten der vier Facultäten und Persönlichkeiten anderer Berufsarten in activer Verbindung mit dem classischen Alterthum bleiben. Im ganzen wird bei

den hohen Ansprüchen, die jeglicher Beruf heutzutage an seine
Vertreter erhebt, dieses Maass recht gering sein.   Einzelne in
allen Berufsarten werden noch griechische oder lateinische Lieblingsschriftsteller mit in's Leben hinausnehmen; etwas zahlreicher
werden die sein, welche auf das classische Alterthum bezügliche
Werke, die sich in den Ruf gesetzt haben, dass ihre Kenntnissnahme für die allgemeine Bildung unentbehrlich sei, wie z. B.
Mommsens römische und Curtius' griechische Geschichte, lesen
oder wenigstens streckenweise lesen.   Theologen bleiben mindestens durch die wissenschaftlichen Conferenzen in ihren Epho-
rieen mit dem Griechischen des N. T. und dadurch auch mit
der Gräcität überhaupt im Zusammenhang, die umfassende
Litteratur der griechischen und lateinischen Väter, von der aus
mehr Wege als nur durch die Sprache zum classischen Alterthum zurückführen, wird aber sicherlich nur von einer Minorität
studirt.   Für die Juristen ist das römische Recht, das früher ihr
wesentliches Studium ausmachte, in Folge des Reichthums der
neueren Rechtsbildungen von lebendiger Triebkraft, zu einer
blossen Eingangsdisciplin der 3 − 4 ersten Universitätssemester
geworden; doch erkennen die wissenschaftlich grössten Juristen
überzeugungsvoll an, dass die Rückkehr zu den classischen römischen Juristen der ersten Jahrhunderte v. Chr. für sie der beste
Gesundbrunnen juristischen Denkens sei, und diese Classiker
des *corpus iuris* sind von der älteren humanen Gesellschaft
nicht durch ihre Gesinnung, sondern nur durch die Beschränkung,
durch die sie zu Meistern wurden, geschieden.   Der Typus von
Naturforschern, die in ihrer allgemeinen wissenschaftlichen und
menschlichen Gesinnung ganz auf dem Boden der antiken Humanität standen, wenn auch der Gegenstand ihrer Forschung
die Natur und deren Methoden dem Alterthum unentdeckt waren,
scheinen mir fast ganz auf dem Aussterbeetat zu stehen.   Ein köstliches Beispiel von ihnen waren noch J. J. und Karl v. Littrow,
deren grosses wissenschaftliches *) Popularwerk (in diesem Falle
kein hölzernes Eisen), eines der vorzüglichsten und wichtigsten
dieser Arten, die es giebt, „Die Wunder des gestirnten Himmels",

---

*) Nur würde oft die entschiedenere Anwendung der analytischen Methode,
die dem Leser vor der synthetischen Mittheilung der Lösungen die Aporie der
vorliegenden Fragen noch klarer und stachelnder zum Bewusstsein bringt, dem herrlichen Buche zum Vortheil gereichen.

nicht nur eine vollkommene Kenntniss und schätzungsvolle Berücksichtigung der grundlegenden Leistungen und scharfsinnigen
Anfangsbemühungen der Griechen in der Astronomie bekundet
und vielfach mit liebevoller Begeisterung die schönsten Stellen
der alten Dichter über Erscheinungen des gestirnten Himmels
citirt, sondern auch in der Art der Erkenntnisslust und dem Enthusiasmus für friedliche Cultur, deren Fortschritte von den Ver-
fassern weit höher als die äusserlichen Veränderungen durch
die Thaten der Regenten und Völker geschätzt werden, durch
und durch antik humane Gesinnung athmet. Um die Mitte
der vierziger Jahre aber ist, wie v. Treitschke (Deutsche Gesch.
d. 19ten Jahrhs., Bd. V, S. 426) sagt, ein Typus von Gelehrten
aufgekommen, den man bis dahin gar nicht kannte, der ohne in
der altclassischen Grundlage die Solidarität mit der allgemeinen
Wissenschaft zu verrathen ganz und gar nur in der Beobachtung
der Natur und Erforschung ihrer Gesetze aufging und in einer
Sprache, die von der veränderten Gesinnung ungewollt ein un-
verkennbares Zeugniss ablegt, die wissenschaftliche Humanität,
nach den Bereichen des Geistes mit dem Rücken zu, u m d r e h t e,
indem das Gesichtsfeld der menschlichen Bestimmung nun ganz
in der Natur gefunden wurde. Gewisse Kräfte des erkennenden
Geistes feierten dabei freilich ganz neue und höchst glänzende
Triumphe.*) Wenn es wahr ist, was scharfblickende Beobachter
des Geistes der Zeiten behaupten, dass das naturwissenschaftliche Zeitalter schon wieder im Begriff ist, einem technischen
Platz zu machen, so würde die führende Macht dieses Zeitalters
die Verbindung mit der alten Humanität noch viel mehr lockern,
denn eine durch technische Erfindungen die äusseren Lebensbedingungen zu verbessern bedachte Zeit würde das r e i n s t e
Widerspiel sein zu der Idee, das Leben aus dem Inneren des
Menschen heraus gut und schön zu machen, einer Idee, die in
ihrer grossen Einseitigkeit sogar fast völlig blind war gegen
die äusseren Lebensverbesserungen, die allerdings, wie das ja
allgemein bekannt ist, aber in wahrhaft überraschender Weise
und glänzender Originalität von E. v. Hartmann in den „Socialen

---

*) Die Bedeutung der lateinischen und griechischen Gymnasialstudien für das
Verständniss der naturwissenschaftlichen und medicinischen Terminalogie wird über-
schätzt, weil die Schullectüre doch in ihrem Wortvorrath für die wissenschaftlichen
Kunstausdrücke wenig Vorbereitung bietet.

Kernfragen" (Leipzig 1894), S. 312—328 neu beleuchtet wird, in Hülle und Fülle aus der Technik fliessen. — Landwirthe, Grosshändler und Industrielle stehen sicher im grossen und ganzen in keinen lebendigen Beziehungen zum Alterthum, auch der Offiziersstand nicht, der jedoch die alte Kriegsgeschichte nicht von seinem wissenschaftlichen Interesse ausschliesst. Ausnahmen sind aber sicher in allen diesen Berufsarten vorhanden, bei denen die Liebe und Begeisterung, welche von einzelnen Lehrern für alte Classiker erweckt wurde, doch noch fortwirkt und auch durch weitere Beschäftigung mit diesen bethätigt wird; Homer und Horaz dürften die bevorzugten Lieblinge solcher bleiben. Dass in der Schule selbst einzelne edlere Naturen sich von griechischen und lateinischen Classikern begeistern liessen, soll ja keineswegs durch die obigen pessimistischen Ausführungen bestritten sein; nur dass das bei ganzen Gymnasialclassen ohne die Grundlage des Zwanges der strengen Zucht direct durch die ideale Gewalt des Gegenstandes und die Begeisterung des Lehrers für den Gegenstand möglich wäre, das sollte oben mit Hinblick auf den niederwärts gravitirenden Naturalismus der Jugend geleugnet sein. Endlich aber bleibt ein in den letzen Menschenaltern, nachdem er sich aus dem Schoosse der Theologie zur Selbstständigkeit losgelöst hat, an Zahl ausserordentlich gestiegener und in aufsteigender Linie seiner socialen Stellung sich bewegender Berufsstand übrig, der in den wesentlichsten und innigsten Beziehungen zum classischen Alterthum steht, der der Gymnasiallehrer, unter denen wohl die classischen Philologen über die Neusprachler und Mathematiker zusammengenommen das Uebergewicht haben. Für diese bildet das classische Alterthum den Gegenstand ihres Lebensstudiums, durch sie und die akademischen Lehrer der Philologie, die ohne sie kaum da sein würden, bleibt das Alterthum als ein lebendiges Element der gegenwärtigen Cultur erhalten. An fleissigem Arbeiten für den Beruf und über das für den Beruf Nothwendige hinaus dürfte, langer, guter Tradition zufolge, kein Stand von dem der altclassischen Philologen übertroffen werden. Alle Berufsstände, namentlich die in öffentlichem Dienste, sind in unserer Zeit mehr als früher sehr stark an Arbeitsleistung angespannt, oft bis an die Grenzen des Menschenmöglichen; aber die meiste Arbeit geschieht im Berufe selbst; so viel täglicher Vorbereitung

für die Aufgaben des Berufes wie den Schulmännern dürfte
ausser natürlich den Geistlichen, bei denen die Vorbereitung
auf die amtlichen Functionen der bei weitem grösste Theil ihrer
Arbeit ist, so leicht keinem Berufsstande zugemessen sein. Diese
Vorbereitung pflegt aber nicht aus der Hand in den Mund zu
leben — sie wäre auch kümmerlich, wenn sie das gewohnheitsmässig thäte —, sondern weiter auszugreifen. Schon so füllt
das Alterthumsstudium einen grossen Theil der Arbeitszeit von
Tausenden akademisch gebildeter Männer aus, die alle in lebendiger Einwirkung auf das heranwachsende Geschlecht stehen;
und von diesem Gesichtspunkt aus muss der Einfluss des Alterthums auf die Gegenwart doch als grösser abgeschätzt werden,
als er sich bei der unmittelbaren Beobachtung seiner Resultate
zeigte: geheime und wenig sichtbar hervortretende Momente
im Geistesleben wirken doch in der Stille, wie die Niederschläge,
die die Erde trinkt, an den Wurzeln der Bäume. Aber die
unmittelbare und mittelbare Vorbereitung für den Beruf bleibt
nicht das Einzige: die Zeitschriften, die so umfangreiche Pro-
grammlitteratur und die freie Production für den Büchermarkt
beweisen, in welcher üppigen Blüthe die wissenschaftliche philologische Arbeit auch heute noch steht. So weit nun diese
Arbeit eben das Alterthum zum Gegenstand hat, liegt in ihr
nichts Ueberfliessendes für die allgemeine Cultur, sondern ein
selbstständiger Ausschnitt der letzteren, die eben auch diese
Seite des menschlichen Gesamtwissens cultivirt. Aber isoliren
kann sich doch die Hauptarbeit des Menschen nicht gegen sein
gesamtes Wesen, und so müssen auch die Philologen den Stempel
nach dieser ihrer Beschäftigung davontragen, wenn sie bekanntlich andrerseits auch fast alle den lehrerischen an sich aufweisen.
Ein edlerer Einfluss aber als der der Humanität und Kalokagathie kann vom Alterthum nicht ausgehen. Wer diese nur
als Erscheinungen einer historischen Vergangenheit ansieht, die
in der Gegenwart und Folgezeit eine Existenz am Menschenwesen weder haben könnten noch sollten, der wird wohl diesem
seinen historischen Gefühl, wie es in vielen Menschen der Gegenwart als ein charakteristisches Merkmal ihres Geistes lebt, überlassen werden müssen: aber die Thatsache steht doch fest, dass
Humanität und Kalogathie bis in die neuesten Zeiten hinein sich mit
anderweitig modernstem oder christlichem oder philosophischem

Wesen zu einer Einheit hat verschmelzen können, über welcher die
Blume alleredelsten Duftes weht. Es fragt sich nun, ob der Stand
der Altphilologen diese schönste Mitgift der Beschäftigung mit dem
Alterthum an sich trägt und ihre Einwirkung damit, bewusst,
aber noch mehr unwillkürlich, in unsere allgemeine Cultur über-
trägt. Die Antwort wird wohl sein, dass es in gewissem Grade
der Fall ist, aber in noch höherem Grade der Fall sein möchte.
Man kann nicht sagen, dass die Liebe zum besten Geist des
Alterthums ein Zeichen wäre, in welchem die philologischen
Studien vornehmlich getrieben würden. Das blosse Wissen
alles dessen, was man nach zweitausend Jahren noch wissen,
noch *quaerendo investigare* kann, auch wenn sein Inhalt ohne
innere Bedeutung ist und an einer Idee keinen Antheil hat, ist
vielmehr, natürlich unter einer sehr vornehmen Devise, der der
„Reconstruction des Alterthums", die Qualität eines sehr grossen
Theiles der philologischen Forschung; die Feststellung, dass
etwas g e r a d e so gewesen ist, auch wenn dieses gerade so
nicht der Ausdruck specifischen Geistes, sondern das Ergebniss
zufällig zusammenwirkender Ursachen ist, genügt, um ihr die
Würde der Zugehörigkeit zur Wissenschaft nicht zu versagen.
Das soll aber nicht getadelt werden, denn die Idee der philologischen Wissenschaft lässt das immerhin zu. Wenn, wie A. Böckh
und auch Ernst Curtius einmal sagt, der Preise, die auf dem
Felde der wissenschaftlichen Arbeit ausgestellt sind, unzählige
sind, so ist gar nichts daran auszusetzen, dass auch die Erforschung der relativ ideelosen Realien ihre Preise davon trägt.
wie sie denn in der That einen grossen Theil derselben gewinnt.
Aber für die gegenwärtige allgemeine Cultur scheint doch mehr
gewonnen durch die Erarbeitung der Idealien, der vielleicht
nicht der ihr gebührende Antheil an der Gesamtarbeit zu theil
wird. So wird das Altphilologenthum doch nicht eben als die
Leuchte der Humanität von der öffentlichen Meinung empfunden,
was doch besser wäre; es sind mehr andere Seiten dieses Studiums, die mit dem Bilde des Philologenthums in dem allgemeinen Urtheil zu verschmelzen pflegen, der Kleinkram, die
Kleinmeisterei und das Interesse für Dinge, die auf keine Weise
mehr praktische Bedeutung erlangen können. Die Humanität
dagegen und die Kalokagathie haben so durchaus praktische
Beziehungen zu jeder Zeit, dass das blosse Wissen von ihnen,

wenn es nicht auch zu persönlichem Leben sich umsetzt, mit Recht verspottet wird, wie z. B. die scharfe Beleuchtung der Frage, ob denn die Bekenner der Humaniora auch wirklich immer an eigener Humanität allen anderen vorangegangen sind, und ihre oft absprechend ausfallende Beantwortung eine Stärke des Nerrlichschen Buches bildet, das sonst so viele Schwächen hat. Die „Mikrologie" des Philologenthums, im Sinne peinlicher Genauigkeit und einstweiliger Hingebung an das Einzelste, darf der Philologie nicht bestritten werden, widrigenfalls schlimme Oberflächlichkeit zur Qual des wissenschaftlichen Gewissens einziehen würde, aber der Zusammenhang des Kleinen und Einzelnen mit der Idee sollte doch immer gewahrt werden, und die Anziehungskraft des Geistes für den Geist sollte immer anderweitig so sicher documentirt sein, dass über die alles nach seinem wahren Werth und Verhältniss abschätzende Geistesart des Forschens kein Zweifel obwalten könnte, wie das z. B. bei A. Böckh der Fall ist, bei dem, wenn er oft der kleinen Untersuchung auf's peinlichste gerecht wird, ausser Nerrlich S. 312 wohl noch niemand vergessen hat, dass er dabei immer auf das entschiedenste in der Fülle bedeutender Gesichtspunkte steht.

γ) Für die allgemeine Cultur. Bisher habe ich versucht, die Bedeutung des classischen Alterthums für Personen der Gegenwart abzuschätzen. Das erschöpft aber diese Bedeutung noch nicht: in einer so zu sagen geisteschemischen Analyse der allgemeinen Cultur würden sich noch viel mehr altclassische Bestandtheile ergeben als die Summe dessen, was die einzelnen Personen an ihnen davontragen. Das scheint freilich widersinnig, weil die allgemeine Cultur nichts Selbständiges, sondern nur ein Attribut an dem wirklichen persönlichen Leben ist. Der Gedanke ist aber so gemeint, dass ausser dem, was die Personen bei sich auf Einwirkung des classischen Alterthums zurückführen können — was, wie wir sahen, ein keineswegs zu überschätzender Theil des geistigen Lebens der Gegenwart ist — noch überaus bedeutende mittelbare Einflüsse des classischen Alterthums nachwirken, die an der Constituirung des Geistesstandes der vorhergehenden Generationen betheiligt gewesen sind und in diesem, so zu sagen, ohne Titel und ohne Ursprungszeugniss capitalisirt, als Erbgut für die Gegenwart und Zukunft weiter gegeben werden. Wer weiss, ob die Germanen und

andere moderne Völker veranlagt gewesen wären, viele Grundlagen aller höheren menschlichen Cultur, die Classificirung der
Wissenschaften und Künste, die Herausarbeitung der Grundbegriffe und einiger Grundmethoden der ersteren, die erste
Schöpfung vollendeter Werke in beiden, die feine Durchge-
staltung der Sprache zu einem höchst vollkommenen Werkzeuge
des Geistes, viele Grundformen des politischen Lebens und des
öffentlichen und privaten Rechtes in Verwirklichung, einige
auch in der Construction, erstmalig zu erfinden, wie es die
Griechen und zum theil auch die Römer gethan, letztere aber von
den Griechen her anfänglich zum grossen Theil vermittelt haben?
Jedenfalls haben sie es nun nicht nöthig gehabt, sie haben auf
den Schultern ihrer „classischen" Vorgänger stehen können,
und man muss doch wohl annehmen, dass die Griechen und
Römer eine grosse providentielle Voraufgabe für die gesamte
menschliche Cultur erfüllt haben. In mindestens 4 bis 5 Generationen hat das classische Alterthum derartig gewirkt, dass es
einen grossen Theil seiner Schuldigkeit gethan hat, auch wenn
es heute nicht mehr den gleichen Machtfactor in der allgemeinen
Cultur spielt, denn seine Leistungen bleiben eben aufgehoben.
Es ist leicht zu überschlagen, dass es nicht möglich ist, dass
auch geistige Mächte von unverlierbarem inneren Werthe immerfort in gleicher Weise an dem Aufbau der Cultur jedes Zeitalters betheiligt sein sollten; denn immer neue kommen daneben
auf, und die Verarbeitungsfähigkeit der menschlichen Begabung
hat ihre Grenze. Was allmählich zurückgedrängt wird, ist dadurch doch nicht verloren, denn es hat Wellen geschlagen, die
sich weiter fortpflanzen, wenn sich auch der Anstoss der Bewegung allmählich unerkennbarer macht. So trägt auch das
classische Alterthum von der Cultur der Gegenwart einen viel
grösseren Theil der Last mit seinen Pfeilern als es auf der
Oberfläche ersichtlich ist. Unsere classische Litteratur ist, so
wie sie ist, gar nicht denkbar ohne den grundlegenden Factor
der Anlehnung an die antike Litteratur und Kunst, wie man
denn auch ihr Zeitalter mit Recht wohl das der deutschen Renaissance nennt. Denn wenn sie auch nicht allein aus diesem
Factor zu erklären ist, sondern zu einem andern Drittel aus
durchaus modernen Factoren und zum zweiten aus der Fülle
des Genies, welches die Natur zur rechten Zeit über grosse

Söhne des deutschen Landes ausschüttete, so hätte sie doch andrerseits o h n e die wunderbare Befruchtung aus der Antike nimmermehr das werden können, was sie ist. Die moderne Kunst geht ihre eigenen Bahnen, aber wer möchte aus ihren Vorbedingungen die Periode des enthusiastischen Studiums wegdenken, welches die neueren Künstler der Antike widmeten? Nur die Musik ist allerdings fast ganz eine von der Tradition des classischen Alterthums unabhängige Kunst. Die Schulung des Geistes zu der mannigfaltigen und verwickelten wissenschaftlichen Thätigkeit, die heute geübt wird, die litterarische Production, die täglich tausende von Bogen füllt, ist thatsächlich nicht ohne die Uebung zu denken, die an dem Objecte der geisterfüllten und von logischem Denken durchdrungenen Werke des antiken Schriftthums mehrere Generationen lang in den entscheidenden Jahren, in denen der Geist seinem Werk adaptirt wird, sich vollzogen hat. Die moderne Staatsverwaltung mit ihrem System concentrischer Kreise, von denen der grössere dem kleineren übergeordnet ist, mit ihrem Berufsbeamtenthum, ihrer sehr weit durchgeführten Gliederung und Theilung der Arbeit, ihrer Heranziehung des Volkes in vertretenden Körperschaften ist zwar ein verwickeltes selbständiges Gebilde, das allmählich geworden ist unter Zusammenwirken der bewussten Erwägungen, der Logik der gegebenen Verhältnisse und der Anlagen der neuen Völker, aber die Kenntniss des antiken Staatswesens ist dabei ganz gewiss nicht ohne Einfluss gewesen, und wäre es auch nur in der Schulung des politischen Denkens, eines Denkens, das nicht einen abgeschlossenen Gegenstand, sondern ein grosses Feld durcheinander wirkender Personen und Interessen, das ganze bunte Schauspiel des menschlichen Zusammenlebens, zu seinem Inhalt hat. Die Aufgaben der Politik selber haben im Alterthum fast überall ihre einfacheren typischen Vorbilder*), die im einzelnen selbstverständlich nicht einen Abklatsch zulassen, aber doch bildend auf den Geist der

---

*) Das hat schon Böckh, Encyclop. S. 342 f. nachdrücklich hervorgehoben, und das wird in den letzten Jahren ganz besonders betont, namentlich in Folge der herrschenden Stellung, welche die sociale Frage in unserem politischen Leben einnimmt. Ein Hauptwerk in dieser Beziehung ist die „Geschichte des Kommunismus und Socialismus im Alterthum" von Dr. R. Pöhlmann, Professor in Erlangen, München 1895.

Staatsmänner gewirkt haben; die berathende Rede*), die in staatlichen und communalen Körperschaften täglich ihre grosse Rolle spielt, hat im Alterthum eine hohe Vollendung erreicht und zahlreiche Denkmäler von sich, bei den Geschichtsschreibern und in selbständigen Kunstwerken, hinterlassen; die Form der Gesetze und der gerichtlichen Verhandlungen ist von Griechen und Römern zuerst entwickelt, und ihr Studium musste seine belehrenden Spuren bei den Modernen zurücklassen. Sogar der Patriotismus der modernen Völker ist von dem der Alten mächtig genährt und geklärt. Und über dem allem schwebt das ernste Sinnen über die menschliche Bestimmung und die beste Gestaltung der menschlichen Dinge, von dem alles Concrete der Versuch eines Gleichnisses werden soll; und gerade dieses Sinnen ist der eigentlichste höchste Geist des Alterthums, der aus allen seinen Denkmälern, bald verhüllter, bald ausdrücklicher athmet.

b) Welche Bedeutung sollte das classische Alterthum für die Gegenwart haben?

Es würde zu nichts führen, sich hier in Muthmaassungen zu ergehen, ob etwa die modernen Völker sich einmal in den äusseren Verbesserungen des Lebens durch die Technik und durch die Gestaltung der socialen Verhältnisse genug gethan haben werden und ob sie sich dann der eigentlichen Hauptaufgabe des Lebens zuwenden würden in der Richtung, sich das Ideal der Humanität klar zu machen, um nun im tiefsten Sinne die höchste menschliche Existenz zu führen, oder — was E. v. Hartmann als die letzte Phase der Menschheitsgeschichte in Aussicht nimmt — in der Richtung, sich die Frage vorzulegen, ob die Eudämonie über den Nullpunkt zu einer „positiven Bilanz" emporzubringen ist oder nicht. Im ersteren Falle, der doch wohl zeitlich vorangehen würde, wie denn auch E. v. Hartmann die Entscheidung über die universale Willensbejahung oder -Verneinung an's Ende aller Dinge rückt, würde mit Einem Male eine principielle Verbindung der weit vorgeschrittenen Menschheitsentwicklung mit ihren Anfängen im classischen Alterthum eintreten und das letztere wieder wahrhaft actuell für diese Phase der Menschheit werden. Denn wenn erst Mensch zu sein

*) Vgl. meine kleine Schrift „Gedanken über antike und moderne Staatsberedtsamkeit u. s. w.", Hameln-Leipzig 1895.

in vollem Sinne nach allen gigantischen Bemühungen um
die Verbesserung der äusserlichen Lebensbedingungen doch als
der Weisheit letzter Schluss empfunden würde, dann müsste
die Erinnerung überwältigend werden, dass auch schon die
Jugend der Menschheit im classischen Alterthum mit ganzer
Inbrunst der Seele sich auf diesen Hauptpunkt concentrirt hat
und dass die wesentlichen Bestimmungen der Idee des Menschen
doch zu allen Zeiten die nämlichen gewesen sein müssen, dass
es ein Wahn ist, in jedem ausgeprägten Abschnitt der Zeiten
einen immer neuen Inhalt des Menschenlebens zu setzen, und
nicht einzusehen, dass alle Veränderung doch nur einen ewig
sich gleich bleibenden Grundsachverhalt variirt. Aber, wie
gesagt, es sollen hier keine Phantasieen ausgesponnen werden
von einem zukünftigen Zustande, in dem die Menschheit, von
allem äusserlichen Thun gesättigt und über seine Errungenschaften nicht mehr weiter hinausblickend, nun ganz und gar
sich auf die Erfüllung ihrer innerlichen Idee zurückwendete und
damit auch auf die alten grossen Grundzüge der Humanität, als
dennoch das Wesentlichste im Leben, zurückkäme. In absehbarer Zeit scheint die moderne Menschheit so sehr mit ihren
modernen Angelegenheiten, Nöthen und Idealen beschäftigt, dass
auch nur ein Zeitalter, für welches das classische Alterthum
dasselbe wäre, wie in dem classischen Zeitalter unserer neueren
Litteratur bis in die Mitte dieses Jahrhunderts hinab, ausserhalb
des Bereiches der Wahrscheinlichkeit liegt. Dennoch wird, wer
das Alterthum und die antike Humanität liebt, einen Zuwachs
ihrer Bedeutung für das Ganze der modernen Cultur von Herzen
wünschen. Ein Mehr von seiner Ruhe, von seiner Vernunft, von
seiner Einfachheit, von seiner Richtung auf das wahrhaft Wesentliche wäre für unsere rastlose und zerfahrene Zeit gewiss ein
aufs innigste wünschenswerthes Ziel. Die Philologen stehen
ja in dem Rufe, dass sie in schulmeisterlicher Weise am liebsten
die Welt nach ihrer Pfeife tanzen sehen möchten, also eine
führende Rolle der Philologie in der allgemeinen Cultur recht
gern sehen würden; und das lässt sich ja bekennen, dass uns,
die Idee der Philologie oder der Humanitätsstudien in hohem
Sinne gefasst, allerdings ausser der Philosophie keine Führerin
in den allgemeinen geistigen Bestrebungen als berufener erscheinen würde oder dass wenigstens — ausser der Einen, der

Arbeit um Gottes willen — keine höhere begleitende Melodie zu
aller unermesslichen und unermesslich mühevollen Culturarbeit
sich denken lässt als die Melodie vom Adel und der Würde
der menschlichen Bestimmung, die in Erfüllung gehen, von der
Idee der Humanität, die in allen ihren Weiten, Höhen und
Tiefen zur Wirklichkeit werden soll. Aber die Zeichen der
Zeit verstehen wir doch dahin, dass die Bedeutung des classischen Alterthums für die moderne Welt zu einem erobernden
Vorschreiten in absehbarer Frist wenig Aussicht hat. Dazu
gehen einmal thatsächlich zu mächtige Strömungen in anderer
Richtung, dazu ist uns zu wohl bewusst, dass dem Rade der
Zeit in die Speichen zu fallen ein zu hoffnungsloses Bemühen
ist. Bei dem Gedanken, welches die Bedeutung des classischen
Alterthums für die Gegenwart über das hinaus, was sie ist,
noch werden möchte, beschränken wir uns auf das, was wir
für die Lebensjahre, für welche es noch ein maass-
gebender Factor ist, von Hoffnungen, Wünschen und Bemühungen in Aussicht nehmen. Wenn es nur gelänge, für die
gymnasiale Jugend (vom 10ten bis zum 18ten Lebensjahre)
dem classischen Alterthum eine Einwirkung abzugewinnen, die
der Jugend ganz und gar in Fleisch und Blut überginge, durch
die das Ideale, was bei dieser Einrichtung der Jugendbildung
vorschwebt, voller zur Verwirklichung gelangte, dann würde ja
auch ganz von selbst die Bedeutung des Alterthums für das
weitere Leben, also für die Cultur der Gegenwart, sich heben.
Also: die gesteigerte Bedeutung des classischen Alterthums für
die Gegenwart, die von altphilologischer Seite sicherlich gewünscht wird, soll besonnener Weise nicht darin gefunden
werden, dass auch andere höhere Berufsstände ihre spärliche
Musse mehr als bisher gerade dem Gebiet der Alterthumsstudien
zuwenden sollten, sondern darin, dass die Jugend mehr als es
jetzt der Fall ist aus ihrer Gymnasialzeit einen festen Schatz
idealer und humaner Gesinnung und einen festen Schutz gegen
die niederen Seiten des Zeitgeistes, die Genusssucht, den Utilitarismus und die Ueberschätzung des auf die Erfindung neuer
Lebensbequemlichkeiten gerichteten Verstandes, der im Reiche
des Gesamtgeistes doch nur eine Provinz ist, mit in das Leben
hinaus nähme. Es ist aber durchaus nicht unmöglich, dass die
specifisch modernen Bestrebungen, die einmal das Feld behaupten

und die auch ihr gutes Recht haben, nicht sollten getragen und
begleitet werden können von einer idealeren Geistesart, die
ihnen selber nicht innewohnt; es ist nicht unmöglich, dass der
auf die Herausgestaltung des ewig wesentlich Menschlichen ge-
richtete Geist der Alten sich sollte verbinden können mit dem
modernen Geist, der auf die Verbesserung der äusseren Lebensbedingungen zielt. Der gymnasiale Geist braucht nicht mit dem
Eintritt in den Sonderberuf abgeworfen zu werden wie ein ab-
getragenes Gewand, wie es jetzt leider so oft geschieht (freilich
nicht sowohl mit dem echt gymnasialen Geiste, sondern mit dem
Ballast und Kehricht (συρμός), der statt seiner das Resultat der
Gymnasialzeit gewesen ist), er kann und sollte als ein κτῆμα
ἐς ἀεί mit in das Leben hinausziehen. Denn geht er verloren,
dann „Lebewohl Humanität, edler Geschmack und hoher Sinn!
Die Barbarei kommt wieder, trotz Eisenbahnen, elektrischen
Drähten und Luftballons", Schopenhauer, Parerga II², S. 522,
wir können jetzt auch hinzufügen: trotz Wasserleitungen, elek-
trischem Licht, Strassenbahnen, Ausstellungen und allem, was
man die „modernen Errungenschaften" nennt. Sie sind gut,
nützlich, ja herrlich und gar nicht mehr ohne schweren Lebens-
verlust wegzudenken, aber dass darin nun auch das Genügen
des Menschengeistes aufgehe, statt in der Erfüllung seiner Ideen,
das ist unwürdig und beklemmend. Es ist eine ganz andere
Menschenart, deren Horizont sich in diesen Dingen abschliesst,
eine in allen Lebensäusserungen zum Nachtheile grundverschie-
dene von denen, die im Sinne der Alten zuerst Menschen sein
wollen, auch von denen, die zuerst nach dem Reiche Gottes
trachten. Das „Zeichen des Verkehrs" ist ihr Abgott, dieses
Menetekel für den inwendigen Menschen, dieses Zeichen, das
nicht am Himmel, sondern im Qualm der irdischen Atmosphäre
steht, dieses Zeichen, welches nur dann ein Segensstern ist,
wenn die innere Besonnenheit die Hast, die Aufregung und die
Qual fernhält, mit der sich seine Anbeter, die nichts Höheres
kennen, unter einander drängen und stossen und schieben und
ausbeuten lassen. Ich will hier nicht den Prediger in der Wüste
oder den Quixote machen, der heutzutage principiell gegen den
Verkehr und zu gunsten des Ideals des bedürfnislosen Still-
lebens sich ausspräche: *vivat, floreat, crescat* der Verkehr, aber
der reiche und mannigfaltige Verkehr von Menschen mit Men-

schen, nicht der, in welchem vornehmlich die Genussgier mit
der Gewinnsucht ihre fraglichen Güter austauschen; und herunter-
fliessen möge von der Spitze, den Gebildetsten der Nation, in
das ungeheure allgemeine Menschengetriebe etwas von der Gesinnung: „Such' es nicht draussen, da sucht es der Thor, Such'
es in dir, du bringst es hervor", einer Gesinnung, die aus keinem
Quell klarer und kräftiger sich mittheilt als aus der edlen Einfalt, der stillen Grösse und der centralen Richtung auf das
Wesenhafte des Menschenthums, die in den Werken der Alten
zu uns spricht.

c) Durch welche Mittel liesse sich die Bedeutung
des classischen Alterthums für die Gegenwart stei-
gern?

Diese Mittel müssen also alle in der Schulzeit ihre Wirkung entfalten: dieses Wirkungsfeld wird uns doch sicher
auch der Zeitgeist frei geben.

Die Vorbedingung, die erfüllt sein muss, damit der classische Unterricht seine volle und beste Wirkung thun kann, ist
nach den obigen Ausführungen (S. 506 f.) eine feste Schulzucht,
statt deren Leistungen eine freie Liebe zur Sache, die ja noch
vorzüglicher wäre, aus dem Grunde nicht in Aussicht genommen
werden kann, weil den Classengeist kaum jemals nur gute, und
nicht auch mittelmässige und schlechte Elemente zu bestimmen
suchen. Dazu kommt als zweite Vorbedingung, dass die Genusssucht der Jugend durch vernünftige häusliche Erziehung
energisch bekämpft und durch Gewöhnung eine einfache und
gesunde Lebensweise zu sicherer Herrschaft gebracht werden
muss. Denn wo der sinnlichen Begierde nachgegeben wird,
da wuchert und wächst sie, und wo sie wuchert und wächst,
da nimmt sie dem Geiste den Raum zur Entwickelung und Bethätigung weg. Ist sie erst einmal geil in's Kraut geschossen,
da ist der Process, sie wieder zurückzudämmen, schwierig und
schmerzlich; wo sie aber einmal beherrscht ist, da ist das Leben
keineswegs genussärmer, denn eine Entbehrung des Unbekannten
wird nicht empfunden. Hier ist die Gêne, von trivialen Dingen
zu sprechen, nicht am Platze, weil ihre Zugehörigkeit oder
Nichtzugehörigkeit zum jugendlichen Leben von der äussersten
Wichtigkeit für die ganze Lebenszukunft ist: geistige Getränke,
Tabak, Kartenspiel sind nichts werth für die Jugend, und die

häusliche Erziehung sollte die Jugend davor bewahren. Es sind freilich ausserordentliche Genuss- und Reizmittel, welche dem sinnlichen Menschen ausserordentlich behagen und dessen Leben verschönern: aber gerade desshalb müssen sie der Jugend, die im Geiste zu leben lernen soll, durch die häusliche Erziehung und Gewöhnung vorenthalten werden. Das ist keine Grausamkeit, weil sie die Jugend, wie gesagt, nicht entbehrt, es ist vielmehr die grösste Wohlthat für die wirklichen Lebensinteressen des heranwachsenden Geschlechtes. Sollten in dieser Beziehung unsere Sitten wieder strenger werden, so würde das freilich eine Schädigung des Consums und damit gewerblicher Interessen bedeuten; aber das ist niemals zu vermeiden, dass das Gute auf der einen Seite ein Uebel auf der Kehrseite hat, und wichtiger ist es vernünftiger Weise, dass das grössere Gut gewählt als dass das geringere Uebel gemieden werde. Ganz ohne Compromiss mit dem Zeitgeiste wird es wohl in dieser Beziehung nicht abgehen, weil der Einfluss des Vorbildes der Erwachsenen nicht wegzuschaffen und die allgemeine Umkehr zu einer einfachen Lebensweise gar nicht denkbar, ohne die schwerste wirthschaftliche Revolution gar nicht durchzuführen und auch im Widerspruch mit der vollen menschlichen Natur ist, die auch aus ihrer sinnlichen Seite unermessliche Lebensinhalte bezieht; auch weil ein sinnenfeindlicher Rigorismus als Selbstzweck unmenschlich ist. Ich verweise da als auf ein Minimum der Anforderungen an Einfachheit der Lebensgewöhnungen der Jugend auf die ernste und strenge, und doch maassvolle Behandlung der Frage: „Was muss seitens der höheren Lehranstalten geschehen, um der zunehmenden Genuss- und Vergnügungssucht der Schüler entgegen zu treten?", welche dieselbe in der 23ten Directoren-Versammlung der Provinz Westfalen am 2ten, 3ten und 4ten Juli 1895 gefunden hat.

Was nun die positiven Mittel zur Erreichung des in Frage stehenden Zweckes betrifft, so ist zunächst gewiss zu wünschen, dass die Gymnasien nur von Berufenen besucht würden, bei denen die Naturanlage und die Atmosphäre des Hauses der Herausbildung eines idealen Sinnes entgegenkommen· Aber ein erfolgreiches Mittel, die Gymnasien von Ballast frei zu halten, giebt es nicht, ausser in der Belehrung, welche die Schwierigkeiten der Laufbahn in den gelehrten Berufsarten besonnenen

Eltern und Vormündern vor die Seele führen, und in der Warnung der Directoren in den Jahresprogrammen vor Ergreifung
dieser überfüllten Berufsarten ohne entschiedene innere Neigung
und Veranlagung zu einem derselben.

Die Liebe und Begeisterung der L e h r e r für das Alterthum
muss die Hauptsache thun, um auch in der Jugend die Einwirkung der classischen Studien zu einem dauernden Besitzthum zu
machen. Aber diese Liebe muss von dem Einzelnen und Concreten
zu dem G e i s t des Alterthums und zur antiken Humanität hindurchgedrungen sein. Gründlichkeit in der sprachlichen Unterweisung ist eine Vorbedingung für die Solidität der an den alten
Schriftwerken zu übenden Verstandesbildung; dass diese Gründlichkeit nicht abstract und trocken, sondern frisch und anschaulich ist, dafür ist jetzt schon gesorgt durch die Methode, die
nicht von der Regel ausgeht, sondern zu der Regel aus der Anschauung des lebendigen Falles gelangt. Aber diese Gründlichkeit thut es nicht allein; eine Homogeneität des Lehrers mit dem
Geiste des Alterthums muss hinzukommen.

Da glaube ich nun, vor einer modernen Lieblingsrichtung
warnen zu müssen. Es ist aufgekommen, dass am Alterthum
besonders beachtet wird, was alt ist, was einmal g e r a d e s o,
was vergänglich gewesen ist, was im Alterthum zwar einfach
und elementarer, aber jetzt viel vollkommener ist. Ich denke
namentlich an die Realien. Was an diesen nicht mit dem G e i s t
des Alterthums in eine natürliche Verbindung gesetzt werden
kann, das ist nur ein Aeusserliches und zufällig gerade dieses,
von dem Kenntniss mitzutheilen nur insofern eine bildende
Kraft hat, als es gut ist, die Jugend daran zu gewöhnen, mit
Worten auch Anschauungen zu verbinden. Aber diese Seite
der Sache spielt jetzt eine zu grosse Rolle. In meiner Schulzeit, den fünfziger Jahren, kannte man sie noch kaum: den
antiken Wagen, den Pflug, das Schiff, die Geräthe, die Waffen
überliess man uns, ohne sich auch selbst darum zu kümmern,
einfach, wie unsere Phantasie sich etwa ein Bild zu dem Wort-
laut der Vocabel machen würde; in Caesar und Xenophon
wurde noch keine Taktik getrieben, das sprachliche Interesse
verschlang alles. Jetzt sind diese Dinge viel weiter erforscht
(falls z. B. Rückschlüsse aus späten Reliefs auf homerische
Realien wirklich erlaubt sind), aber sie nehmen auch in der Schule

einen reichlich breiten Spielraum ein. Das ist ja im Sinne eines
Comenius und des Herbartschen gleichschwebenden Interesses,
aber so ist es doch von den grossen deutschen Philologen und
Schulmännern nicht gemeint gewesen, wenn sie die Alten zur
Grundlage einer Bildung zu wahrhafter Humanität machen
wollten. Es ist wichtiger, die Jugend zu gewöhnen, den Artefacten der Gegenwart gegenüber mit offenem Auge zu leben
als ihr ein künstliches Interesse an antiken Seitenstücken von
ihnen einzuflössen. Liebe und Begeisterung kann sich an diesen
Dingen nicht entzünden, sondern nur an hohem Geist, edlem
Sinn, klarer Wahrheitsforschung und -darstellung und der Richtung auf die ewigen geistigen Güter. Ich fürchte, das richtige
Verhältniss zwischen den Idealien und den Realien wird jetzt
oft nicht gewahrt. Das Alterthum zu studiren mit der Richtung
auf das Alterthum ist Sache der Wissenschaft, Sache des Gymnasiums aber ist, es zu studiren mit der Richtung auf die Gegenwart oder richtiger das ewig Menschliche, und sogar in die
reine Sachlichkeit der Wissenschaft sollte sich ein Hauch von
dieser Auffassung einmischen, was übrigens auch in den letzten
Jahrzehnten in hohem Maasse zur Praxis der Wissenschaft geworden ist. Was bei den Griechen und Römern so oder so
war, das ist für das Gymnasium eigentlich nur dann zu wissen
von Belang, wenn daraus, unmittelbar oder mittelbar, etwas entnommen werden kann, wie es bei uns sein sollte. Das Kaiser-
wort, dass auf den Gymnasien junge Griechen und Römer gebildet würden — es wachsen freilich auch die Bäume dieser Art
Bildung nicht in den Himmel — muss, wie mir scheint, von eben
diesen Gedanken eingegeben gewesen sein, dass die Richtung
des gymnasialen Studiums mit umgekehrter Front kämpfte und
dass es mit der Front kämpfen sollte, echte und ganze Menschen
für unsere Zeit aus sich hervorgehen zu lassen. Nur bei dieser
Frontstellung, scheint mir, kann sich dieses Studium, mit den
wahren, natürlichen und unverwüstlichen Interessen des wirklichen Lebens verbunden, Theil an seiner Lebendigkeit gewinnen,
Begeisterung erwecken und im Frühling dieses Lebens Blüthen
ansetzen, die in seinem Sommer und Herbst Früchte zeitigen.
Dass dabei die Realien gelegentlich auch für sich getrieben
werden sollen, so weit ihre Kenntniss zum Verständniss des
Gelesenen wirklich nothwendig ist, versteht sich von selbst.

Die Erkenntniss, Aneignung und Beherrschung des Geistes der
alten Schriftsteller, namentlich sofern in ihm unvergleichlicher
Geist steckt, muss das eigentliche Ziel der antiken Gymnasialstudien bleiben, und ist das der Fall, so kann auch der beste
Einfluss dieser Studien für die Gegenwart nicht ausbleiben.
Ein jüngst hochkommender Gedanke ist es, die Bedeutung
des Gymnasiums für die Gegenwart vornehmlich darin zu finden,
dass in ihm die Gestaltung der wirthschaftlichen und socialen
Verhältnisse im Alterthum und die mannigfachen antiken Lö-
sungsversuche der socialen Frage zu behandeln seien. Hier ist
aber denn doch vor einem Zuviel zu warnen und davor zu
warnen, dass der Schwerpunkt des Gymnasiums, das stets das
Bildungsideal der Humanität vor Augen hatte, nicht nach
einer ganz anderen Seite verlegt werde, nämlich dahin, Männer
heranzubilden, die für die specifisch wirthschaftlichen Fragen
und Kämpfe der Gegenwart schon aus dem Jugendunterricht
ein ganz bestimmtes Rüstzeug ad hoc mitbrächten. Zwar ist
durchaus gut zu heissen, dass die Werke von Pöhlmann, Schenk
(Belehrungen über wirthschaftliche und gesellschaftliche Fragen
auf geschichtlicher Grundlage, kleinere Ausgabe für Schüler,
grössere für Lehrer, Leipzig, Teubner, 1896), ein wirklich bedeutendes Buch, und Karl Fischer (Grundzüge einer Socialpäda-
gogik und Socialpolitik, Wiesbaden 1895) schon jetzt auf die
Vertiefung des geschichtlichen, namentlich des altgeschichtlichen,
Unterrichts einen ganz bedeutenden Einfluss gewinnen, aber das
Alterthum in diesen seinen realistischen Nöthen und Lichtblicken
ist es doch eigentlich nicht, welches der goldenen Jugendzeit
homogen ist, sondern das Alterthum in seinem thaufrischen
Idealismus des Gedankens eines echt menschlichen Lebens.
Dieses Alterthum ist das Palladium des Gymnasiums, aber
nicht das politisch und wirthschaftlich ringende und an der Aufgabe des erspriesslichsten socialen Zusammenlebens sich abarbeitende. Oftmals kann einen doch ein gelinder Schauder
überlaufen, in den Halleschen Lehrproben, die auch von jenem
Geiste tinguirt sind, der lieben Jugend so altkluge und wohl-
gesetzte Antworten über politische und wirthschaftliche Dinge
in den Mund gelegt zu sehen; die Zeit kommt doch noch früh
genug und dauert lange genug, wo der Realismus des männlichen Alters die Herrschaft erlangt; die reinen Ideeen, die noch

nicht vom Staube der Wirklichkeit beflogen, in ätherischer Helle über allen wirklichen Gestaltungen leuchten, sind der Jugend, die noch nicht das dunkel getrübte Leben kennt, so viel geistesverwandter. Homerisches Heldenthum, Naivetät und kindlich-patriarchalische Einfalt, Sophokleische Idealgestalten und Schicksalsabläufe, Platonische Mäeutik, wie sie zur Aufhellung der Begriffe des sittlichen Lebens gehandhabt wird, das System der Humanität, wie es in Cicero's Schriften überall seine Strahlen hindurchscheinen lässt, die ernsten und vielseitigen, die Grundtypen der möglichen Hauptauffassungen zum Ausdruck bringenden Untersuchungen der griechischen Philosophenschulen über Tugend und Glückseligkeit, Gemüthsfrieden und Leidenschaft, wie sie in desselben philosophischen Schriften für uns nachgeführt werden, die Horazische Lebensweisheit und heiter überlegene Contrastirung einer gesunden und einer unverständigen Lebensführung — das bleiben doch im Gegensatz zu realistischem Studium wirthschaftlicher Verhältnisse und Gedanken die Elemente am classischen Alterthum, die das edelste Geistesbrot der höheren Stufen des gymnasialen Unterrichts bedeuten, und selbst die Historiker und Redner müssen dagegen an zweite Stelle zurücktreten. Auch ist es doch genug, wenn der treffliche Reichskanzler Graf von Caprivi es mit Recht ausgesprochen hat, dass für den Gesetzgeber in absehbarer Zeit bei allen Vorlagen darauf zu sehen sei, wie sie auf die Bekämpfung der Socialdemokratie einwirken würden: die Jugenderziehung sollte doch noch nicht so eng mit diesem Gesichtspunkt verschmolzen werden, gleich als ob die sociale Gefahr wirklich alles freie, schöne und unbefangene Menschenthum in ihrer beklemmenden Atmosphäre suspendiren müsste, und gleich als ob minder tendenziös zur Humanität erzogene Menschen nicht in dieser Erziehung auch die beste allgemeine Vorbereitung zu den praktischen Aufgaben der zukünftigen Generation davontrügen. —

Das Herabsetzen der Ziele ist nun an einem Punkte angekommen, dass es so nicht mehr weiter geht, sondern die entgegengesetzte Bewegung eintreten muss (ganz ähnlich, wie nach Veit Valentin's Bemerkung die Mode, als ein engerer Anschluss der Frauengewänder an den Körper nun nicht mehr möglich war, wieder die Richtung auf den Reifrock einzuschlagen beginnen musste.) Eine neunjährige intensive Beschäftigung mit

einer Sprache, ohne dass man das Sprechen und Schreiben in
ihr lernt, ist doch eigentlich eine grosse Seltsamkeit, obgleich
jene Beschäftigung ursprünglich zu einer noch wichtigeren
Geistesübung als zu empirischer Fertigkeit im Sprechen und
Schreiben dienen sollte. Und doch ist diese Seltsamkeit hinsichtlich der gymnasialen Beschäftigung mit dem Lateinischen
jetzt eingetreten, und eine Gelehrtengeneration, die nicht mehr
Lateinisch schreiben kann, ist in vollem Anzuge, und obendrein
ohne dass sie doch wenigstens die Fähigkeit zu einem französischen oder englischen Aufsatz sich angeeignet hätte. Ich fühle
altfränkisch genug, um mit Schopenhauer eine Wissenschaftlichkeit, der das Instrument der lateinischen Darstellung nicht
mehr zu gebote steht, auf's tiefste zu beklagen, zumal nicht
wenigstens nach E. v. Hartmann's Vorschlage (Zur Reform des
höheren Schulwesens, Berlin, 1875, S. 44. 53) der plötzlich
abgedankte lateinische Aufsatz durch den französischen ersetzt
ist, sondern statt des letzteren die überleichte Uebersetzung
eines französischen Textes in das deutsche in der Prüfung verlangt wird. Mit dem Griechischen ist es doch etwas anderes.
Es wird nur sechs Jahre lang bei 70 Procent der lateinischen
Stundenzahl betrieben, d. h. auf diese Sprache nur $\left(\frac{2}{3} \cdot \frac{3}{4}\right)$ die
Hälfte der Zeit wie auf das Lateinische verwandt (und von dem
E. v. Hartmannschen Vorschlage *de lege ferenda*, dieses Verhältniss umzukehren, soll hier einmal abgesehen werden; er hat
den Gang der geschichtlichen Entwicklung, die höhere Bildungs-
kraft der strafferen lateinischen Sprache gegen die freiere,
reichere und überhaupt sonst vollkommenere griechische, sowie
das höchst lehrreiche nahe Verhältniss der lateinischen Sprache
zu den modernen romanischen, auch bis zu einem gewissen
Grade der englischen, gegen sich). Das Griechische scheint
mir für uns zum Sprechen und Schreiben weniger geeignet, ihm
ist die Kraft, Eleganz und Geschmeidigkeit des Lateinischen in
der Nachbildung nicht gut zu geben, man vergleiche nur den
Tenor der lateinischen und griechischen Exercitia: ist doch auch
unter den neueren Gelehrten vielleicht nur Ed. Zeller in dieser
Hinsicht des Griechischen vollkommen mächtig, und hat sich
doch für den praktischen Gebrauch der griechischen Sprache
nur vor etwa 15 Jahren der damals offenbar noch jugendliche
Hans Müller, der Enthusiast für das Neugriechische, begeistert.

Die Kunst der Uebersetzung aus den alten Sprachen in's Deutsche, die jetzt ja auch besonders geübt wird, hat sich in den letzten Jahrzehnten ganz bedeutend gesteigert und steigert sich weiter, auch unter der Einwirkung des schönen Büchleins E. Cauers, dieses trefflichen Vorkämpfers des humanistischen Gymnasiums, und das ist sehr erfreulich. Aber es scheint mir wirklich unnöthig, dass auch bei der durch die neuen Lehrpläne von 1891 ein wenig beschränkten Stundenzahl für das Lateinische, das lateinische Sprechen und Schreiben nicht sollte auf der früheren Höhe gehalten werden oder diese bei den ausserordentlichen Arbeiten der letzten Jahrzehnte in der Methodik und Didaktik nicht sogar noch sollte überschreiten können. Man muss die Sache den Jungen nur nicht als zu schwer fühlen lassen, man muss sie in's Wasser werfen um schwimmen zu lernen, man muss an dem Richtigen mehr die Leichtigkeit und so zu sagen Selbstverständlichkeit betonen als es durch mühsames abstractes Regelwerk aufrecht zu halten suchen, zumal in solchen Fällen, wo das Richtige auch schon für die instinctive Vernunft sich geltend macht. Das Lateinischsprechen sollte früh einsetzen, wie jetzt auch das Französisch- und Englischsprechen; das erhöht die Lust der Lernenden ganz ausserordentlich und benimmt ihnen die Last des stummen Einwandes gegen den abstracteren Sprachbetrieb, dass die Sprachen in Wirklichkeit ja doch da sind, um gesprochen zu werden. Lehrbürcher, wie die Lattmannschen, denen auf der anderen Seite eine so theoretisch durchgebildete, wissenschaftlich gefasste Grammatik zur Seite steht, und die ein so vorzügliches Vehikel zur praktischen Handhabung der Sprache darstellen, sollten nicht an die Wand gedrückt, sondern mit gebührender Dankbarkeit für ein Stück Lebensarbeit eines unserer besten Schulmänner herangezogen werden. Brächte man es im Lateinischen wieder dahin, so würde unseren Abiturienten, oder richtiger dem unberufenen Theil von ihnen, das Gefühl benommen werden, dass nun gottlob ein beschwerender Ballast heruntersinken kann: denn was zu freierem Können geworden ist, das drückt nicht, das muss geachtet und geliebt werden. Dass aber bei solchem Sachverhalt auch die allgemeine Einwirkung der Gymnasialzeit sich tiefer in's Leben erstrecken kann, liegt auf der Hand.

Die Ziele müssen wieder heraufgesetzt werden. Bei einem

durch die Vorbedingung strenger Zucht ermöglichten, durch
die verbesserte Methode geförderten und durch die Liebe und
Begeisterung der Lehrer für ihre Thätigkeit verwirklichten
frischen und fröhlichen Lernen muss sich manche Mangelhaftigkeit und Stümperei der gegenwärtigen Leistungen überwinden
lassen. Z. B. Homer muss von den Abiturienten nahezu wie
etwa Hermann und Dorothea gelesen werden können; von den
Sophokleischen Tragödien sollten von den besseren Primanern,
wie das früher so war, einige auch privatim bewältigt und zu
dem unvergleichlichen Genuss erhoben werden, der ihnen ent-
strömt; Anthologieen der griechischen Lyrik eignen sich gleichfalls vorzüglich zum Privatstudium und lohnen durch einen
wundervollen Genuss, bereichern das poëtische Besitzthum auf's
köstlichste; was Plato betrifft, sollte die Lectüre doch nicht nur
auf die Apologie und den Kriton sich beschränken, die ein herrliches und unvergessliches Sokratesbild einpflanzen, aber den
Gesamt-Plato doch nur entfernt ahnen lassen: der Schluss des
Phaedon, der erste Theil des Protagoras, der Menon, vielleicht
sogar das sechste Buch der Republik, das Symposion, der Gorgias
sollten eine Privatlectüre der reifsten Primaner, bei guten Jahr-
gängen das eine oder andere von ihnen sogar Classenlectüre
werden. Im Lateinischen sollten dieselben Primaner, die leider
alles und jedes Commerslied wie selbstverständlich auswendig
wissen, es doch nicht gar so schwierig finden, auf den hundert
und einigen Textseiten der Horazischen Oden überall mit dem
Gedächtniss vollkommen heimisch zu sein, um so auch den Geist
eines Lieblingsdichters der Gebildeten aller Nationen (übrigens
selbstverständlich nicht in unkritischem Autoritätsglauben, sondern in freier Beherrschung) sicherer mit in das Leben zu
tragen. Auch die Satiren und Episteln des Dichters wollen doch
noch gründlicher durchdacht sein, um sich einigermaassen der
Feinheit ihrer Composition und ihrer zahlreichen Schönheiten zu
bemeistern, als es erreicht wird, wenn man im wesentlichen sich
mit dem Ziel einer glatten Uebersetzung begnügt. Cicero's
Briefe sind durch die neuen Lehrpläne zu einem allgemeinen
und vorzüglichen Bildungselement der Unterprimaner geworden,
und der Lehrer, der sie jetzt jährlich ein Semester lang tractirt,
wird auch noch ganz anders einen Einblick in den Reichthum
dieser Fundgrube für die Geschichte ihrer Zeit, namentlich aber

für die antike Humanität gewinnen als früher, wo er sie ausnahmsweise einmal zur Lectüre heranzog. Aber Cicero's philosophische Schriften sind leider jetzt ganz vom Schauplatz verschwunden; sie werden zwar von den neuen Lehrplänen freigegeben, falls auch die übrige festgeordnete Lectüre nicht
verkürzt wird: aber diese Bedingung ist eben nicht zu erfüllen.
Tacitus sollte wieder auf je ein Vierteljahr (statt eines Halbjahrs) in beiden Primen beschränkt werden, um so Zeit für
Cicero's philosophische Schriften zu gewinnen. Die Auswahl
von Weissenfels, die auch die rhetorischen Schriften berücksichtigt, würde sich vortrefflich dazu eignen, eine Quintessenz
der werthvollsten Ideeen des Alterthums der obersten Gymnasialstufe zu vermitteln. Des Tacitus grossartige und wunderbare
Eigenthümlichkeit ist, soweit sie überhaupt in den jugendlichen
Geist schon eingeht, auch in einem Vierteljahre schon zu Gefühl und Verständniss zu bringen, aber auf das doppelte Quantum
des historischen Stoffes, welcher zufällig gerade jener Eigenart
zur Folie dient, kommt es hier gar nicht an, und die Gedankenwelt
jener philosophischen Schriften, die von dem edelsten Lebensmark des antiken Geistes beseelt wird, ist auf keine Weise durch
noch so ergreifende und colorirte Darstellung eines concreten geschichtlichen Stoffes zu ersetzen. Für die Belebung des Patriotismus aber ist die Lectüre der auf Deutschland bezüglichen Abschnitte des Tacitus nicht erforderlich; dieser blüht bei unserer
Jugend und wird durch viel näher liegende Quellen auf's beste genährt; es ist beinahe wunderlich, dass er des taciteischen Bildes
des altgermanischen Stammesparticularismus bedürfen sollte; der
Inhalt der Germania aber ist im wesentlichen auch schon durch
den Geschichtsunterricht vermittelt; doch ist nichts dagegen
einzuwenden, dass, wie es jetzt geschieht, jeder Primaner die
Germania zu lesen bekommt. Privatlectüre aus dem Livius hat
sich schon jetzt befriedigend gehoben; sie ist eine gute Schulung
für Bereicherung des Wortschatzes, für blühende Darstellung
und auch für ein Interesse an politischen Dingen, wie es der
Jugend sympathisch ist und die Gewöhnung an moderne Phrasen
und Schlagworte ausschliesst. Auch die Aeneis wird viel mehr
denn früher als Ganzes zur Kenntniss und zum Genuss gebracht,
durch Ausscheidung eines Kanons der entscheidensten Abschnitte. Ueberhaupt dürfte für das Lateinische kaum mehr

eine Ausdehnung des Umfanges der Lectüre ein Bedürfniss sein, mit der Ausnahme, die vorhin hinsichtlich der philosophischen und rhetorischen Schriften Cicero's geltend gemacht worden ist; nur der Ertrag der Durcharbeitung muss gesteigert werden. Wenn ich einer Erhöhung der Lehrziele im Lateinischen und Griechischen das Wort redete, so ist dabei nicht an eine Herunterdrückung der übrigen Lehrziele gedacht. Diese erheben für ihr jetziges Maass, das ich im Französischen sogar erhöht wünschte, auf Grund der Bedürfnisse des modernen Lebens eine gebieterische Forderung. Nur in der äusseren Breite ihrer Anforderungen sollten die Lehrer der Mathematik, Physik und Chemie an den Gymnasien nicht allzu peinlich sein, vielleicht manches nachlassen; dass dagegen die Methoden, Grundlehren und Grundbegriffe dieser Wissenschaften allen Abiturienten, selbst ohne mögliche Compensation, zu wirklichem Verständniss in Fleisch und Blut übergingen, das ist für die moderne Bildung geradezu unerlässlich; in diesem Falle werden aber die jetzigen Abiturienten vor vielen der vorigen Menschenalter noch ein Grosses voraus haben. Die philologischen Lehrer sollten bei jeder Gelegenheit keinen Zweifel darüber aufkommen lassen, dass sie in ihre allgemeine Hochschätzung der Wissenschaftlichkeit auch diese Wissenschaften einschliessen, und jeden Schein des — ja auch auf dem Aussterbeetat stehenden — „Stockphilologenthums" meiden. Die Hauptsache bleibt aber, dass aus dem Gymnasium mit in's Leben hinausgetragen werde was am Geiste des Alterthums hoch und ideal und von der Einseitigkeit utilitaristischer Verstandesbethätigung, beschränkt realistischer Gesinnung erlösend ist: die Richtung auf die Erkenntniss des Idealbildes des menschlichen Wesens, das Verlangen, dieses zu verkörpern und sich nicht an der Oberfläche der äusseren Welt und der niederen Seiten der eigenen Natur zu verlieren: kurz, die antike Humanität.

Die Hauptgegnerschaft des Wunsches, die gymnasialen Ziele wieder erhöht zu sehen, liegt in dem Ueberbürdungsgedanken. Eine Ueberbürdung der Jugend ist in der That zu befürchten, wo unberufenen Kräften die Lösung von Aufgaben zugemuthet wird, für die s i e nicht geschaffen sind, die in anderen Aufgaben sich vernünftig und ihrer Natur gemäss ausleben können, wo ein peinlicher Grammaticimus die Geisteskräfte zu dominirend

aufsaugt, wo eine Ueberfülle äusserlicher Kenntnisse, die durch
kein inneres Band zusammengehalten werden, erstrebt wird.
Die unberufenen Kräfte sollten ausscheiden, wenn ihnen das
Missverhältniss zwischen ihnen und den an sie gestellten Anforderungen klar wird, und die Lehrer sollten ihnen darin goldene Brücken bauen. Beides geschieht schon jetzt, könnte aber
doch wohl noch häufiger, noch früher, noch entschlossener geschehen. Der Grammaticismus ist durch die neuen Lehrpläne
und ihre Ausführungsbestimmungen in durchaus zureichender
Weise beschränkt, ja, manches Stück des grammatischen Lehr-
stoffes hätte der Ueberbürdungsbesorgniss nicht einmal zum
Opfer zu fallen brauchen, so die schönen ausführlichen gereimten
Genusregeln, diese Lust der Knaben und feste heitere Erinnerung selbst von Greisen, die sie als Kinder einst in dem
früheren Gymnasium gelernt hatten. Muss denn jede Vocabel
durchaus in den Schulschriftstellern vorkommen, ist nicht jede
ein Schritt weiter der Wanderung in das fremde Sprachland oder
doch wenigstens eine mit Genuss am Wege gepflückte Blume?
Es ist wunderlich, was alles überbürden soll. Der Ueberfülle
äusserlicher Kenntnisse, die mit Qual das Gedächtniss belasten
ohne den Geist zu nähren, wird zum theil mit grossem Erfolg
gesteuert, so besonders im Geschichtsunterricht, der so sehr
viel geistvoller und ideeenreicher geworden ist und dem blossen
Gedächtniss so viel weniger zumuthet; doch wird auch hierin
die Ueberbürdungsgefahr zu sehr gewittert, da die Canones der
zu lernenden Daten jetzt oft allzu dürftig ausfallen dürften.
Im Unterricht in den classischen Schriftstellern scheint mir die
Aufmerksamkeit auf ihren Geist nicht genügend gestiegen, die
auf vereinzelte Realien übertrieben gewachsen zu sein. Was
an den Schriftstellern noch uns verständliches menschliches
Denken und Fühlen ist, das bringt sie uns wirklich menschlich
näher, erweckt ein wirkliches Interesse, auf dessen Grundlage
niemals Last und Bürde gefühlt wird, und das ist an ihrer Einwirkung auf die Jugend werthvoller und wichtiger als was an
ihnen als gelegentliches Zeugnissthum für vergangene Antiquitäten erscheint. Bildet man die Jugend dahin, sich in die Denkweise der alten Schriftsteller wirklich zu versetzen, sich gleichsam an ihre Stelle zu fühlen, dann wird nicht Fremdes mit Mühe
angeeignet, sondern das eigene Selbst mit der Lust, die jedes

34*

Förderungsgefühl an sich hat, erweitert und vertieft. Das Mittel dazu aber ist, wenn der Lehrer selbst nicht jenseit der Kluft der zwei Jahrtausende die Alten als Mumien fühlt, sondern über sie hinweg empfindet, dass das Wesentliche ihres Daseins ganz dasselbe war wie das Wesentliche unseres eigenen Daseins die Stellung des Menschen mit der ihm eingeborenen Natur in der Objectenwelt, über die die Sonne Homers noch heute leuchtet, und an der seines gleichen für den Menschen die Hauptsache sind. — Im übrigen ist die Ueberbürdung nicht durch Herabsetzung der geistigen Arbeit, die culturschädigend und für die Stellung unserer Nation im Wettkampfe der Völker verderblich wirken muss, sondern durch die Vereinfachung und Gesundermachung der Lebensweise, durch Bekämpfung der geistesfeindlichen Genusssucht zu überwinden. Der andere Weg dazu, nämlich der Neigung der Jugend zur Bequemlichkeit entgegenzukommen und ihre Arbeit direct zu vermindern, ist, wie gesagt, sehr bedenklich, sofern nicht durch verständigere Einrichtung der Arbeit in kürzerer Zeit das gleiche geleistet werden kann; die Jugend womöglich arbeitslustiger und arbeitskräftiger zu machen ist der bessere Weg. Die Arbeitslust und -kraft hängt aber wesentlich von der körperlichen Gesundheit, insbesondere der richtigen Pflege des Gehirns ab, und diese von gesundem und ausreichendem Schlaf, Gemüthsruhe und Regelmässigkeit einer von künstlichen Reizmitteln freien Lebensweise. Vor fünfzig Jahren fand niemand die Jugend überbürdet, sie war es auch nicht, und arbeitete doch reichlich so viel wie heute. Die verfrühte Gewöhnung an entbehrliche Genüsse, die abspannend wirkt, ist es, die den Schein der Ueberbürdung hervorruft, und an dem Punkte ihrer wahren Ursachen sind die Uebel am besten zu bekämpfen. Auch die neuerdings so sehr verfochtene positive Kräftigung der Jugend durch Spiele, die ihre körperliche Kraft und Gewandtheit fördern, ist sehr gutzuheissen, soweit sie nicht zu grosse Ermüdung herbeiführt und mit zu grosser Aufregung verbunden ist, endlich nicht das Interesse von den geistigen Aufgaben ablenkt.

Zum Schluss muss ich noch, im Einklange mit der Anlage obiger Arbeit, eine Bedingung für die Hebung des Einflusses der gymnasialen Vorbildung für das Leben und die Gegenwart anführen, die von meiner Seite nicht befremdlich klingen wird,

so paradox sie auch vielen vorkommen würde, wenn sie ohne
weitere Vorbereitung sich ausspräche. Zahlreiche jüngere Collegen sind von der Drumann-Mommsenschen Auffassung der
Person Cicero's angekränkelt und haben für diese Persönlichkeit des Alterthums nichts von Hochachtung und Liebe übrig.
Damit aber verleiden sie selber der Jugend ein bedeutungs-
volles Element des classischen Unterrichts und können nicht
verhindern, dass von diesem Punkte aus überhaupt ein blasirtes
Verhalten gegen das Alterthum sich ausbreitet. Wenn die
Stellung der philologischen Lehrer zum Alterthum von dem
Wurm der Ciceroverachtung befreit würde, dann würde die von
diesem Punkte ausgehende Trübung der Begeisterung der Jugend
für ihr centralstes Lern- und Arbeitsgebiet schwinden und die
Früchte einer begeisterteren Hingebung an ihr Studium nicht
ausbleiben. Zunächst ist es nicht wahr, dass die Schwächen und
Mängel der Person Cicero's so unleidlich und so abschreckend
wären, wie sie bei Th. Mommsen erscheinen. Drei treffliche
Schulmänner und Gelehrte sind aufgetreten, welche die Mommsensche Darstellung der Persönlichkeit Cicero's, eine Darstellung,
die bei der vorigen Generation der besten Philologen nie Anklang gefunden hat, durch gründliche Forschung und liebe-
volleres, daher auch individualitätsgerechteres und einsichtigeres
Verständniss für ihr Object siegreich rectificirt haben: Aly,
Weissenfels und O. E. Schmidt. Die Jugend hängt noch immer
vor allem an Einem Vorurtheil gegen Cicero: dass er „feige"
gewesen sei, und bei der Gesinnung der Jugend überwiegt dieses
Vorurtheil alles Uebrige, was den Mann betrifft. Der muthvolle
Tod des unglücklichen Dulders, mit dessen auf Livius zurückgehenden genaueren Erzählung Aly seine Ausgabe ausgewählter
Briefe Cicero's beschliesst, widerlegt dieses Vorurtheil; im übrigen hat die Jugend gut reden, wenn sie in einem schwierigsten Zeitalter der Weltgeschichte immer nur das simple Ideal
körperlichen Muthes zur Schau getragen zu sehen wünscht; und
so entscheidend für den ganzen Menschen, zumal wenn dieser
durchaus nach dem Leben im Geiste gravitirt, wie es die liebe
Jugend empfindet, ist diese Eine Eigenschaft doch nicht. Zweitens aber kommt es für das, was Cicero für das Gymnasium
ist, nicht in dem Maasse, wie die Ciceroverächter das in ihrem
Gebahren zum Ausdruck bringen, auf die dennoch übrig blei-

benden Schwächen und Mängel seiner einstmaligen wirklichen, längst vergangenen Person an, sondern auf seine in seinen Schriften niedergelegte und fortlebende geistige Persönlichkeit. Aly (Zeitschr. für Gymn.-Wesen, 1896, Febr.-März-Heft, „Cicero und Drumann", S. 84—112) urtheilt, wenn Cicero der Mann gewesen wäre, als den ihn Drumann und Mommsen darstellen, sei kein Zweifel, dass er gänzlich vom Gymnasium verbannt werden müsse. Er urtheilt so in der guten Zuversicht, dass er in jenem Aufsatz Drumanns Auffassung an vielen wichtigen Punkten siegreich widerlege; aber selbst wenn jemand durch sein unsterbliches Theil, sein Leben im Geiste und dessen Werken, die Unsterblichkeit durchaus verdient, so braucht man sich ja an seinen etwaigen menschlichen Fehlern, die er persönlich abgebüsst haben wird, nicht so sehr zu stossen, um sich sein geistiges Bild zu verleiden, man braucht sie ja gar nicht so geflissentlich aus dem Schutt und Moder an's Licht zu ziehen. Dennoch ist es ein Glück, dass wir den noch besseren Vertheidigungsstandpunkt Aly's einnehmen dürfen, dass selbst Cicero's ehemalige menschliche Persönlichkeit eine gerechte und wahrhaftige Beleuchtung gar nicht zu scheuen braucht, um in Summa achtungs- und liebenswerth zu bleiben. Das grosse politische Problem seines Zeitalters hat nicht Cicero gelöst, sondern Caesar, und seitdem dieser weltgeschichtliche Heros noch voller in der ganzen fast unvergleichlichen Grösse seines staatsmännischen Denkens und Handelns erkannt ist, muss das Bild seines in so ganz anderer Weise an der Spitze seines Volkes stehenden Zeitgenossen unter dem Schatten des Caesarischen Ruhmes stehen. Unsere Zeit aber, die auch sonst der Anbetung der Erfolge eines ersten Thatenmannes so einseitig ihren Tribut zollt, dass sie für den fleckenlosen Adel des Bildes seines ersten Nachfolgers — der wie ein Muster für das herrliche Vergilische Lob *iustissimus unus Qui fuit in Teucris et servantissimus aequi* dasteht — bis jetzt noch so wenig Verständniss zeigt und manchen grossen zeitgenössischen Förderern der höchsten Cultur noch so wenig gerecht wird, hat die Fähigkeit, den warmherzigen Idealismus edelster menschlicher Bestrebungen neben der Thatengrösse nach Gebühr zu schätzen, sich allzu sehr verkümmern lassen. Cicero will aber nicht mit Caesar verglichen werden, widrigenfalls wir auch den reichen Schatz seiner unermüdlichen Geistesproduction gegen das *bellum Gallicum* und *civile* auf die Waagschale legen werden, sondern er will in sich selbst verstanden sein. Da steht er nun da als von allen Alten derjenige, der alles Grosse und Herrliche des Griechenthums auf der Basis einer sonst einseitig praktisch veranlagten Nationalität am tiefsten auf sich hat wirken lassen, ihm die heisseste Liebe, Bewunderung und Nacheiferung entgegengebracht hat. Und nun liegt der Fall so, wie überhaupt mit der bekannten Eigenthümlichkeit der Deutschen, dass sie lieber ein Buch über ein Buch als das Buch selber lesen: an der Liebe Cicero's zur griechischen Cultur kann sich die Liebe zu dieser voller und schöner entzünden, das Hochgebirge dieser Cultur präsentirt sich unter allen Aussichtspunkten, die das Alterthum auf sie bietet, vielleicht am herrlichsten aus dem Aussichtspunkte des Ciceronischen Geistes, gleichwie die Alpenkette von dem fernen Weissenstein bei Solothurn. Es ist wunderbar: auch ein Schönstes und Herrlichstes, wie es doch unzweifelhaft dieser erste Frühling im Geisteswalde der europäischen Nationen an dem erstbegnadigten Revier des hellenischen Lebens gewesen ist, lässt sich besser erkennen und lieben, wenn eine zu solcher Erkenntniss und Liebe besonders geweckte Geistesart mit ihr vorangeht und gleichsam ansteckt. Es hat förmlich etwas von dem, was Kant eine Amphibolie nannte und was man seit Hegel Realdialektik nennt, an sich: hat man die von Fern geschaute Höhe erreicht, so befindet man sich doch wieder auf dem Boden dieser Erde und in der irdischen Schwere; der Zauber, der sie umwebt, stammt aus dem Fernblick, der den blauen Duft hinzuthut. Wenn man bei Cicero, einem Geiste, der nach seiner besondersten Veranlagung an weitgeöffneter Empfänglichkeit und feinster Gegenempfindung für alles Grosse, Gute und Schöne im Geist und in den p e r s ö n l i c h e n geistigen Individualitäten wenige seines gleichen hat, immer wieder aus reinstem Vollgefühl und doch wie mit homerischem festen Typus des Ausdrucks von „jenem unseren göttlichen Plato" liest, so geht einem selbst die „Göttlichkeit" des Plato besser auf; wenn zahllose Persönlichkeiten des griechischen und römischen Alterthums von seinem scharftreffenden Urtheil, von der Herzlichkeit seines Verständnisses und seiner Bewunderung einen Hauch davon getragen haben, so treten sie uns selber in ihrer Eigenart viel lebenswarmer entgegen. Wie kann man an der Hinterlassenschaft dieses Mannes nur immer den Tagespolitiker, obgleich auch dieser überaus interessant und in seinem Scharfblick wie in seinen Irrthümern lehrreich ist und durch O. E. Schmidt's Untersuchungen in ein neues, richtigeres Licht gerückt wird, wie kann man in ihnen nur immer den kunstreichen Advocaten, dessen Wortfülle und Darstellungsglanz allerdings oft den einfachen Sinn für das Wahre vor den Kopf stösst, erblicken, und wie kann man sich verschliessen vor der reichen Bildung, mit der er die tausendjährige Cultur vor ihm nach Kräften zu umspannen sucht und als der grösste Encyclopädist seines Volkes erscheint, vor der heissaufquellenden Liebe zu ihren Herrlichkeiten, mit der er ihr seine dürstende Seele entgegenträgt? Alle alten grossen Philologen verdanken ihm das meiste von der Gesinnung, dem Enthusiasmus, mit dem sie ihre Alterthumsstudien betrieben, von der Geschultheit, mit der sie sie zur Darstellung brachten: für sie alle stand er im Mittelpunkt ihres wissenschaftlichen Bestrebens. Wenn, wie ich hoffe, Aly's Prophezeiung recht hat, dass alle Vorzeichen auf eine neue Umschätzung des Ciceronischen Werthes nach Ablaufung der Drumann-Mommsenschen Periode in seiner Schätzung hindeuten, wenn die philologischen Lehrer der Gymnasien diese Umschätzung zu ihrem Besitzthum machen, dann kann eine Zeit beginnen, in der von der gymnasialen Vorbildung aus ein neues ideales Moment in den Geist der Gegenwart fliesst. In dessen Veräusserlichung zu der Einseitigkeit in den an sich höchst schätzenswerthen Bemühungen um die wohlfeilste Kraftgewinnung zur Intriebsetzung ihrer Maschinen, die durch die vollkommenste Beleuchtungsart zu erzielende beste Verwandlung der Nacht zum Tage, die beste Beförderung der Menschen und Güter von Ort zu Ort, den flottesten Austausch der äusseren Güter, die beste Interessenbefriedigung der Classen, u. s. w. u. s. w., kurz zur Vervollkommnung der äusseren Lebensbedingungen — in diese Veräusserlichung würde dann aus dem einfachen Sinne der Jugendjahre wieder die grosse Hauptbemühung hervorgehen, die ihrem inneren Wesen nach allseitig wahrhaft menschlichsten Menschen zu dem Genuss aller jener äusseren Güter, vor allem aber zum Ausleben der Idee des Menschen hinauf zu führen. Das Verlangen, an meinem Theile und nach meinen Kräften dazu beizutragen, dass menschlicher Sinn und hohes Streben nach Erfüllung der Idee des Menschen in unsere unruhevolle und sich abarbeitende Zeit mehr wieder einkehre — nicht, als ob damit alles erreicht wäre, aber weil doch unter der Begleitung dieses Sinnes alles am besten erstrebt wird — ist mir auch der wichtigste Zweck gewesen für meinen obigen Versuch einer Specialuntersuchung der „antiken Humanität".

ANHANG. LITTERATUR.

„Litteratur" zu der obigen Monographie liesse sich einerseits in's Unbeschränkte verfolgen, sofern man alle Meinungsäusserungen über Humanität und insbesondere antike Humanität als hierher gehörig ansehen wollte; andrerseits direct „benutzte" Litteratur ausser der im Text selber an dem jedesmaligen Ort angeführten überhaupt kaum namhaft machen, da meine Entscheidung darüber, was für dieses Thema quellenmässig sei, mich auf einem sich dann von selbst weisenden Wege, im ganzen ohne Abhängigkeit von neuerer Litteratur, weiter führte. Dennoch habe ich, seitdem mich diese Arbeit beschäftigte, meine Aufmerksamkeit auch ausdrücklich auf die in weiterem Sinne einschlägige Litteratur gerichtet und bis jetzt im ganzen 57 Autoren zu der von mir behandelten Sache mit lebhaftem Interesse für mich in's Verhör genommen. Dieselben zerfallen in vier Gruppen, deren erste in Betracht kommt für die Idee der Humanität, die zweite für einzelne Abschnitte der obigen Darstellung, die dritte für das Verhältniss der „Humaniora" zur Gegenwart, die vierte für die Beurtheilung der Person des von mir als Hauptquelle erachteten Cicero. Um aber die Grenzen des Raumes, die ich mir setzen musste, nicht zu überschreiten, will ich hier nur über die von mir als wichtigsten angesehenen und zum theil der allgemeinen Kenntniss ferner liegenden unter den von mir bisher beachteten litterarischen Stimmen der ersten Gruppe Bericht und Urtheil abgeben.

---

1. **Östling.** (s. Z. Lector der Eloquenz und Poesie am Gymnasium zu Carlstad), *de vera humanitatis specie in scriptis Ciceronis expressa*, 45 S. 4⁰, Upsala 1852. Die Abhandlung enthält eine Einleitung (S. 1—14) über den geistigen Charakter des classischen Alterthums überhaupt. Darin idealisierende Behauptungen wie die folgende (S. 4): „*Sic erat vita simplex et in simplicitate sobria atque honesta, sedato quasi tenore fluens nec ullis (?!) discordantis animi tumultibus vexata, a necessitate libera, quam solent doctrinarum severitas morosilasque praeceptorum et mens anxie ad se revocata iniungere, consuetudine exhilarata popularium idem sentientium eademque sequentium studia, gratae eleganliae in singulis partibus plena, violentia haud foedata (?) libidinum, quas excitat turpis sui et suarum rerum respectus, sed contra apertissima quaedam liberalium et generosarum actionum scena;* aber auch treffliche Charakteristik, wie die der antiken Schriftwerke (S. 7): „*Spirant antiquae litterae nativum quendam*

vigorem, ab animis vegetis et simplicitate naturae integris profectum, quem temperat serena quaedam et placida, ut ita dicam, tranquillitas, in omnia ab hominibus transfusa, qui rebus suis ac praesentibus contenti nullo opinabilium vexabantur desiderio, nec quidquam ad beate vivendum requirebant, nisi quod ipsa qua fruebantur suppeditaret vita, aut humana virtus posset assequi." Es folgt (S. 14—22) ein Ueberblick über Cicero's Bildungsgang, und dann die Behandlung des Thema's selbst. Das Theilungsprincip für die Behandlung des Stoffes sind die Gattungen der Ciceronischen Schriften, von denen die rhetorischen und die Reden — S. 29, die philosophischen Bücher S. 30—38, die Briefe S. 38—42 behandelt werden; den Schluss bildet eine Vertheidigung Cicero's gegen die *vitia, si quae scripta eius nonnumquam arguunt.* Von einer Theilung der Humanität in ihre inneren Momente, wie sie meiner obigen Darstellung zu grunde gelegt ist, ist nicht die Rede. Der Vf. denkt nicht daran; auch die einzelnen Schriften will er nicht danach gliedern. „*Si hanc humanitatem in singulis eius operibus investigare atque exhibere volumus, facile est inventu hoc ita fieri vix posse, ut singularibus quibusdam singularia illius iudicia praecipue tribuantur, cum sint potius quaeque per cuncta opera dispersa et quorundam ita propria, ut sint reliquorum omnium communia*" (S. 22). Auch darüber scheint sich der Vf. nicht klar geworden zu sein, dass, wenn er über „die wahre Erscheinung der Humanität in Cicero's Schriften" schreiben will, er auf diese Schriften als die Hauptquelle der antiken Humanität überhaupt hingedrängt worden ist; sonst hätte S. 14 eine höchst naheliegende Uebergangsbemerkung darüber stehen müssen. Die Charakteristik der Ciceronischen Schriften ist in warm panegyrischen Tone gehalten, zielt auf solche Eigenschaften derselben, die in der That mit der Humanität zusammenhängen, betont Hauptsachen und ist vielfach recht treffend, wie z. B. in der mit Hinblick auf Cicero's geistigen Verkehr („*cum amicis aetate, honore, mente, prudentia ipsi paribus*"), wie er sich hauptsächlich in den Villen abspielte, gemachten Bemerkung (S. 31): „*Est hoc profecto humanitatis spectaculum, quo nescio an nullum pulchrius exquisitiusve inveniri possit.* Dagegen zeigt doch das ungetrübt orthodoxe Urtheil über die Reden (S. 27) „*Numquam iniustitiae, improbitatis, ignaviae aliorumve vitiorum foedorum patronus exstitit; contra quaecumque existimabat iusta, recta, honesta pro iis omni eloquentiae vi pugnare erat paratissimus*", dass das Mommsensche Bild Cicero's doch auch sein Gutes gehabt hat. Den Episteln ist Ö. geneigt, als Spiegelbildern der Humanität den Preis zu ertheilen (S. 38).

2. **Köhnhorn,** Καλοκαγαθία *ex locis Xenophontis adumbrata,* Progr. des Gymnasiums zu Neisse v. 1850, 13 S. 4°. Das Thema ist ungefähr dasselbe wie das meiner Monographie, wenn man nur auf den Begriff und weder auf dessen concrete Ausgestaltung im Leben noch auf dessen Schattirungen bis in's einzelnste sieht. Das K.'sche Programm entspricht *mutatis mutandis* etwa der obigen „Lexikalischen Nachweisung", S. 31—40. Die Kalokagathie ist die innere und äussere Vortrefflichkeit (S. 4. 12., z. B. in dem schönen Sokratischen Apophthegma Symp. II, 5 (S. 6, Anm. 17). Sehr seltsam muthet uns jetzt Ferd. Delbrück's (1829)

versuchte Uebersetzung „Schönbravheit" an. Specieller angewandt bedeutet die Kalokagathie die Selbstbeherrschung und den Gehorsam (S. 8), das Gegentheil der Leichtfertigkeit (ῥαδιουργία, S. 9); auch die Geistesbildung (S. 10); vor allem die Gerechtigkeit, Güte und Rechtschaffenheit (S. 10—13). Wenn man bedenkt, dass die Kalokagathie vielleicht bei keinem griechischen Schriftsteller eine grössere Rolle spielt als bei Xenophon, so muss man nach dem Ergebniss dieser Specialuntersuchung doch urtheilen, dass sie für die Griechen keine so bedeutungvolle Stellung einnimmt wie die *humanitas* für die humane Gesellschaft der Römer. Auch enthält dieser lateinische Begriff einen Leitfaden für seinen Inhalt in der Idee des Menschen, „das Schöne und Gute" aber wird auf gar mancherlei Erscheinungen nachträglich angewandt, aber es selber enthält in seiner Bezeichnung noch nichts in sich, woraus man alles finden könnte was zu ihr gehört; es bedarf mindestens erst einer erläuternden Definition, unter welchen Bedingungen man die Berechtigung, dieses Prädicat zu ertheilen, als erfüllt ansehen darf.

3. **Hermanni Buschii** *Vallum humanitatis, Coloniae, impressa per Nicolaum Caesarem 1518*; neu herausgegeben von Jacobus Burckhard, Frkf. a. M. 1745 bei Jo. Friedr. Fleischer. Der Sinn des „*vallum*" wird klar aus dem Untertitel: *sive humaniorum litterarum contra obtrectatores vindiciae*. Die Schrift (176 S. 8⁰) verläuft in 8 Capiteln („*tomi*"): I: „*Studium humanitatis hoc ipsum esse proprie quod sit alias studium liberalium artium*". II: „*In studio humanitatis utilitatis et bonae frugis plurimum esse*". III; „*Studium humanitatis ad intelligendum sacram Scripturam conducere, et eius litteraturae peritia aliquantulum, immo multum adiuvari lectorem*". IV; *Multos sanctos et graves viros in humanitatis studiis floruisse olim et isto saeculo adhuc floruisse*". V: „*Magnam praeclaramque rem esse eloquentiam atque ideo ecclesiasticis quoque concionationibus non inutilem, immo adprime profuturam, si ea aut uti quidam vellent aut possent*". VI: „*Verba illa Hieronymi Daemonum cibus et similia de Aristotele et philosophis ceteris, perinde atque de poetis et oratoribus, vel etiam magis esse*". VII: „*Carmen*" (d. h. die poetische Form) „*sacrorum mysteriis, etiam sublimioribus, non solum nostros, sed etiam sanctos olim prophetas frequentes accomodasse*". VIII: „*Praeiudicia nationum atque Italiae, et inprimis Romae pro studiis humanitatis*". I enthält also eine Definition der Humanität im einseitigen und speciellen Sinne unseres obigen Vierten Abschnittes. II (vgl. auch das ausdrückliche Bekenntniss über die Gelegenheitsursache der Abfassung in der „*brevis* περιοχή" S. 27—29) zeigt die praktische und apologetische Tendenz der Schrift, III—VII, gegen wen diese Vertheidigung gerichtet ist, gegen den Theil der katholischen Geistlichkeit, welche dem Humanismus als Dunkelmänner erschienen. Als heilige und dabei (im Sinne des class. Alterthums) hochgebildete Männer werden unter IV besonders behandelt: Justinus, Clemens Alexandrinus, Origenes, Minutius Felix, Cyprianus martyr, Lactantius, Methodius, Gregorius Nazianzenus, Ambrosius, Augustinus, Hieronymus, Prudentius („*cuius hymnos ecclesia canit*"), Joh. Damascenus, Boethius; die Päpste Damasus, Gelasius, Nicolaus V.,

Pius II. (Aeneas Sylvius), Leo X.; Laurentius Mediceus, Laurentius Valla, Marsilius Ficinus, Angelus Politianus, Jo. Picus Mirandulae comes; zusammenfassendes Urtheil einmal: *tot venerabiles presbyteri, tot insignes theologi, tot reverendi et deo amabiles episcopi, tot urbis Romae pontifices maximi*". Die „*praeiudicia*" unter VIII sind natürlich in g u t e m Sinne zu verstehen; als die Nationen, die dieses gute Vorurtheil besassen, erscheinen dort die Athener, die Griechen der Colonien, die Hebräer (!) und sodann die Provinzen des römischen Reiches in allen drei Erdtheilen, z. B. auch Carthago nach dem Zeugniss des Apuleius, also die spätere Hauptstadt der römischen Provinz Africa. Endurtheil (Burckhard S. 157): „*Roma humanitatem orbi dedit*". Die Darstellung des vallum ist die der Ciceronischen theoretischen Schriften, deren Latinität auch bis auf einige wenige Flecken mit grosser Gewandtheit, Sicherheit und Fülle gehandhabt wird; zu freier wissenschaftlicher Höhe ü b e r den Horizont des Alterthums weiss sich das Kind des humanistischen Zeitalters natürlich noch nicht zu erheben, es bewegt sich durchaus in der Ebene dieses Horizontes. Als ein Spiegel des eigentlichen deutschen Humanismus, den man in ihr in *nuce* erblickt, ist die Schrift noch heute lesenswerth. Uebrigens war dieser Buschius ein Stern erster Grösse unter den deutschen Humanisten, wie denn Melanchthon (*de vita Bugenhagii*, Opp. t. III, p. 823) die Zeit des R. Agricola und H. B. eine *aurora doctrinarum* und Jo. Burchard Menkenius (vermuthlich ein mütterlicher Ahnherr Bismarcks) den B. selbst *academiae Wittenbergicae auspicem et statorem primum* nennt (Ausg. v. Burckhard, S. 120). Camerarius sagt in seiner *vita Melanchthonis* p. 15: *Hermannus Buschius Philippum iuvenem senex amantissime, cum quadam reverentia complexus.* Derselbe Camerarius erzählt in einem vor seiner Ausgabe der Briefe Cicero's ad fam. abgedruckten Briefe, dass B. auf die Frage nach dem Ursprunge seiner vielbewunderten gelehrten Bildung geantwortet habe, *legendis et relegendis Ciceronis epistolis* sei er so weit gekommen. Das ehrt diese Briefe, lässt aber auch die Schranken dieser humanistischen Gelehrsamkeit deutlich hervortreten. Geboren war „B." um 1468 als ein Herr von dem Busche auf der Burg Sassenborg im Münsterschen; unter seinen Vorfahren, deren Stammbesitzungen in *comitatu Schowenburgensi* lagen, zählte er schon 7 von Adel („*equites*"), unter denen der Name Clamor ein bevorzugter Familienname war, wie noch jetzt in der Familie derer von dem Bussche. In der „Geschichte der von dem Bussche" von Freiherr Gustav von dem Bussche (im Ms. gedruckt 1888), Anhang S. 19 beginnt der Stammbaum Hermanns v. d. Bussche sechs Glieder aufwärts mit Heinrich, Truchsess zu Schauenburg, 1253 —83. Diese Bussche's mit der Lilie im Wappen waren ein anderes Geschlecht als die mit den drei Pflugeisen im Schilde. Es starb 1576 aus, während das letztere noch jetzt blüht und z. B. in Hameln ansässig ist Der Freiherr Gustav, ein hochedler Herr unvergesslichen Angedenkens († 1890), bedauert im Anh. seiner unermesslich fleissigen Familienchronik S. 4, den berühmten Gelehrten nicht zu den Seinen rechnen zu können. B. hat fast auf allen deutschen Universitäten,

längere Zeit in Heidelberg, Leipzig, Marburg Beredtsamkeit gelehrt.
Gestorben ist er „*feliciter in Christo*" 1534 zu Dülmen, an einer Krankheit, die er sich im Jahre vorher durch die Gemüthsbewegungen zugezogen hatte, die ihm durch die angestrengte und erfolglose Rede gegen Bernhard Rothmann, das Oberhaupt der Wiedertäufer, erregt waren, welche er am 7ten und 8ten August „*auctoritate publica coram senatu idiomate Westphalico*" zu Münster gehalten hatte. Diese Daten aus der von Burckhard seiner um zwei Jahrhunderte (*ad virum doctissimum ab oblivionis iniuria adserendum*) späteren Ausgabe des Vallum vorausgeschickten *vita Buschii*, deren Hauptquelle eine frühere des Theologen Hamelmannus war. Auch an den *epistolae obscurorum virorum* war B. neben dem Grafen Hermann von Neuenahr, dem das Vallum gewidmet ist, Hutten und Reuchlin betheiligt, Burckhard a. a. O. S. 225. Uebrigens hatte B. auf den Rath des Erasmus sein vallum sehr ge mildert, so dass es als ein „*opus relectum ac multo moderatius*" herauskam und nun „*citra offensum*" zu lesen war (Erasmi epist. DLXII, p. 624 ed Lugd. in Bat.). — Burckhard hat auch noch eine besondere Abhandlung von 112 Ss. über die Verdienste des deutschen Adels um den Humanismus („*Germaniae eques humanitatis propugnator*") seinem Wiederabdruck des vallum vorausgeschickt, in dem er dem krautjunkerlichen Adel seiner Zeit die Gesinnung „*virtute et doctrina nobilem ab ignobili esse discernendum*" warm und schwungvoll zu Gemüthe führt und als deutsche adlige Vorkämpfer des Humanismus der Reihe nach, unter näherer Nachweisung ihrer betreffenden Verdienste, die folgenden Männer behandelt: Moritz Graf in Spiegelberg und Pyrmont, Ludwig Graf in Lewenstein, Jo. Camerarius Dalburg, Theoderich von Ploningen, Bohuslaw Hassenstein v. Lobkowitz, Bernhard Adelmann von Adelmannsfelden, Joh. Wolf von Hermannsgrün, Eitelwolf von Stein, Rudolph Lange („*nobilis Westphalus, Canonicus Monasteriensis*), Ulrich von Hutten, Conrad Mutianus Rufus („*ex nobili Mutiorum*[*Mudi*] familia Homburgi *Hassiae oriundus*"), Bilibald Pirckheimer („*ex familia in Norimbergensi rp. a multis saeculis clara et illustri*"), Hermann Graf von Neuenahr. Das ganze Buch ist von Burckhard zwei jungen Herren von dem Busch, Philipp Wilhelm und Joh. Clamor („*humanitatis studiorum percupidis dilectissimisque auditoribus suis*") gewidmet.

4. Derjenige grosse neuere Schriftsteller, für dessen Production und gesamte Weltanschauung der Gedanke der Humanität mehr als vielleicht bei irgend einem anderen als der Angelpunkt erscheint, ist **Herder**. Und zwar ist seine Auffassung der Humanität einerseits von der antiken auf das unverkennbarste beeinflusst und durchdrungen, andererseits aber doch auch in ganz eigener Weise weiter ausgedehnt und vertieft. Eine kurz skizzirende Nachweisung beider Momente soll sich auf sein Hauptwerk, die „Ideeen zur Philosophie der Geschichte der Menschheit" stützen. (Höchst anziehende Ausführungen des Begriffes im einzelnen lassen sich namentlich aus seinen „Briefen zur Beförderung der Humanität", Werke ed. Suphan Bd. XVII und XVIII gewinnen, doch machte hier die Rücksicht auf den Raum deren Benutzung unmöglich.)

Die Grundforderung alles menschlichen Lebens ist nach ihm (XVtes Buch,
1): „Der Mensch sei Mensch! er bilde sich seinen Zustand nach dem,
was er für das Beste erkennt!" oder (XV, 1): „Was du aus deiner
Natur Edles und Vortreffliches zu schaffen vermagst, bringe hervor!";
oder (V, 5): „Wirf ab, was unmenschlich ist, strebe nach Wahrheit,
Güte und gottähnlicher Schönheit!" Die Natur selber hat den Zweck
unseres Daseins auf Bildung der Humanität gerichtet (V, 5), die beste
Form der Humanität den Menschen zu ihrem Ziel gesetzt (XV, 1);
der Mensch hat kein anderes Wort für seine Bestimmung als er selbst
ist (IV, 6), wir kennen nichts Höheres als Humanität im Menschen
(XV, 1). Der Humanität nachzuforschen ist die echte menschliche Philosophie (IV, 6; freilich ist thatsächlich leider nur bei wenigen „die gott-
ähnliche Humanität im reinen und weiten Umfange des Wortes eigentliches Studium des Lebens" (V, 5). Wenn sich in diesen Bestimmungen
durchaus eine ganz richtige gefühlsmässige Erfassung der antiken Humanitätsgesinnung, und zwar als einer für immer gültigen Gesinnungs-
norm, und ihre Einwirkung auf den hohen modernen Genius zeigt, so
sind auch die Momente, in welche bei H. die Humanitätsidee auseinander geht, zum Theil sehr anklingend an die antiken, so die Selbsterhaltung und Theilnehmung (IV, 6) oder Geselligkeit, Freundschaft
und wirksame Theilnehmung (V, 6), die Friedlichkeit (IV, 6), die Wohl-
anständigkeit (IV, 6); auch die Liebe, die dem Menschen an sich mit
allen animalischen Wesen gemeinsam ist, soll doch bei'm Menschen
human sein (IV, 6); „die Mutterliebe ist eine Sprosse der Humanität
seiner aufgerichteten Bildung" (IV, 6), ein Ausspruch, der freilich nach
Gedanke und Ausdruck von den einfachen Alten klarer und unge-
suchter gegeben werden würde; die Religion, die nach H. (IV, 6)
„auch schon als Verstandesübung betrachtet, die höchste Humanität
ist", erscheint doch auch bei den Alten als eins der auszeichnenden
Merkmale des menschlichen Wesens, auf dessen Bevorzugung bei H.
(„die Efflorescenz unserer Knospe der Humanität wird in jenem Dasein
gewiss in einer Gestalt erscheinen, die eigentlich die wahre göttliche
Menschengestalt ist" (V, 5), wie bei den Alten ein grosses Stück des
Fundamentes der Unsterblichkeitshoffnung gelegt ist, nur dass bei H.
die eine jenseitige Vollendung postulirende Mangelhaftigkeit der irdischen
Entfaltung des Humanitätskeimes mehr betont wird. Nur tritt bisweilen
bei H., wie z. B. XV, 3 (IV, 6: „Menschen, die durch List oder
Stärke von der Billigkeit abweichen, sind die inhumansten Geschöpfe")
die Humanität etwas einseitig in das Licht, mit „Vernunft und Billigkeit" identisch zu sein: da zeigt sich doch der antike Humanitätsbegriff, der nicht in der Beziehung von Mensch zu Mensch aufgeht, von
weiterem Umfange. „Verstand und Rechtschaffenheit" (XV, 5) als die
beiden Momente, auf denen „das Wesen unseres Geschlechts, sein Zweck
und sein Schicksal ruht" würde schon vollständiger dem antiken Umfange
des Humanitätsbegriffes nahe kommen, denn das drückt zweierlei
aus, der „Verstand" auch die Richtung auf Erkenntniss, die an sich
keine Beziehung zum menschlichen Zusammenleben hat. Nun geben

aber in Einer Beziehung H.'s Humanitätsideeen so weit über die antike
Auffassung hinaus, dass ein völlig Neues, Modernes bei diesem grossen
Autor zu ihr hinzukommt: ihre Anwendung auf die Geschichte
der Menschheit. Die antike Humanität ist doch wesentlich indivi-
dual-ethisch, H. fasst auch den ganzen Complex alles menschlichen
Zusammenwirkens innerhalb der Volksindividualitäten und dieser unter
einander so auf, dass Humanität auch hier das letzte Ziel sein soll.
Nicht nur ist „das Leben", bei dem man zunächst an das des Individuums denken würde, „ein Kampf, und die Blume der reinen unsterblichen Humanität eine schwer errungene Krone" (V, 6), sondern auch
„was in der Geschichte je Gutes gethan ward, ist für die Humanität
gethan worden" (XV, 1); in allen Zuständen und Gesellschaften hat
der Mensch nichts anderes anbauen können als Humanität, wie er sich
dieselbe auch dachte (XV, 1); „von der Negervernunft bis zum Gehirn
feinster Menschenbildung liess die Natur ihr grosses Problem der Humanität von allen Völkern aller Zeiten auflösen" (XV, 1); „die ganze
Geschichte der Völker ist eine Schule des Wettlaufs zur Erreichung
des schönsten Kranzes der Humanität und Menschenwürde" (XV, 1);
„tausendfach ist das Problem der Humanität rings um mich aufgelöst"
(XV, 5). Das Alterthum hatte eine einzige Idee des Menschlichen
statuirt — so ganz besonders normal, wie nun gerade dieses sie sich
dachte — und sie in einigen wenigen Ausschnitten eines ganz bestimmten Kreises sich ausstrahlen lassen, es hatte alle Welt als Barbaren gegen sich empfunden: der reiche Geist des ostpreussichen Hand-
werkersohnes, der wie kaum ein anderer die Fähigkeit, sich in jegliche
Nationalität, ihr Fühlen und Schaffen verständnissvoll hinein zu versetzen,
davon getragen hatte, erblickte nun die wirkliche Idee der Humanität, wie sie thatsächlich sich in ihre Erscheinungen ausgiesst, ausserhalb ihrer Construction in allen Gestaltungen des Völkerlebens
und gewann für diese ein erhöhtes humanes Interesse, wobei ihm allerdings,
wie das oft hervortritt, die antike als die κατ' ἐξοχήν bestehen bleibt.
Vgl. H.s Sophron und Danz, H.s Ansichten des class. Alterthums,
Leipzig 1805. H. über Cicero z. B. Ideen XIV, 5: „Ruhe also sanft,
du vielgeschäftiger, vielgeplagter Mann, Vater des Vaterlandes aller
lateinischen Schulen in Europa. Deine Schwachheiten hast du genug
gebüsset in deinem Leben; nach deinem Tode erfreuet man sich deines
gelehrten, schönen, rechtschaffenen, edeldenkenden Geistes, und lernt
aus deinen Schriften und Briefen dich, wo nicht verehren, so doch
hochschätzen und dankbar lieben." Von einer etwaigen Relativität (vgl.
oben S. 42—46) dieser Zwecksetzung der Humanität als des Zieles alles
menschlichen Daseins und von dem Gedanken, dass der Mensch wenigstens für sich zu solcher Zweckauffassung der Existenz gelange,
ohne dabei einen wirklichen (etwa anderen) Zweck der Welt zu erfassen
sich zutrauen zu können, oder von dem Gefühle, dass er wenigstens eine
zwecklose Urthatsache für sich zur Zweckmässigkeit zu wenden gesonnen
sei, ist bei H. nichts zu verspüren. In der That aber wird bis heute
nichts Höheres, Besseres und mehr zu der Wirklichkeit Stimmendes

als Weltzweck auszudenken sein als Humanität, zumal in dem universalen H.'schen Sinne, — falls man innerhalb des Gegebenen stehen bleibt und nicht den Gesichtspunkt aus dem vorweltlichen Absoluten nimmt. Denn von diesem höchsten Gesichtspunkt aus kann nur Eudämonie des Absoluten Zweck sein. E. v. Hartmann, der (Ph. d. U. II, S. 281. 338. 379. 391) Gerechtigkeit, Sittlichkeit und Freiheit in ihrer Unmöglichkeit, als absolute Daseinszwecke zu gelten nachgewiesen, hat das Gleiche hinsichtlich des viel umfassenderen Begriffes der Humanität nicht versucht und vielleicht dadurch seine nur wenige Jahre bedeutende Wirkung auf den allgemeinen Geist der Zeit so sehr herabgebracht sehen müssen. Denn auf den absoluten Gesichtspunkt sich zu erheben ist unserem Zeitalter so ungeläufig, wie es dem Hegelschen natürlich war, und die Gedanken von der universalen Willensverneinung als Weltzweck, die nach seinen Prämissen, den eudämonologischen Pessimismus eingerechnet, kaum ausweisliche Consequenz sind, sind in sich selbst für unsere Zeit höchst abschreckend. Wäre vielleicht doch die unabsehbare Fülle der Humanität für das Absolute ein gewollter Zuwachs seiner Eudämonie? Und gliche dieser Zuwachs das Uebergewicht der Unlust, welches nach E. v. Hartmann's so überaus eindringlichen und vielseitigen Untersuchungen (Ph. d. U. II, S. 285—290, Zur Gesch. u. Begründung des Pessimismus, 2te Aufl,, 373 Ss.) mit dem Dasein der Welt im Vergleich zu einem gedachten Nichtdasein der Welt besteht, wieder aus? Ich glaube, gefühlsmässig sieht es unsere Zeit, und zwar in ihren verschiedensten Richtungen, so an, und darin liegt für E. v. Hartmann eine Veranlassung, an diesen Punkt noch einmal anzusetzen, denn es müsste ihm auf's äusserste daran gelegen sein, den Punkt ausfindig zu machen, von dem aus auch seine so mannigfachen andersartigen grossen Bestrebungen seit zwei Jahrzehnten für seine Zeit so sehr verloren gehen. Dies aber dürfte der Punkt sein. Unsere Zeit würde, glaube ich, aufathmen, wenn sie in ihrer Verlorenheit an nähere Zwecke sich erst einmal wieder über einen annehmbaren Endzweck klar würde, und „Humanität" würde ihr als ein solcher wohl zusagen; mit einem Endzwecke im Hintergrunde fühlt sich das ganze Leben, das sich sonst im Nahen und Kleinen verzettelt, so ganz anders. Auch das christliche Denken und Fühlen kann sich „Humanität" als Lebenszweck gefallen lassen, vorausgesetzt nur, dass die natürliche Humanität als Vorstufe aufgefasst wird und ein im Glauben erneuertes und zur Liebe Gottes und Heiligung wiedergeborenes Leben erst als die wirkliche Gottesidee vom Menschen gilt. Der E. v. Hartmannsche negative Weltzweck geht offenbar den abendländischen Völkern gar nicht ein; in Verbindung mit allen Seitenlehren, die ihn bei E. v. Hartmann umgeben, würde aber auch er, d. h. der in die Ueberzeugung aufgenommene Glaube an ihn, zu einer Erneuerung des Lebens, nach der alles lechzt, Kraft haben, einer Erneuerung im Geiste der Selbstverleugnung und thätigen Arbeit am Weltprocesse . . . Ich wollte mir, durch einen Blick auf die H.'sche Humanitätsidee zufällig so nahe an den wichtigsten aller Lebenspunkte herangebracht, die Gelegenheit nehmen, darauf hinzuweisen, wo vielleicht für die zersplitterten Geister unserer Zeit ein neuer höchster Sammelpunkt zu finden sein könnte. Die Schwierigkeiten, die auf dem Standpunkt des E. v. Hartmannschen Monismus des Einen Weltsubjectes und des eudämonologischen Malismus des Gefühlszustandes des weltlichen Seins sich gegen ihn erheben, empfinden sich nicht allgemein und sind von dem grossen Denker nach dieser Richtung noch kaum discutirt (vgl. oben S. 45). Andererseits aber erscheint es möglich an der Humanitätsidee im H.'schen Sinne ein neues ideales Lebensprincip zu gewinnen, das zur Einigung der Geister vielleicht bessere Aussicht hat als irgend ein anderes, wenn nur dem Christenthum nicht zugemuthet wird, sich selber als blosse Religion der Humanität im Sinne natürlicher Humanität aufzufassen.

5. **Niethammer** (1766—1848, s. Z. Chef der Abtheilung für das höhere Unterrichtswesen im baierischen Ministerium des Inneren), der Streit des Philanthropinismus und Humanismus, 359 S. 8°, Jena 1808. Man kann bei'm Lesen dieses bedeutenden Buches den Eindruck gewinnen, als ob es schon die Argumente gegen die neuesten alterthumsfeindlichen Schulreformbestrebungen eines Ohlert u. aa. vorwegnähme. Allein, genauer betrachtet, kämpft das Buch gegen die Auffassung der Schule als einer Vorbereitung zum bürgerlichen Beruf, während die gedachten Bestrebungen der Gegenwart weniger den Fehler begehen, in dieser Weise die Idee der allgemeinen Bildung zu verkennen, sondern im Gegensatz zu einer menschlichen (humanistischen) Vorbildung eine nationale und moderne verlangen. Doch auch gegen diese Auffassung finden sich immerhin in der reichen Gedankenrüstkammer des nun fast 90 Jahre alten Buches kräftige Gegengründe, und überhaupt sind seine Gedanken, wie in einer ewig menschlichen Frage begreiflich, vielfach noch bis auf den heutigen Tag von Werth, wenn man sich nur von dem unglücklichen Vorurtheil losmacht, als ob alle geistige Production nur ihre relative historische Bedeutung haben könnte. Der Zweck des nicht-fachlichen allgemeinen „Erziehungsunterrichts" ist nach N. die Humanität (S. 8), ihr Gegensatz ist eigentlich die Animalität; oder (S. 37)die Gegensätze, die die beiden sich um die Schule streitenden grossen Parteien eigentlich an dem Menschen im Auge haben, sind: Geist und Thier, Vernunft und Kunstverstand, Rationalität und Animalität. Die Abstraction, als ob der Mensch nur Geist wäre, ist allerdings auch vom Uebel, aber der Leib soll durchaus ein Tempel des heiligen Geistes sein, der Geist ist durchaus umschlossen von der Welt, die aber ein Tempel Gottes ist (S. 67). Der „Erziehungsunterricht" soll — im Gegensatz zu dem späteren beruflichen Unterricht — zum Menschen bilden; Mensch sein heisst aber „Religion haben, eine höhere Welt und eine höhere Bestimmung des Menschen erkennen und dadurch Recht und Pflicht zu unterscheiden vermögen" (S. 97). Dies hat man auch mehr oder weniger immer erkannt; aber Friedrich der Grosse ist „der Impulsator einer auf's Praktische gerichteten Zeit" gewesen (S. 15). Diese Richtung auf „die Landescultur" durch Hebung von Ackerbau, Industrie, Handel und Wandel, durch das Sinnen auf Erfindungen zu Verbesse-

rungen des äusseren Lebens ist ja von unschätzbarem Werthe gewesen, aber damit hat doch auch der Erdgeist seine verderbliche
Herrschaft begonnen (S. 17), unter dem Namen der Aufklärung hat
ein Rückschreiten der wahren Cultur stattgefunden (S. 18). Auch die
Pädagogik hat dadurch eine überwiegende Richtung nach aussen angenommen (S. 19). In dem „Philanthropin" (Basedows zu Dessau, 1774)
ist der erste Versuch einer vollständigen Darlegung der modernen
Theorieen zur Erscheinung gekommen (S. 21). Die Schule sollte nun
nur eine Vorstufe zur künftigen bürgerlichen Berufsbestimmung werden
(S. 22—25), während doch der unverrückbaren Idee der Sache nach
dem „Erziehungsunterricht" allein die allgemeine Bildung zukommt
(S. 23), da sie die Bildungszeit des Menschen, „nämlich der Menschheit in dem Menschen" ist (S. 100), in ihr der Mensch, nicht der Bürger
zu berücksichtigen ist (S. 127). N. macht sich freilich einmal (S. 333)
den Einwurf, „dass wir nicht den Menschen als Menschen überhaupt
erziehen können", ohne näher darauf einzugehen und ihn zu heben;
aber die Sache wird ja durch die concreten Bildungsmittel, durch die
wir den Menschen als solchen erziehen, besonders die Schriftwerke
der antiken Litteratur, genugsam concret ausführbar. „Der Hauptsitz
des Verderbens unserer ganzen Cultur ist, dass wir den Wahn haben
herrschend werden lassen, die wahre Bildung beruhe ausschliesslich in
dem Wissen; .. daher ist der Tand der Vielwisserei Ton geworden,
das Bildungsideal ist in das Nationallaster einer unersättlichen Lesegier
ausgeartet" (S. 144). Sachunterricht ist das Schlagwort der neuen
realistischen (,,philanthropischen") Richtung, aber die Sachen, die von
ihm gemeint werden, sind eigentlich bloss das Gewerbsmaterial (S. 26),
für die wahre Humanität wird der „Lehrling" in der philanthropischen
Schule verbildet und unempfänglich gemacht (S. 30). Den „Philanthropen" möchte man oft zurufen: Martha, Martha, du machst dir
viel Sorge und Mühe (S. 74). Für die Praxis ist die eigentliche Schule
die Praxis (S. 99). Die Vernachlässigung des Sprachunterrichts führt
planmässig zur Barbarei (S. 217). Die Verkürzung des Sprachunter-
richtes mit Berufung auf die Verbesserung der Methode rechtfertigen
zu wollen, geht auch nicht an, denn diese Verbesserung vermag keine
Berge zu versetzen (S. 142). Der Unterricht knüpft nothwendig an das
Wort an, selbst da, wo die Sache vorgezeigt werden kann (S. 176. 300 f.);
entbehrlich ist es, erst auf künstliche Weise den Blick des „Lehrlings"
auf die Aussenwelt zu richten (S. 208). Die hyperrealistische Art des
Unterrichts führt zur Heranbildung von Schwätzern und Klüglingen
(S. 277 f.) (In der That heisst es auch heute durch das Uebermass
von „wirthschaftlichen Belehrungen" und durch die Anleitung zu politischer Klugschwätzerei, die manche schon der Jugend aufdrängen
wollen, ihr die goldene Zeit eines reineren und freieren, noch welt-
fremderen Idealismus rauben, wie auch N. (S. 100) sehr schön sagt: „Der
Jugend die Zeit, wo der Mensch zum Menschen gebildet werden soll,
rauben, um ihr jugendliches Gemüth mit allem Tand der Erde anzu-
füllen, ist gleich so unerlaubt, als sie dem Moloch zu opfern".) Vor-

35*

trefflich werden S. 76—84 Humanismus und „Philanthropinismus" (praktischer Realismus) einander in Beziehung auf ihre Ziele, Mittel und
Methoden contraponirt, auch durch solche Gegenüberstellung im Druck
wie es mit den Antinomien in Kants Kr. d. r. V. geschieht. Eine Bei-
ordnung beider Principien ist nicht möglich, eins von beiden muss in
das Verhältniss der Unterordnung zu dem anderen treten (S. 109—113).
N. ist der entschiedenste Vorkämpfer des altbewährten Humanismus.
Zwar überspannt dieser bisweilen seinen Bogen (S. 39. 122), und ver-
wechselt die Aufgabe geistiger Berufsbildung mit der der Menschenbildung, wenn er speciell künftige Gelehrte vorbilden will (S. 183),
aber im wesentlichen ist er auf dem richtigen Wege. Er ist sich klar
darüber, dass er die eigentliche Menschenbildung dem Geist so tief
einprägen soll, „dass sie unter allem Drang künftiger Berufsarbeit un-
verletzbar und unter aller Noth eines kümmerlichen Schicksals un-
zerstörbar bleibe" (S. 80). Die Menschenbildung zerfällt in Autoritäts-
bildung und Vernunftbildung, oder nothwendige und freie Menschenbildung (S. 190); im Anfange sind Eltern und Lehrer den Kindern die
Vernunft (S. 280). Zur Vernunftbildung gehört auch der Glaube ; denn
der ist ein vernünftiger, „Glaube ist Vernunft" (S. 56). Der „Erziehungsunterricht" muss bei allen, zukünftigen Gelehrten und zukünftigen Inhabern praktischer Lebensberufe, von geistigen Gegenständen ausgehen
(S. 215); was die Humanitätsbildung fördert, ist Uebung an Ideeen
(S. 103). Für diese Uebung aber ist die Beschäftigung mit der Sprache
das vorzüglichste Mittel (S. 221—223, wo die bildende Kraft der Sprache
gedankenreich und schwungvoll verherrlicht wird). Doch ist auf die
rein etymologische Ableitung der Worte nicht zu viel für die Uebung
in Ideeen zu bauen, da sie nur zufällig den richtigen Sinn (der später
thatsächlich entwickelten Bedeutungen) andeutet, häufig aber von demselben abführt (S. 173). Die Werke der Alten insbesondere sind nach
der Seite der Sprache sowohl wie nach der Seite des Sinnes das vor-
trefflichste Material, aus dem die Humanitätsbildung erwachsen kann
(S. 225 f.) Die alten Sprachen sind auch das einzige (?!) gemeinschaftliche Band, das die Cultur aller neueren Völker umschlingt, die gemeinschaftliche Quelle, aus der sie alle geschöpft haben (S. 227). Es
muss im Unterricht feste Punkte geben, die der Subjectivität der Werthschätzung entrückt sind: das sind die Werke der Alten (S. 238). N.
versteigt sich sogar zu der mehr als fraglichen Behauptung, dass die
Alten den Vorzug der reinen Beobachtung haben (S. 232), was für
den Bereich des Geistigen immerhin zutrifft, für den Bereich der Natur
aber höchstens mit Hinblick auf die Führerschaft in astronomischen
Beobachtungen und das Studium der organischen Natur mit einigem
Recht aufgestellt werden kann, während in Beziehung auf Physik und
Chemie die Alten eben in Folge des Mangels der inductiven Methode
auf der Kindheitsstufe stehen geblieben sind. Auch die Grundlage der
Nationalbildung erblickt N. in jenen festen Punkten (S. 238, vgl. 358),
was freilich denen eine Thorheit ist, die verlangen, dass was an und
in der Nation Grosses wird, auch aus den ursprünglichen nationalen

Schätzen hervorgegangen sein soll. — In Summa enthält dieses Buch, wie man von einem Freunde des älteren Fichte nicht anders erwarten kann, noch viele bis auf den heutigen Tag beherzigenswerthe Ausführungen über den echten Humanismus der Schule. Sogar anscheinend so moderner Stoff, wie die Ueberbürdungsfrage, wird in ihm (S. 242) schon behandelt und zwar höchst vernünftig behandelt mit der Hinweisung auf den nun einmal unerlässlichen Ernst, mit dem die Gewöhnung zur Arbeit von früh auf betrieben werden muss.

6. **Friedrich Koch** (s. Z. Gymnasialdirector und Schulrath zu Stettin), Die Schule der Humanität, eine gekrönte Preisschrift, Stettin und Leipzig 1811, 143 S. 12°. Der Canonicus Gleim in Halberstadt (der Dichter, „Der Altvater Gleim", „Deutschlands Lieblingsdichter" (!!, S. 1) hatte testamentarisch einen Preis von 100 Thalern Gold ausgesetzt für den besten Plan über eine in Halberstadt zu errichtende Humanitätsschule, in welcher etwa 12 Jünglinge von 2 Lehrern gebildet werden sollten. (Der Gleimsche Plan kam übrigens in Folge der Nöthe der Zeiten nicht zur Ausführung.) Fr. K. gewann unter 9 Bewerbern den Preis nach dem Urtheilsspruch des Geheimraths und Professors Eberhard in Halle mit der obigen Schrift, die in der That einer solchen Auszeichnung wohl würdig erscheint. Es ist eine ebenso wohldisponirte wie gedankenreiche und mit edlem Schwung und warmer Begeisterung, die unserer blasirteren Zeit fast möchte man sagen leider etwas altfränkisch erscheint, geschriebene Abhandlung. Der Begriff der Humanität wird (S. 14 ff.) ganz richtig auf die Römer zurückgeführt, bei denen er (S. 16) bedeutet: 1. die Eigenthümlichkeiten der Menschennatur, 2. den Inbegriff verfeinernder Kenntnisse, 3. die aus dieser Veredlung resultirende Handlungsweise, 4. Sinn für äusseren Anstand. Die Griechen haben dafür (S. 17) zwar kein einzelnes Wort, welches alle diese Schattirungen des Begriffs *humanitas* in sich enthielte, aber eine Menge von Ausdrücken, welche alle jene Abstufungen andeuten. K. hält dieses für „unstreitig besser und dem feinsinnigen Griechen angemessener", aber man muss doch sagen, dass sie eben zu der Einheit dieses hohen Begriffes der Römer nicht gelangt sind. In der „beliebten Kalokagathie" der Griechen ist die Humanität nach ihrem ganzen Umfange nicht zu finden (S. 18. 20), vielmehr setzt diese sich zusammen aus den griechischen Begriffen der καλοκαγαθία=Rechtschaffenheit, σωφροσύνη =weise Mässigung, φιλοκαλία=Schönheitssinn, φιλανθρωπία=Menschenfreundlichkeit (S. 18). K. selbst weist mehrfach einseitige oder gar schiefe und verkehrte Anwendungen des Begriffes „human", wie sie auch heute noch vorkommen, zurück, so (S. 39) mit Quintilian (II, 2, 10), die moralische Weichlichkeit *invicem qualiacunque laudandi*, (S. 68) die Umschmeichelung der Eitelkeit, (S. 91) „das zärtliche, schmachtende Wesen, mit welchem man der Mode und Konvenienz huldigt": dies alles nennt man fälschlich wohl Humanität, aber diese ist (S. 9) „jetzt höchstens ein auf den Lippen schwebender halbverstandener. Laut." Die echte Humanität beschreibt er z. B. (S. 11) durch die Stufenfolge „civilisiren, cultiviren, humanisiren", sie ist ihm (S. 30) die Krone aller

Erziehung, der Triumph alles Unterrichts, sie entspringt (S. 31—33)
aus der harmonischen Ausbildung der Grundtriebe 1. der Geselligkeit,
2. des Freiheitssinnes. 3. des Triebes nach Kenntnissen, Wahrheitssinns,
4. des Schönheitssinns. Wohlwollende Neigungen (also Humanität
im modernen Sinne) treten aber öfters (z. B. S. 75. 119) als das
von K. bevorzugte Moment an ihr hervor. „Vater, vergieb ihnen, denn
sie wissen nicht, was sie thun" ist ein Ausspruch, welcher die rechte
Humanität beurkundet (S. 53); (Zusammenstellung von Pythagoras, Sokrates und Christus, hinsichtlich der Ermahnung zur Selbstprüfung
S. 128). Doch ist (S. 105) Geistesstärke noch wichtiger und funda-
mentaler für sie als Geistesschönheit. Als die vier Forderungen der
Humanität werden S. 133 die Sätze formulirt: 1. Ehre den Menschen.
2. Achte dich selbst, beherrsche dich selbst. 3. Vereinfache deine
Bedürfnisse. 4. Sei arbeitsam. Sie lassen sich in der That als eine
Art Concordienformel zwischen antiker und moderner Humanität ansehen.
Das Nationale kommt zu Anfang dieses Jahrhunderts noch nicht zu
seinem Rechte, das es innerhalb, wenn auch nicht oberhalb des Humanen
beanspruchen kann: „Durch die Humanität verschwindet alle Individualität
des Nationalen" (S. 30); „es hat keine Gefahr, dass der gute Mensch
nicht auch der gute Bürger seyn sollte, und wer als Grieche und
Römer denkt, wird gewiss in seinen staatsbürgerlichen Verhältnissen
als Deutscher handeln, wenn sonst die Humanitätsbildung an ihm
nicht vergebens arbeitete" (S. 102). — Die Humanitätsmusterschule nun
soll etwas ganz neues werden, denn die Schulen haben bis jetzt Humaniora getrieben, ohne die Jugend human zu machen (S. 6). Wenn
auch die Cultur der Muttersprache und die Lectüre der classischen
Werke unserer Litteratur einen der ersten Plätze in ihrem Lehrplan
einnehmen muss (S. 118), wenn auch die Mathematik für sie ausserordentlich hoch gestellt wird (S. 75) und auch die neueren Sprachen
und ihre Meisterwerke in ihr nicht fehlen sollen (S. 118), wenn endlich
auch „ein humaner Landmann kein widersprechender Begriff ist"
(S. 9), so findet K. doch in den Alten durchaus das Rückgrat und
Mark der Humanitätsschule und will sich auch in dieser Arbeit, dem
Sinn ihrer Aufgabe zufolge, auf die Nachweisung beschränken, dass
und wie das Studium der Alten es ist, was Humanität hervorbringt
(S. 118). Schon K. ist höchst entschieden für den Rollentausch des
Griechischen und Lateinischen (S. 78. 83. 119. 121), da ihm die
Griechen die humanste aller Nationen sind (S. 82) und ihre Litteratur der lateinischen weit voransteht. Doch hält er (S. 90) Cicero's rhetorische Schriften für höchst wesentlich „zur Leitung des
litterarischen Urtheils" findet, dass Quintilian, „dieser hellgeäugte Kri-
tiker" nach seiner eigenen Erfahrung das Schönheitsgefühl mehr wecke
und übe als alle Theorie und Kompendienweisheit (S. 118) und sagt
(S. 118) von dem „einzigen" Horaz: „Wer fand nicht schon in ihm
einen solchen Herzensfreund, der uns nie ungestärkt, ungetröstet von
sich liess?" Und überhaupt bei den Alten (nicht nur den Griechen)
preist er den Geist der Freiheit, der Seelengrösse, der Einfachheit, Ge-

nügsamkeit, Selbstbeherrschung, der in ihren Schriften wohnt" (S. 124).
Mit den Alten will er in der Humanitätsschule durchaus an das Innerste
der Seele der Zöglinge dringen. Es genügt nicht, die Materien eines
Lehrplanes und die Methoden in ihrer rein intellectuellen Einprägung
zu bestimmen (S. 61); der Lehrer soll nicht nur humanistische Kenntnisse, sondern auch humane Erziehung haben (S. 93); „mit Andacht"
sollen die Alten gelesen werden, wenn sie etwas für unsern Verstand,
unsere Phantasie, unser Herz werden sollen (S. 94). Die Hegemonie
dabei hat allerdings die Erziehung zu Selbstdenken, Selbstthätigkeit
(S. 96. 110). Von der Kunst der Interpretation sagt er (S. 101)
so vorzügliche Worte, dass ich mich nicht entbrechen kann, sie hierher
zu setzen: „Eine gesunde Interpretation überzeugt des Jünglings Verstand von der hohen Deutlichkeit und Bestimmtheit der Begriffe, mit
welchen die klassischen Schriftsteller ihre Gedanken vortragen. Ich
kenne kein Mittel, welches so glücklich alle Erfordernisse in sich vereinigte, um den Verstand für den Sinn des Wahren zu wecken, den
Flattersinn des jugendlichen Geistes zu fixiren, ihn zu nöthigen, seine
ganze Denkkraft auf einen Gegenstand zu concentriren und dabei zugleich durch eine verhältnissmässige Beschäftigung aller Seelenkräfte und
durch das in Thätigkeit gesetzte Combinationsvermögen zugleich den
Geschmack zu bilden und das Herz für das Gute und Edle zu gewinnen,
als eine sorgfältige Interpretation der klassischen Schriftsteller. Selbst
die Mathematik — die nur leuchtet, aber nicht erwärmt (S. 95) —
und das Lesen der Schriftsteller der neueren kultivirten Nationen leisten
diesen Dienst der Menschenbildung nicht in diesem Umfange." — Die
(S. 67) 1805 geschriebene, aber in Folge der schlimmen Kriegsjahre
erst 1811 im Druck veröffentlichte Arbeit erinnert vielfach an Niet-
hammers Buch (s. Nr. 5) vom Jahre 1808, und der Vf. spricht zum
Schluss des Vorberichtes seine Freude über eine vielfache nachträgliche Uebereinstimmung mit N. und über die „Unterhaltung und Beruhigung" aus, die ihm aus der „gehaltreichen Schrift des würdigen Herrn
Schulrathes" zu theil geworden sei. Das Motto μέμνησο ἄνθρωπος ὤν,
welches K. als von Simonides stammend anführt, wüsste ich aber weder
bei dem von Keos noch bei dem von Amorgos zu finden; sollte nicht
eine Verwechselung mit dem oben S. 29 erwähnten Menandrischen
Verse vorliegen?

7. A. Boeckhii orationes, ed. Ascherson, Teubner 1858, 340 S.
8ⁿ. Unter den 33 durch Inhalt und Form gleich ausgezeichneten lateinischen Reden, die der Altmeister von 1812—1847 an akademischen
Festtagen, meist Königs Geburtstagen, in der Berliner Universität gehalten hat, beschäftigen sich mit der Humanität in besonders hervor-
stechender Weise Nr. VII, vom 3./8. 1819 (S. 68—77) „de homine ad humanitatem perfectam conformando" und Nr. X vom 3./8. 1822 (S. 103—110)
„de antiquitatis studio." Die erstere führt aus, dass die Griechen die
Humanitätsbildung, (humanum et liberalem cultum) auf Gymnastik und
μουσική gegründet und in ihr nicht fachliche Einseitigkeit, sondern harmonische Vielseitigkeit geistiger und körperlicher Ausbildung angestrebt

haben. Die Griechen heissen (S. 70) *eruditionis universae atque humanita-tis ipsius magistri:* gewiss, nur dass sie die Humanität nicht u n t e r d i e s e m B e g r i f f e entwickelt haben, welcher vielmehr den Resultaten meiner obigen Untersuchung zufolge durchaus begreiflicher Weise der r ö m i s c h e n humanen Gesellschaft angehört und unter einem überaus glücklichen Gesichtspunkt die griechische Bildung der Aneignung aller Culturnationen vermittelt; so sagt auch B. (S. 74), dass bei den neueren Völkern die gesamte Bildung von der r ö m i s c h e n , z u m t h e i l a u c h d e r g r i e c h i s c h e n litterarischen Ueberlieferung ausgegangen sei. B. führt weiter aus, dass die gymnische Kunst bei den Griechen eine durchaus humane (nicht im Dienst bestimmter Berufsart stehende) Tendenz gehabt und der Entwicklung der *fortitudo* und *constantia* gedient habe, wie die musischen Künste der Entwicklung der *temperantia, pru-dentia, iustitia.* Bei den N e u e r e n beruhe die Erziehung zur Humanität auf der Unterweisung im Christenthum und damit auch in der Grund-anschauung der Freiheit aller Menschen; ferner auf dem Unterricht in der Muttersprache, seitdem diese — der Redner exemplificirt nun-mehr auf die d e u t s c h e n Verhältnisse — zu hoher Vollkom-menheit gediehen sei, und den vollendetsten Schöpfungen der dichterischen Nationallitteratur, ferner auf Mathematik und Ge-schichte. Die Uebung in der Beredtsamkeit sei ein Aschenbrödel unter den Elementen der modernen Humanitätsbildung, aber auch sie sei wahrhaft human und müsse geflissentlicher betrieben werden. Die Alterthumsstudien aber seien auch den Modernen für Hu-manitätsbildung ganz unentbehrlich, hänge doch von ihnen κατ' ἐξοχήν der Begriff der *humaniora* ab. Das Merkmal ist (S. 74): „*Quidquid non unius artis proprium est, sed universarum artium fundamentum, id in humanitatis disciplinis censendum est.*" Wenn die Alterthumsstudien oftmals nicht zu wirklicher Humanität führten, so liege die Schuld nicht an ihrem Gegenstande, sondern an einer geistlosen, vielleicht sogar utilitarischen, vor allem aber der Liebe und Begeisterung entbehrenden Beschäftigung mit diesem Gegenstande. Zum Schlusse spricht B. warme Sympathie aus mit den damals (1819!) von der Demagogenriecherei vielfach angefeindeten Turnclubs (*gymnica soda-licia*) und körperlichen Spielen, offenbar als einem Analogon der grie-chischen Gymnik. — In der Rede Nr. X verwahrt sich B. zunächst in sehr schönen Ausführungen gegen die Ineptien, als ob er, im Be-griffe über das Alterthumsstudium zu sprechen, die anderen Wissen-schaften verachtete: vielmehr stehe j e d e Wissenschaft in Beziehungen zur Humanität (vgl. Encyclop.² S. 9), mikroskopische Beobachtungen z. B. ebenso gut wie grammatische Untersuchungen. Auch das sei ein Vorurtheil, dass die Humanität durchaus von lauer Milde sei und Entschiedenheit, ja nöthigenfalls Härte (*acerbitas*) nicht kenne, wie ja denn auch niemand dem Demosthenes oder Cicero trotz ihrer ge-legentlichen leidenschaftlichen Invectiven die humanste Bildung ab-sprechen werde. Wer gegen alle willfährig sei, der sei nicht sowohl human wie feige oder geschmeidig (*versutus*) und falsch wie ein Fuchs.

Die wahre Humanität umfasse drei Momente: Die Fähigkeit, richtig zu handeln, die allgemeinen Begriffe „*quas ideas appellant*" zu fassen, das Gedachte und Empfundene angemessen auszusprechen und darzulegen. Und die Förderung dieser drei Momente sei keineswegs bloss den Alterthumsstudien eigen. Ganz besonders wichtig sei der Sinn für die Ideeen (*notionum intelligentia*): wo er aufhört, da fängt das Handwerksmässige in der Wissenschaft (*sellularium opificium*, S. 103, vgl. 106) an. Auch die **harmonische** Bildung (*aequabilis virium animi cultus*) sei nothwendig zur Humanität; leider haben die Alterthumsstudien diese nicht vielen gewährt, sie hänge vielmehr von glücklicher Anlage (*ingenii bonitas*) ab. Der specifische Titel der **Humanitätsstudien** für die Alterthumswissenschaft gehe von der Renaissancezeit aus und habe damals einen guten Sinn gehabt, jetzt sei diese Ausschliesslichkeit nicht festzuhalten. B. geht dann auf eine **positive** Charakteristik des Alterthumsstudiums über. Das Alterthumsstudium ist ihm die historische und philosophische Erkenntniss des Gesamtalterthums, vgl. Encyclop.² S. 11. Er setzt sich (S. 105) massvoll und fein mit der kritischen Richtung der Philologie auseinander, heisst sie in gewissem Sinne gut, aber erklärt doch für die Hauptsache die Erforschung der dem antiken Leben untergebreiteten höchsten Begriffe (*summarum notionun veteribus nationibus natura insitarum et in singulis antiqui cultus partibus velut in adspectabilibus imaginibus expressarum*). (Zu meiner grossen Freude findet sich also die Richtung auch meiner obigen Monographie im Einklange mit einer Hauptforderung, die an die philologische Wissenschaft der grösste Philologe dieses Jahrhunderts stellt, dieser herrliche Mann, der wie eine monumentale Verkörperung eines von philosophischem Geiste getragenen wissenschaftlichen Lebens vor mir steht und mit dem als dreijähriges Mitglied des von ihm geleiteten k. Seminars für gelehrte Schulen noch in freundlichen persönlichen Beziehungen gestanden zu haben ich als eine der grössten Glücksfälle meines Lebens ansehe.) Wer die Wissenschaften unseres Zeitalters verachtet und sich nur in das Alterthum vergräbt, kann daher auch kein rechter Philologe sein (S. 106). Eine grosse Frage ist, ob dem classischen Alterthum auch die leitende Stellung in der höheren Schule gebührt. Diese Frage ist mit Entschiedenheit zu bejahen. Denn die Alten bleiben doch in **besonderem** Sinne Classiker. Hier will B. in aller Kürze langen Begriffsstreit abschneiden und stellt (S. 107) die berühmte Definition des Classischen auf: „*Id dico classicum, quod quo magis consideres, eo magis placet, non classicum, quod etiamsi initio placuerit, assidua contemplatione evilescit.*" Vgl. Klopstock: „Jene alten Unsterblichen, deren dauernder Wert, wachsenden **Strömen gleich**, jedes lange Jahrhundert füllt." Und zwar muss also das Classische auch nach Uebereinstimmung der einander folgenden Generationen wachsen; „das Urtheil der Jahrhunderte ist ganz besonders auf dem Gebiete der öffentlichen Einrichtungen nicht gering zu achten und nichts leichtsinnig zu neuern." So ist es also auch mit dem Classicismus in den höheren Schulen. Die menschlichen Dinge sind dem Menschen immer die nächsten, und unter diesen wieder Staat und Vaterland (*civitas uniuscuiusque patria*). Nun ist aber Vaterlandsliebe gleichsam der Lebenshauch des Alterthums, mag man seine Dichter, Philosophen, Redner, Historiker aufschlagen: desshalb sind die Alten *praestantissimi civilis prudentiae magistri*, für Knaben und Männer, zumal, wie B. von dem damaligen Stand der Dinge sagt, eine vaterländische Geschichtsschreibung sehr im argen liegt (*omnino claudicat*). Es kommt hinzu, dass die Jugend von der Berührung (*contagio*) der gegenwärtigen Welthändel fern in reiner Luft lebt, die — auch nach der Ueberzeugung der Alten — der jugendliche Geist einathmen muss. Gegen Schluss verwirft B. daher als eine arge Verirrung eine rein nationale Erziehung (das Bestreben *genuinos Germanos fingendi*).

8. **Hundeshagen** (1810—1872, Professor der Theologie in Bern, Heidelberg und Bonn), über die Natur und geschichtliche Entwicklung der Humanitätsidee, (69 S. 8°), Berlin, Grieben und Wigand 1853. Eine Behandlung der Humanitätsidee vom positiven evangelischen Standpunkt. Die Humanität hat eine doppelte Bedeutung (S. 6): Die Angemessenheit des einzelnen an sein wahres Wesen (Menschenadel, S. 8) und die „Erschlossenheit" für die Beziehungen zu allen seines gleichen. (Die antike Humanität leitet ihren ganzen reichen Inhalt nur aus dem ersten Momente ab, von dem bei ihr das zweite und noch weiteres umfasst wird). Der Gedanke der Humanität stammt nicht aus der Erfahrung, sondern gehört zu den Ideen (S. 9). Humanität hat es, in gebrochenem Strahl, immer gegeben, heisst es S. 12 und doch S. 13, die ganze antike Periode habe den Humanitätsgedanken nicht gekannt (!!!), während die Bemerkung S. 19, bei den Alten habe es auch „prinzipielle Barbaren" gegeben, sich wohl mit der ersteren Behauptung vereinigen lässt. Dass H. in seiner vielfach schönen und bedeutenden Schrift (oder vielmehr akademischen Festrede) das Urtheil aussprechen kann, die Alten, von denen doch die Idee der Humanität ausgeht und, wie wir doch gesehen haben, sich aufs reichste ausgestaltet hat, hätten den Humanitätsgedanken nicht gekannt, ist höchst auffallend und geradezu beklagenswerth, von einem hochgebildeten und geistvollen Manne das Scheinen der Sonne geläugnet zu sehen. Es ist zu erklären daraus, dass H. trotz seiner anfänglichen mit den Alten übereinstimmenden Definitionen hinterher für sich eine ganz andere Auffassung des Begriffes zu grunde legt, nämlich eine solche, in der das Merkmal der Idee der Einheit des menschlichen Geschlechtes dominirt (s. besonders S. 22.) Die Alten hatten diese Idee (vgl. oben S. 61 f.) zwar auch gekannt — wenn auch mehr im Sinne der Einheit des Wesens und der daraus folgenden Zusammengehörigkeit, als der des Ursprunges der Menschen — aber sie hatten allerdings nicht gerade von ihr aus den Inhalt der Humanität gestaltet. H. kann also mit Recht nur sagen, dass diese Form der Humanität, die von dem Gedanken der Einheit des Ursprunges (und Zieles, statt von der Einheit des normativen Wesens) der Menschen beherrscht wird, den Alten ferne gelegen habe. Der Grund liegt nach H. (S. 15) darin, dass der Mensch bei den

Alten als eines der Producte einer kosmogonischen Gährung erscheint, die an vielen Orten Autochthonen hervorgetrieben habe, womit denn auch (S. 16) zusammenhängt, dass sie den Gedanken der Sklaverei eines Theiles der Menschen ertrugen und rechtfertigten. (Ganz ausnahmsweise leuchtet einmal bei dem Stoiker Zenon der Gedanke an Eine Heerde und an Einen Hirten hervor, den Plutarch, der ihn mittheilt, naiv auf das Reich Alexanders des Grossen bezog, S. 20). Bei H. gewinnt dagegen (wie in der „Metaphysik" des Altkatholiken Weber) die biblische Lehre von der göttlichen Erschaffung eines einzigen ersten Menschenpaares eine ganz centrale Bedeutung, wie er denn z. B. (S. 58) sagt, es sei von ausschlagender Bedeutung für die Geschicke einer Nation, „welche Richtung in Beziehung auf das Humanitätsideal in ihrer Bildung herrschend geworden sei." So wird denn nach H. (S. 22) das Christenthum (infolge der Aufnahme jener alttestamentlichen Grundlehre) die Erzeugerin der Idee der Humanität (d. h. also der in christlichem Geiste umgeformten Idee). Der alleinige Erzieher zur Humanität, der Oberpädagog der Menschheit ist das Licht, das in die Finsterniss schien, voll Gnade und Wahrheit, der Logos Paedagogos (S. 65). Die Wirkungsart dieses Lichtes ist nicht Gewalt und Zwang, sondern nur die des milden und kräftigen Scheinens (S. 40). Des näheren erklärt sich das tiefere Wesen des christlichen Humanitätsgedankens aus folgenden Momenten im christlichen Glauben: 1) Der naturfreien geistigen Weltcausalität (S. 22), 2) der einmaligen Schöpfung des Menschen durch diese (S. 23), 3) der Gemeinschaftlichkeit der Idee der Persönlichkeit für Gott und den Menschen (S. 26), 4) dem trinitarischen Monotheismus, der erst die göttliche Liebe und Barmherzigkeit für alle einschliesst, während der starre Monotheismus der Israeliten und Mohamedaner auserwählte Gottesvölker in seinem Gefolge hat (S. 30—33). — Verkennt H. das Dasein der antiken Humanität, so misst er den modernen Humanitarismus an einem strengen Massstabe des christlichen Ideals des Menschen und der Beziehung der Menschen unter einander. Die unwahre Idealisirung „des Optimismus deutscher Menschheitsbetrachtung" ist ihm sehr zuwider (S. 11); das Christenthum verbindet Idealismus und Realismus in rechter Weise: „Der Idealismus zeigt der Menschheit ihre erhabenen Ziele, der Realismus erschliesst Wesen und Beschaffenheit der erfahrungsmässigen Menschheit, ihre Bedürftigkeit, höheren Zielen entgegengeführt zu werden, ihren Abstand von jenen Zielen idealer Vollkommenheit; er lässt die Erziehungsmittel erkennen, um die Menscheit mit den Elementen und Kräften der idealen Welt zu durchdringen," S. 55. Hingegen hegt der moderne Humanitarismus Illusionen von absolutem Menschenrecht, Menschenliebe, Menschenvernunft, Güte des natürlichen Menschenherzens, und der Ursprung davon ist der Mangel an Ernst in der Erkenntniss der Sünde (S. 59 f.). Das im 18. Jahrhundert sich erhebende Streben, den Menschheitsgedanken zu verwirklichen, beruht oft auf höchst profaner Basis und hat etwas Reflexionsmässiges an sich (S. 46), „das humanitäre Echauffement ist ein pathologischer Zustand" (S. 52). Wenn auch die Namen Lessings, Herders, Schillers in der ganzen Welt mit dem Gedanken reiner Menschlichkeit, schöner Menschlichkeit unzertrennlich verknüpft sind (S. 46), so hat sich doch eine gesunde reactionäre Bewegung des hellsehendsten Theiles der Nation von dieser Wallung bereits glücklich emancipirt (S. 54). Dies alles ist schon im Jahre 1852 in Heidelberg (jetzt kaum glaublich) gesprochen, aber damit tiefe Grundgegensätze aufgedeckt, die noch heute bestehen, doch sich vielfach unter der gedankenlosen, (wenn nicht hinterlistigen) Coordination von „deutsch und christlich", „unsere classischen Heroen und das Evangelium" verhüllen: Ein höchstes Princip muss allen übergeordnet werden. H. bekennt auf's entschiedenste Farbe; unter jener „Emancipation" mochte er wohl nicht nur an die reactionäre Bewegung nach 1848, sondern auch an die Kräftigung des nationalen Gedankens denken, der sich namentlich seit den Freiheitskriegen gegen die Weltbürgerlichkeit des Classicismus erhob. Denn „der Staat beruht seinem Wesen nach überall auf bestimmter Naturbasis", er „darf sich gegen die wirklichen Unterschiede nicht verschliessen", während nur die Kirche „zu ihrer Naturbasis nur die Einheit der menschlichen Gattung hat, alle gleich nach dem Richtmass der Humanität behandelt" (S. 34—37.) — Eine besonders glückliche Vorstellung der denkwürdigen Rede scheint mir in dem oft wiederholten Ausdruck zu liegen, dass jeder Mensch einen Bruch darstelle, dessen Nenner die unendliche Idee des Menschen und dessen Zähler immer kleiner als der Nenner, aber doch von sehr verschiedener Grösse ist; auch das Urtheil (S. 65) scheint mir recht treffend, dass die griechische Auffassung des Nenners vorwiegend intellectualistisch, die deutsche ästhetisch, die christliche ethisch sei; bei der deutschen wird dabei offenbar wesentlich an die classische Periode der Litteratur gedacht, die sich ja mit der Idee der Humanität mehr als jede andere beschäftigte.

9. **Jähns.** Ueber Krieg, Frieden und Kultur, zweite Aufl., Berlin, Mittler 1893, handelt in dem Abschnitte II, 3 und 4 (S. 109—136) auch einige Seiten der Humanität der Griechen und Römer, das Wort im modernen Sprachgebrauch genommen, insbesondere, was die Griechen betrifft, über die rituelle Ankündigung des Krieges — die Schonung der Opferschauer und Pyrphoren — dagegen auch Opferung von Gefangenen in der Urzeit bis auf den Fall herunter, dass Themistokles nach der Schlacht bei Salamis drei gefangene vornehme Perser opferte — über den Fortschritt der Gesittung in der Behandlung Gefallener — über das Beuterecht — über die Versuche, den Krieg durch Zweikampf oder durch Schiedsrichter zu ersetzen — über Verabredungen zu gegenseitiger Milde — über Einschränkung des Waffengebrauches — den friedlichen Einfluss der Orakel — den Gottesfrieden (die Ekecheirie) zur Zeit der Nationalspiele und den Gottesfriedensbund der Amphiktyonen und dessen sehr beschränkte Erfolge — über einige Völkerrechtsgrundsätze rein humanen Inhalts; was die Römer betrifft, über den die *caritas generis humani* preisenden philosophisch eleganten

Cicero — über das Kaiserreich als Friedensreich — die Körperschaft der Fetialen und das von ihnen zusammengefasste Völkerrecht — über die inhumane Behandlung der Gefangenen — über die erst seit der Kaiserzeit bestehenden Heeresärzte, den *medicus cohortis*, *legionis*, *clinicus* und das *valetudinarium* im Lager des Hyginus (200 n. Chr.) — die Nachlässigkeit in der Bestattung der Gefallenen — über das rücksichtslose Beuterecht — über die Bürgerrechtsverleihung an alle freigeborenen Provinzialen unter Caracalla — über den Verfall der Würde der Kriegsführung seit der zweiten Hälfte der Kaiserzeit — über den Gedanken des ewigen Friedens in der Universalmonarchie, insbesondere des Kaisers Probus, und dessen Ende in dem Märtyrerthum für diese Idee.

10. **L. Oppenheim**, London, „Humanität und Strafrecht, Deutsche Revue v. Febr. 1896, S. 239—248. Dr. O., von der Redaction als eine Autorität zu dem folgenden Aufsatz veranlasst, lässt sich etwa dahin aus: Humanität besteht darin, sich zu vergegenwärtigen, dass man selbst Mensch ist mit allen dessen Schwächen und Tugenden, Gefühlen und Bestrebungen, und dass der andere auch so ein Mensch ist. (Der zu grunde gelegte Humanitätsbegriff ist also durchaus der moderne, nicht der antike, der die ideale Norm des Menschlichen im Auge hat.) So bedürfen denn vor allen die Schwachen, die Niedrigen, die Schuldigen Humanität, die eben auch Verständniss der menschlichen Schwächen und Laster in sich begreift; das jüngere Geschlecht dagegen vertritt mit Vorliebe die Politik der Gewalt. (Opposition der Fortschrittspartei gegen die unbedingte Bismarck-Vergötterung). Die Pflicht der Humanität ist nicht durch logischen Schluss zu erweisen (wiederum gegen die Voraussetzung der antiken Humanität), sie wurzelt eben im Gemüth, im Mitleid, das alle grossen ethischen Entwicklungsphasen hervorgebracht hat. (Diese grosse Einseitigkeit Schopenhauerscher Auffassung ist von E. v. Hartmann, Phänomenol. d. sittl. Bew., S. 217—240, bes. S. 239 f. gründlich widerlegt.) Die Humanität schliesst Billigkeit ein. In strafrechtlicher Beziehung nun muss sie in vierfacher Weise in die Erscheinung treten: 1) in der Feststellung der Strafgesetze. Der Versuch der Besserung soll neben der Strafe hergehen. Nie darf ein Individuum der Gesellschaft völlig geopfert werden. (Die Argumentation aus dem absoluten Werth des Individuums ist modern und in gewissem Sinne christlich, nicht antik). „Wer Menschenantlitz trägt" (an dieser Wendung kann man die moderne Humanität erkennen) darf nicht ganz aufgegeben werden. Dass die Humanität schon jetzt die Gefängnisse für gewisse Elemente zu einem angenehmen Aufenthalt mache, ist ein Wahn; das Leben im Gefängniss bleibt trotz aller Humanität eines der schwersten Uebel. 2) im Strafverfahren. Der Angeklagte ist nicht zu früh als schuldig zu behandeln; vor allem ist die Bestrafung des Unschuldigen zu vermeiden, und das ist wichtiger, als dass jeder Schuldige auch seine Strafe finde. (In leichten Fällen, einer mehr disciplinarischen als rein rechtlichen Strafgewalt gegenüber, und wo der Unschuldige „es ein andermal ver-

dient hat", lässt sich aber sehr wohl ein von edlem Fanatismus für das Rechte entbrannter Unschuldiger denken, der lieber die Strafe auf sich nimmt als den Gedanken, dass das Unrecht straflos ausgehe, erträgt. O. scheint die bei den Uebel doch nicht ganz nach Verhältniss abzuwägen.) 3) im Strafurtheil. Alle Momente der strafwürdigen Handlung sind in (modern-), humane Erwägung zu ziehen, schablonenmässiges Urtheil ist von Uebel. 4) im Vollzug der Strafe. Die häufig doch erzielte Besserung ist nicht zu verkennen und in Milderung des Strafvollzuges in Anschlag zu bringen. Schutzvereine mit dem Zwecke, nach Abbüssung der Strafe die Rückkehr in's bürgerliche Leben zu ermöglichen und zu erleichtern, sind löblich. — Im ganzen widerspricht O. entschieden den Stimmen, die sich für Verschärfung der Strafjustiz erheben, und erscheint ungefähr als ein Lasker *redivivus*.

Um dies Buch nicht zu sehr anschwellen zu lassen, muss ich, wie gesagt, weitere 47 Nrr. der Berichterstattung und Kritik von „Litteratur" zur antiken Humanität zurückhalten. Da meine ganze obige Arbeit gewissermassen an einer guten Meinung über Cicero hängt, bedaure ich das namentlich hinsichtlich der 17 neueren und neuesten Stücke zu gerechterer Würdigung Cicero's, von denen nur 5 immerhin der ungerechten Feindschaft gegen Cicero secundieren, 12 aber eine vereinigte Batterie bilden, die im Stande sein dürfte, durch ihr überlegenes Feuer endlich einmal die Faule Grethe der Cicero-Lästerung zum Schweigen zu bringen. Vielleicht findet sich Gelegenheit, diese Nrr. auf anderem Wege dem wissenschaftlichen Publikum darzubieten.

Druck von J. B. Hirschfeld in Leipzig.